图书在版编目（CIP）数据

连云港年鉴. 2017 / 连云港市地方志办公室编. --北京 : 方志出版社，2017.12
ISBN 978-7-5144-2655-7

Ⅰ. ①连… Ⅱ. ①连… Ⅲ. ①连云港市-2017-年鉴
Ⅳ. ①Z525.33

中国版本图书馆CIP数据核字（2017）第273591号

连云港年鉴（2017）

编　　者：连云港市地方志办公室
责任编辑：顾　洁

出 版 人：冀祥德
出 版 者：方志出版社
　　地址　北京市朝阳区潘家园东里9号（国家方志馆4层）
　　邮编　100021
　　网址　http://www.fzph.org
发　　行：方志出版社图书经销中心
　　电话（010）67110500
经　　销：各地新华书店
印　　刷：南京凯德印刷有限公司

开　　本：889×1194　1/16
印　　张：29.5
字　　数：1100千字
版　　次：2017年12月第1版　2017年12月第1次印刷
印　　数：0001~1700册

ISBN 978-7-5144-2655-7　定价：360.00元

序

存史知春秋，资政通往来。我国有悠久的编史修志的优良传统。史志典籍作为一方之全史，是全面系统记述地区经济社会历史和现状的资料性文献，对于继承和弘扬传统，服务经济社会发展具有重要意义。

《连云港年鉴》创刊 19 年来，坚持以“科学地历史地总结经验，客观地全面地认识现实”为办刊宗旨，全面系统地反映全市改革开放和现代化建设的重大成就，准确翔实地记录全市人民在市委、市政府领导下，推动经济社会持续健康发展的奋斗历程，在服务发展大局中发挥了促进对外交流、助力科学决策、推动工作开展的重要作用。2016 卷《连云港年鉴》获得第四届江苏省优秀年鉴一等奖、全国地方志优秀成果（年鉴类）评审地市级综合年鉴一等奖第一名，成为在全省乃至全国有一定影响的精品年鉴，可喜可贺！

2017 年是中共十九大召开之年，也是全面落实省、市党代会部署的开局之年。我们要全面落实十九大精神，按照省、市党代会和省委、省政府苏北发展座谈会的部署要求，扎实推进“两聚一高”，充分挖掘资源禀赋，积极探索生态优先、绿色发展的新路子，着力建设“强富美高”连云港。

希望《连云港年鉴》编委会进一步把握时代脉搏，突出地方特色，不断提高年鉴编纂出版质量和水平，大力推进理论研究、资源开发利用等工作，充分发挥年鉴“存史、资政、育人”的重要作用，为当代提供资政辅治之参考、为后世留下堪存堪鉴之记述，为繁荣发展地方志事业，为服务全市经济建设和社会发展作出新的更大贡献。

市长　项雪龙

2017 年 10 月 14 日

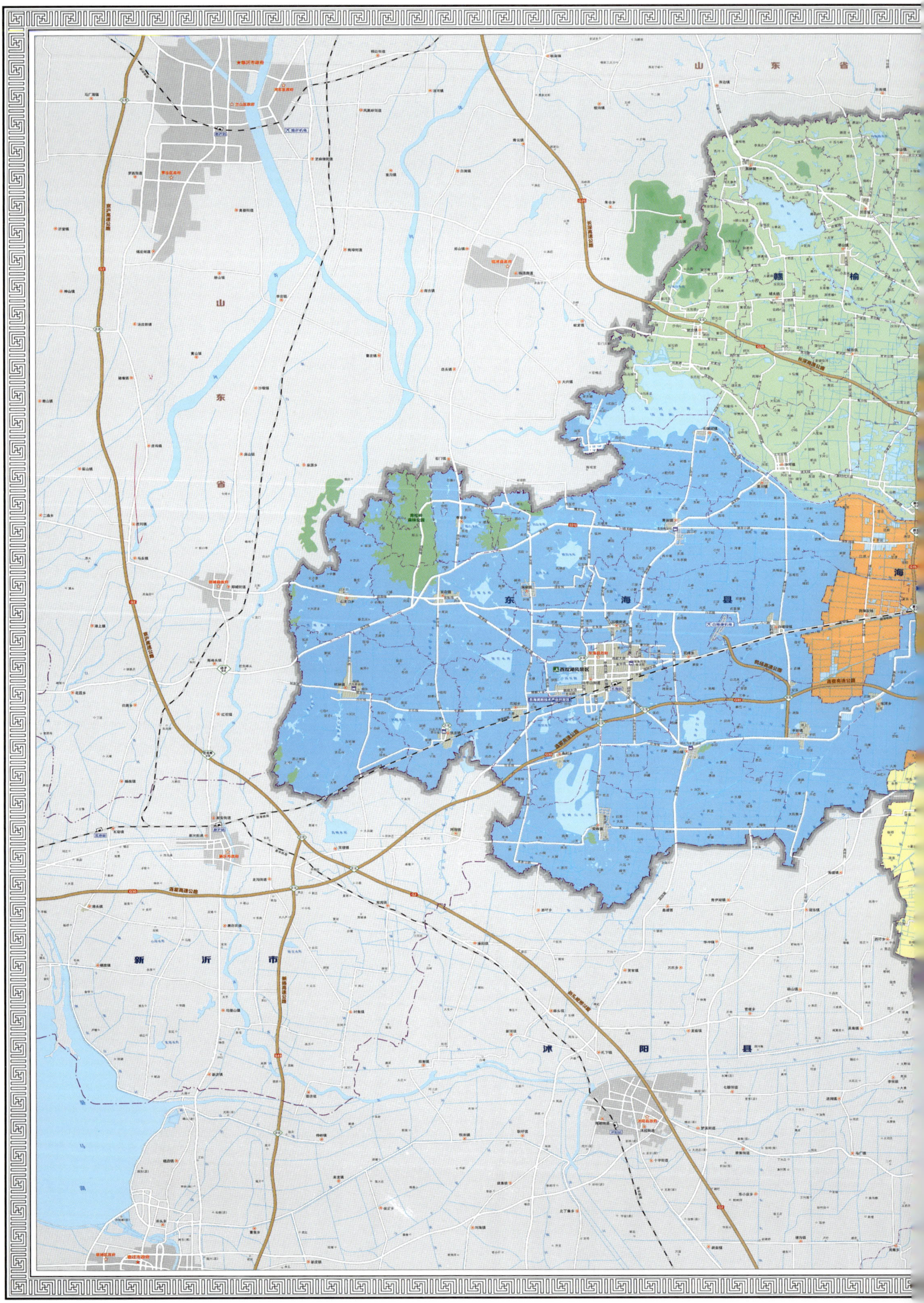

连云港市国土资源局 监制 南京市测绘勘察研究院有限公司 编制

审图号：苏S（2016）042号　　2016年5月

连云港市地方志编纂委员会

（2017年9月）

主　　任	项雪龙	市委副书记、市政府市长
副 主 任	滕　雯	市委常委、宣传部部长
	郑　平	市人大常委会副主任、市总工会主席
	黄远征	市政府副市长
	匡中远	市政协副主席
	王家全	市政府党组成员、秘书长
	徐勤飞	市委党史工作办公室主任、市地方志编纂委员会办公室主任

编委会下设总编室，徐勤飞同志兼任主编。

《连云港年鉴》编辑部

2016年，连云港市积极适应经济发展新常态，抢抓“一带一路”交汇点建设的重大机遇，以全面建成小康社会为目标，以加快产业发展为主题，加快推进港口、产业、城市融合发展。 胡卫星 摄

美丽港城 MEILI GANGCHENG

2016年，连云港市实施“组团发展、功能互补、提升品质、彰显特色、快速联通”城市发展布局，港城大道、花果山大道、海滨大道环线经济带等城市发展主轴，环云台山大道和高铁、空港、海港加快建设。

海州区 市住房局 供

赣榆区 朱代桂 摄

连云区　　王健民　摄

连云港高新区　　体育局　供

2016年，连云港市总体环境质量状况良好，市区空气质量优良率76.5%。图为连云区西园路街区一角。　王浩敏　摄

2016年3月15日，连云港市被全国绿化委员会授予“全国绿化模范城市”称号。图为东盐河景色。　刘聪　摄

2016年8月3日，国家旅游局批准花果山景区为AAAAA级景区。图为花果山景区大圣湖一角。　　俞德春　摄

2016年，连云港市加快县城建设，强化功能配套，打造生态宜居城市。图为灌云县新城区。　　魏士化　摄

“一带一路”交汇点建设 "YIDAIYILU" JIAOHUIDIAN JIANSHE

2016年，连云港市发挥“一带一路”交汇点优势，依托新亚欧大陆桥经济走廊，“以点带面、从线到片”建设丝绸之路经济带，打造东西双向开放桥头堡。连云港港不断拓展平台功能和业务范围，提升港口服务品牌，加快建设中哈物流合作基地、上合组织成员国出海口和区域性国际枢纽港。

2017年6月8日，中哈两国领导人在哈萨克斯坦首都阿斯塔纳世博会中国馆宣布中哈跨境运输正式启动。图为远程视频连线连云港分会场，江苏省委书记李强向中共中央总书记、国家主席、中央军委主席习近平汇报工作。 王健民 摄

2016年3月30日，中国—东盟青年企业家中国主题日暨“一带一路”交汇点（连云港）经贸考察活动在海州湾会议中心举行。

市委办　供

2016年4月29日，中国—土库曼斯坦“一带一路”倡议框架下互联互通对话会在连云港市召开。　　任云云　摄

2016年9月27日，第二届新亚欧大陆桥安全走廊国际执法合作论坛在连云港市举行。 公安局 供

2016年6月22日，全国"一带一路"沿线城市智库联盟在连云港市成立。 刘怀君 摄

2016年10月19日，徐福文化与"一带一路"城市文化产业国际论坛在连云港市赣榆区召开。 朱代桂 摄

2016年10月22日，首届"一带一路"中哈（连云港）国际商务学术论坛在连云港市举行。 教育局 供

共建共享新亚欧大陆桥国际物流通道
开幕式
携手打造绿色

推进港产城融合发展 加快产业强市步伐
新亚欧大陆桥东端起点
连云港港
PORT OF LIANYUNGANG
"一带一路"陆海交汇枢纽
"One Belt and One Road" Sea-Land Intersectional Hu

2016年 11月16日，以“共建共享新亚欧大陆桥国际物流通道，携手打造绿色健康智力和平丝绸之路”为主题的第三届中国(连云港)丝绸之路国际物流博览会，在连云港工业展览中心举行。博览会展览总面积2.4万平方米，223家单位参展，参观人数超过2万人次。 市委办 供

2016年，中亚（连云港）班列运行一周年。 王健民 摄

2016年，中哈物流合作基地空、重箱进出场量17.6万个标准箱，货物进出量321万吨，过境出口中亚、中欧的国际班列全部在中哈物流基地装车发运。 王健民 摄

2016年12月28日，在连云港港69号泊位码头，中韩轮渡连云港—平泽航线复航。 王健民 摄

2016年，连云港港实施“丝路枢纽、品牌发展、智慧港口、港产城联动”四大战略，全年完成货物吞吐量2.21亿吨。　王健民　摄

重点工程 ZHONGDIAN GONGCHENG

2016年，连云港市加快完善以港口为核心的综合集疏运体系，连盐、连淮扬镇、连青铁路及徐连客专建设全线推进，北疏港高速、田湾跨海大桥竣工通车，99个城建重点项目全年完成投资170.2亿元。

2016年6月15日，北疏港高速公路节点工程——北固山隧道通车。 交通局 供

2016年9月20日，连云港市举行重点工程秋季集中开工仪式。 俞德春 摄

2016年4月29日，田湾跨海大桥竣工，海滨大道全线通车。图为全长4.57千米的田湾跨海大桥。 王健民 摄

2016年1月13日，建设中的连盐铁路。 王健民 摄

2016年4月12日，连云港港30万吨级航道一期工程竣工验收。 王健民 摄

2016年，连云港铁路综合客运枢纽一期工程和新火车站主站房开工建设。图为工程建设现场。 张泽瑞 摄

2016年11月5日，连云港—徐州客运专线先导段开工建设。 王振 摄

2016年，连云港市树立“创新、协调、绿色、开放、共享”发展理念，推动新兴产业培育和传统产业升级，加快创新型城市和区域性产业科技中心建设；力推现代物流、电子商务等生产性服务业发展，加快现代农业园区建设，促进城乡一体化进程。

2016年12月6日，中国（昆山）国际创新创业大会连云港分会场。　　张弛　摄

2016年9月14日，连云港市暨海州区全国科普日启动仪式举行。　　张弛　摄

2016年4月23日，第27届江苏省青少年科技创新大赛在连云港市开幕。 刘成贺 摄

2016年10月10日，连云港市“双创”活动周启动仪式举行。 市人社局 供

2016年，连云港市海洋经济生产总值708亿元，海水产品产量47.35万吨。 王健民 摄

2016年11月4日，江苏海洋发展研究院揭牌。 王振 摄

2016年6月25日，在2016平潭国际海岛论坛上，连岛入选国家海洋局评选的全国十大美丽海岛。　市海洋与渔业局　供

2016年11月16日，第三届连博会港航与物流产业论坛在连云港市举办。　樊晓姝　摄

产业经济 CHANYE JINGJI

2016年，江苏斯尔邦石化有限公司240万吨甲醇制烯烃项目建成投产。 市发改委 供

2016年5月31日，连云港碱业有限公司揭牌。 碱业公司 供

2016年11月23日，连云港杰瑞自动化有限公司装备设计人员进行自升式钻井平台钻具自动处理系统调试。　贺成东　摄

2016年，国电联合动力技术（连云港）有限公司实现产值14.7亿元。图为该公司动力车间。　贺成东　摄

2016年，中复神鹰碳纤维有限公司千吨T800级碳纤维原丝生产线投产。 贺成东 摄

2016年，连云港市有规模以上装备制
元。图为兴安机械制造有限公司车间一角。

造业企业316家，实现工业总产值1130.7亿
朱代桂　摄

2016年，由天明机械集团生产制造的新型节能环保特种车辆在赣榆经济开发区装备制造产业园实现整车下线。　赣榆区　供

2016年，江苏新海石化有限公司实现销售收入237亿元，连续7年入围中国民营企业500强。　赣榆区　供

2016年5月16日，2016连云港（首尔）经贸恳谈会在韩国首尔举行。 市商务局 供

2016年2月2日，中国东海水晶城建成开业。 张开虎 摄

2016年5月14日，2016海州白虎山庙会开幕。　王贵珍　摄

2016年10月14—17日，连云港市举行第八届文化产品博览会。　市文广新局　供

2016年11月1日，连云港市“点点通”跨境电子商务公共平台上线运营。图为连云港大陆桥跨境电商产业园内，第一批通过平台下单的集装箱进区。 连云区 供

2016年，连云港市零售业实现销售额745.72亿元。图为赣榆苏果超市。 朱代桂 摄

2016年11月18日，连云港万达广场开业。 市地方志办 供

2016年，连云港市继苏宁广场、万达广场之后的又一大型城市综合体——利群广场开工建设，项目总投资2.5亿元。图为建设中的利群广场。 刘聪 摄

2016年3月18日，中国食用菌行业大会暨2016（连云港）春季博览会在连云港市举行。　市委办　供

2016年9月23日，第十八届（2016）江苏农业国际合作洽谈会在连云港市举行。　王振　摄

2016年，连云港市加快农业特色产业基地建设。图为赣榆区石桥镇王集村芦阳春有机茶基地。 王钧 摄

2016年，连云港市农业综合生产能力稳步提升，全市粮食播种面积50.15万公顷。图为灌云县侍庄街道沂河淌麦收现场。 魏士化 摄

幸福港城 XINGFU GANGCHENG

2016年，连云港市抓好民生工程和惠民实事，推动公共服务项目均衡布局，市第一人民医院新海新区医院、苍梧小学西校区等民生工程建成。

2016年，连云港市海宁小区建成市区规模最大的社区全人群体育公园。 市体育局 供

2016年，连云港市加快医疗基础设施建设。图为主体完工的市第一人民医院新海新区医院。 俞德春 摄

2016年9月，连云港市苍梧小学西校区投入使用。 市城投集团 供

2016年，连云港市注重学生素质教育，足球成为学生必修课。 市体育局 供

2016年，连云港市推进“健康连云港”建设，开展“港城健身大联动”活动，参加人数30多万人次。 王浩敏 摄

2016年4月6日，全市万人健步走活动在海州区月牙岛举办。 牟进勇　摄

2016年7月21日，灌云县举行百位新人集体婚礼。 江能尧　摄

2016年，连云港市有公共自行车4800辆，覆盖海州主城区、连云区50余条主次干道，服务面积200平方千米。图为1月16日，市城投集团开展公共自行车便民服务活动。 市城投集团 供

2016年2月19日，赣榆区举办农民工学法活动周。 朱代桂 摄

2016年5月10日，赣榆区举办首届大学生村官创业大赛。 朱代桂 摄

2016年7月30日，茗泰花园首批公租房进行摇号分配。 市住房局 供

文明港城 WENMING GANGCHENG

2016年，连云港市深入贯彻习近平总书记系列讲话精神，积极培育和践行社会主义核心价值观，着力提升市民素质和社会文明程度，涌现出一大批精神文明建设典型。

2016年3月2日，“与雷锋车同行，共建美德港城”全市学雷锋活动暨2016年志愿服务活动月启动仪式在市文化艺术中心举行。
市文明办 供

2016年1月8日，连云港市举行第二届"美·德照亮港城"颁奖典礼。　　市委宣传部　供

2016年4月28日，市委宣传部等单位举办全市核心价值观"六进"系列文化活动启动仪式。　　市文明办　供

2017年8月2日，赣榆区柘汪镇党委副书记、西棘荡村党委书记钟佰钧获江苏"时代楷模"称号。 西棘荡村 供

2017年8月23日，连云港市举行江苏"时代楷模"钟佰钧先进事迹报告会。 市文明办 供

2016年9月9日，连云港市获得首枚奥运金牌的女排选手龚翔宇返回母校。　　樊晓姝　摄

2016年5月3日，市委、市政府召开全市创建国家卫生城市动员大会。　　市创卫办　供

2016年5月7日，连云港市创建国家卫生城市专项整治行动启动仪式在市民广场举行。　　市创卫办　供

2016年9月13日，为创建国家卫生城市，百名教师精心绘制宣传长廊。 牟进勇　摄

2016年，连云港市实现所有单位、街道（镇）、社区（村）爱国卫生管理组织和工作人员全覆盖。 王贵珍　摄

《连云港年鉴》主要机构（单位）简称全称对照表

简　称	全　称
市委	中国共产党连云港市委员会
市人大常委会	连云港市人民代表大会常务委员会
市政府	连云港市人民政府
市政协	中国人民政治协商会议连云港市委员会
市纪委	中国共产党连云港市纪律检查委员会
市委办	中国共产党连云港市委员会办公室
市政府办	连云港市人民政府办公室
统战部	中共连云港市委统一战线工作部
政法委	中共连云港市委政法委员会（连云港市社会管理综合治理委员会办公室）
农工办	中共连云港市委农村工作办公室
台办	中共连云港市委台湾工作办公室（连云港市人民政府台湾事务办公室）
编委办	连云港市机构编制委员会办公室
机关工委	中共连云港市委市级机关工作委员会
党史工办（地方志办）	中共连云港市委党史工作办公室（连云港市地方志编纂委员会办公室）
发展和改革委	连云港市发展和改革委员会（连云港市经济协作办公室）
经济和信息化委	连云港市经济和信息化委员会（连云港市中小企业局）
教工委	中共连云港市委教育工作委员会
科技局	连云港市科学技术局（连云港市知识产权局）
人社局	连云港市人力资源和社会保障局
城建局	连云港市城乡建设局（连云港市园林局）
城管局	连云港市城市管理局（连云港市城市管理行政执法局）
住房局	连云港市住房保障和房产管理局
农委	连云港市农业委员会（连云港市林业局）
文广新局	连云港市文化广电新闻出版局（连云港市版权局）
食药监局	连云港市食品药品监督管理局
卫计委	连云港市卫生和计划生育委员会
安监局	连云港市安全生产监督管理局
环保局	连云港市环境保护局
民宗局	连云港市民族宗教事务局
外侨办	连云港市人民政府外事与侨务办公室
法制办	连云港市人民政府法制办公室
连云港开发区	连云港经济技术开发区
连云港高新区	连云港高新技术产业开发区
国资委	连云港市人民政府国有资产监督管理委员会
金融办	连云港市人民政府金融工作办公室
民革市委	中国国民党革命委员会连云港市委员会
民盟市委	中国民主同盟连云港市委员会
民建市委	中国民主建国会连云港市委员会
民进市委	中国民主促进会连云港市委员会
农工党市委	中国农工民主党连云港市委员会
致公党市委	中国致公党连云港市委员会
九三学社市委	九三学社连云港市委员会
工商联	连云港市工商业联合会（连云港市总商会）
团市委	中国共产主义青年团连云港市委员会
妇联	连云港市妇女联合会
科协	连云港市科学技术协会
文联	连云港市文学艺术界联合会
社联	连云港市哲学社会科学界联合会
残联	连云港市残疾人联合会
侨联	连云港市归国华侨联合会
中级法院	连云港中级人民法院
检察院	连云港市人民检察院
国税局	连云港市国家税务局
地税局	连云港市地方税务局
工商局	连云港市工商行政管理局
质监局	连云港市质量技术监督局
国土局	连云港市国土资源局
武警支队	中国人民武装警察部队连云港市支队
边防支队	连云港市公安边防支队
消防支队	连云港市公安消防支队
淮工	淮海工学院
职技院	连云港职业技术学院
师专	连云港师范高等专科学校
康达学院	南京医科大学康达学院
工贸高职校	江苏省连云港工贸高等职业技术学校
中药高职校	连云港中医药高等职业技术学校
农科院	连云港市农业科学院
七一六所	中国船舶重工集团第七一六研究所
检验检疫局	中华人民共和国连云港出入境检验检疫局
海关	中华人民共和国连云港海关
国展中心	江苏金海国际展览中心
银监分局	中国银行业监督管理委员会连云港监管分局

编 辑 说 明

一、《连云港年鉴》是由连云港市人民政府主办、连云港市地方志办公室负责编纂的年度资料性文献，创刊于1999年，每年公开出版1卷，本卷为第19卷。《连云港年鉴》同步出版全文检索光盘，并全文载入连云港史志网（www.lygsz.gov.cn）。

二、本卷年鉴以马克思列宁主义、毛泽东思想、邓小平理论、"三个代表"重要思想、科学发展观、习近平新时代中国特色社会主义思想为指导，系统记述2016年连云港市自然、政治、经济、文化、社会和生态建设年度情况，旨在为社会各界和海内外人士了解连云港提供基本信息、为宣传连云港提供基本资料、为研究连云港提供基本素材。

三、本卷年鉴依据本行政区域经济社会发展特点，参照有关分类标准，采用分类编排法，设类目、分目、条目3个层次，条目为记述的基本层次。条目标题加【 】标示。全卷设特载、大事记、市情概览、组织机构及领导人名录、中共连云港市委员会、连云港市人民代表大会、连云港市人民政府、政协连云港市委员会、中共连云港市纪律检查委员会、民主党派·工商联、群众团体、法治、军事、沿海开发、开放型经济、开发园区、农业、制造业、服务业、经济事务管理、海滨城市建设与管理、新农村建设、水利、生态建设与保护、科学技术、教育、文化、医疗卫生、体育、社会事务管理、人民生活、公共安全、区县、人物、附录35个类目。设分目278个，收入条目1140条、随文图照228幅、表格116张。

四、本卷年鉴记述起讫时间原则上为2016年1月1日至2016年12月31日。为突出年鉴的时效性，卷首图片专题中的部分图片、附录中的"政府工作报告"选用了2017年资料。

五、本卷年鉴交叉和相关内容采用参见法。个别地方设“相关链接”，收录相关资料，以扩展条目内容的信息量。

六、本卷年鉴中的全市综合性统计资料，由市统计局提供。统计资料使用现行法定计量单位。一次文献中数字、计量单位等用法保持原貌。“组织机构及领导人名录”类目，市级机构收录处级以上单位及其领导人；县区级机构收录党委、人大、政府、政协四套班子领导人。

七、本卷年鉴稿件资料按照连云港市地方志编纂委员会审定的《〈连云港年鉴〉（2017）组稿计划》，由全市各有关部门、单位和县区专人撰写，并经各单位领导人审阅。为全面反映相关领域的发展情况，《连云港年鉴》编辑部采编和补充了部分内容，并以“年编”署名。

八、本卷年鉴的检索方法有目录和索引两种。目录在卷首，编排至条目；索引在卷末，编制二级主题索引。

九、本卷年鉴的编辑工作，得到全市各级政府、各部门、各单位和社会各界的支持协助，谨致谢忱。书中疏漏、不足之处，敬请读者指正。

目　　录

特　　载

大　事　记

市情概览

组织机构及领导人名录

中共连云港市委员会

连云港市人民代表大会

连云港市人民政府

政协连云港市委员会

中共连云港市纪律检查委员会

民主党派·工商联

群众团体

沿海开发

开放型经济

开发园区

农　　业

制 造 业

服 务 业

经济事务管理

海滨城市建设与管理

新农村建设

水　　利

生态建设与保护

科学技术

教　育

文　化

医疗卫生

体　育

社会事务管理

人民生活

公共安全

区　县

人　　物

附　　录

索　　引

特　　载

“一带一路”交汇点建设

【概况】2016年，连云港市围绕新亚欧大陆桥经济走廊东方起点和省推进“一带一路”建设核心区、先导区的发展定位，推进重要政策、重大事项、重点项目实施。3月17日，《中华人民共和国国民经济和社会发展第十三个五年规划纲要》明确：畅通“一带一路”经济走廊，建设上合组织（连云港）国际物流园（以下简称上合组织国际物流园）和中哈（连云港）物流合作基地（以下简称中哈物流基地）。9月2日，中国与哈萨克斯坦政府签署《“丝绸之路经济带”建设与“光明之路”新经济政策对接合作规划》，中哈物流基地项目纳入其中。10月8日，推进“一带一路”建设工作领导小组办公室印发《中欧班列建设发展规划（2016—2020年）》，连云港市被纳入43个中欧班列枢纽节点城市之一，定位为沿海重要港口节点。2条班列入选规划，连云港口岸成为国内唯一获准开行至伊斯坦布尔等方向直达班列的口岸。省委、省政府出台《关于将连云港建成我国沿海新型临港产业基地，加快建设“一带一路”重点节点城市的意见》，省政府办公厅出台《关于支持上合组织（连云港）国际物流园和中哈物流合作基地建设发展的意见》，为连云港市参与“一带一路”建设的重点项目和重点领域提供有力的政策支撑。中央财政对国家东中西合作示范区支持政策延续，确定2017—2020年期间每年分别补助江苏省6亿元、4.5亿元、3亿元和1.5亿元，统筹用于沿海地区发展和国家东中西示范区建设。

重点项目建设。30万吨级航道二期工程被列入国家发展改革委、交通运输部《交通基础设施重大工程建设三年行动计划》，项目工程可行性报告获国家发展和改革委批复，初步设计、施工图设计招标工作完成。赣榆港区铁路专用线、上合组织国际物流园铁路专用线2个项目列入国家发展和改革委、交通运输部、中铁总公司联合印发的《启动实施交通物流融合发展第一批重点项目》。中哈物流基地二期项目散粮筒仓、保税仓库、大宗商品交易中心项目加快推进。“一带一路”连云港农业国际合作示范区加快建设，进口澳洲肉牛屠宰基地项目一期主体工程基本完成。保税商品展示交易中心“点点通”跨境电商综合服务平台快速发展，连云港市被省商务厅确定为江苏省跨境电子商务试点城市。上合组织国际物流园铁路专用线获得3亿元省铁路建设基金专项支持。总规模20亿元的上合组织（连云港）国际物流园发展基金正式运作，投资2.5亿元的智慧物流信息中心开工建设。

集疏运体系建设。5月27日，新亚欧大陆桥集装箱多式联运示范工程作为全省唯一代表，入选全国首批16个国家级多式联运示范项目。示范项目以新亚欧大陆桥大通道为依托，涵盖连云港港区、中哈物流基地、

2月25日，连云港—阿拉木图中亚班列运行一周年。　　王健民　摄

中哈物流基地一期项目实景图 沿海办 供

上合组织国际物流园、哈国阿腾科里物流园等。中亚班列实现对中亚五国主要站点全覆盖，每周5列稳定运营。中欧班列每周2班，新增德国海尔纳、格鲁吉亚波季港等站点，全年运行19个班次。4月，首列乌兹别克斯坦汽车整车东行班列过境。

区域合作。连云港市与“一带一路”和大陆桥沿线国家、城市在产业、旅游、文化等领域的合作进一步拓展，连云港港口控股集团在哈萨克斯坦东门经济特区建设无水港项目纳入江苏省推进国际产能和装备制造合作三年行动计划2017年重点项目库。6月22日，全国“一带一路”沿线城市智库联盟在连云港市成立。9月27日，第二届新亚欧大陆桥安全走廊国际执法合作论坛在连云港市召开。11月15日，扬子江国际论坛·“一带一路”系列峰会在连云港市召开。11月16—18日，以“共建共享新亚欧大陆桥国际物流通道，携手打造绿色健康智力和平丝绸之路”为主题的第三届中国（连云港）丝绸之路国际物流博览会在市工业展览中心举办。12月16日，江苏女子民乐团“丝路回响”“一带一路”沿线城市民乐巡演启动，12月19—24日赴“一带一路”沿线国家白俄罗斯进行文化交流演出。（郭欣勇）

【中哈物流合作基地建设】 中哈（连云港）物流合作基地项目一期工程于2014年7月投入运营，工程总投资6.06亿元，建设集装箱堆场22万平方米1763个集装箱位，铁路专用线3.8千米，日均装卸能力10.2列，年最大装卸能力41万个标准箱。2016年，中哈物流基地空、重箱进出场量17.6万个标准箱，拆装箱量2.9万个标准箱，货物进出量321万吨，实现收入3149.66万元，利润40.18万元。运营后累计完成货物进、出场量511万吨，集装箱进出场36.9万个标准箱。过境出口中亚、中欧的国际班列，全部在中哈物流合作基地装车发运。国家质检总局明确连云港口岸作为哈萨克斯坦过境小麦唯一离境口岸，连云港口岸哈国过境小麦“集改散”（将集装箱运输改为散货运输）方案经国家质检总局专家组评审通过。中哈物流基地二期项目有序推进，其中总投资4.2亿元的连云港庙岭散粮筒仓改扩建工程年底建成，铁路装卸场站、大宗散货交易中心、保税仓项目完成工程可行性报告编制。

中亚班列常态化运营，每周5列，分别需要6天和8天，将货物点对点运送到哈萨克斯坦的阿拉木图和乌兹别克斯坦的塔什干。来自哈萨克斯坦的粮食、棉花、有色矿等特色产品，通过中亚班列由连云港向外输出。首次开通至格鲁吉亚的国际出口班列，中欧国际班列形成至土耳其伊斯坦布尔和德国杜伊斯堡的2条通道。2016年，连云港中欧国际班列累计完成4.69万个标准箱，约占国内出口班列的27.6%，居全国首位。开通哈萨克斯坦出口小麦、乌兹别克斯坦通用汽车整车2条东向过境专列和德国杜伊斯堡—乌鲁木齐—连云港—印度新德里的公铁海联运班列。首次开行“连云港—郑州圃田”海铁联运班列，实现连云港—郑州发运铁路集装箱的“重去重回”格局。成功接卸天津兆华石油沥青空罐箱并运抵韩国，实现内地—中哈物流基地—韩国蔚山—东川海铁联运的无缝对接。拓展大宗货物堆存业务，开展进口冰晶石堆存及加工延伸服务，成为进口冰晶石国外客商指定中转仓库。江苏首家多式联运海关监管中心在中哈物流基地揭牌运营。“中哈”商标获得国家商标总局颁发的第36类、第39类商标注册证，标志着“中哈”商标在物流业和金融业获得知识产权保护。

【上合组织国际物流园建设】 上合组织国际物流园建设启动于2015年。2016年，国家、省、市出台多项政策，大力支持园区发展。2月29日，市委、市政府印发《关于加快中哈（连云港）物流中转基地和上海合作组织出海基地建设的实施意见》《〈关于加快中哈（连云港）物流中转基地和上海合作组织出海基地建设的实施意见〉目标分解方案》，明确上合组织出海基地2017年、2020年的目标定位及重点任务，“十三五”期间涉及物流园区建设项目38项，总投资近90亿元。6月2日，交通运输部印发《“十三五”货运枢纽（物流园区）建设方案》，上合组织国际物流园作为多式联运型和口岸服务型货运枢纽入选国家“十三五”货运枢纽（物流园区）建设项目。8月19日，省政府办公厅出台《关于支持上合组织（连云港）国际物流园和中哈物流合作基地建设发展的意见》，明确将上合组织国际物流园建设成为中亚—环太平洋商贸物流集散中心、服务上合组织成员国的国际物流合作基地、现代物流业创新发展的试验示范园区并给予具体的支持政策。

年内，园区“十三五”发展规划、产业规划和粮食物流基地规划通过专家评审，区域性防洪排涝规划获批。公共基础功能进一步提升，G228路面提升工程、G228辅道工程分别于5月、7月建成通车，园区带式输送机工程隧道部分10月16日全线贯通，金沙江路、中云台大道拓宽提升工程、大岛山路开工建设。投资2.5亿元的智慧物流信息服务中心开工建设。经营性项目建设有序推进，内河港一期24—35号泊位围堰清除工程完工，公路港一期Ⅱ标段工程完成9000平方米联锁块铺设，中外运上合物流保税中心项目进行初步设计。连接连云港港旗台作业区至上合物流园的带式输送机工程隧道部分全线贯通。该项目线路总长13.9千米，其中隧道段4.53千米，设计年通过能力2400万吨，主要输送货种为矿石和煤炭等，项目总投资6.3亿元，至2016年底完成投资1.8亿元。园区物流产业快速集聚发展。保税物流中心优化货源结构，发展海运快件等物流业态，连云港市领略供应链管理公司在保税物流中心注册成立，标志着全省第一批海运快件试点项目落户园区。2016年，上合组织国际物流园物流量734.54万吨，比2015年增长49.13%；物流业总收入1.64亿元，增长20.59%；物流业增加值1.51亿元，增长185%。园区累计入驻企业36家，年内新增6家，新增注册资本20.22亿元。园区被省发展和改革委批准为省级示范物流园区、第一批江苏海洋经济创新示范园区，入选省发展改革委、省海洋与渔业局、省沿海办评定的第一批海洋经济创新示范园区。由省政府投资基金与连云港市共同出资建立的上合组织国际物流园发展基金正式设立进入运作。省、市各出资10亿元，加大对连云港市战略性新兴产业、先进制造业、现代服务业和重大基础设施建设等资金投入。首个基金投资项目是上合组织国际物流园粮食筒仓项目，基金计划投资1亿元，其中母基金出资1000万元，撬动社会资本投资9000万元。上合组织国际物流园专用铁路工程获省发展和改革委立项，该专用铁路工程总投资15.09亿元，包含物流园支线和联运区支线工程2个部分，线路总长19.2千米，铁路工程初步设计技术方案获得上海铁路局批复。《上合组织（连云港）国际物流园鼓励投资适用办法（试行）》颁布，该办法从土地、税收、产业、监管、金融及行政服务等方面为物流企业量身定制30余条优惠扶持政策。（薛广东）

上合组织国际物流园的内河港码头、保税中心　　港口集团 供

【“一带一路”农业国际合作示范区建设】 连云港“一带一路”农业国际合作示范区由农业部国际合作司、江苏省农委和连云港市政府三方合作共建，规划建设政策交流平台、科技合作平台、贸易物流平台、金融服务平台、信息合作平台五大平台，建设赣榆农业合作园区、东海农业合作园区、灌云农业合作园区、灌南农业合作园区、现代农场合作园区五大园区，建设食品工业基地、农产品物流基地、出口农产品生产示范基地、农产品加工示范基地、农业特色装备制造产业基地、园艺作物种苗繁育基地六大基地。2016年，“一带一路”农业国际合作示范区建设分别纳入江苏省经济社会发展“十三五”规划、江苏沿海开发“十三五”规划。全市各县区成立示范区管理机构。“一带一路”农业国际合作产业联盟在连成立，该联盟由首批倡议的“一带一路”沿线地区农业部门、农业龙头企业、农业科研机构和相关社会组织共同发起、自愿组成。“一带一路”农业国际合作示范区信息平台启用。全市建成蔬菜、水果罐头、紫菜、泥鳅、食用菌等十大出口生产基地，创建连云港花果山出口蔬菜、赣榆墩尚出口泥鳅、赣榆出口水果、云台农场出口食品4个国家级出口质量安全示范区；创建省级出口示范区5个、示范基地25个，省级以上出口示范区总量居全省第一。示范区推进50个重点项目建设，计划完成投资23.67亿元，实际完成投资24.12亿元。示范区被省农委认定为产业集聚发展载体和基地。进口澳洲肉牛屠宰基地项目一期主体工程基本完成，中澳达博公司澳牛隔离场项目完成征地，建设围墙、场区道路、生产辅助性用房及其他基础配套设施建设。农业区域合作进一步加强。在亚欧大陆桥沿线的甘肃、河南、山东、新疆、湖北等地建设果蔬、食用菌基地1.44万公顷，产品经连云港市企业加工出口到日韩、欧美等地。连云港汉华保税仓储有限公司在河南、湖北等地建立食用菌生产基地1067.67公顷。连云港海德益食品有限公司在柬埔寨菩萨省投资建设柬埔寨宝藏农业开发有限公司，占地2300公顷，种植木薯、腰果和热带水果。驰神实业有限公司每年向韩国出口食用菌菌棒100余

万株，并在韩国建设食用菌生产厂。江苏雅仕保鲜公司在南非与当地农场主合作建设66.67公顷雪橙基地。连云港国鑫食用菌成套设备有限公司与法国、保加利亚、美国、乌克兰开展技术合作。3月，中国食用菌行业大会暨2016（连云港）春季博览会在连云港举办。博览会期间举行“一带一路”沿线国家食用菌圆桌会议、中国食用菌行业投融资峰会、连云港农业投资发展环境推介会、“互联网+”与生物制药交流会、工厂化生产技术发展研讨会及“最具投资价值企业及产地品牌”颁奖仪式等多项活动。5月，全省开放型农业工作会议在连云港召开。9月，第十八届江苏农业国际合作洽谈会在连云港举办，农洽会期间举行“连天下”农产品品牌战略发布会、“一带一路”农业国际合作产业联盟成立大会，首次进行“一带一路”沿线城市农产品展示。“一带一路”农业信息综合服务平台启动，农洽会洽谈签约合作项目57个，总金额63.6亿元，项目范围涵盖农副产品加工、高效种养、全产业链、农产品物流等多个领域。（逄孝云）

【第三届中国（连云港）丝绸之路国际物流博览会】 11月16—18日，由中国国际商会主办，中国国际商会会展部、省商务厅、省外事办公室、省贸促会、连云港市政府共同承办的中国（连云港）丝绸之路国际物流博览会在连云港市工业展览中心举办。展会由展览展示和专题活动两部分组成，主题为“共建共享新亚欧大陆桥国际物流通道，携手打造绿色健康智力和平丝绸之路”，展览总面积2.4万平方米。出席开幕式和各项活动的嘉宾超过2000人，包括10个国家的大使、11个国家的驻沪总领事、19个国家的驻华商务机构代表和国内知名企业家、智库专家。

连博会展览展示区域分为国际物流设备与技术展区、服务新亚欧大陆桥经合走廊建设展区、江苏“一带一路”交汇点建设展区3个展区，有223家单位参展，室内标摊814个，室外展览2400平方米。有109家独立参展的企业，包括来自德国、日本、英国、哈萨克斯坦、立陶宛等8个国家和地区的12家境外企业；来自北京、上海、山东、广东、浙江等11个省市的97家境内企业。其中，物流运输服务、物流设备与器材类等物流企业66家。连博会期间，参观人数超过2万人次，其中专业观众9000余人次；举办开幕式暨新亚欧大陆桥经济走廊建设高层论坛、扬子江国际论坛“一带一路”系列峰会、“一带一路”国际产业合作高峰论坛、全省多式联运工作推进会、日本堺市（连云港）产业·观光说明会、全国丝路沿线城市学联融入“一带一路”建设圆桌对话会和大连接时代的智慧物流发展高层论坛等专题活动，其中“一带一路”国际产业合作高峰论坛细化为医药产业、港航与物流产业、石油化工产业3个分论坛。连博会意向成交额3621万美元，合同成交额1425万美元。（董　峰）

【第二届新亚欧大陆桥安全走廊国际执法合作论坛】 9月27—28日，由公安部主办、省公安厅协办、市公安局承办的第二届新亚欧大陆桥安全走廊国际执法合作论坛在连云港举办。国务委员、公安部部长郭声琨发来贺信。公安部副部长孟宏伟、江苏省副省长马秋林出席开幕式并致辞。公安部向中央呈报《关于公安机关加强保护海外利益工作的情况和有关意见》，其中提出要加强“陆上一线”执法安全合作，重点依托新亚欧大陆桥平安走廊国际执法合作（连云港）论坛，建设论坛永久会址，逐步将其打造成东起连云港西至荷兰鹿特丹，横跨亚欧大陆、覆盖丝绸之路经济带安保合作国际组织。来自德国、意大利、荷兰、俄罗斯、白俄罗斯、波兰、哈萨克斯坦等31个国家的执法安全部门代表、上合组织地区反恐怖机构、国际刑警组织、欧洲警察署官员，以及公安部、外交部、国资委相关业务局，11个公安院校，22个省级和36个市级公安机关的代表共260多人出席开幕式。2016年，论坛永久会址被列为国家、省市重点项目统筹推进。开展国际执法安全合作，连云港市组团赴国际刑警组织、欧洲警察署和法国、意大利、荷兰等国访问。深入开展“猎狐”等行动，成功抓获15名境外逃犯。市公安局被公安部授予全国首个“国际执法合作工作示范点”称号。（李春友）

【“一带一路”沿线城市智库联盟】 2016年，市社联发起并联合天津等30多个节点城市建立全国“一带一路”沿线城市智库联盟。6月21—24日，由市社联承办的全国“一带一路”沿线城市智库联盟成立大会暨城市治理现代化与新型智库建设高层论坛在海州湾会议中心举行。来自中国

9月27—28日，第二届新亚欧大陆桥安全走廊国际执法合作论坛在连云港市开幕。
市公安局　供

6月22日，全国“一带一路”沿线城市智库联盟在连云港市成立。
刘怀君　摄

社科院、北京大学的专家和全国“一带一路”沿线城市社联的80多名负责人，以及连云港市各界代表共300多人出席会议。会议明确理事会秘书处常设在连云港，选举产生智库联盟第一届理事会，发表《全国“一带一路”沿线城市智库联盟连云港宣言》，并确定天津市为下一届智库联盟会议举办城市。会议期间，北京大学政府管理学院院长、中共中央编译局原副局长俞可平围绕“世界城市治理创新趋势与中国特色新型智库建设”作专题报告。《光明日报》、《新华日报》、新华网、光明网、凤凰网、搜狐网、中国新闻网、江苏政府网、中国江苏网等100多家媒体进行报道。智库联盟包括1个直辖市（天津），5个副省级城市（大连、青岛、南京、宁波、厦门）、7个省会城市（福州、兰州、郑州、乌鲁木齐、海口、银川、南京）和20个地级省辖市。市社联编辑印发会刊《大陆桥视野》（全国公开月刊）。　（谢仁善）

国家卫生城市创建

【概况】2016年，连云港市开展创建国家卫生城市（以下简称创卫）工作，着力完善城市功能、优化城市环境、提升城市文明，提高市民生活质量。5月3日，市委、市政府召开全市创建国家卫生城市动员大会，对创建国家卫生城市工作进行动员部署。7日，在市民广场举行创建国家卫生城市专项整治行动启动仪式。健全组织网络，设置市、区两级爱卫会办公室，实现所有单位、街道（镇）、社区（村）爱国卫生管理组织和工作人员全覆盖。成立市创卫指挥部，由市委、市政府主要领导担任政委和总指挥，52个部门单位为成员，并抽调人员集中办公；各区各单位成立党政“一把手”任组长的创卫领导小组，并抽调专人负责。建立创卫工作专业技术队伍，组建9个技术评估工作组，相关市领导任组长，协调推进各项工作。实行市领导包片包线制，建立市领导会办和秘书长坐班制，定期协调解决重难点问题。开展联动共建，安排161家单位结对帮扶社区（村）。市政府制定颁发《连云港市爱国卫生管理办法》《连云港市除四害管理办法》《关于进一步加强新时期爱国卫生工作的实施意见》《关于建设健康连云港行动计划（2016—2020）》等36个文件，涉及爱国卫生管理、卫生城市创建、城市长效管理各个方面。落实长效管理责任，将创卫工作纳入全市“十三五”规划纲要和政府年度绩效考核范畴。按照“属地管理、条块联动”的原则，层层签订责任书，构建市、区（部门）、街道、社区四级责任体系。城管、公安、市场监管局下派执法人员到街道，其他部门随时需要、随时抽调，推动执法事项属地化管理。以社区为单元载体，实行网格化管理并组建社区志愿者队伍，定人、定点、定片、定时，巡回督查。开展卫生街道（乡镇）、卫生社区（村）、卫生单位等创建活动，全市建成2个省级卫生县城、7个省级卫生乡镇。开展明星单位、卫生摊点评比活动，投入1000余万元作为奖补资金，对工作先进单位进行奖励。开通爱国卫生和创卫投诉监督热线“12345”，群众反映问题答复率100%。至2016年底，全市创卫累计投入资金20亿元。通过自查评估，40项具体指标全部达到国家卫生城市标准要求。据市统计局城调大队抽评调查，群众对城市卫生状况满意度为93.6%。

【健康教育】2016年，连云港市成立市级健康教育促进委员会，由市政府主要领导担任主任。充实市、区两级健康教育专业机构，构建以各级健康教育专业机构为核心，以医疗卫生机构为骨干，以社区、学校、机关、企事业单位专兼职健康教育人员为基础的工作网络。市、区、街道（镇）、社区（村）四级健康教育网络进一步建立健全，社区、学校、医院、机关、企事业单位实现健康教育机构全覆盖。市健康促进委员会办公室在《连云港日报》、《苍梧晚报》、连云港电台、电视台开设健康教育专栏或专题，定期刊登或刊播教育知识。设计并制作有港城特色的健康素养宣传漫画，宣传《中国公民健康素养——基本知识与技能》相关知识。制订《连云港市市民健康学校建设标准（试行）》，成立16家市级市民健康学校，各县区在所有社区卫生服务中心、二级以上公立医院及15%的乡镇卫生院成立市民健康学校，依托市、县区讲师团开展健康讲座活动。市爱卫办开展健康教育“社区行、企业行、校园行、乡村行、机关行”等巡讲活动203次。至2016年底，全市建成健康示范单位87家、健康社区59家、健康食堂63家、健康示范餐厅（酒店）54家、健康主题公园14个、健康小屋44个、健康步道22条，建成省级健康促进学校 335 所，其中金牌学校 28 所。全市中小学按照教育部《健康教育纲要》要求均开设健康教育课。开展“小手拉大手”活动，学生健康教育核心知识知晓率达 80%以上。2016 年连云港市健康素养水平为 18.1%。

【全民健身】 连云港市是全国健美健身城市、全国健身秧歌城市、全国社会(休闲)体育示范市和江苏省体育强市。至 2016 年底，连云港市形成市、县(区)、乡镇(街道)、村(社区)四级全民健身设施网络，城乡全民健身设施覆盖率 100%。连云港市及各县区均创建成省公共体育服务体系示范区，市区建成各类支持性环境 332 个。每千人口拥有社会体育指导员 3.5 人。165 万人经常参加体育锻炼，占全市总人口的 36.6%。

【控烟工作】 2016 年，全市以单位为主体成立控烟工作领导小组，明确专人负责控烟。所有市级机关和 56%的县区机关建成无烟机关，所有中小学、幼儿园挂牌无烟学校。广泛开展公共场所禁烟规定、吸烟及二手烟危害等专题知识宣传，引导全民养成文明健康的生活方式。建成区范围内无任何形式烟草广告。

【市容环境整治】 2016 年，市创卫指挥部从群众反映最突出的马路市场、占道经营、基础设施更新改造、背街小巷整修等问题入手，对 201 个城中村进行综合治理，全市投入 2.7 亿元对背街小巷、城乡接合部进行综合改造，拆除违法建筑 26 万平方米。市城管部门对建成区范围内积存暴露的生活垃圾和卫生死角进行全面清理，新增、维修、提档升级公厕 778 座，新建、维修垃圾转运站 19 座，拆除敞口垃圾池 589 个，设置垃圾桶 5423 个，增设果皮箱 4052 只。新增各类机扫设备 27 辆，城市道路机械化清扫覆盖率 85%。市区垃圾焚烧备用及应急填埋场建成投入使用。对沿街商户生活垃圾实行定时定点上门收集，居民小区生活垃圾实行定时定点集中收集，城市生活垃圾无害化处理率 100%，粪便无害化处理率 98%，城市生活污水集中处理率 91.52%。规范路面流动摊点，对不符合要求的疏导点进行全面清理整治，清理、疏导、规范各类占道经营、店外经营 5230 处。对 274 个废品收购站进行综合治理。提档改造商店招牌 2309 个，清理整治广告牌 419 块。制定菜市场建设管理标准和市区菜市场整治达标考核办法。统一为市区 32 个菜市场配发市场用品，发放菜筐 2 万余个、柜台盖布 1 万余米、工作服 7000 余套、肉品区案板 560 余块、公示展板 150 余块、活禽区开水器 73 台。翻建 8 个菜市场，27 个菜市场达到商务部规范要求。建立商户经营者信用评价和奖惩机制，形成“守信者得利，失信者受罚”的效益导向。市财政拨付资金 2100 多万元对 897 个无物管老旧小区进行集中整治。物管小区清理垃圾 5200 余吨、“小菜园”3000 余处、小广告 3 万余处、乱堆乱放 3.2 万余处。建成区绿化覆盖率 40.2%，人均公园绿地面积 14.5 平方米。开展大气污染综合治理，优化城区水系调度，集中式饮用水水源地水质达标率和安全保障达标率 100%。投入 1.1 亿元开展河道美化、管理和整治，对龙尾河、西盐河、东盐河等主要河道岸坡进行清理整治、美化亮化，建设生态浮岛 77 座。增购保洁船只，保证河道岸坡整洁美观。

【交通秩序整治】 2016 年，市交通管理部门对城区主次干道、车站、菜市场等重点区域，按照“一点一策、一路一策”，逐一挂牌整治。通过固定设卡、流动查缉，查处摩托车违法 3.6 万起、非机动车违法 3.8 万起、行人违法 1.2 万起。开展道路交通安全设施排查整改活动，施划停车泊位 2.1 万个、交通标线 12.2 万平方米，设置交通标志 1204 块。集中清理长期无人认领的机动车、非机动车 641 辆。科学设置交通信号灯配时，对 22 个交通流量大、易拥堵路口实施交通分流优化，提高道路通行效率。通过新闻媒体曝光违法停车 9800 余辆次。推行交通“路长制”，加强城市道路长效管理。

【公共卫生安全】 2016 年，市安监部门开展职业病危害重点行业专项治理，确定重点行业治理对象 387 家，整改问题隐患 3142 个，建立职业健

健康小屋和健康步道 市创卫办 供

康监护档案5万余份。市卫生部门定期开展饮用水卫生监管，每月对153家集中式供水单位、57家二次供水单位水质进行监测通报；每季度对居民小区二次供水水质结果进行公示，并督促企业定期维护供水设施。对餐饮单位进行量化分级管理，其中A级210户、B级1557户、C级2371户，近三年未发生重大食品安全事故和职业病危害事故。针对3466个小餐饮店、3947个小食品店和3586个小理发店、小旅店、小浴室、小歌舞厅等“六小”行业单位，按照“规范一批、整治一批、取缔一批”的原则，对符合卫生条件的单位全面规范经营行为；对不符合卫生条件的单位限时整改，督促全面达标；对集中整治仍不达标的单位，在取缔的同时，引导市民合法经营。投入8000万元为“六小”行业单位添置消毒柜等设施，制作并免费发放标牌3万余个。

2016年，连云港市投入8000万元为理发店等“六小”行业单位添置消毒设施。 市创卫办 供

全市各级各类医疗卫生单位实现法定传染病疫情网络直报全覆盖，连续12年未发生甲、乙类传染病疫情暴发流行。适龄儿童免疫规划疫苗接种率保持在95%以上。建成并投入数字化预防接种门诊107家，覆盖率92%。预防接种安全注射率100%。全市二级以上综合医院全部设立感染性疾病科，其他医疗机构设立传染病预检分诊点。全市7家疾控机构均达到标准要求，2014—2016年全市未发生实验室生物安全事故。市及各县区创建成省级以上慢性病综合防控示范区，其中国家级示范区2个。完善严重精神障碍管理治疗网络，全市严重精神障碍患者报告患病率（患者检出率）为4‰，管理率95%。健全和完善基层医疗卫生机构服务网络，加强血液质量控制和医疗废物管理。医疗废弃物安全处置率100%，医源性污水的处理排放符合国家要求。临床用血100%来自自愿无偿献血。实施母婴安康工程，全市孕产妇死亡率、婴儿死亡率、5岁以下儿童死亡率近三年均在国家控制指标内。开展病媒生物防制工作，集中整治河道涧沟、城郊接合部、公共地段卫生死角，发放灭鼠毒饵和灭杀蚊蝇药品10吨，重点行业和单位防蚊蝇、防鼠设施合格率分别为96%、97%。2016年6月通过病媒生物防制四项达标省级考核验收。 （创卫办）

改造后的垃圾中转站、公厕和整治规范的沿街店面、菜市场 市创卫办 供

责任编辑 郭 云

大 事 记

1 月

6 日 省委常委、省政府党组成员、省委政法委书记，省公安厅党委书记、厅长王立科到连云港调研公安工作。

7 日 中共连云港市委常委会召开“三严三实”专题民主生活会，深入学习贯彻中共中央总书记习近平系列重要讲话精神，特别是关于“三严三实”专题教育的重要指示，联系班子和个人实际深入查摆问题，严肃认真开展批评和自我批评。省委常委、省政府党组成员、省委政法委书记，省公安厅党委书记、厅长王立科到会指导并讲话。市委书记杨省世主持会议。

16—19 日 中国人民政治协商会议连云港市第十二届委员会第五次会议召开。市委书记杨省世到会讲话。委员们听取、审议并通过政协连云港市第十二届委员会常务委员会工作报告及提案工作情况的报告。担任大会执行主席的是仲琨、曹佳鸣、范忠华、鲁林。

17—20 日 市第十三届人民代表大会第五次会议召开。市委书记、市人大常委会主任杨省世主持大会。代市长项雪龙代表市政府向大会作政府工作报告。大会通过关于《连云港市人民政府工作报告》《连云港市国民经济和社会发展第十三个五年规划纲要》《连云港市 2015 年国民经济和社会发展计划执行情况与 2016 年国民经济和社会发展计划》《连云港市 2015 年预算执行情况与 2016 年预算》《连云港市人大常委会工作报告》《连云港市中级人民法院工作报告》《连云港市人民检察院工作报告》的决议。大会选举项雪龙为连云港市人民政府市长，王洪欣、陈启发、陈福胤、周瑞峰为市第十三届人大常委会委员。

22—23 日 省委第四巡视组分别到连云区、海州区和灌南县召开巡视情况反馈会。第四巡视组副组长、副厅级巡视专员杨安国代表巡视组反馈巡视情况。市委书记、市人大常委会主任杨省世出席会议并就落实巡视反馈意见提出要求。

2 月

19 日 市长项雪龙主持召开专题会议，研究加快推进健康连云港建设。副市长董春科参加会议。

26 日 全市重点工业项目春季集中开工活动举行。市领导杨省世、项雪龙、张同生、曹永林、杨莉、关永健、王加培、吴以桥、董恕娟、李国章、郑平、徐家保、曹佳鸣、方韬参加活动。

29 日 市委、市政府印发《关于加快中哈（连云港）物流中转基地和上海合作组织出海基地建设的实施意见》。

3 月

2 日 “与雷锋车同行 共建美德港城”全市学雷锋活动暨 2016 年志愿服务活动月启动仪式举行。

7 日 市长项雪龙会见江苏省国信集团公司总经理王晖一行，双方就加快国信集团在连项目建设发展，以及进一步加强合作进行深入交流。

△ 连云港市召开纪念“三八”国际劳动妇女节 106 周年暨女性社会组织发展大会。

11 日 广播剧《东方大港梦》剧本研讨会在北京举办。市委常委、宣传部部长滕雯出席研讨会并讲话。来自中国广播电视协会、中国传媒大学、南京师范大学等单位的专家出席研讨会。

15 日 连云港市体育局、新疆霍尔果斯市教育科技文化体育局、阿拉木图市体育联合会，在中哈霍尔果斯国际边境合作中心举行友好城市体育交流促进会。

△ 全国绿化委员会发布《关于表彰全国绿化模范单位和颁发全国绿化奖章的决定》，连云港市被授予“全国绿化模范城市”称号。

17—18 日 全国人大常委会原副委员长顾秀莲一行到连考察，省人大常委会原副主任张艳，市领导杨省世、杨莉、董恕娟陪同考察。

18 日 中国食用菌行业大会暨 2016（连云港）春季博览会在连云港市举行。全国人大常委会原副委员长顾秀莲出席活动并宣布大会开幕，全国政协委员、中国食用菌协会会长顾国新，中国工程院院士、中国食用菌协会副会长李玉，省人大常委会原

3月30日，中国—东盟青年企业家中国主题日暨“一带一路”交汇点（连云港）经贸考察活动在海州湾会议中心举行。 市委办 供

副主任张艳，联合国粮农组织驻中国、朝鲜、蒙古国首席代表伯希·米西卡，厄瓜多尔大使何塞·博尔哈，中国—东盟中心贸易投资部副主任穆唯赛出席开幕仪式。

18—19日 全国人大环资委副主任委员张云川率调研组到连云港就核安全立法等工作开展调研。全国人大环资委委员、中国核工业集团公司董事长孙勤，全国人大环资委委员周来强、赵忠新，省人大常委会副主任刘永忠等参加调研。

22日 市委召开全市县乡领导班子换届工作会议。市委书记杨省世出席会议并讲话。市委常委、组织部部长祁彪主持会议。

28日 国家安监总局党组成员、副局长孙华山率领国家安监总局检查组一行，到连云港就安全生产工作进行现场检查。省安监局副局长陈忠伟、副市长徐家保陪同检查。

30日 由中国青年企业家协会和市政府共同举办的中国—东盟青年企业家中国主题日暨“一带一路”交汇点（连云港）经贸考察活动在连云港市举行。团中央书记处书记、中国青年企业家协会会长汪鸿雁，团省委书记、省青联主席万闻华等出席开幕式。市委书记、市人大常委会主任杨省世出席并致辞。市委常委、组织部部长祁彪主持开幕式。东盟国家代表团，北京、上海、天津、江苏等18个省市青年商会的200多名青年企业家参加活动。

△ 市长项雪龙会见到访的白俄罗斯共和国日洛宾大区执行委员会主席纳乌绵科·伊万一行，并代表连云港市与日洛宾大区签署建立城市间友好合作关系意向书。

4月

1日 连云港市乡村旅游节暨开发区首届朝阳桃花节在市开发区朝阳街道韩李乡村休闲旅游区启动。

6日 徐圩新区与番禺珠江钢管有限公司签署双金属复合板卷管一体化项目合作协议。市委书记、市人大常委会主任杨省世出席签约仪式并致辞，番禺珠江钢管有限公司董事局主席陈昌，市委常委、常务副市长曹永林参加签约仪式。

7日 徐州市政协主席李荣启带领驻徐省政协委员考察团到连云港市，先后考察恒瑞医药、康缘药业、港口集装箱码头、中哈物流基地等地。

9日 “健康连云港·万人健步走”活动在海州区月牙岛举办，标志着“建设健康连云港”行动计划启动。市委书记、市人大常委会主任杨省世鸣枪发令。来自全市各行各业近万名健身爱好者、市民参加活动。

△ 连云港中华孝文化节暨“孝传天下”线上火炬传递启动仪式在朝阳街道群乐汇大舞台举行。

12日 市委、市政府召开全市生态文明建设大会，贯彻落实中央和省委、省政府新精神新要求。市委书记杨省世出席会议并讲话。市委副书记、市长项雪龙回顾总结“十二五”全市生态文明建设成绩，就下一步重点工作做部署。

12—13日 连云港港30万吨级航道一期工程竣工验收会召开，30万吨级航道一期工程通过竣工验收。

15日 市委书记、市人大常委会主任杨省世会见由伊犁州党委副书记、江苏援建伊犁前方指挥部总指挥、党委书记田洪率领的新疆伊犁州党政代表团一行。

19日 市委召开全市“两学一做”学习教育动员部署会，集中收听收看全省“两学一做”学习教育工作座谈会，并对贯彻中央和省委精神、做好全市学习教育工作进行动员部署。市委书记、市人大常委会主任杨省世出席会议并讲话。市委副书记、市长项雪龙主持会议。市四套班子

4月9日，全市万人健步走活动在海州区月牙岛举行。 牟进勇 摄

党员负责人，市委党建工作领导小组成员，各县区、板块及市各有关方面党组（党委）主要负责人和分管负责人参加会议。

△ 市委、市政府以电视电话会议形式召开全市加快推进供给侧结构性改革工作会议。

20日 南京医科大学康达学院附属连云港市妇幼保健院揭牌。

21—22日 由省人大常委会党组书记、常务副主任蒋定之带领的省人大常委会调研组一行到连云港，专题调研沿海开发工作。

22—23日 国土资源部副部长、民盟江苏省委主委曹卫星率专家组到连云港调研“一带一路”建设情况，并召开调研座谈会。

23—24日 由省科协、省教育厅等10家省级部门、市政府联合主办的江苏省第27届青少年科技创新大赛在淮海工学院举行。来自全省的400多名参赛代表参加了开幕式、公开展示、封闭问辩、科学讨论会、专项奖颁奖等主要活动。在公开展示环节有4000多名观众参观大赛主展厅。大赛设置“我最喜爱的创新成果”微信投票活动优胜奖、中复连众专项奖等7个专项奖。4月24日，举办科学讨论会暨专项奖颁奖典礼，现场颁发6大类60个专项奖，其中连云港市选手获得5个专项奖。

24日 “从我做起，建设干净、方便、顺畅连云港”系列活动启动。市长项雪龙出席主会场活动，并向市城管局、建设局、交通局和志愿者代表授旗。

24—26日 中国社会科学院俄罗斯东欧中亚研究所和哈萨克斯坦首任总统基金会世界经济与政治研究所代表团一行到连云港考察，并就连云港“一带一路”建设和对哈经贸合作开展座谈。市委常委、宣传部部长滕雯出席座谈会。

25—26日 市委书记、市人大常委会主任杨省世率队赴上海开展经贸招商活动，考察相关企业院所，加快推进有关项目，推动各方进一步深化合作。

28日 市委书记、市人大常委会主任杨省世在杭州开展经贸招商活动，会见浙江正华集团董事长楼正武一行。

△ 市长项雪龙会见土库曼斯坦驻华大使齐娜尔·鲁斯捷莫娃一行，双方围绕深化合作进行了友好交谈。

28—29日 《新华日报》、省电台、省电视台、《扬子晚报》、《现代快报》等8家省级主流媒体记者到连云港，集中采访省级重大典型、江苏“最美青年人物”——连云区住房和城乡建设局副局长、绿化所所长任彦洁。

29日 海滨大道全线通车暨田湾跨海大桥竣工仪式举行。田湾跨海大桥南连徐圩新区，北接高公岛，是江苏省建成投运的第一座跨海大桥。

△ 中国—土库曼斯坦“一带一路”倡议框架下互联互通对话会在连云港市举行。土库曼斯坦驻华大使齐娜尔·鲁斯捷莫娃，市长项雪龙出席会议并分别致辞。

△ 中国连云港—哈萨克斯坦—土库曼斯坦—伊朗物流大通道专题座谈会召开。土库曼斯坦驻华大使齐娜尔·鲁斯捷莫娃，市委常委、市政府党组成员、市港口管理局局长吴以桥出席会议，市政协副主席、上合组织（连云港）国际物流园管委会主任鲁林主持会议，连云港市港口等部门负责人以及物流企业代表参加座谈。

4月29日，田湾跨海大桥全线通车。 王健民 摄

5月

1日 即日起，连云港市全面推开“营改增”试点，营业税纳税人全部改征增值税。

3日 市委、市政府召开全市创建国家卫生城市动员大会，对创建国家卫生城市工作进行动员部署。

6日 “港城大讲堂”专题报告会在市委党校报告厅举行。中国社科院拉丁美洲研究所所长、学术委员会主任吴白乙研究员作主体为“‘两个大局’与对外战略转型”的专题报告。

7日 创建国家卫生城市专项整治行动启动仪式在市民广场举行。市领导曹永林、董春科、尹哲强参加活动。

10日 省政府副秘书长夏心旻率省调研组一行到连云港，专题调研连云港“一市一策”工作并主持召开座谈会。市委常委、常务副市长曹永林汇报“一市一策”意见主要内容。省市发展和改革委、经信委、财政、交通、商务等部门有关负责人，就产业发展等有关支持问题进行了面对面交流。

11日 连云港市地质灾害应急地质环境保护技术中心揭牌成立。

12日 市委、市政府召开核能可持续利用与地方经济发展报告会，中核集团科技委员会常委严叔衡、中核瑞能科技公司总经理薛维明围绕核能可持续安全发展分别做专题报告。

△ 海州白虎山庙会开幕。

13日 市委书记、市人大常委会主任杨省世主持召开市委全面深化改革领导小组会议，审议并原则通过《关于加快推进供给侧结构性改革的实施意见》《关于加快推进教育现代化建设，努力办好人民满意教育的意见》，听取国有企业、转变政府职能、上海自贸区试点经验复制、农村综合改革等重要改革事项情况汇报，并就下一步改革措施落实进行部署。市长项雪龙等全面深化改革领导小组负责人及成员单位参加会议。

15日 霍尔果斯党政代表团一行到连云港考察。市委书记、市人大常委会主任杨省世会见了霍尔果斯经济开发区管委会主任、党工委常务副书记、市委书记王刚一行，双方就深化两地交流合作进行了深入沟通交流。

△ 全国第26个助残日“同在阳光下，共圆幸福梦”颁奖晚会举行，一批残疾人自强模范、扶残助残先进集体和先进个人受到表彰。

△ 由市委宣传部、市科协、连云港报业传媒集团等联合主办的2016年首届“健康连云港”高峰论坛开幕，卫生部原副部长张凤楼，中国保健协会副理事长王钟，解放军总医院老年科心内科主任、硕士研究生导师、健康管理研究院医疗部主任武强分别做报告和讲座。

16日 连云港—首尔经贸合作交流恳谈会在韩国首尔举办。市长项雪龙出席恳谈会并致辞。韩中亲善协会会长李世基、中国驻韩国大使馆经商处公使衔参赞周长亭出席会议并讲话。兴亚海运株式会社会长李润载等韩国企业界代表出席会议。市委常委、市开发区党工委书记关永健主持会议，市委常委、市政府党组成员、市港口管理局局长吴以桥推介重点合作项目。

16—17日 全省开放型农业工作会议在连云港召开，部署下一阶段全省开放型农业工作。省农委主任吴沛良、副市长吴海云出席会议。

17日 市长项雪龙率领市代表团先后到韩国丽水市和群山市，考察丽水国家产业园区、GS加德士等重点企业以及群山市新万金工程，并与友好城市群山市市长文东信商谈合作发展事宜。

5月31日，灌河特大桥主桥钢桁梁顺利合龙。 市交通局 供

19日 由市旅游局、海州区政府联合主办的2016“中国旅游日”连云港主场活动暨古玩街开街仪式在民主路老街举行，这是自国家设立“中国旅游日”以来，连云港市举办的第六次中国旅游日宣传活动。

△ 凌晨5时，连云港港口集团职工董贵军成功登顶珠穆朗玛峰，成为连云港市和苏北第一位登顶珠峰的人。

24—25日 省委、省政府在连云港召开加快推进沿海地区发展工作会议，深入贯彻落实中共中央总书记习近平系列重要讲话特别是视察江苏重要讲话精神，回顾总结沿海开发国家战略实施情况，分析面临的新形势新要求，部署下一阶段工作，强化以新理念引领新发展再造新优势，推动沿海地区发展再上新台阶，确保实现国家规划确定的目标任务。省委书记罗志军、省长石泰峰在会上分别讲话。

27日 新欧亚大陆桥集装箱多式联运示范工程入选全国首批国家级多式联运示范项目。

28日 江苏省第七届全民健身运动武术气功大赛健身气功分赛开幕式在连云港市举行。来自全省13个地级市及南通大学的健身气功方队参与此次大赛。

31日 连云港市与上海浦东发展银行南京分行签署战略合作协议。市长项雪龙、浦发银行南京分行行长吴国元出席签约活动并分别致辞。副市长尹哲强代表市政府签署战略合作协议。

△ 中交第三航务工程局有限公司承建的国内第二大跨度钢桁梁柔性拱桥——灌河特大桥主桥钢桁梁顺利合龙，标志着连盐铁路建设取得重大进展。

6月

2日 韩国木浦市副市长李在哲率团到连云港考察，并召开木浦市大阳产业园区投资环境及旅游说明会。

2—3日 省人大常委会副主任赵鹏一行到连云港调研县乡人大工作，并就贯彻落实中央和省委有关精神，做好县乡人大换届工作听取意见和建议。市委书记、市人大常委会主任杨省世出席座谈会。

8日 2016年“世界海洋日暨全国海洋宣传日”连云港市活动启动仪式和“连云港首届海洋文化节”开幕式举行。

16日 纤维新材料绿色设计与绿色制造工程前沿技术论坛暨2016年中国化纤科技大会在连云港市召开，中国工程院院士张全兴、蒋士成、俞建勇出席会议，市长项雪龙、国家发展和改革委产业协调司副司长卢卫生出席会议并分别致辞，工信部节能与综合利用司副司长高宁、副市长徐家保出席会议。

17日 交通运输部党组书记、部长杨传堂一行到连云港市调研综

6月21日，工程施工历时8年的北疏港高速公路建成通车。　王健民　摄

合交通运输建设工作。省委常委、副省长、省政协副主席徐鸣陪同调研。

20—21日　省委常委、宣传部部部长王燕文率省文化厅、省新闻出版广电局等相关负责人一行，到连云港专题调研宣传思想文化工作。市领导杨省世、项雪龙、万闻华、滕雯、曹卫东陪同调研。

21日　2009年开工建设的连云港北疏港高速公路建成通车。公路全长10.91千米，总投资10.06亿元，起自连徐高速零公里处，设置墟沟互通枢纽和北固山隧道，止于连云港拦海大堤。

21—22日　市委书记、市人大常委会主任杨省世率团赴荷兰阿姆斯特丹、鹿特丹两地，推进港口物流合作。市领导吴以桥以及市外办、港口控股集团等单位相关负责人参加活动。

22日　全国“一带一路”沿线城市智库联盟在连云港市成立。

23日　市委书记、市人大常委会主任杨省世就加强“一带一路”物流合作，率团赴德国海尔纳市进行考察推介。

24日　江苏省连云港国际物流园投资有限公司第二次股东大会召开。会上，上合组织（连云港）国际物流园发展基金与江苏盛世金财投资管理有限公司签订委托管理协议，标志着上合组织（连云港）国际物流园发展基金正式设立运作。

25日　市委常委、常务副市长祁彪带领爱心企业康缘药业、市慈善总会有关人员到盐城市阜宁县，代表市委、市政府向阜宁灾区人民捐赠100万元救灾药品、200万元现金。

27—28日　市委书记、市人大常委会主任杨省世率团在捷克招商推介，重点推进连云港市与捷克的水晶产业合作。

7月

5日　国际刑警组织中国国家中心局江苏联络处连云港联络办公室挂牌。公安部国际合作局副巡视员李祝群，国际刑警工作处调研员张伟，省公安厅党委委员、副厅长、省维稳办副主任程建东，市领导王加培、王永生等参加揭牌仪式。

6日　国际刑警组织中国及中亚地区知识产权保护大会在连云港市开幕。来自中国、俄罗斯、哈萨克斯坦、乌兹别克斯坦、蒙古及国际刑警组织的近百名代表参加会议，开展交流研讨。市委书记、市人大常委会主任杨省世出席会议并致辞，公安部国际合作局副巡视员李祝群，国际刑警组织惩罚非法物品贩运与假冒局局长迈克尔·艾利斯，中国打击侵权、假冒工作领导小组办公室副主任马恩中，省公安厅党委委员、副厅长程建东，副市长、公安局局长王永生出席会议。

8日　装载德国汉宏物流公司机械设备的集装箱班列驶出中哈物流基地。12天以后，这批来自长三角地区的货物途经哈萨克斯坦（阿克套港）、里海、阿塞拜疆，最后抵达格鲁吉亚的波季港。这是连云港首次开通至格鲁吉亚的国际出口班列。

△　由省旅游局和市人民政府共同举办的2016“畅游江苏 清凉一夏”江苏海滨盛夏季启动仪式暨连云港之夏旅游节开幕式在连云港市举行。这是“连云港之夏”旅游节首次与江苏海滨盛夏旅游季启动同步进行。

9日　农业部国际合作司司长隋鹏飞一行到连云港调研农业“走出去”情况，并举行江苏省农业“走出去”企业座谈会。

10日　乌鲁木齐市连云港商会经贸考察团到连云港进行经贸考察，并举行乌鲁木齐市“连云港大厦”项目推介暨签约仪式。

12日　“把党纪党规刻印在全体党员心上”——全市学党规党纪电视知识竞赛（决赛）在市广播电视台新演播大厅举行。全市有112家单位、559名党员干部参加考试，36家单位进入复赛，6家单位进入决赛。市交通运输局代表队获一等奖。

△　“连云港公安民意110”工作平台正式揭牌，该平台启用后对公安接处警、执法办案、窗口服务、交通管理等公安执法服务工作进行全方位、全覆盖、全过程的监督回访，进一步畅通警民沟通渠道。

13日　全市农村基层党风廉政建设推进会召开。

19日　市政府与江苏师范大学新一轮深化市校合作、共建“一带一路”研究院和高新技术产业研究院合作协议签约暨揭牌仪式在市行政中心举行，市长项雪龙、江苏师范大学校长华桂宏出席活动并共同为2个研究院揭牌，副市长董春科代表市政府签署市校合作协议。

20日　全省工商系统工作座谈会在连云港召开，市长项雪龙出席会议并向来自全省工商和市场监管行业的与会代表介绍了连云港的经济社会发展情况。

△ 全国双拥模范城（县）命名暨双拥模范单位和个人表彰大会在北京举行，连云港第七次被命名为“全国双拥模范城”。

31日 由省科协、省科技厅、省文明办、省台办主办，国家东中西区域合作示范区管委会、市教育局、市科协、科学大众杂志社、台湾“中华创意发展协会”等单位共同承办的2016年海峡两岸青少年科技创新交流活动在连云港市徐圩新区举行。活动主要分为海峡两岸青少年科技教育论坛、2016年海峡两岸Power Tech交流赛、台湾中小学生江苏历史文化之旅三部分，来自台湾和江苏省的400多名师生（其中台湾师生130人）共聚一堂，同台竞技。在Power Tech交流赛中，台湾朴子小学获得小学组冠军，连云港东辛农场小学、宿迁市宿豫区第一实验小学分获亚军和季军；台湾新兴中学获得中学组冠军，南师附中丁家庄分校、台湾北投中学分获中学组的亚军和季军。

8月

2日 连云港市政府和国网江苏省电力公司签署建设坚强智能电网战略合作协议。市委书记、市人大常委会主任杨省世出席签约仪式，市长项雪龙、国网江苏省电力公司总经理尹积军分别致辞。

3日 国家旅游局批准花果山景区为AAAAA级景区。

4—5日 省委书记李强到连云港市调研。他强调，要积极对接国家“一带一路”战略，高水平推进沿海开发，增强生态环境竞争力，打造沿海地区新一轮发展的强大引擎，努力建设百姓富裕、环境美好、平安和谐的沿海地区。省委常委、秘书长樊金龙，市领导杨省世、项雪龙、杨莉、吴以桥参加调研。

4—6日 全市领导干部学习贯彻五大发展理念第一期专题轮训班开班。4日上午，市委书记、市人大常委会主任杨省世出席开班式并作动员讲话，市长项雪龙作首堂专题授课。市委副书记、组织部部长万闻华主持开班式。千余名全市县处级领导干部，市管国有企业领导班子成员，乡镇（街道）党政正职参加首期轮训。

7日 连云港市人民政府举行新闻发布会，介绍市民关注的中法核循环项目的有关情况。新闻发布会称，中法核循环项目是中法两国最大的战略合作项目，得到两国政府的鼎力支持。2015年初以来，中核瑞能公司先后到山东、福建、江苏、浙江等沿海省份对10多个站点进行普查比选，2016年到连云港开展中法核循环项目选址前期工作。该项目处于前期调研和厂址比选阶段，尚未最终确定。

8日 从黄海到里海——2016年中哈友谊汽车摩托车拉力赛暨连云港“一带一路”旅游宣传活动正式发车。本次活动由哈萨克斯坦东干人协会、连云港报业传媒集团、江苏智美体育产业有限公司共同主办。

9日 全市村（社区）党组织换届选举工作动员会召开。

10日 连云港市人民政府决定暂停核循环项目选址前期工作。

11日 全球首条大截面超高压碳纤维导线——截面面积达710平方毫米的碳纤维复合导线在灌云县同兴镇境内的500千伏田伊线上进行性能测试，并一举成功。

12日 国家质检总局在连云港市召开连云港口岸哈国过境小麦“集改散”方案专家评审会。与会专家一致同意在连云港口岸实施哈萨克斯坦出口小麦过境方案，标志着连云港作为哈萨克斯坦粮食过境中国唯一离境口岸正式得到国家批准。

21日 在巴西里约奥运会女排决赛中，中国女排击败塞尔维亚女排夺得冠军。连云港籍队员龚翔宇成为港城历史上首位奥运冠军。

22日 装载9080个集装箱的“中远欧洲号”轮，缓缓驶离连云港港30号泊位，开启连云港至地中海和美西的首航之旅。

23日 新建连云港至徐州铁路（徐连客专）可行性研究评估会在连云港召开。这是国家发展和改革委在批复连徐客专正式开工前委托北京华协咨询公司做的最后一次可研报告评估。来自国家铁路局、省铁路办、省发改委、上海铁路局、中铁四院等单位的相关负责人及铁路建设领域的专家学者对连徐客专的时速、线路走向、站点设置等做评估研究。

24日 伊犁日报社和连云港报业传媒集团战略合作签约仪式在新疆伊宁举行，双方联合发起成立新丝绸之路经济带移动政务新媒体联盟。

25日 中哈四方“一带一路”新闻传播与文化产业国际协作体合作协议签约仪式在新疆伊犁州霍尔果斯市举行。

24—28日 市委常委、宣传部部长滕雯在新疆霍尔果斯、乌鲁木齐等地分别拜会新疆维吾尔自治区政协主席努尔兰·阿不都满金，伊犁州党委书记黄三平，新疆日报社党委书记、总编辑许新江，霍尔果斯市委书记王刚等，并介绍连云港市援疆工作

8月2日，市政府与国网江苏省电力公司签订建设坚强智能电网战略合作协议。 俞德春 摄

以及连博会和媒体融合情况。

31日 市委、市政府召开全市深入推进"一带一路"战略暨加快沿海发展工作会议，下发《关于深入贯彻"一带一路"战略推进沿海发展五大工程的实施意见》《连云港市"十三五"沿海发展规划(征求意见稿)》以及市委、市政府贯彻落实省委、省政府相关文件重点任务分解方案。

9月

1日 全国人大代表、市委书记、市人大常委会主任杨省世率领连云港、南通两地全国人大代表到连云港市中哈物流园、上合组织物流园、徐圩新区、港口码头进行实地参观考察，并主持召开两地全国人大代表专题调研座谈会。南通市全国人大代表孙秀芳、陆亚萍、眷圣达、徐长江，连云港市全国人大代表白力群、权太琦，市领导吴以桥、董恕娟、于丽华参加会议。

2日 由省沿海办组织的新一轮沿海发展规划对接会在连云港市召开。市委书记、市人大常委会主任杨省世出席并致辞，省沿海办主任、省发展和改革委副主任林一峰，市委常委、常务副市长祁彪及省沿海发展专家顾问、省市相关部门和企业负责人参加会议。

△ 中哈物流基地项目纳入《丝绸之路经济带建设与"光明之路"新经济政策对接合作规划》。

5—6日 副省长马秋林率省有关部门负责人到连云港调研工业经济发展情况，并召开座谈会，听取连云港市重点产业发展以及当前工业运行情况的汇报。

7日 市政府与中国银行江苏省分行签订战略合作协议。

9日 连云港市召开表彰大会表彰龚翔宇。市长项雪龙向龚翔宇颁发"振兴港城杰出贡献奖"。

△ 江苏最美人物发布会在连云港举行，赣榆区乡村教师柏纪荣被授予"江苏最美教师"荣誉称号，并被选树为年度全省重大典型人物。

18日 新建连云港至徐州铁路(即连徐客专)可行性研究报告获得国家发展和改革委正式批复。

9月9日，港城首位奥运冠军龚翔宇回母校解放路小学参加活动。
樊晓姝 摄

19日 计划总投资63.71亿元的全市6个重点民生项目集中开工。市长项雪龙出席主会场开工活动，并宣布市重点民生项目暨白虎山市场改造开工。

20日 重点工业项目秋季集中开工活动举行，全市51个重点工业项目集中开工，项目计划总投资191.2亿元。市委书记、市人大常委会主任杨省世，市长项雪龙等市四套班子领导分别参加各县区项目集中开工活动。

22日 市政府举办连云港市农产品品牌战略发布会，推出全省首个地市级农产品公用背书品牌——"连天下"。

23—25日 由省政府主办，省农委、省商务厅、省贸促会和市政府共同承办的第十八届江苏农业国际合作洽谈会在连云港国际展览中心举行。农洽会紧扣农业国际投资与贸易合作主题，突出"走出去"、金融支持农业、"互联网+"农业等内容，举办融入"一带一路"建设推进农业国际合作恳谈会、"一带一路"农业国际合作产业联盟成立大会、"一带一路"连云港信息平台启动等系列活动。大会设展销展示展位760个，海内外1000多家农业企业、2000多种农产品和农机设备参展，来自越南、荷兰、柬埔寨、俄罗斯、巴西等国家及中国台湾、中国香港等地区的600多名境外来宾到会参观洽谈，签约合作项目228个，现场销售农产品1350多万元。

23日 第二届江苏渔业国际合作推介会在连举行，宣传推介全省现代渔业发展成果，推进渔业对外合作。省海洋与渔业局局长汤建鸣介绍江苏渔业基本情况及投资环境。来自赤道几内亚、坦桑尼亚、俄罗斯等国的驻华使节和嘉宾以及省有关部门负责人出席会议。

24日 连云港高新区与福丰科技智能控制研究院和机器人产业化基地等8个合作项目举行签约仪式，标志着全市实现机器人产业科技招商的重大突破。

25日 联合国教科文组织下设A级国际组织——世界手工艺理事会在伊朗授予江苏省东海县"世界水晶之都"铭牌。

26—28日 中国共产党连云港市第十二次代表大会在文化艺术中心举行。大会应到代表448人，实到代表441人。杨省世代表中共连云港市第十一届委员会向大会作题为《落实"一带一路"战略，加快产业强市步伐，奋力夺取全面建成小康社会决战胜利》的报告。大会通过了《中国共产党连云港市第十二次代表大会关于中共连云港市第十一届委员会报告的决议》《中国共产党连云港市第十二次代表大会关于中共连云

9月23日,第十八届(2016)江苏农业国际合作洽谈会在连云港国展中心开幕。 王振 摄

港市第十一届纪律检查委员会报告的决议》。差额选举产生10名中共连云港市第十二届委员会常务委员会委员,分别是杨省世、项雪龙、万闻华、关永健、王加培、滕雯、刘海涛、曹卫东、王东升、王立斌。会议选举杨省世为中共连云港市委书记,选举项雪龙、万闻华为中共连云港市委副书记。选举刘海涛为市纪委书记。

27日 由公安部主办、省公安厅协办、市公安局承办的第二届新亚欧大陆桥安全走廊国际执法合作论坛在连云港市开幕。论坛围绕“落实五大合作愿景、共同应对执法安全新挑战”主题,共商安全合作大计。开幕式上,国务委员、公安部部长郭声琨发来贺电,公安部副部长孟宏伟,副省长马秋林,市领导杨省世分别致辞,省公安厅副厅长程建东,副市长、市公安局局长王永生等出席论坛。

△ 市公安局被公安部授予“国际执法合作工作示范点”称号。公安部国际合作局副巡视员朱明、市领导王加培出席揭牌仪式。

29日 市政府召开全市质量工作暨质量强市示范城市动员会议,动员开展争创全国质量强市示范城市工作。

30日 由市政府、东南大学、淮海工学院共同主办的2016年连云港市—东南大学产学研合作对接洽谈会在连举行。东南大学党委书记易红、市长项雪龙分别致辞。淮海工学院校长史金飞介绍学校科技创新情况,东南大学副校长吴刚、市人大常委会副主任徐大勇、市政协副主席舒小平出席会议。

△ 市长项雪龙会见新加坡益海嘉里集团董事长郭孔丰一行,并向郭孔丰颁发连云港市荣誉市民证书。

10月

8日 推进“一带一路”建设工作领导小组办公室印发《中欧班列建设发展规划(2016—2020年)》,连云港市被确定为沿海重要港口节点城市。连云港—阿拉山口(霍尔果斯)—伊斯坦布尔(土耳其)中欧班列线被列为中欧铁路直达班列线。

9日 市委召开全市市县乡人大换届选举工作会议。

11—14日 市委书记、市人大常委会主任杨省世率领市党政代表团到宁波、嘉兴、上海、青岛考察。市领导万闻华、曹卫东、王东升、王立斌、杨莉、徐家保、王永生、王开宇、曹佳鸣、鲁林等市四套班子领导及相关县区、部门负责人参加考察。

15—16日 连云港港30万吨级航道二期工程可行性研究报告评估会在连云港市召开。受国家发展改革委委托,来自全国深水航道建设领域的专家学者对连云港港30万吨级航道二期工程项目建设的必要性、建设规模和需求、建设条件等进行讨论和评审,专家组一致认为设计单位编制的可行性研究报告可行。

18日 由市科技局主办的2016年“杰瑞杯”连云港创新创业大赛决赛在淮海工学院举行。大赛参赛企业125家,团队47个,入围决赛企业18家,团队7个。参赛项目涉及互联网和移动互联网、生物医药、先进制造、新能源与节能环保、电子信息、新材料、文化创意等领域,决赛评出优秀奖12项、三等奖4项、二等奖2项、一等奖2项。分子生物检测研发团队的参赛项目“蛋白质核酸快速检测试剂盒及系列产品”获得团队组冠军,十方健康管理(江苏)有限公司的参赛项目“互联网健康管理云平台的开发与运营”获得企业组冠军。

17—21日 市委副书记、市长项雪龙率市党政代表团赴深圳、珠海、广州考察。

19—22日 第九届徐福故里海洋文化节在连云港市赣榆区举行。文化节期间,举办2016徐福文化与“一带一路”城市文化产业国际论坛。中国徐福会会长张云方,国务院发展研究中心原副主任陆百甫,文化部原副部长周和平,江苏省文化厅党组副书记、副厅长马宁,韩国韩中亲善协会、韩国徐福文化协会会长李世基,日本驻华大使馆公使石川浩司,连云港市副市长董春科出席论坛并致辞。国内外徐福文化研究学者200多人参加论坛,徐福文化国际论坛(赣榆)秘书处揭牌。举办金秋经贸洽谈会,洽谈会签约21个项目,计划总投资75亿余元,项目涉及新能源、精密机械、环保设备制造等。文化节期间还举办了“智汇海州湾”科技人才赣榆行活动、发展家乡促进会成立大会、“新海之声——赣榆是个好地方”主题晚会、“和安赣榆·兴业福城”摄影图片展等活动。

25—26日 省人大常委会副主任刘永忠带领部分省人大常委会委员、省人大代表到连云港对薛元金等35名省人大代表提出的“关于引导和支持华侨投资者参与‘一带一路’、长江经济带建设和江苏沿海开发”的建议进行重点督办。

26日 国家宗教局副局长蒋坚

永到连云港举办“发挥宗教文化作用，服务‘一带一路’建设”专题报告会。

27日 江苏最美人物发布会在连云港举行，谢芳丽被授予“江苏最美双创之星”荣誉称号。

11月

1—3日 由市委宣传部联合云台山风景区与中央电视台科教频道（CCTV10）联合制作的专题纪录片《花果山传奇》在中央电视台科教频道《地理·中国》节目中播出。

4日 2016江苏海洋经济发展高层论坛在连云港举办，是江苏省首次举办关于海洋经济发展的专题性论坛活动。中国现代国际关系研究院原院长陆忠伟，江苏省人民政府参事室原主任宋林飞，国务院发展研究中心副巡视员张立群，国家海洋信息中心副总工程师王晓惠做主旨发言。

5日 新建连云港至徐州铁路（徐连客专）先导段开工建设，是江苏“十三五”时期开工建设的首个重大铁路项目。省长石泰峰到施工现场，了解工程准备与建设情况。

7—8日 省人大常委会秘书长吕振霖一行到连云港调研行政审批制度改革工作。

8—9日 省政府办公厅组织部分省人大代表、省政协委员、省政府参事到连云港市视察“一带一路”建设工作推进情况。

11月5日，新建连云港至徐州铁路先导段开工。 王振 摄

10日 公安部党委委员、政治部主任夏崇源一行到连云港调研指导公安工作。省委常委、政法委书记、公安厅厅长王立科，市委书记杨省世，公安部现役办主任单于广，省公安厅党委副书记左锁粉，省公安厅党委委员、政治部主任汤楠，市领导关永健、王永生陪同调研。

11日 第十七届淮海经济区商标保护协作会议在连云港召开，会议通过了《淮海经济区商标保护协作连云港宣言》，江苏、山东、安徽、河南四省在“公平、公正、诚信、互助”的原则下，进一步加强商标区域保护与协作，维护商标专用权。

△ 连云港旅游宣传片《连云港旅游》在2016第二届全球旅游视频大赛上获“最美旅游视频”奖。

15日 扬子江国际论坛·“一带一路”系列峰会在连云港召开。第十届全国政协副主席张怀西宣布开幕。江苏省对外友好交流促进会会长、省人大常委会原常务副主任林祥国，市委副书记、市长项雪龙分别致辞。省对外友好交流促进会常务副会长、省人大常委、省人大外事委主任滕勇主持会议。市人大常委会副主任李国章出席会议。

16—18日 以“共建共享新亚欧大陆桥国际物流通道，携手打造绿色健康智力和平丝绸之路”为主题的第三届中国（连云港）丝绸之路国际物流博览会在市工业展览中心举办。展会由展览展示和专题活动两部分组成，主题为“共建共享新亚欧大陆桥国际物流通道，携手打造绿色健康智力和平丝绸之路”，展览总面积2.4万平方米。展会邀请10个国家的大使、11个国家驻沪总领事、19个国家驻华商务机构代表和国内知名企业家、智库专家出席开幕式和各项活动。223家单位参展，室内标摊814个，室外展览2400平方米，参观人数超过2万人次。连博会期间先后举办新亚欧大陆桥经济走廊建设高层论坛、“一带一路”

11月16日，第三届中国（连云港）丝绸之路国际物流博览会在连云港工业展览中心开幕。 市委办 供

国际产业合作高峰论坛、全省多式联运工作推进会、日本堺市（连云港）产业·观光说明会、全国丝路沿线城市学联融入“一带一路”建设圆桌对话会和大连接时代的智慧物流发展高层论坛。市长项雪龙先后会见了哈萨克斯坦国家铁路公司总裁阿尔皮斯巴耶夫、日本堺市友好代表团竹山修身市长一行。

25日 省公安厅在连云港召开全省国际执法警务合作工作现场推进会。公安部国际合作局办公室主任牛海峰，省公安厅国际合作局局长赵忠俊，副市长、公安局局长王永生出席会议。

12月

3日 欧美同学会（中国留学人员联谊会）留学报国连云港基地揭牌。欧美同学会党组成员、副会长、中联部原副部长马文普，市委常委、秘书长、统战部部长王东升参加活动。

5日 连接市区与徐圩新区的徐新公路通车。徐新公路全长31.1千米，总投资15.8亿元。市民可通过马涧通道从云台山脉南侧抵达新圩新区，车程缩至半小时之内。

△ 连云港市召开全民科学素质工作会议，部署“十三五”时期全民科学素质工作任务，印发《连云港市全民科学素质行动计划纲要实施方案（2016—2020年）》。

5—6日 由市委宣传部、党史工办、市水利局联合制作出品，市革命纪念馆、上海齐歌文化传播公司联合承制的纪录片《沂沭安澜》在中央电视台科教频道《探索·发现》栏目播出。

6日 “‘两聚一高’在江苏——智库专家、媒体老总环省行”到连云港进行专题采访。市委书记杨省世，省社科院副院长吴先满，新华日报社党委委员、副总编辑，中江网董事长、总编辑张晓东，就连云港市如何更好发挥资源禀赋优势，聚力创新、聚焦富民，高水平全面建成小康社会进行面对面深入访谈。

6—7日 由江苏省科协、连云港市政府主办，江苏省国际科技合作中心、连云港市人才办、连云港市科协承办的2016中国（昆山）国际创新创业大会分会场活动在连云港举办。来自美国、德国、法国、英国、澳大利亚等国家和地区及中英科技文化协会、常春藤创业联盟、海外华人科创联盟等海外科技社团的近50位海智专家齐聚连云港，考察连云港市科技文化产业，与近百家市内企业开展洽谈对接、项目合作，为连云港智能制造、新材料、新医药、新型装备制造等重点产业发展和创新创业建言献智。

8日 中国社会科学院知识社会（连云港）研究基地暨“一带一路”（连云港）研究基地成立大会在淮海工学院召开。中国社科院人口与劳动经济研究所所长张车伟和省社科联党组书记、常务副主席刘德海为知识社会（连云港）研究基地揭牌，中国社科院世界经济与政治研究所副所长邹治波和市委常委、宣传部部长滕雯为“一带一路”（连云港）研究基地揭牌。中国社科院人口与劳动经济研究所党委书记、副所长钱伟和市政协副主席、淮海工学院副院长舒小平等来自市内外的300余名专家和各界代表参加会议。

12日 连云港市车牛山岛微电网一期示范工程建成并投入运行，是江苏首个智能型海岛微电网工程，有效解决海岛供电稳定性不足、自动化水平低和饮用水短缺等问题。

15日 省委常委、常务副省长黄莉新到连云港调研沿海开发工作。她强调，要抓住用好“一带一路”交汇点建设和江苏沿海发展重大机遇，贯彻落实省第十三次党代会精神，深度挖掘和充分利用自身资源禀赋，坚持创新驱动、严守生态底线，加快培育壮大沿海大产业，提升沿海开发开放水平，提高区域经济增长质效，为全省新一轮沿海发展做出更大贡献。

17日 市首届社区邻里节在海州区新东街道文昌社区举行。

19日 省委书记李强到连云港调研，他强调，要认真贯彻落实中央经济工作会议精神，围绕省第十三次党代会确立的“两聚一高”目标任务，充分发挥自身优势，细化政策举措，下大力气解决制约发展的突出问题和百姓关注的现实问题，在实现发展突破中切实提高富民惠民水平。省委常委、秘书长樊金龙，副省长陈震宁，市委书记杨省世，市长项雪龙等市领导陪同调研或参加相关活动。

20日 省委书记李强在连云港主持召开座谈会，听取苏北五市和扬州、泰州市党委主要负责人的意见建议，就贯彻中央经济工作会议精神，落实省党代会部署，做好2017年各项工作进行调研。

28日 全省2016年设区市共青团工作交流会在连云港召开。市委书记杨省世出席会议并致辞。团省委书记王伟主持会议。 （档案局）

责任编辑 郭 云

市情概览

地情述要

【地理位置】 连云港市地处江苏省东北端，位于北纬33°58′55″～35°08′30″、东经118°24′03″～119°54′51″之间。东濒黄海，与朝鲜、韩国、日本隔海相望，北与山东省日照市接壤，西与山东临沂市和江苏省徐州市毗邻，南连江苏省宿迁市、淮安市和盐城市。东西最大横距约129千米，南北最大纵距约132千米。土地总面积7615.29平方千米，海域面积6677平方千米，市区建成区面积214平方千米。连云港南连长三角，北接渤海湾，西依大陆桥，处于连接新亚欧大陆桥产业带、亚太经济圈、环渤海经济圈和长三角经济圈的“十”字结点位置，为陆上丝绸之路和海上丝绸之路交汇点，是新亚欧大陆桥东桥头堡、中国首批沿海对外开放城市、中国重点海港城市、中国优秀旅游城市和中西部最便捷出海口岸。

【地形地貌】 连云港市境内平原、大海、高山齐全，河湖、丘陵、滩涂、湿地、海岛具备。地势由西北向东南倾斜，形如一只飞向海洋的彩蝶。地貌基本分布为西部岗岭区、中部平原区、东部沿海区和云台山区四大部分。西部低山丘陵岗陵区海拔100～200米，面积1730平方千米。中部平原海拔3～5米，主要是侵蚀堆积平原、河湖相冲积平原及冲海积平原3类，面积5409平方千米，其中耕地面积3925平方千米。云台山脉属于沂蒙山的余脉，有大小山峰214座，其中云台山主峰玉女峰海拔624.4米，为江苏省最高峰，全市山区面积近200平方千米。东部滨海区海岸类型齐全，大陆标准岸线204.82千米，其中40.2千米深水基岩海岸为江苏省独有。江苏省境内大多数海岛分布在连云港境内，包括连岛、平山岛、达山岛、车牛山岛、竹岛、鸽岛、高公岛、羊山岛、开山岛、秦山岛、牛尾岛、牛背岛、牛角岛等20个，总面积8.97平方千米。其中连岛为江苏第一大基岩海岛，面积8.1平方千米。

【气候水文】 连云港市处于暖温带与亚热带过渡地带，四季分明，寒暑宜人，光照充足，雨量适中。常年平均气温14.5℃，历年平均降水883.9毫米，常年无霜期215天。主导风向为东南风。由于受海洋调节，气候类型为湿润性季风气候。日照和风能资源为江苏省最多，是最佳地区之一。2016年，全市年平均气温

连云城区 张言华 摄

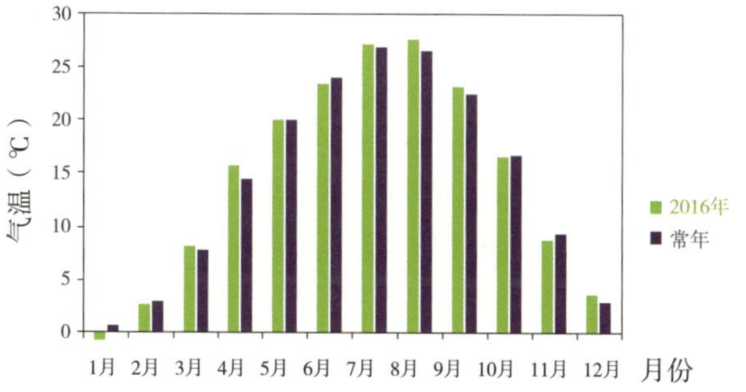

图 1　2016 年连云港市月平均气温与历年值对比图

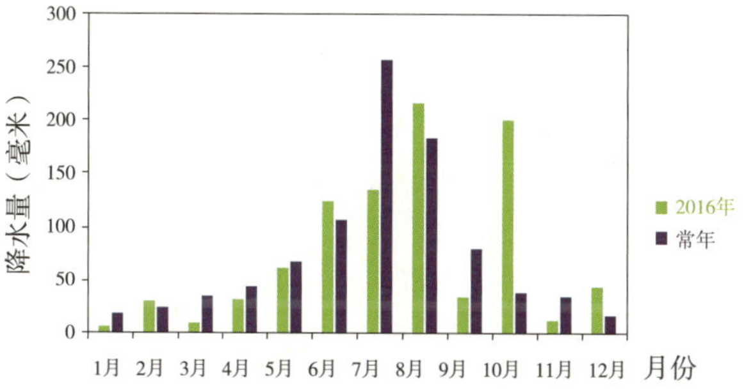

图 2　2016 年连云港市月平均降水量与历年值对比图

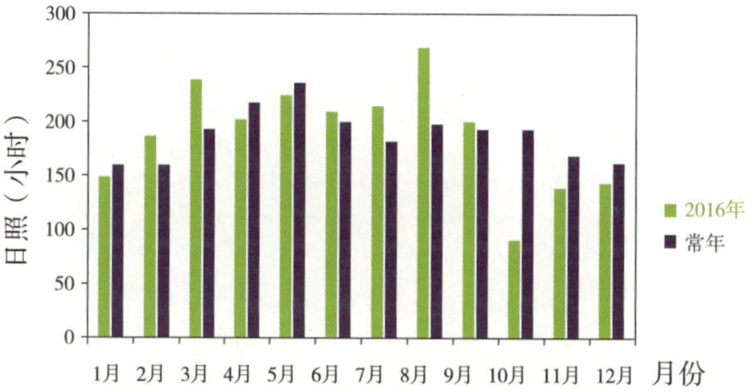

图 3　2016 年连云港市月平均日照时数与历年值对比图

14.9℃，比常年偏高 0.4 ℃。年降水量 814.1 毫米，与常年持平。年日照时数 2271.3 小时，与常年持平。冬季（2015 年 12 月至 2016 年 2 月）平均气温 2.2℃，与常年持平；春季（3—5 月）平均气温 14.6 ℃，较常年偏高 0.6 ℃；夏季（6—8 月）平均气温 26.2 ℃，较常年偏高 0.5℃；秋季（9—11 月）平均气温 16.5 ℃，较常年偏高 0.3 ℃。1 月 24 日，东海县出现极端最低气温 -15.6 ℃。7 月 24 日，赣榆区出现年极端最高气温 37.3 ℃。市区全年日最高气温 ≥ 35℃的高温日数为 7 天，年高温日数与常年相比正常略多。市区终霜 3 月 27 日，与常年相比正常；初霜出现在 11 月 22 日，与历史同期相比明显偏晚，无霜期 239 天，比常年长 24 天。与常年相比，2016 年降水量正常，但时间上分配不均。1 月降水量显著偏少，2 月大部分地区正常，局部偏多；春季灌云灌南降水量正常，其他地区偏少；夏季大部分地区降水正常，局部偏少；秋季大部分地区降水量异常偏多；12 月全市降水量异常偏多。全年灾害性天气主要有寒潮 3 次、强降温 1 次、雷雨大风 1 次、暴雨 6 次、大雾 53 天、高温日 7 天、连阴雨 1 次。与常年相比，2016 年整个水稻生长期（5 月上旬至 10 月上旬）总积温较常年偏多 58.6 度，降水量较常年偏少 31.5 毫米，日照较常年偏多 92.5 小时。小麦全生育期积温比常年偏多 31℃，雨量比常年偏多 55 毫米，日照时数偏少 80.4 小时。

2016 年，境内水系属于淮河流域沂沭泗水系，沂沭地区的主要排洪河道新沂河、新沭河等均从境内入海，故有“洪水走廊”之称。境内河网稠密，有骨干河道 82 条，其中灌河、临洪河等 17 条为直接入海河流。全市有水库 144 座，其中石梁河水库为江苏省最大水库，总库容 5.31 亿立方米。水资源总量 16.32 亿立方米，全年调引江淮水 23.03 亿立方米，人均用水量 588.9 立方米。

（刘　艳　李　军）

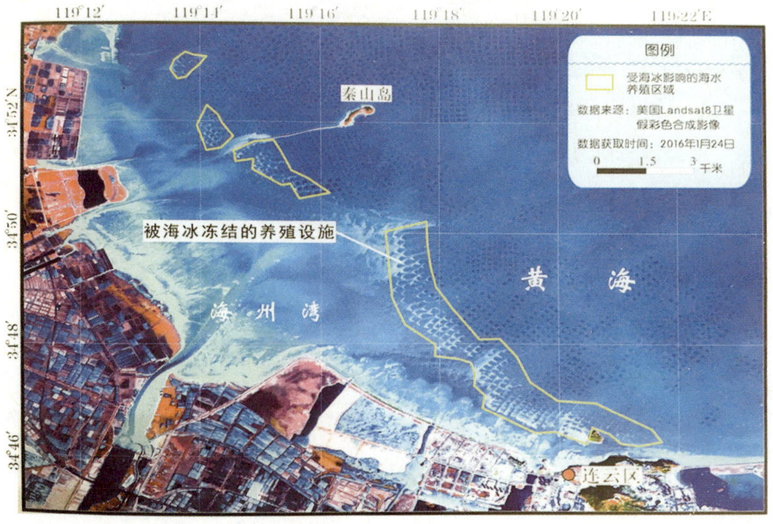

1 月 22—26 日，连云区沿海最低气温降至 -14.7℃，海州湾近岸最大冰厚超过 20 厘米。图片选自中国海洋环境状况公报。

【自然资源】 连云港市自然资源丰富，南北过渡的气候条件和地貌类型的多样性，有利于连云港市发育一个兼具南北特征的植物种群体系。境内盛产水稻、小麦、棉花、大豆和花生，是国家重要的粮棉油、林果、蔬菜等农副产品生产基地。珊瑚菜、金镶玉竹为江苏省珍稀名贵特产。云台山的云雾茶为江苏三大名茶之一。陆上动物主要为人工饲养的畜禽品种，有 12 科 18 属 90 多种。有各种鸟类 225 种，其中列入国家珍稀保护鸟类 31 种。拥有全国八大渔场之一的海州湾渔场、全国四大海盐产区之一的淮北盐场、全国最大的紫菜养殖加工基地、河蟹育苗基地和对虾养殖基地。前三岛海区为江苏省唯一的海珍品基地,赣榆区拥有全省第一家以海洋产业为主的省级海洋经济开发区。境内已探明矿产资源49种,其中非金属矿产33种、金属矿产11种、能源及水气矿产5种。蛇纹石、磷、脉石英、大理岩、建筑用砂、金红石、榴辉岩系列矿产(石榴子石、绿辉石)、花岗岩等非金属矿产是连云港市主要特色矿产。蛭石、云母、石榴子石红宝石等特色非金属矿产,是江苏省唯一产地。东海县水晶储量、品位居全国之首,是中国最大的硅产业基地和水晶工艺品、硅微粉、碳化硅等产品的加工和出口基地,被国家工艺美术协会授予"中国水晶之都"称号,被世界手工艺理事会授予"世界水晶之都"称号。 (年 编)

【建置区划】 连云港市早在四五万年前就有原始先民在这块土地上生息繁衍。市域有明确行政建置始于秦代,在今市境海州置朐县,属东海郡。东魏武定七年(549年)始称海州。唐代以后,除元代一度称海宁州外,其余各朝基本上延称海州。素有"淮口巨镇""东海名郡"之美誉。清雍正二年(1724)升为直隶州。民国元年(1912)改称东海县。1933年设东海行政区,同年,陇海铁路终端港建成,因面向连岛、背倚云台山而取名为连云港。1948年11月,全境解放后设立新海连特区。1949年11月撤销新海连特区,成立新海连市。1950年5月,新海连市和东海县合并为新海县,年底恢复新海连市和东海县建制,隶属山东省临沂专区。1953年1月,划归江苏省徐州专区。1961年9月,因港得名改称连云港。1962年6月起为江苏省辖市。2014年5月,国务院批复连云港市部分行政区划调整,同意撤销新浦区、海州区,设立新的连云港市海州区;同意撤销赣榆县,设立连云港市赣榆区。7月8日,赣榆区、海州区挂牌成立。至2016年底,连云港市辖赣榆区、海州区、连云区、东海县、灌云县、灌南县。全市有50个镇、10个乡、30个街道,251个社区、1432个村。

【人口民族】 人口 2016年末,全市户籍总人口533.99万人,比2015年末增加3.43万人,增长0.65%。常住人口449.64万人。年平均人口532.28万人,比2015年增加3.74万人,增长0.71%。在年末总人口中,市区人口222.69万人,增长0.89%。在年末总人口中,男性278.75万人,女性255.24万人。男女性别比为(女性=100)1.09。全市总户数为142.1万户,比2015年末增加8400户,增长0.59%;平均每户人口3.76人。2016年末,全市人口密度为701.2人/平方千米。2016年,连云港市15～64岁劳动年龄人口315.18万人,占全市总人口的70.1%。

按地区统计,市辖区(海州区、连云区,以下同)人口102.39万人,四县区(赣榆区、东海县、灌云县、灌南县,以下同)人口431.6万人。自然增长数4.67万人,自然增长率8.75‰;迁入户口2.53万人,比迁出户口少1.21万人,机械增长率-2.26‰。城镇人口283.58万人,乡村人口250.42万人,户籍人口城镇化率53.1%,比2015年提高1.4%。

民族 2010年全国第六次人口普查,全市有汉族、蒙古族、回族、藏族、维吾尔族、苗族、彝族、壮族、布依族、朝鲜族、满族、侗族、瑶族、白族、土家族、哈尼族、哈萨克族、傣族、黎族、傈僳族、佤族、畲族、高山族、拉祜族、水族、纳西族、景颇族、

2016年连云港市行政区划一览表

表1 单位:个

区域名称	所辖街道乡镇名称	乡	镇	街道
赣榆区	镇:青口、柘汪、石桥、金山、黑林、厉庄、海头、塔山、赣马、班庄、城头、城西、宋庄、沙河、墩尚	—	15	—
海州区	街道:朐阳、新海、新浦、海州、幸福路、洪门、宁海、浦西、新东、新南、路南、花果山、南城、郁洲、云台 镇:锦屏、新坝、板浦、浦南	—	4	15
连云区	街道:墟沟、连云、云山、板桥、连岛、海州湾、宿城、高公岛、中云、猴嘴、朝阳、徐圩 乡:前三岛	1	—	12
东海县	乡:驼峰、李埝、山左口、石湖、曲阳、张湾 镇:白塔埠、黄川、石梁河、青湖、温泉、双店、桃林、洪庄、安峰、房山、平明 街道:牛山、石榴	6	11	2
灌云县	乡:小伊、南岗 镇:伊山、杨集、燕尾港、同兴、四队、圩丰、龙苴、下车、图河、东王集 街道:侍庄	2	10	1
灌南县	乡:李集 镇:新安、堆沟港、田楼、北陈集、张店、三口、孟兴庄、汤沟、百禄、新集	1	10	—
合 计		10	50	30

(刘从鸿)

连云港港是新亚欧大陆桥东端桥头堡，是亚欧间重要的水陆中转港。
樊晓姝 摄

科尔克孜族、土族、达斡尔族、仫佬族、羌族、布朗族、撒拉族、毛南族、仡佬族、锡伯族、阿昌族、塔吉克族、怒族、鄂温克族、德昂族、京族、鄂伦春族、赫哲族、基诺族等51个民族。其中汉族人口占99.85%，少数民族人口占0.15%。2016年，全市有少数民族人口约1.5万人，占全市总人口的0.28%。（刘从鸿）

【区位交通】 连云港市位于中国大陆南北过渡和海陆相连的交汇点，居全国42个综合交通枢纽、国家45个公路主枢纽、长三角地区7个国家级综合运输枢纽之列。国际层面，连云港是国际通道新亚欧大陆桥东端桥头堡，是亚欧间重要的水陆中转港，具有海运、陆运、航运相结合的优势。国家层面，是陇海铁路东部起点，也是东部沿海地区节点城市，是沟通东西、连接南北枢纽。区域层面，是长三角成员城市，位于长三角、环渤海经济圈交界位置。省级层面，具有江苏唯一的深水大港，是全省三大国家级综合交通运输枢纽之一，是苏北地区重要的区域增长极。对外公路全面实现高速化，高速公路密度在全国、全省名列前茅，连（连云港）—霍（新疆霍尔果斯）、沈（沈阳）—海（海口）两条国家级高速干道在此交汇，204国道穿境而过。境内铁路全长9.92万米，开通至阿拉山口等地的集装箱运输“五定”（定点、定线、定车次、定时、定价）班列，客货运列车可直通北京、上海、南京、武汉、成都、宝鸡等大中城市，承担新亚欧大陆桥60%以上的过境集装箱运输。2013年，连云港—盐城铁路开工建设。2014年，青岛—连云港—上海的沿海铁路开工建设。2015年，连云港—镇江铁路开工建设。2016年，连云港—徐州铁路先导段开工建设。连云港民航机场达到国际4D级标准，开通至北京、上海、广州等数十条国内航线以及至韩国首尔的国际航线。2014年7月1日，国家民航局批复连云港新机场项目选址方案，确定灌云小伊场址为新机场着选场址。内河运输与京杭大运河、长江直接相通，是全国铁水联运示范港口。连云港已形成以港口为核心的公路、铁路、水运、航空、管道“五位一体”，海、河、陆、空四通八达的立体化、现代化的交通网络。

【历史文化】 连云港悠久的历史造就了灿烂的文化。五万年前就有人类活动，六七千年前就有先民从事农耕。国内迄今发现的首例具有内外城双重结构的史前城址“藤花落”是2000年中国考古十大新发现之一。于2002年出土的海州双龙汉代女尸的考古价值堪与湖南长沙马王堆汉墓出土的女尸媲美，被誉为“东方天书”的将军崖岩画，经北京大学太极文化研究所研究员王大有考证，确认为7000年前的少昊氏祭天遗迹，是全国最古老的岩画。东汉时期的艺术珍品——孔望山摩崖造像，据考证比敦煌莫高窟还要早300年。孔子曾到此登山观海留下文化遗存“孔望山”。秦始皇4次东巡，3次到此并立石建有“秦东门”。齐地琅琊（今连云港赣榆）方士徐福寻求不老仙药东渡扶桑。中国古典名著《西游记》《儒林外史》《镜花缘》都与海州、花果山有不解之缘。陶渊明、李白、苏东坡、石曼卿、沈括、李清照、吴承恩、李汝珍、吴敬梓、朱自清等文人高士、诗家骚客的遗迹使人流连忘返。出土于东海尹湾汉墓的西汉简牍入选国家珍贵古籍名录。2016年底，全市有全国重点文物保护单位9个、国家级非物质文化遗产项目5个。

【方言风俗】 连云港市处在南北方言的交接过渡地带，既有北方方言的特点，又受南方方言的影响。境内方言有两类，一类是属于中原官话郑曹片的青泉（青口、温泉）小片，方言特征是没有入声，古入声清音字及次浊字今读阴平、全浊字今读阳平。另一类是属于江淮官话洪巢片的海伊（海州、伊山）小片，方言特征是有入声，除少数入声字变成舒声外，入声自成一类。随着城市发展，大量的外地人定居城区，使连云港方言发展变化加大，有向普通话靠拢的明显趋势。

古海州历史悠久，儒家传统文化、宗教文化、南北文化在连云港地区交融渗透，连云港市民俗具有豫东、鲁南的基本民俗特色，又有苏北、皖北淮海地区的习俗风貌。以祭海、捕鱼、起网、号子等为特征的渔民习俗，以修滩、晒盐、扒摊和祭奠为主要内容的盐民习俗，彰显连云港民俗文化的地域特色。（年 编）

【宗教】 连云港市是宗教工作重点市之一，佛教、道教、伊斯兰教、天主教、基督教五大宗教齐全。2016年底有正式登记的宗教活动场所555个，宗教教职人员619人；有信教群众26万余人，约占全市总人口的5.2%。全市有市佛教协会、市道教协会、市伊斯兰教协会、市天主教爱国会、市基督教三自爱国运动委员会、市基督教协会6个市级宗教团体，县区级有宗教团体7个。

全市有佛教寺庙28处，佛教教职人员（僧、尼）45人，信教群众4万人。道教场所有4处，道士8人，信教群众2万人。清真寺3座，阿訇2名，信教群众5000人。天主教活动场所5个，神父1名、执事2名，信教群众5000人。全市有基督教活动场所512处，牧师11人、长老32人、传道518人、信教群众19万人。全市有民族小学1所，民族村7个，民族组6个，省民族工作示范社区9个，市级少数民族定点医院1所，少数民族特需商品定点生产企业2家，清真食品基本供应点10家，清真拉面馆120余家。（民宗局）

【风景名胜】 连云港市是一个拥有优美山海风光的知名旅游城市，山海相拥、港城一体，是全国49个重点旅游城市和江苏省3大旅游资源富集区之一，拥有"中国优秀旅游城市""中国十大环境最好旅游城市""中国最佳旅游目的地"等称号。全市有AAAAA级旅游景区1家，AAAA级旅游景区12家、AAA级旅游景区18家。横亘绵延近200平方千米的国家级云台山风景名胜区贯穿市区，形成独具特色的旅游景观和城市园林风光。连云港集名山（花果山）、名海（黄海）、名水（温泉）、名竹（金镶玉竹）、名石（水晶）、名书（《西游记》《镜花缘》）、名井（亚洲第一井）于一地，构成独特的城市风貌和旅游景观，造就了山、海、岛、港相得益彰，水秀山清浑然一体的宜人风光。连岛是江苏最大岛屿，岛上拥有江苏面积最大、沙质最好的浴场；连接海岛与陆地的拦海大堤全长6700米，被誉为"神州第一堤"。东海温泉出水口水温82℃，富含多种微量元素，被誉为"华东第一泉"。

【市花、市树、市歌】 2005年2月22日，连云港市第十一届人民代表大会常务委员会第十五次会议决定：连云港市市花为玉兰，市树为银杏。1997年起传唱的连云港市歌《在海一方》，为乔羽作词、郁洲萍作曲。（年 编）

国民经济和社会发展

【概况】 2016年，连云港紧紧抓住国家"一带一路"建设、沿海发展等重大战略机遇，牢固树立和贯彻落实创新、协调、绿色、开放、共享五大发展理念，以改革创新为引领，以扩大开放求突破，坚持稳中求进主基调，着力加快转型升级，全市经济运行稳中有进，综合实力日益增强，产业发展、城乡面貌、人民生活发生显著变化。全年实现地区生产总值2376.48亿元，比2015年增长7.8%。人均地区生产总值52986元。三次产业结构调整为12.7∶44.2∶43.1。公共财政预算收入211.47亿元，下降27.5%。公共财政预算支出374.78亿元，下降14.5%，用于民生支出达七成。港口货物吞吐量2.21亿吨，增长5%。集装箱运量470.33万个标准箱。

2016年，连云港连岛入选国家海洋局评选的全国十大美丽海岛。图为连岛苏马湾景区。 俞德春 摄

【农业】 2016年，全市实现农林牧渔业总产值589亿元，农业增加值321亿元，农民人均可支配收入13932元。农业综合生产能力稳步提升，全市粮食播种面积50.1万公顷，亩产479.6千克，均与2015年基本持平。粮食总产360.8万吨，比2015年减少1.4万吨。新增高效设施农业面积4667公顷，累计面积7.73万公顷，占耕地比重为19.9%。新增市级龙头企业71家，全市有国家级农业产业化龙头企业2家，省级农业产业化龙头企业48家，市级农业产业化龙头企业180家。农业国际合作示范区全面推进，国家地理标志保护产品达10个。农产品出口继续位居全省前列，完成农产品出口额4.94亿美元。全市农业综合机械化水平80.5%，实现稻麦秸秆机械化还田34万公顷。

【工业和建筑业】 2016年，市委、市政府推进"产业强市、工业立市"发展战略，制定出台《连云港市加快科技型中小企业培育行动计划（2016—2020）》《连云港市培优培强企业行动计划（2016—2020）》等支持、培育企业发展的文件，推动全市工业转型升级，增强港城工业的核心竞争力，全市工业经济实现平稳运行。1694家规模以上工业企业实现总产值6225.87亿元，比2015年增长12.2%；工业增加值1302.48亿元，增长9.3%。产品销售收入6051.58亿元，增长12.4%。实现利润总额465.17亿元，增长10%。高新技术产业实现产值2432.08亿元，增长12%，总量占全市规模以上工业总产值的39.1%。工业用电116.15亿千瓦时，下降0.3%。全年完成建筑业总产值648.73亿元，增长3%。资质以上建筑业企业房屋施工面积5309.1万平方米，与2015年基本持平。房屋竣工面积2306.1万平方米，增长10.6%。

【国内贸易】2016年，全市消费品市场运行良好。全年实现社会消费品零售总额933.31亿元，比2015年增长12.4%。其中，批发业实现零售额83.92亿元，增长29.8%；零售业745.72亿元，增长8.3%；住宿业13.86亿元，增长42.8%；餐饮业89.8亿元，增长32.7%。限额以上单位中，粮油食品类实现零售额50亿元，增长44%；服装类21.23亿元，增长25.8%；金银珠宝类15.45亿元，增长17.6%；家用电器类19.41亿元，增长19.4%；中西药品类31.9亿元，增长14.9%；石油制品类90亿元，增长2.4%；汽车类70亿元，增长10.8%。新型业态加快发展。连云港被认定为省跨境电子商务试点城市，东海县被评为省级电商示范县，全年电子商务网络零售额突破百亿元。

【开放型经济】2016年，连云港市加强与日韩、东南亚港航贸合作。强化与上合组织、欧洲等陆桥运输合作，深化与哈国铁、欧亚资源、立陶宛克莱佩达港、格鲁吉亚波季港等港航企业合作关系。全年实际到账注册外资及港澳台资5.5亿美元，比2015年下降31.3%。进出口总额70.4亿美元，下降12.5%。其中出口总额36.84亿美元，下降9.3%。新批外商及港澳台商投资项目112个，协议注册外资及港澳台资13.2亿美元，分别增长23.1%、2.9%。全年直接新签劳务人员合同工资总额4610万美元，劳务人员实际收入总额962万美元。

【固定资产投资】2016年，全市完成固定资产投资2385.16亿元，比2015年增长14.8%。其中，工业投资1487.34亿元，增长17.5%；服务业投资850.35亿元，增长8.2%；房地产开发投资235.41亿元，增长14.6%。工业投资对全市投资增长贡献率72%。完成民间投资1622.7亿元，增长15%，占全市投资的比重为68%。民间投资主要投向制造业和房地产业，其中制造业1119.9亿元，占全市民间投资69%；房地产业241.6亿元，占全市民间投资14.9%。全年亿元以上在建重大项目644个，增加115个，完成投资1502.8亿元，占全部投资额的63%。

2016年，连云港市加强与日韩、东南亚港航贸合作。图为12月28日，中韩轮渡连云港—平泽航线复航。 王健民 摄

【社会事业】2016年，连云港市加大创新载体建设力度，加快建设区域创新高地。装备制造、高性能纤维及复合材料、硅材料、新医药4个国家级特色产业基地加快建设，13个省级以上科技企业孵化器、8个科技产业园投入运营。恒瑞、豪森、康缘、正大天晴四大药企入选中国医药工业企业50强、研发企业20强。全市有幼儿园589所，在园儿童23.9万人，专任教师1.08万人；普通小学451所，在校生43.2万人，专任教师2.36万人；初级中学137所，在校生15.56万人，专任教师1.3万人；普通高中37所，在校生7.45万人，专任教师6985人；中等职业学校16所，在校生4.77万人，专任教师2624人；高等院校6所，其中成人高校1所，有大专以上在校生5.7万人，专任教师2576人。全市学前三年教育毛入学率97.23%，义务教育阶段入学率、巩固率均达100%。全市有医疗卫生计生机构2726个，其中医院80个、基层机构2559个、专业公共卫生机构83个、其他4个。全市医疗卫生机构有床位2.34万张，执业（助理）医师1.1万人。全市新农合参合率99.7%。全年举办广场文化活动、"港城一家亲"社区文化节等文化活动2万余场次，送戏下乡1328场。市图书馆入选国家第三批公共服务综合标准化试点项目，东海县入围省级书香城市示范县，灌南县创建省级公共文化服务体系示范区。全市有市级体育协会52家，其中新成立6家。市、县区全面建成省公共体育服务体系示范区。

【人民生活】2016年，全市常住人口城镇化率60.2%。居民收入较快增长。全市居民人均可支配收入2.12万元，比2015年增长9.3%。城镇常住居民人均可支配收入2.79万元，增长8.3%。城镇居民人均消费1.83万元，增长6.3%。农村常住居民人均可支配收入1.39万元，增长9%。农村居民人均消费支出1.01万元，增长11.7%。居民保障水平稳步提升。市区五险费征缴总收入增长7%。企业退休人员基本养老金12连调，城乡居保基础养老金实现5连调，最低标准由每人每月105元提高到115元。全市新农合政策补偿比例为80%，实际补偿比例为55.6%，实现参合患者省内联网医院住院费用即时结报。高校年末总体就业率92%以上。

（年　编）

责任编辑　徐　敏

组织机构及领导人名录

（截至2016年12月31日）

一、中国共产党连云港市委员会

书　记　杨省世
副书记　项雪龙　张同生（1月免）
　　万闻华（6月任）
常　委　杨省世　项雪龙
　　张同生（1月免）
　　万闻华（6月任）
　　曹永林（5月免）
　　祁　彪（9月免）
　　杨　莉（9月免）
　　关永健　王加培
　　吴以桥（9月免）　滕　雯
　　刘海涛（6月任）
　　曹卫东（5月任）
　　王东升（9月任）
　　王立斌（9月任）
　　韩文祥（9月免）
秘书长　王东升（兼，9月任）
　　杨　莉（兼，9月免）
副秘书长　邸占山　徐毓敏
　　张天石（8月免）　程晓红
　　胡广林　陆　华（11月任）
　　龚建华（12月免）
　　王永士（12月免）
　　陈中本（12月免）
　　段　东（11月免）

中共连云港市纪律检查委员会

书　记　刘海涛（6月任）
副书记　王铁军　苏士军　王奎杰
常　委　刘海涛（6月任）　王铁军
　　苏士军　王奎杰
　　雷生保（9月免）
　　杨海灵　蒋彩霞　卜东祥
　　鲍洪才　姚　超（9月任）
秘书长　杨海灵
副调研员　张仲平
市委巡察工作领导小组办公室（市委原巡视工作联络组办公室，12月机构更名）
主　任　雷生保（12月免）
副主任　周　军（11月任）
　　蒋　猛（12月任）

市委工作机构

市委办公室（市委研究室）

主　任　邸占山
副主任　许　峰　耿卫东
　　李成林
调研员　崔　平
市委研究室
主　任　刘开山（8月免）
　　段　东（11月任）
副主任　杨立州　王万军
市委市政府督查办公室（12月不再保留市委市政府督查办公室）
主　任　龚建华（12月免）
副主任　刘成文（11月免）
　　姜自成（11月免）

市委组织部（市委新经济社会组织社区工作委员会）

部　长　祁　彪（6月免）
　　万闻华（兼，6月任）
常务副部长　黄远征
副部长　陈　军（12月免）
　　刘利峰
　　王玉祥
市委组织员办公室
主　任　陈　军（12月免）
市委新经济社会组织社区工作委员会
书　记　刘利峰
纪工委书记　李　佺
市委党的建设工作领导小组办公室
主　任　陈　军（12月免）
副主任　徐为怀（5月任）

市委宣传部（市精神文明建设指导委员会办公室）

部　长　滕　雯
常务副部长　任　瑜（5月免）
　　杨　浩（9月任）
副部长　李　超　李　武（5月任）
　　周玉久
副调研员　许思文（5月免）
市精神文明建设指导委员会办公室
主　任　李　超
副主任　杨　彬（去世）　吴克典
市创建工作指导委员会办公室
常务副主任　杨　彬（去世）

市委统一战线工作部

部　长　王东升
常务副部长　高艳军（11月任）
副部长　高兰军（兼，12月免）
　　范　江（兼）　孙振东

市委政法委员会（市社会治安综合治理委员会办公室）

书　记　王加培（9月免）
　　关永健（9月任）
副书记　徐　昊（8月免）
　　杨志成
　　王新林（12月任）
政治部主任　朱　浩
副调研员　何　华　王发亮

市社会治安综合治理委员会办公室
主　任　徐　昊（8月免）
　　　　杨志成（8月任）
副主任　项　勇（6月免）　杭夫阳
市依法治市领导小组办公室
专职副主任　邱金桓
市委农村工作办公室
主　任　胡广林
副主任　杨建瑞　渠敬华（12月免）
　　　　孙立洲　王洪波（12月任）
市委台湾工作办公室（市政府台湾事务办公室）
主　任　王志慧（12月免）
　　　　龚建华（12月任）
副主任　王思远（11月任）　吴立军
　　　　朱　瑞
副调研员　赵勤国（去世）
市机构编制委员会办公室
主　任　张林海（12月免）
　　　　陈中本（12月任）
副主任　董入海（12月免）　王文刘
　　　　李　飞　胡　滨（12月任）
副调研员　乔运刚
市委市级机关工作委员会
书　记　张天石（8月免）
　　　　刘开山（8月任）
副书记　郭光辉　刘顺学
纪工委书记　王运军

市委部门管理机构

市委老干部局
局　长　陈　岩
副局长　徐正平　方兆富（11月免）
　　　　吴绵梅（11月任）
市信访局
局长、党组书记　陆　华
副局长、党组成员　乔　斌
　　　　王新林（11月任）
　　　　徐淑清（11月免）
　　　　齐贵堂（11月免）
党组成员、信访督查专员
　　　　王新林（11月免）　邢于全
党组成员、副调研员　杨杜滨
市委保密委员会办公室（市国家保密工作局）
主任（局长）　程晓钰（11月任）
市委机要局（市国家密码管理局）
局　长　马红兵（5月免）
　　　　陈新军（11月任）
专职密码督察员　田恒军（12月任）

市委直属事业机构

市委党校（市行政学院、市社会主义学院）
校　长　张同生（兼，1月免）
　　　　万闻华（兼，6月任）
常务副校长　徐浩佳
副校长　张淑萍　闫振华
　　　　王克法
教育长　马　骏
市行政学院
院　长　曹永林（兼，5月免）
　　　　王加培（兼，9月任）
副院长　徐浩佳（兼）　郝新跃（兼）
　　　　张淑萍（兼）　闫振华（兼）
　　　　王克法（兼）
市社会主义学院
院　长　王东升（兼）
副院长　徐浩佳（兼）
市接待办公室
主任、党组书记　程晓红
副主任、党组成员　朱岳泉
纪检组长、党组成员　张永进
副调研员　黄　颖（11月免）
市委党史工作办公室（市地方志编纂委员会办公室）
主　任　苏中保
副主任　张　斌　赵廷旗　陆瑞萍
副调研员　魏　鹏
市革命纪念馆
馆　长　白植明
市档案局（市档案馆）
局长、党组书记、馆长
　　　　卢伟军（12月免）
　　　　王永士（12月任）
副局长、副馆长、党组成员
　　　　周海涛（12月免）　韦林海
副调研员　葛新成
连云港报业传媒集团（连云港日报社）
党委书记、董事长、总经理　王修杰
党委副书记　徐勤飞
党委副书记、纪委书记　薛晓东
党委委员　谈　虹
副总经理、党委委员
　　昌慧东（12月免去副总经理）
　　施连山　吕建林（12月任）
连云港日报社
社　长　王修杰
总编辑　徐勤飞
副总编辑　谈　虹
副社长　昌慧东　施连山
　　　　吕建林（12月任）
苍梧晚报社
总编辑　谈　虹
连云港广电传媒集团（市广播电视台）
党委书记、董事长　戴咏寒（12月免）
　　　　高兰军（12月任）
总经理、党委副书记
　　　　葛成立（10月免）
　　　　马富胜（10月任）
党委副书记、纪委书记　高庆华
副总经理、党委委员　万自力　刘世敏
　　　　汤泠泠
副总经理　王　琰（挂职，10月任）
市广播电视台
台　长　戴咏寒（12月免）
　　　　高兰军（12月任）
副台长　葛成立（10月免）　马富胜
　　　　万自力　刘世敏　汤泠泠
　　　　王　琰（挂职，10月任）
市社会科学院（省社会科学院连云港分院）
院长、党组书记　孙巨传
副院长、党组成员　朱巧玲
省社会科学院连云港分院
院　长　孙巨传
副院长　孙克强（兼）
　　　　朱巧玲

二、连云港市人民代表大会常务委员会

主　任　杨省世
副主任、党组书记　董恕娟
党组副书记　杨　莉（9月任）
副主任、党组副书记　李国章
副主任、党组成员　郑　平　于丽华
副主任　徐大勇
党组成员（副市级）　王　鹏（12月任）
党组成员、秘书长
　　　　程永贤（12月免秘书长）
　　　　戴咏寒（12月任）
副秘书长　朱志祥
　　　　徐善明（10月免）
　　　　胡　宾（12月任）
市人大常委会办公室
主　任　朱志祥
副主任　张新雨　姜　健
副调研员　王　冬　赵小普

市人大常委会研究室
主　任　魏　琪（5月免）
　　　　唐中龙（11月任）
副主任、调研员
　　　　李　智（12月任调研员）
市人大常委会法制工作委员会
主　任　陈福胤
副主任　李勇强（10月免）
　　　　李青春（10月任）
市人大常委会内务司法委员会
主　任　陈　敏
副主任　王道阳
市人大常委会财政经济委员会
主　任　胡明生
副主任　孙迎春（11月任）
副调研员　于　伟（12月任）
市人大常委会预算工作委员会
主　任　王洪欣
市人大常委会教科文卫委员会
主　任　周　琴（10月免）
　　　　李　强（10月任）
副主任　韩加高
市人大常委会民族宗教侨务台务外事委员会
主　任　王　丽
副主任　胡云红
市人大常委会农业经济委员会
主　任　葛百权
副主任　秦立仁（11月免）
　　　　渠敬华（12月任）
市人大常委会环境资源城乡建设委员会
主　任　程洪喜（12月免）
　　　　陈斌林（12月任）
副主任　武晓敏
市人大常委会人事代表联络工作委员会
主　任　冯亚茹（12月免）
　　　　姚新和（12月任）
市人大常委会机关纪检组
纪检组长　杨　丽

三、连云港市人民政府

市长、党组书记　项雪龙（1月任）
副市长、党组副书记
　　　　曹永林（5月免）
　　　　祁彪（5月任，9月免）
　　　　王加培（9月任）
党组成员　吴以桥（9月免）
副市长、党组成员　董春科　尹哲强
副市长　吴海云
副市长、党组成员　徐家保　王永生
　　　　王开宇（挂职）
党组成员（副市级）　赵建华
党组成员、秘书长　匡中远
党组成员　胡文杰（挂职，8月免）
副秘书长　谭　卫（5月免）
　　　　徐岳听（5月任）
　　　　宋　波（5月任）
　　　　崔恩山（挂职）
　　　　张晓红
　　　　晏　辉（5月免）
　　　　刘　沙　马　伟
　　　　王友君

市政府工作部门

市政府办公室（市政府研究室）
主　任　谭　卫（5月免）
　　　　晏　辉（5月任）
副主任　唐中龙（11月免）
　　　　朱　彬　张国桥
纪检组长　宋江龙
副主任　赵　涛　韩建军
　　　　张名志（12月任）
调研员　徐春霞
副调研员　赵斯英
　　　　孙京海（11月免）
　　　　胡利民（12月任）
市政府研究室
主　任　刘江船
副主任　朱伟哲（11月免）
　　　　周　俊（12月免）
　　　　孙京海（11月任）
市政府驻北京联络处
主　任　徐春霞
市政府驻南京办事处
主　任　赵二宏
市政府驻上海联络处
主　任　张　永
市发展和改革委员会（市经济协作办公室）
主任、党组书记　阮　冰（8月免）
　　　　韦怀余（8月任）
副主任、党组成员
　李非非　刘炳慧（11月免）
党组成员　马红兵（5月任）
副主任、党组成员　宣　冰
纪检组长、党组成员　梁同乐
副主任、党组成员　谭树林（5月免）
　　　　朱伟哲（11月任）
　　　　陈　创
　　　　尹相伦（12月任）
委员、党组成员　郭惠群
　　　　卢平连（12月免）
　　　　王仁和
党组成员　贺贵才　童　巍
副调研员　张红雨　董建华
市沿海地区发展办公室
主　任　李非非
副主任　童　巍
市重大项目办公室
主　任　许彬山
新亚欧大陆桥国际信息中心（市信息中心）
主　任　马红兵（5月任）
副主任　吴春雨　钱永志
市经济和信息化委员会（市小中企业局）
主任、党组书记　吕　洁（5月任）
副主任、党组副书记
　方念军（11月免）
副主任、党组成员
　陆体洋（12月免）
　席世战（12月任）
　谢方宝　严道连　冯燕芹
纪检组长、党组成员　王观甲
副主任、党组成员　张其兵（5月免）
　　　　卢忠宝（12月任）
党组成员　崔长胜（10月免）
副调研员　赵永生　胡晓辉
市中小企业局
副局长　崔长胜（10月免）
市教育局（市委教育工作委员会）
局长、工委书记　王家全
工委副书记　田文瑞
副局长、工委委员　李宏伟　臧　雷
　　　　顾爱军　徐向阳
副局长　高　健
纪工委书记（纪检组长）、工委委员
　王笃和
副调研员　韦九金
江苏省新海高级中学
校长、党委副书记　韩金山
副校长、党委委员　程志坚
纪委书记、党委委员　马爱元
副校长、党委委员　张　勇
　　　　陈继敏
　　　　蒋　捍（11月免）
　　　　潘家永（11月任）

连云港高级中学
校长、党委副书记
侯沛成（副处）（11月免）
校长、党委书记
蒋 捍（11月任）
副校长、党委委员
潘家永（11月免） 李兴远
赵士波
连云港中等专业学校
副校长、党委副书记、纪委书记
王广武（主持全面工作）
副校长、党委委员 刘永华 丁 阳
陶卫东
江苏省海州高级中学
校长、党委副书记 周 艳
党委书记 宋治宝
市科学技术局（市知识产权局）
局长、党组书记 李 莉（7月免）
局长 徐善明（10月任）
党组书记、副局长 赵厚峰（10月任）
副局长、党组成员
刘海峰 孙礼国
商显福（10月免副局长） 章云霓
副局长 郑 刚
纪检组长、党组成员 李传志
副局长 史廷彦（7月任，挂职）
党组成员、副调研员
赵国师（11月任）
副调研员 王璟祥
市公安局
局长、党委书记、督察长 王永生
党委副书记、副局长 蒋 林
副局长、党委委员 王方安 宋雅波
副局长、党委委员 赵 健（6月免）
茅中余
党委委员 杨 健
纪检组长、党委委员 钱光杰
政治部主任、党委委员 鲁 宏
党委委员 于治安
副局长、党委委员 杨德祥
孙曙明（10月任）
调研员 王统跃 夏兴润
副调研员 王沛丰 赵斯斌
田克前 程华北
范德成
市委610办公室
主 任 于治安
副主任 卢同领
李 萍（去世）
副调研员 佘志勤
市维护稳定工作领导小组办公室
副主任 丁维永
市公安局指挥中心
政 委 闵启东
市公安局交通警察支队
支队长 王一兵（11月任）
市公安局经济犯罪侦查支队
支队长 刘 扬
政 委 王中山
市公安局刑事警察支队
支队长 王其乐
政 委 张乃建
市公安局治安警察支队
支队长 张友俊（11月免）
政 委 吴大山
市公安局水上警察支队（水上分局）
支队长（局长） 马东风
政 委 钱 锋
市公安局国内安全保卫支队
支队长 吕宏韬
政 委 朱凤清
市公安局盐场分局
政 委 张 军
市监察局
局 长 王铁军
副局长 蒋彩霞 卜东祥 杨 光
市民政局
局长、党委书记 李锦华（11月免）
王从金（11月任）
党委委员 王 玲
副局长、党委委员 李应启
邢礼兵（5月免）
李寒洁
钟 玲（5月任）
叶劲松
纪检组长、党委委员 朱景胜
党委委员、副调研员 吕从光
副调研员 金万佐
市老龄工作委员会
专职副主任 王 玲
办公室副主任 董明义
市司法局
局长、党委书记 金建猛
副局长、党委委员 刘 红 王建明
纪检组长、党委委员 闫伦锋
副局长、党委委员 秦 岭
副局长 吴西涛
党委委员、副调研员 谢佃钦 薛玉江
市财政局
局长、党组书记 孙宗凤
副局长、党组成员 顾雪君 陆效虎
施为民 蒋 敏
纪检组长、党组成员 张兴林
副局长、党组成员 周文玲
副调研员 陆 翔
市基层财政管理局（领导空缺）
市国库集中支付中心
主 任 刘凤亭
市人力资源和社会保障局
局长、党组书记 郝新跃
党组副书记 孟昭静
副局长、党组成员 戴 涛（5月任）
邵晓峰 史洪松
纪检组长、党组成员 李文林
副局长、党组成员 张建慧
党组成员、副调研员 叶 超
市人才服务中心
主 任 李海东
市外国专家局
局 长 王新军（12月免）
范亚松（12月任）
市社会劳动保险管理处
主 任 金培骏
市劳动就业管理处
主 任 孙爱宝
市医疗保险管理处
主 任 王清华
市社会保险征缴中心
主 任 陈 岩
市环境保护局
局长、党组书记 韦怀余（8月免）
韩尚富（10月任）
党组副书记、纪检组长 房维东
总工程师、党组成员 黄宜鹤
副局长、党组成员 葛延波（6月任）
副局长 徐传东
副局长、党组成员 董立户（6月免）
党组成员、助理调研员 胡月武
党组成员 陆 杰
调研员 张爱勤
副调研员 王绪华
市环境监察局
局长 陆 杰
副局长（副处级） 朱代树
连云港辐射环境监测管理站（江苏省辐射环境监测管理站连云港分站）
站 长 孙建明
市环境监测中心站
站 长 郭亚伟

市规划局
局长、党组书记　王学明
副局长　黄雁鸿
纪检组长、党组成员　王海棠
副局长、党组成员　宋建华　齐　文
陆　华
副局长　蒋廷臣(挂职,7月任)

市城乡建设局(市园林局)
局长、党委书记　孙志伟
副局长、党委委员　王永昌　张志峰
胡顺波　滕秀元
纪检组长、党委委员　汪建华
副局长　王　琪
总工程师、党委委员　严欣春
党委委员、副调研员　施正新
王　华

市住房保障和房产管理局
局长、党委书记　赵健康
党委副书记、副局长　杨以波(10月免)
副局长、党委委员　宋和景　蒋应柏
纪检组长、党委委员　胡向鲁
副局长、党委委员　方兆富(11月任)
叶磊明(12月任)
党委委员、副调研员　时厚程
副调研员　刘重一(援疆,12月免)
市住房保障中心
主　任　叶磊明(12月免)

市城市管理局(市城市管理行政执法局)
局长、党组书记　苏　锋
党组成员　杨庆仁(12月免)
副局长、党组成员　茆庭春(12月免)
曲学武　程作龙
纪检组长、党组成员　李　伟
副局长、党组成员　吴　杰
党组成员　祁德林
副调研员、党组成员
王恒云　陈为清(11月任)
市城市管理行政执法支队
支队长　祁德林

市交通运输局
局长、党委书记　杨新忠
党委副书记、副局长　陈辉东
党委委员　孙海港
副局长、党委委员　蔺宁君
纪检组长、党委委员　陈平夫
副局长、党委委员　喻振东
周克明
薛采高
总工程师、党委委员　杨世威
党委委员、副调研员　杨旭东
副调研员　姚建国
市公路管理处
主　任　金立富
党委书记　王　雷
市航道管理处
主　任　黄继明
党总支书记　陈怀喜
市地方海事局
局　长　王　东
党总支书记　丁东方
市运输管理处
主任、党委书记　李永春
市交通工程建设处(市铁路建设办公室)
主　任　吴亚东

市港口管理局(市口岸管理委员会)
局长、党组书记　吴以桥(9月免)
鲁　林(兼,9月任)
党组副书记、副局长　赵守才
纪检组长、党组成员　臧玉臣
副局长、总工程师、党组成员　沈雪松
党组成员　平浩生　崔万平
副局长、党组成员　蔡　辉　王国超
党组成员、副调研员　蒋孝纲(11月任)
党组成员　杜　磊
副调研员　周建中
市口岸管理委员会
主　任　鲁　林
副主任　平浩生　崔万平
连云港引航站
党总支书记　赵守才
副站长　曹恩广　潘高华　颜明海

市水利局
局长、党组书记　王建平
党组副书记、副局长　马忠标
副局长　董一洪
总工程师、党组成员　张鹏程
副局长、党组成员　戴振伟　毛善通
纪检组长、党组成员　周燕宁
党组成员、助理调研员　乔万金
党组成员、副调研员　陈会保
市临洪水利工程管理处
主任、党总支书记　尹德庆
市石梁河水库管理处
主任、党总支书记　刘成高
市市区水工程管理处(领导空缺)
市通榆河北延送水工程管理处
主　任　蒋春祥

市农业委员会(市林业局)
主任、党组书记　王　靖
副主任、党组成员　李大祥　吴孟军
朱加刚
夏绍丹(12月免)
孟凡恕
副主任　李　筠
纪检组长、党组成员　宋　昆
总畜牧师、党组成员　樊继刚
副主任、党组成员　辛崇兴(12月任)
党组成员、副调研员　胡彦贵
调研员　石祖俊
市林业局
局长、党组书记　朱加刚
副局长、党组成员　宫晓毅　朱海波
纪检组长、党组成员　谢庆宇
副局长、党组成员　马文刚
党组成员、副调研员　李金照
市绿化委员会办公室
主　任　朱加刚
副主任　朱海波
市农业资源开发局
局长、党组副书记　李大祥
副局长、党组成员　周　俊(12月任)
成云飞
李志华(12月免)
纪检组长、党组成员　陈永富
副调研员　王功博　曲华明
曹秀芹
市农业机械管理局
局长、党组书记　吴孟军
副局长、党组成员　薛　飞
纪检组长、党组成员　周华谋
副局长、党组成员　徐金凤　史士成
副调研员　沈梦进

市商务局
局长、党委书记　任　瑜(5月任)
副局长、党委委员　徐贞柏　刘明台
王绪浦　张　磊
纪检组长、党委委员　孙咸好
副局长、党委委员　孙　瑾
李薇莎(7月免)
赵　晖
副局长　丁再彬(挂职)
党委委员　杨保东
副调研员　陈　林

市文化广电新闻出版局(市版权局)
局长、党委书记　田　明
党委副书记、副局长
王亚平(12月免)

葛成立（10月任）
纪检组长、党委委员 李 剑
副局长、党委委员 惠 茜
王咏梅（10月免）
副局长 周 霞
副局长、党委委员
朱其远 颜金娥（12月任副局长）
党委委员、副调研员
毛志峰（11月任）
副调研员 张洪星 赵 鸣
市文化行政综合执法支队（领导空缺）
市图书馆
馆 长 沈军军
市演艺集团
董事长、总经理 颜金娥（12月免）
市卫生和计划生育委员会
主任、党委书记
周 伟（10月任党委书记）
党委书记、副主任
周 炜（10月免）
副主任、党委委员 仲建业 刘宝萍
陈 方
副主任 董 青
副主任、党委委员 刘 蓉
纪检组长、党委委员 汪 群
副主任、党委委员 陈 志
党委委员、副调研员 胡 灵
谢 炜
徐启和
副调研员 胡忠霞
市第一人民医院
院长、党委书记 李小民
副院长、党委副书记 李爱民
党委副书记 王乐平
副院长、党委委员 谈 笑 李家树
张海林 施 辉
纪委书记、党委委员 胡 蓉
副院长、党委委员
李明星 蒋晓东（12月任）
市中医院
院长、党委副书记 李秀连
党委书记 李建军
党委副书记、纪委书记 杨 爽
副院长、党委委员 丰广魁
副院长 毛东军
副院长、党委委员 李德勤
副院长 高 慧
市第二人民医院
院 长 杨庆松
党委书记 何青云

市第三人民医院（市妇幼保健院）
院 长 施庆喜
党委书记 邵亚玲
市东方医院
院 长 谈 笑
党委书记 杨红波
市疾病预防控制中心
主任、党总支书记 朱磷扬
市卫生监督所
所长、党支部书记 杨 东
市工商行政管理局
局长、党组书记 华宏铭
副局长、党组副书记
金和培（12月免）
副局长、党组成员 孙 强 司彦博
汪 军 李春翔
纪检组长、党组成员
龚武成（12月免）
副调研员 顾红军 孙 平
市质量技术监督局
局长、党组书记 刘玉君（12月免）
陈 军（12月任）
党组副书记、副局长
夏 阳（12月任党组副书记）
副局长、党组成员 贾曙东 张卫民
纪检组长、党组成员 丁兆祥
副局长、党组成员 宋志飚
副调研员 田春丽 邹玉国
市食品药品监督管理局
局长、党组书记 史勤勤（10月免）
周 炜（10月任）
副局长、党组副书记
陈斌林（12月免）
副局长、党组成员 徐曼如（11月免）
张庆科（11月任）
纪检组长、党组成员 宋其德
副局长、党组成员 袁明朗 王惠明
党组成员、副调研员 张祝宝
市体育局
局长、党组书记 张 斌
纪检组长、党组成员 任大兵
副局长、党组成员 石 磊
副局长 袁桂阳
副局长、党组成员 邓金祥
市审计局
局长、党组书记 秦 洁
副局长、党组成员 杨成功 刘 林
副局长、党组成员 刘永军（10月免）
纪检组长、党组成员 赵 洁
副局长、党组成员 郑厚明

副局长 马 强
总审计师、党组成员
刘善法（12月任）
市经济责任审计局
局 长 郑厚明
市统计局
局长、党组书记 董作村
党组成员 曹应江
纪检组长、党组成员 于卫军
副局长、党组成员 崔长胜（10月任）
刘 军 孟祥春
党组成员 曹 霞
总统计师、党组成员 郭增先
副局长、党组成员 张 晖（10月免）
党组成员、副调研员 吴传松
市统计调查局
局 长 严天白
市安全生产监督管理局
局长、党组书记 王从金（11月免）
方念军（11月任）
副局长、党组成员 朱剑飞 树成旺
王建强 何守平
副局长、纪检组长、党组成员
张加志（12月免）
党组成员、副调研员
钱成勇（11月任）
副调研员 顾永平
市安全生产监察支队
支队长 范文波
市粮食局
局长、党委书记 王以标
党委副书记、副局长 王 龙
党委副书记 欧严峻
副局长、党委委员 任文革（11月任）
纪检组长、党委委员 苏学文
副局长、党委委员 王 磊
副调研员 侍其才
市海洋与渔业局
局长、党委书记 桂迎宝
党委副书记、副局长 李 明
纪检组长、党委委员 陈海滨
副局长、党委委员 穆传鹏 薛学坤
党委委员、副调研员 石卫东
副调研员 陆永军
中国海监连云港市支队
支队长 沈海星
政 委 周同庆
市海域使用保护动态管理中心
主 任 赵新生
市渔政监督支队

支队长　陈德明

市物价局

局长、党组书记　赵建军（11月免）
王志慧（12月任）
副局长、党组成员　祁建球　万兴军
纪检组长、党组成员　司彩霞
副局长、党组成员　丁元奎
党组成员、副调研员　毛智勇
副调研员　杨佃春

市物价局检查执法分局

局　长　陈　波

市民族宗教事务局

局长、党组书记　范　江
副局长、党组成员　郁正言
孔　灏（12月免）
蔡骥鸣（12月任）
纪检组长、党组成员　韩玉彬

市民防局（市人民防空办公室）

局长、党组书记　史道友
副局长、党组成员　宋书信（12月免）
副局长、党组成员　孙礼前
副局长、总工程师、党组成员　张以建
副局长、党组成员　杨维富（12月任）
纪检组长、党组成员　王　芳
党组成员、副调研员　陈耀宏

市人民防空办公室

主　任　史道友

市旅游局

局长、党组书记　王　芬
党组副书记、副局长　许　明
副局长、党组成员　柏银枝　贺善铁
郭　鹏（10月免）
纪检组长、党组成员　汪全炉
副局长、党组成员　姜自成（11月任）
党组成员、副调研员　刘吉光
副调研员　张连仓

市政府外事与侨务办公室（市政府港澳事务办公室）

主任、党组书记　李　亚
党组副书记、副主任　鞠建春
副主任、党组成员　于广举
张　妍
邹　琦
纪检组长、党组成员　杨永龙
副主任　曹佳俊（挂职）
党组成员、副调研员　张开华
副调研员　李　媛　茆德跃

市政府法制办公室

主任、党组书记　秦国臣
副主任　杨晓红
纪检组长、党组成员　孙　滨
副主任、党组成员　周　毓
党组成员、副调研员　冯正山

市机关事务管理局

局长、党组书记　张传亚（11月免）
赵建军（11月任）
纪检组长、党组成员　董淑贵
副局长、党组成员　朱玉环　孙　铜
邓志强　陈万海
党组成员、副调研员　段巨才

市政府国有资产监督管理委员会

主任、党组书记　陈　中
副主任、党组成员
陆体洋　席世战（12月免）
王新林（12月免）
纪检组长、党组成员　徐加德
副主任、党组成员　刘重一（12月任）
党组成员、副调研员　王怀东

市属国有企业监事会

主　席　张卫民（10月免）　傅长乐
马春邦

市政府派出机构

连云港经济技术开发区管委会

党工委书记　关永健（9月免）
曹卫东（9月任）
主　任　石海波
党工委副书记、副主任
孙爱华（7月免）　陈佑龙
李　莉（7月任）
党工委副书记、常务副主任
王　刚
副主任、党工委委员
陈永良（5月免）　王　强
张昭华　张汝凯
纪工委书记、党工委委员　王　波
副主任　杨　健
副主任　胡小军（挂职，3月免）
副主任、党工委委员
王　成（5月任副主任）　曹洪秋
副主任　钱　岳（挂职）
主任助理、党工委委员　田海鹏
党工委委员、党群工作部部长
万　军（5月任）
党工委委员　董祥吉（5月任）

国家东中西区域合作示范区（连云港徐圩新区）管委会

党工委书记、主任　石海波
党工委副书记、副主任　江行洲
副主任、党工委委员
王东亮　赵二宏　李君生（10月免）
副主任、纪工委书记、党工委委员
马冬梅
副主任、党工委委员　乔寿稳
党工委委员　周京宜（挂职，5月任）
副调研员　董世友

连云港高新技术产业开发区管委会

党工委书记　孙爱华（7月免）
陈佑龙（7月任）
主任、党工委副书记
李　莉（7月任）
主任、党工委副书记
陈佑龙（7月免）
副主任、党工委委员　商显福（兼）
李　飞（挂职）
江希路（挂职）
纪工委书记、党工委委员
曹明朗（12月任）
副主任、党工委委员　贺贵才（挂职）
副主任　杨义明（挂职，7月任）
党工委委员　王　锐（挂职，5月任）

江苏省云台山风景名胜区党工委

党工委书记　滕　雯
党工委副书记　王　芬　徐丙超
党工委委员　周　鹏（5月免）
孙志伟　王学明
王建平　朱加刚
袁丽霞（5月免）
陈永良（5月免）

市云台山风景名胜区管委会（市科教创业园区建设管委会〈筹〉）

主任、党委书记　徐丙超
党委副书记、副主任　周成前
副主任、党委委员
黄忠良　张加志（12月任）
杨维富（12月免）　张永强
邓琳琳
纪委书记、党委委员　赵虎成

市科教创业园区建设管委会（筹）

副主任　周成前
杨维富（12月免）

市花果山风景区管理处

主任、党委书记　徐恒喜

市新海新区开发建设指挥部（2016年12月，撤销连云港市新海新区开发建设指挥部及其党组，指挥部及其党组领导成员职务一并免去）

指挥长、党组成员
尹哲强（兼，12月免）
党组书记　王立斌（12月免）

常务副指挥长、党组成员
王亚兵（12月免）
副指挥长、党组成员
杨维富（12月免）
纪检组长、党组成员
曹明朗（12月免）
指挥、党组成员 苏 军（5月免）

市连岛海滨旅游度假区管委会

主任、党组书记 周 鹏（5月免）
副主任、党组成员 张 昊 李洪联
纪检组长、党组成员 张共生

市政务服务管理办公室

主任、党组书记 徐岳听（5月免）
周 鹏（5月任）
副主任、党组成员 郭 昊 储嘉祥
纪检组长、党组成员 钱 梅
副主任、党组成员 孔庆俭（11月任）

市政府直属事业机构

市政府金融工作办公室

主任、党组书记 潘元志
副主任、党组成员 李 洪 车大兵
副调研员 邱洪建（12月任）

市地震局

局长、党组书记 陈 鹏（12月免）
卢伟军（12月任）
副局长、党组成员 夏新华 孙业志
纪检组长、党组成员 鲍偕林
副局长、党组成员 张建祥

市供销合作总社

主任、党委书记 刘洪卫（10月免）
卢西村（10月任）
副主任、党委委员 徐同道
监事会主任、党委委员 朱孔桥
副主任、党委委员 纪 伟（12月任）
纪委书记、党委委员 秦绪锋
副主任、党委委员 张义贵
副调研员、党委委员 李沪宁
李 冬
副调研员 贾义亭

中国国际贸易促进会连云港市委员会

主 任 杨保东
副主任 郭家春 王之祥 张 霞
副调研员 吴 静

四、中国人民政治协商会议连云港市委员会

主席、党组书记 仲 琨（1月免）
张同生（1月任）
副主席、党组副书记 曹佳鸣
副主席 赵 波 范忠华
副主席、党组成员 王东升 方 韬
副主席 黄咏梅
副主席、党组成员 鲁 林
副主席 舒小平（1月任）
党组成员、秘书长
钟 敏（12月免秘书长）
党组成员、秘书长 刘玉君（12月任）
副秘书长 张孝昌 钱 梅
张锐戟（兼） 孙振东（兼）
黄雁鸿（兼） 李开国（兼）
孙传先（兼） 高 慧（兼）
陈 迅（兼） 陈晓平（兼）
胡 宾（兼，12月免）

市政协办公室

主 任 张孝昌
副主任 王统庠 章 磊（11月任）

市政协研究室

主 任 孙银能
副主任 明 磊（12月任）

市政协提案委员会

主 任 李建平（12月免）
钱 梅（12月任）
副主任 王丛中

市政协学习文史资料委员会

主 任 钱 进（12月免）
李建平（12月任）
副主任 孔 灏（12月任）
调研员 钱 进（12月任）

市政协经济科技委员会

主 任 杨向东
副主任 陶晓玲（12月免）
马军宁（12月任）

市政协教育文化医卫体育委员会

主 任 王 华（12月免）
陈 鹏（12月任）
副主任 朱殿卿

市政协社会法制民族宗教委员会

主 任 徐 放（12月免）
张林海（12月任）
副主任 王玉娟

市政协港澳台侨外事委员会

主 任 臧 华（12月免）
杨庆仁（12月任）
副主任 陶晓玲（12月任）

市政协人口资源环境委员会

主 任 李荣华（12月免）
李建良（12月任）
副主任 李志华（12月任）

市政协联络委员会

主 任 王丙模
副主任 黄 颖（11月任）

市政协机关纪检组

纪检组长 孟庆标

五、市各民主党派、工商联

中国国民党革命委员会连云港市委员会

主 委 赵 波（11月免）
李 萌（11月任）
副主委 张锐戟（不驻会，11月免）
赵又晴
马 强（不驻会，11月任）
刘玮玮（不驻会，11月任）

中国民主同盟连云港市委员会

主 委 范忠华（11月免）
龚成龙（不驻会，11月任）
副主委 霍瑾玲（不驻会，11月免）
龚成龙（不驻会，11月免）
黄雁鸿（不驻会）
王海虹（11月任）
刘旭光（不驻会，11月任）

中国民主建国会连云港市委员会

主 委 朱振亚
副主委 曹秀芹（不驻会，11月免）
张克勤（不驻会）
李开国
缪美华（不驻会，11月任）

中国民主促进会连云港市委员会

主 委 舒小平（11月免）
徐善明（11月任）
副主委 张 锋（不驻会，11月免）
刘 珺（不驻会）
孙传先
周 霞（不驻会，11月任）

中国农工民主党连云港市委员会

主 委 高 慧（不驻会，11月任）
副主委 许兴友（不驻会，11月任）
徐传东（不驻会）
王志坚（不驻会）

中国致公党连云港市委员会

主 委 孟力强（不驻会，11月免）
高 健（11月任）
副主委 周立岩（11月免）
史志伟（不驻会，11月免）
陈 迅
周伦荣（不驻会，11月任）

王兴强（11月任）

九三学社连云港市委员会

主　委　徐大勇（不驻会）

副主委　董一洪（不驻会，11月免）

孟尔旺（不驻会，11月免）

陈晓平

杨　光（不驻会，11月任）

蒋晓东（不驻会，11月任）

市工商业联合会（市总商会）

主　席　张家炯

党组书记、副主席　高兰军（12月免）

高艳军（12月任）

副主席、党组成员

孙桂才　周贤成

张继武（12月任）

副主席　胡　宾（12月免）

副主席（不驻会）　孙飘扬　肖　伟

张国良　卢明立

徐新建　钟慧娟

陈士斌　陈素琴

陈　禹　王爱瑞

叶云竹　范建民

党组成员、副调研员　仇延东

副调研员　穆凤华

六、群众团体、事业团体

市总工会

主　席　郑　平

党组书记、副主席

李　强（10月免）

丁维杰（10月任）

副主席、党组成员　张明富　秦　云

纪检组长、党组成员　朱　斌

副主席、党组成员　陈　健

副主席　史洪松（不驻会）

副调研员　唐文华　甄　翔

共青团连云港市委员会

书记、党组书记　张　孟

副书记、党组成员　孙培元　仲伟德

市妇女联合会

主席、党组书记　徐希娟

副主席、党组成员　封海燕　周　华

副主席　李江蓉（不驻会）

魏　茳（不驻会）

副主席、党组成员　臧永明

副调研员　李春艳

市政府妇女儿童工作委员会办公室

主　任　杨林青

市科学技术协会

主席、党组书记　许东方

副主席、党组成员　封士帅（12月免）

副主席　葛雄灿

党组成员、秘书长　褚士明

副主席（不驻会）　李恒劭　舒小平

王家全　周　伟

王　靖　乔光辉

李　莉　王　刚

朱向阳　李宪强

崔方水　肖　伟

副调研员　封士帅（12月任）

市文学艺术界联合会

主席、党组书记　李锋古（10月免）

王咏梅（10月任）

副主席、党组成员　蔡骥鸣（12月免）

副主席、党组成员

李敬伟（12月任党组成员）

俞文文（12月任）

市哲学社会科学联合会

主席、党组书记　杨东升

副主席、党组成员　明　磊（12月免）

胡可好（11月任）

副主席（不驻会）　舒小平　孙巨传

王万军　朱伟哲

张淑萍　臧　雷

陈留生　徐爱玲

张克勤

市残疾人联合会

理事长、党组书记　侍启顺

副理事长、党组成员

赵绪启（12月免）　姜仁国

程　苍　王铭丕

副调研员、党组成员

郭红兵（12月任）

副调研员　吕永效

市归国华侨联合会

主席　商晓东

副主席（不驻会）　杨庆祥　冯维希

市红十字会

常务副会长、党组书记　胡英浦

副会长、党组成员

张六林（12月免）　贺美来

七、法院、检察院

市中级人民法院

院长、党组书记　薛剑祥

副院长、党组副书记　李江蓉

副院长、党组成员

高旭明（10月免）　顾长洲

赵伦同（10月免）

政治部主任、党组成员　葛梦阳

纪检组长、党组成员　吴中严

副院长、党组成员

唐　涛（10月任）

戴　涛（10月任）

审判委员会专职委员　孙　玉

党组成员　周庆忠

审判委员会专职委员

田　勇　吴　玲（10月免）

张洪宝（10月任）

调研员　王墩海　陆建国

市中级人民法院执行局

局　长　周庆忠

连云港经济技术开发区人民法院

院长、党组书记　宋金林（10月任）

副院长、党组成员　胡雪梅（10月任）

丁汝成（10月任）

政治处主任、党组成员

孙　伟（10月任）

市人民检察院

检察长、党组书记　汪　跃

副检察长、党组副书记　李　翔

副检察长、党组成员

戴文浩　王绪华（10月免）

政治部主任、党组成员

史良成（10月免）

副检察长、党组成员　董月明

纪检组长、党组成员　高祝学

副检察长、党组成员

郑云龙（11月任副检察长）

政治部主任、党组成员

张克晓（10月任）

党组成员　宋金玲（10月任）

检察委员会专职委员　李开球

李家涛

调研员　刘兵方

副调研员　孙志才

市人民检察院反贪污贿赂局

局长　郑云龙（10月免）

宋金玲（10月任）

市人民检察院反渎职侵权局（领导空缺）

连云港经济技术开发区人民检察院

检察长、党组书记　史良成（10月任）

党组副书记、副检察长

吴　明（10月任）

副检察长、党组成员

宋　华（10月任）

职务犯罪预防侦查局局长、党组成员
李永红（10月任）

八、省属部门

市国家安全局
局长、党委书记　崔恩山
政委、党委委员　曹佳俊
副局长、党委委员　张耀波
李守东
丁再彬
纪委书记、政治部主任、党委委员
郑中琛

市国家税务局
局长、党组书记　殷洪君
党组副书记、副局长　许重伍
副局长、党组成员　王绪友　张　杰
总经济师、党组成员
朱　剑（3月免）
杨树年（3月任）
纪检组长、党组成员
王　卫（3月免）
沈　虎（3月任）

连云港地方税务局
局长、党组书记　胡　军
副局长、党组副书记　王传玮
纪检组长、党组成员　汤景流
总经济师、党组成员　宋云山
副局长、党组成员　武　琼
总会计师、党组成员　张法德

市国土资源局
局长、党组书记　孔令泰
纪检组长、党组成员　陶西元（7月免）
副局长、党组成员
朱恒山　于广浒　曹文斌
党组成员、副调研员　王孟年

市国有土地储备中心
主　任　曹文斌

市土地和矿业权市场管理中心
主　任　辛　华

国家统计局连云港调查队
队长、党组书记　曹应江
副队长、党组成员　朱绍兵
纪检组长、党组成员　李福健

江苏省统计局连云港调查局
局　长　佟新宇

江苏省广播电视信息网络股份有限公司连云港分公司
总经理、党委书记　姚福平

九、高等院校

淮海工学院（正厅级）
党委书记　赵炳起
院长、党委副书记　史金飞
副院长、党委常委　刘永强
副院长、党委副书记　宁晓明
党委副书记、纪委书记　史顺良
副院长　舒小平　许兴友
副院长、党委常委　杜　军　王洪法

连云港职业技术学院（副厅级）
党委书记　马炳军
院长、党委副书记　杜长江
党委副书记、纪委书记　仲伟勇
副院长、党委委员　徐爱玲　骆汝九
吴其健　李小蔚

连云港师范高等专科学校（副厅级）
党委书记　滕士涛
校长、党委副书记　庞　波
党委副书记　张建华
副校长、党委委员　陈留生　葛仁福
纪委书记、党委委员　孙继才
副校长、党委委员　姚荣斌（10月任）

江苏财会职业学院（副厅级）
党委书记　章江益
院长、党委副书记　李梅英
副院长、党委委员　王明高
副院长　张克勤
纪委书记、党委委员　张战兴
副院长、党委委员　左文兵
副院级调研员　江跃进
五级职员　汪兆林

十、市管事业单位

市数字化城市管理监督指挥中心
主任、党组书记　杨庆仁（12月免）
副主任、党组成员　孙桂伟　胡可晋
石绪来

连云港开放大学
校长、党委书记　林振江
副校长、党委委员　金同实　孙茂新
纪委书记、党委委员　王振远
副校长、党委委员　张廷亮　王　峰

连云港中医药高等职业技术学校
校长、党委副书记　顾　强
副校长、党委委员　成　亮　谢捌骏
冯维希　袁荣高
纪委书记、党委委员　苏根林

江苏省连云港工贸高等职业技术学校
校长、党委书记　张建明
副校长、党委副书记　祁德新
副校长、党委委员　王　琳
纪委书记、党委委员　郭家明
副校长、党委委员　杨　健

市农业科学院
院　长　徐大勇
党组书记、副院长　陈　凤
副院长、党组成员
秦裕营　赵统利
温以斌（5月免）
副院长　缪美华（10月任）
纪检组长、党组成员　范玲玲

市住房公积金管理中心
主任、党总支书记　刘玉波

十一、市管国有企业

市工业投资集团有限公司
董事长、党委书记　杨　龙
总经理、党委副书记、副董事长
胡建明
副总经理、党委委员　杨国新
张其海
朱天松
王士华
工会主席、党委委员　戴鸿鸣
总会计师、党委委员　匡友本

连云港港口控股集团有限公司（连云港港口集团有限公司）
董事长、党委书记　丁　锐
总裁、党委副书记、副董事长
朱向阳
常务副总裁、党委委员　李春宏
党委副书记、纪委书记
孙　明（11月任纪委书记）
总经济师、党委委员　陈光平
副总裁、党委委员　张永波
党委副书记、工会主席　冯　志
总工程师　朱从富
副总裁、党委委员　孙中华　张子扬
王新文
总会计师、党委委员　尚　锐
党委委员　魏学林（3月任党委委员）

市金融控股集团有限公司
董事长、党委书记　陆普桂
总经理、党委副书记、副董事长
韩　旭
副总经理、党委委员　蒋华富

副总经理 李海英
副总经理、党委委员 张春流
市城建控股集团有限公司
董事长、党委书记 周文军
总经理、党委副书记、副董事长 万宝平
党委副书记、纪委书记 张标远
副总经理、党委委员 吴 洋
副总经理 周瑞荣
副总经理、工会主席、党委委员 戚文忠(5月任工会主席)
副总经理、党委委员 翟晓东
党委委员 李广春(12月任)
市交通控股集团有限公司
董事长、党委书记 刘永能
总经理、党委副书记、副董事长 仲伟涛
副总经理、党委委员 孙 超 李树军(5月任) 陈修习
工会主席、党委委员 王中永
副总经理、党委委员 孟宪牛
总会计师、党委委员 张广兵
市农业发展集团有限公司
董事长、党委书记 李建德
党委副书记、副总经理 尤永江
党委副书记 纪 伟(12月免)
副总经理 魏 荭
副总经理、党委委员 张六林(12月任)
纪委书记、党委委员 巢祥坤
工会主席、党委委员 李安富
副总经理、党委委员 马永飞 张明才
江苏连云发展集团有限公司
董事长、总经理 周文军
党组书记、纪检组长、副总经理 张标远
副总经理、党组成员 陆普桂
江苏金海投资有限公司
董事长 周文军
总经理、党委委员 陆普桂
纪委书记、党委委员、监事会主席 张标远
副总经理 周瑞荣
市煤炭工业公司
党委书记、经理 马广明
党委副书记、副经理 孙乐喜
副经理、党委委员 武宜山
工会主席、党委委员 朱孔雷
副经理、党委委员 刘庆吉 赵 文
连云港民航站
站长、党委书记 程广宇(去世) 王亚兵(12月任)
副站长、党委委员 吴 伟 范 标
纪委书记、党委委员 段德娟
工会主席、党委委员 张民益
副站长、党委委员 王均龙 陆其俊
连云港白塔埠机场有限责任公司
董事长 程广宇(去世) 王亚兵(12月任)
总经理 吴 伟
副总经理 范 标 王均龙 陆其俊
连云港花果山机场建设投资有限公司
董事长 程广宇(去世) 王亚兵(12月任)
总经理 吴 伟
连云港碱业有限公司(2016年5月,由中石化南化集团下属企业划转地方管理,为市属国有企业)
董事长、党委书记 张卫民(10月任)
总经理、党委副书记 李清菊(10月任)
纪委书记、工会主席、党委委员 钮维社(10月任)
副总经理、党委委员 刘 军(10月任)
副总经理、党委委员、总工程师 黄建华(10月任)

十二、专业系统及金融单位

中国船舶重工集团第七一六研究所
所长、党委委员 李恒劭
党委书记、副所长 许 斌(5月免) 顾 浩(5月任)
副所长、党委委员 周建中 万 勤 潘冠华
党委副书记、纪委书记、工会主席 程庆仁
副所长、党委委员 徐大林
中蓝连海设计研究院
院长、党委书记 黄振伟
副院长、党委委员 魏春城
党委副书记 田殿玉
连云港出入境检验检疫局
局长、党组书记 顾忠盈
副局长、党组成员 魏厚德 徐贵业
副局长、党组成员 马彦忱 董 钧
连云港海事局
局长、党组书记 陈桂平(12月免) 张 浩(12月任)
副局长、党组成员 罗金一 丁 星
纪检组长、党组成员 杨 洋
连云港海关(连云港海关缉私分局)
关长、党组书记 张军雄
副关长、党组成员 贾建国 储强剑 夏海明
南京海关驻连云港海关纪检监察特派员 王向东
海关缉私分局局长 黄 磊(1月任)
中国化学工程连云港分公司
党委书记、董事长、经理 王银华
副经理 王维东
副经理、总工程师 张 超
副经理 朱锦荣
总会计师 张公胜
中国交通建设集团第三航务工程局有限公司江苏分公司
总经理、党委副书记 苏永奇
党委书记、副总经理 陈 雄
党委副书记、纪委书记、工会主席 王红卫
总工程师、党委委员 练学标
总会计师、党委委员 朱跃华
副总经理、党委委员 陈东振 侯俊祥 陆士钊 张 耀
副总经理 韩福先
连云港上航局航道工程有限公司
总经理、党委书记 王玉东(4月任)
副总经理、党委副书记、纪委书记、工会主席 张宪周(4月任)
副总经理 张学军(4月任)
连云港远洋运输有限公司
总经理、党委副书记 崔彦青
党委书记、副总经理 邢祚忠
副总经理 张明军 刘思成
财务总监 张向光
工会主席 杨旭光
中国外运陆桥运输有限公司
总经理、党委书记 王章永(2月被判刑开除党籍)
总经理、党委书记 赵 明(8月任)
副总经理、党委委员 王统运 王巨涛

党委副书记、纪委书记、工会主席
刘卫平
财务总监 霍冰洲

市邮政管理局

局长、党组书记 孔亚明（2月调离）
副局长、党组成员 李鸿山

中国邮政集团公司连云港市分公司

总经理、党委书记 万培军
副总经理、纪委书记、党委委员
鲍向阳
副总经理、工会主席
彭 晞（5月任） 刘 铭（10月任）

中国电信股份有限公司连云港分公司

总经理、党委书记 刘祥光
副总经理、党委委员 陆 疆
副总经理、党委委员 印志国
副总经理、纪委书记、党委委员
周 晓
副总经理、党委委员 王 胜
总经理助理 沈骏祥

中国移动通信集团江苏有限公司连云港分公司

总经理、党委书记 王星昌
副总经理、纪委书记、党委委员
段玉平
党委委员、副总经理、工会主席
周立芹
党委委员、总经理助理 孔令舟

中国联合网络通信有限公司连云港市分公司

总经理、党委书记 宋成军（2月调离）
副总经理、党委委员
丁徐和（主持工作）
副总经理、纪委书记、党委委员
朱卫锋
副总经理、党委委员
穆世军 孙江徽（6月任）

连云港供电公司

总经理、党委副书记
陈 刚（1月免）
李来福（1月任）
党委副书记（主持工作）、副总经理
王 勇（5月免）
刘 纲（5月任）
副总经理、党委委员 刘宇同
副总经理、工会主席、党委委员
田德胜
副总经理、党委委员 郁正纲
纪委书记、党委委员 董淑健
总会计师、党委委员
韩 涛（2月免）
邹磊平（2月任总会计师、8月任党委委员）

江苏新海发电有限公司

总经理、党委副书记 李宪强
党委书记 朱家清
副总经理、总工程师、党委委员
沈增明
副总经理、党委委员 吴 江
赵 斌
纪委书记、工会主席、党委委员
刘建忠

市气象局

局长、党组书记 张 榕
纪检组长、党组成员 冯还岭
副局长、党组成员 杨庆宁 陈 飞

市烟草专卖局（江苏省烟草公司连云港市公司）

局长（经理）、党组书记 高 翔
副局长、党组成员 李胜利
副经理、党组成员 郭庚光
纪检组长、党组成员 解子利

中国石油化工股份有限公司江苏连云港石油分公司

经理、党委书记 丁扣根
副经理、党委委员 吴建斌 纪 彬
王 新

江苏省连云港农垦事业管理办公室

书 记 孙 键
副主任 李 洪
党委副书记、纪委书记 唐兆成
党委副书记 江舜安

中国银行业监督管理委员会连云港监管分局

局长、党委书记 刘秀全
副局长、党委委员 张如冰 周文学

中国人民银行连云港市中心支行（国家外汇管理局连云港市中心支局）

行长、党委书记、局长 刘 保
副行长、党委委员 蒋东利
工会主任、党委委员 武 江
副行长、党委委员 孙 亚 杨国清
纪委书记、党委委员 赵秋玲

中国银行股份有限公司连云港分行

行长、党委书记 王义明
副行长、党委委员 伏卫东 朱兆君
纪委书记、党委委员 刘小卫
副行长、党委委员
叶 军 田雪平（6月免）
副行长 黄 丽（7月任）
高级分析师 冯春华

中国工商银行股份有限公司连云港分行

行长、党委书记 卞俊峰
副行长、党委委员 李治清 王大刚
彭越钦
纪委书记、党委委员
陈兴华（9月任）

中国建设银行股份有限公司连云港分行

行长、党委书记 张凯军
纪委书记、副行长、党委委员
汪 海
副行长、党委委员 陶前程 张定现

中国农业银行股份有限公司连云港分行

党委书记、行长 朱炳忠
副行长、党委副书记、工会主席
王立新（2月任工会主席）
工会主任、党委委员
石晓阳（2月免）
副行长、党委委员 葛 儒
纪委书记、副行长、党委委员
张 华
副行长、党委委员 闫 杰

中国农业发展银行连云港分行

行长、党委书记 胡小建
副行长、纪委书记、党委委员
潘家超
副行长、党委委员 张桂善

交通银行股份有限公司连云港分行

行长、党委书记 曹云杰（8月调离）
副行长、党委委员（主持工作）
王 璐
副行长、党委委员 余迪南 韩树军
汤旭东（12月任）
党委委员、行长助理
操文伟（10月任党委委员、12月任行长助理）

江苏银行股份有限公司连云港分行

行长、党委书记 周同恩
副行长、党委委员 赵海山
副行长、纪委书记、工会主席、党委委员
刘士清
行长助理、党委委员 包 洁 朱海泉

连云港东方农村商业银行股份有限公司

党委书记、董事长 庄广强（9月调离）
党委书记、董事长 冯 涛（9月任）
行长、党委副书记 戴世全

监事长、纪委书记、党委委员　陈红兵
副行长、党委委员　张　波　胡　伟
王　勇　李永良

中国人寿保险股份有限公司连云港市分公司

总经理、党委书记　丁文清
副总经理、纪委书记、党委委员
孙传荣
副总经理、党委委员　刘锦源
胡志燕
李向东

中国人民财产保险股份有限公司连云港市分公司

总经理、党委书记
杨　光（12月调离）
刘　亮（12月任）
副总经理、纪委书记、党委委员
戴益军
副总经理、党委委员　卞森林
总经理助理、党委委员　孙正明

中国太平洋财产保险股份有限公司连云港中心支公司

总经理、党委书记　魏　欣
副总经理、党委委员　周新东
秦泗平

中国太平洋人寿保险股份有限公司连云港中心支公司

党委书记　李　强（10月免）
董海蓉（11月任）
总经理　金大文
副总经理、党委委员
费新军（11月任）　张金桥
高级顾问　刘　珍
党委委员　戴迪超（4月免）

紫金财产保险股份有限公司连云港中心支公司

党委书记、总经理　骆公旺
副总经理、党委委员　徐茂林（7月任）
总经理助理、党委委员　张俊莹

江苏省信用再担保有限公司连云港分公司

副总经理（主持工作）　何家棠

连云港江河机械制造有限责任公司

党委书记、总经理　关绍良
副总经理　蒋文滨　高林江

中央储备粮连云港直属库

主任、党委书记　乔春雷
党委副书记、工会主席　程　波
副主任　佟　燕　朱学军
主任助理　刘宏生
总会计师　郭方权

连云港粮油进出口接运总公司

总经理　乔春雷
副总经理　佟　燕　朱学军

东海航海保障中心连云港航标处

处长、党委副书记　程　鑫
党委书记、副处长　穆燕军
副处长、纪委书记、党委委员　王申山
党委委员　王为庚

十三、县区

东海县

中共东海县委

书　记　朱国兵
副书记　高美峰　宋　波（5月免）
董桂军（5月任）
谢方宝（扶贫，3月任）
常　委　朱国兵　高美峰
宋　波（5月免）　董桂军
谢方宝（扶贫，3月任）
张继生（6月免）
赵广东（5月任）　朱崇慧
魏　岳　徐为怀（5月免）
谢翠竹　苏卫哲
徐　冰（5月任）
冯小宏（6月任）
李　锋（6月任）
蔺宁君（女，扶贫，3月免）

东海县人大常委会

主　任　徐家保（1月免）
陈启发（1月任）
副主任　董步祥（1月免）
张继生（6月提名任）
鲁　东
李　斌（10月提名任）
范益春
李宝芹（不驻会，10月提名免）

东海县人民政府

县　长　朱国兵（1月免）
高美峰（1月任）
副县长　董桂军（6月免）
魏　岳（6月任）
孙曙明（12月免）
张正干（12月免）
缪美华（12月免）
冯小宏（6月免）
葛延波（6月免）
李　锋（6月免）
项　勇（6月任）
李宝芹（12月任）
郭　鹏（12月任）
孔繁清（6月任）
章荣刚（6月任）
薛　剑（12月任）
蔺宁君（扶贫，3月免）
刘　朱（挂职）
王晓虎（挂职，3月免）
于海军（挂职）

东海县政协

主　席　何东明
副主席　赵洪刚（不驻会）
李　斌（不驻会，10月提名免）
丁相玖　梁步显
王祥武（不驻会，11月提名任）

灌云县

中共灌云县委

书　记　左　军
副书记　朱兴波　孙小岚
王　军（扶贫，3月免）
杨金国（扶贫，3月任）
常　委　左　军　朱兴波　孙小岚
王　军（扶贫，3月免）
杨金国（扶贫，3月任）
李海涛（6月免）
王庆嘉（6月免）
戴　涛（5月免）
李占超（5月免）
谢兆英（6月免）
谭树林（5月任）
伏开清（5月任）
李永涛（5月任）
刘　盾　李大海（6月免）
于洪雁（5月免）
掌文胜（6月任）
马兆素（6月任）
张启银（6月任）
冯春苗（6月任）
沙荣胜（挂职）

灌云县人大常委会

主　任　孙　毅（10月提名免）
汪　辉（10月提名任）
副主任　江尧琥（10月提名免）
朱正淮（1月免）
谢兆英（6月提名任）
郭家登（10月提名任）
王从华
徐会传（11月提名任）

灌云县人民政府

县　长　朱兴波
副县长　于洪雁（6月免）
　　伏开清（6月任）
　　掌文胜（6月免）
　　王一兵（11月免）
　　张友俊（11月任）
　　马兆素（6月免）
　　李瑾伟　颜　东（6月任）
　　张凌云（6月任）
　　陈新洪（12月任）
　　沙荣胜（挂职）
　　储春祥（扶贫，3月免）
　　辛荣亮（扶贫，3月免）
　　周　翔（挂职）
　　周光尧（挂职，3月任）

灌云县政协

主　席　汪　辉（10月提名免）
　　王庆嘉（11月提名任）
副主席　王宽磊（11月提名免）
　　徐清安（11月提名免）
　　郭家登（不驻会，10月提名免）
　　黄军昌（11月提名免）
　　李海涛（6月提名任）
　　任　静（不驻会）
　　周建军（11月提名任）

灌南县

中共灌南县委

书　记　李振峰
副书记　商振江
　　夏苏明（5月免）
　　董　忠（5月任）
　　时利林（挂职）
　　冯兆祥（扶贫，3月免）
　　蔡踊泓（扶贫，3月任）
常　委　李振峰　商振江
　　夏苏明（5月免）　董　忠
　　时利林（挂职）
　　冯兆祥（扶贫，3月免）
　　蔡踊泓（扶贫，3月任）
　　吕　洁（5月免）
　　邓玫玫（5月免）　朱晓春
　　伏开清（5月免）
　　李占超（5月任）
　　袁丽霞（5月任）
　　陈永祥　臧国徽（5月任）
　　刘　峰（6月任）
　　廖朝兵（6月任）

灌南县人大常委会

主　任　阮　冰（1月免）
　　夏苏明（1月任）
副主任　王文鹏（11月提名免）
　　唐学华（11月提名免）
　　邓玫玫（5月提名任）
　　徐能如　高志强（不驻会）
　　王晓焰（11月提名任）

灌南县人民政府

县　长　李振峰（1月免）
　　商振江（1月任）
副县长　吕　洁（5月免）
　　李占超（7月任）　张文艳
　　刘　峰（7月免）
　　廖朝兵（7月免）　颜景硕
　　周文生（1月任）
　　张友明（7月任）
　　唐　波（7月任）
　　夏春豪（扶贫，3月免）
　　陈海斌（扶贫，3月免）
　　陈友民（挂职）
　　谭海军（挂职，3月任）

灌南县政协

主　席　温玉高（10月提名免）
　　杨以波（10月提名任）
副主席　孙桂明（11月提名免）
　　袁从华（1月免）
　　崔玉梅　尚金柱
　　王苏东（11月提名任）
　　尹文伟（不驻会，11月提名任）

赣榆区

中共赣榆区委

书　记　曹卫东（7月免）
　　孙爱华（7月任）
副书记　唐光普　卢西村（5月免）
　　邵泽勇（5月任）
　　戴振伟（扶贫，3月任）
常　委　曹卫东（7月免）
　　孙爱华（7月任）
　　唐光普
　　卢西村（5月免）
　　邵泽勇（5月任）
　　戴振伟（扶贫，3月任）
　　钟　玲（5月免）
　　毛太乐　李　武（5月免）
　　苏长晓　闵　浩（5月任）
　　朱晓云　刘亚明（6月免）
　　许思文（5月任）
　　李　冰（6月任）
　　邵长亮（6月任）
　　邢建军（6月任）
　　张鹏程（扶贫，3月免）

赣榆区人大常委会

主　任　曹卫东（7月提名免）
　　孙　海（11月提名任）
副主任　苏　民（11月提名免）
　　徐在荣（1月免）
　　汪晓峰（10月提名任）
　　许长忠（1月任）
　　王学济（1月任）
　　李启文（11月提名任）

赣榆区人民政府

区　长　唐光普
副区长　邵泽勇（5月免）
　　毛太乐（5月任）
　　成善全　李　冰（6月免）
　　宫　平　邵长亮（6月免）
　　董立户（6月任）
　　王　超（6月任）
　　欧　伟（6月任）
　　张鹏程（扶贫，3月免）
　　何　华（挂职，10月免）
　　龚　勋（挂职，3月免）
　　李儒斌（挂职，8月任）
　　姜　海（挂职，12月任）

赣榆区政协

主　席　杨淑之（10月提名免）
　　刘洪卫（10月提名任）
副主席　王建华（11月提名免）
　　朱崇珍（不驻会）
　　刘世学（11月提名免）
　　汪晓峰（不驻会，10月提名免）
　　刘希聪（11月提名任）
　　穆家莹（11月提名任）
　　张自强（不驻会，11月提名任）

海州区

中共海州区委

书　记　王立斌
副书记　单晓敏　王建明（5月免）
　　江锦峰（5月任）
　　张志峰（扶贫，3月任）
常　委　王立斌　单晓敏
　　王建明（5月免）
　　江锦峰
　　张志峰（扶贫，3月任）
　　姚　超（5月免）
　　徐风良　房忠涛
　　李永涛（5月免）　卢　平

郑　斌　顾建华
毛志峰（7月免）
徐雪峰（5月任）
林田海（5月任）

海州区人大常委会

主　任　王立斌（1月免）
王建明（1月任）
副主任　陈周德（11月提名免）
刘海林
陈应聪（不驻会，11月提名免）
李　萌（11月提名免）
刘振华
杨中云（11月提名免）
张华陆（11月提名免）
殷少卿
张　建（11月提名任）

海州区人民政府

区　长　单晓敏
副区长　江锦峰（6月免）
顾建华（6月免）
卢　平（6月任）　史　伟
袁丽霞（6月免）
江希路（6月免）
徐雪峰（6月免）　于　卉
温以斌（6月任）
徐　冰（6月免）
蒋庆山（6月任）
李　锋（11月任）
崔长胜（扶贫，3月免）
刘　莹（挂职，8月任）
郭玉家（挂职，12月任）

海州区政协

主　席　汤成元
副主席　于振强
曹伟平（不驻会，11月提名免）
颜景华（11月提名免）
高　敏（不驻会，11月提名免）
王宏新（11月提名免）
张景友（11月提名免）
王兰芳　刘建春（不驻会）
苗永梅（不驻会）

连云区

中共连云区委

书　记　陈书军
副书记　唐世海　朱其松（5月免）
于洪雁（5月任）
常　委　陈书军　唐世海
朱其松（5月免）
于洪雁（5月任）
周　鹏（5月免）
胡传宏　费小岩
孙克永　张其兵（5月任）
张英涛　殷　俊（6月免）
夏信喜（5月免）
包　振（5月任）
曹明丽（6月任）
沈学柱（6月任）

连云区人大常委会

主　任　陈书军（1月免）
朱其松（1月任）
副主任　夏信喜（5月提名任）
高毓林（11月提名免）
史志伟（不驻会）
刘　毅　程　春

连云区人民政府

区　长　唐世海
副区长　胡传宏（6月任）
朱振亚（11月免）
孙晓兵
包　振（6月免）
曹明丽（7月免）
焦旺运（11月免）
苏　军（6月任）
王兴化（7月任）
许威扬（10月任）
嵇　轶（11月任）
严　迅（挂职，10月免）
李百彦（挂职，8月任）
袁庆锋（挂职，12月任）

连云区政协

主　席　丁维杰（10月提名免）
李君生（10月提名任）
副主席　朱从富（不驻会）　程　洪
周瑞荣（不驻会，10月提名任）
李　楠

（组织部）

责任编辑　郭　云

中共连云港市委员会

综述

【概况】2016年，连云港市发展党员3579人。新党员中，35岁及以下的2779人，占77.6%；高中以上文化程度3507人，占98%。截至年底，全市有基层党组织1.39万个，其中基层党委567个、总支1582个、支部1.17万个；有党员27.82万人。

【"两学一做"学习教育活动】2016年，连云港市在全体党员中开展"两学一做"（学党章党规、学系列讲话，做合格党员）学习教育活动。4月19日，市委、市政府召开"两学一做"学习教育动员大会。市委常委会开展4次专题研讨，市委常委带头讲党课、赴基层搞调研，示范带动各级党员干部主动学、积极做。全市开展"聚焦20号""我身边的共产党员"微电影大赛等活动，设立8大活动主题日，开展"党员争先、岗位建功"等活动。1770个基层党组织开通"党建视频云系统"，实现学习教育情况实时跟踪、动态管理。全市1.3万余个基层党组织、27万余名党员接受中国特色社会主义理论教育，党员先锋模范作用和党组织战斗堡垒作用明显增强。《人民日报》《江苏省"两学一做"学习教育专报》等多次推介连云港市做法。（赵淮阳）

8月31日，市委、市政府召开深入推进"一带一路"战略暨加快沿海发展工作会议。
市委办　供

【保持经济平稳发展】2016年，市委适应和引领经济发展新常态，加大统筹调度和难题会办力度，主要经济指标稳中有增，固定资产投资、工业投资、工业利润、社会消费品零售总额等指标增速保持全省前列。全市地区生产总值比2015年增长7.8%。粮食生产连年丰收，农业国际合作示范区建设全面推进。实施企业培强培优、上市企业培育、科技型中小企业培育三大行动计划，推动企业做大做强。高新技术企业加快发展，医药、能源、新材料、装备制造等产业产值保持两位数增长。小微企业经营向好，规模以上小微企业产值增长18%。市场消费繁荣活跃，万达广场建成投入使用，社会消费品零售总额增幅位居全省前列。新型业态加快发展，连云港市被认定为省跨境电子商务试点城市，东海县被评为省级电子商务示范县，全年电子商务网络零售额突破100亿元，比2015年增长25%。旅游业加快发展，花果山景区创建成为国家AAAAA级景区。

【推动重大项目建设】2016年，市委推进一批重大项目建设，连徐高铁开工建设，30万吨级航道二期工程获国家发改委批复，新机场建设通过民航行业审查，全市现代化对外快速交通网络全面拉开。徐新公路、云宿路等重点道路建成通车，主城区路网结构不断完善，组团间的联通更加顺畅。国家级石化产业基地通过环保部批复，省原创化学药创新中心被批准为全省三大创新平台之一，碳纤维复合材料试验公共服务平台项目列入国家工业强基工程。

【对外开放】 2016年，中共连云港市委贯彻“一带一路”倡议，对外交流合作不断扩大。中哈物流合作基地一期稳定运营，进出货物突破300万吨。连云港市被国家发改委列为《中欧班列建设规划(2016—2020年)沿海重要港口节点城市》。二期散粮筒仓、铁路场站等合作项目顺利实施。连云港市与哈萨克斯坦东门特区、新疆霍尔果斯合作共建物流场站，形成“一园三区”链式物流格局。上合组织国际物流园建成货物堆场146万平方米，堆存能力450万吨，服务中亚国家物流能力显著提高。中亚出口班列运行良好，中欧班列实现每月两班常态开行。举办第三届连云港丝绸之路国际物流博览会、第二届新亚欧大陆桥安全走廊国际执法合作论坛、国际刑警组织中国及中亚地区知识产权保护大会、第18届江苏省农洽会等对外开放交流活动，连云港市与国内外特别是“一带一路”沿线国家地区的人文交流和经贸往来加强。

【深化改革】 2016年，市委、市政府召开加快推进供给侧结构性改革会议，制定出台“三去一降一补”(去产能、去库存、去杠杆、降成本、补短板)实施意见。对产能长期闲置企业“一企一策”实施关闭淘汰、重组盘活，对“地条钢”企业进行全面排查、彻底整治。抓好承担的国家、省级改革试点任务，推进行政审批制度、国企等方面改革，东海县农村产权交易市场、承包土地准入监管等经验在全国推广。

【改善民生】 2016年，市委、市政府拓宽居民收入渠道，推动城乡就业创业，全市新增城镇就业6万人，城镇登记失业率1.98%。全市居民人均可支配收入比2015年增长9.3%。加快构建分级诊疗制度，开展基层首诊试点，基层医疗机构首诊量达60%。医疗卫生体制改革稳步推进，市县乡村医疗资源纵向整合成效显著。加强生态建设，推进治水、治气、治土三方面治理，化工园区、农村畜禽养殖整治等重点工作取得初步成效，东海县、赣榆区通过国家级生态区验收，市开发区获批国家级生态工业示范区。统筹抓好港口和城乡环境整治，推进市区化工企业搬迁，开展宕口、湿地、海岛生态修复。推动公共服务项目均衡布局，海州高级中学新校区等学校建成投入使用。推进“干净、方便、顺畅”连云港建设，累计投入资金20亿元，群众对城市卫生状况满意率93.6%。

【加强党的建设】 2016年，连云港市开展中共十八届六中全会和省第十三次党代会精神学习宣讲活动，落实全面从严治党主体责任。推行“四定学习法”，坚持每月至少学习一次；开展理论、理想、理性专题学习讨论。强化基层组织和干部队伍建设，举办五大发展理念、六中全会精神等专题轮训班。落实党委意识形态工作责任制，推进主流舆论，开展“美·德照亮港城”等品牌活动。明确市委领导班子、市委书记、市委常委、市纪委领导班子党风廉政责任“四项清单”。出台监督执纪实施办法、党风廉政建设巡察办法。抓好民主法治建设和统战群团工作，民主党派完成换届。

（市委办）

【学习贯彻五大发展理念专题轮训班】 2016年8月，市委举办2期领导干部学习贯彻五大发展理念专题轮训班。市委书记、市人大常委会主任杨省世出席开班式并作动员讲话，市长项雪龙作首堂专题授课，市委副书记、组织部部长、党校校长万闻华主持开班式。9位市委市政府领导、5位市有关部门领导分别从抓好党的建设、“十三五”规划解读、全面依法治市、实施产业强市、加强文化建设、扩大开放发展、学习贯彻准则、条例、“四个全面”战略布局、科技创新等方面进行辅导授课。全市县处级领导干部，市管国有企业领导班子成员，乡镇(街道)党政正职，市级机关、企事业单位中层正职共2000余人参加培训。

（陈　超）

6月20日，连云港市召开庆祝中国共产党成立95周年暨“两学一做”学习教育专题党课报告会。 市委办　供

重要会议

【中共连云港市委十一届十二次全体会议】 6月19日，中共连云港市委十一届十二次全会在市行政中心举行。会议表决通过《关于递补孙飘扬等2名市委候补委员为市委委员的决定(草案)》，市委书记杨省世作《中国共产党连云港市第十一届委员会第十二次全体会议关于召开中国共产党连云港市第十二次代表大会的情况说明》，审议通过《中国共产党连云港市第十一届委员会第十二次全体会议关于召开中国共产党连云港市第十二次代表大会的决议(补充内容草案)》《中国共产党连云港市第十二届委员会、纪律检查委员会组成原则》。

【中共连云港市委十一届十三次全体会议】 9月13日，中共连云港市委十一届十三次全会在市行政中心举行。会议表决通过《关于终止部分代表资格和停止执行部分代表职务的决定（草案）》，听取《关于出席省第十三次党代表大会代表候选人初步人选酝酿产生过程情况的报告》，以无记名投票的方式等额圈选确定出席省第十三次党代会代表候选人预备人选。

【中共连云港市委十一届十四次全体会议】 9月21日，中共连云港市委十一届十四次全会在市行政中心举行。会议确定中国共产党连云港市第十二次代表大会召开日期并通过决议，讨论确定中国共产党连云港市第十二次代表大会日程（草案），听取十一届市委工作报告起草情况说明，讨论通过市委工作报告（讨论稿），听取市纪委向市第十二次党代会工作报告起草情况说明，讨论通过市纪委工作报告（讨论稿），听取市第十二次党代会代表选举情况的报告，讨论通过市第十二次党代会选举办法（草案），讨论通过大会机构建议名单，听取“两委”候选人预备人选产生情况的说明。

【中国共产党连云港市第十二次代表大会】 9月26—28日，中国共产党连云港市第十二次代表大会在市文化艺术中心召开。大会通过《中国共产党连云港市第十二次代表大会关于中共连云港市第十一届委员会报告的决议》《中国共产党连云港市第十二次代表大会关于中共连云港市第十一届纪律检查委员会工作报告的决议》。大会通过中共连云港市第十二次代表大会选举办法。以无记名投票方式进行差额选举，50人当选中共连云港市第十二届委员会委员、9人当选候补委员，31人当选中共连云港市第十二届纪律检查委员会委员，40人当选连云港市出席省第十三次党代会代表。

9月26日，中国共产党连云港市第十二次代表大会在市文化艺术中心召开。
市委办　供

【中共连云港市委十二届一次全体会议】 9月28日，中共连云港市第十二届委员会在海州举行第一次全体会议，选举市委常务委员会委员和书记、副书记。会议通过中共连云港市第十二届委员会第一次全体会议《选举办法》和监票人名单。以无记名投票的方式，差额选举产生10名中共连云港市第十二届委员会常务委员会委员。会议选举杨省世为中共连云港市委书记，选举项雪龙、万闻华为中共连云港市委副书记。会议通过中共连云港市第十二届纪律检查委员会第一次全体会议选举结果的报告。

【中共连云港市委十二届二次全体会议】 12月30日，中国共产党连云港市第十二届委员会第二次全体会议在海州举行。会议贯彻党的十八届六中全会和中央经济工作会议精神，按照省第十三次党代会、全省经济工作会议和市第十二次党代会部署要求，回顾总结2016年工作，深入分析当前形势，研究部署2017年任务，组织动员全市上下全面落实“两聚一高”新要求，奋力开拓特色发展新路径，在全面建成小康社会上迈出坚实步伐。市委书记杨省世代表市委常委会做工作报告，市委副书记、市长项雪龙部署2017年经济工作。会议审议并通过《中国共产党连云港市第十二届委员会第二次全体会议决议》。

【市委常委扩大会议】 2016年，中共连云港市委召开11次常委（扩大）会议。

2月29日，市委书记杨省世主持召开市委常委扩大会议，传达全省生态文明建设大会精神及全省新闻舆论战线学习贯彻习近平总书记新闻舆论工作座谈会重要讲话精神。市四套班子领导出席会议。

5月27日，市委书记杨省世主持召开市委常委扩大会议，传达贯彻全省加快推进沿海地区发展工作会议和沿东陇海线经济带建设工作座谈会精神，并对贯彻落实会议精神提出要求。市四套班子领导出席会议。

7月11日，市委书记杨省世主持召开市委常委扩大会议，学习贯彻习近平总书记“七一”重要讲话精神及省委书记李强在省庆祝中国共产党成立95周年大会上的讲话精神。市四套班子领导出席会议。

7月25日，市委书记杨省世主持召开市委常委扩大会议，传达省委十二届十二次全会精神，并对贯彻省委十二届十二次全会精神提出要求。市四套班子领导出席会议。

8月6日，市委书记杨省世主持召开市委常委扩大会议，传达省委书记李强到连调研讲话精神，并对贯彻落实提出要求。市四套班子领导出席会议。

9月6日，市委书记杨省世主持召开市委常委扩大会议，传达学习《中共中央关于辽宁拉票贿选案查处情况及其教训警示的通报》，研究部署专项维稳工作。市四套班子领导出席会议。

10 月 25 日，市委书记杨省世主持召开市委常委扩大会议，研究分析全市经济形势，听取第三届连博会筹备有关情况汇报。市四套班子领导出席会议。

11 月 11 日，市委书记杨省世主持召开市委常委扩大会议，传达省委十二届十三次全会精神，学习《中共江苏省委关于学习贯彻党的十八届六中全会精神深入推进全面从严治党的决定》，并提出具体要求。市四套班子领导出席会议。

11 月 23 日，市委书记杨省世主持召开市委常委扩大会议，传达贯彻省第十三次党代会精神，并就学习贯彻省第十三次党代会精神提出要求。市四套班子领导出席会议。

12 月 12 日，市委书记杨省世主持召开市委常委扩大会议，传达贯彻全省“两减六治三提升”（简称“263”行动，“两减”指减少煤炭消费总量和减少落后化工产能；“六治”指治理太湖及长江流域水环境、生活垃圾、黑臭水体、畜禽养殖污染、挥发性有机物和环境隐患；“三提升”指提升生态保护水平、环境经济政策调控水平和环境执法监管水平）专项行动动员会、省政府常务会议精神，并对贯彻落实两个会议精神提出要求。市四套班子领导出席会议。

12 月 21 日，市委书记杨省世主持召开市委常委扩大会议，传达省委书记李强同志到连调研讲话及省领导干部会议、苏中苏北片 2017 年工作思路座谈会精神，并对贯彻落实提出要求。市四套班子领导出席会议。

（市委办）

调研工作

【概况】 2016 年，中共连云港市委研究室开展专题调研 22 次，全年完成调研报告 38 篇，编发《调查研究 27 期》，会议纪要 22 期，完成对外发稿 22 期。

【重点调研报告】 2016 年，市委研究室贴近市委中心工作及经济社会发展中的热点、难点问题，围绕事关全市长远发展和人民群众关注的重大战略问题，筹划调研课题、制订调研计划、实施调研。结合供给侧结构性改革开展系列调研，形成《供给侧改革与连云港策略》《立足“加减乘除”促进工业提升》《合理配置要素资源 提供多元化养老服务》等 7 篇研究报告。撰写的《“一委三会”：连云港创新社区治理的探索实践》被中共中央办公厅采用，《锐意探索实践 推进供给侧改革》《“一委三会”焕发基层自治活力》分别被省委研究室和省委改革办刊发。

（市委办）

信息工作

【概况】 2016 年，连云港市本级向中央办公厅、省委办公厅上报信息 2800 多条，采用 276 条，省以上领导批示 26 件次，采用量、批示率均较 2015 年提高 10%。全年编发《信息快报》110 期，市领导批示 12 件次。围绕“一带一路”建设、沿海开发等搜集整理 20 期动态信息，上报领导参阅。做好周边党报头条、领导公务活动信息等 3 个固定信息搜集编报务。加强对县区、部门、重点国企信息报送培训指导力度，完善通报、激励，定期交流工作机制。

【紧急信息报送】 2016 年，市委办加强与市委宣传部、市国安局、公安局等部门联系，及时搜集、转办涉连重大舆情、突发事件类信息 100 多件次，在全市重大突发事件期间及时跟踪事态发展、上传下达各级领导指示要求。（市委办）

督查工作

【概况】 2016 年，市委督查室开展督查活动 90 余次，推动市委决策部署和确定的年度目标任务落实，编发《督查专报》21 期，其中被市委主要领导批示 16 期；编印《书记专题会会议纪要》10 期。在省《情况与建议》《江苏政务督查》等发表调研文章 3 篇。

【重点决策部署督查】 2016 年，市委督查室围绕中央和省委重大决策部署以及市委常委会工作要点安排年度督查工作，梳理出重点督查项目，分阶段明确督查要求和责任体系，予以推进。做好市委重要会议议定事项的贯彻督办，对书记专题会明确的“一带一路”交汇点建设、招商引资机制完善、高新区建设、全市旅游业发展等事项进行督查。组织对中央八项规定、省委十项规定，省委常委会工作要点等重大部署在连云港市的贯彻情况进行自查评估。对国务院环保督察、全省“263”治污等专项行动在连云港市落实情况开展专题督查。

【督查措施创新】 2016 年，连云港市制订《市委主要领导调研交办事项督办单》，定期汇总落实情况，以专报形式报送市委主要领导。开发重点工业项目建设推进信息平台，通过网络在任何场合都可实时查看项目建设进度，推动“现场督查”与“网络督查”有机结合。对抓落实不力的人和事定期在市级主要新闻媒体联动曝光。市督查办、安全委员办公室在《连云港日报》上分 2 批公布 85 条重大安全隐患，跟踪问题整改情况。（市委办）

组织工作

【概况】 2016 年，中共连云港市委组织部围绕年度确定的党的组织制度、干部人事制度、基层组织建设制度、人才发展体制机制等 4 个方面 30 项重点改革项目，制定出台全面加强农村基层党建工作的意见等 16 项制度文件，推出一批改革创新举措，各项改革工作进展顺利。做好“两学一做”学习教育、市县乡领导班子换届等重点工作。

【市县乡领导班子集中换届】 2016 年，全市各级组织部门完成市县乡人大、政府和市县政协集中换届，运用三级联动、三步考察、三层统筹的“三三三”工作法，组织意图人选均高票当选。建立市委常委换届工作联系点，换届风清气正，未发现一起违规问题。新一届县区党委领导班子平均年龄45.5岁，比换届前下降1.8岁；政府班子平均年龄44.3岁，比换届前下降1.3岁；党政班子中年轻干部比例占33.7%；县区党政领导班子均配备女干部，优化班子结构。

【干部选拔任用】 2016年，市委组织部健全选拔任用机制。制定《重要正职岗位拟任人选酝酿和推荐办法》，完善《市管干部选拔任用五个环节流程图》，执行干部选任动议、民主推荐、考察、讨论决定、任职各个流程。制定《实名制推荐市管干部人选实施办法》，规范干部推荐工作。1人因信访反映属实被取消提拔资格。专项整治持续推进，完成1100多名市管干部档案专项审核，完成超配处级领导消化任务，规范挂牌机构干部配备，对3名乡科级干部进行“带病提拔”集中倒查。出台《关于深化市管企业负责人薪酬制度改革实施意见》，设定薪酬结构、完善薪酬确定办法、健全考核配套机制。

【干部管理监督】 2016年，市委组织部落实执行领导班子和领导干部综合考核评价办法，通过职能部门考评、干部群众测评、分管领导点评、综合分析研评“四评”，对每个班子、每名成员定出格次、评出优劣、兑现奖惩。建立干部工作季度研判制度，综合运用平时考核、年度考核、任期考核、述职述廉等方面信息，对班子和干部进行会诊辨析、筛查甄别、作出判断。制定个人有关事项报告抽查核实联系工作机制，全年抽查核实381名市管干部和88名拟提拔考察对象个人有关事项，限期补报并说明原因52人，函询45人。

【基层组织建设】 2016年，市委组织部落实基层党建7项重点任务，1.03万名“失联”党员取得联系，385名违法违纪党代表资格被终止，及时足额补交党费，中共中央组织部组织一局对连云港市做法给予肯定，“一查二访三走进”排查组织关系经验作为典型做法在全国座谈会上进行介绍。市委召开农村基层党建工作会议，配套出台“1+5”制度文件，形成“六个基本”发展思路。非公企业和社会组织“四个集中”行动推进有力，党组织覆盖率分别达97.7%、67.5%。运用赣榆区西棘荡村党委书记钟佰均模范效应，把西棘荡作为教学点。举办千名支部书记论坛、基层党组织书记示范培训班、“第一书记”示范培训班。开展建党95周年系列活动，评选表彰“3个100”先进典型，灌南县驻杭州流动党员党委被中央评为全国先进基层党组织。“连云港党建云”微信公众号进入江苏政务微信影响力排行榜。　（赵淮阳）

宣传工作

【概况】 2016年，全市宣传思想文化工作加强科学谋划、推进创新创优，提升工作思路、话语表达和社会影响。聚焦发展大局，推出“两聚一高”在港城、“创卫美我家”等大型新闻行动，创办“交汇点”等专题专版专栏40余个。全年在中央、省主流媒体发稿1000余条，其中《人民日报》59篇，央视《新闻联播》8条。突出“一带一路”主题和港城韵味，出版发行《当代中日韩徐福文化交流图志》，举办徐福文化与“一带一路”城市文化产业国际论坛，广播连续剧《逐梦东方大港》在中央人民广播电台播出，本土纪录片《花果山传奇》《沂沭安澜》在中央电视台展播，现代淮海戏《辣妈犟爸》获省第三届文化艺术节优秀剧目奖。

【理论武装】 2016年，市委中心组开展集体学习17次，市委宣传部选配《习近平总书记系列重要讲话读本（2016年版）》《胡锦涛文选》等学习资料2000余册。在县处级领导干部中组织开展“坚持‘四个全面’、落实五大理念”专题读书调研活动。举办习近平总书记系列重要讲话精神和十八届五中、六中全会精神等的学习宣传活动。市委宣传部会同市委讲师团，组织开展党的十八届五中、六中全会精神、习近平治国理政新理念新思想新战略基层行、省市党代会精神下基层等宣讲活动近千场次。创新实施“身边的宣讲家”发现工程，开展民间名嘴评选活动，全市近千名（组）选手报名参加，约30万人次关注参与。采取微信在线答题和书面答题相结合的形式，开展党的十八届五中全会精神知识竞赛，全市10余万人次参与。市委宣传部、市社科联合表彰“助推港城发展十大社科成果”和特别提名奖。加强市社科基金项目立项课题的管理，对2010年以来逾期未结项的87个课题进行集中

2016年，市委宣传部加强“美德照亮港城”品牌宣传，成立道德风尚建设基金。图为第二届“美·德照亮港城”颁奖典礼。　市委宣传部　供

结项清理。出台《连云港市社科名家工作室管理办法》,设立古龙高“一带一路”战略研究工作室等6个全市首批社科名家工作室。市委宣传部、市社科联实施社科项目“双百工程”,完成社科研究立项153项,评选表彰优秀社科研究成果110项。

【舆论引领】 2016年,市委宣传部开展重大主题宣传活动,宣传报道党的十八届六中全会、省第十三次党代会、市第十二次党代会、第三届“连博会”等活动。推进“一带一路”主题宣传,做好全省加快沿海地区发展工作会议宣传报道工作,制作《崛起江苏沿海 扬帆一带一路》和《依托东陇海 当好桥头堡》宣传片。在《连云港日报》推出33期“交汇点”专版,设立“聚焦‘一带一路’落实国家政策”专栏,刊发沿线各城市经济社会发展的经验、成果、动态等。推进“健康连云港”、创建国家卫生城市主题宣传。做好中国共产党成立95周年新闻宣传工作,推出“党旗红”“纪念建党95周年·先锋”等专题专栏。开展“产业强市企业行”新闻行动,7～9月,市主要媒体对50多家代表性企业进行采访报道,集中展示全市培强培优企业、拟上市企业、中小型科技企业的核心竞争力和发展前景。市委宣传部下发《关于深入学习贯彻习近平总书记“2·19”重要讲话精神的通知》,全市各级新闻媒体开展学习讨论。开展2015年度连云港新闻奖评选工作,共评出25件获奖作品,评选首批连云港“名记者、名编辑、名主持、名评论员”14人。开展市级媒体全国、省市“两会”宣传报道阅评活动,对连云港传媒集团的“两会”报道进行分析评议。召开新闻通气会,部署重大项目推进、健康连云港建设、全市保险理财产品满期给付维稳、绿化造林、党风廉政建设等宣传报道工作。推进全民阅读工作,成立连云港市全民阅读促进会,制订2016年全民阅读工作要点。举办第四届“连云港读书节”暨央视著名主持人李潘阅读推广报告会,表彰“最美领读人”“最美阅读组织”。举办连云港市首届“光明书香节”活动。

【对外宣传】 重大主题宣传。2016年,市委宣传部紧扣“一带一路”交汇点建设主题,主动对接《人民日报》、新华社、中央电视台、《光明日报》等中央主流媒体,结合连博会、农洽会、《西游记》文化节等重大活动,宣传全市“一带一路”交汇点建设成果。全市在中央、省主流媒体发稿量120余条,其中《新闻联播》播出9条,《人民日报》刊发23篇。央视《走遍中国》《远方的家》《我爱发明》等栏目先后到连拍摄,科教频道分3集播出《花果山传奇》,国际频道和农业与军事频道滚动播放连云港市重大主题活动宣传片。市委宣传部邀请俄罗斯国际文传电讯社、哈萨克斯坦《实业报》、阿拉木图电视台、日本共同社、日本《读卖新闻》、韩国《中央日报》等11个批次、40余家(次)境外媒体走进连云港开展媒体采访和文化交流。由连云港市牵头,邀请伊犁州、霍尔果斯市和哈萨克斯坦国家电视台,共同成立“一带一路”新闻传播与文化产业国际协作体。借助中广联城市广播电视台新闻工作委员会平台,组织中央电视台及14家“一带一路”沿线城市主流媒体到连云港开展“走一带看一路”联合新闻行动。

特色外宣活动。2016年,市委宣传部策划“画说美猴王”工艺美术作品创意设计大赛,征集作品4209件。在人民日报社组织作品征集推进会、开展“百城百人,花果山邀您当评委”网络推广活动、开展教育系统“我心目中的美猴王”绘画比赛。11月15日,集中举办优秀作品展开幕式、商务合作签约仪式及颁奖晚会,北京北方华录集团、安徽江南文旅集团等8家公司与连云港市签订文化发展合作协议。人民网、腾讯网等数十家中文主流媒体及200多家地方、部门媒体,路透社及YouTube视频网站等131家外文媒体报道连云港及大赛活动情况。

对外文化交流。市委宣传部对接央视、江苏卫视栏目组到连拍摄《福路》《花果山传奇》《世纪丝路》《“一带一路”友城汇》等纪录片。邀请哈萨克斯坦国家电视台《未来之路》专题报道组拍摄“一带一路”建设成果,支持域外影视公司到连云港拍摄影视作品。以开展“一带一路”友城汇活动为载体,借助《江苏卫视》国际频道,扩大连云港市与“一带一路”国家地区的文化交流合作。赴西班牙萨尔德瓦市和哈萨克斯坦阿拉木图市,开展人文、经贸发展方面的

9月18日,连云港市在中小学生中开展勿忘国耻纪念活动。 魏士化 摄

交流。市女子民族乐团赴摩尔多瓦和摩洛哥参加国际音乐节系列活动。新闻、文艺工作者赴新加坡、马来西亚、哈萨克斯坦等周边国家开展“采风、采访、采点”活动。出版发行日文版《徐福外传》大型彩色连环画。制作《2015媒体看港城》《潮涌沿海、崛起丝路—连云港市沿海开发纪实》宣传画册。

【核心价值观教育】 2016年，市委宣传部加强“美·德照亮港城”品牌宣传，成立道德风尚建设基金，举办“美·德照亮港城”颁奖典礼，开设“文明有约”等专题专栏，编辑出版《万名小记者寻找身边的美》系列丛书，打造步行街核心价值观示范路、革命纪念馆“美·德照亮港城”展示区、BRT沿线站台“好人相伴、一路同行”展示栏。2月25日，中共中央宣传部、全国妇联在徐州举行“最美家庭讲好家训”万场巡讲工作经验交流会，市委宣传部部长滕雯作为江苏地级市宣传部代表作经验交流。全国、省级30多家主流媒体报道连云港市家风建设工作经验。谢芳丽家庭被评为首届全国文明家庭。葛军入选第二批全国岗位学雷锋标兵，市供电公司“连心电”志愿服务队被评为全国最佳志愿服务组织，8个志愿服务项目在省首届志愿者交流会上获奖。5人被选树为省级先进典型，32人荣登中国和江苏好人榜。中央文明办简报3次刊发连云港市未成年人思想道德建设工作经验。 （赵全全）

精神文明建设

【公民思想道德建设】 2016年，连云港市围绕“文明连云港”建设，开展群众性精神文明创建活动，形成一批新品牌新经验。全市以道德楷模引领社会风尚，开展先进典型培育、选树和推荐活动。“好青年”徐伟志、“好丈夫”吴兆乾、“好院长”管学刚等9人荣登“中国好人榜”；“好农民”王维喜、“新乡贤”方敬登上中国文明网“好人365”封面人物；王学龙、马善民等22人入选“江苏好人榜”；徐旨文被评为江苏省“十大诚信标兵”，范建民、李海林等8人被评为省“诚信之星”。举行首届“十佳孝老敬老模范人物”颁奖典礼，组织爱心企业对接帮扶敬老事业；开展首届社区邻里节，以社区和谐促进社会和谐；举办“文明风尚大家唱、核心价值观‘六进’”系列活动，开展道德讲堂8447场，受众超过50万人次。

【舆论宣传】 2016年，连云港市建成“美·德照亮港城”风采展示区，集中展示全市各领域涌现的道德典型；在主流媒体开设《温暖港城 好人好报》《每周善点》等栏目，刊发稿件1000多篇。推进“互联网+文明”，打造连云港传播文明新媒体联盟、“聚焦文明”摄影志愿者分会、文明连云港网站微信、志愿连云港平台等凝聚正能量推广阵地。组织第二届“港城网络善行榜”评选活动，通过“行善就点赞、好人就上榜”的方式，净化网络空间和朋友圈。港城护士秦国勇救昏迷老乡、麻醉师焐冰冷血袋等好人好事引发多家知名网络媒体和央视关注。

【未成年人道德建设】 2016年，市文明办开展“清明祭英烈”“学习和争做美德少年”“童心向党”等系列活动，其中“童心向党”歌咏活动在中国文明网展播。加强未成年人诚信友善教育，开设诚信课堂，举行“与雷锋车同行，做文明小义工”“红领巾志愿者”等活动。组织开展“小记者寻找老家的年味”“小记者寻找身边的好人”“小记者寻找家乡的美景”等主题寻访及征文活动，吸引近2万名小记者参与，征集文章7000余篇，编辑出版《万名小记者寻找身边的美》系列丛书。持续开展“万名小学生进军营”活动，聘请100名驻连部队官兵担任校外辅导员，开展“军营故事进校园”巡讲活动。推行“八礼四仪”教育，创新开展全市“十岁成长礼”“十八岁成人礼”等观摩活动。拓展未成年人校外教育活动空间，在连云港边防支队“战鲨”突击队建立未成年人思想道德建设教育基地，市委宣传部联合苍梧晚报社新建“健康连云港育苗基地”。发挥未成年人成长指导中心作用，全年面询案例2000多人次，热线接听10000多小时，在全市开展心理健康宣传讲座活动近千场。推进未成年

2016年度连云港市精神文明建设工作十大创新品牌一览表

表2

名　称	报送单位
新闻义工团	连云港报业传媒集团
检验检疫“零待时”	连云港出入境检验检疫局
创设线上线下“知行讲堂”，深化大学生价值观教育	连云港师范高等专科学校
百年中国语文人语话林	新海高级中学
浦南“五百好人”评选引发蝴蝶效应	海州区浦南镇党委
建成公民道德馆 弘扬核心价值观	连云区文明办
东海县“耕读传家”农民阅读志愿服务项目	东海县文明办
灌云县“好人工程”	灌云县文明办
“绿色航行灯”服务	市盐灌船闸管理所（灌南县）
好人“三度”选树宣传机制温暖福城	赣榆区文明办

人心理咨询直通车进乡村、下基层、上海岛，组织“守望花开”关爱留守女童特色活动，为农村留守女童提供心理咨询和教育帮扶。文明校园创建、道德实践活动、心理健康教育等经验做法在中央文明办《未成年人思想道德建设工作简报》刊发。

【志愿服务】 截至2016年，全市有注册志愿者77万多人。新成立网络摄影、平安建设、正义联盟、普法志愿者、扶贫志愿者等一批专业志愿者队伍，注册志愿服务组织1600多个。打造“志愿连云港”网站、微信、QQ群三位一体志愿服务平台。开展加入志愿者行动，组织志愿服务培训30多场次。全市有26个项目参加首届江苏志愿服务展示交流会，“市‘雷锋车’精神宣讲行动”获特别荣誉奖，东海县“爱无歧视”项目获银奖，灌南县建立“多类型本土植物园”保护生物多样性行动及市巾帼志愿者协会“婆婆妈妈大舞台”弘扬向善好家风项目获铜奖。“网络雷锋”赣榆义工获评2016年全国最佳志愿服务组织。市文明办联合文明单位及志愿服务组织开展志愿服务“牵手行动”，募集公益金近60万元，对接30个优秀志愿服务项目。以“与雷锋车同行 共建美德港城”为主题，市、县（区）联动，进社区进乡村开展志愿服务活动3000多个；参加首届江苏志愿服务展示交流会，获特别荣誉奖等8个奖项；组织1000余名志愿者服务连博会等重大赛会活动，志愿服务“牵手行动”发动社会资源为优秀志愿服务项目提供百万元资金支持。（王 飞）

青年志愿服务。2016年，团市委通过集中培训、网上公开课、现场教学、新媒体互动等方式，全年培训志愿者1万余名。在民政部门正式注册的市志愿者协会分会25家，各类志愿者团队280个，注册志愿者60余万人。在第三届全国志愿服务展示交流会上，志愿服务项目“生物多样性探访行动”获得银奖。“连心电”志愿服务队入选全国志愿服务“四个100”先进典型。“找回天使的翅膀”弱势群体青少年儿童帮扶行动获省青年公益项目大赛公益类一等奖。发起“做港城主人 当创卫先锋”志愿服务行动，开展健康教育社区行、乡村行、高校行150场次，发放车载垃圾箱1万个，万名团员青年到社区开展集中性义务劳动。为连博会、中国食用菌大会等大型赛会募集志愿者2000余人，提供赛会服务2万小时。开展助老助残助力春运助力高考等专题志愿服务50余次，全年志愿服务超过10万小时，惠及200余万人次。（孙 婧 孔李强）

正义联盟志愿服务。2016年，全市公安机关以维护社会治安稳定为工作重点，创新“正义联盟”群防群治工作，创建“互联网+”时代“邻里守望”工程示范点工作，全市“正义联盟”治安志愿者15万人，设立治安邻里守望点2359个，建立社区（村）义务巡逻队1682支3.29万人，预防制止违法犯罪活动1745起、协助抓获违法犯罪嫌疑人948人、协助查破案件1047起、挽回直接经济损失4228.9万元。（李春友）

3月3日，海州区开展学雷锋志愿服务进社区活动。 市公安局 供

巾帼志愿服务。2016年，市妇联开展“邻里守望·姐妹互助”巾帼志愿服务，全年开展义诊50余场次、关爱困境儿童1000余人、结对关爱空巢老人120余人、关爱单亲贫困母亲600余人。举办“港城强 巾帼美”作品展，用女性视角和镜头传达正能量、记录美好生活。开办《行进港城女性故事》专栏、依托“连云港妇联”微信公众号，培育推送杰出女性180余人。（张 莉 陈晶晶）

新闻志愿服务。2016年，新闻义工团举办为贫困大学新生筹集学费、关爱留守儿童、爱心地瓜义卖等公益活动；“清洁海岸义工团”开展“海好有你”连云港海州湾环保系列行动，开展志愿服务17次，1600余名志愿者参加。该活动被省环保厅评为2014—2016年环保小额资助优秀项目、2016年度连云港市优秀志愿的服务项目。（戴作仁）

【文明创建】 2016年，连云港市制定出台《创卫宣传氛围营造和市民素质提升专项工作方案》，编发新版《文明市民手册》10万本。开展以文明单位、文明村镇、文明社区、文明校园、文明家庭创建为抓手的“五大创建”，扩大创建覆盖范围，推动文明单位创建向非公有制企业、社会组织延伸。全市312个单位、乡镇、村（社区）、校园获省文明委表彰。市委、市政府发文表彰全市650家文明单位、村镇、社区、校园。表彰首届连云港市文明家庭100个，东海县谢芳丽家庭当选全国文明家庭，灌云县陈晓玲等7个家庭被评为省文明家庭。基层创建围绕“善、孝、和、新”，征集好家训近2万条；利用道德讲堂、村规民约、道德评议会、“婆婆妈妈大舞台”等载体平台，推行核心价值观入。开展“美丽乡村”摄影大赛、“寻找最美小区”、文明示范车、敬老文明线创建等活动，举办“做文明有礼连云港人”知识竞赛，近8万名市民参与。（王 飞）

统战工作

【概况】2016年，连云港市统一战线围绕中心开展工作，积极建言献策。市委统战部开展“我为‘全面达小康、迈上新台阶’献一策”活动，提交100余条意见建议，得到市委书记杨省世的肯定并批转市国土局、卫计委等34家单位转化落实。邀请国土资源部副部长、民盟省委主委曹卫星率专家组到连云港考察调研，扩大对外影响力。深化“进百企、促发展”和商会“强基创优”工程，组织机关干部深入企业结对子。常州、昆山连云港商会成立，举办异地连云港商会家乡行活动暨首届连云港商会工作交流会。统战组织、民主党派、工商联等部门联合开展精准扶贫、助推小康建设行动，实施的民主党派“温暖工程”、非公企业“百企帮千户”、商会“同心济困”等系列活动，投入帮扶资金1.62亿元。

【多党合作】2016年，市委统战部指导和协助市各民主党派完成换届工作，7名主委、21名副主委、85名市委委员当选。市委出台《关于加强政党协商的实施办法》，健全政党协商机制。开展创办领办经济发展项目、创办领办社会服务组织，增强集体经济实力、增强服务群众本领的“双创双增”（以创新创优增强民主党派的凝聚力和创造力，增强民主党派服务发展的本领和水平）活动，民主党派开展品牌创建，形成“海洋经济”“同心思源”“同心助学”等特色工作。

【民族宗教工作】2016年，市委召开全市民族宗教工作会议，印发《关于加强和改进新形势下民族宗教工作的实施意见》。召开全市城市民族工作现场会，举办民族团结进步模范社区创建活动。开展宗教场所建设情况调研，推进宗教“两构建五规范”（构建与宗教团体的新型关系、构建宗教场所新阵地，规范宗教场所建设、规范宗教活动开展、规范教职人员言行、规范宗教执法行为、规范宗教事务管理）活动，创建和谐寺观教堂暨星级宗教活动场所，认定海宁禅寺、市基督教中心堂、东海县方舟教堂、灌云县石佛寺、灌南县二郎神庙、灌南县基督教中心堂、海州区碧霞寺、准提寺8家场所为江苏省四星级宗教活动场所。举办“一带一路”民族宗教工作座谈会暨“佛从海上来”系列活动。

2016年，市委统战部联合统战组织、民主党派、工商联等开展非公企业“百企帮千户”等系列活动。图为6月16日，连云港市召开“百企帮千户”专项行动动员会。　市委统战部　供

【经济领域统战工作】2016年，市委统战部促进非公有制经济人士健康成长、促进非公有制经济健康发展，举办专题报告会，开展诚信宣言等活动。实施“双百工程”（在全市非公经济代表人士中选拔培养100名引领作用显著的领军人物和100名发展潜能较大的新生代后备人物），开展综合评价工作，举办北京大学高级研修班。工商联搭建“发展环境、权益保护、融资服务、和谐关系、转型升级”联动平台，举办法制服务等活动，引导非公企业健康发展。

【党外人士培养】2016年，市委统战部推进党外代表人士队伍建设，推进选拔配备机制，与市委组织部建立党外干部预审制。市政府部门配备党外正职1名、其他部门配备党外正职2名。举办民主党派骨干社会主义学院培训班、无党派知识分子和新的社会阶层人士培训班等10多期，培训500多人。针对市、县（区）人大、政府、政协换届，市委统战部、市委组织部联合开展市管党外后备干部推荐考察，以及县区党外干部配备情况调研，建立一支动态的党外后备干部队伍。

【港澳台与海外统战工作】2016年，市委统战部组织团组赴台开展经贸交流。支持海外联谊会、香港连云港联谊同乡会等社团加强自身建设。苏北首家欧美同学会留学人员报国基地、香港海州湾青年会成立。

【欧美同学会留学人员报国基地成立】12月3日，苏北首家欧美同学会留学人员报国基地经中央统战部批准，在连云港高新区揭牌。结合欧美同学会的人才智力优势和连云港市的人才政策和服务体系优势，通过联谊交流、培训咨询、科技开发等形式，引导和激励归国留学人员参与全市建设与发展。（吉正兵）

机构编制

【概况】2016年，连云港市深化行政体制改革，执行控编减编工作，推进简政放权，完善机关绩效管理。机构编制向市场监管、民生保障、环境保护等重点方面和基层一线倾斜，促进机构编制资源配置优化。

【乡镇行政体制改革试点】2016年，市编委办在安峰镇开展行政体制改

革试点工作，实现“一枚公章管审批”“一支队伍管执法”；出台权责清单，建立健全依据权责清单追责、双随机抽查公开、奖励举报等12项规章制度。选取东海桃林镇、灌云四队镇、灌南田楼镇、赣榆柘汪镇、海州浦南镇5个乡镇作为第二批经济发达镇试点上报省编办。

【事业单位改革】2016年，市编委办完成全市综合检验检测机构整合，承担行政职能事业单位改革。深化医药卫生体制改革，出台《连云港市创新公立医院人员编制管理操作办法（试行）》，核定市级7家公立医院人员总额共9461名，其中原审批核定事业编制4759名、备案确定人员控制数4702名，给予医院用人招聘更大自主权。

【机关绩效管理】2016年，市编委办运行机关绩效管理信息系统，将市本级108家单位纳入绩效考核，构建通用指标与个性化指标相结合的考核指标，将绩效考评结果与机关领导班子和领导干部考核、机构编制工作、财政资源合理配置等相结合。依托机关绩效管理信息系统，初步构建起由市绩效办统筹组织，9家考评牵头部门具体考核，被考评单位依据考评指标网上填报的无纸化考评体系。实现机关绩效管理工作实施范围、指标体系、管理程序、结果运用、组织领导体系的“五位一体”管理模式。

【机构编制管理】2016年，市编委办调整部分机构编制，将原工商质监药监分局及功能区执法机构下放给区级政府，下移行政编制316名；县区市场监管机关人员编制均压缩20%以上，一线执法机构人员编制增加142名。结合综合行政执法改革试点，撤并事业机构8家，收回事业编制10余名；全面核定事业单位的职能，回收职能弱化、任务不饱和事业单位部分编制，长期空编的按空编数的50%收回，市本级收回事业编制902名。

【事业单位登记管理】2016年，市编委办建立公示信息随机抽查制度、法定代表人约谈制度等；推进事业单位诚信建设，建立事业单位信用等级评价办法，在赣榆区开展信用等级评价试点。开展事业单位法人治理试点，21家单位开展事业单位法人治理结构建设，其中市本级10家、县区11家。党政机关、事业单位网上名称管理实现“两个全覆盖”。全市完成2251家事业单位、240家机关群团（其中市本级48家）社会信用代码赋码发证工作。（解惠磊）

台湾事务

【概况】2016年，连云港市推进台资产业集聚、优化台商投资环境、推进连台交流交往。全市新批台资项目12个，总投资2.57亿美元，注册台资9502万美元。连云港港往返台湾货物吞吐量218.17万吨，比2015年增长16.89%；集装箱14.07万个标准箱，增长17.97%。

【经贸合作】2016年，市委台办组织赴台经贸团组13批69人次，非公企业团组24批72人次。邀请台北海州同乡会、深圳台商协会、台湾金亚洲工业股份有限公司、高雄市联合贸易促进会等重点台商团组26批550余人次到连云港参观考察、洽谈项目。邀请台湾云林县、新竹县、宜兰县农会和台湾中小企业总会、台湾农渔会永续发展协会等台商团组近300人到连参加江苏农业国际合作洽谈会。连云港市在台湾举办连台现代农业交流座谈会、连台中小企业家交流会、连台《西游记》文化产业交流会等活动，依托市驻台经贸联络处，发布招商项目信息，展示连台两地产业互补性合作潜力。连云港润良商贸有限公司、连云港冠钰精密工业有限公司和连云港爱仕沃玛技术纺织有限公司3家台资企业获2016江苏省台企“紫峰奖”。

【文化交流交往】2016年，全市组织赴台文化交流团组共6批129人次，交流领域不断拓展。海峡两岸《西游记》文化书画展开幕式暨海峡两岸青少年《西游记》书画作品大赛在台北展馆举办。台湾新北市永和区里长联谊会、台湾“中华两岸文化教育暨体育交流发展促进会”、台湾新北市议员蔡锦贤到连云港考察。强化教育合作交流，淮海工学院一行赴台湾交流，海州高级中学篮球交流团赴台湾以球会友，农业技术、城市建设、市县教师进修等培训班在台湾举办。召开连云港市第三届茶文化博览会暨2016海峡两岸茶文化交流会，江苏省对台交流基地在花果山景区挂牌，市委台办与台湾旺旺中时媒体集团签订涉台西游

2016年，连云港市推进海峡两岸文化交流交往。图为台湾车友阳光公益摩旅文化交流团到连云港考察。　市委台办　供

2016 年台湾考察访问连云港主要团组情况表

表 3 单位:人

到连时间	团组名称	人数
3月	台湾金亚洲工业股份有限公司	4
5月	宜兰慧灯高级中学篮球交流团	17
5月	台湾旺旺中时媒体	3
5月	台湾新北市永和区里长联谊会参访团	24
6月	台北市律师公会	6
6月	台湾“中华两岸文化教育暨体育交流发展促进会”	19
6月	台湾大叶大学	4
6月	台湾茶道文化研究协会	5
7月	台湾篮球协会	2
9月	台湾云林县农会参展代表团	43
9月	台湾新竹县农会参展代表团	41
9月	台湾中小企业总会参展代表团	37
9月	台湾“中华两岸投资创业协会”代表团	30
9月	高雄市联合贸易促进会代表团	27
9月	台湾农渔会永续发展协会	28
9月	台湾新北市农业参访团	12
10月	台湾正崴精密工业股份有限公司	14
10月	台湾威远国际企业股份有限公司	3
11月	台湾高雄海洋科技大学	2
11月	台湾时际创意传媒	5
11月	台湾旺旺时报	10
12月	台湾“中华两岸连锁经营协会”	2
12月	台湾法纳提集团	4
12月	台湾高雄市总工会	17

文化宣传合作框架协议。第七届海峡两岸海洋海事蓝海策略大学校长论坛在淮海工学院举行。

【服务平台建设】 2016年,连台贸易物流信息咨询服务中心发挥服务台商平台作用,吸引陆桥沿线城市和周边地区台商货源,扩大连云港与台湾货运量及贸易额,推动台资企业与哈萨克斯坦等中亚国家和新亚欧大陆桥沿线地区产业合作。帮助符合国家产业政策扶持范围的台资企业申请财政专项资金,2家台资企业申报国家高新技术企业。加大重点涉台案件协调力度,协调解决涉台纠纷79件。 (曹相芹)

老干部工作

【概况】 2016年,连云港市有离休干部1520人,平均年龄88.1岁,其中抗日战争时期参加革命的离休干部265人,解放战争时期参加革命的离休干部1255人。按单位性质分,机关501人,事业单位377人,企业642人。全市有退休干部3.71万人,平均年龄72.7岁,其中地厅级退休干部40人、县处级808人、其他3.63万人。按单位性质分,机关1.19万人,事业单位2.36万人,企业1656人。市委老干部局做好离退休干部政治待遇、生活待遇落实,组织离退休干部进行理论学习和开展文体活动。

【老干部学习教育】 2016年,市委老干部局开设《老干部网上情况通报会》栏目,编印《离退休干部思想政治建设和党支部建设参阅资料》2套共1000册。组织18名离退休干部党支部书记赴省老干部党校培训。评选市级离退休干部思想政治引领党性教育基地11个、兼职党性教师11人。组织离退休干部赴抗日山烈士陵园和“雷锋车”事迹陈列馆接受党性再教育。在离退休干部集中居住的社区和集中活动的团体推行离退休干部党员“一方隶属、多重管理”。在全市6个试点社区1800多名离退休干部中建成非建制党组织21个,在20个市级离退休干部文体活动团体共800多名离退休干部中建立非建制党组织20个。2016年,老干部参加全市性重要会议或重大活动20余次,200多人次参加。举办“我看从严治党新气象”“晒家风家规,扬中华美德”等专题座谈11场(次),150名余名离退休干部代表参加。

【老干部文体活动】 2016年,市委老干部局围绕纪念中国共产党成立95周年暨红军长征胜利80周年主题,举办专题座谈会、文艺演出、书画摄影展等系列纪念活动。老干部文体活动团体编印《连云港老干部书画》《郁州诗苑》《苍梧摄影》《孝学研究》等刊物16期。全市举办离退休干部诗词联欢、集邮讲座、书画摄影展、钓鱼比赛、文艺会演等活动15场次,5000多人次参加。全市离退休干部书画摄影作品、歌唱舞蹈节目参加国家、省级活动并获奖。6月19日,市老干部活动中心投入使用,由55个活动室、4片门球场、1个“一带一路老干部艺术长廊”和3个场馆等的五大类功能区组成。

【离休干部服务管理】 2016年,市委老干部局对全市1520名离休干部生活医疗情况进行摸底调查,重点掌握离休干部空巢、独居、失能、身患重

10月24日，连云港市举行纪念建党95周年暨长征胜利80周年全市离退休干部书画摄影作品展。 市委老干部局 供

病以及生活有特殊困难等情况。落实新批的43名离休干部享受的副省长报销标准医疗待遇；协调财政部门加大对离休干部医疗保障的支持力度，全年下拨18.7万元用于改制企事业单位离休干部管理服务工作。加强离休干部医疗保障工作，发放市直离休干部健康体检卡600多张。在市第一人民医院新海新区医院增设300多张老干部病区床位，改善离退休干部住院治疗条件。全市离休干部"两费"（离休费、医疗费）继续保持零拖欠。 （肖长森）

市级机关党的工作

【概况】 2016年，市级机关工委下辖机关党委33家，总支13家，直属支部32家；代管企事业单位党委3个、事业单位党总支1个、国有企业党支部2个。有党员8896人。工委指导13家市委直属党委机关党的工作。

【学习型党组织建设】 2016年，市级机关工委举办知识测试、开通"网上党校"，通过手机短信课堂，发送信息60余条次，10万余名党员参加学习。推进"书香机关"创建，开展"经典悦读"活动，培育30家市级"书香机关"单位，市司法局、地税局被评为省"书香机关"建设示范点。举办"机关大讲堂"，邀请全国人大常委会法制工作委员会社会法室主任陈佳林进行《中华人民共和国反家庭暴力法》讲座辅导。市总工会机关党委《"四平台一报送"开展"两学一做"》的经验做法，被中央国家机关工委评为全国机关党组织"两学一做"优秀案例。市级机关工委制定下发《机关党组织书记抓党建责任清单》，召开党建工作联系片会、工作务虚会，进行现场观摩。下发学习资料1万余册，开展研讨交流10余次。评选市国税局、财政局等十佳党员活动室、十佳党建活动园地。推进机关基层党组织"三会一课"规范化、制度化，开展集中观摩督查6次。组织党员培训，举办2期机关党务干部培训班，培训党务干部98人次；举办4期发展对象培训班，培训党员发展对象226人，发展新党员50人，新组建6个基层党组织。开展纪念建党95周年系列庆祝活动，表彰优秀共产党员98人、优秀党务工作者60人、先进基层党组织60个。

【服务型党组织建设】 2016年，市级机关工委通过机关企业结对共建，送政策、送资金、送技术，为企业兴办实事200多件，解决问题360多个。推进"三解三促"活动，组织机关党员干部开展精准扶贫、牵手致富等工作。组织在职党员进社区活动，推行志愿服务登记注册工作，80多个基层党组织近5000多名在职党员，认领1万余个服务岗位。开展市级机关部门单位创优工作考核评选，评选出30个市级机关"优质服务实例"；表彰60余名市级机关优秀党员志愿者，开展"民间名嘴"评比，连云港海事局"七彩海事"的经验做法被省机关工委评为2016年度优秀党建创新案例。

【机关作风建设】 2016年，市委、市政府调整全市督查机构，将市级机关作风建设推动、督查、考核职责划归市委市级机关工委，对全市64家重点单位采取上门提醒的方式，强化机关作风内控机制。把无故缺岗、迟到早退、上班从事与工作无关活动等问题列为明察暗访的重点目标，采取突击抽查的方式，加大专项督查和联合督查的力度频次。组织4轮全面督查，发现涉及39个单位、50个问题，

11月26日，连云港市级机关开展工间操比赛。 市级机关工委 供

在全市机关范围通报。开展党风廉政教育月活动，赠阅《廉洁自律准则》《纪律处分条例》1000多册，组织5000多名党员进行廉政承诺，观看警示教育片、廉政史料图片展80余场次。举办机关党组织纪检干部培训班，40名机关党组织纪检委员集中学习。市级机关工委、市纪委举办全市学党规党纪电视知识竞赛，112家单位、559名党员干部参加。开展市级廉政文化示范点"提标升级"活动，16家市级机关部门单位实现达标升级。深入调查群众反映强烈、问题线索集中的信访件，配合市纪委做好纪律审查和案件审理工作，牵头或参加信访件初核和调查16件16人；参加市纪委联合审理1件1人；受理违纪案件8件8人，均审理作出处分决定，其中警告1人、严重警告1人、留党察看1人、开除党籍5人。

【和谐机关建设】2016年，市级机关工委推动机关群团组织建设，做好机关工青妇组织换届工作，举办2期工会干部培训班，80多名机关工会干部参加。开展岗位练兵、技能比武等劳动竞赛活动，4名先进个人获得省劳动模范称号。举办市级机关第六届文体节，组织庆"三八"登山比赛、乒乓球、羽毛球、足球、篮球、棋牌等比赛，1万余人次参加。举办市级机关太极拳培训班，4000余人次参加集体培训。组织开展机关工间操比赛，市级机关41支代表队1200余名职工参赛。市级机关工委联合海州区政府、连云港报业传媒集团举办喜迎连博会快乐健步走活动，2500人次参与。做好困难党员和职工的关爱帮扶，发放慰问金及慰问品20余万元。发起向盐城阜宁受灾地区爱心捐助，开展"慈善一日捐"活动。办理机关职工旅游年卡等特约项目，开办机关青年驾校2期，举办3期市级机关青年联谊会，建设巾帼红娘志愿者队伍。（丁海峰）

党校工作

8月4日，连云港市在党校举办领导干部学习贯彻五大发展理念专题轮训班。 市委党校 供

【概况】2016年，中共连云港市委党校举办全市领导干部学习贯彻五大发展理念专题轮训班、市管干部进修班、青年干部培训班、公务员初任培训班、军队转业干部党政培训班等主体班10期，培训轮训各级党员干部2908人次。党校与县、区部门联合举办委托培训31期，培训学员3700余人次。全市党校推进办学理念、教学方式和体制机制创新，教学科研、人才队伍、管理服务等工作取得新进展。

【理论宣讲】2016年，市委党校选派2名教研人员参加学习贯彻党的十八届六中全会精神市委宣讲团，选派1名教研人员参加学习贯彻省第十三次党代会精神市委宣讲团。成立市委党校"两学一做"学习教育宣讲团、学习贯彻党的十八届六中全会精神宣讲团，深入县区、部门、基层单位开展理论宣讲80余场次。

【理论研究】2016年，市委党校公开发表理论文章82篇，其中省级以上31篇、核心期刊5篇；参与编撰《2016江苏政府创新蓝皮书》，3项科研成果入选《连云港智库（2016）》，编印《党校智库（2015）》。立项课题18项，结项课题22项。其中，参与完成省部级课题2项，主持完成全省党校系统调研课题2项、省委党校专项课题3项。科研成果获奖12项。其中，全省思想政治工作课题研究优秀成果二等奖1项；全省党校系统2011—2015年度优秀成果一等奖2项、二等奖1项、三等奖1项；市十三届哲学社会科学优秀成果一等奖1项、二等奖2项、三等奖3项。组织参加理论研讨会27人次，获省哲学社会科学界学术大会一等奖2项、二等奖2项、三等奖4项。

【新型智库建设】2016年，市委党校围绕党委政府重大决策部署和社会热点难点问题，组织教师开展调研，编印《决策咨询参考》21期，调研报告获市级领导批示4篇；与市政府研究室合作撰写研究报告5篇，被省政府研究室《调查研究报告》录用2篇。围绕学习贯彻党的十八届六中全会和省、市党代会精神，立项《党内政治生活现状调查和规范运行研究——以连云港市为例》《连云港摆脱传统路径依赖、探索绿色发展新路子研究》《"一带一路"战略背景下连云港市推进产业强市路径研究》《地域文化视角下连云港市旅游发展研究》4项校重点扶持课题。

【港城大讲堂】2016年，市委党校举办"港城大讲堂"5期，邀请中国社会科学院拉丁美洲研究所研究员、所长吴白乙，全国人大常委会法制工作委员会社会法室副主任陈家林，武警指挥学院部队管理系主任、教授贾东辉，中国人民大学重阳金融研究院执行院长、研究员王文，中央党校教授、博士生导师李慧英，分别作把握“两个大局”与对外战略转型《反家庭暴力法》解读、当前中国反恐怖斗争面临的形势、“一带一路”背景下连云港的发展机遇、男女平等基本国策等专题报告。“港城大讲堂”被省委宣传部表彰为江苏优秀讲坛。

（陈 超）

12月13日，市委党史工办举行《烽起云台——连云港党史故事》首发式。于冰清 摄

党史工作

【概况】 2016年，连云港市以党史正本为主体的党史资料征编持续推进。《中共连云港市历史（第三卷）》完成征求意见稿，开展“革命前辈影像资料抢救工程”，启动口述史资料访谈征集工作。出版《中国共产党连云港市执政实录（2015）》。拍摄完成《党旗红·光辉历程》《烽起云台——连云港党史故事》等地方党史系列宣传教育片。完成连云港市革命遗址及纪念设施复核工作。

【中共党史正本编写】 至2016年底，《中共连云港市历史（第三卷）》完成征求意见稿，共三编十三章50万字；《中共灌云县历史（第三卷）》通过评审，进入出版程序；《中共灌南县历史（第三卷）》完成初稿；《中共东海县历史（第三卷）》《中共赣榆县历史（第三卷）》完成编写提纲；海州区、连云区开展资料征集、人员培训等前期筹备工作。

【党史资料征集】 2016年，市委党史工办在全国开展“革命前辈影像资料抢救工程”，抢救性集中采访拍摄抗战时期连云港籍包括在连云港战斗过的老干部、老战士，留存其影音和口述史料。至年底，采访老干部、老战士、老党员78人，采集高清视频资料9600分钟，征集反映革命历史的实物、照片、文献、手稿等资料984件。启动市委、市政府原主要负责人口述史资料访谈征集工作，先后采访市委原书记徐智、秦兆桢和市政府原市长耿杰民、王稳卿。

【党史宣传教育】 2016年，市委党史工办抓住中国共产党成立95周年和红军长征胜利80周年等重要时间节点，运用专题展览、电视纪录片、专题片等形式，提升党史宣传教育的影响力和实效性。“七一”前夕，市委党史工办与市电视台联合摄制播出《党旗红·光辉历程》系列短片15集，45分钟。市革命纪念馆举办《风雨兼程党旗红—纪念中国共产党成立95周年》《江苏廉政史料图片展》等专题展5场。市委党史工办摄制地方党史系列宣传教育片《烽起云台—连云港党史故事》5集，每集15分钟，12月13日首发。市委宣传部、党史工办与市水利局联合摄制反映建国初期苏北导沂整沭水利工程纪录片《沂沭安澜》，12月6、7日晚在中央电视台科教频道播出。党史部门组建宣讲队伍，到机关、中小学和部队开展党史知识报告会、党史国史进校园、专题党课进社区等宣讲活动60余场，直接听众近8万人（次）。

【《中国共产党连云港市执政实录（2015）》出版】 2016年3月，市委党史工办启动《中国共产党连云港市执政实录》编纂工作，并于国庆节前夕出版2015卷《中国共产党连云港市执政实录》。全书共168万字，采用文献资料汇编的形式，收录2015年1月1日至12月31日市委带领全市人民在经济建设、政治建设、文化建设、社会建设、生态文明建设和党的建设中开展的实践活动和取得的工作成就，反映中国共产党在连云港市执政活动的全貌，全书包括综述、特载、省委部署、重要会议、重大活动、重要文献、文件选编、附录八个部分。

【革命遗址及纪念设施复核】 2016年，市文物、民政、党史部门联手，以江苏省第三次全国文物普查名录、民政部门烈士纪念设施保护单位和党史部门2009年革命遗址普查成果为基础，对全市新民主主义革命时期（1919—1949）重要的革命历史文化遗址，以及中华人民共和国成立以来兴建的纪念馆、展览馆、烈士陵园等内容涉及新民主主义革命时期的纪念设施进行复核。经文物、民政、党史部门共同确认，全市革命遗迹及纪念设施155处。其中，国家级烈士纪念设施2处、省级烈士纪念设施7处、市级烈士纪念设施3处、县级烈士纪念设施15处，乡镇级烈士纪念设施128处；省级文保单位1处，市县级文保单位5处，一般不可移动文物54处，未列为不可移动文物95处；保存完好的78处，保存一般的41处，损毁遗址33处，亟待抢救的革命遗址和纪念设施3处。（徐 玲）

责任编辑 高鹤婷

连云港市人民代表大会

综述

【概况】 2016年，连云港市人大常委会落实中央、省、市委的决策部署和全国、省人大常委会的工作要求，认真行使宪法和法律赋予的职权，围绕全市改革发展稳定大局，广泛听取代表和群众意见，着力创新和完善工作方式，较好地完成十三届人大五次会议提出的各项任务。全年制定地方性法规1部，举行常委会会议11次，听取和审议“一府两院”工作报告12项，作出决议决定5项，组织专题询问1次，开展执法检查2次，依法任免国家机关工作人员90人次。

【人大代表及组织机构】 连云港市第十三届人民代表大会代表417人。其中，党员272人，占65.2%；民主党派人士18人，占4.3%；妇女88人，占21.1%。连云港市第十三届人民代表大会下设财政经济委员会、法制委员会2个专门委员会；其常设机构常务委员会由41人组成，有12个内设机构，分别为办公室、研究室、法制工作委员会、内务司法委员会、财政经济委员会、预算工作委员会、环境资源城乡建设委员会、教科文卫委员会、民宗侨台外委员会、农业经济委员会、人事代表联络委员会、机关纪检组。 （乔立贺）

8月16—17日，全市乡镇人大工作规范化建设现场推进会召开。 王超　摄

主要工作

【工作监督】 促进经济持续健康发展。2016年，市人大常委会关注“一带一路”战略、经济结构性改革、产业强市和创新驱动战略实施，督促落实“十三五”规划任务，编制衔接配套的专项规划，推动以供给侧结构性改革为重点的经济结构调整举措，促进实现经济结构优化、发展动力转换、发展方式转变。以深化国有企业改革、财政资金扶持工业发展为重点，加强对产业转型升级的监督，推动产业发展扩量提质。加强对三农工作的监督，以耕地质量保护、“一带一路”农业合作示范区建设为重点，加快农业发展方式转变。围绕旅游业发展需求，通过专项审议、履职评议、专题询问等方式，推进旅游环境整治、基础设施建设和旅游体制改革。

强化财政预算决算监督。市人大常委会落实新预算法要求，建立健全工作委员会预审、专门委员会初审、人代会和常委会审查批准的“三审制”程序，把监督关口向预算编制阶段前移，把监督范围由一般公共预算拓展到全口径四本预算、由市本级拓展到开发区及各功能板块，把监督重点向部门预算及使用绩效延伸。听取审议市级预算执行、调整、决算和审计工作报告，审查批准市级决算和预算调整，对部门预算资金使用审计问题整改情况进行督查，开展满意度测评，从机制上解决审计监督刚性约束不足问题。

推进民生事项解决。市人大常委会树立绿色发展理念，推进生态文明建设“七大行动”。以民办教育发展、城市总体规划修编和市区绕城快速通道建设为重点，加强对民生工作的监督，跟踪“十大重点民生工程”实施情况，促进民生不断改善。针对群众普遍关注的食品安全问题，开展执法检查和专题询问，督促政府及有关部门强化管理责任，整治食品安全隐患，保障人民群众餐桌上的安全。支持推进交通事业发展和居民出行环境改善，重点督办徐新公路、市区“断头路”等议案建议。

推进依法行政。市人大维护宪法权威，落实宪法宣誓制度，组织人大及其常委会选举或任命的国家工作人员、“一府两院”任命的国家工作人员，在正式就职时向宪法宣誓。加强对依法行政的监督，开展治安管理处罚法执法检查。加强对常委会任命的“一府两院”工作人员的监督，对“两院”8名法官、检察官开展履职评议工作，评议结果向社会公开。健全规范性文件备案审查制度，加强备案审查能力建设，做到“有件必备、有备必审、有错必纠”。

促进公正司法。市人大常委会以行政审判、刑罚执行检察工作为重点，加强对司法行为监督，推动健全阳光司法工作机制，保护公民、法人和其他组织的合法权益。做好人大信访工作，处理群众来信来访，引导支持群众理性表达合理诉求，依法维护自身合法权益。

【调研视察】 2016年，市人大常委会组织开展多项调研视察活动，组织委员、代表重点视察港口、临港产业、石化基地等重点项目建设。提出港产城融合发展、打造重点产业集群、完善集疏运体系、加快金融创新区建设、扩大东西双向开放等多条意见建议。调研湿地保护情况，推动相关法律法规有效实施，促进森林、海洋、滩涂和湿地等资源保护。调研市属国有企业重组改革及运营情况，促进建立现代企业制度，推动国有企业健康发展。

【代表工作】 2016年，市人大常委会坚持闭会期间“双联”工作机制，完善代表工作机制，常委会同代表联系、代表同人民群众联系。开展代表“与小康社会建设同行”主题实践活动，组织代表走基层、进农户、到一线，为群众分忧解难，为发展建言献策。组织基层代表集中视察经济社会发展、重大民生工程建设等情况，帮助代表了解全局，掌握民意。重视代表活动阵地建设，对“代表之家”提档升级，落实代表活动专项经费，做好代表活动保障工作。人代会后，召开建议交办会，加强与政府交办部门的衔接沟通，确保代表建议得到有效落实。发挥代表建议网上办理平台作用，实现办理工作全过程公开。加强对建议办理的督查考核，选取连徐客专等重点建议，主任会议成员和市政府领导分别牵头督办，协同推进。开展重点建议办理满意度测评，推动一批民生热点事项解决。常委会对政府承诺逐步解决的建议开展“回头看”，促使办成率达80.5%，实现从注重办结率向办成率转变。

【建议办理】 市十三届人大五次会议期间，收到代表建议178件。经过分类整理，归口政府系统办理的代表建议165件，党群及其他部门办理的13件。按照“分级负责，归口办理”原则，市政府将165件建议交各县区政府、市直有关部门和驻连部省属单位94家单位承办。所有建议均在规定时间内办理完毕，网上答复率、代表反馈满意和基本满意率达100%。

（乔立贺）

重要会议

【市十三届人大五次会议】 1月17—20日，连云港市十三届人大五次会议在海州区召开。大会听取和审议市人民政府工作报告；审查和批准连云港市国民经济和社会发展第十三个五年规划纲要；批准连云港市2015年国民经济和社会发展计划执行情况与2016年国民经济和社会发展计划；批准连云港市2015年预算执行情况与2016年预算；听取和审议连云港市人大常委会工作报告；听取和审议连云港市中级人民法院工作报告；听取和审议连云港市人民检察院工作报告。大会通过关于《连云港市人民政府工作报告》《连云港市国民经济和社会发展第十三个五年规划纲要》《连云港市2015年国民经济和社会发展计划执行情况与2016年国民经济和社会发展计划》《连云港市2015年预算执行情况与2016年预算》《连云港市人大常委会工作报告》《连云港市中级人民法院工作报告》《连云港市人民检察院工作报告》的决议。大会选举项雪龙为连云港市人民政府市长，王洪欣、陈启发、陈福胤、周瑞峰为连云港市第十三届人大常委会委员。会议通过连云港市第十三届人大法制委员会、

1月17—20日，市十三届人大五次会议在海州区召开。图为新当选代表进行宪法宣誓。 市人大 供

10月9日，连云港市召开市县乡三级人大换届选举工作会议。 市人大 供

财政经济委员会组成人员名单。

【市十三届人大常委会第二十三次会议】 1月8日，市十三届人大常委会召开第二十三次会议，听取补选省人大代表的议案；酝酿补选省人大代表的议案；补选省人大代表。会议以无记名投票方式，补选项雪龙、李春江为省第十二届人民代表大会代表，报省人大常委会履行资格审查程序。

【市十三届人大常委会第二十四次会议】 3月24日，市十三届人大常委会召开第二十四次会议，听取和审议市政府关于《江苏省耕地质量管理条例》贯彻实施情况的报告、关于全市宗教事务管理工作情况的报告。会议对连云港国家农业科技园区建设规划修改情况进行备案。

【市十三届人大常委会第二十五次会议】 4月27日，市十三届人大常委会召开第二十五次会议，听取和审议市政府关于全市民办教育发展情况的报告，听取部分在连省人大代表报告履职情况并开展评议。

【市十三届人大常委会第二十六次会议】 5月31日，市十三届人大常委会召开第二十六次会议。市委书记、市人大常委会主任杨省世为新任职人员颁发任命书。市委副书记、市长项雪龙做人事情况介绍。会议决定任命祁彪为连云港市人民政府副市长；接受曹永林辞去副市长职务，并报连云港市人民代表大会备案。

【市十三届人大常委会第二十七次会议】 6月29—30日，市十三届人大常委会召开第二十七次会议，听取和审议市政府关于提请审议《连云港市海洋牧场管理条例（草案）》的议案；关于2015年市级决算草案的报告，审查批准2015年市级决算；关于全市旅游业发展情况的报告，并开展专题询问。会议对市中级人民法院4名法官和市人民检察院4名检察官开展履职评议。会议期间，常委会举办《治安管理处罚法》专题讲座。

【市十三届人大常委会第二十八次会议】 8月24—25日，市十三届人大常委会召开第二十八次会议，听取和审议市政府关于2016年上半年全市国民经济和社会发展计划执行情况的报告，关于2016年市区地方政府债务限额和市级预算调整及上半年全市预算执行情况的报告，关于“六五”普法实施和“七五”普法规划情况的报告，关于市人大常委会执法检查组关于《中华人民共和国治安管理处罚法》执法检查情况报告。会议通过关于批准连云港市2016年市区地方政府债务限额和市级预算调整方案的决议，关于开展第七个五年法治宣传教育的决议等。会议以无记名投票的方式通过相关人事任免。

【市十三届人大常委会第二十九次会议】 9月20日，市十三届人大常委会召开第二十九次会议，听取关于全市市县乡三级人民代表大会换届选举有关问题的决定（草案）的说明；讨论关于全市市县乡三级人民代表大会换届选举有关问题的决定（草案）；通过关于全市市县乡三级人民代表大会换届选举有关问题的决定。

【市十三届人大常委会第三十次会议】 10月8日，市十三届人大常委会召开第三十次会议。会议以无记名投票形式通过相关人事任免。市委书记、市人大常委会主任杨省世为新任职人员颁发任命书。市长项雪龙列席会议并作人事情况介绍。

【市十三届人大常委会第三十一次会议】 10月27—28日，市十三届人大常委会召开第三十一次会议。会议审议并通过《连云港市海洋牧场管理条例》；听取和审议市人大常委会执法检查组关于检查《中华人民共和国食品安全法》实施情况的报告；听取和审议市政府关于2015年度市级预算执行和其他财政收支审计查出问题整改情况的报告，并对有关部门审计查出问题整改情况开展满意度测评；听取和审议市政府关于市十三届人大五次会议代表建议办理情况的报告。

【市十三届人大常委会第三十二次会议】 11月24日，市十三届人大常委会召开第三十二次会议。会议进行相关人事任免事项，市委书记、市人大常委会主任杨省世为新任职人员颁发任命书。

【市十三届人大常委会第三十三次会议】 12月30日，市十三届人大常委会召开第三十三次会议，审议市政府关于市属国有企业重组改革运行情况报告；审议和通过市人大常委会关于批准连云港市2016年市级预算调整方案的决议；审议和通过关于召开市十四届人大一次会议的决定；听取部分在连省人大代表及省直连云港代表组报告履职情况并开展评议；通过相关人事任免。 （乔立贺）

人事任免

【概况】 1月8日，市十三届人大常委会召开第二十三次会议。会议补选项雪龙、李春江为省第十二届人民代表大会代表，报省人大常委会履行资格审查程序。

1月17—20日，市十三届人大五次会议选举项雪龙为连云港市人民政府市长，王洪欣、陈启发、陈福胤、周瑞峰为连云港市第十三届人大常委会委员。

5月31日，市十三届人大常委会召开第二十六次会议，决定任命祁彪为连云港市人民政府副市长；接受曹永林辞去副市长职务的请求，并报连云港市人民代表大会备案。

8月24—25日，市十三届人大常委会召开第二十八次会议，决定任命韦怀余为市发展和改革委员会主任。

10月8日，市十三届人大常委会召开第三十次会议，决定任命王加培为市人民政府副市长；鲁林为市港口管理局局长。

11月24日，市十三届人大常委会召开第三十二次会议，决定任命唐中龙任市人大常委会研究室主任；李强任市人大常委会教科文卫委员会

2016 年连云港市人民代表大会重点建议一览表

表 4

序号	建议内容	建议人	承办单位
1	关于抓紧批准建设连云港市建筑产业现代化工业园的议案	陈柏林等 10 名代表	市城建局主办，市财政局、市地税局、市规划局、市国土局、市商务局协办
2	关于加快解决中外运上合组织（连云港）国际物流园货物集散中心项目建设相关问题的议案	沈刚等 12 名代表	上合组织物流园主办，市港口局、港口控股集团、市规划局、市国土局、市商务局协办
3	关于加强城市照明设施维护管理确保正常运行的议案	李东红等 10 名代表	市城建局主办，市编委办、市财政局、城建控股集团协办
4	关于进一步加强连云港市湿地保护与建设的议案	王定胜等 13 名代表	市林业局主办，东中西示范区、东海县、赣榆区、市公安局、灌南县、灌云县、市规划局、市国土局、市海洋渔业局、海州区、市环保局、连云区、市农委、市水利局、市开发区协办
5	关于加强对残疾人驾驶汽车及“红三机”非法营运整治管理的议案	穆景华等 10 名代表	市公安局主办，东海县、赣榆区、灌南县、灌云县、海州区、市交通局、连云区协办
6	关于修通北岸河滨道路、提升玉带河景观形象的议案	张宜奎等 12 名代表	市城建局主办，市城管局、海州区、市水利局协办
7	关于为南城普照寺安养院、安息堂办理相关手续的议案	张玉梅等 10 名代表	市民宗局主办，市民政局、高新区协办
8	关于加大对市级 PPP 重点项目支持力度的建议	姚宁	市财政局主办，市发展和改革委、金融控股集团协办
9	关于更好关爱全市农村留守儿童的建议	金恒新	市民政局主办，市妇儿工委、东海县、市妇联、市教育局、团市委、赣榆区、市公安局、灌南县、灌云县、海州区、连云区、市司法局、市卫计委协办
10	关于将城区社区卫生服务设施纳入城市建设规划的建议	李萌	市卫计委主办，市规划局、市城建局协办
11	关于加强政府向社会组织购买服务力度的建议	吴卫东	市财政局主办，市民政局协办
12	关于继续加大城市河道环境污染治理的建议	韦怀余	市环保局主办，市水利局、市城建局、市经济和信息化委协办
13	关于对连云港云台山隧道进行被覆、整修和交通管理的建议	高毓林	市民防局主办，港口控股集团、市交通局、连云区协办
14	关于完善优化公车改革后的公共交通服务网点建设建议	张宜奎	市交通局主办，市机关管理局、交通控股集团协办

主任；李青春任市人大常委会法制工作委员会副主任，免去其市中级人民法院审判委员会委员、审判员职务；孙迎春任市人大常委会财政经济委员会副主任；徐善明任市科学技术局局长，免去其市人大常委会副秘书长职务，接受其辞去市十三届人大常委会委员职务的请求；王从金任市民政局局长，免去其市安全生产监督管理局局长职务；韩尚富任市环境保护局局长；周炜任市食品药品监督管理局局长；方念军任市安全生产监督管理局局长；赵建军任市机关事务管理局局长；唐涛任市中级人民法院副院长、审判委员会委员、审判员；戴涛任市中级人民法院副院长、审判委员会委员、审判员；张洪宝任市中级人民法院审判委员会委员、审判员；宋金林任连云港经济技术开发区人民法院院长、审判委员会委员、审判员；胡雪梅任连云港经济技术开发区人民法院副院长、审判委员会委员、审判员；丁汝成任连云港经济技术开发区人民法院副院长、审判委员会委员、审判员；孙伟任连云港经济技术开发区人民法院审判委员会委员、审判员；郑云龙任市人民检察院副检察长；张克晓任市人民检察院检察委员会委员；万树早任市人民检察院检察委员会委员；宋金玲任市人民检察院检察委员会委员、检察员；宋丽任市人民检察院检察员；李海涛任市人民检察院检察员；王帆任市人民检察院检察员；张川任市人民检察院检察员；陈潇姗任市人民检察院检察员；史良成任连云港经济技术开发区人民检察院检察长、检察委员会委员；吴明任连云港经济技术开发区人民检察院副检察长、检察委员会委员；宋华任连云港经济技术开发区人民检察院副检察长、检察委员会委员；李永红任连云港经济技术开发区人民检察院检察委员会委员、检察员。决定免去周琴市人大常委会教科文卫委员会主任职务，接受其辞去市十三届人大常委会委员职务的请求。免去李勇强市人大常委会法制工作委员副主任职务；秦立仁市人大常委会农业经济委员会副主任职务；李锦华市民政局局长职务；史勤勤市食品药品监督管理局局长职务；赵建军市物价局局长职务；张传亚市机关事务管理局局长职务；高旭明市中级人民法院副院长职务；赵伦同市中级人民法院副院长职务；胡雪梅市中级人民法院刑事审判第二庭庭长、审判委员会委员、审判员职务；王绪华市人民检察院副检察长职务；史良成市人民检察院检察委员会委员职务；陈长春、张立市人民检察院检察委员会委员、检察员职务；肖楠、李仲仪、薛正泉、邹亚驰、阚家新、刘振猛市人民检察院检察员职务。

12月30日，市十三届人大常委会召开第三十三次会议，决定免去程洪喜市人大常委会环境资源城乡建设委员会主任职务；冯亚茹市人大常委会人事代表联络委员会主任职务；刘玉君市质量技术监督局局长职务；吴云安市中级人民法院审判委员会委员、审判员职务；阎学龙、张向前、曹振泉、葛军市中级人民法院审判员职务。决定任命胡宾任市人大常委会副秘书长；陈斌林任市人大常委会环境资源城乡建设委员会主任；姚新和任市人大常委会人事代表联络委员会主任；渠敬华任市人大常委会农业经济委员会副主任；陈军任市质量技术监督局局长；王志慧任市物价局局长；马卫东任市中级人民法院审判员；齐扬任市中级人民法院审判员；张清磊任市中级人民法院审判员；刘井鑫任市中级人民法院审判员；袁辉任市中级人民法院审判员；任慧任市中级人民法院审判员；王小姣任市中级人民法院审判员；刘亚洲任市中级人民法院审判员；任李艳任市中级人民法院审判员；万子榕任市中级人民法院审判员；严伟晏任市中级人民法院审判员；周文元任市中级人民法院审判员；李红梅任市中级人民法院审判员；罗来成任市中级人民法院审判员。（乔立贺）

责任编辑　高鹤婷

连云港市人民政府

综述

【概况】 2016年，连云港市政府全面贯彻中央、省委的决策部署，落实市委十一届十一次全会和全市经济工作会议精神，统筹抓好稳增长、调结构、惠民生、防风险各项工作，在保持经济运行在合理区间的同时，着力推进结构性改革，加快培育新的发展动能，增强持续增长动力，扎实推进"一带一路"交汇点核心区先导区建设，全面小康社会建设迈出坚实步伐。全年实现地区生产总值2376.48亿元，比2015年增长7.8%。三次产业结构调整为12.7∶44.2∶43.1。规模以上工业增加值1302.48亿元，增长9.3%。受营业税改增值税等因素影响，全年实现一般公共预算收入211.47亿元，下降27.5%。全社会固定资产投资2385.16亿元，增长14.8%。其中，工业投资1487.34亿元，增长17.5%。社会消费品零售总额933.31亿元，增长12.4%。外贸进出口总额70.4亿美元，下降12.5%。居民消费价格基本稳定，城镇和农村居民人均可支配收入分别增长8.3%、9%。《政府工作报告》200项重点任务和十大民生工程48件实事顺利实施，连徐高铁、新机场等重点工程得到推进，全国卫生城市创建高分通过现场技术评估，"干净、方便、顺畅连云港"建设初见成效，一批社会关注、群众关切的事项得到解决。

【决策咨询】 围绕市委、市政府中心工作做好研究谋划，做到参有新策、谋有高度。全年编发《领导参阅》44期，《研究与建议》20期，《新经济》6期。《关于统筹沿海岸线资源开发的建议》被省政府研究室《参考专报》采用，省长石泰峰作出重要批示。《做好"统""联"文章，努力开创"水转水"集疏运体系新局面》等5篇文章被市领导批示，《连云港：打造"干净、方便、顺畅"城市》在《中国经济时报》刊发，《强化"一带一路"重要节点城市合作，全面提升"两基地"建设发展新空间》等文章获得省、市级奖项。完成《深化上合组织国际物流园和中哈物流合作基地建设的重点和路径研究》等3项市委书记、市长圈定重大课题。全年起草领导讲话、汇报材料、新闻报道等稿件1500余篇、约600万字。全年编发《政务信息》245期，《沿海发展动态》185期，《政务信息简讯》225期，《专报信息》26期。搜集、整理政务信息500万字以上，上报信息1600余条，编报综合调研类、问题反映类专报信息120余篇。国务院办公厅、省政府办公厅分别采用信息17条、185条，国务院领导批示6条。《连云港新亚欧大陆桥国际运输面临的新形势及相关建议》《连云港口岸被国家确认为哈国出口过境唯一离境口岸及相关建议》等信息对争取上级关注起到积极作用。

（孟　学）

重要会议

【市政府全体扩大会议】 1月20日，市政府召开全体（扩大）会议，贯彻市委十一届十一次全会和全市经济工作会议精神，分解2016年政府工作报告目标任务，部署安排2016年政府重点工作。市长项雪龙，常务副市长曹永林，市政府党组成员吴以桥，副市长董春科、尹哲强、吴海云、徐家保、王永生、王开宇，市政府秘书长匡中远出席会议。

【市政府常务会议】 1月6日，市长项雪龙主持召开市十三届政府第39次常务会议，讨论《政府工作报告（审议稿）》，审议《连云港市"十三五"规划纲要（草案）》《深化市管企业负责人薪酬制度改革实施意见》《连云港市市级国有资本经营预算管理暂行办法》。

2月3日，市长项雪龙主持召开市十三届政府第40次常务会议，听取关于2015年县区目标绩效考评工作情况、2015年市级机关绩效考评工作情况和推荐选拔2015年度享受市政府特殊津贴人员情况的汇报，审议《关于进一步优化东中西区域合作示范区行政管理职能的实施意见》。

2月23日，市长项雪龙主持召开市十三届政府第41次常务会议，审议《关于加快中哈（连云港）物流中转基地和上海合作组织出海基地建设的实施意见》《连云港市主体功能区实施规划》《关于进一步优化东中西区域合作示范区行政管理职能的实施意见》《春季绿化及云台山景观生态林工程建设方案》《连云港市实施〈工伤保险条例〉细则》，听取关于第二届连博会先进集体和先进个人评选表彰工作情况的汇报。

3月24日，市长项雪龙主持召开市十三届政府第42次常务会议，审议《2016年度县区目标任务绩效考评办法》《连云港市级重点项目和产业投资专项考核办法》《连云港市市场主体住所（经营场所）登记管理办法》《2016年度市属国有企业绩效考评办法》《2016年度市级机关绩效考评办法》及相关细则。

4月5日，市长项雪龙主持召开市十三届政府第43次常务会议，分析研判一季度全市经济运行情况，研究部署二季度经济工作，审议《2016年连云港市生态文明建设目标任务》。

4月18日，市长项雪龙主持召开市十三届政府第44次常务会议，审议《连云港市培强培优企业行动计划（2016—2020年）》《连云港市上市企业培育行动计划（2016—2020年）》《连云港市加快科技型中小企业培育行动计划（2016—2020年）》《关于加快推进供给侧结构性改革实施意见》《中共连云港市委连云港市人民政府关于加快推进教育现代化建设，努力办好人民满意教育的意见》《市政府关于表彰促进义务教育均衡发展先进集体先进个人的决定》《连云港市公务员记二等功奖励管理办法》《市政府关于给陈斌同志记个人二等功、武警连云港支队直属大队一中队特勤排记集体二等功的决定》，听取关于创建国家卫生城市情况和灌南县亚新、兴鑫钢铁违规用地查处整改情况汇报。

6月3日，市长项雪龙主持召开市十三届政府第45次常务会议，听取全市旅游体制改革工作情况汇报。

6月8日，市长项雪龙主持召开市十三届政府第46次常务会议，分析研判1—5月份全市经济运行情况，研究部署冲刺“双过半”工作。

6月15日，市长项雪龙主持召开市十三届政府第47次常务会议，审议《关于进一步加强政府法律顾问制度建设的意见》《连云港市人民政府规章制定程序暂行规定》《连云港市海洋牧场管理条例（草案）》《连云港市市区农村居民建房管理暂行办法》《关于降低实体经济企业成本的实施意见》《关于迁建连云港军民合用机场民用部分的协议》。

7月26日，市长项雪龙主持召开市十三届政府第48次常务会议，听取全市安全生产工作情况汇报，审议《关于对重大项目实行容缺预审的意见（试行）》《连云港市社会法人和自然人失信惩戒办法（试行）》《连云港市严重失信黑名单社会公示实施办法（试行）》《连云港市机动车驾驶人文明交通信用管理办法（试行）》《连云港市地名管理办法》《连云港市城市周边永久基本农田划定方案》《第十八届（2016）江苏农业国际合作洽谈会连云港市工作方案》《关于机关事业单位工作人员养老保险制度改革的实施办法》。

8月23日，市长项雪龙主持召开市十三届政府第49次常务会议，审议《关于进一步加强城市规划建设管理工作的实施意见》《关于加快推进沿海发展五大工程的实施意见（2016—2020年）》《关于推进价格体制改革的实施意见》《关于深化供销合作社综合改革的实施意见》《关于促进连云港市慈善事业健康发展的意见》《关于完善困难残疾人生活补贴和重度残疾人护理补贴制度的实施意见》《关于在全市公民中开展法治宣传教育的第七个五年规划》，听取全市质量技术监督稽查机构申报参照公务员法管理情况汇报。

9月8日，市长项雪龙主持召开市十三届政府第50次常务会议，分析研判1—8月份全市经济运行情况，研究部署下阶段经济工作。

10月31日，市长项雪龙主持召开市十三届政府第51次常务会议，审议《连云港市行业协会商会与行政机关脱钩实施方案》《关于建立双随机抽查机制加强事中事后监管的实施意见》《连云港市全民科学素质行动计划纲要实施方案（2016—2020）》《关于构建和谐劳动关系的实施意见》《2016年度市区土地利用计划分解方案》《2017年市级全口径预算编制工作方案》《连云港市预决算信息公开管理暂行办法》，学习《江苏省行政许可监督管理办法》。

11月28日，市长项雪龙主持召开市十三届政府第52次常务会议，审议《关于加快推进区域性产业科技创新中心和创新型城市建设的实施意见》《关于进一步加强知识产权工作的实施意见》《连云港市专利奖奖励办法》《关于开展重大政策举措第三方评估的实施意见》《关于全面治理拖欠农民工工资问题的实施意见》《连云港市区畜禽养殖业禁养区划定

2月26日，连云港市举行重点工业项目春季集中开工暨远洋流体LNG装卸设备项目奠基仪式。图为海州区主会场。 俞德春 摄

方案》《调整全市机关事业在职人员基本工资标准和增加离休人员离休费工作方案》，听取2017年度公务员招录计划情况汇报。

12月26日，市长项雪龙主持召开市十三届政府第53次常务会议，听取近期全市安全生产检查整改情况、2017年全市主要经济指标建议安排情况和2017年市级财政全口径预算编制情况汇报，审议市“十三五”15个专项发展规划。

（孟 学）

工程建设项目网上审批 市政务中心 供

服务型政府建设

【行政审批制度改革】2016年，连云港市进行“多证合一、一照一码”登记制度改革，实现登记部门的并联审批系统与市公安、人社、统计三部门内部业务信息系统的无缝对接。全市企业设立登记业务3天内办结率100%。5月1日，连云港市全面实施营业税改增值税后开具第一张增值税专用发票，营业税由此退出连云港市税制。推进“互联网+政务服务”工作新模式，对53家单位权力清单中的行政许可项目和确认事项逐一审核。市城乡建设局、气象局等部门在市政务服务中心设立联合审图统一受理窗口，按照“统一受理、分头审批、限时完成、集中回复”的运作方式进行并联审查，实行“多图联审”。开展“多评合一”，将涉及企业固定资产投资项目的节能评估、环境影响评价、碳排放影响评估、安全评价、水土保持方案、地质灾害危险性评估等，由串联方式调整为并联方式进行，实行统一受理、统一评估、统一评审、统一审批的审批服务。全年“多图联审”办结12件、“多评合一”办结8件。制定“容缺预审”试运行方案，在市交通运输局、公安局等服务窗口试行。编制完成市本级行政机构事业机构清单、行政许可中介服务事项清单、公共服务事项目录清单、部门行政权力清单、行政权力事项办事指南，推进政务服务“一张网”工作。市政府出台《连云港市市级行政权力事项目录清单管理办法》，承接国务院、省政府下放的11项权力事项，按简政放权有关要求取消40项权力事项，取消319项职业资格许可和认定项目。向徐圩新区、高新区等园区下放市级40余项管理权，基本实现园内事园内办结。构建以信用体系建设为核心的事中事后监管体系，加强投资管理、信用监管，维护市场公平秩序。全年梳理确认市级48家部门491条事中事后监管举措。

（柏春桂 解惠磊）

【政务服务】2016年，市政务服务中心开展“企业服务年”活动，为重点培育企业、重点项目、重点园区开通审批服务绿色通道，在项目前期手续办理时，做好联审服务、代办服务、咨询服务，在建设、投产阶段做好跟踪服务。全年审批窗口单位赴徐圩新区、中哈物流基地等地上门服务80余次，为企业解决问题近60个。加强审批网络监管平台建设，全年平台办理审批服务事项967件，其中审批类283件、备案类645件、核准类39件，实现投资项目审批、核准、备案的一窗受理、并联办理、依责监管、全程监察。推进公共资源交易平台整合，市公共资源交易中心形成集建设、交通、港口、水利等工程建设项目，土地使用权和矿业权出让、政府采购、医药采购、国有产权交易等交易项目于一体的综合性交易平台。提升公共资源交易监管服务水平，组织全市招标投标有关规定的清理工作，共排查37个招投标有关规定，建议保留30个，废止7个。优化调整费用收取环节和手续，市物价局、城管局、财政局等部门对市区范围内政府及国有投融资项目实行统一的收费政策。

（柏春桂）

【政务公开】2016年，市政府聚焦公共财政、公共资源配置、社会公共事业、重大建设项目等领域的信息公开，拓展公开载体和渠道，公开质量和实效明显提升。建立法规公文及重要政策解读机制，出台的重要文件或涉及民生等文件，及时通过新闻发布、记者专访、微博微信平台等方式做好科学解读。全年举行新闻发布会47场次，“连云港发布”平台用户达70万个，推送信息2.8万条。编发《政府公报》24期，主动公开政府信息6万多条。办理信息公开申请28件，无一例因政府信息公开导致的行政复议、行政诉讼案件。

【电子政务】2016年，市政府依托电子政务平台，推动政务信息数字化建设，引导政府向开放式、高效率、服务型政府加速转变。推进新版市政府门户网站建设，加大对政府网站的检查考核力度，建立完善常态化监管机制，开展季度抽查、通报，关停一大批“僵尸”网站，督促整改存在问题的政务网站18家。全年政府门户网站加载信息5万余条，开辟《创建国家卫生城市》《连博会》等重点工作专栏。开发移动办公系统，保障市政府领导在公文签批方面不受时间、地点限制，提高办公效率。

【行政效能建设】 2016年，市政府办规范、高效办理公文和机要电报，完善运转制度，优化办文流程，强化工作职责，优化公文处理规程，出台《关于进一步提升公文处理工作效率的意见》，建立分管秘书长会办机制，提高文电办理质量和效率。全年起草、印发、办理文件3762件，处理上下级来文2450件、签发件650件，办理传真电报662件。推广运用外网会议通知系统，提高会议通知时效。全年组织召开市政府常务会、市长办公会、电视电话会、协调会办会等会议500余次，均无疏漏、误时、误事现象。做好重大活动、重要会议、重要接待的保障工作。筹备组织连博会、农洽会等重大活动，完成赴日韩等国家，中国长三角、珠三角等地区招商交流工作。全年办理客情通报475期，筹备市领导外事会见50余次。加强外事审批把关，办理因公出国（境）团组142批435人次。严格落实接待、报销和公务用车各项规定，加强“三公”经费（因公出国、出境费，公务用车购置及运行费，公务接待费）管理，厉行节约成效明显。 （孟　学）

【机关绩效管理】 2016年，连云港市开发运行机关绩效管理信息系统，将市本级108家单位纳入绩效考核，构建通用指标与个性化指标相结合的考核指标，严格考评过程监管，将绩效考评结果与机关领导班子和领导干部考核、机构编制工作、财政资源合理配置等有机结合。初步构建起由市绩效办统筹组织，9家考评牵头部门具体考核，被考评单位依据考评指标网上填报的无纸化考评体系。实现机关绩效管理工作实施范围、指标体系、管理程序、结果运用、组织领导体系的“五位一体”管理模式。

（解惠磊）

人事人才工作

【概况】 2016年，连云港市抓好高层次人才的引进、培养和服务，制定“十三五”人才发展规划，确立新一轮人才发展战略重点、目标任务和推进措施。围绕服务“一带一路”交汇点建设，启动“港城英才计划”，推进“三百引才工程”“双创英才聚港城”等，全年引进高层次人才386人。举办第二届国家东中西区域合作人才联盟年会，与联盟城市间建立起地校、地所合作关系42个。建成市级人才公寓576套，入住高层次人才175人，落实高层次人才服务金卡相关优惠政策。举办首期连云港市青年创业精英大赛，扶持优质创业项目18个。 （赵淮阳）

【公务员管理】 2016年，全市公开招录公务员355人。组织2.53万人次参加公务员培训，选派60名公务员参加南北对口培训；完成新审批参公单位644人登记前的培训，299名新录用公务员的初任培训，2.31万人次日常及专题培训。出台《连云港市公务员记二等功奖励管理办法》，市人社局、市委组织部联合印发《连云港市公务员调任实施细则（试行）》。完成市区公安机关套改后第二次警员职务晋升的调研、测算和三级警长、四级警长、一级警员职数的核定。市人社局组织对市直131家行政机关科级及以下4780人考核材料的审核、备案工作；收集分析2016年市直单位公务员绩效考核目标任务制定情况，并对存在问题进行反馈。

【事业单位人事管理】 2016年，全市有事业单位2266家，备案核准岗位8.46万个。其中，管理岗位4902个，专业技术岗位6.5万个，工勤技能岗位9123个；已聘用7.05万人。组织认定事业单位专业技术三级岗位专家19人。在体育、文化行业采取“带队训练”等招聘方式，整合卫生、教育部分专业技术岗位，实行分行业统考，面向基层推出降低开考比例等多项倾斜政策。推进赴清华大学、北京大学专项引才等活动，引进博士研究生7人。全市事业单位有7.78万人参加年度考核。其中，考核结果优秀1.09万人，合格6.53万人，基本合格12人，不合格64人，未定等次1424人，未参加考核446人。

【工勤人员考核】 2016年，全市完成机关事业单位工勤技能岗位培训及继续教育2205人次。其中，全市有731名工人考核合格，选拔80名机关事业单位工勤技能岗位技师，完成36名高级技师市级初审工作，1235人参加继续教育培训，48人参加专业证书班学习。

【军转干部安置】 2016年，全市实行“公开职位、量化积分、个人选岗、组织决定”的军转安置方式。国家指

2016年，连云港市坚持党管人才原则，落实人才强市战略。图为10月15日，“三百引才工程”高端人才交流会开幕式。 市委组织部　供

2016年，全市加强公务员招考工作管理。图为公务员录用考试面试考官连云港市培训班。 市人社局 供

令性下达连云港市军转安置任务为134人，其中副师职2人、正团职7人、副团职19人、营以下及技术军转干部91人、自主择业15人。计划安置的军转干部全部安置到各级行政机关（参照公务员管理）单位，6名随调家属实现同步安置。连云港市军转办被评为全国军转宣传工作先进单位。

【人事考试】 全年组织考试报名40余项，合计6万余人9万余科次。组织考试30余项5万余人8万余科次。安排考场2000多个。实现考试安全率100%。市人社局与业务主管部门联合发文30件，发放考生合格证书4000余本。

【职称评审工作】 2016年，全市新增专业技术人才2.1万人，7200人通过初级以上职称评审。其中，1100人通过专业高级职称评审；3000人通过专业中级职称评审或初定；3100人获得初级专业技术资格。

【专业技术人员继续教育】 2016年，全市7万名专业技术人员参加继续教育公共课培训。市人社部门检查考核32家市级继续教育基地和培训点，加强继续教育专业课学时认定和继续教育证书验证工作，完成验证2万多人。

【人才引进】 2016年，连云港市引进人才1.11万人，其中博士44人、硕士1074人、本科6673人。新增留学回国人员50人。截至年底，全市留学回国人员总数近600人。吸引412名海内外高层次科技人才向企业一线集聚，73名省内外专家对接63家企业，选聘60名高校教授为苏北特聘专家。举办春季、夏季人才交流大会，380家单位提供2853个就业岗位。

【人才培养】 2016年，全市加快培养高层次创新创业人才，推荐选拔1名国务院特殊津贴专家、5名省突出贡献专家、15名市政府特殊津贴专家。开展市第三批高层次创新创业领军人才引进计划评审工作，26名领军人才入选。推动本土企业高端创新创业人才培育，23名高层次人才入选第十三批省"六大人才高峰"高层次人才培养项目资助。获批1个省博士后科研资助项目、5个省留学创业项目。实施留学人员科技活动扶持项目"海燕计划"，资助20名留学人员实施的创新创业项目。

【人才服务】 2016年，市人社局、财政局、市委组织部联合出台《高层次人才个税奖补在连安居实施办法》，开展首批高层次人才个税奖补的申报，全市897人获个税奖补650万元。495名高层次人才获批资助安家补贴和生活补贴，资助总额1219万元。175名高层次人才入住人才公寓，建成第二批288套人才公寓。推行市高层次人才服务金卡制度，14名高层次人才获得第三批服务金卡，54名持卡人实施免费健康体检。

【高校毕业生就业】 2016年，全市开发就业见习岗位1139个，市人社部门联合高校组织高校毕业生参与就业见习。高校毕业生年末总体就业率92%以上，离校未就业高校毕业生就业服务率100%。全年新增省级就业见习基地6家，见习基地总数达154家。全年举办市内高校专场招聘会3场，就业政策宣讲活动3场。举办专场招聘会20场，广场政策咨询活动2场。

【国外智力引进】 2016年，全市新引进长期外国专家56人。市人社局邀请36名高层次外国专家到连云港开展指导和交流工作，帮助恒瑞医药、正大天晴等10余家大型企业与德国SES（高级专家组织）达成专家引进协议。开展引进外国专家项目20个，其中国家级项目5个。出台《连云港市引智项目管理办法》，成立首个针对外国人才的专项资金；开展《外国专家来华邀请函》申请和备案审核工作。市人社局成为全国首批"外国专家来华邀请函"设区市级办理机关。建立重点引智单位和重点外国专家联系服务制度，确定50家重点引智单位和20名重点外国专家。建立外国专家工作室，申报14家省级工作室。编纂《引智主要政策文件选编》。

【人才载体建设】 2016年，连云港市新增省级示范博士后工作站1家、创新实践基地3家，其中康缘药业博士后站获批省博士后工作示范单位。开展博士后专项资助奖励，4名博士获新进站奖励，10个项目入选市博士后科研资助基金。获批省级以上人才培养项目32个。新建连云港市灌云留学人员创业园，实现市级留创园的全覆盖。科教创业园区省级留学生创业园入驻市科创城。 （程继云）

外事工作

【护照签证管理】 2016年，市外侨办办理因公出国团组201批737人次，其中签发新公务护照114本、新公务普通护照425本。办理因公签证115批588人次。办理因私签证744批1243人次，其中日本603批995人次、韩国141批248人次。全年为3批7人次办理特批公务护照，分别是国有企业赴哈萨克斯坦考察1人次、处理涉外事件3人次、市公安局出国办案3人次。办理高校签证服务2批50人次，申请人"远程面谈"服务105人次。建立因私签证档案1243份，为121人提供第二次申请免面谈服务。全年为132批156人次提供签证急办业务，平均缩短签证时间2个工作日。

【出国及到华管理】 2016年，连云港市接待外宾团组13批91人次。完成外交部就地方政府签订涉外协议的调研"2005年以来连云港市与外国政府签订协议情况"工作。立陶宛驻华大使伊娜·玛邱罗尼塔、厄瓜多尔驻华大使何塞·博尔哈夫妇、柬埔寨驻华公使努齐望等驻华使节到连云港市参加相关活动。全年为企业高管申办APEC商务旅行卡13张。6月，哈萨克斯坦国家电视台记者团到连云港市制作《未来之路》栏目中国专题。

4月23日，围绕"一带一路"交汇点建设，中国—土库曼斯坦"一带一路"倡议框架下互联互通对话会在连云港市召开。 任云云 摄

【友好交往】 2016年，全市接待友好城市团组3批32人。3月16日，连云港港口集团在南京与哈萨克斯坦国有股份公司举办"霍尔果斯—东

2016年连云港市重要团组到访情况一览表

表5

日期	团组 / 活动名称	团长及相关人员	职务	天数	人数	事由
3月16日	哈萨克斯坦国有铁路公司代表团	马明	总裁	3	40	推介会
3月18日	日本驻沪总领馆、日本国际交流基金	前川智映	领事	2	3	文化交流活动
3月30日	白俄罗斯日洛宾大区执行委员会	纳乌绵科·伊万	主席	3	5	考察访问
6月2日	韩国木浦市代表团	李在哲	副市长	3	18	旅游经贸
9月5日	日本味之素株式会社	后藤隆之	专务董事	6	3	商务洽谈
10月18日	日本新宫市观光协会	丹羽生	会长	2	3	人文旅游
11月16日	日本堺市代表团	竹山修身	市长	3	11	友好交流
11月3日	美国俄勒冈州议会代表团	克里斯·爱德华兹	州参院环资委主席	2	8	人文经贸
11月15日	上海合作组织代表团	米哈伊尔·科纳罗夫斯基	高级顾问	3	9	参加第三届连博会
4月28日	土库曼斯坦代表团	齐娜尔·鲁斯捷莫娃	驻华大使	2	5	参加"一带一路"倡议框架下互联互通对话会
10月19日	韩国韩中亲善协会、韩国徐福文化协会	李世基	会长	3	10	参加2016徐福文化与"一带一路"城市文化产业国际论坛
10月19日	日本驻华大使馆	石川浩司	公使	2	4	参加2016徐福文化与"一带一路"城市文化产业国际论坛

门”经济特区推介会。3月30日，白俄罗斯日洛宾大区执行委员会主席纳乌绵科·伊万到连云港市考察，并与连云港市市长项雪龙签署《友好交流关系意向书》。4月23日，中国—土库曼斯坦“一带一路”倡议框架下“互联互通”对话会在连云港市举办，土库曼斯坦驻华使节、部门官员及中土相关企业、合作伙伴近200人参加。5月15日，连云港经济技术开发区、连云港港口集团等招商载体在日本举办中国（连云港）东京医药企业合作论坛、连云港（大阪）港口物流推介会等产业对口专题推介活动，吸引大阪港湾局、日本通运、武田药品工业株式会社、田边三菱制药株式会社、安斯泰来制药等100多家企业参加，连云港港口集团与大阪府港湾局、连云港康缘药业股份有限公司与本草株式会社等签署项目合作协议。日本大阪瓦斯株式会社、味之素株式会社、美迪发路控股株式会社、医疗法人社团珠光会等一批与连云港市有合作基础或者有合作意向的知名企业，围绕港口物流、健康医药、电子技术进行洽谈，推进一批在谈项目，达成一批新的合作意向。6月2日，韩国木浦市在连云港市举办韩国木浦市（连云港）大阳产业园区投资环境及旅游说明会，40多人出席说明会，《MAP》杂志第174期专版发表连云港市的友好城市日本堺市的产业、观光以及与连云港市友好交往情况。（王以军）

3月30日，连云港市市长项雪龙与白俄罗斯日洛宾大区执行委员会主席签署两市建立友好交流关系意向书。 俞德春 摄

侨务·港澳事务

【侨务工作】 侨务经济。7月26日，连云港市召开华商投资企业协会第二届会员代表大会，决定由美国华侨程重军牵头成立美国连云港商会，引导连云港籍华侨华人融入主流社会。9月23日，省侨办举办第十九届海外江苏之友中餐繁荣高峰论坛，连云港花果山酒店被评为中餐繁荣培训基地示范点。9月23日，第十八届江苏农业国际合作洽谈会在连云港市举办，连云港市邀请在美国、法国、澳大利亚、韩国、土耳其、泰国等国家的60多位侨商参加，申请境外展位11个，展出农产品加工品160余种。其间，美国蓝色关岛投资集团与江苏沃田农业股份有限公司就有机土壤改良及植物营养提取等项目签订合作协议。11月29日，连云港市侨资企业家参加徐州侨商成立大会活动。

侨务宣传。2016年，市外侨办在美国《国际日报》、法国《欧洲时报》、日本《中文导报》、加拿大《加中时报》等海外华文媒体上刊登水晶之都——中国东海、山海连云港、中国赣榆等宣传专版7个，在《华人时刊》推出县委书记专访、苏北美食——灌云豆丹等宣传专辑。连云港市选派中文老师赴印尼开展华文教育。连云港市演艺集团、中国东海少儿版画入选江苏省首批海外文化交流基地。《江苏省保护和促进华侨投资条例》颁布实施后，市外侨办在苍梧绿园广场举行以条例为主题的侨法宣传、法律咨询等活动，发放侨法宣传资料5000余份，现场接受咨询500余人次。利用“连云港发布”微信平台，举办宣传推介条例新闻发布会。

侨政管理。2016年，全市有归侨55人、侨眷2.02万人，连云港籍海外侨胞1.07万人。海州区玉龙社区创建为国家级侨务示范社区，灌云县城北社区、海州区文化社区、赣榆区岭灶社区创建为省级侨务示范社区。全市有国家级明星社区1家，国家级示范社区5家，国家级侨法宣传授牌社区9家，省级示范社区11家。10月20日，市光明医院被省侨办确定为侨界定点医院。全年涉侨部门走访慰问困难归侨侨眷及政治上有地位、经济上有实力、学术上有造诣、社会上有影响的“四有”人士眷属152户，发放慰问资金13.5万元。全年办结华侨华人、归侨侨眷来电68人次，来访56件，国务院侨务办公室、省侨办转的信访信函2件，办结率、满意率均为100%。市外侨办协调处理华侨刘连霞因身份原因造成其投资东海县2亿元的项目不能落地等重点案件。妥善处理美籍华人信访件，受到国务院侨务办公室主任裘援平肯定。

【港澳事务】 2016年，全市因公赴港澳团组19批87人次，签发因公港澳通行证84本。5月11—13日，澳门歌舞团有限公司董事朱良好带领澳门文化旅游考察团一行到连云港考察。朱良好在连成立连云港市惠灵文化传媒有限公司，成功举办以《西游记》故事为主题的《梦幻西游》大型文艺演出。9月，连云港海德益食品有限公司因港商与内地合作者在经营方面产生纠纷，市侨务部门依据《江苏省保护和促进香港澳门同胞投资条例》，协商解决办法，共同维护港商投资环境。10 月 11—14 日，市侨务部门赴南京、上海分别走访香港贸易发展局驻南京代表处、香港特别行政区政府驻上海经贸办事处，商讨 2017 年双方合作交流项目。与香港贸易发展局驻南京代表处就利用其在“一带一路”沿线国家办事处，开展信息、资源等方面的合作达成协议。（王以军）

信访工作

【概况】 2016 年，全市接待处理市及以上信访总量 8004 批次、2.2 万人次，比 2015 年分别下降 5.3 %、11.7 %，进京非正常上访量下降 77.1%，全年未发生因信访问题引发的有影响事件和舆论负面炒作。群众信访诉求主要集中在城乡建设、检举揭发、涉法涉诉、劳动和社会保障、农村事务、教育医疗、土地征用等方面。连云港市连续三年被评为全省信访工作先进市。

【信访制度改革】 2016 年，连云港市实施依法分类处理信访诉求改革，在行政体系内部进一步厘清信访途径与行政复议、仲裁等其他法定途径的界限，推动各级行政机关主动运用法治思维和法治方式，依法分类处理群众信访诉求。推进群众依法逐级走访权益保障卡制度改革，实行权益保障卡和阳光信访信息系统卡网同步，全过程记载信访人基本信息、初访接待处理情况，以及复查（复核）接待处理情况。全年“来访”方式发放权益保障卡 1330 张，发卡率 91.28%。

【信访源头防范治理】 2016 年，连云港市加强基层信访工作规范化，从源头上化解信访矛盾纠纷、控减重复上访和越级上访。召开全市深入推进访调对接融合调处机制建设现场会，推进县（区）、乡（镇、街道）、村（社区）三级访调对接融合调处机制建设，将访调对接融合调处嵌入信访矛盾处理全过程，逐步形成党委政府统一领导、信访部门牵头协调、相关部门积极配合、访调中心具体运作、社会各方广泛参与的访调对接融合调处体系，这一做法被省信访局专刊刊发推广。

9 月 1 日，连云港市开展依法分类处理信访诉求及群众依法逐级走访权益保障卡制度宣传咨询活动。　　市信访局　供

【信访积案攻坚化解】 2016 年，连云港市开展进京到省重复访集中化解、信访积案集中攻坚、市党政领导包案、信访突出问题集中化解、越级进京访专项整治“百日会战”专项行动，交办重点信访案件 515 起，召开信访会办会 180 余次，各项活动化解稳定率均达 80%以上，进京到省重复访化解率列全省第二位。全年市本级复查复核信访事项 181 件，其中复核终结 32 件。

【党政领导干部接访】 2016 年，连云港市每周有一位市党政领导接访，重要时期每天有领导接访。市、县两级党政主要领导接待来访 240 余批 800 余人次，解决信访问题 170 余个；其他党政领导推动解决信访问题 810 余个。其中，市党政领导接访 40 次，接待来访群众 53 批。

【阳光信访系统建设】 2016 年，连云港市打造“互联网＋信访”模式，连云港手机信访 APP、微信信访公众号上线运行。阳光信访信息系统信访事项信访部门及时受理率列全省第二位，责任部门及时受理率列全省第二位，全市信访事项办理满意度参评率列全省第一位，按期办结率 97%，信访事项办理群众满意率 97.48%，全年网上信访量在信访总量中占比 43.6%。12 月 13 日，东海县“探索‘互联网+信访’模式，积极推进打造阳光信访”做法，在全国网上信访基层应用工作座谈会上作经验交流。（梁　亮）

责任编辑　徐　敏

政协连云港市委员会

综述

【概况】 2016年，政协连云港市十二届委员会有29个界别、政协委员403人，常委会组成人员79人，在连云港的省政协委员14人。政协委员中，中共委员166人，占41.2%，非中共委员237人，占58.9%，妇女委员119人，占29.5%。市政协设办公室、研究室和提案委员会、联络委员会、学习文史委员会、经济科技委员会、教育文化医卫体育委员会、人口资源环境委员会、社会法制民族宗教委员会、港澳台侨外事委员会等8个专门委员会。市政协全年举行全体会议1次，常委会议5次、主席会议5次、协商议政会5次、专题民主协商4次、专题民主监督1次、调研视察活动29次，形成调研视察报告21份；征集提案345件，立案316件；反映社情民意信息26条。　（王卫东）

主要工作

【协商议政】 2016年，连云港市政协贯彻落实“五大发展理念”，举办创新、协调、绿色、开放、共享发展5场协商议政会，共有326位委员、408人次积极参加，占委员总数的81%。通过议题确定、调研视察、研讨论证、专题协商、成果报送等一整套协商流程，形成《关于支持医药产业自主创新的建议》《关于加快上合组织（连云港）国际物流园建设的建议》《关于加强工业危险废弃物管控处置的建议》《关于切实保护云台山山体植被的建议》《关于推进优质普惠学前教育发展的建议》等147篇发言材料，提出的部分意见建议被市第十二次党代会吸纳。市政协实施助推产业强市战略，就石化、钢铁、医药等支柱产业和推进招商引资、改善产业发展环境、引进高层次人才等进行专题调研，形成《以医药创新为引领 积极融入全省“一中心一基地”建设大局》《关于做大做强我市工业经济的调研报告》等10余项调研成果。政协常委会议将炼化产业发展作为重要议题进行专题协商，在推动炼化一体化项目实施、延伸炼化产业链、科普宣传等操作层面出谋划策。市政协组团赴俄罗斯考察核电项目，促成俄罗斯原子能建设出口公司到连云港考察，与天明机械等装备制造企业达成初步合作意向。市政协围绕卫生城市创建工作，组织政协相关专委会、部分政协委员深入农村、社区、农贸市场、城乡接合部进行实地调研，形成《关于推进我市宜居城市建设的调研报告》《关于我市农村环境整治情况的调研报告》等调研成果。召开“聚焦城乡接合部环境整治、助力创建国家卫生城市”民主协商会、创卫工作民主监督协商会，提出加快实施城管体制改革理顺城市管理体制、加强舆论引导营造浓厚创建氛围等意见建议，促进国家卫生城市的创建工作。编辑出版《农家乐旅游指南》，推介连云港精品农家乐，推动乡村旅游经济发展。《关于优化海州主城区义

1月16—19日，中国人民政治协商会议连云港市第十二届委员会第五次会议在海州举行。　王振　摄

务教育资源配置的调研报告》《关于我市深化行政审批制度改革的调研报告》等10余篇调研成果，为促进全市经济社会发展提供智力支持。9月，“互联网+政协委员”平台开通上线，具备新闻发布、信息推送、提案和社情民意办理等功能。

【民生问题跟踪督办】 2016年，市政协从十二届五次会议提案中遴选出《关于落实我市公交优先发展的提案》《关于严格规范我市物业管理工作的提案》等10件涉及民生事项的重点提案，执行跟踪督办制度，召开提案推进工作座谈会，在连云港电视台开设《提案追踪》专栏。针对高铁建设，召开主席会议、常委会议，就连云港综合客运枢纽规划设计情况与设计单位及交通、规划等部门协商，提出“实施一把手工程，切实加大项目推进力度；预留充足停车空间，确保工程适度超前”等建议，得到市委、市政府的重视和设计部门的采纳。

【提案办理】 市政协十二届五次全会期间，收到提案345件，立案316件。立案提案中，综合经济类提案56件，占总数的17.7%；城建环保类提案117件，占37%；科教文卫体类提案69件，占21.9%；政法其他类提案75件，占23.4%。市政协抓好提案交办、追踪反馈、督促检查、舆论引导等关键环节，提高办理实效。全年所有提案均已办复，委员满意率、基本满意率99.8%。

【团结联谊】 2016年，市政协发挥民主党派、工商联、无党派人士及工青妇等各界别、各团体的作用，做好对社会各个阶层的团结工作。安排各民主党派、工商联、无党派人士通过市政协全体会议、常委会议、专题协商议政会等议政平台发表见解和主张。市各民主党派、市工商联、无党派人士以组织或界别名义作全体会议交流发言8次，集体提案49件。加强同民族、宗教界代表人士的联系交流，推动民族宗教政策的落实。市政协与苏州市政协联合举办“一带一路·湖海神韵”摄影作品联展，深化同“一带一路”沿线城市的人文交流。开展对台文化交流活动，赴台举办海峡两岸《西游记》文化书画展，对接《西游记》国际影视动漫城项目，倡导建议将《西游记》文化创意产业纳入产业强市总体布局、拓展两岸《西游记》文化交流合作渠道、依托市广电影视城筹建连云港市文创中心。

6月8日，民进连云港市委会成员调研平价商店建设情况。 市政协 供

【社情民意】 2016年，市政协开展社情民意现场协商办理，定期召开社情民意协商会办会。《关于加大城市污水处理厂管网互通应急系统建设的建议》《关于解决海州赣榆两区间公交出行的建议》《关于加大城市防洪排涝系统建设的建议》等建议得到办理，推进部分纳入市政府民生幸福工程的建议加快落实。全年编辑《社情民意》信息27期。

【文史工作】 2016年，市政协与市委统战部联合编辑出版《同心——连云港市各民主党派发展纪实》，该书详述市各民主党派发展和政治协商历程中的重要事件、重要活动，把握市各民主党派发展和政治协商历程的基本脉络，对研究市民主党派发展和政治协商史具有参考价值。

（王卫东）

重要会议

【市政协十二届五次会议】 1月16—19日，中国人民政治协商会议连云港市第十二届委员会第五次会议在海州举行。会议期间，委员们听取和学习讨论市委书记杨省世所作的重要讲话；听取、审议并通过政协连云港市第十二届委员会常务委员会工作报告以及提案工作情况的报告；列席市十三届人大五次会议，听取和讨论市政府工作报告、《连云港市国民经济和社会发展第十三个五年规划纲要（草案）》等。

【市政协十二届二十次常委会议】 1月18日，市政协第十二届委员会召开第二十次常委会议。会议听取各讨论组召集人讨论市委书记杨省世在市政协十二届五次会议开幕大会上的讲话、代市长项雪龙所作的政府工作报告，以及政协常委会工作报告、提案工作情况报告的汇报；听取各讨论组酝酿大会选举总监票人、监票人、总计票人、计票人建议名单及有关人事事项建议名单；听取各讨论组对《连云港市国民经济和社会发展第十三个五年规划纲要（草案）》《政协连云港市第十二届委员会第五次会议决议（草案）》《选举办法（草案）》修改情况的汇报。会议原则通过《选举办法（草案）》及选举总监票人、监票人、总计票人、计票人建议名单，原则通过《政协连云港市第十二届委员会提案委员会关于五次会议提案审查情况的报告（草案）》，原则通过《政协连云港市第十二届委员会第五次会议决议（草案）》。

【市政协十二届二十一次常委会议】 2月25日，市政协召开十二届二十一次常委会议。会议讨论并审议通过《市政协2016年度工作要点》《市政协2016年度主席会常委会议题安排》。中国工程院院士、著名化学工程专家、清华大学教授金涌为与会人员作“绿色化学工业的社会贡献与责任”专题科普讲座。

【市政协十二届二十二次常委会议】 7月28日，市政协召开十二届二十二次常委会议，听取市政府关于全市上半年国民经济和社会发展情况及下半年主要工作意见的通报。

【市政协十二届二十三次常委会议】 9月19日，市政协召开十二届二十三次常委会议。会议听取市政府关于连云港市炼化产业发展情况的通报，市政协专委会主任结合自身工作对炼化一体化项目的推进提出意见建议。会议还听取中共中央对外联络部原副部长于洪君所作的“‘一带一路’是中国走向世界的重要途径”专题讲座。

【市政协十二届二十四次常委会议】 12月23日，市政协召开十二届二十四次常委会议，对优秀政协委员、先进委员小组、优秀提案、优秀社情民意、优秀调研视察报告、优秀发言材料进行表彰，听取并审议通过市十二届政协有关专委会主任、副主任名单。

【“坚持共享发展”协商议政会】 11月1日，市政协召开“坚持共享发展”协商议政会。9位委员围绕推进“健康连云港”建设、保障“舌尖上安全”、加强城市长效管理机制建设、推进优质普惠学前教育发展等民生热点难点议题进行交流发言。市长项雪龙出席会议并讲话。

【“创新驱动发展”民主协商会】 4月27日，市政协召开“推进创新驱动发展、积极培育发展新动能”民主协商会。连云港高新区、淮海工学院、716研究所及恒瑞、天晴、豪森、康缘四大药企的政协委员、专家学者、企业家们从加强政府引导、完善配套政策、强化人才支撑、构建创新平台、优化创新环境等方面提出意见和建议。

【“城乡环境综合整治”民主协商会】 5月6日，市政协召开“聚焦城乡接合部环境整治、助力创建国家卫生城市”民主协商会。与会人员针对全市城郊接合部环境综合整治情况，特别是城郊接合部违建治理中存在的问题，提出意见建议。

连云港市政协十二届五次会议重点提案和责任部门一览表

表6

序号	案由	提案人	承办单位
1	关于推进连云港市精准扶贫工作的提案	民建 蔺宁君　李筠	农工办、财政局、东海县、赣榆区、灌南县、灌云县、海州区、连云区
2	关于进一步加强应用型高校建设发展的提案	提案委 教育文化医卫体育委	教育局、财政局、经济和信息化委、人社局
3	关于实行中小学体育场馆向社会开放的提案	朱静	体育局、教育局
4	关于促进连云港市旅游产业发展的提案	民建　农工党	旅游局、编委办、财政局、东海县、东中西示范区、发展和改革委、赣榆区、灌南县、灌云县、广电总台、规划局、国税局、国土局、海州区、连岛度假区、连云区、连云港日报社、团市委、文广新局、文明办
5	关于连云港市城市路名管理的提案	民盟	民政局、文广新局
6	关于加强新型职业农民培训，助推农业国际合作示范区建设的提案	致公党	农委、东海县、赣榆区、灌南县、灌云县、海州区、科技局、连云区、农科院
7	关于落实连云港市公交优先发展的提案	人口资源环境委	公安局、残联、城管局、工商局、广电总台、交通局、日报社、质监局
8	关于整治市区非法运营电动三轮车的提案	港澳台侨外事委 武海波　杨志成	公安局、残联、城管局、工商局、广电总台、海州区、交通局、人社局、日报社、宣传部、质监局
9	关于进一步调动基础教育教师积极性的提案	致公党	教育局、海州区、连云区
10	关于严格规范连云港市物业管理工作的提案	社会法制民族宗教委	住房局、编委办、城管局、东海县、东中西示范区、发改委、法制办、赣榆区、高新区、灌南县、灌云县、规划局、海州区、机关管理局、城建局、连云区、开发区、云台山景区、质监局

（王卫东）

责任编辑　高鹤婷

中共连云港市纪律检查委员会

综述

【概况】 2016年，连云港市各级纪检监察组织围绕全面从严治党的要求，忠实履行党章赋予的职责，坚决聚焦专责、挺纪在前，推动全市党风廉政建设和反腐败斗争向纵深发展。全年纪检监察机关接受信访举报3501件，立案审查违纪案件1817件，比2015年上升24.2%；给予党纪政纪处分1642人，上升15.9%；查处县处级干部违纪案件17件、乡科级干部违纪案件107件。

（尹远方）

主要工作

【"两个责任"落实】 2016年，连云港市纪委出台全面从严治党迈上新台阶的工作意见，制定责任清单，开展党风廉政建设责任制落实情况的检查考核。市委常委会专题听取各县区和有关部门党委（党组）主体责任汇报，推动巡视"回头看"反馈意见的整改落实，部署开展新一轮巡察工作，市委主要领导带头开展"一对一"约谈。市纪委履行监督责任，做好324名市管干部党风廉政情况征求意见回复工作；在市、县（区）两级领导班子换届中，对533名领导干部进行党风廉政建设意见回复。推动专责监督、落实"两个责任"（党委负主体责任、纪委负监督责任）试点工作，向港口控股集团党委和经济技术开发区党工委下发监督意见书。对53名落实"两个责任"不力的领导干部进行严肃问责，在中央环保督察、"地条钢"专项整治、问题疫苗处置等专项工作中，问责113名责任人，党纪政纪处分56人。

【"四种形态"建设】 2016年，市纪委强化党章党规党纪教育，举办廉洁港城大讲堂、党规党纪电视知识竞赛，运用忏悔录对全市领导干部进行警示教育。制定"四种形态"（党内关系要正常化，批评和自我批评要经常开展，让咬耳扯袖、红脸出汗成为常态；党纪轻处分和组织处理要成为大多数；对严重违纪的重处分、作出重大职务调整应当是少数；严重违纪涉嫌违法立案审查的只能是极少数）实施办法，出台规范约谈、函询、民主生活会等制度规定。全年纪检监察机关接受信访举报3501件，处置问题线索3165件，谈话函询1317人，诫勉谈话526人。立案1817件，党纪处分1642人。其中，党纪轻处分1265人，占77%；党纪重处分377人，占23%；移送司法机关17人，占处分党员总数的1.04%。严肃查处领导干部违纪案件，查处县处级干部17件，乡科级干部107件。加强纪法衔接，开除29名"狱中党员"党籍，处分16名移送司法机关的违纪党员，给予被公安机关处理的156名涉黄涉赌涉毒人员相应纪律处分。

【作风建设】 2016年，全市纪律检查部门严查顶风违纪行为，查处违反八项规定精神问题59件，处理96人。其中，党政纪处分73人；通报曝

6月6日，省委第一巡视组对连云港市巡视"回头看"工作动员会召开。
市纪委 供

2月5日，连云港市第十一届纪律检查委员会第六次全体会议召开。
市纪委 供

光违规兼职取酬、违规发放津贴补贴等问题31件48人。出台党政机关问责办法和容错纠错办法，问责整治为官不为，容错纠错促进担当作为。开展机关作风建设专项整治活动，重点整治庸懒散、违规公款吃喝、违规占用办公用房等8大类30个方面的问题。

【反腐倡廉】 2016年，市纪委召开全市农村基层党风廉政建设推进会，开展解决群众反映突出问题专项行动，聚焦扶贫领域雁过拔毛、“三资”管理靠山吃山、“四风”问题我行我素、信访举报居高不下等五大类问题，2次集中交办问题线索109件。对侵害群众利益的不正之风和腐败问题进行挂牌督办，严肃查办赣榆区、东海县、灌云县少数基层单位套取扶贫资金问题。全年挂牌督办问题线索195件，给予党政纪处分179人。

【队伍建设】 2016年，市纪委常委会开展专题集中学习，制定常委会议事规则，坚持“三会一课”（支部党员大会、党支部委员会、党小组会、党课）制度，严肃党内政治生活。加强对派驻机构的监督管理，开展综合派驻改革准备工作。通过片组联查联审，增强派驻机构的监督执纪能力，开展集中述职活动，增强派驻纪检组长履责意识。选派30批365人次参加业务培训。出台纪检监察干部函询谈话办法，制定打听说情干预登记备案、纪检监察机关特邀监督员等制度，严肃查处违规违纪纪检监察干部10人。（尹远方）

重要会议

【中共连云港市第十一届纪律检查委员会第六次全体会议】 2月5日，中共连云港市第十一届纪律检查委员会第六次全体会议在海州区举行。出席会议的市纪委委员25人，列席会议550人。市纪委常委会主持会议。全会学习习近平在十八届中央纪委第六次全体会议上的重要讲话和王岐山的工作报告，以及罗志军在十二届省纪委第六次全会上的重要讲话和弘强的工作报告，审议通过王铁军代表市纪委常委会所做的《保持政治定力聚焦主业主责　奋力推动连云港纪律检查工作向纵深发展》的工作报告。

【中共连云港市第十二届纪律检查委员会第一次全体会议】 9月28日，中国共产党连云港市第十二届纪律检查委员会举行第一次全体会议，选举市纪委常委、书记、副书记。受中共连云港市第十二次代表大会主席团的委托，刘海涛主持会议。经过投票选举，产生新一届市纪委常委、书记、副书记。书记为刘海涛，副书记为王铁军、苏士军、王奎杰。常委是刘海涛、王铁军、苏士军、王奎杰、杨海灵、蒋彩霞、卜东祥、鲍洪才、姚超。

·相关链接·

典型案例

市交通集团、档案局、海洋与渔业局领导班子成员集体违纪案件

2011—2014年，连云港市交通集团有限公司原领导班子3名党员领导干部违反廉洁自律规定兼职取酬；2010—2013年，市海洋与渔业局原领导班子7名党员领导干部在春节、中秋节期间，违反规定收受部分下属单位主要负责人所送的购物卡；2013—2016年，市档案局以党组会研究的形式违规决定设立相关考核奖项和奖金发放标准，并以报销加油发票的形式发放汽油补贴。市纪委对市交通集团、档案局、海洋与渔业局等14名处级党员干部进行问责。

违反换届纪律案件

2016年是全市各级地方党委和村（社区）党组织集中换届之年，全市各级纪检监察机关严肃查处赣榆区班庄镇汪于村原村支部书记刘某某违规代领选票，高新区花果山街道新村党总支书记范某某、原村委会主任某某、灌云县杨集镇蒋庄村妇女主任卜某某等人拉票贿选，云台山景区云台街道西山村村主任候选人江某某无根据反映他人贿选问题等案件，16名基层党员干部被查处。

（尹远方）

责任编辑　高鹤婷

民主党派·工商联

中国国民党革命委员会连云港市委员会

【概况】 2016年，中国国民党革命委员会连云港市委员会发展新党员31名，具有研究生以上学历者7人，具有中高级职称者15人，平均年龄37岁。截至年底，民革市委有基层组织11个，其中总支1个、支部10个。民革党员265人，其中具有博士学位者5人，硕士学位者34人，中高级职称及以上者189人。全市民革党员中有市人大代表3人，其中市人大常委1人；市政协委员20人，其中市政协副主席1人，市政协常委2人；区人大代表5人，其中区人大常委会副主任1人，区人大常委2人；区政协委员19人，其中区政协常委3人。

【思想和组织建设】 2016年，民革市委坚持市委中心学习组定期学习制度，选派民革党员参加省、市社会主义学院民主党派新成员培训班学习。组织台属民革党员参加台情报告会、中秋台属座谈会，宣传对台政策和方针，组织民革党员参加江苏省黄埔亲属骨干培训班。完成《同心共创——连云港民主党派工作品牌》民革板块的材料收集和编撰工作，完成市政协《同心》杂志组稿工作。《连云港市高层次人才队伍及其环境建设研究》获得中共省委统战部理论创新三等奖。11月18—19日，中国国民党革命委员会连云港市委员会第八次代表大会召开，大会选举李萌为主委，赵又晴（驻会）、马强、刘玮炜为副主委。选举产生新一届的监委会，赵波担任主任。

12月20日，民革市委赴东海县李埝乡高山小学捐赠图书。民革市委　供

【参政议政】 2016年，民革市委在市政协十二届五次全会上，作出《关于引进和留住高层次人才的建议》大会发言，提出《关于充分发挥律师在处理群体性信访事件中作用的建议》《积极培育法治信仰 全面推进法治连云港建设》2个集体提案。“两会”期间，民革界别的人大代表、政协委员围绕连云港“十三五”规划实施、“一带一路”战略交汇点建设、精准扶贫等经济社会发展重点热点献计献策，向党政部门提出意见建议、提案、议案18件。其中，《关于充分发挥律师在处理群体性信访事件中作用的提案》被列为市政协优秀提案，《关于优化市第一人民医院医疗环境的建议》被列为市政协优秀社情民意，《关于推进优质普惠学前教育发展的建议》被市政协评为2016年坚持五大发展理念协商议政会优秀发言材料。全年向民革省委、市政协、中共市委统战部报送社情民意信息15篇。《关于对石梁河片区实施法制精准扶贫的几点建议》，得到市委市政府高度重视。

【社会服务】 2016年，民革市委以“暖心工程”为社会服务品牌，开展社会服务活动。民革党员深入驻连某雷达站，开展八一建军节慰问子弟兵活动。帮扶赣榆区城头镇新河村2万元资金，为东海李埝乡高山小学捐赠图书、书包、文具盒等学习用品和课外书籍。

（谢　伟）

中国民主同盟连云港市委员会

【概况】 2016年，中国民主同盟连云港市委员会成立赣榆区支部、徐圩新区支部和海州实验中学支部。全年发展新盟员20人，其中博士1人、硕士3人，平均年龄37.9岁。截至年底，民盟市委有基层组织25个，其中总支1个，支部24个；盟员483人，其中博士7人，硕士74人，副高以上职称281人，平均年龄54.6岁。全市盟员中有市人大代表2人，其中常委1人；市政协委员23人，其中副主席1人，常委4人；区人大代表1人；区政协委员23人，其中副主席1人，常委6人。16人次担任市、区两级特约人员。

【思想和组织建设】 2016年，民盟市委开展“学习盟史盟章、学系列讲话、做合格盟员”知识竞赛等一系列活动，刊发学习资料48期，收到盟员的知识答卷257份。举办骨干盟员和新盟员培训班2期，内容涵盖如何加强基层组织建设的主题辅导讲座、提升团队协作的户外拓展训练、盟史盟章授课、“一带一路”港口码头和国际物流园的现场教学、参观梅园新村和南京大屠杀纪念馆，开展爱国主义和革命传统教育等。全年举办学习会、报告会、培训班等16场，参加盟员418人次。11月20—21日，民盟市委召开第八次代表大会，选举产生民盟连云港市第八届委员会，委员13人。其中，龚成龙任主委，黄雁鸿、王海虹、刘旭光任副主委，秘书长由王海虹兼任。15个基层组织完成换届。

【参政议政】 2016年，民盟市委被民盟省委评为参政议政先进集体。在市政协十二届五次会议上，民盟市委作题为《关于推进港产城融合发展的建议》的大会发言，提交集体提案4件、个人及联名提案30件，其中3件被列为重点提案。《关于连云港市城市路名管理的提案》《关于整治电信乱收费的提案》《关于逐步开放我市中小学体育场地设施的提案》《关于保护开发临洪河口生态环境湿地公园的提案》被评为优秀提案。全年报送社情民意100余条，其中《关于区（县）基层食药监改革后面临的困境和建议》被中共中央办公厅、江苏省办公厅、连云港市委办公室采用。《关于完善连云港市经济技术开发区大件设备运输通道的建议》《关于加强我市东部旅游景区公共交通相互衔接的建议》《关于调整和增加海州高级中学新校区公交线路的建议》被市政协评为优秀社情民意。

7月1日，民盟市委组织幼教专家赴甘肃省天祝县开展教育帮扶行动。 民盟市委 供

【社会服务】 2016年，民盟市委开展捐资助学、社会帮教、精准扶贫等社会服务活动，打造农村教育烛光行动、“吉祥鸟”爱心志愿者、连云港民盟外来务工子女图书馆等品牌。组织教育专家赴甘肃天祝、宿迁泗阳开展教育帮扶。以师专支部为主体，开展“连云港市千百教师出乡村”农村幼儿教师培训工程、“幼儿教师觉察能力及其培养”等专题活动。出资1.3万元为市东社区留守儿童捐赠图书、学习用品和用于图书馆建设费用等费用。向赣榆区城头镇仙墩村小学捐助办公电脑1台，向20名困难学生赠送书包和文具，60余名村民接受免费体检和健康咨询。全年开展社会服务活动20余次，参加盟员160余人次，服务对象2200余人，捐赠金额5.2万元。 （杨 楠）

中国民主建国会连云港市委员会

【概况】 2016年，中国民主建国会连云港市委员会第九次代表大会召开，选举产生民建第九届委员会，同时成立民建赣榆支部和教育总支。民建市委有基层组织23个，其中总支4个。发展会员19人，至年底，全市会员总数440人，平均年龄39.4岁，本科以上学历达89%，中高级职称达31.6%。

【参政议政】 2016年，《关于加快区域性国际商务中心建设的建议》在坚持五大发展理念协商议政会上被评选为优秀发言。在市政协十二届五次会议上，民建市委提交集体提案4件，委员个人提案20件，《关于推进我市精准扶贫工作的建议》被列为重点提案。《关于推进我市精准扶贫工作的提案》《关于优化工业投资项目审批流程的提案》被市政协评选为优秀提案。全年报送社情民意信息183篇，其中《关于加强建筑市场建设与管理的建议》《严厉打击防火伪培训的建议》等多篇被民建江苏省委采用；《关于盘活城区闲置地块

11月22日，民建市委召开第九次代表大会。 民建市委 供

方便居民生活的建议》被市领导批示；《关于在城市道路和公路绿化带设计和施工中避免高填土绿化的建议》等3篇被市政协评选为优秀社情民意。在市民主党派“我为全面达小康献一策”活动中，报送建议22条，其中《关于加快东部城区管理体制改革的建议》等3篇被采用。全年在媒体、刊物、网站上刊发稿件300余篇次。出版《继承传统 再创辉煌》纪念画册。

【社会服务】 2016年，民建市委开展“一带一路”宣传推荐活动。成立企业家工作委员会，邀请中国风险投资有限公司考察团到东海县对农业企业发展与风投环境等方面进行调研考察。组织企业家会员参加在深圳召开的2016（第十八届）中国风险投资论坛和民建江苏省委年轻一代企业家骨干会员培训班。基层组织开展助学活动、援助盐城风灾区重建、帮助治疗身患重病的贫困老会员、结对帮扶困难儿童等社会服务活动。组织医疗专家到社区为老年人送健康、送服务、送温暖，为50多名群众进行检查，建立健康档案。组织农业专家会员到东海县张湾乡，启动稻麦周年高产高效技术精准扶贫工作，赠送农民小麦免耕条播机3台，免费发放价值15万元的新型尿素、塑盘、基质、种子等农业物资。

（常 明）

中国民主促进会连云港市委员会

【概况】 2016年，中国民主促进会连云港市委员会发展会员29人。到年底，全市有民进会员590人，总支1个，基层支部23个。民进连云港市委被民进中央授予民进全国参政议政工作先进集体，滕翠红被评为民进全国参政议政工作先进个人。

【思想和组织建设】 2016年，民进市委召开全委（扩大）会，专题学习民进中央主席严隽琪《为加强参政议政能力建设尽责》等讲话精神；召开参政议政工作会议，举办新会员培训班、信息宣传培训班，传达民进全国、全省参政议政工作会议精神，培训百余名会员。30余名会员参加全省骨干会员培训班、全市领导干部专题轮训班、民主党派新成员培训班。《参政议政的现实缺憾与路径探索》获全省统战理论研究创新成果奖，被《江苏省社会主义学院学报》全文刊载。全年在《团结报》《民主》等省级以上报刊发表理论及宣传文章29篇，被人民政协、民进中央、省委网站采用宣传稿件341篇。11月，民进连云港市第八次代表大会召开。会议审议通过第七届委员会工作报告，选举产生由15名委员组成的第八届市委会，徐善明当选为主任委员，刘珺、孙传先、周霞当选为副主任委员，任命孙传先为秘书长。

【参政议政】 2016年，民进市委带领会内专家、学者赴东海石梁河开展全市重点片区扶贫开发情况调研。在中共市委双月座谈会上，民进主题发言《凝心聚力推动石梁河片区扶贫开发》提出“发挥党派作用，在构建大帮扶格局上下功夫”等建议得到重视。“两会”期间，主委舒小平作题为《创新驱动 人才先行》大会发言，市委会提交集体提案7件，代表、委员提交建议、提案40余件。在市政协五大发展理念协商议政会上，“‘一

1月21日，民进市委开展春联万家活动。 民进市委 供

带一路’法律服务体系构建”等3个集体课题参与发言交流;《关于创新城市管理的建议》等被选作交流材料。参与完成民进中央提交全国政协十二届四次会议党派提案《关于加大盲文出版物出版力度,满足视障群体阅读需求的提案》,获民进中央2016年度参政议政成果二等奖。全年有246篇信息被全国政协、民进中央及民进省委采用。2人成为省市司法部门聘任的人民监督员,十多名会员受邀参与全市创卫工作民主监督协商会、党外人士情况通报会、旅游业发展专题询问会等活动。

【社会服务】 2016年,民进市委开展教育、文化、医卫等帮扶活动。解放路小学、外国语学校等支部的名特优教师赴东海县晶都双语学校等乡村、民办学校开展爱心送教活动,在教育、教学、科研等方面为学校提供帮助,惠及师生200余人。参加民进全国春联万家活动,组织江海书画会书法家20多人到新南街道兴业社区等开展送春联活动。对乡村学校、教育资源薄弱学校及贫困儿童等进行帮扶,知名画家吴海浪向海州实验小学捐赠40余幅画,用于学校文化教育基地建设;市委会连续第9年赴市特殊教育中心,向盲、聋哑学生捐赠价值2000余元的图书架;项良平为新坝中学教师50多人免费配制眼镜;赵春生、苗建武等向东海县房山镇吴场小学捐赠4万多元的体育器材及教学用品;师专支部赴赣榆厉庄镇坝西村开展捐资助学活动,为优秀贫困学生6人捐赠助学金;海州支部和新浦中学支部联合向东海樊氏图书馆赠送地方文献资料;职业教育支部“义工团”为市恒星特殊儿童益智园的孤独症孩子送温暖;医卫支部“义诊团”开展“健康进学校”活动,为贫困学生200余人提供义诊服务。

(滕翠红)

中国农工民主党连云港市委员会

【概况】 2016年,中国农工民主党连云港市委员会发展党员22人,到年底,全市有党员423人,其中中高级职称408人、医药卫生界246人。成立农工党赣榆支部、经济支部、医卫支部、心理健康教育支部,市一院总支升格为一院基层委员会,妇幼保健院支部、东海支部升格为总支部委员会。市委会有基层组织33个。

【思想和组织建设】 2016年,农工党市委、东海总支、淮工支部组织党员到淮安周恩来纪念馆、台儿庄、盐城新四军纪念馆、上海中共一大会址、农工党一干会址,开展优良传统教育和爱国主义教育学习活动。开展“身边榜样 前行力量——培育和践行社会主义核心价值观”系列活动,涌现一批先进典型。11月18—19日,中国农工民主党连云港市第八次代表大会召开。大会选举产生中国农工民主党连云港市第八届委员会委员11名,选举产生出席中国农工民主党江苏省第十二次代表大会代表5名。在农工党连云港市八届一次会议上,高慧当选为农工党连云港市第七届委员会主任委员,许兴友、徐传东、王志坚选为副主任委员,任命邓青为秘书长。成立邓演达文献馆,成为全国首个收藏农工党创始人邓演达文献的专题机构,被市文物、民政、党史部门共同确认为市级革命遗迹和纪念设施。市委会结合全国“纪念孙中山诞辰150周年”主题,开展党史研究编纂出版《孙中山邓演达文献与研究》。成立“书香农工”读书会,建立微信“农工邂逅心灵读书群”。“连云港农工”微信平台上线。全年在《团结报》《新华日报》等市级以上新闻媒体发表稿件160多篇。《农工党员樊振传承百年书香撒播文化种子》在中央电视台《新闻联播》播出。

7月24日,农工党市委举行精准帮扶卫生院启动仪式。 农工党市委 供

【参政议政】 2016年,农工党市委在政协十二届五次会议期间,提交提案32件,其中集体提案7件、个人提案25件。《关于加强农村污水处理工作的提案》等4件提案被列为市政协重点提案。《关于促进我市旅游产业发展的提案》《关于在我市推广中医药“医养结合”新养老模式的提案》等5件提案被评为市政协优秀提案。《关于简化新农合参保人员就医转诊及报销手续的建议》被评为优秀社情民意。《关于切实保障“舌尖上安全”的建议》《关于加强城市供水安全的建议》被评为2016年坚持五大发展理念协商议政会优秀发言材料。调研东海石梁河镇卫生精准扶贫工作,完成《关于加大石梁河镇卫生精准扶贫的建议》。《关于促进我市旅游产业发展的建议》作为市政协重点提案。参与农工党省委开展的“医养融合供给侧结构性改革”联合调研。《连云港市卫生系统高层次人才流失情况与建议》《坚持陆海统筹

保护海洋生态环境》《江苏省职业教育发展现状调研报告》被评为农工党省委重点调研课题成果。

【信息工作】 2016年，农工党市委成立信息工作小组，定期开展信息培训交流。《关于加强食品安全管理的几点建议》等10多件信息被省统战专报采用。《关于加快实施〈现代职业教育体系建设规划〉的建议》被全国政协、中央统战部采用。田友清被农工党中央评为反映社情民意信息工作先进个人。

【社会服务】 2016年，农工党市委按照农工党中央和省委精准扶贫的要求，把东海县石梁河卫生院作为精准帮扶定点单位。向石梁河卫生院捐赠20万元药架、器械，并争取扶持资金100万元，用于改善基础设施建设。安排医疗专家到卫生院开展义诊，全年开展帮扶活动5次，赠送医疗服务6万元，受益群众1200余人，免费为群众实施白内障等各类手术20多例。开展盐城风灾捐款、结对帮扶藏族大学生、免费为新疆白内障牧民提供手术治疗等社会服务活动。打造健康服务行、阳光心理咨询等社会服务品牌，开展各项公益活动31次，发放宣传材料2000多份，受益群众超过8000人次。定期组织心理咨询师到东海戒毒所开展专题讲座及个案咨询。　（冯怀金）

10月24日，致公党高新区支部、建筑支部联合开展"致公爱心妈妈"活动。
致公党市委　供

致公党连云港市委员会

【概况】 2016年，中国致公党连云港市委员会发展党员19人，平均年龄38岁。截至年底，全市有致公党基层支部15个，党员235人，平均年龄50岁。其中，博士7人、硕士29人，中高级职称196人。

【思想和组织建设】 2016年，致公党连云港市委完成支部换届工作，成立致公党赣榆支部、连云港外国语学校支部，科教园区支部更名为高新区支部。11月17—18日，中国致公党连云港市第六次代表大会召开。会议审议通过第五届委员会工作报告，选举产生致公党连云港市第六届委员会。高健当选为主任委员，陈迅、王兴强、周伦荣当选为副主任委员，任命陈迅为秘书长（兼）。会议选举产生出席致公党江苏省第六次代表大会代表。举办"中国梦·侨海情"致公党宣讲团巡讲报告会。致公党骨干党员赴省社会主义学院举办培训班，参观中国梦·侨海情——致公党江苏省级组织成立三十周年党史展。朱波被致公党中央评为致公党宣传理论思想先进个人。

3月31日，中国梦·侨海情——致公党宣讲团巡讲报告会在连云港市召开。
致公党市委　供

【参政议政】 2016年，在市政协十二届五次会议上，致公党市委上报大会发言1件，集体提案13件，个人提案16件，其中市政协重点提案1件；报送"我为科学发展献一策"专题信息15篇，全文采用1篇，一句话建议1篇；报送省委信息30篇，获得致公党中央采用1篇，致公党省委采用28篇；采写社情民意18篇。承担致公党江苏省委课题6个。全年完成调研报告9篇。年内国家级媒体、网站用稿37篇；省级媒体、网站用稿103篇；市级媒体用稿29篇。

【社会服务】 2016年，致公党连云港市委组织书法家走入侨务社区贾圩社区、星化社区开展送春联活动。

参与致公党江苏省委“引凤工程”活动，向海外留学生推介连云港市招引人才信息。高新区支部联合建筑支部走进灌云杨集镇与留守儿童互动交流；连云区致公党员走进外来人口子女聚集的南巷小学捐赠图书、设立致公爱心妈妈图书角，开展“健康生活，快乐人生”主题健康讲座，新浦一支部与江苏雅仕鲜品湾公司联合资助大一贫困学生，提供勤工俭学岗位。新浦二支部帮扶海州区贫困家庭，关爱儿童健康成长。教育支部、医卫支部联合开展送医进校园活动。教育支部开展“我为港城创卫助力、为藏区捐寒衣公益活动”。海州一支部开展送教下乡活动，向困难学生开展爱心助学，为特困居民协调和更换轮椅。海州二支部与贫困户结对帮扶，捐资捐物。海州一支部和海州二支部的医卫界党员赴东海石梁河镇联合开展义诊。在第八届“青春风采”中国下一代艺术人才展示活动暨国际综艺盛典公益文艺晚会活动中，连云港师专教师江丽萍被教育部、全国妇联、中央综治委办公室、共青团中央、中国关工委联合授予优秀指导教师。 （李学泉）

九三学社连云港市委员会

【概况】 2016年，九三学社连云港市委员会发展会员29人，全市有基层支社19个，社员383人。其中博士28人、硕士89人，中高级职称社员占社员总数的83.8%，平均年龄51.1岁。九三学社连云港市委员会被九三学社中央表彰为2016年度组织建设先进集体，李世歌被评为九三学社中央先进组织工作干部。

【思想和组织建设】 2016年11月，九三学社连云港市第八次代表大会召开，85名九三学社社员代表参加大会。会议审议通过第七届委员会工作报告，选举产生由11名委员组成的第八届市委会。成立九三学社鹰游支社、赣榆支社。郭涛参与的项目获得国家科学技术进步奖二等奖，冯义的摄影作品获九三学社中央摄影大赛三等奖。

【参政议政】 2016年，在中共市委双月座谈会上，九三学社市委会作《实施精准农业科技扶贫，助推石梁河库区发展》发言，提出组建农业科技扶贫专家服务团、设立技术创新引导专项基金、强化库区基层农技推广体系建设、加强新型职业农民培训等建议。在政协连云港市第十二届委员会第五次会议上，作《关于加快“一带一路”交汇点、核心区和战略先导区建设的建议》《关于切实推进我市蔬菜产品“农超对接”的几点建议》的发言。全年提交集体提案5件，代表、委员提交建议、提案30余件。其中，《关于加强乡镇农技推广服务体系建设的提案》等6件提案被列为重点提案；《关于规范建筑行业用工秩序保障农民工劳动安全的提案》被评为优秀提案；《关于开通公交公众实时查询系统的建议》《关于加强中小学门口食品安全的建议》被市政协评为优秀社情民意。在市政协五大发展理念协商议政会上，《关于提升公共卫生防控与救治能力的建议》等3个课题被评为优秀发言材料。在市政协社情民意会办会上，《关于在日出东方太阳能股份有限公司北门宁连路上增设减速带和斑马线的建议》《关于加快公车拍卖进程的建议》分别得到市公安局、市机关事务管理局的及时办理。在九三学社江苏省委2016年议政调研课题招标中，《科技创新平台向中小企业开放共享的途径和机制研究》《“一带一路”交汇点背景下多式联运法律环境的探析》《我省活禽宰杀交易现状调查与政策建议》《高校科研院所科技成果转化的推进机制研究》4个课题中标。在市委统战部建言献策反馈座谈会上，《进一步提高我市BRT运营效率》《综合治理城市飞絮，提高港城宜居指数》2篇意见被采纳。

【社会服务】 2016年，九三学社市委组织社内医卫专家到玉带社区、港口控股集团分别开展义诊和急救知识培训活动；举办“遏制艾滋，青春自护——艾滋病防控知识进淮工”艾滋病防控知识宣传教育讲座；举办重阳节义诊活动；参加连云港市暨海州区三下乡活动，赠送科普书籍200余册，发放科普知识图册500余份。帮扶东海县丹丘希望小学，捐助物资近1万元，发放助学金3.8万元，开展对学校所在地洪庄镇沟南村的帮扶，协调东海县农委参与对该村的农业发展规划和种养殖技术帮扶。组织农业专家到海州区宁海街道开展“扶贫日”活动。走访慰问赣榆区青口镇7户困难户，在赣榆初级中学开展结对帮扶，资助2名贫困学生。九三学社市委会与九三学社东南大学委员会签订合作备忘录。 （孟　伟）

9月3日，九三学社连云港市委召开座谈会。 九三学社市委　供

连云港市工商业联合会

【概况】 2016年，连云港市工商业联合会系统有商会组织220家，其中异地商会13家、行业商会（协会）127家、乡镇街道商会66家、园区（市场）商会14家。会员总数8679个，其中企业会员6011个。市工商联被表彰为全省工商联系统实践创新先进单位和信息工作达标单位，东海县工商联、灌云县工商联被表彰为全省县（市、区）工商联先进集体，市餐饮业商会、市五金机电协会、赣榆区副食品流通商会、东海县总商会建筑业商会、灌云县非机动车行业商会、灌南县工商联农资业商会、连云港福建商会、连云港市东部城区浙江商会、海州区新坝镇商会9家商会被表彰为全省工商联商会组织先进集体。

【参政议政】 2016年，在市政协十二届五次会议上，市工商联作《关于发展我市装备制造业的建议》。在坚持创新发展专题协商议政会上作《实施品牌战略——实现产业强市》交流发言。市政协十二届二十二次常委会上，作《关于进一步促进中小企业发展的建议》大会发言。全年提交《关于大力推动我市混合所有制经济发展的建议》《关于推动我市文化产业加快发展的建议》《关于化解我市房地产库存的建议》等5件团体提案和2件个人提案，被市经信委、市文广新局、市卫计委等单位和部门采纳。

1月20日，深圳、乌鲁木齐、南京、苏州、常州5地连云港商会负责人协商并签约建立异地连云港商会交流合作机制。 市工商联 供

【商会工作】 1月20日，市委统战部、市工商联联合举办异地连云港商会家乡行活动暨首届连云港商会工作交流会。会议期间，深圳、乌鲁木齐、南京、苏州、常州5地连云港商会负责人协商并签约建立异地连云港商会交流合作机制。市工商联推进异地连云港商会组建工作，搭建服务各地连云港籍企业发展的服务平台。3月26日，常州市连云港商会召开成立大会；12月10日，昆山市连云港商会召开成立大会，异地连云港商会总数达6家。无锡市连云港商会得到无锡市工商联的批文。

【社会服务】 2016年，市工商联（总商会）开展“百企帮千户”精准扶贫活动。组织261家非公有制经济企业对口帮扶115个省定经济薄弱村的882户贫困户。全年开展精准扶贫产业项目64个，完成帮扶项目资金投入1.62亿元，资助贫困家庭助学金32万元，组织种植业、养殖业及岗前用工操作培训2166人次，带动周边贫困户劳动力新增就业1683人，贫困农户增加收入4120万元。

【连云港企业家研修班】 6月19—23日，市工商联在北京大学举办连云港企业家研修班，市、县区工商联负责人和民营企业家代表50余人参加培训。培训人员听取《民营经济的战略新机遇与发展方向》《德国工业4.0与企业转型升级》《企业品牌营销和创意制胜》《公司经营中的法律问题解析》《创意经济与资本运作》等专题讲座，实地考察中关村创业大街和京东集团总部。 （季 磊）

责任编辑 高鹤婷

群众团体

连云港市总工会

【概况】 2016年，连云港市总工会较好发挥组织、引导、服务职工和维护职工合法权益的职能，全年新建工会组织298家，新增工会会员3.12万人，其中新入会农民工2.94万人。人力资源行业工会联合会成立，至年底，全市行业工会联合会累计79家。实施工会干部提质工程，全年举办培训班、专题讲座等102期，培训工会干部6655人。建立会员实名制管理系统，建成基层工会组织管理、工会会员实名动态管理数据库，录入会员信息21万条。

【劳模评选与宣传】 2016年，市总工会评选推荐省劳动模范和先进工作者48人，全国"五一劳动奖状""五一劳动奖章"获得者等99人。开展第二届寻找港城十大最美职工系列评选活动，评选出最美绿化工、清洁工、交通警察、景区导游和公交司机五个系列的"十大最美职工"和"十大最美职工"提名奖各50名。全市建成劳模创新工作室64个，田湾核电站焊工未晓朋入选全国总工会在中央主流媒体宣传的大国工匠，熊发仁等7名职工被评为江苏省文明职工。在全市18个赛区100项重点工程中开展劳动竞赛，市县区投资亿元以上的重点建设项目全部纳入竞赛范围，田湾核电站5、6号机组建设项目被列入省十大重点工程劳动竞赛项目。全年举办职工职业技能竞赛261场次，1800名职工晋升技术等级。评选表彰职工十佳科技创新成果、十佳先进操作法9项，荣获省"双十佳"奖3项。制定《连云港市工会职工素质建设提升工程三年规划（2016—2018）》。全年建成"职工书屋"全国示范点5家、省级示范点7家、市级示范点70家，选出市级书香企业25家。开展劳模宣传月、"进企业·送文艺"巡演活动，举办"生活因劳动而精彩"职工原创诗歌朗诵会，通过《连云港日报》系列特刊、连云港电视台《职工之窗》、连云港电台《工会之声》、微信微博和街头阅报栏等媒体平台，展示港城职工精神风貌。

9月29日，市总工会举办"生活因劳动而精彩"职工诗歌朗诵会。
市总工会 供

【职工维权】 2016年，市政府出台《关于构建和谐劳动关系的实施意见》，把构建和谐劳动关系和推进企业建立完善工资集体协商制度纳入市经济社会发展"十三五"规划，写入政府目标责任考核体系。11月，全省职代会制度规范化建设推进会在连云区召开，推介全市企事业单位职代会制度规范化建设的典型做法和创新举措，50家单位被授予"连云港市职代会规范化建设示范单位"称号。市总工会评审认证24家连云港市模范劳动关系和谐企业、22家连云港市劳动关系和谐企业、2家连云港市劳动关系和谐工业园区，复核认证104家市级（模范）劳动关系和谐企业。开展征集工资集体协商典型案例活动，海州区洪门工业园区等单位工资集体协商典型入选省总工会《协商工资在江苏》案例。全市建成职工法律援助服务综合平台（站、点）128家，拥有律师、法学专家、工会法律工作者等志愿者260多人。全年参与调处劳动争议55件，调解成功率100%；办结法律援助案件110件，帮助230名受援人讨回各类费用800多万元。开展“安康杯”竞赛活动，全市参赛企业2000家、涵盖职工25万人。新增安全合格班组40家，百人以上生产性企业劳动保护合格工会覆盖率60%。

【职工帮扶】 2016年，市总工会开展送温暖普惠活动，全年走访慰问困难群体2万余户，发放各类帮扶资金2000多万元。开展金秋助学活动，向3680名困难学生发放助学金580万元；春节期间为困难职工送去年夜饭1500份、春联800副，为5300多名市区环卫工人和城管一线职工送去棉鞋和手套。帮扶工作由特惠困难职工向普惠一线职工转变，出台职工创业扶持资金使用管理办法，编制创业扶持资金五年规划，开展职工创业扶持专项行动。新建环卫工人“安康驿站”42个。建成爱心母婴室13个。开展“圆梦行动”，帮助近百位单亲困难女职工实现微心愿。举办月嫂（国家职业资格中级）培训班2期，培训下岗女职工100人。组织2541名劳动模范、一线职工集中疗、休养。　　（刘玉环　范全诗）

5月3日，连云港市“十四岁青春宣言”离队入团示范仪式在连云区举行。
团市委　供

共青团连云港市委员会

【概况】 2016年，连云港市新发展团员1.8万人，团员总数21.6万人，占14—28周岁青年总数的25.2%。全市有基层团委612个、基层团工委50个、团总支667个、团支部7675个，专职团干部872人，兼职团干部7510人。共青团连云港市委举办中国—东盟青年企业家中国主题日暨“一带一路”交汇点（连云港）经贸考察活动。承办团中央“全国向上向善好青年”分享团走基层活动和全国丝路沿线城市学联融入“一带一路”建设圆桌对话会活动。全市涌现出国家级“青年文明号”康缘药业股份有限公司、国家级“青少年维权岗”灌云县检察院、全国五四青年奖章提名奖获得者权太琦、江苏好青年彭秀政等先进典型。评选表彰了连云港市“十大杰出青年”。

【团的基层建设】 2016年，团市委出台《关于进一步加强中学中职共青团工作的意见》，编制市级《中学中职共青团工作指导手册》，加强中学、中职校团组织建设。推动以工投、城建控股等国企为代表的重点领域和以“两新”组织、商圈楼宇为代表的新兴领域团建工作。整合农村专业合作社等资源点在县（区）建立联合团工委，成立市级金融行业团工委，下辖49家金融成员单位。全年新建团组织816个，全市团组织增至9004个，在29个街道、60个乡镇和全部社区（村）实现团的组织全覆盖。依托青联、青商、学联、志协等青年社团实现对广大青年的组织覆盖。

【团干部队伍建设】 2016年，团市委开展中央党的群团工作会议精神学习会12场，改革发展务虚会5次。开展团干部如何健康成长大讨论，召开座谈会18场。举办团干部理论知识培训班20余场，3000余名团干部参加。建立常态化联系青年机制，实行“1+100”团干部直接联系青年制度和“4+1”弹性工作制度，推动每1名团干部直接联系100名普通青年，市县两级团干部4天在机关1天到基层去，共有6039名团干部赴基层联系青年109.78万人。

【青年就业创业】 2016年，团市委制定《连云港市青创空间发展实施细则》，建成团属青创空间10个。开设青年电商培训班15场次，培训青年3000人次。承办全省农村青年电子商务培训示范班。依托创业大赛等载体扶持100名创业青年和100个优质创业项目。联合金融机构发放青年创业贴息贷款672万元，有利率优惠贷款5205万元。募集200个就业与见习岗位，帮助700余名大学生开展见习。赴重点高校、重点区域开展在外青年座谈会、推介会以及返乡青年家乡行等活动，鼓励连云港籍在外青年返乡就业创业。

【青少年权益维护】 2016年，团市委联合市综治办深入6个县区进行年度调研，排查出五类重点青少年群体总数4.49万人，涉罪重点青少年群体560人，形成《五类重点青少年群体调研报告》《连云港市未成年人违法犯罪情况调研报告》等研究报告。开展“守护美好童年”校园法治教育活动；在市属中小学校建设一批法制长廊、法制宣传栏和法制大篷车；开通“12355”青少年维权在线平台，利用新媒体汇集青年社会问题专家730人，为广大青少年提供法律法规、安全自护等知识服务。

【青少年宣传教育】 2016年，团市委建立由3.9万人组成的网络文明志愿者队伍，在15个重大舆情期间向130万青年群众传递正面理性的价值观。通过“青年之声”微博平台汇集青年问题专家4000余人，征集青年提问3.55万个，获得点赞3.5万次，浏览量660余万次。组建30人的网评员队伍，在连网等主流媒体发表原创网评24篇。把控团学比，初中毕业班团员、学生比不超过50%，高中（含中职）毕业班团员、学生比分别不超过85%。成立6个市级优秀辅导员工作室，聚合优质资源，培养辅导员人才梯队。

【希望工程】 2016年，团市委通过“希望工程·圆梦行动”等118个公益项目向3996名贫困学生发放助学、扶贫资金1310万元。承办2016年江苏省“希望工程·圆梦行动”启动仪式。组织团员青年与13.26万名进城务工人员子女及865名留守儿童结成帮扶对子。实施青联委员助力贫困青少年课外阅读“一本书”公益计划，在全市偏远农村小学捐建图书室36个，捐赠图书6万余册，总价值80余万元。全年建成46个青少年之家，依托“青年之家”网络云平台，全市12家省级示范性平台全部上线，构建成连云港第一批服务站点地图。

【服务“一带一路”交汇点建设】 2016年3月，团中央、中青企协与连云港市政府联合举办“中国—东盟青年企业家中国主题日活动”。团中央书记处书记、中青企协会长汪鸿雁，东盟青企协轮值国主席、马来西亚青企协会长穆斯塔法等东盟10国代表团成员及北京、上海等18个省市200多名中外青年企业家参会。会议通过《中国—东盟青年企业家合作共识》，成立“中国—东盟青年企业家俱乐部”，开展“中国—东盟青年创业项目推展”活动，并支持“中国—东盟青年产业园”建设。11月，团市委承办团中央学校部、全国学联主办的全国丝路沿线城市学联融入“一带一路”建设圆桌对话会活动，邀请来自沿线城市上海交通大学、中山大学等985、211重点高校的100余名大学学生会（研究生会）主席参与其中，吸引青年人才融入丝路发展，关注港城建设。 （孙 婧 孔李强）

连云港市妇女联合会

【概况】 2016年，连云港市有市、县、乡、村四级妇联干部2207人，其中市级妇联干部22人。村、社区（居委会）妇联1677个。全市党政部门、事业单位妇委会182个。市级妇联团体会员6个，其中在民政部门注册4个。在新经济新社会组织中建立妇女组织130个。市妇联开展“一讲二晒三美”（百姓讲齐家故事、干部晒家训家规、城乡美家书家事家庭）系列活动，先进经验在全国最美家庭讲好家训巡讲工作会上交流发言。开展儿童家庭监护缺失社会干预试点，组建“有福童享”儿童监护监测中心，建立儿童监护缺失强制报告制度。推动婚姻家庭调解机构规范化建设，获全国维护妇女儿童权益工作先进集体。谢芳丽家庭被评为全国文明家庭。关注困境儿童，在大陆桥沿线城市开设26个“海生草”班。

【妇女组织建设】 2016年，连云港市启动妇联组织改革，全市90%村妇代会完成改建工作。印发《连云港市推进女性进“两委”工作实施意见》等文件，将工作列入乡镇街道、村（社区）相关领导干部年度绩效目标考核，推进女性进“两委”工作。市、县分别成立女性社会组织指导服务中心，指导帮助女性社会组织签约市公益创投项目3个、中标省级公益创投项目18个。引导妇联干部岗位读书、参加职业资格考试，40余名妇联干部获社工师、营养师等资格证书。举办全市妇女干部业务培训班15期，培训妇联干部1000多人次；开设苍梧博雅女子学院，为800余名机关企事业妇女干部提供形象塑造、兴趣培养等特色女性培训。扶持市、县、乡、村四级妇儿阵地建设，东海县青南村、连云区院前社区“妇女儿童之家”活动案例被推荐为全国优秀示范案例和特色案例候选案例。

【服务妇女发展创业】 2016年，市妇联成立“紫藤花”女子创客学院，举办“紫藤花”女大学生创客节、巾帼创业创新大赛、巾帼电商项目展系列活动，为1126名女大学生开展创业培训。开展女企业家服务年活动，帮助女企业家解决招工难、融资难等

6月1日，市妇联举办庆“六一”海生草嘉年华活动。 市妇联 供

2月26日，连云港市举行《中华人民共和国反家庭暴力法》专家媒体面对面新闻发布会。 市妇联 供

问题。开展以提升服务素质和岗位技能为重点的巾帼文明岗创建活动。开展女致富带头人、女能手、新型女农民培训5640人次，农村妇女网上行培训3200人次，农村妇女劳动力转移培训1600人次。举办"春风送岗位·三八架金桥"女性就业援助专场招聘会，在村（社区）建立巾帼电商服务站，推出山涧春合作社等巾帼农家乐、农家游项目24个，发放妇女小额贴息贷款5720万元。培育扶持省市级巾帼现代农业示范基地16个、巾帼示范合作经济组织14个，举办现场交流活动18场次。依托妇女创业实践基地、孵化基地，为妇女提供孵化、培训、代办工商登记、科技对接等各类服务，帮助1.7万余名妇女增收致富。

【家庭文明建设】 2016年，连云港市开展"和美家庭 德润港城"系列活动，宣扬优秀家风家训，展示家庭文明成果。开展以百姓讲齐家故事、干部晒家训家规、城乡美家书家事家庭为内容的"一讲二晒三美"活动。开展书香家庭、健康家庭、廉洁家庭等特色家庭创建活动，成立家庭读书会，征集家庭健康规划书。全年开展读书推广活动30余场次、健康家庭公益活动120余场次，评选书香家庭100个、健康家庭200个。文明家风宣讲团到机关、社区、街道巡讲交流，打造马山村孝文化广场，为全省首个孝文化主题公园。

【妇儿权益维护】 2016年，市妇联举办反家庭暴力法媒体宣传面对面、男女平等基本国策进机关高层讲座等活动，推动男女平等基本国策教育纳入市委党校主体班次。办理涉及妇女儿童发展的人大代表、政协委员提案议案近20件。举办调解员维权实务培训班，培育打造16个示范调解室，组织76个村（社区）"妇女儿童之家"与律师志愿者、首批"娘家人"示范调解室结对共建，全年受理调解婚姻家庭纠纷3891件，调解成功率达99%。举办"禁毒宣传进校园"主题活动、"不忘初心"宪法日现场宣誓签名等活动，促进妇女法制意识、维权能力提升。在市看守所成立女性心理辅导工作室。通过"12338"维权热线、妇儿维权岗等开展妇女维权工作，全年接待妇女来信来访393件次，信访结案率和满意率99%。

【妇儿实事项目】 2016年，连云港市"十二五"妇儿规划实施通过省政府终期督导评估。争取省、市妇女儿童实事项目纳入政府财政预算、考核体系，省政府妇女儿童发展8件实事、市政府妇女儿童发展10件实事。市政府将妇女职业技能培训、一站式免费婚检、农村留守儿童关爱等项目纳入市十大重点民生工程48件实事。推进实施春蕾计划、社会妈妈关爱工程，争取全国项目资金60万元，新增职教春蕾班8个，音乐种子春蕾班受助学生600人。404名单亲贫困母亲每人领到生活援助金1000元、12人领到子女助学金3.6万元。654名农村贫困妇女"两癌"患者资料通过省级审核，40人获得每人1万元的救助。

【家庭教育】 2016年，市妇联组建家教"智库"，开展家庭教育咨询、实践培训、指导服务。成立市家庭教育指导服务中心、市教子有方工作室，"最美家教"微信公众号试运行。启动实施"为了明天"家庭教育提升工程，市妇联、教育局举办首期家庭教育工作者能力提升培训班，建立百余名家庭教育骨干队伍。在全市中小学开展"罐"传优良家风、争做爱心少年活动，鼓励儿童奉献爱心。免费播放家庭教育视频，3.5万余名城乡家长直接受益。 （张 莉 陈晶晶）

连云港市文学艺术界联合会

【概况】 2016年，连云港市文学艺术界联合会有团体会员22个，其中文艺家协会12个，区县文联6个、产业（行业）文联4个。全市有市级文艺家协会会员2892人、国家级文艺家协会会员259人。新成立连云港邮政文联、市青年美术家协会、市女摄影家协会、"聚焦文明"摄影志愿者分会、文华读书会，市摄影家协会、市民间艺术家协会。

【连云港市文联六届七次全委会】 3月15日，市文联召开第六届委员会第七次全体扩大会议，市文联委员、各县（区）文联、行业文联负责人和艺术家代表85人参加会议。市委常委、宣传部长滕雯出席会议并讲话，市文联党组书记、主席李锋古作题为《开拓新思路，构建新格局，在新的起点实现连云港文艺事业繁荣发展》的工作报告。会议表彰了2015年度全市基层文联组织先进单位、先进文艺家协会。 （龙莹莹）

连云港市科学技术协会

【概况】2016年，连云港市科学技术协会拥有和联系62个自然科学、技术科学、工程技术及其相关学科组建的市级学会、协会、研究会，6个县区科协，84个街道（乡镇）科协，1314个村（社区）科协，21个企事业科协，4个高校科协。乡镇（街道）科协、村（社区）科协覆盖率均为100%。全市有农村专业技术协会307个，注册科普志愿者4.6万人。全市首家创新创业协会成立。科协组织向园区、开发区、“两新”组织（新经济组合、新社会组织）等延伸，市、县新增工投集团科协等企业科协19家、学会7家、农技协14家。实施科技创新项目，建立协同创新基地，全年获批省级科技服务站3家、首席工程师1人。41家学会承接142项政府转移职能。2016年，市科协被评为全国科普工作先进集体、全国科协系统先进单位、全国青少年科技创新大赛基层赛事优秀组织单位、全国科普日优秀组织单位。

【交流活动】10月12—14日，第二届丝绸之路经济带建设科技合作论坛在连云港市举办。李德仁、袁业立等30位中国科学院、中国工程院院士、专家，近5000名科技工作者参加。论坛活动期间，举行院士专家高校行、院士专家专题报告会、企业名家话“双创”专题论坛、一带一路城市科协创新争先行动专题研讨会，围绕丝绸之路经济带产业转型升级、海洋科技等领域设置15个分论坛。其中，企业名家话“双创”专题论坛列入市政府双创活动周重点项目；院士专题报告会纳入市委组织部连云港科学发展名家讲坛。12月6—7日，中国（昆山）国际创新创业大会连云港分会场在海州召开。来自美、德、法、英、澳等国和中国台湾地区的近50位海智专家，携149个项目与200多家连云港市企业进行对接，26个项目达成合作意向，12个项目深度对接，市科协与2家海外社团签订合作协议。

9月14日，连云港市暨海州区全国科普日活动启动仪式举办。　张弛　摄

【科普活动】5月13—21日，连云港市举办第28届科普宣传周活动，1500多名学会代表、社区居民代表、科普志愿者、学生代表等参加。9月14日，以“创新放飞梦想，科技引领未来”为主题，举办全国科普日活动启动仪式，开展亲子科普游、3D打印培训、科普征文、高端科普报告等26大类1000余项活动。东海县获批国家级科普示范县，大港社区等5家社区创成省级科普示范社区。实施基层科普行动计划，海州区河西社区获得国家级社区科普益民计划表彰，赣榆区王怀忠获得国家级农村科普带头人称号；西园社区等7家单位、汪洪洋等3人分别获得省级社区科普益民计划和省级农村科普带头人的表彰，获奖补资金81万元。5家协会、2名个人获得中国农技协表彰。全市210家城镇社区安装科普大屏，实现科普信息精准推送。融合新媒体资源，连云港发布客户端新开设“科普之窗”，办好“连云港科普”微信，形成电视、报纸、网络、手机、电子屏、微信“六位一体”科普传播格局。全年举办10大类近百场科技会员月活动，集中走访慰问科技创新团队、优秀科技工作者、老科技工作者、困难科技工作者代表等20余人次。

【海智工作】2016年，市科协加大省级海智基地和海智工作站培育力度，东海县创建省级海智基地，全市有省级海智基地3家。新增灌南县现代农业产业园区、东海县科教园区2家海智基地工作站，全市有海智基地工作站5家。开展科技咖啡馆进县区活动，全市海智人才参加第四届省创新创业大赛海智分赛，1个项目获得优胜奖。

【青少年科技创新】2016年，市科协举办青少年科技创新活动，20余人获得全国奖项，近300人获省级奖项。开展省科学教育综合示范学校、STEM（科学Science、技术Technology、工程Engineering、数学Math）教育项目试点学校创建工作，海州高级中学、大庆路小学获评“十三五”首批江苏省科学教育综合示范学校和全省首批STEM教育试点单位。4月20—24日，第27届江苏省青少年科技创新大赛在连云港市召开，全省13支代表队500余名选手参赛。吸引4000多名观众现场观摩。连云港市有110项作品入围大赛，103项作品获奖。

【“三百”行动】2016年，市科协开展百名大学生科技创客、百名专家企业行、百名专家教授帮扶百个家庭农场行动的“三百”行动。大学生创新创业示范基地在淮海工学院大学科技园挂牌成立，培育大学生创客100人。100名专家走进企业开展点对点帮扶，南京农业大学陶建敏、田素妍

等100余名专家教授与全市100多个家庭农场对接，为家庭农场主指导工作。（陈玉清）

连云港市归国华侨联合会

【概况】2016年，连云港市归国华侨联合会有基层侨联组织9个，其中县（市、区）侨联7个、高校侨联1个、企业侨联1个。有侨商会、新华侨华人留学人员眷属联谊会、福建商会、侨联法律顾问委员会、市侨联艺术团、市华侨书画院等6个社团组织，专兼职侨联干部18人。全市有华侨华人约1.3万人，分布在世界上40多个国家和地区，侨界政治上有影响、经济上有实力、学术上有造诣、社会上有地位的人物的“四有人物”500多人，有归侨54人、侨眷2.14万人。

【服务经济建设】2016年，连云港市归侨侨眷和海外侨胞参与“一带一路”交汇点核心区建设，开展创业中华·共建丝路——2016港城侨商浙江行、创业中华·建设江苏——2016侨资侨智对接交流会、2016丝绸之路国际博览会暨中东西部合作与投资洽谈会等交流活动。恒瑞医药、美步楼梯等7家企业参加中国侨联新侨创新创业成果展，江苏豪森药业股份有限公司包如迪博士获中国侨界贡献奖创新人才奖，东浦管桩等2家企业获中国侨界创新企业奖。市侨商会赴美国、加拿大考察等交流活动10余次，参加活动会员300余人次。截至年底，全市有侨资企业756家，从业人员16.8万人。侨资企业进出口总值38.5亿美元，占全市进出口贸易总值的47.9%。市侨商会新进会员20余人，通过社团组织4A级等级评审，5家会员单位获江苏省优秀侨资企业称号，莎丽莎健康会所李晓红被评为全国优秀个体工商户。连云港侨商会被评为全国先进侨商社会组织。

【文化宣传和海外联谊】2016年，为庆祝中国侨联成立60周年、纪念孙中山先生诞辰150周年，连云港市举办“翰墨筑侨梦”——连云港市海内外侨界书画展，展出海内外侨界书画家和爱好者的国画、书法作品80余件。孔望山景区申报江苏省华侨文化交流基地。在西班牙中餐厅建立中华（连云港）文化宣传点。组织侨商参加庆祝中华人民共和国成立67周年暨中国侨联成立60周年文艺会演。开展“亲情中华·精彩故事”讲述和侨界优秀宣传作品评选活动，张灌丽、封宽裕等侨界先进人物以及10多篇优秀作品受到表彰。市侨联与淮海工学院侨联承办省侨商总会第三届“侨商杯”乒乓球比赛。与新西兰华商协会、美国连云港商会、法国华侨华人会等6家海内外华侨社团和侨联组织建立友好合作关系。灌南县侨联邀请韩国忠清北道曾坪郡亨硕中学青少年访问团一行20余人到连云港考察交流。赣榆区侨联邀请侨界专家学者参加徐福文化与“一带一路”城市文化产业国际论坛。

10月19日，连云港市侨界专家学者参加徐福文化与“一带一路”城市文化产业国际论坛。　朱代桂　摄

【参政议政和维护侨益】2016年市“两会”期间，市侨联和侨界人大代表、政协委员提交建议提案20件，市侨联关于加快“智慧城市”建设的提案被市人大列为第1号重点提案办理，市侨联关于开放发展的选题被市政协主席会议列为重点议题。全年编发上报信息和侨情专报139篇。市侨联、侨商会开展侨资企业基本经营情况调研，与市经信委合作签订《连云港市侨资企业应急转贷资金帮扶合作协议》，召开侨商投资项目审批服务政策对接会。8月，市侨联成立“连心桥”涉侨矛盾人民调解中心，选聘17名人民调解员，全年开展侨法宣传5场，接待侨界群众来信来访160余件（次），启动诉调对接机制帮助22家侨资企业和侨眷协调化解矛盾纠纷。帮助侨资企业和侨眷避免经济损失7000余万元。

（徐　徽）

连云港市台湾同胞联谊会

【概况】2016年，连云港市有定居台胞76人。市台联组织开展全市台胞迎新春联欢会、庆中秋迎国庆茶话会、“两岸姊妹情”女台胞联谊活动、中老年台胞踏青、台籍中学生夏令营、老台胞庆重阳等活动。组织台胞参加第二届全省台联系统乒羽友谊赛。开展以纪念抗战胜利为主题的学习教育活动，组织台联理事、台籍党员参观连云港市革命纪念馆，赴台儿庄大战纪念馆参观学习。市台联做好老台胞和困难台胞补助款发放工作，对全市患重病台胞和特困台胞家庭进行走访慰问。完成第十七届世界华人学生作文大赛组稿和2016年中考、高考台籍考生身份确认及加分工作。向常住台胞宣传大陆的对台方针政策和相关法律法规，畅通交流渠道。组织台联专职干部参加江苏省台联工作访问团赴台交流参访。组织连云港市台商参加在淮安、泗阳举办2016年“江苏台商看江苏”活动，考察当地投资环境和历史文化名胜，进行座谈交流。

【参政议政】 2016年，市台联举办台籍政协委员参政议政座谈会，讨论提案选题，交流履职体会，提交《关于对市区内电动车规范治理的提议》。3名台籍中共党员被推荐、考察为市政协十三届政协委员。台籍政协委员赴成都台湾农业创业园、陕西振彰食品有限公司、南京江宁台湾农民产业园等台资企业考察经营情况。组织台联理事和台胞骨干关注台湾地区领导人、民意代表选举和就职讲话直播，对选举结果和讲话内容进行交流研讨。 （赵 辉）

连云港市残疾人联合会

【概况】 连云港市残疾人联合会下设市残疾人就业管理中心、市残疾人康复中心（市残疾人辅助器具服务中心）和市残疾人托养中心3个直属单位。截至2016年底，全市有残疾人32.3万人，残疾人占总人口的比例为6.34%。全市有持证残疾人9.46万人。其中视力残疾8889人、听力残疾7399人、言语残疾1233人、肢体残疾54421人、智力残疾12262人、精神残疾7840人、多重残疾2586人。全市18～55岁残疾人就业率52.8%。在6岁以上残疾人群中，小学以上文化程度占46.6%，文盲率53.4%。全市残疾人中6.5万人需要医疗服务与救助，5.24万人需要辅助器具，1.95万人需要康复训练与服务。市残联成立全市评残专家库，试行评残专家异地评残制度，全年新办残疾人证2000余本，清理假证、错证和空证，注销残疾人证5289本。

【残疾人教育】 2016年，市残联开展融合教育试点，在优质公办幼儿园开设听障儿童特教班，制定连云港市残疾儿童学前教育“阳光助学”实施办法，对低保家庭的残疾儿童的入园学费进行全额补助。为308名高中及以上残疾学生发放教育专项补贴38万元，为446名贫困残疾人家庭高中及以上子女发放教育补贴45万元。成立连云港新时代爱心助残服务中心，全年开展为适龄残疾儿童送教上门、成年残疾人送文化上门服务360人次。加强残疾人学历教育，成立国家开放大学残疾人教育学院连云港分院。

【残疾人托养】 2016年，全市建成省级“残疾人之家”45个，市级“残疾人之家”59个，试点地区基本建成30分钟服务圈，为1228名残疾人提供服务。依托基层“残疾人之家”同步建立乡镇（街道）、村（社区）两级康复服务网络。借鉴“嘉道理”慈善基金会社区康复项目，打造农村社区康复示范点。培育建立1个省级“中途之家”示范社区，实现脊髓损伤者从医院到家庭康复的无障碍衔接机制。创办辅助性就业工场，开展以工疗为主要内容的劳动型托养服务模式，全市175名残疾人分布在13家托养机构中得到辅助性就业安置。开展居家托养、日间照料等服务，推进“托养服务+医疗康复”托养机构建设，全市65家托养机构为近1000名残疾人提供新型托养服务。全年建成省、市残疾人射箭训练基地、市残疾人乒乓球训练基地，成立残疾人艺术团、残疾人射箭队、残疾人乒乓球队。

5月28日，江苏省第七届全民健身运动会暨残疾人田径锦标赛在市体校开幕。 市残联 供

【残疾人体育】 2016年，连云港市承办第七届江苏省全民健身运动会暨残疾人田径锦标赛（苏北片），七支代表队、105名运动员参加比赛，连云港市代表队取得金牌第一、总分第一。在巴西里约第十五届夏季残疾人奥运会上，连云港运动员张春翠获得轮椅击剑（重剑）团体冠军、A级个人第四名，金恒获得男子坐式排球第七名。全年残疾人运动员参加第七届江苏省全民健身运动会7大类比赛，夺得27金12银6铜。组建市残疾人射箭队，4人入选省残疾人射箭队。

【残疾人就业培训】 2016年，全市建成残疾人实习实训基地、残疾人职业培训基地、“互联网+”电商孵化基地、缝纫技能实训基地、农村实用技术培训基地、残疾人创业一条街等就业培训中心30余个，“师傅带徒弟”式小型可复制就业培训点30个。通过特色培训、订单培训、定向培训等方式开展各项残疾人专业技能培训，900余名残疾人通过培训实现就业。建设残疾人创业孵化园，选择优秀残疾人创业项目入驻，免费提供办公条件、场地、无障碍设施帮助创业指导等。举办市首届残疾人展能节、全市盲人按摩知识竞赛、就业招聘会、就业援助月等活动。向超比例安排残疾人就业的用人单位发放无障碍改造补贴。全年新增残疾人就业710人。

【残疾人维权及服务】 2016年，全市建成残疾人维权服务中心，成立法律服务和法律援助机构，开通“12385”热线和阳光信访信息系统，及时收理和办结有关信访事项。编印《连云港市残疾人工作服务指南》5000本，供有需求的残疾人及其家属和残疾人工作者取用。

【残疾人康复】 2016年，市残联出台残疾人康复“三提升”工作实施方案。全市推进重点康复项目全覆盖，免费实施1200例白内障复明手术，为1204名0—14岁残疾儿童免费提供基本康复训练和辅具适配，为2092名贫困精神残疾病患者提供免费服药服务，76名重症精神病患者免费住院。利用“斯达克·世界从此欢声笑语”助听捐赠项目为680名听障人士捐赠助听器1360台。实施残疾人辅具适配和家庭无障碍改造全覆盖试点工作，投入290万元，为2844名持证残疾人提供40种2867件辅助器具，为1558户家庭进行无障碍改造。在乡镇“残疾人之家”新建40个康复室（站），选派全科医生或精防医生担任康复指导员，配备专兼职社区康复协调员进行强化技术指导。创建省级盲人定向行走训练基地，全年培训盲人200人。开办“中途之家”试验点1家。赣榆区被国家确定为全国残疾预防综合试验区试点单位。（范竞文）

连云港市红十字会

【概况】 2016年，连云港市有红十字会基层组织409个，注册志愿者3.18万人。连云港市红十字综合服务中心成立。市红十字系统积极开展募捐筹资和人道救助工作。

【救护培训工作】 2016年，市红十字会成立市红博应急救护培训中心，推进公益救护培训进社区、进农村、进学校、进企业、进机关。全年培训急救员8110名，普及救护知识5.89万人。举办首届连云港应急救护技能竞赛，31名具备红十字救护培训师资的选手参加竞赛。11月，连云港市救护培训队参加省红十字会等四部门联合举行的救护大赛，获全省团体二等奖。

【博爱项目库建设】 2016年，市红十字会在全市征集各类博爱救助与建设项目，建立全市红十字项目库。灌云县博爱助医、灌南县老来乐公寓、海州区千名机关志愿者爱心帮扶、赣榆区博爱救护、市眼科医院的医养康复护理一体化、5个博爱项目，获省红十字会支持项目资金。开发区红十字会联合朝阳社区卫生服务中心建立博爱健康小屋，添置血压血糖一体机、模拟人等设备，免费为市民进行体检，开展急救培训、救护知识普及、红十字宣传等活动。

【遗体器官捐献、造血干细胞捐献和无偿献血】 2016年，全年实现遗体捐献6例，器官捐献5例，挽救13人的生命。市红十字会动员群众参与无偿献血活动，保证临床用血100%来自无偿献血。灌云、赣榆红十字会成立无偿献血服务队，年度采血量分别200万、135万毫升。全年采集造血干细胞血样1196份，实现造血干细胞成功捐献3例。（王 元）

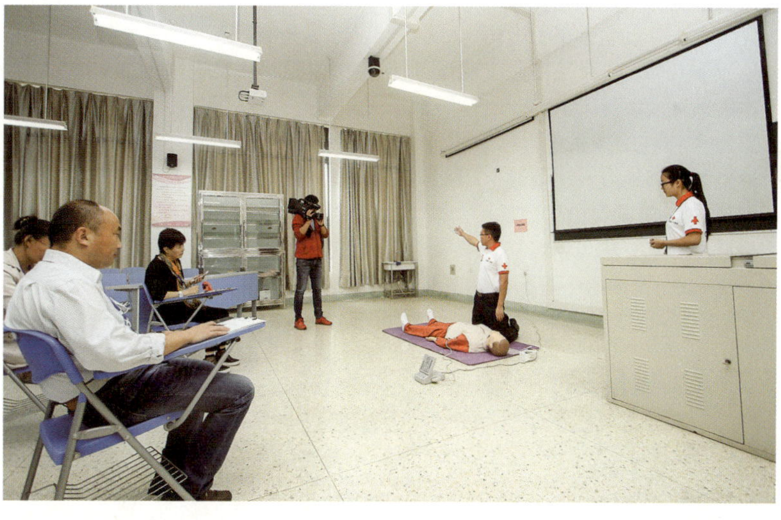

9月29日，市红十字会、总工会、人社局、机关工委联合举办连云港首届应急救护技能竞赛，图为比赛现场。 市红十字会 供

责任编辑 高鹤婷

法　　治

地方立法

【概况】2016年1月，经江苏省人大常委会批准，连云港市正式获得地方立法权。市人大常委会启动地方立法工作，制定《连云港市制定地方性法规工作规则》，进一步阐明立法权限、起草主体、审议制度等内容，建立民主立法基层联系点，加强立法队伍建设和培训，公开征集立法建议，严格筛选立法项目。制定出台《连云港市海洋牧场管理条例》，标志着连云港市第一部地方性法规诞生，为全市海洋牧场建设提供法制保障。常委会启动五年立法规划编制工作，推动全市立法工作科学、创新发展。

（乔立贺）

政法委及综治

【概况】2016年，连云港市执行行政首长行政诉讼出庭应诉制度，出庭率92.5%。制订"谁执法谁普法"工作责任制意见，50余家相关机关单位开展100余部法律法规的普法宣传。连云区、东海县被省委、省政府表彰为全省法治建设示范县区。赣榆区农民普法说唱团负责人许家昌、孙书芳夫妇获评省"十大法治人物"，市新亚欧大陆桥安全走廊国际执法合作论坛永久会址及"一带一路"国际执法安全培训和研究中心落户港城获省"十大法治事件"提名奖。全市建成省级法治文化示范点21个、市级法治文化示范点75个。开展机关、企业、学校以及县区、乡镇街道、社区法治创建活动。全市创建省级以上民主法治示范村（社区）627个，创建率37％，村（居）服务阵地建设率100％，村（居）务公开合格率99.6％。

6月29日，连云港市召开行政执法与刑事司法衔接工作现场会。
市法制办　供

【司法体制改革】2016年，连云港市政法机关推进法官、检察官员额制改革。市法院、检察院确定全市首批入额法官366人、检察官268人。印发《市检察改革和工作机制创新项目分解实施方案》等20余份文件，落实检察官办案责任制。市中级法院强化合议庭、主审法官办案责任制，建立审判全过程记录档案。市中级法院设立民事审判第四庭、第五庭，整合少年与家事审判庭，拟定刑事案件速裁工作制度，推进资源环境案件集中管辖和"三合一"审判机制。推进司法公开机制改革，市法院12368诉讼服务短信平台发送审判信息11.32万条，网络直播庭审案件2362件，互联网发布生效裁判文书50142件。市检察院依托检察网、微博、微信、今日头条号发布案件文书133篇、案件信息9700余条；市公安局制订《深化公安机关执法公开工作实施方案》，运用执法公示平台公示警情信息6128条、案件信息9228条。制订《连云港市关于完善法律援助制度的实施意见》，全市设立法律援助工作站141个，范围覆盖各劳务市场、看守所、监狱、戒毒所和驻军团以上部队。

（常　瑞）

【社会治安管理】 2016年，连云港市公安系统以维护社会治安稳定为工作重点，创建“互联网+”时代邻里守望工程示范点，创新“正义联盟”群防群治工作。截至年底，全市“正义联盟”有治安志愿者15万人，设立治安邻里守望点2359个，建立社区（村）义务巡逻队1682支，预防制止违法犯罪活动1745起、协助抓获违法犯罪嫌疑人948人、协助查破案件1047起、挽回直接经济损失4228.9万元。深化社会矛盾纠纷多元融合式调处工作，全市设调处室126个，专职调解员183名，调处矛盾纠纷12775起。加强危险物品监管，全市269家危险物品单位治安防范达标率100%。开展全市寄递行业整治“清源”行动，寄递企业53家、960个网点，2147名从业人员纳入管控，推广安装寄递业安全监管平台和快递员手机APP，实现动态采集、过程监督、实施布控。开展缉枪治爆专项行动，出动警力2000人次，检查采石宕口200家（次），小商品市场、旅游风景区、军品玩具、工艺品商店等800家（次），农贸市场、乡镇庙会等120次，检查各类危险物品单位1200余次，查出安全隐患354条，现场督促整改243条，下发隐患整改通知书111份；收缴非法枪支78支、子弹1225发、仿真枪523支、管制刀具458把、烟花爆竹1025箱、雷管7482枚、炸药4.86吨、索类爆炸物品7000米。组织G20峰会、农洽会、连博会、“连云港之夏”大型活动安保工作16场次，安全检查183次，排除安全隐患250处。开展惩罚食品药品环境犯罪“利剑”和“清水蓝天”行动，破获食品药品与环境领域犯罪案件316起，抓获犯罪嫌疑人612人，比2015年分别增长270%、379%、266%。开展惩罚“黄赌娼”违法犯罪“禁霾行动”，查处黄赌娼案件1303起，其中刑事案件325起、治安案件978起；省公安厅挂牌督办案件4起，抓获违法犯罪嫌疑人3781人，其中采取刑事强制措施603人、治安处罚3178人，收缴赌博机643台。开展社会治安重点地区整治行动，查处治安、刑事案件634起，惩罚处理违法犯罪人员1501名，破获案件1366起，抓获网上逃犯13人。

（李春友）

2016年，连云港市加强社会治安管理。图为“连云港之夏”活动安全保卫。　市公安局　供

【平安港城建设】 2016年，全市政法部门完成G20峰会安保、部分出租车司机停运、“7·23”灌云枪支被盗案等多项行动。全国“两会”期间，实现进京非访零登记。全市涉及民生的282起重大政策、重大改革措施、重点工程项目均进行社会稳定风险评估，化解社会矛盾纠纷164起。开展“惊雷”“利剑”等专项行动，打击侵财犯罪、通信网络诈骗、非法集资、食品药品环境犯罪、娼赌毒犯罪等。全年破获刑事案件3902起，比2015年上升2.7%。全市法院新收案件43334件，审执结34970件，分别增长2.56%、17.76%。全市道路交通事故发生数、死亡人数分别下降30.2%、18.4%，火灾事故下降208%。建立安置帮教工作志愿者协会，在教人员的核实率、核实成功率、回执率和衔接率保持全省领先。建成全市民意调查中心和民意110并同步运行，开展公众安全感调查研判，开展“精准化”依法整治行动。开展“平安寄递”创建活动，实名收寄、收寄验视、过机安检实现100%落实。拓展矛盾纠纷多元融合化解机制建设，民转刑案件发案数、因矛盾纠纷引发的群体性事件、越级上访量均下降。推进全市综治公共安全视联中心建设，年内县乡两级平台规范化达标率100%，村级平台达标率90%，80%以上的县（区）形成实战运用。全市公众安全感93%以上。

（常　瑞）

法治政府建设

【依法行政】 2016年，连云港市政府印发《2016年全市推进依法行政建设法治政府工作要点》，明确全市依法行政工作主线和重点。连云港市法治政府建设实施规划编制工作列入《市第十二次党代会目标任务分解方案》。制定《2016年度市级机关依法行政和政务公开执行情况考评细则》《2016年度县区政府以及市经济园区法治建设工作考核方案》，将依法行政考核纳入年度目标绩效考核体系。市十三届政府第51次常务会议专题学习《江苏省行政许可监督管理办法》。74名拟任命的市管领导干部参加任职前法律知识考试。举办全市领导干部依法行政能力提升专题研修班。县区政府法制办主任、市级有关部门法规处处长参加中国政法大学法治政府建设专题培训班，130余名业务骨干参加政府法治专题业务培训班。全年开通连云港政府法制微信微博，发布政府法治信息190余条。

【法治市场管理】 2016年，连云港市深化“多证合一”商事制度改革，实行由企业登记部门核发加载法人和其他组织统一社会信用代码的营业执照登记新模式。放宽市场主体住所登记，印发《连云港市市场主体住所（经营场所）登记管理办法》。调整部分行政事业性及经营服务性收费项目和收费标准，清理行政事业性收费项目137项、经营服务性收费项目112项，其中市本级自行取消放开收费项目27项，为企业和群众减负7844万元。清理规范涉及市本级13家单位行政许可中介服务事项54项。推进行业协会商会与行政机关脱钩，发布第一批行业协会商会脱钩名单，50家行业协会商会与行政机关脱钩。全年承接国家、省下放权力事项11项，取消权力事项40项。下放徐圩新区48项行政管理权。赣榆区相对集中行政许可权改革试点方案上报省委、省政府。食药监和环保领域调整明确权责界限，科学划分管理权限。推进经济发达镇和中心镇扩权，安峰镇扩权661项，柘汪镇扩权952项。

【法治工作机制创新】 2016年，连云港市建立政府立法工作机制，出台《连云港市人民政府规章制定程序暂行规定》，规范政府规章立项、调研、起草、审查、决定与发布、备案等程序。建立立法智库制度，40余名专家学者组成立法专家库，对全市政府立法工作提供咨询意见。建立立法民主协商制度，听取政协委员、法学专家和政府法律顾问意见。《连云港市海洋牧场管理条例》获得省人大常委会批准，该法规成为全国第一部关于海洋牧场的地方性法规。全年制定市政府规范性文件2件，及时向省政府法制办和市人大常委会报备。县区政府、市政府部门报备文件19件，报备率、及时率、规范率均为100%。全年废止市政府规范性文件72件，79件文件启动修改程序。《连云港市征地补偿和被征地农民社会保障办法》等10件市政府规范性文件开展实施情况后评估，并开展第三方评价。

【行政决策规范】 2016年，连云港市实行重大行政决策目录化管理制度，公布《连云港市城市总体规划（2015—2030年）》修编等3项重大行政决策事项。公开听证《连云港市餐厨废弃物管理办法》《连云港市文物保护办法》等重大行政决策事项。健全重大决策社会稳定风险评估机制，对涉及征地拆迁、改革改制、重大工程项目建设等开展风险评估工作。建立政府法律顾问制度，成立市政府法律顾问委员会，市级部门及县区做到法律顾问服务全覆盖。规范管理合同合法性审查、签订、履行、档案管理、矛盾纠纷处理以及责任追究。全年法制机构审查政府合同244件。

【行政执法规范化建设】 2016年，连云港市组建农业和海洋渔业2个综合行政执法支队。推进市场监管领域综合行政执法体制改革，起草《连云港市行政执法规范化建设实施意见》《连云港市行政执法全过程记录实施细则（试行）》。开展全市新一轮申领行政执法资格证人员换证考试。开展行政执法主体清理工作，全市收到申报行政执法主体462家，其中法定行政执法主体291家、法律法规授权143家、集中行使执法权7家、委托21家。开展行政执法案卷评查，专项检查20家市级行政机关200件行政处罚和行政许可案件。加强行政处罚案件备案管理，审查备案18家市级机关343件重大行政处罚案件。

【行政执法监督】 2016年，连云港市强化行政执法监督，建立抽查事项清单、随机抽查对象和执法检查人员名录库。行政许可与行政处罚“双公示”平台归集行政处罚1.7万条，行政许可14.7万条。完善行政执法与刑事司法衔接机制，199个行政执法机关接入“两法衔接”（行政执法与刑事司法衔接）信息共享平台，平台录入案件362件。全年办结人大代表建议165件、政协委员提案306件。通过“12345”政府热线等形式，受理案件24.6万件，案件结案率98.6%，按期结案率90.8%。审计部门依法独立行使监督权，公共资金、国有资产、国有资源、领导干部履职经济责任等实现审计监督全覆盖，审计机关审计项目177个，查出违规金额2.36亿元，财政增收节支7700万元，核减工程投资额1.88亿元。建立行政机关负责人出庭应诉制度，改进行政应诉工作。全年一审行政案件546件，行政机关负责人应诉出庭率90%。

【行政争议化解】 2016年，县区实施行政复议委员会试点，市级行政复议规范化建设达标。全市行政复议案件审理实行见面会、质证会、听证会“三会”方法查明案情。全年行政复议案件424件，其中受理369件、不予受理55件。办结行政复议案件316件，其中撤销、确认违法、责令履行48件，直接纠错率15.2%。建立健全行政调解工作统计报告制度，全年行政调解案件3172件，成功调解2912件，调解成功率92.1%。畅通信访渠道，推进各级党政领导接访下访，打造“互联网+信访”模式。市级接待处理信访总量6964件（批）次、2.1万件（人）次，比2015年分别下降5.9%、10.6%。加强调解行业管理，全市调解组织开展矛盾纠纷排查1.5万次，调处纠纷1.2万件，调处成功率99%，涉案标的5776.5万元。5个调解案例被评为全省优秀调解案例。完善连云港海事纠纷诉讼与非讼解决方式的衔接机制，建立海事海商纠纷委托调解工作机制签署备忘录。（黄　兵）

公安

【概况】 2016年，连云港市公安机关围绕以创建“最安全城市”为主线，完成G20峰会、中共十八届六中全会、第三届连博会等重大安保任务。处置群体性事件279起，刑事破案总量、抓获刑事作案成员数、抓获逃犯数比2015年分别上升2.1%、2.5%、3.1%，刑事发案总量、侵财案件发案、通信网络诈骗案件分别下降5.7%、8.4%、20.5%。开展反恐怖防范达标检查，核查进入连云港市的关注对象6007人次，处置涉恐线索14条。维护公共安全，市区95%以上灯控路口联网控制，布建流量监测设备257套，区域通行率提高13.6%。开展42次交通整治行动，查处交通违法行为332万起，查扣非标三四轮车1185辆，挂牌整治道路交通隐患380处。搭建消防大数据中心，94家消防重点单位实现联网监测，录入监测点6.5万个，推进消防网格化管理，建成175个社区微型站。发现整改火灾隐患4万处，受案查处消防违法行为898起，整改销案4家政府挂牌督办的重大火灾隐患单位。推行危险物品单位“户籍化”定级建档管理，269家涉危单位全部分级建档，35家爆破作业现场安装视频监控。4个县级110接警区建成联合指挥部，6个公安分局建成实战指挥室，27个重点派出所建成综合勤务指挥室，下发预警指令4.8万条，预警抓获违法犯罪嫌疑人483人。完成平安“天眼”工程1360个前端点位建设，利用人像追踪实验网，甄别重点嫌疑人380余人，认定犯罪嫌疑人10人，破获案件80起。全市公安部门89个集体、257名个人受到记功嘉奖，薛霜、王新疆获第四届“江苏最美警察”提名奖。

【国际执法合作】 2016年，市公安局国际合作部门承办第二届新亚欧大陆桥安全走廊国际执法合作论坛，34个国家、国际组织高级执法官员出席。建立“一带一路”国际执法安全培训和研究中心，构建新亚欧大陆桥执法安全合作新平台。开展国际执法安全合作，应邀组团赴国际刑警组织、欧洲警察署和法国、意大利、荷兰等国访问，发挥国际刑警组织连云港联络办作用，推动“猎狐”等行动深入开展，成功抓获15名境外逃犯。市公安局被公安部评为全国首个国际执法合作工作示范点。

【单位内部安全保卫】 2016年，全市内保部门开展单位安全检查2600家(次)，侦办内保重大责任事故案件18起，办理行政案件51起。开展平安企业、平安校园、平安医院创建活动，实施“金融防护圈”工程，推进银行营业场所出入口20米、50米范围高清视频监控改造升级。全年金融机构成功防范通信网络诈骗案件65起，避免群众损失280万元；开展金银珠宝营业场所治安风险隐患排查整治行动，检查发现安全隐患279处；增设监控探头、紧急报警装置等安防设施78件，增配保安力量46名。全市581家加油站点录入各类散装油购油信息277条，查处异常购油线索3条，落实查控重点人员2人。推动“平安校园”活动开展，明确学校服务管理主体责任，保障高考、公务员考试等34场共计17万名考生参考国家级、省级重要考试安全进行。

【刑事案件侦破】 2016年，全市公安机关破获刑事案件8674起，抓获刑事作案成员9097人。36起现行命案全破，破案率100%；破获沉积18年以上命案积案6起。侦破景区1998年“7·6”杀人案、灌南1996年徐克友故意杀人案、海州1998年“10·3”抢劫杀人案等积案。破获涉黑恶刑事案件543起，抓获作案成员1748人。公诉“盗抢骗”犯罪人员1289人，比2015年上升29.4%。生效判决人员1006人，其中判处5年以上人员31人。破获电信网络诈骗案件174起，上升123.1%。抓获网上在逃人员1158人。

【经济案件侦破】 2016年，全市公安机关破获经济犯罪案件498起，比2015年上升31.7%；抓获经济犯罪嫌疑人942人，挽回经济损失2.3亿元。其中，抓获连云港市网上经济犯罪逃犯163人，历年逃犯39人、当年逃犯124人、境外逃犯9人。破获虚开增值税专用发票案件28起，追回税款7000万元。惩罚非法集资案件23起，涉案金额2.04亿元，抓获犯罪嫌疑人42人，刑事拘留20人，挽回损失4200万元。破获制售假和侵犯知识产权案件273起，抓获犯罪嫌疑人455人，捣毁侵权假冒犯罪窝点104个，涉案金额1100万元；收缴假币120万元。

【水上治安管理】 2016年，市公安部门加大防控设施和装备投入，新增小型水上巡逻艇3艘。新建电子视频监控点18路，将重点闸口、饮水源、重点水利工程、疏港航道等电子监控接入公安水上警务指挥室电子监控系统。在全市水域组织开展集中清查行动，检查船舶1085艘、船民2372人，水上作业人员615人。检查涉水单位83家、闸口43处、码头184座，渡口18个。整改隐患39处，签订责任书69份。查破刑事、治安案件36起，查处违法犯罪人员30人，查处盗窃团伙1个。调处水上矛盾纠纷111起，防止矛盾激化72起。

【禁毒工作】 2016年，全市公安禁毒部门开展禁毒宣传教育活动450场次，提供咨询1万余人，发放禁毒

6月22日，连云港召开平安“天眼”工程启动仪式暨项目推进会。
市公安局 供

宣传资料4000份，发放光盘、书籍、招贴画等宣传资料9万份，走访吸毒人员家庭300户，各类媒体播发禁毒宣传稿件100篇。推进社区戒毒、社区康复工作，责令374名吸毒成瘾人员接受社区戒毒。在“惊雷行动”中，破获毒品犯罪案件338起，其中部级毒品目标案件2起、省级毒品目标案件15起，抓获毒品犯罪嫌疑人493人，公诉涉毒犯罪嫌疑人305人；查处涉毒违法人员222人，其中强制隔离戒毒312人，缴获毒品折合海洛因40千克，缴获走私毒品“恰特草”450千克，铲除罂粟2000株。

【监所管理】 2016年，全市公安监管场所收押违法犯罪人员1.22万人，其中刑事羁押7116人、行政收押5043人。戒毒人员1391人，其中强制戒毒338人、涉毒拘留1773人。协破刑事案件221起，抓获犯罪嫌疑人95人，追回网上逃犯28人。

【公安法制】 2016年，市公安局制订《关于深入推进全市公安机关执法规范化建设开创新局面的实施意见》，完成执法规范化建设20项工作，县公安分局建成案管中心16个，基层所队建成案管室159个，配备案管民警179人、案管警辅277人。全市公安机关上传执法记录仪数据文件87万个，数据存储容量达49TB，接处警群众满意率提升至93.1%。清理1216项行政权力，其中行政处罚1029项、行政强制72项、行政许可41项、行政确认22项。全市公安机关有4750人通过基本级执法资格考试，3083人通过中级执法资格考试，243人通过高级执法资格考试，分别占比99.2%、64.4%、5.1%。30名民警通过国家司法考试。

（李春友）

检察

【概况】 2016年，连云港市检察机关批准逮捕刑事犯罪1769人，提起公诉5486人，决定不批捕715人、不起诉290人，立案查处贪污贿赂犯罪95人，查处渎职侵权犯罪42人。全年救助刑事被害人38人，发放救助金31.9万元。办理群众信访1837件。

【刑事检察】 2016年，全市检察机关批准逮捕刑事犯罪1769人，提起公诉5486人。惩罚故意杀人、抢劫、强奸、盗窃、诈骗、毒品犯罪等严重刑事犯罪，全年批捕898人，起诉2596人。办理公安部挂牌督办的特大侵犯公民个人信息案、“7·8”特大网络非法制造买卖枪支案等有影响案件。严格执行刑事政策，全年决定不批捕715人、不起诉290人。

经济秩序管理。全年检察机关批捕破坏社会主义市场经济秩序犯罪131人，起诉580人。起诉集资诈骗和非法吸收公众存款犯罪嫌疑人92人。办理公安部督办的虚开增值税专用发票2亿余元特大案件、涉案金额26亿元特大涉外非法经营案等案件。监督移送侵犯知识产权犯罪案件4件，起诉8人。市检察院对接中哈物流合作基地、上合组织国际物流园和铁路、航道等重大项目，及时提供法律支持、犯罪预防等针对性检察服务。赣榆区检察院与12家企业签订“检企共建”服务协议书，在重大项目设立“检察服务联络点”。连云区检察院与港口集团签订《共同开展“护港工程”协议书》，开展“检察官港口行”、打击涉港经济犯罪等专项行动。

生态环境司法保护。开展破坏环境资源犯罪专项立案监督活动，督促移送涉嫌犯罪案件4件，立案5人。严惩危害土地资源犯罪，办理非法采矿案件1件。开展全市环保行政执法案件专项调研检查，查阅相关卷宗30余卷。加强环保领域公益保护，形成以矿砂污染、林木破坏、非法采矿、非法捕捞等污染环境和破坏资源问题为监督重点的检察公益保护机制，全市通过提起刑事附带民事诉讼方式办理检察公益保护案件11件。

食品药品安全司法保障。2016年，检察机关惩罚危害食品药品安全犯罪，起诉135人，比2015年上升145.5%。开展危害食品药品安全犯罪专项立案监督活动，与行政执法机关建立案件通报机制，审查行政执法卷宗900余册，督促移送涉嫌犯罪8人。开展打击危害食药品安全犯罪专项行动，批捕非法销售问题疫苗犯罪嫌疑人3人，查办问题疫苗案背后防疫保健工作人员滥用职权犯罪6人。

【职务犯罪查办与预防】 2016年，全市检察机关开展查办国有企业、国有资产管理和民生、“新网工程”、问题疫苗领域职务犯罪等专项行动，立案95人。查办处级以上领导干部职务犯罪要案4人；查办情节恶劣的行贿犯罪嫌疑人41人，比2015年上升17%。查办医疗检验领域贿赂犯罪29人。加强渎职侵权犯罪查办工

2月26日，连云港市检察机关“增强党性忠诚履职”领导素能培训班开班。

市检察院 供

作，立案42人，其中查办重特大案件25人、科级干部11人。加强智慧侦查建设，抓获在逃职务犯罪嫌疑人2人。全年形成职务犯罪调查报告19篇、案例分析报告23篇，发出预防检察建议22份。开展预防职务犯罪宣传和警示教育活动269次，受教育人数10241人。受理行贿犯罪档案查询4048次，查询单位4003家，个人6359人，发现处理行贿犯罪记录2人。开展"预防邮路"活动，构建预防职务犯罪人民防线。新建警示教育基地2个，截至年底，全市有预防警示教育基地9个。

【诉讼活动监督】 2016年，市检察机关强化履行侦查监督职能，监督立案11件，纠正侦查活动违法47起。推进刑事审判监督工作，提出抗诉14起，比2015年上升41.7%，2件无罪判决经抗诉改判有罪。列席法院审判委员会6次，强化抗诉跟踪监督，增强抗诉效果。开展未羁押罪犯判监禁刑后收监执行专项清理活动，监督收监61人，其中2起收监执行案件被省检察院评为监督精品案件。开展财产刑执行专项检察活动，核查罚金刑涉案人数6731人，裁判金额2.67亿元。开展指定居所监视居住执行监督21人，增长200%。开展强制医疗执行监督3件3人。

【行政执法监督】 2016年，市检察院、市法制办联合召开全市行政执法与刑事司法衔接工作现场会。两级检察院召开联席会议65次，走访行政执法机关225次，查阅行政处罚案件卷宗1954件，发现并建议、监督行政执法机关移送涉嫌犯罪案件19件。强化对行政不作为、乱作为的监督，向行政机关发出督促履行职责检察建议72件，其中针对国有土地使用权出让中存在的问题发出检察建议2件，国土部门采纳后收回价值1460万元的国有建设用地使用权。

【未成年人检察工作】 2016年，全市检察机关依法办理未成年人犯罪案件，批捕72人，起诉253人。保护未成年人合法权益，对未成年犯罪嫌疑人不捕30人、不诉9人、附条件不起诉3人。灌云县检察院开展"211法治护航工程"、阳光关爱帮扶系列活动，被授予国家级青少年维权岗。

【检察改革】 2016年，市检察院推进检察官员额制工作，268人被确定为员额检察官，其中市检察院62人，选任第四届人民监督员。推进诉讼制度改革、认罪认罚从宽处理机制改革、刑事速裁程序试点等工作。市检察机关在全省率先开展接受市人大对检察官履职评议，4名检察官获得满意评价。保障律师执业权利，接待辩护人、诉讼代理人2514次。加大案件信息和法律文书公开力度，公开法律文书3397份、重要案件信息153条、案件程序性信息7020条。

（封 光）

法院

【概况】 2016年，连云港市各级法院受理案件9.14万起，审执结76482起，比2015年分别增长0.22%、下降2.71%。其中，市中级法院受理6940起，审执结6810起，增长4.61%、下降2.78%。市中级法院被表彰为全省法院党建工作先进集体。1篇论文在全国法院第28届学术讨论会上获一等奖，1起环境污染损害赔偿公益诉讼案被《最高人民法院公报》刊用。全市法院有28人受省级以上表彰，海州区法院陈利东被评为全国法院办案标兵，东海县法院袁新所被评为全国法院党建工作先进个人。

2016年，全市两级法院在诉讼服务中心内设置公益律师岗，为当事人免费提供法律咨询和诉讼服务。规范材料接收、审查、登记、移送等工作。连云区法院立案庭被省总工会授予"省五一巾帼标兵岗"称号。推进矛盾纠纷多元化解，建立完善涉军、涉侨、涉医以及涉金融、房地产等诉调对接工作。保障人民陪审员依法履行职责，基层法院一审案件陪审率80.58%。东海县法院青湖法庭投入使用，连云区人民法院徐圩新区法庭、海州区人民法院板浦法庭获准设立，基层人民法庭增至11个。赣榆区海头法庭被最高人民法院表彰为全国法院先进集体。

【刑事审判】 2016年，全市两级法院一审审结省检察院、省公安厅联合督办的刘佳佳等人组织、领导黑社会性质组织罪等刑事案件3985起，生效判处罪犯5364人，比2015年分别增长6.01%、29%。依法惩处危害社会公共安全和人民群众生命财产安全犯罪，一审审结杀人、放火、爆炸、涉黑恶势力犯罪案件33起，审结抢劫、抢夺、盗窃、敲诈勒索等多发性侵财犯罪案件1030起，审结毒品犯罪案件257起。依法惩处破坏市场经济秩序犯罪，一审审结传销、走私、洗钱、金融诈骗、商业贿赂、危害食品药品安全等犯罪案件288起。依法严惩国家工作人员职务犯罪，一审审结贪污贿赂、渎职犯罪案件97起，审理山西系列腐败案中郑明珠、宋月照等4起行贿、受贿案件。开展集中清理判处实刑罪犯未执行刑罚专项活动，收监罪犯122人。

【民商事审判】 2016年，全市两级法院一审审结民商事案件44843起，比2015年增长0.92%。审结金融借款案件14731起，标的额51亿。审结民间借贷案件9484起，审结商品房买卖、经营开发合同案件4668起，处理涉及近千户业主利益的九龙大世界商铺租赁系列案、华东国际城房屋租赁系列案、富园房屋买卖系列案。探索建立执行转破产工作机制。与南京军事法院、连云港警备区密切沟通，依法支持部队停止有偿服务工作。审结新医药、新材料、新能源产业等领域知识产权案件146起。

【行政审判】 2016年，全市两级法院深入推进行政案件相对集中管辖试点工作，一审审结行政案件585起，生效判决撤销行政行为、责令履行法定职责、确认行政行为违法或无效59起，行政机关负责人出庭应诉率92.51%。审查非诉行政执行案件553起，比2015年下降47.8%。市中级法院、市法制办联合制订《关于进一步加强行政复议与行政诉讼衔接工作的意见》，编发《关于2016年度全市行政审判典型案件情况的通报》。创新资源环境审判损害赔偿方式，劳役代偿、异地补植作为江苏法院工作亮点写入全国"两会"最高人民法院工作报告。审结一审资源环境案件175起，比2015年增长161.2%。

·相关链接·

劳役代偿、异地补植："劳役代偿"是指依法判令造成环境污染但赔偿能力不足的被告，在政府相关职能部门监管下，承担一定工时的环境公益劳动，如园林绿化、环境卫生服务等。"异地补植"是指依法判令被告在指定地区补种指定树种，负责管护一定时间并接受最终验收的环境责任承担方式。

【少年、家事审判】 2016年，全市法院系统推进少年、家事案件专业化审判机制建设，李美丽等人拐卖儿童犯罪案件被最高人民法院作为典型案例向社会发布，犯轻罪未成年人犯罪记录封存率100%。东海县人民法院获评全国青少年维权岗，全市法院全国青少年维权岗增至4家，赣榆区人民法院办理的未成年缓刑人员上大学案被评为省"未成年人保护十大事件"。妥善审理家事案件，两级法院下达保护令5件。灌云县人民法院少年庭被确立为全省婚姻家事案件审判试点单位。

【审判监督】 2016年，全市各级法院受理再审案件327起，审结再审案件80起，改判、发回重审39起。依法接受检察机关诉讼监督，受理省、市检察机关针对生效裁判提起的抗诉案件11起，改判3起，作其他处理5起，办理检察建议16起。强化人权保障，建立长期羁押未决案件监测机制，依法办理减刑、假释案件867起。严格职务犯罪等减刑假释案件审查，推行原判附加财产刑执行情况与减刑工作联动机制，裁定缩减减刑幅度34起。

【执行工作】 2016年，市委政法委牵头召开市15个相关部门参加的全市基本化解执行难工作会议，联合出台《全市关于加强协调配合深入推进基本解决执行难工作的实施意见》，市中级法院出台《关于落实"用两年时间基本解决执行难问题"的实施方案》和任务分解表。赣榆区法院被省法院确定为全省基本解决执行难示范法院。全年执结案件2.34万起。深化终结本次执行程序案件单独管理机制试点，最高人民法院院长周强视察江苏法院时视频连线听取该项工作汇报。终本案件单独管理经验被吸收纳入最高人民法院出台的《关于严格规范终结本次执行程序的规定（试行）》。开展司法网上拍卖2666次，成交金额6.15亿元，比2015年增长60.36%，为当事人节省佣金1009万元。市中级法院、公积金管理中心、住房局、国土资源局等单位联合制定规范性文件，累计查询20.1万次，全年查询金融存款4633万元，冻结1327万元。依法制裁抗拒执行、规避执行等违法行为，司法拘留1468人，限制出境66人，以涉嫌拒执犯罪向公安机关移送75人，追究刑事责任19起20人。

【司法公开】 2016年，全市两级法院组织人大代表、政协委员视察、座谈51次，邀请旁听、评议庭审57起302人次，通过手机彩信向市级以上人大代表发送全市法院亮点工作。推进审判流程、裁判文书、执行信息公开三大平台常态化运转，"12368"电话语音系统、手机短信等向当事人公开审判流程信息。全市法院在互联网公布裁判文书5.01万件，直播案件庭审2362件次。落实网上办案和卷宗同步数字化工作，实现执法办案全程留痕、诉讼档案电子查询。市中级法院"两微一站"获得全省法院新闻宣传优秀自媒体奖。

（曹守军）

司法行政

【概况】 2016年，连云港市司法行政系统围绕"防控风险、服务发展、破解难题、补齐短板"的要求，提升基层党组织全覆盖、农村民主组织全覆盖、农村经济合作组织全覆盖和综治维稳组织全覆盖"四个全覆盖"体系建设。开展"法润港城·春风行动""美好城市·法律相伴"等活动，完成列入市政府48件惠民实事的全系统10件实事，135个集体和个人受到市级以上表彰奖励。市司法局被省委宣传部、省司法厅授予全省普法先进单位称号。市法律援助中心被评为全国老年法律维权工作先进集体。赣榆区社区矫正中心成为全省首家省级社区矫正示范中心。全年司法行政系统调处矛盾纠纷1.69万件，律师办理业务4.4万件，办理公证2.99万件，出具司法鉴定意见6893件，立案办理法律援助案件4216件。

【法治宣传教育】 2016年，全市司法系统启动"七五"普法工作，市政府常务会议审议通过《关于在全市公民中开展法治宣传教育的第七个五年规划》，召开全市"七五"普法启动大会。立足连云港《西游记》文化，推出"猴娃"作为全市"七五"普法形象代言，制作《"猴娃"说法》普法动漫作品。成立"以案释法"讲师团，联合市广播电台开办《以案说法》栏目，以身边真实案例普及法律知识。组建市普法志愿者支队，面向社会普及法律知识、提供法律服务、开展法律援助等志愿服务。连云区建成江苏境内海拔最高的军营法治驿站。组织开展"法润港城·春风行动""法润港城·美好城市 法律相伴"等专题活动，开展送法下乡、"农民工学法活动周""庆'六一'青春与法同行"、反家暴法宣传、"法润青春·助力成长"青少年关爱行动等系列主题活动。全市创建国家民主法治示范村（社区）8个，省级民主法治示范村（社区）627个，省级以上民主法治示范村（社区）创建率37.3%。

【人民调解】 2016年，全市司法系统在春节、两会、G20杭州峰会等重大节日和重大活动期间开展矛盾纠纷排查调处专项行动。市司法局基层处增挂医患纠纷人民调解指导处牌子，海州区建立医患纠纷调处服务中心。全市5个调解案例被评为全省优秀调解案例。赣榆区创办全省首份县级人民调解报刊《赣榆调解》，央视《新闻直播间》专题报道赣榆区人民调解工作经验。全年全市各级人民调解组织共调处矛盾纠纷16898件，成功率99.62%。其中，调解医患纠纷270件，劝阻群体性上访423批次、涉及3032人，防止民间纠纷引起自杀17件、涉及39人，防止民间纠纷转化为刑事案件73起，防止群体性械斗102件。截至2016年，全市有调解组织1913个，调解员7064人，其中专职调解员2055人；兼有专业性、行业性调委会197家。

【律师管理】 2016年，市司法局组织在全市律师行业开展“讲政治、守规矩、补短板、促发展”专题教育活动。在市、县区信访接待中心设立律师工作室，参与涉法涉诉信访案件化解工作。在全市范围内启动律师事务所负责人监管约谈机制，及时发现和化解律师事务所松散管理带来的风险。受理申请实习律师证54人。曹立志被评为全国优秀律师，张玉军、高海洋、朱健、苗红伟、张华被评为全省优秀律师，田湾、苍佑、恒旭3家律师事务所被评为全省优秀律师事务所。

【社区矫正】 2016年，全市司法系统推进社区矫正规范化、社会化、信息化、专业化、实战化建设，建成市、县（区）两级社区矫正指挥平台，构建集社区控制、定位控制、视频控制、数据控制“四网融合”的动态管控教育平台。将社区矫正专职工作者队伍纳入全市社会工作专业人才队伍教育、培训、管理体系。1300名“五老”人员参与矫正宣告、心理健康教育、未成年教育等社区矫正工作。连云港解除强制戒毒人员后续照管工作指导站成立，市、县、乡三级组织网络基本构成。县区全部成立安置帮教工作志愿者协会，开展“特殊家书”帮教、“黄丝带”关爱等系列活动，走访帮扶特殊人群困难家庭。服刑人员信息核实率和预释放人员信息回执发送率100%。全年接收社区服刑人员2755人，其中依法解除矫正2343人、撤销缓刑16人，撤销假释2人，收监执行5人。

2016年，全市司法系统启动“七五”普法工作。图为普法宣传走进猴嘴街道振云社区。 市司法局 供

【法律援助】 2016年，市司法系统受理法律援助案件4216件，群众满意度达95%以上。其中由市法律援助中心承办的未成年少女变更抚养权纠纷案、赣榆区法律援助中心承办的韩某医疗事故损害赔偿案获评全省法律援助十大优秀案例（好案例）。市委、市政府印发《连云港市关于完善法律援助制度的实施意见》。设立法律援助工作站141个，范围覆盖农民工劳务市场、看守所、监狱、强制隔离戒毒所、驻军团以上部队。成立市法律援助志愿者分会，律师、公证员、司法鉴定员、高校大学生等70余人组成连云港市首批志愿者队伍。

【国家司法考试】 市司法部门组织实施2016年国家司法考试，1703人通过资格审核并成功缴费，比2015年增长16.8%。完成2015年度法律职业资格证书的初审报批、发放工作。 （张 莹）

仲裁

【概况】 2016年，连云港仲裁委员会受理仲裁案件884起，标的总额为5.28亿元。其中，500万元及以上标的的合同纠纷案件21起，争议金额3.36亿元。受理案件主要类型有商品房买卖合同纠纷案件372起、房屋租赁合同纠纷案件292起、物业服务合同纠纷案件99起、建设工程合同纠纷案件28起、借款合同案件19起、买卖合同纠纷案件16起。全年审结案件767起，结案率86.8%。其中，调解和解案件274起，被撤销案件1起。与上海海事法院连云港派出法庭就建立海商纠纷委托调解工作机制签署备忘录。完善连云港海事纠纷诉讼与非讼解决方式的衔接机制，发挥海事司法与仲裁在纠纷解决方面的优势。

【仲裁宣传推广】 2016年，连云港仲裁委发挥网站、微信等新兴媒体的宣传作用，发布“连云港仲裁”微信客户端，在“连云港发布”客户端开设“仲裁之窗”专栏，传递相关仲裁法律信息，定时定期更新客户端内容。采取仲裁知识提醒、专家热点问题讨论、具体案例分析、实时新闻聚焦等形式，宣传推广仲裁的特点和优势。 （凌 晨）

责任编辑 高鹤婷

军　　事

国防动员和民兵预备役

【概况】 2016年，连云港警备区围绕强军目标，推进政治建军、改革强军、依法治军，完成以军事斗争准备为中心的各项任务。连云港警备区召开6次党委常委会进行专题学习讨论，牢固确立“四个意识”（政治意识、大局意识、核心意识、看齐意识）。强化改革强军主题专题教育，组织“三新”（新体制、新职能、新使命）大讨论，开展纪念建党95周年和红军长征胜利80周年系列活动，推动古田全军政工会议精神落实。编制印发《关于精准帮建基层的措施》，完善常委分片、科（股）连挂钩帮建制度。组织赣榆区海上民兵党组织建设试点，建立民兵党组织建设情况统计上报制度，出台《关于在全市基干民兵队伍中开展争创“红旗民兵党支部”、争当“红旗民兵党员”活动的意见》，经验做法被省军区转发。

【演习演练】 5月，连云港警备区组织军地联合防汛抢险演练，出动兵力100人，参加钢木组合坝、植桩机操作、水上救援等8项内容演练。7月，市国动委在警备区教导队组织直属队部分官兵和港口集团部分民兵骨干30人，进行军地抢险救灾专业技能联合训练。3—5月和7—9月，组织部队分阶段完成野外驻训，全员进行实弹、实爆、实投训练，突出首长机关、分队干部指挥技能强化训练，集中组织创破纪录比武竞赛，取得省军区师级单位首长机关考核总评第二名。运用实兵对抗系统参加实兵对抗演习，基于信息系统同步组织炮兵实弹射击考核。11月，警备区组织代号为“淮海-13号”的连云港地区沿海防卫作战暨炮兵群接替封控作战实兵检验性演习。

【军事训练】 1—5月，连云港警备区组织2016年度通信专业学兵集训，有线、报话、程控、报务4个专业67名学兵参训，通过集训有效提高通信专业能力。4月19—21日，市国动委组织全市国防动员业务技能集训，市国动委办公室人员、县（区）国动委综合办负责人等21人参加集训，采取授课辅导、技能训练、参观见学、交流座谈等方法实施。5月，开展群众性岗位练兵和创破纪录比武竞赛活动，27个课目55人次创破江苏省军区纪录。6月，在连云港港至前三岛海域组织岛屿实战化训练。部队、民兵和武警部队248人参训。6月1—15日，组织20余名官兵参加连云港市“平安丝路-2016”军警联合反恐特战训练。8月，警备区组织炮兵部（分）队800余名官兵参加年度实弹射击考核。10月，组织参加江苏省核事故应急陆上巡测演习和江苏田湾核电站连云港场外核应急公众撤离安置演习，80人参训。

【民兵预备役】 4月20日，警备区组织征兵宣传暨国防教育进校园活动，活动演示（展示）格斗技能、摩托车驾驶、通信枢纽开设等科目。设征兵

1月4日，连云港市召开2015年国防动员和后备力量建设总结表彰暨2016年度开训动员大会。
连云港警备区　供

咨询服务站，并举行篮球友谊赛。淮海工学院、连云港职业技术学院、连云港师范高等专科学校及康达医学院师生1000余人参加。

3月、10月，海上民兵侦察哨船分别参加"苏渔-2016A""苏渔-2016B"海上演练活动，历时60余天。7月、11月，海上民兵30余艘哨船先后参加"天带666轮""神州十一号飞船"应急侦搜非战争军事行动任务。（李洪林）

武警

【概况】2016年，武警连云港市支队推进执勤"四防一体化"（人防、物防、技防、联防）建设，完成网络传输光纤化、视频监控高清化、系统平台智能化，由监控哨兵向监控目标重点及薄弱部位拓展，由固定岗哨、固定区域向动态勤务拓展。做好处突维稳准备，落实各类值班和战备要素，完成核燃料押运、盐城阜宁抢险救灾、"7·9"杀人案搜索捕歼和群体性聚集事件等重大临时性任务。组织"卫士-16"演习，定期组织兵力抽组和实兵拉动演练。

【思想和组织建设】2016年，武警连云港市支队开展"强军风采"系列文化活动，组织官兵重温誓词、开展主题演讲和与"雷锋车"同行等活动。宣扬武警总队"十大投身强军实践先进典型"东海县中队的先进事迹。开展学法规、用法规、守法规和军容风纪整治周活动，清除与条令创破法规相悖的政策、规矩。开展岗位大练兵活动，培养基层建设明白人，练好按纲建队基本功。东海中队被武警总队评为基层建设标兵中队，直属大队三中队、武警灌南中队被评为基层建设先进中队。（王 勇）

边防

【概况】2016年，连云港市公安边防支队完成G20峰会、中共十八届六中全会、连云港国际警务合作论坛、连博会等重大安保任务30余次。打造"海州湾党建品牌"，多地联合办公场所及载体平台实现实体化运作，开创海上党支部、环岛党建圈、海上红帆、135党群工作站和灌河口党建联建等特色品牌。

【爱民固边】2016年，市公安边防支队深化"爱民固边"战略，开展爱民实践走访活动，落实社区民警提户知人、提人知事"两提两知"要求，走访群众4.3万余户17.1万人次。推广矛盾纠纷多元融合式调处机制，调处矛盾纠纷4319起。建立组织联建、治安联防、安全联保、困难联帮的沿海"四联"机制，构建海陆一体的新型社会治安防控体系。推进基层所队办案、接处警、证物、案管"四个中心室"建设，推广动态合成警务模式，在全省率先投入使用集定位、对讲、4G图传和录像功能于一体的执法记录仪以及具有自动传输、比对等多功能的综合信息采集仪。首创"盯案查证"和"歉意回访"制度，推行纠纷类警情现场处置"一单一表"，案件查破率显著提升，基层民警通过高级执法资格等级考试人数位居全省边防系统第一。推行社区警务网格化管理，开展爱民实践大走访和标准化地理信息采集活动。

【惩罚犯罪】2016年，市公安边防支队围绕G20峰会安保中心任务，构建三级动态合成警务运行体系，建立以不稳定因素及重点人员、重点危爆单位、物流寄递行业为重点的边防安保维稳数据库，成功处置"4·1"云台山大火、赣榆"7·18"非法聚集等事件。推进"惊雷""固边"冬季破案攻坚系列专项行动，惩罚"盗抢骗"等群众反映强烈的侵财性案件以及偷渡、走私等涉边突出违法犯罪活动，开展船舶和渔、船民基础信息采集百日会战，侦破"1·16"特大偷渡案、"5·25"走私巴西牛肉案和"8·17""11·29"走私成品油案，摧毁组织偷渡和走私犯罪团伙7个，抓获偷渡组织者10人、走私嫌疑人员53人；查扣"三无"铁壳船3艘、涉案车辆22台、成品油600余吨、成制品牛肉200吨，案值2000余万元。全年接处警1.3万余起，查破案件2398起，抓获违法犯罪嫌疑人1293人。（马立鹏）

人民防空

【概况】2016年，连云港市民防部门加强人民防空组织指挥体系，落实战备工作；推进人民防空行政审批体制改革，简政放权，依法建设人民防空工程。市民防指挥信息保障中心加强对"三位一体"指挥平台维护和管理，升级改造人防涉密信息系统、人防多源情报应用系统、短波、超短波电台、北斗导航、卫星等通信系统。连云港市民防局被国家人民防空办公室授予"全国人民防空先进单位"

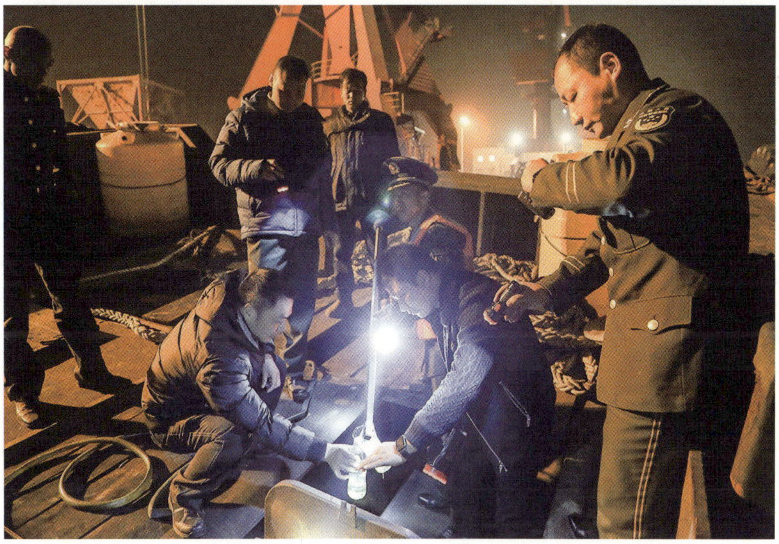

11月29日，市公安边防支队查获特大走私成品油案件。 市边防支队 供

称号，东海县人防办主任吕士兵被评为全国人民防空先进个人。

【组织指挥】 2016年，市民防局修订《连云港市人民防空袭方案》，调整市人防指挥部人员，完成10支人防专业队整组任务。东海县人防志愿者队伍参加省民防局无线电业余通信比赛，分别获得团体二等奖。加强人防按纲施训，以5年为一个训练周期，制定年度人防训练和演练计划，定期组织机关、直属单位进行集中训练。海州区、灌云县人防办完成“连防-2016”重要经济目标防护演习。以“5·12”防灾减灾日和“9·18”警报试鸣日为契机，在全市中小学和部分社区开展应急疏散演练。完成市级人防疏散基地挂牌和相关标识标示工作，三县一区人防机动指挥所建设项目可行性研究报告和初步设计方案通过省民防局组织的评审。

【通信警报】 2016年，市民防办组织“连防-2016”重要经济目标防护演习，7个人防专业队参加实兵演练，设置敌情判断、定下决心、组织防护、消除空袭后果等演练课题。组织“9·18”全省警报试鸣，分别鸣放预先警报、空袭警报、解除警报。市民防局为避免新区防空警报音响盲区，专门配备人防机动警报车、手动警报器，实现城市全覆盖。全年更新固定警报器4台；联合多个社区安装多媒体警报器，提升防空警报平时利用率。

6月2日，人防系统组织专业训练。 市民防局 供

【人防工程】 2016年，市民防部门推动《连云港市人防工程防护（化）设备监督管理办法》落实，参与人防工程质量监督，规范人防工程工作流程。市体育局在全民健身中心建设中，规划布局大型地下人防工程，推进人防工程建设和城市地下空间开发。 （陈海军）

拥政爱民

【概况】 2016年，驻连云港部队广泛开展拥政爱民活动。4月，连云区后云台山发生山林火灾，警备区出动329人，经12小时扑灭山火。6月23日，盐城阜宁县、射阳县部分地区突发龙卷风冰雹严重灾害，警备区出动845人，动用车辆64台，开展为期7天的救援行动。73202部队到图河乡七道村慰问贫困退伍军人、贫困学生及困难老党员，为七道村安装太阳能路灯32盏。警备区干休所定点帮扶灌南县百禄镇嵇桥村将军希望小学，全年援助帮扶村和希望小学9.25万元，协调解决课桌、椅200余套。东海县人武部为双店镇竹北村修建水泥马路。灌南县人武部走访慰问营连主官家庭，为张店镇马台村修建水泥路。赣榆区人武部为结对帮扶村安装路灯、修建水泥路，与抗日山小学开展“传承红色基因、弘扬长征精神”主题活动，捐赠60套课桌。海州区人武部投入8万余元为定点挂钩帮扶的浦南镇浦北村购置路灯。连云区人武部为对口帮扶单位灌云县小伊乡吴郑村整修村内道路。 （李洪林）

责任编辑 高鹤婷

沿海开发

综述

【概况】2016年，连云港市深入实施沿海开发战略，推动港产城融合发展。市委、市政府召开全市深入推进“一带一路”战略暨加快沿海发展工作会议，下发《关于深入贯彻“一带一路”战略 推进沿海发展五大工程的实施意见》，实施港口功能提升工程、产业转型升级工程、城市品质改善工程、双向开放拓展工程、生态环境保护工程，全面带动经济社会发展。五大工程200个重点项目计划总投资3721亿元，2016年实际完成投资628.52亿元。其中，港口功能提升工程完成投资281.2亿元，产业转型升级工程完成投资296.8亿元，城市品质改善工程完成投资26.6亿元，双向开放拓展工程完成投资14.5亿元，生态环境保护工程完成投资9.42亿元。

“一体两翼”组合大港建设全面推进。至2016年底，连云港港口投产运营连云、徐圩、赣榆、灌河4个港区，拥有万吨级以上泊位70个，综合通过能力1.6亿吨。2016年新开通19条远近洋航线，完成货物吞吐量2.21亿吨，比2015年增长5%。30万吨级航道一期工程建成，二期工程可行性研究报告获得国家发展和改革委批复，30万吨级矿石码头投入使用。连云港引航基地码头水工主体工程开工建设，庙岭散粮筒仓改扩建工程基本建成。徐圩港区一期工程全面建成投入使用。赣榆港区防波堤二期工程接岸段工程基本建成。

综合集疏运体系不断完善，连徐高铁开工建设，连盐、连青铁路加快推进，连淮扬镇铁路工程量完成近半，上合组织连云港国际物流园铁路专用线工程开工建设，连云至连云港东增二线、连云港区旗台液体散货作业区专用铁路建设稳步推进。海滨大道跨海大桥、北疏港高速公路、徐新公路等交通重点工程相继建成通车，内河航道实现千吨级船舶直通京杭大运河，多式联运项目入选国家示范工程，海铁衔接、水水相连多式联运体系基本形成。

口岸开放工作加快推进，国家口岸办印发《国家口岸发展“十三五”规划》，连云港（赣榆、徐圩、灌河港区）列入扩大开放范围，正式开放工作上报省政府并启动征求省级查验单位意见程序。市政府办印发《连云港市关于落实“三互”推进大通关建设改革的实施意见的通知》，连云港海关、出入境检验检疫局印发《进出境船舶“单一窗口”关检操作办法等25项合作办法》。关检合作示范区船舶货物单一窗口上线。2条连新欧班列列入国家发展和改革委《中欧班列建设规划（2016—2020年）》。

沿海新型临港产业基地逐渐成形，装备制造、石化产业产值突破千亿元，百亿元特色产业累计12个。《连云港石化产业基地总体发展规划》环境影响评价通过环保部审查，盛虹炼化一体化项目用地预审、选址意见、稳评报告等全部编制完成，并获得省市主管部门批复。新海石化连续重整及芳烃联合装置项目进行前期手续办理和初步设计。启运港退税政策被批准实施，连云港港成为

连云港区全景　　市发改委　供

2016年，连云港市沿海新型临港产业基地逐渐成形。图为临港产业重大项目——虹港石化夜景。 徐乙策 摄

中韩陆海联运扩大试点口岸。第三届中国（连云港）丝绸之路国际物流博览会、第二届新亚欧大陆桥安全走廊国际执法合作论坛成功举办。连新亚、连新欧国际班列实现稳定运营，规模效益居全国前列。海陆双向开放格局加快构建，中哈物流合作基地连云港核心区、新疆霍尔果斯物流场区、哈萨克斯坦国东门物流场区的“一园三区”布局初步形成。

城市承载能力显著增强。城市供水普及率100%，城市污水处理率87%，燃气气化率99.98%。城市建成区面积扩大至214平方千米。大陆桥国际商务中心、科技创业城、苏宁广场、万达广场、工业展览中心等一批大型设施建成投用。连云港市被确定为省级地下综合管廊建设试点城市，市开发区创建成国家生态工业示范区。优化人居环境，连云港市创成全国绿化模范城市，国家卫生城市创建通过国家技术评估。重点中心镇和临海城镇完成验收，东海温泉、赣榆班庄被确定为省级重点镇及特色镇。

【重大项目建设】 2016年，连云港市沿海开发重大项目共有4类60个，其中基础设施类项目22个、产业类项目33个、载体平台类项目3个、环境保护和生态建设类项目2个。60个重大项目2016年完成投资421.98亿元。连徐高铁先导段、赣榆紫菜产业园、连云港优化科技有限公司阻燃剂系列产品项目、常茂生物药品添加剂、润众制药生物工程药物研发等17个项目开工建设。续建项目39个，完成投资364.07亿元，其中连盐铁路、天明特种车辆、万达广场等35个项目完成年度投资目标。基础设施类项目中交通类项目完成投资85.85亿元，其中连盐铁路、连淮扬镇铁路连云港段、连徐高铁连云港段、青连铁路连云港段4个铁路项目完成投资48亿元；能源类项目完成投资144.05亿元，其中田湾核电站扩建工程完成投资108.85亿元；农水类项目完成投资7.51亿元，其中连云港农业综合开发项目完成投资2.7亿元。16个产业类项目建成投入运营。天明特种车辆、珠江高性能管线钢管等14个制造业项目建成投产，连云港万达广场、东海水晶城2个服务业项目建成运营。重要载体平台类3个项目完成投资15亿元，其中东海循环经济产业园（省城市矿产示范基地）完成投资5亿元、中哈暨上合组织成员国连云港国际物流园完成投资6.9亿元、东中西区域合作服务示范基地完成投资3.1亿元。环境保护和生态建设类2个项目完成投资3.93亿元。

【沿海滩涂开发】 连云港市沿海滩涂总面积11.8万公顷，其中潮上带面积9.73万公顷、潮间带面积2.07万公顷，分属灌云县、赣榆区、连云区和徐圩新区管辖。全市有4个滩涂围垦区纳入《江苏沿海滩涂围垦开发利用规划纲要（2008—2020）》，分别是：A01试验区（绣针河口—柘汪河口垦区）、A02试验区（兴庄河口—临洪口垦区）、A03试验区（临洪口—西墅垦区）、A04试验区（徐圩港区垦区），计划围垦9666.67公顷，至2016年底完成围垦4666.67公顷。A01试验区围垦353.33公顷，全部为建设用地，主要用于柘汪临港产业区建设。A02试验区围垦740公顷，其中青口蓝湾现代渔业园已围垦440公顷，滨海新城（琴岛天籁）围垦300公顷。A03试验区围垦2333.33公顷，用于建设连云新城，建成海堤11.85千米，围堰18千米，建成开泰闸、新城闸和西墅闸。海州湾会议中心、西墅湾美食街、商务公园、社区服务中心、海鸥广场建成并投入使用，连云港保税商品展示交易中心进驻海鸥广场；中

2016年，连云区围垦面积2333.33公顷，用于连云新城建设。张言华 摄

学、小学、商务公共服务中心、110千伏变电站、污水泵站等社会服务设施以及新丝路时尚文化街等商业配套项目基本建成。A04试验区围垦906.67公顷，全部为建设用地。主要用于建设徐圩港区。累计实施航道、防波堤、码头等重点工程65项，完成投资114亿元。埒子口—灌河口垦区（燕尾港围区）纳入《江苏沿海滩涂“十三五”围垦开发利用规划》，滩涂面积约800公顷，至2016年底围垦200公顷，“十三五”期间计划围垦333.33公顷。围垦区功能主体定位以大宗散货、木材、钢材、液体化工品装卸、仓储、交易为主。年内，完成赣榆区宋庄镇海水高效养殖基地项目、墩尚镇高效种植基地项目、市工业投资集团青口盐场黄沙高效养殖示范园区项目、灌西盐场路北高效农业示范园区项目等滩涂垦区配套项目4个，配套总面积1200公顷，项目总投资2880万元，其中财政投资1800万元，自筹资金1080万元。全市开挖疏浚引排水河道17.13千米，完成土方56.51万立方米；新建排灌站4座，配套变压器5台，架设输电线路8.82千米，新建衬砌渠道7.1千米，混凝土道路26.13千米，砂石路2.31千米，新建各类配套建筑物222座，看护房469平方米。（张龙文）

国家东中西区域合作示范区

【概况】 国家东中西区域合作示范区于2011年由国务院批准设立，规划面积712.5平方千米。徐圩新区是国家东中西区域合作示范区的先导区，规划面积467平方千米，拥有194平方千米的工业建设用地。按照“生态、智能、融合、示范”的发展理念，徐圩新区主要发展石化、精品钢、先进装备制造、节能环保和现代港口物流等五大主导产业，重点打造国家生态工业示范园区、智能化新区、国家石化产业基地和精品钢基地。2016年，徐圩新区完成规模以上固定资产投资181.8亿元，比2015年增长23.1%；规模以上工业投资108.8亿元，增长10%；实现规模以上工业增加值17.8亿元，增长9.5%；外贸进出口额5.35亿元，增长3%；公共财政预算收入4.52亿元。实际利用外资及港澳台资首次突破1亿美元，为1.01亿美元，增长92.3%。9月29日，江苏方洋集团在香港联交所成功发行首笔2亿美元3年期境外债券，标志着连云港市国有企业拓展海外融资渠道、利用境外资本取得新突破。推进国家级生态示范工业园区建设，淘汰22台燃煤小锅炉，开征施工工地扬尘排污费，划定禁养区和限养区，建成1所市级绿色学校和1家市级绿色社区。

徐圩新区丝路国家展贸中心 徐乙策 摄

【基础设施建设】 2016年，徐圩新区完成基础设施建设投资73亿元，比2015增长56.9%。列入市重点工程的11个基础设施及民生类项目全年实际完成投资6.8亿元。至2016年底，徐圩新区累计实施重点工程210个，完成基础设施投资376亿元。海滨大道、226省道和徐新路至242省道等对外连接通道全线贯通；水厂、污水处理厂、热电中心、石化公共管廊、消防救援等市政设施和输变电工程基本建成投用，具备重大产业项目承载条件。2016年，连云港市被列为江苏省城市地下综合管廊建设试点城市，全市地下管廊工程主要集中在徐圩新区。徐圩新区规划建设24.9千米地下综合管廊，兼顾应急逃生功能。其中，一期工程约16千米，工程总投资约17.1亿元，可容纳给水、再生水、原水、电力、通信、热力6种市政管网年内开工建设。

【项目建设】 徐圩新区确定以石化、精品钢为龙头的新型工业化基地的产业定位，截至2016年底，累计引进重点产业项目20个，总投资1582亿元，其中斯尔邦石化醇基多联产等10个项目建成投产，累计完成工业投资370亿元。斯尔邦石化醇基多联产项目年内完成投资82.8亿元，是全市年度投资体量最大的单体工业项目。该项目主装置于2016年底建成投产，实现产值30.5亿元。2016年12月13日，环保部印发《关于连云港石化产业基地总体发展规划环境影响报告书的审查意见》，批复连云港石化产业基地规划环评报告。基地规划面积62.6平方千米，产业规模为4000万吨/年炼油、300万吨/年乙烯、400万吨/年芳烃。11月27日，徐圩新区增量配电业务改革试点项目获得国家发展和改革委批复。该试点项目是江苏省5大试点项目之一，也是连云港市唯一一个增量配电业务改革试点项目。10月，因受市场行情及债务等因素影响于2015年12月停产的宝通镍业公司恢复生产，至年底运营正常。

【功能平台建设】 徐圩新区以推动国家东中西示范区建设和落实“一带一路”发展战略为契机，重点打造金融、物流、商贸、科技和人才服务平台39个，至2016年底开工建设实体平台15个，建成面积75万平方米，产业服务能力显著提升。加强与中亚国家及上合组织成员国对接，推进丝路国家展贸中心项目运营。加快建设多式联运中心、示范区资源集中采购中心等物流服务体系。东港污水处理厂建设完成并进水调试，固废处置中心、虹洋热电等环保基础设施建设推进，建立地下管网信息系统。12月，方洋管理学院被亚太首席人才官联席会、工业和信息化部全国人才交流中心评为2016年中国最具成长性企业大学。 （崔子寅）

连云港港

【概况】 连云港港是江苏最大海港，是《江苏省沿海开发总体规划》确定的江苏沿海三大港口群之一。至2016年底，连云港港口投产运营连云、徐圩、赣榆、灌河4个港区，拥有万吨级以上泊位70个，综合通过能力1.6亿吨，集装箱通过能力为309万个标准箱，拥有第六代集装箱码头、30万吨级矿石码头和氧化铝、散化肥等大型化、专业化泊位15个。2016年，连云港港口货物吞吐量2.21亿吨，比2015年增长5%，集装箱运量470.33万个标准箱，下降6.11%。固定资产投资25.1亿元，其中公共基础设施投资14.8亿元，经营性设施投资10.3亿元。港口新开至地中海美西、韩国蔚山、厦门等7条航线，被由中远海运、中远集运、达飞轮船、长荣海运和东方海外4家航运公司组成的“海洋联盟”确定为跨太平洋航线的起始港和远东波斯湾航线的往返港。新亚欧大陆桥集装箱多式联运示范工程入选全国首批16个国家级多式联运示范项目。30万吨级航道二期工程可行性报告获得国家发展和改革委批复。港口规划修订加快，《连云港港总体规划（修订）》编制完成，上报省政府和交通运输部；《连云港港徐圩港区总体规划（修订）环境影响报告书》通过环保部审查待批；《连云港港赣榆港区总体规划优化方案环境影响报告书》上报环保部；《连云港港“十三五”发展规划》上报市发展和改革委待印发。集装箱公路优惠政策进一步落实，港口集装箱高速公路运输累计超过40万车次、减免通行费1.1亿元。《连云港市沿海港口设施维护管理办法》出台，年内，港口设施维护投入7600万元。2016年落实赣榆港区10万吨级航道一期工程、赣榆港区防波堤二期工程、引航基地等工程部省资金补助5亿元。港口安全监管信息平台启动建设，《连云港港口危险货物事故应急预案》修订完成，危险货物以及重点货物码头企业具备安全生产标准化建设考评条件。港口全年引领船舶7849艘次、集装箱船1910艘次，其中引领长度250米以上超大型船舶1344艘次、比2015年增长25%。

【口岸开放】 2016年，连云港港有开放泊位49个，其中连云港区为开放口岸，赣榆港区、徐圩港区、灌河港区实现临时停靠外贸船舶，3个港区对外开放工作列入《国家口岸发展“十三五”规划》。连云港港拥有保税物流中心、多式联运海关监管中心、进口粮食及肉类指定口岸、启运港退税试点口岸、国内首个铁矿石保税配矿基地、澳洲进境肉牛屠宰加工基地、哈萨克斯坦小麦过境中国指定离境口岸、中韩陆海联运试点口岸等特殊监管政策。年内，中韩轮渡连云港至平泽航线复航，海上应急服务中心及口岸服务中心成立。连云港至霍尔果斯集装箱国际班列开通，连云港至阿拉木图、连云港至伊斯坦布尔2条连新欧班列达到每月2班规模，并新增德国海尔纳、格鲁吉亚波季港2个站点并纳入国家发展和改革委《中欧班列建设发展规划（2016—2020年）》，连云港成为唯一获准开行至伊斯坦布尔方向直达班列的口岸。“三互”“三个一”口岸改革深入推进，国际航行船舶“单一窗口”全面运行，关检联合查验中心建成，一次申报系统上线运行，年内关检互换信息逾11万条，开展联合执法691次，电子报检单、报关单启用，报检无纸化比例达80%以上。

【连云港区】 2016年，连云港区拥有万吨级以上泊位49个，通过能力约1亿吨，进港航道等级为25万吨级，初步构建由南、东、北疏港高速，陇海铁路，连云港疏港航道等组成的综合集疏运体系。连云港区年内完成货物吞吐量1.85亿吨，比2015年增长5.11%。旗台液体散货作业区公配接入以及内部专用铁路工程主体完工，2号至3号泊位投入试运行；旗台液体散货内部专用铁路工程列入交通运输部“十三五”重点港口疏港铁路建设计划。连云港引航基地码头工程开工建设。马腰老危险品库区停产待拆，旗台新危险品库区基本具备承载能力。

【徐圩港区】 徐圩港区规划建成双堤环抱式港湾，面积约74平方千米，规划建设30万吨级深水航道和110个大中型泊位，设计总吞吐能力约5亿吨。至2016年底，徐圩港区累计

2016年，徐圩港区大环抱式格局基本形成。图为徐圩港区防波堤工程。
市港口管理局 供

12月29日，交通运输部批准连云港港灌河港区燕尾作业区临时开放。
魏士化 摄

实施航道、防波堤、码头等重点工程65项，完成投资114亿元，建成万吨级以上泊位11个，通过能力约4000万吨，进港航道等级为10万吨级。徐圩港区一期工程建成投入使用。年内货物吞吐量692万吨，比2015年增长19.72%。徐圩港区防波堤工程完成投资7亿元，东防波堤工程基本建成，西防波堤工程完成主体结构，大环抱格局基本形成。徐圩港区131号、133号泊位实现外贸船舶停靠，盛虹炼化一体化仓储配套码头工程通过省交通运输厅的岸线评估。

【赣榆港区】 赣榆港区是连云港港“一体两翼”规划战略中的北翼，设计吞吐能力亿吨以上。至2016年底，赣榆港区拥有万吨级以上泊位4个，通过能力约1000万吨，进港航道等级为10万吨级。3个5万吨级通用泊位实现常态化运营，2016年完成货物吞吐量1145万吨，比2015年增长14.04%。防波堤二期C段4000米主体完工，与防波堤一期共同组成19.8千米码头岸线，形成双堤环抱式作业区。江苏华电赣榆液化天然气接收站项目列入省“十三五”能源发展规划并顺利通过评估。1号液体化工泊位化工品车船直取及后方配套罐区建成，罐区设原料油、化工品和成品油3个罐组，40座储罐，总容量27.3万立方米。港区物流体系初具规模，港口铁路支线快速推进。

【灌河港区】 2016年，灌河港区拥有万吨级以上泊位6个，通过能力约1000万吨，灌河口进港航道等级为5万吨级。灌河港区年内完成货物吞吐量1801万吨，比2015年下降5.56%。灌河港区燕尾港作业区一期工程加快后方陆域施工。（夏正周）

临港产业区建设

【连云经济开发区】 连云经济开发区成立于1992年，2006年经省政府批准为省级经济开发区。首期开发老君堂园区1平方千米，2006年启动34.2平方千米的板桥工业园规划建设。至2016年底，园区入驻企业55家，有规模以上工业企业39家。形成以益海盐化、华乐合金等项目为龙头的盐化油化、金属材料两大主导产业。与港口集团合作，招引港口工程专用装备项目落户园区；依托大陆桥电商产业园、中外运物流、聚鑫源物流，形成以生产、加工、仓储、物流、交易、金融、服务“七位一体”的多功能物流产业集成区。

2016年，园区实现规模以上工业产值92.73亿元；规模工业利税完成5.66亿元，实际利用外资及港澳台资1547万美元。新招引总投资5亿元的三吉利邻甲酚项目、总投资2.5亿元的利海化工氯化苄和苯甲醛项目、总投资1.6亿元的光伏发电项目，总投资2亿元的亿佳园食品加工项目等12个项目。华乐合金一期冷轧、益海酰氯类及氯甲酸酯、益海助剂及脂肪酸（腈）氢化系列产品、三吉利邻甲酚4个重点项目按序时推进。正丰能源、惠通物产、华意门窗3家企业进行重组，盘活闲置土地20公顷。加强基础设施建设，总投资3.2亿元的大陆桥跨境电商产业园20万平方米24栋厂房全部交付，具备使用条件。投资4900万元收购宝联科技创业园，完成500平方米健康产品制造区展示区建设和厂房改造。创建省级信息化与工业化融合企业2家，省优秀示范智能车间2家。市级信息化与工业化融合示范企业1家；2个产品列入省重点推广应用的新技术新产品目录，高新技术产业产值占园区规模以上工业产值的50.9%。

（张 超）

【江苏柘汪临港产业区】 江苏柘汪临港产业区于2005年启动建设，2010年经连云港市政府批准建设化工集中区，成为全市重大工业项目的承载集中区。产业区总规划面积42.1平方千米，至2016年底，建成区面积14.8平方千米，形成以新海石化为龙头的石化产业和以镔鑫特钢为核心的钢铁辅料配套以及下游加工产业。累计引进项目125个，其中超亿元项目30个；入驻企业125家，其中规模以上企业36家。2016年实现工业总产值537.7亿元，规模以上工业主营业务收入522亿元，工业税收4.7亿元。年内引进投资14.8亿元的江苏海福特海洋食品加工项目，启动建设总规划面积3平方千米的海洋经济创新示范园。投资2000万元，建设完成园区污水管网暗改明、“一企一管”工程。完善企业脱硫实施、除尘实施，强化企业废气收集和处理。投资400万元创建环保数字化监控平台，实时监测园区空气质量和污染物排放情况，年内实现污染减排4吨。投资8亿元的4个木材物流贸易项目建设完成，立丰木材加工、华泰新能源、兴港新能源等项目建设按序时进度推进。镔鑫特钢余热余压综合利用二期工程建成，每年可回收高炉煤气15亿立方米、蒸汽120万吨。投资6.68亿元的钢铁渣资源化综合利用项目投产。（蒋正峰）

【江苏灌河半岛临港产业区】 至2016年底，江苏灌河半岛临港产业区集聚规模以上企业28家，年内新增4家，入驻超亿元项目30个，形成冶金特钢、船舶修造、现代物流三大特色产业。2016年，产业区实现规模以上工业产值616.2亿元，比2015年增长5.47%，入库税收8.25亿元，增长30.33%。实际利用外资及港澳台资1200万美元。年内招引超亿元项目4个，分别是投资6.6亿元的上海航道局疏浚基地项目、投资3亿元的3万吨船坞项目、投资2.6亿元的新澳港务项目、总投资35亿元的江苏展硕新材料项目。有兴鑫钢铁和亚新钢铁2家大型钢铁企业，年产能700万吨～1000万吨，向产业链高端及深加工延伸，实现减产增效。

（邓洪鹏）

【灌云县临港产业区】 灌云县临港产业区总体规划面积116.89平方千米，重点发展港口物流、石油化工、装备制造、新材料、新能源等产业。2016年进区项目13个，新增投产企业11个，新签约过10亿元项目6个，1亿元～10亿元项目9个。累计有签约投资60亿元的华能海上风电、20亿元的亚欧冷链物流、10亿元的鑫兆磊石材加工、10亿元的东方远创助剂、5亿元的中染科技等过亿元项目15个。全年完成规模以上工业产值378.39亿元，比2015增长16.07%；业务总收入575.5亿元；地方自营出口4163.5万美元，增长0.08%；工业用电量3.09亿千瓦时，增长10.28%。新增规模以上工业企业3家，规模以上企业累计127家。财政一般预算收入5.86亿元，有纳税超100万元企业67家。推进产业转型升级，以明盛化工、远征化工、和利瑞科技、盛吉化工、莱亚化学等企业为重点，打造清洁生产型染料产业高地。加快发展循环经济，远征化工、明盛化工发挥废酸综合利用辐射带动效应，推进上下游产品供需产业链建设。以华能海上风电、华能热电联产、华电风电、天骄锂电池、华能屋面光伏等为重点，快速发展能源产业。远征化工等52家企业与南京大学、江苏理工大学、淮海工学院等院校建立科研校企合作关系。年内，6家企业被认定为省高新技术企业，累计培育10家省级高新技术企业；4家企业工程技术研究中心被省科技厅认定为省级工程技术中心；7家企业技术中心被省经信委认定为省级企业技术中心；远征化工被认定为江苏省博士后创新实践基地。8家企业被省经济和信息化委认定为信息化与工业化融合试点示范企业。培育灌云县临港科技企业孵化器、江苏省博士后创新实践基地等科技创业服务平台。园区管委会为65家企业提供创业辅导和科技成果孵化，累计孵化面积31.88万平方米，年内新增孵化企业4家，新增孵化面积8500平方米。设立专项奖励资金，全年兑现科技专项财政扶持资金3319万元。

（韦庆刚）

海关通关管理

【概况】 2016年，连云港海关税收入库125.6亿元，比2015年减少1%。其中，关税15.22亿元，减少3.89%；进口环节税110.38亿元，减少0.59%。审核进出口报关单21.84万份，增长8%。监管进出境货物7625.1万吨，增长26.5%；总值222.65亿美元，下降15.8%；监管出入境人员26.8万人次，下降19.5%。加工贸易手册备案金额11.79亿美元，下降15%。新增注册企业351家，增长10%。海关缉私分局立案侦办走私刑事案件11起，案值8200万元，涉税1000余万元。连云港海关被评为江苏省文明单位。

【口岸通关】 2016年，连云港海关、连云港出入境检验检疫局共同推进关检合作示范区建设，围绕6大类25项工作，货物"单一窗口"成功试运行，关检联合查验中心正式启用，H986集装箱查验系统"一机双岗"联合查验工作模式初步形成。全年关检双方累计互换企业信息、危化品及推运货物数据等信息逾11万条，开展联合执法691次，口岸监管服务效能显著提升。加强"三互"大通关建设，各口岸检查单位通过口岸执法互助平台加强监管。3月，连云港海事局、连云港海关、连云港出入境检验检疫局和连云港边防检查站开展连云港口岸"三互"首次联合查验海上巡航执法活动，对锚地船舶供应、检疫、人员上下等情况进行检查，并

6月3日，连云港海关借助"三互"平台首次开展直升机空中巡检作业。
林军 摄

登上挪威籍“星航日本”轮现场办理船舶申报手续。6月3日，连云港海关首次借助引航站直升机对锚地停泊国际航行船舶实施空中巡检，重点检查船舶抵离港、保税油料供应情况。11月1日，跨境直购业务监管中心运行，首批来自韩国的276个包裹在海关监管下通过分拣线。11月10日，跨境直购业务试运行，首批来自韩国的276单化妆品、食品等顺利验放。12月9日，南京海关同意连云港海关开展海运快件业务试点。12月5日，3000吨镍生铁存入出口加工区内江苏锦达保税仓储有限公司2号库，标志着内贸货物保税区仓储政策在省内的首次成功复制。

【惩罚走私及违法行为】2016年，连云港海关缉私分局刑事立案11起，案值8200万元，涉税1000余万元，涉禁涉废货物3654吨，接收移交案件1起，清理刑事积案19起；抓获犯罪嫌疑人75人，其中刑事拘留58人，执行逮捕17人，取保候审44人；移送检察机关起诉案件10起，移送起诉31人；检察院起诉并被法院有罪判决案件9起，起诉率、有罪判决率均为100%。立案调查行政违法案件291起，案值4.52亿元，涉税2419万元，分别增长101%，减少54%，增长537%。1月26日，连云港海关缉私分局侦破1起邮递走私毒品犯罪案件，抓获犯罪嫌疑人3人，现场查获毒品恰特草340千克。该案是江苏口岸查获的首起新型毒品恰特草走私案件。5月24日，连云港海关缉私分局侦办1起走私珍贵动物案，查获靠泊徐圩港区的香港船舶“JIN YI”轮船员王某携带国家禁止进境动物蓝颈鹦鹉1只和国家一级保护野生动物、列入《濒危野生动植物种国际贸易公约》附录Ⅱ的鳞砗磲制品5件；国家二级保护野生动物唐冠螺制品21件、虎斑宝贝制品7件。该案是连云港海关缉私分局查获的首起走私活体珍贵动物入境案件。开展知识产权海关保护工作，连云港海关查获涉嫌侵犯“仙光”商标专用权鞋油案、“SONY”商标专用权电池案，查获涉嫌侵权货物近75万件，涉及货值198万元。（周大卫）

出入境检验检疫

【概况】2016年，连云港检验检疫局受理出入境货物报检4.9万批次，货物金额131.66亿美元，比2015年分别下降25.27%、3.13%。实施货物检验检疫3.45万批次，增长1.36%；货值105.78亿美元，下降5.7%。口岸查验放行4505批次，下降80.97%。检验检疫集装箱100.25万个标准箱，增长70.1%；检出问题1.2万个标准箱，下降33.11%。检疫查验出入境船舶5258艘次，增长2.5%。实施法定重量鉴定4195批次，重量7592万吨。实施健康体检1.12万人次，下降26.59%；发现各种疾病3346例，下降28.5%。建成国家级水生动物检测重点实验室（共建）以及国家级生态农产品重点实验室，其中化矿金实验室和动植物实验室通过中国合格评定国家认可委员会（CNAS）认可。

【口岸检验检疫监管】2016年，连云港出入境检验检疫局检出不合格进出口工业产品1345批次，货值14.9亿美元，其中不合格矿产品677批次，货值14.2亿美元。检出进口大宗资源性产品短缺11.3万吨、对外索赔1452.2万美元。检出动物疫情及有毒有害物质等34批次，动植物疫情检出率综合评价连续6年列全省系统第一。发现并销毁不合格进口澳大利亚、越南冷冻水产品3批次；检出安全卫生项目、检疫项目、标签项目等不合格进出口食品232批，其中进口不合格产品227批次。截获入境有害生物580种、2.47万种次，在全国范围内首次截获墨西哥假齿小蠹、相似华莱士小蠹、桤木跳象等15种有害生物，首次发现黄胸鼠和朝鲜伊蚊。截获禁止进境物和需申报检疫物95批次，检出有害生物16种、70种次，检疫性有害生物5种、14批次。全年检出的有害生物获得国家质检总局发布风险警示通报9个，获得江苏检验检疫局发布风险警示通报28个。

【检验检疫基础建设】2016年，连云港出入境检验检疫局打造检验检疫综合智能监控指挥中心，实现大数据分析、视频监控、应急指挥、风险布控、内控管理一体化智能监管。建成全省系统首个网上行政审批平台，实现企业在线申请、审批网上办理、时限到期预警，实现许可文书和证书电子化、审批流程二维码手机动态扫查、远程电子签领等便捷功能。关检合作示范区建设深化，关检联合查验中心和风险监控中心建成运行，国际航行船舶“单一窗口”全面运行，口岸通关效能大幅提升。中国电子检验检疫（e-CIQ）主干系统上线运行，全年无纸化报检率81.62%。构建

市出入境检验检疫人员在集装箱场地对木质包装进行查验　王川　摄

"便利化、安全化、自动化、信息化、共治化"融合的进口大宗资源类商品检验监管模式，创建全省系统首个进口大宗资源检验监管改革创新样板点，助推港口铁矿石、煤炭等大宗资源运输实现50%以上增量。

【服务地方发展】 2016年，连云港检验检疫局以中哈物流基地和上合组织国际物流合作基地的需求为导向，创新"零待时"服务品牌，向上争取连云港口岸成为哈萨克斯坦小麦过境中国唯一离境口岸。推进霍尔果斯、满洲里口岸的"双向全申报、互为一二线"的联合监管，"连新亚"等国际班列实现扩量增效。支持赣榆港区进口木材检疫除害处理区方案通过国家质检总局技术评审，江苏首家澳洲肉牛屠宰基地项目在东海开工建设。支持全市跨境电商产业园发展，实现跨境电商检验检疫业务零突破。在出口食品企业中实施"同线同标同质"工程，连云港食品农产品出口在全省领先。

（余娟娟　谢宪华）

海事管理

【概况】 2016年，连云港海事局维护船舶安全进出港6.76万艘次，比2015年减少0.6%；货运量1.9亿吨，集装箱163.98万标准箱，比2015年分别增长22%、9.5%。开展港口国监督检查306艘次，船旗国监督检查332艘次，内河船安检91艘次，船舶检验质量监督检查率21.04%。办理各类船舶登记964件次，增长49.2%。实施行政处罚143起，罚款金额104.18万元。组织开展各类船员考试、评估259期7783人，签发各类船员证件1.34万本(份)，增长107.2%。港口建设费开票征收6.56亿元，油污基金10.19万元，港务监督管理费139.32万元，分别增长18.41%、216.35%、258%。全年全市发生水上事故29起，6艘船舶沉没，12人死亡失踪，水上人命救助成功率93.11%。连云港海事局被评为江苏省文明单位，"七彩海事"被评为连云港市精神文明建设工作十大品牌。连云港海事局指挥中心被评为江苏省水上搜救先进集体。

4月19日，连云港赣榆海事处和日照岚山海事处对苏鲁两省交界水域开展联合巡航执法。
连云港海事局　供

【安全监管】 2016年，连云港海事局开展创建"平安船舶"、船员进入封闭处所集中检查（CIC）等7项专项整治活动。辖区5艘碍航沉船打捞工作推进。连云港、盐城两市灌南、灌云、响水三县协调机制建立，完成灌河水域通航安全风险评估课题，《灌河通航安全管理规定》出台。连云港市海上应急服务中心成立。完善海上搜救应急预案、险情报告制度等管理制度30余项。连云港海事局开展"水上交通安全知识进校园"活动6次，发放宣传材料4500余份。连云港海事局与市海洋与渔业局签署《海上安全监管战略合作框架协议》。7月29日，组织举行"黄海三号"旅游应急综合演习。实施海船船舶检验质量监督检查，追究9艘船舶认可组织的检验责任，涉及韩国船级社、意大利船级社、中国船级社、法国船级社和日本船级社等。

【服务地方经济发展】 2016年，连云港海事局组织徐圩港区30万吨级原油码头工程、赣榆LNG接收站等通航安全影响论证，为码头、航道类工程船舶模拟操纵试验提供支持。组织徐圩港区一港池二期工程通航安全评估，提出相关安全、防污染保障措施。开展响水近海中国三峡集团风机试验项目、国家电投集团江苏滨海北区海上风电项目等9项重点工程项目通航安全核查。办理船舶抵押权登记21件次，融资近2亿元。连云港海事局获得无限航区船长和高级船员考试及发证权限，市内2家机构获得乙级船员服务机构资质许可。支持赣榆港区、徐圩港区临时开放展期。完成灌河港区燕尾作业区一类口岸临时开放，新增1座液体化工码头，2个5万吨级液体化工泊位对外开放。完成徐圩80米海事趸船建造、现场安装和交工验收。连云港溢油应急设备库初步建成。

（徐文彬）

边防检查

【概况】 2016年，连云港边防检查站担负连云港口岸54个对外开放码头泊位（48个正式开放、6个临时开放）、5个锚地、2条中韩航线国际航行船舶的出入境边防检查任务。全年检查出入境（港）船舶7140艘次、人员15万余人次，检查登轮登陆人员10万余人次，办理边检证件4.8万余份。女子办证科被评为2016年度"全国三八红旗集体"，被命名为江苏省青年文明号。执勤业务科一科副科长滕莹被评为第二届全国边检机关"十大文明使者"。

【口岸通关服务】 2016年，连云港边防检查站创新创优"边检服务安捷通"、中韩海上丝绸之路客运精品航线、“边检真情365”等服务品牌，牵头建立口岸通关微信群，开通网上预约办证办检服务，及时通报通关实时信息，实现口岸出入境旅客、船员和船舶监管措施信息共享。在通关现场设置妇女儿童服务队、老人残疾人帮扶中心、韩语亲情服务组。年内，为1930艘超大吨位船舶、450艘靠泊临时开放码头的船舶提供预约办检、登轮办检“绿色通道”服务。加强三级指挥体系建设，深化海港系统、边检云技术功能拓展，全面实行扁平、合成、高效的勤务指挥模式。

【口岸管理】 2016年，连云港边检站开展“固边”系列行动，抽调军事业务骨干组建“云龙”反恐特战小分队，惩罚涉边违法违规活动。开展口岸限定区域专项清理整治行动16次，锚地巡查12次，码头巡查1580次，船体检查36艘次，检查重点国家船舶460艘次，重点国家人员3500余人次，查处旅客持用无效证件出入境案件4起4人次，查获网上在逃人员2人、不准入境人员1人。开展实战处理突发事件20余次，启用出境旅游团人员申报系统，发现并移送2名涉嫌在中国领海非法科考的日本籍人员。（王 帆）

连云港边防检查站为通关旅客办理出境手续 市边检站 供

口岸生产单位

【连云港港口控股集团】 2016年底，连云港港有连云港区、赣榆港区、徐圩港区、灌河港区4个主体港区。建成生产性泊位80个，其中万吨级及其以上深水泊位70个。2016年，货物吞吐量2.21亿吨，位列全国港口第15位，集装箱吞吐量470.33万个标准箱，居全国港口第11位。赣榆港区、徐圩港区、灌河港区合计增量近500万吨，长江区域货源增量1600万吨；陆桥沿线货源进口增量460万吨。其中，铁矿石增量2700万吨，煤炭和红土镍矿合计增量630万吨。集装箱海铁联运量完成20.57万个标准箱，海河联运量550万吨，比2015年增长1倍。保税混矿操作量380万余吨，氧化铝、木薯干、胶合板货种份额保持全国第一。全年完成各类投资28.83亿元。30万吨级航道二期工程获国家发展和改革委批复，同意建设。北疏港公路建成通车。连云港区2号至3号液体化工泊位及公共设施配置工程建成投产、散粮筒仓改扩建工程主体完工，赣榆港区一期工程液体化工罐区建成，徐圩港区一期工程建成投入使用。新亚欧大陆桥集装箱多式联运示范工程入选全国首批多式联运示范项目，国家集装箱海铁联运物联网应用示范工程率先通过验收，全港“一卡通”系统上线运行，公路货运交易平台研发完成。

2016年，连云港港新增至地中海美西、韩国蔚山、东南亚等7条航线，被“海洋联盟”确立为跨太平洋航线和远东往返波斯湾航线的起始港。连云港至阿拉木图、连云港至伊斯坦布尔2条国际班列线路入选国家《中欧班列建设发展规划（2016—2020年）》。全年出口班列开行近300列，过境班列运量4.69万吨，居全国沿海港口首位。连云港—韩国平泽客货班轮航线复航。中哈物流合作基地一期项目稳定运营，连云港港被国家质检总局确定为哈萨克斯坦国粮食过境中国唯一离境口岸；与哈萨克斯坦国铁路公司开展二期项目合作，连云港散粮筒仓改扩建和上合组织国际物流园铁路装卸场站、保税仓库、大宗商品交易中心、哈萨克斯坦“霍尔果斯—东方之门”经济特区无水港等项目有序推进，布局小麦货运站、包装货物货运站、集装箱站等业务功能。与中外运化工国际物流有限公司、中国华电集团公司、酒泉钢铁（集团）有限责任公司等企业达成合作协议或意向。上合组织国际物流园列入国家“十三五”发展规划纲要，被认定为省级示范物流园区、海洋经济创新示范园区，园区规划体系基本形成，园区专用铁路工程被批准建设。园区智慧物流服务中心项目启动实施，园区内河运输、仓储保税、公路港等业务快速增长，园区全年物流量734.54万吨，物流业总收入1.64亿元。成立智慧云港公司，改革重组新丝路公司、物流控股公司。筹建连云港港控股集团财务公司，国开发展基金、地方政府债券和航线、班列及其他项目补贴到位资金近20亿元。年内，港口控股集团荣获“全国先进物流企业”“全国交通运输文化建设优秀单位”等称号。（薛广东）

【中国外运陆桥运输有限公司】 2016年，中国外运陆桥运输有限公司主营业务收入10.07亿元，比2015年增长9.71%；利润总额3834.72万元，增长23.58%。水路货代散杂货量首次突破2000万吨，完成2039.15万吨，增长107.21%。改变传统过境货

2016 年 11 月 16 日，第三届连博会港航与物流产业合作论坛举办。
市港口管理局 供

物与出口货物无法混拼装箱的运输做法，首次尝试海铁联运过境货物与国内出口货物混拼装箱发运操作新模式，将经连云港过境货物和出口货物混拼装箱发运至哈萨克斯坦。连云港—塔什干国际集装箱班列实现常态化运营，全年组织铁路发运货物 82 列 4218 车。1 月，公司揽取中国石油宝鸡石油输送管有限公司“沙特阿美管线项目”货物代理业务，项目历时半年，1.6 万多根钢（光）管货物顺利装船发运。把握连云港市列入江苏省跨境电子商务试点城市契机，联合中国外运韩国公司，提供从海外仓库接货到连云港口岸保税监管中心交货的全程服务。2 月，公司代理的多哥籍“迪马”船舶在连云港港赣榆港区大轮熏蒸，完成进口原木卫生除害处理工作，是赣榆港区开展的首次进行大轮熏蒸。7 月，公司参与京津冀地区首列至中亚地区国际集装箱班列邢台—塔什干（好望角号）的开行，揽取装载该国际集装箱班列发运货物 4 标箱。参与中国外运“兰州号”中亚国际货运班列（塔什干—兰州）首次返程的货源组织，揽取乌兹别克斯坦发往中国河北等地的进口棉纱货物 98 个标准箱，货值 211 万美元。6 月 16 日，公司代理装载 6.33 万吨木薯干的“MV. C.S.BRIGHT（光明）”轮停靠赣榆港区 204 泊位，是连云港开港以来接卸的最大载货量木薯干船舶。中国外运在上合组织（连云港）国际物流园投资建设中国外运上合物流中心项目，年内，完成前期置换协议签订、不动产权证办理、功能规划设计、勘察比较选择、项目立项批准等工作。（沈　刚）

【连云港中远物流有限公司】 2016 年，连云港中远物流有限公司代理集装箱班轮 612 艘次，比 2015 年增长 5.15%，代理集装箱 38.34 万个标准箱，增长 11.71%；订舱量 9.56 万个标准箱，增长 18.88%；代理大宗散杂货 861.1 万吨，增长 3.4%；铁路发运量 314.97 万吨，增长 3.78%。年内成功取得 OOCL（东方海外货柜航运公司）订舱代理权，中标 APL（美国总统轮船公司）船代权。揽取顺发航运公司开通的连云港港至韩国蔚山港、釜山港航线订舱操作代理权。5 月，电商平台上线，年订舱量近 7 万个标准箱。国际多式联运业务推进，分别获得连云港中欧班列、徐州中亚班列订舱平台资格，业务量稳步上升。中标连云港运往南非德阿的风电设备项目出口操作业务，是连云港口岸单个体量最大的风电项目；完成田湾核电站 2016 年首批核燃料包装卸任务，首次成功操作海洋工程船舶代理服务，成功代理连云港口岸首次 VLCC 超大型油轮补给业务。成功代理连云港口岸首艘外贸甲醇船，该船是徐圩港区新荣泰码头最大靠泊船舶。（杨艳茹）

【连云港中远海运国际货运有限公司】 2016 年，中国远洋运输（集团）总公司与中国海运（集团）总公司重组为中国远洋海运集团有限公司，连云港中远国际货运有限公司、连云港中海集装箱运输有限公司根据统一部署重组为连云港中远海运国际货运有限公司。重组后，公司主营内外贸海运集装箱、船舶代理、海铁联运、散杂货代理四大业务，为国内外客户提供代办揽货、租船、订舱、签单、结汇、报关、报验、保险、装拆箱、船舶代理、仓储、集卡车运输、集装箱多式联运等服务。中远海运集运在连云港口岸投入的航线有直挂台湾的高雄、台中、基隆航线，其中连云港

3 月 10 日，中国外运陆桥运输有限公司代理的沙特阿美管线项目货物首航发运式在连云港港举行。
沈刚 摄

12月23日，国家海域无人机监管应用基地建成并挂牌启用。
市海洋渔业局 供

至高雄交货期4天，为连云港口岸市场最快；3条日本航线，覆盖日本东京、横滨、大阪、神户、名古屋等主要港口；沿海支线周班服务，经上海和宁波中转到美洲、澳洲、非洲、欧洲、中东等地区；美西AAC线周班服务，挂港美国长滩、西雅图；中东波斯湾MEX2线周班服务，挂港迪拜、巴林、达曼、朱拜勒；内贸IC11航线主干航线遍布中国沿海地区及长江流域和珠江流域。连云港—日照—厦门—高栏航线是贯通连云港和华南、福建的主干航线。年内，LOCAL揽货箱量20.33万个标准箱，比2015年增长15.61%；销售箱量18.32万个标准箱，增长119.58%。新增地中海美西航线（MD1）。新增胶合板客户3家，连云港出口美国散货胶合板业务的85%由该公司代理。内、外贸出口重箱在连云港口岸市场份额分别占67.09%和20.21%，均排名第一。利用IC19航线区间优势，加强东北流向货源开发，与水稻贸易商建立良好合作关系，增加箱量2196个标准箱。利用IC11开通福建直航，单航次福建流向货源提升至150个标准箱。安排专人跟进东方箱厂商品箱调运计划，通过申请船舶加挂、调整船舶挂港等方式保证商品箱出运需求，全年出运箱量5.4万个标准箱。公司被中远海运集团评为2016年度先进集体。 （陆振江）

海洋经济

【概况】 2016年，连云港市实现海洋经济生产总值708亿元，比2015年增长10.3%，占全市地区生产总值的29.79%，是全市经济发展的重要增长极。其中，滨海旅游业、海洋渔业、海洋交通运输业等传统产业产值占比分别为36.01%、18.6%和15.08%。新兴产业、特色产业加快培育，海洋生物医药业、海水利用业、海洋化工业、海洋电力业等加快发展，占比突破5%。海洋产业结构逐步优化，初步形成海洋渔业、海洋交通运输业、海洋工程建筑业、海洋船舶工业、滨海旅游业、海水利用业、海洋化工业、海洋生物医药业、海洋盐业和海洋电力业十大产业协同发展的良好格局。《连云港市"十三五"海洋经济发展规划》出台，上合组织（连云港）国际物流园区被省海洋与渔业局认定为首批江苏省海洋经济创新示范园区。申报海洋经济创新示范项目2项，自升式钻井平台钻具自动处理系统通过专家组验收。第一次全国海洋经济调查工作启动，市政府成立全市海洋经济调查领导小组，市海洋渔业局制定海洋经济调查实施方案。

【海洋渔业】 2016年，全市海水产品产量47.38万吨，其中海水捕捞15.38万吨、海水养殖32万吨，海水养殖面积4.34万公顷。海水捕捞主要品种有小黄鱼、鲅鱼、鲳鱼，海水养殖主要品种有南美白对虾、紫菜、大菱鲆、乌鳢、草鱼、鲫鱼、泥鳅。全市改造（新建）海水养殖池塘586.67公顷。新增高效渔业面积1733.33公顷、设施渔业面积766.67公顷、工厂化养殖车间1.65万平方米。高公岛一级渔港建设项目工程全部完工，连岛国家级中心渔港开工建设。连云港众利水产养殖公司创建成省级水产良种繁育场，全市省级水产良种繁育场累计6家。连云区紫菜电商产业园建成，建有700余平方米紫菜电商平台、3500平方米紫菜交易周转库房。浅海域新增养殖面积3.8万公顷，建

2016年，全市海水产品产量47.38万吨。 朱代桂 摄

成海水网箱1000多个、深水抗风浪网箱近100个。1月22—26日，连云区沿海最低气温降至-14.7℃，海冰发展迅速，海州湾近岸最大冰厚超过20厘米，导致1.67公顷鲜紫菜严重受损，造成直接经济损失2000万元。赣榆柘汪陆海接力基地建成贝藻育苗养殖一体化车间1万平方米。新增坛紫菜养殖面积1000公顷。市海洋渔业局组织培训职业渔民1200余人，全市持证职业渔民占比超过21%。试点推广藕虾套养、稻虾轮作、稻蟹混养等新型养殖模式，养殖面积1333.33公顷。在第18届江苏国际农业合作洽谈会上，签约海洋经济项目3个，分别是东海县曲阳乡万亩渔光互补项目、30万吨/年海洋食品加工项目、2万吨/年海苔制品精深加工项目，意向投资额4亿美元。获批紫菜省级出口示范区1家。第一批10艘远洋渔船全部建造完毕准备投产，全市远洋渔船实现零的突破。东海县泽瑞现代渔业科技有限公司、东海县金瑞水产养殖专业合作社被认定为省级水产品质量安全追溯生产企业、东海丰源家庭渔场被认定为省级示范家庭渔场。

【海洋监督管理】 市海洋渔业局根据海州湾海洋牧场建设和管理需要，出台《连云港市海洋牧场管理条例》，成为连云港市享有立法权之后的首部地方性法规，也是国内关于海洋牧场的首部地方性法规。推进市、区两级执法资源整合，连云港市海洋与渔业综合行政执法支队机构改革方案被批准实施。整合市渔业技术指导站、市海洋与水产科学研究所及渔政监督支队的公益类职责，成立连云港市海洋与渔业发展中心。全年市渔政监督部门开展岸线、海岛巡查84航次，出动执法车辆355车次，开展海域使用、海底电缆管道、海洋工程、海洋倾废、海岛保护等各类检查200余次，检查项目357个，查处违法行为29起。开展渔政联合执法行动13次，登临检查渔船859艘，查处违规渔船788艘，查获电捕鱼违法案件71起，没收电捕渔具68套。移交2起涉嫌非法捕捞水产品罪案件，由检察院立案审查。

【海域和海岛使用管理】 2016年，全市获得国家海洋局下达的围填海指标175公顷，确权重点项目用海14宗，30万吨级航道二期工程用海取得国家海洋局预审意见，徐圩港区防波堤八字口门海洋功能区划调整获国务院批复。市海洋与渔业局启动编制《连云港市海岸线保护与利用规划》，研究制订《江苏省海洋主体功能区规划连云港海域分区方案》。加强养殖用海管理，核查养殖用海面积1万公顷。秦山岛无居民海岛保护与利用示范项目主体工程完工。连岛入选全国“十大美丽海岛”，整治修复及保护项目通过竣工验收。羊山岛生态保护与修复项目顺利实施。国家海域无人机监管应用基地建成启用，并与中电科海洋信息技术研究院签署海域监管无人机合作协议。县级海域监管能力增强，全市形成“天上探、地面测、网上管”的一体化监控网络。市海洋管理部门布放排淡河口在线监测浮标并投入运行，灌河口在线监测浮标建设推进。赣榆区海洋环境监测站建设初步完成，灌云县海洋环境监测中心实验室通过资质论证。

（韩　飞）

· 相关链接 ·

南通沿海开发

【概况】 2016年，南通市贯彻实施江苏沿海开发战略，根据国务院批准实施的《江苏沿海地区发展规划》《南通市沿海开发规划》《南通市国民经济和社会发展第十三个五年规划纲要》，编制出台《南通市“十三五”沿海前沿区域发展规划》，规划期为2016—2020年。南通沿海前沿区域范围为规划建设中的海启高速公路至海岸线的21个镇（街道）及毗邻海域，陆域面积约2900平方千米，占

2016年，连岛国家级中心渔港开工建设。图为西连岛渔村。　　张言华　摄

全市的35.8%，管辖海域面积8701平方千米，海岸线长221.5千米。沿海前沿区域陆域部分南北直线距离约100千米，东西距海岸线宽度最长约30千米，最短约4千米。全市沿海滩涂20.5万公顷。2016年底，沿海前沿区域地区生产总值、固定资产投资分别突破1650亿元和1320亿元，工业应税销售和固定资产投资增速分别高于全市平均水平8.4个、6.2个百分点。沿海地区成为全市产业转型升级的新空间和发展新兴产业的新载体，新兴产业产值、高新技术产业产值增幅分别高于全市平均水平6.4个、2.4个百分点；服务业投入占固定资产投资份额为36.8%。

【港口航道建设】 2016年，南通市沿海从北到南依次布局三大港区，分别为洋口港区、通州湾港区、吕四港港区。洋口港区10万吨级北航道、吕四港区10万吨级进港航道一期工程、三夹沙南支航道建成，推进洋口港15万吨级、吕四10万吨级航道建设。通州湾港区具备建设30万吨级深水海港的条件。沿海港区建成生产性泊位12个，其中万吨级以上生产性泊位9个，布置有中石油江苏LNG、广汇能源LNG、大唐电厂等大型专业化泊位。9个万吨级以上生产性泊位包括1万吨级泊位1个，为中石油重件码头（公用）；1万吨～5万吨级泊位5个，为东灶港作业区2万吨级通用码头（公用）2个、燕达重工码头（2万吨级、水工5万吨级出运泊位）1个、大唐国际吕四港发电公司5万吨级专用煤码头（业主码头）2个；10万吨级泊位3个，为中石油10万吨级LNG码头（业主码头）、洋口10万吨级液化码头、广汇能源10万吨级泊位。

【重大项目建设】 2016年，南通市列入省年度重大项目的75个项目完成投资630亿元。加快产业项目集聚，连续第三年实施“项目推进年”活动，每季度组织沿海8个重点区镇的项目观摩点评，全年沿海8个重点区镇完成新开工亿元以上产业项目153个，计划总投资365亿元，完成投资169.7亿元，总开工面积355.69万平方米。长江珍稀鱼类观光休闲中心、华能如东八仙角风电海上工程项目、威而多特种车研发制造基地、海门港新区仓储物流基地、胜狮能源全球教育基地一期近海集装箱(特种箱制造)等一批重点项目开工建设。至年底，沿海前沿区域应税销售收入超10亿元的规模企业14家，实现应税销售收入近330亿元。

【产业园区建设】 2016年，南通市沿海8个重点园区发展特色鲜明的主导产业，形成洋口港液化品物流、吕四港电力能源、启东海工船舶工业园海工船舶、如东沿海经济开发区精细化工、启东滨海工业园机械电子以及海门港新区建材物流等特色产业板块。全年实现工业应税销售200亿元级园区1家，100亿元级园区2家。加快园区提档升级，12个功能区中，有国家级示范区1家、省级农业综合开发区1家，省级开发区1家，省级旅游度假区2家。推进产城融合发展，完善沿海地区生产、生活性城镇功能及基础配套，加快通州湾示范区、如东沿海经济开发区城镇建设，海门港新区、启东滨海工业园区现代化海港新城初具规模。年内，洋口港、通州湾被认定为筹建省级经济开发区。南通市被批准为全国海洋经济创新发展示范市，启东海工船舶工业园、洋口港经济开发区被认定为省海洋经济创新示范园区。

【基础设施建设】 2016年，南通市加强沿海地区基础设施建设。海启高速公路开工建设。宁启铁路复线电气化改造完成并开通动车，三洋铁路江苏省段开展预可行性研究，海洋铁路开通货运业务，北沿江高铁纳入国家规划，沿海集疏运的铁路“主动脉”进一步疏通。（焦学健）

盐城沿海开发

2016年，盐城市沿海75个重点项目完成投资560亿元，列入省沿海开发重点项目的68个项目完成投资627亿元。盐城港“一港四区”（盐城港辖大丰、射阳、滨海、响水4个港区）累计建成21个万吨级以上码头泊位，完成投资60.5亿元。大丰港区和滨海港区10万吨级深水航道建成通航，射阳港区3.5万吨级进港航道通航，响水港区灌河5万吨级航道基本建成。沿海港口货物吞吐量7964万吨，比2015年增长5.1%；集装箱吞吐量19.4万个标准箱，增长13.6%。沿海6个经济区实现开票销售1010亿元、税收78亿元，分别增长20.5%和18.3%。新能源淡化海水、国电投协鑫煤电、中粮肉制品深加工、辉山乳业等重大项目相继落户。全年签约21个央企项目，投融资总额610亿元。东台黄海国家森林公园建成。大丰蓝色旅游度假区海洋世界对外开放，荷兰花海风情街营业，蓝色旅游吸引境内外游客100多万人次。射阳公共体育中心、文化艺术中心等项目投入使用。滨海月亮湾新外滩按照国家AAAAA级标准建设。响水港城中学竣工验收、港城医院加快施工。市开发区被批准为国家生态工业示范园区，盐城高新区被批准为国家高新区，新增3个省级高新区，与苏南、上海、深圳合作共建的17个园区健康发展，沪苏产业联动集聚区启动建设。推进露水增绿工程，市区绿化覆盖率达41.5%，创成国家园林城市、国家卫生城市、全国绿化模范城市。空气优良天数285天。完成市区54条骨干河道整治，建制镇污水处理设施覆盖率达95%，成为首批国家生态文明先行示范区。大丰中华麋鹿园创成AAAAA级旅游景区，建湖九龙口国家湿地公园正式挂牌。（高兰会）

责任编辑 郭 云

开放型经济

综述

【概况】 2016年，连云港市持续加强招商引资工作，但受全球经济下行持续影响，全市实际利用外资及港澳台资5.5亿美元，比2015年下降31.3%。实现进出口总额70.4亿美元，下降12.5%，其中进口额33.56亿美元，下降15.8%；出口额36.84亿美元，下降9.3%。新批外商及港澳台商投资项目112个，协议注册外资及港澳台资13.2亿美元，分别增长23.1%、2.9%。全年直接新签劳务人员合同工资总额4610万美元，增长406.04%，劳务人员实际收入总额962万美元，下降14.41%，当年新派出人数（直接签约项目）1950人，增长78.08%。 （董　峰）

招商引资

【概况】 2016年，连云港市开展一系列招商活动，先后到日本、新加坡、捷克等国家和中国香港、北京、广州、深圳、上海等地区开展招商活动。全年外出开展招商活动2242次，其中境内活动2185次，境外活动57次。召开投资说明会（含客商座谈会）1433次，拜访客商1.66万人。县区处级以上干部累计开展招商活动510次，其中境内招商活动466次，境外44次，累计拜访客商7367人。县区党政主要领导带队招商242次。全年实际利用外资及港澳台资5.5亿美元。

【利用外资及港澳台资】 2016年，连云港市实际利用外资及港澳台资5.5亿美元，比2015年下降31.3%。实际到资项目134个，其中结转类项目78个、实际到资1.85亿美元；新设类项目47个、实际到资3.13亿美元；增资扩股类项目9个、实际到资5228万美元。新批外商及港澳台商投资项目112个，投资总额23.5亿美元，协议注册资金13.2亿美元，分别增长23.1%、70.3%、2.9%。全市重点招商引资项目库在库项目260个，

2016年连云港市各县区新批外商投资及港澳台资项目一览表

表7

统计单位	项目（个）	协议注册外资及港澳台资（万美元）
东海县	31	15693
灌云县	8	7358
灌南县	3	1875
赣榆区	12	8008
海州区	26	19918
连云区	32	79220
合计	112	132072

10月22日，连云港市举办第九届徐福故里海洋文化节暨2016金秋经贸洽谈会。 朱代桂　摄

2016年连云港市新设总投资3000万美元以上的外商及港澳台商投资企业情况一览表

表8　单位:万美元

序号	县区	企业名称	投资总额	协议注册资金	国别(地区)
1	连云区	连云港云海融资租赁有限公司	30000	10000	中国香港
2	灌云县	连云港澳雅环保科技有限公司	30000	3000	澳大利亚
3	连云区	连云港四开螺旋藻产业有限公司	29999	29999	中国香港
4	连云区	连云港乾尚建设工程有限公司	29900	10000	中国香港
5	灌云县	连云港澳樱再生资源有限公司	20000	400	澳大利亚
6	连云区	连云港智源融资租赁有限公司	7890	4990	中国香港
7	连云区	大新(连云港)投资有限公司	5000	5000	中国香港
8	连云区	连云港硕仁实业有限公司	5000	1800	中国台湾
9	灌南县	连云港俊晖复合材料有限公司	4620	1463	中国香港
10	连云区	连云港香河园林绿化工程有限公司	4484	2033	中国香港
11	东海县	江苏奥石科技有限公司	4158	2237	瑞　士
12	连云区	连云港栖豪呈实业有限公司	3500	2000	中国香港
13	连云区	连云港恒盛融资租赁有限公司	3000	3000	中国香港
14	连云区	连云港图港国际贸易有限公司	3000	1900	美　国
15	连云区	汇中(连云港)装备制造有限公司	3000	1200	中国香港
16	赣榆区	连云港闵亚新材料有限公司	3000	3000	马来西亚

总投资2183.5亿元,比2015年增加183个。全年签约项目74个,总投资359.3亿元,其中当年新增签约项目68个、总投资323.7亿元,结转项目6个、总投资35.6亿元。2016年新开工项目127个,总投资579.9亿元。从产业结构看,第三产业到资超过第二产业,全市第三产业新批项目69个,协议注册外资及港澳台资9.26亿美元,实际到资3.28亿美元,占全市比重分别为61.6%、70.1%、59.6%。

(董　峰)

对外及对港澳台贸易

【概况】 2016年,连云港市完成进出口总额70.4亿美元,比2015年下降12.5%。其中,出口额36.84亿美元,下降9.3%;进口额33.56亿美元,下降15.8%。全市有进出口实绩企业1068家,比2015年增加52家,其中出口企业888家,增加50家;进出口额1亿美元以上的企业15家,增加1家;出口额1亿美元以上的企业4家,与2015年持平;出口额1000万美元以上企业78家,增加2家;出口额100万美元以上的企业344家,减少4家。30家重点企业完成进出口额32.83亿美元,下降32.7%。2016年,全市前三大出口市场分别是美国、日本和韩国,出口额分别为5.87亿美元、4.76亿美元和2.81亿美元,分别比2015年增长6.1%和下降10%、17%。全市前三大进口市场分别是巴西、美国和韩国,进口额分别为5.63亿美元、4.57亿美元和4亿美元,分别比2015年增长0.1%、下降8.9%、增长7%。

全市机电产品出口9.3亿美元,增长13.9%,占全市出口总额的25.2%;农产品出口4.96亿美元,下降16.5%,占全市出口总额的13.5%;高新技术产品出口4.64亿美元,增长100.7%,占全市出口总额的12.6%;化工医药产品出口9.89亿美元,下降15.7%,占全市出口总额的25.9%;矿产品出口9621万美元,下降42.2%,占全市出口总额的2.6%;纺织服装制品出口2.74亿美元,下降14.9%,占全市出口总额的7.5%;其他产品出口占12.7%。全市一般贸易出口30.4亿美元,下降0.9%,占出口总额的82.5%;加工贸易出口5.21亿美元,下降23.2%,占出口总额的14.1%;保税贸易等其他贸易方式出口1.24亿美元,下降60.9%,占出口总额的3.4%。全年与澳门无进出口实绩。

【对香港贸易】 2016年,连云港市与香港的贸易总额为1.43亿美元,比2015年下降46.7%。其中,销往香港商品贸易额1.4亿美元,下降47.1%;自香港购进商品贸易额317万美元,下降19.3%。销往香港的大宗商品为照相机、投影仪、放大机及缩片机用物镜,贸易额3148万美元;12.19米集装箱,贸易额3081万美元;6.1米集装箱,贸易额2007万美元。自香港购进的大宗商品为光学仪器,贸易额76万美元;工业用钢铁制品,贸易额51万美元;拉链,贸易额46万美元。销往香港商品贸易额前三位企业分别为东方国际集装箱(连云港)有限公司,贸易额5087万美元；连云港康达智精密技术有限公司，贸易额3148万美元；福泰克（连云港）电子有限公司，贸易额790万美元。自香港购进商品贸易额前三位企业为国成功能服饰（连云港）有限公司，贸易额123万美元；禧玛诺（连云港）实业有限公司，贸易额79万美元；连云港杰瑞国际贸易有限公司，贸易额76万美元。

【对台湾贸易】 2016年，连云港市与台湾的贸易总额为1.56亿美元，比2015年下降13.3%，其中销往台湾商品贸易额6031万美元，下降35%；自台湾购进商品贸易额9537万美元，增长9.9%。销往台湾的大宗商品为胶合板，贸易额783万美元；手提式风动工具用的零件，贸易额295万美元；碳化硅，贸易额278万美元。自台湾购进的大宗商品为对二甲苯，贸易额5541万美元；硅，贸易额712

2016年连云港市分类别和县区货物贸易情况一览表

表9

地区名称	进出口		出口		进口	
	进出口额（万美元）	比2015年增长（±%）	出口额（万美元）	比2015年增长（±%）	进口额（万美元）	比2015年增长（±%）
全市合计	704006	-12.5	368390	-9.3	335616	-15.8
一、按条线分类						
外资及港澳台资企业	248059	-3.3	111055	-12.0	137004	5.2
外贸企业	246859	-32.4	135859	-28.6	111000	-36.5
生产企业	209088	14.4	121476	35.8	87612	-6.1
二、按县区分类						
赣榆区	51252	-13.3	40360	8.8	10892	-50.5
海州区	144239	31.6	110861	15.1	33378	150.4
其中：高新区	41490	14.2	23487	10.5	18003	19.4
连云区	416859	25.1	143036	-31	273823	-21.6
其中：连云港开发区	246625	-22.1	95860	-9.1	150765	-28.6
徐圩新区	53644	-2.5	4606	-42.6	49038	4.3
东海县	45794	24.0	36835	27.2	8959	12.3
灌云县	23339	17.9	20319	12.6	3020	72.9
灌南县	22523	0.4	16979	-7.1	5544	33.1

2016年连云港市前十位出口企业一览表

表10

企业名称	2016年出口额（万美元）	比2015年增长（±%）
连云港远泰国际贸易有限公司	21369	-22.9
连云港汇添盛农业生产资料有限公司	12991	-42.0
国电联合动力技术（连云港）有限公司	12329	2623110.8
连云港神舟新能源有限公司	11733	189.6
连云港启创铝制品制造有限公司	9349	-3.8
江苏恒瑞医药股份有限公司	9342	272.2
晶海洋半导体材料（东海）有限公司	7612	883.1
罗盖特（中国）精细化工有限公司	7233	37.1
东方国际集装箱（连云港）有限公司	7151	-59.7
大陆汽车电子（连云港）有限公司	6975	11.1

2016 年连云港市主要进出口商品一览表

表 11

出口商品			进口商品		
商品名称	金额（万美元）	比 2015 年增长（%）	商品名称	金额(万美元）	比 2015 年增长（%）
胶合板	36330	-0.5	黄大豆	63104	-10.0
尿素	13076	-62.2	对二甲苯	36247	12.7
风力发电机组	11884	7032124.3	铁矿砂	23341	40.8
太阳能电池	11442	181.9	铬铁	14735	49.0
已切片化学元素	11066	966.4	铅矿砂	11242	-62.4
药品	9487	233.5	氧化铝	10976	-64.8
铝合金轮毂	9292	-3.6	银矿砂	10813	4184.1
毛毯	6162	-13.1	硅	9506	-1.3
干香菇	5288	-45.7	单羧脂肪酸	8151	-8.8
动物玩具	5125	4.5	镍矿砂	7975	-68.2

万美元；1，2- 乙二醇，贸易额 550 万美元。销往台湾商品贸易额前三位企业分别为连云港三朋贸易有限公司，贸易额 746 万美元；连云港源钰金属制品有限公司，贸易额 423 万美元；罗盖特（中国）精细化工有限公司，贸易额 266 万美元。自台湾购进商品贸易额前三位企业为江苏虹港石化有限公司，贸易额 5544 万美元；韩华新能源科技有限公司，贸易额 717 万美元；连云港翔昌国际贸易有限公司，贸易额 712 万美元。

【对中亚五国贸易】 自连云港市贯彻“一带一路”倡议以来，全市与中亚五国的贸易额持续增长。2016 年，连云港市对哈萨克斯坦、吉尔吉斯斯坦、土库曼斯坦和乌兹别克斯坦的进出口额分别为 1272 万美元、2 万美元、110 万美元、142 万美元，分别增长 138.2%、-93.6%、115.2% 和 15.8%；贸易总额为 1526 万美元，比 2015 年增长 108.1%。其中，进口贸易全部来自哈萨克斯坦，贸易额 1157 万美元。出口贸易额 367 万美元，下降 34.9%。对哈萨克斯坦出口额为 114 万美元，占出口总额的 31.1%。对塔吉克斯坦无进出口贸易。全市与中亚五国有贸易往来企业 42 家，其中连云港华乐合金有限公司占主体地位。对中亚五国出口的大宗商品分别为胶合板、音像设备、足球、篮球、排球；自中亚五国进口的大宗商品为铬铁。（董　峰）

服务贸易及服务外包

【概况】 2016 年，连云港市完成服务贸易进出口总额 5.46 亿美元，比 2015 年下降 16.6%。其中，出口 2.38 亿美元，下降 15%；进口 3.08 亿美元，下降 17.8%。服务外包接包合同额 6580.7 万美元，下降 5.5%；服务外包合同执行额 6498 万美元，增长 29%。连云港市技术进出口备案 9 笔，累计金额 1.45 亿美元。

【服务贸易】 2016 年，连云港市国际服务贸易整体表现低迷，特别是传统优势项目国际运输完成进出口 2.56 亿美元，比 2015 年下降 25.8%。其中，出口 1.84 亿美元，下降 9.8%；进口 7240.9 万美元，下降 48.8%。旅行服务进出口完成 1.84 亿美元，增长 8%，其中出口 132.5 万美元、下降 21.6%，进口 1.82 亿美元、增长 8.3%。高附加值项目增长迅速，但呈现基数低、偶发性强特点。别处未涵盖的维护和维修服务、金融

5 月 16 日，2016 连云港（首尔）经贸恳谈会在韩国首尔举行。 商务局 供

2016 年连云港市服务贸易国际收支情况一览表

表 12

	进出口额（万美元）			出口额（万美元）			进口额（万美元）		
	2016 年	2015 年	增长（%）	2016 年	2015 年	增长（%）	2016 年	2015 年	增长（%）
服务贸易合计	54622.5	65511.4	-16.6	23779.9	27972.0	-15.0	30842.6	37539.4	-17.8
1. 加工服务	2262.4	2508.1	-9.8	2215.6	2418.1	-8.4	46.8	90.0	-48.0
2. 运输服务	25638.0	34536.9	-25.8	18397.1	20388.3	-9.8	7240.9	14148.6	-48.8
3. 旅行	18363.7	17009.4	8.0	132.5	169.1	-21.6	18231.2	16840.3	8.3
4. 建设	67.5	198.5	-66.0	22.2	0.5	4340.0	45.3	198.0	-77.1
5. 保险	53.3	99.8	-46.6	—	—	—	53.3	99.8	-46.6
6. 金融服务	46.1	11.5	300.9	—	4.0	-100.0	46.1	7.5	514.7
7. 电信、计算机和信息服务	248.0	246.9	0.4	—	4.3	-100.0	248.0	242.6	2.2
8. 其他商业服务	5489.3	7273.0	-24.5	1617.5	2445.2	-33.8	3871.8	4827.8	-19.8
其中法律、会计、广告等专业和管理服务咨询服务	724.7	1090.3	-33.5	53.0	79.0	-32.9	671.7	1011.3	-33.6
9. 文化和娱乐服务	31.3	42.1	-25.7	1.1	2.9	-62.1	30.2	39.2	-23.0
10. 别处未涵盖的维护和维修服务	567.6	131.0	333.3	43.6	38.0	14.7	524.0	93.0	463.4
11. 别处未涵盖的知识产权使用费	1658.3	3315.8	-50.0	1350.3	2501.6	-46.0	308.0	814.2	-62.2
12. 别处未涵盖的政府货物和服务	197.0	138.4	42.3	—	—	—	197.0	138.4	42.3

服务、别处未涵盖的政府货物和服务增长迅猛，全年进出口分别增长 333.3%、300.9% 和 42.3%，但 3 个项目体量微小，仅占全年进出口总额的 1.5%，对连云港市国际服贸整体拉动力弱。知识产权使用服务进出口实现 1658.3 万美元，占总额的 3%，在总量中占比虽有所提高，但主要依靠个别企业偶发大额合同实现，尚未成为连云港市服贸持续、稳定的推动力。

【服务外包】 2016 年，全市服务外包接包合同额 6580.7 万美元，比 2015 年下降 5.5%；服务外包执行额 6498 万美元，增长 29%，均为在岸业务。2016 年，全市纳入系统统计的服务外包接包企业 33 家，较 2015 年新增 2 家。

【技术进出口】 2016 年，全市技术进出口备案 9 笔，均为技术进口备案，累计金额 1.45 亿美元。正大天晴药业与美国强生公司旗下杨森制药签订乙肝病毒 HBV 治疗药物海外授权合同，备案金额 2.53 亿美元，年限为 10 年，首付款 1350 万美元于 2016 年 1 月到汇。 （董 峰）

对外及对港澳台经济合作

【概况】 2016 年，连云港市新批对外及对港澳台投资项目 24 个，比 2015 年增长 4.35%；中方协议投资额 7.1 亿美元，增长 39.26%，全市直接新签劳务人员合同工资总额 4610 万美元，增长 406.04%，劳务人员实际收入总额 962 万美元，下降 14.41%，全年新派出人数 1950 人，增长 78.08%，新派人数增幅列全省第三。 （董 峰）

国际贸易促进

【概况】 2016 年，连云港市贸促会推广中韩自贸协定项下优惠电子原产地证书（ECO）的签发，促进国际贸易的便利化。2016 年签发产地证书 1.34 万份，比 2015 年增长 23.2%，其中一般原产地证书 1.12 万份，涉外单据认证 67 份，商事证明书 1606 份，ATA 单证册（世界海关组织为暂准进口货物专门创设的国际通用的海关文件）4 份，代办领事认证 560 份，新增注册企业 70 家，签证金额 10.13 亿美元。签发电子原产地证书 7560 份。5 家企业端实现自主打印一般原产地证书。年内，市贸促会多次组织企业参加国内外展会和经贸活动，帮助企业开拓国际市场。参与筹办第三届"连博会"，市贸促会负责人多次陪同市领导或单独赴中国贸促会、省贸促会对接汇报筹备进展情况，1 月中旬获得中国贸促会的立项批复。协调落实中国国际商会作为主办单位，落实中国国际商会会展部和江苏省贸促会作为第三届连博会的承办单位。中国贸促会邀请来自立陶宛、

连云港市援建的新疆霍尔果斯“心连心”幼儿园　　刘重一　摄

德国、日本等国家的物流、铁路、港口行业知名企业参展。市贸促会邀请立陶宛铁路中国总代表、德国亚德港驻华首席代表、德国汉堡港驻华首席代表、太古（中国）有限公司驻中国代表以及英国、德国、波兰等国家使领馆官员、驻华政府代表等100余人参会，邀请国内“一带一路”沿线节点城市贸促会和商协会机构嘉宾40人、连云港企业代表100人参加扬子江国际论坛。

【企业参展】 2016年，市贸促会组织企业参加俄罗斯照明展、俄罗斯食品展、沙特中国制造展、美国拉斯维加斯服装展等20多个境外展会和山东寿光蔬菜博览会、江苏省农洽会、中国哈尔滨国际经济贸易洽谈会、昆山进口商品展等15个境内知名展会。市贸促会组织会员企业赴郑州参加第十届中国（河南）国际投资贸易洽谈会、组织各县区500多名专业观众赴昆山参加第五届中国（江苏）品牌产品进口交易会，组织东海县商务局和农委赴南京参加美驻沪总领事馆农业领事与全省农口企业交流活动、2016江苏—美国州经贸人文交流合作推介会等。2016年9月，江苏省农洽会在连云港市召开，市贸促会邀请28位国外使节到东海县考察对接，并邀请境外展商30多人，展出面积216平方米。组织全市6家生物化工企业参加泰国木薯干大会。组织中国国际商会连云港商会会员企业参加中越贸易投资推介会，与越南企业洽谈合作；组织企业参加华交会并赴上海拜会沙特哈里斯国际展览公司驻华代表处、上海凯宸会展、福贸展览服务有限公司；邀请印度丝路工贸发展公司首席执行官拉瑞到连云港访问，与连云港出口加工区初步达成在园区跨境电商保税库内建立印度商品贸易中心的合作意向。组织市中复连众、金荷纸业、天缘国贸等企业参加第八届中国（江苏）企业跨国投资研讨会。　（徐佳佳）

区域经济合作

【概况】 2016年，连云港市落实省委、省政府支持苏北发展优惠扶持政策，推动连云港、镇江两市挂钩合作。在全省45个共建园区中，镇江东海工业园获省年度考核第7名，获奖励1500万元，并获得2亿元额度的周转资金；太仓灌南工业园、江宁连云港工业园、丹阳灌云工业园分获第12名、15名、20名，各获得奖励1000万元。随着“一带一路”交汇点建设的深入推进，连云港市与“一带一路”沿线国家及城市的经济合作进一步拓展。年内，连云港市成功举办第三届中国（连云港）丝绸之路国际物流博览会、扬子江国际论坛•“一带一路”系列峰会、第二届新亚欧大陆桥安全走廊国际执法合作论坛。连新亚、连新欧国际班列实现稳定运营，规模效益居全国前列。连云港港口控股集团在哈萨克斯坦东门经济特区建设无水港项目纳入江苏省推进国际产能和装备制造合作三年行动计划重点项目库。中哈物流合作基地连云港核心区、新疆霍尔果斯物流场区、哈萨克斯坦国东门物流场区的“一园三区”布局初步形成。连云港市援疆工作深入推进，2016年承担援疆项目14项，其中都拉塔口岸7项，总投资6600万元。投资1500万元，为霍尔果斯中心小学新建综合教学楼和青少年活动中心，并购置教学实验设备和教学设备。针对霍尔果斯无高中、当地学生到其他县市读高中的现状，推动成立霍尔果斯苏港中学高中部，连云港市教育局选派多名教师赴苏港中学支教。霍尔果斯人民医院及妇幼保健院业务楼项目启动，总投资3000万元，年内主体完工；完成总投资1900多万元的公安局110指挥中心和社会面监控系统等一批平安建设项目，投入资金700万元，建设霍尔果斯环境监测站业务用房，2015年9月开工，2016年11月交付使用。连云港市委组织部与伊犁州和霍尔果斯组织部签署“一带一路”节点城市干部挂职联盟协议，并在霍尔果斯挂牌干部挂职实践锻炼基地。4月，在连云港花果山大酒店举办伊犁州（连云港）2016招商引资暨旅游推介会，宣传推介连云港、霍尔果斯的投资政策和旅游资源。会后，霍尔果斯市政府与连云港中复连众集团等5家企业签订合作协议，协议总投资5.6亿元。　（郭欣勇　南　海）

责任编辑　郭　云

开发园区

综述

【概况】 2016年，连云港市有国家级经济技术开发区1个，国家级高新技术产业开发区1个，国家级出口加工区1个，省级经济开发区8个，省级以上开发区内设省级特色产业园8个、南北共建园区7个。全年全市省级以上开发区完成业务总收入6096.6亿元，比2015年增长10.1%；公共财政预算收入237.7亿元，下降4.3%；工业总产值4846.4亿元，增长10.5%；工业增加值1006.1亿元，增长10.6%；固定资产投资1263.5亿元，增长8.8%；基础设施投资168亿元，增长22.8%。实际利用外资及港澳台资4.25亿美元，下降31.2%；新增内资企业注册资本173.7亿元，下降9.4%；完成进出口总额44.6亿美元，下降14.7%，其中出口额24.4亿美元、下降15.4%，进口额20.2亿美元、下降22%。全市开发园区形成新能源、新医药、新材料、高端装备制造等12个百亿特色产业，特色产业销售收入占全市省级以上开发园区销售收入的56.3%，开发园区成为全市产业发展的集聚区。

【知识产权试点园区创建】 2016年，连云港市加快知识产权试点示范园区创建。全市创建1个国家知识产权试点园区：连云港经济技术开发区。创建6个江苏省知识产权试点园区：海州经济开发区、东海经济开发区、赣榆经济开发区、灌云经济开发区、连云港化工产业园区、连云经济开发区。其中，海州经济开发区、东海经济开发区开展创建省级知识产权示范区工作。（董　峰）

连云港经济技术开发区

【概况】 连云港经济技术开发区是首批国家级开发区，管理面积158平方千米，区内设有国家级出口加工区，辖朝阳、中云、猴嘴3个街道和台北、青口2个盐场，是连云港市对外开放的主窗口。建成国家级新医药产业基地、国家级新材料高技术产业基地、高性能纤维及复合材料高新技术产业化基地、国家新能源产业和中小企业科技创新与成果转化示范园、江苏省清洁能源创新产业园、江苏省医药科技产业园等产业载体。建有国家靶向药物工程技术研究中心、中药制药过程新技术国家重点实验室、江苏省创新药物研究院等重大研发平台，是国内最大的抗肿瘤药物、抗肝炎药物生产基地和全国重要的现代中药生产基地。至2016年底，美国杜邦，日本三菱、德国大陆、汉高等世界500强企业和30多个国家、地区的客商入驻连云港开发区。园区集聚新医药企业30余家，新材料企业38家，先进制造业企业50余家，成为亚洲最大的风电装备基地，出口加工和现代物流产业发展迅速。2016年，连云港开发区实现地区生产总值

2015年末，连云港经济技术开发区被国家产权局评定为国家知识产权试点园区。图为2016年4月23日，园区正式揭牌。　贺成东　摄

296亿元，比2015年增长8.4%；规模以上工业总产值1180.5亿元，增长8.3%；规模以上固定资产投资309.8亿元，增长20%。进出口总额24.7亿美元，下降31%；社会消费品零售总额20.8亿元，增长12.4%；实际利用外资及港澳台资1.2亿美元。连云港开发区被环保部、商务部和科技部批准为国家生态工业示范园区，国家知识产权试点园区正式揭牌。

【招商引资】 2016年，连云港开发区举办连博会医药产业高峰论坛、中国连云港果蔬装备产业园招商论坛等多场专题招商活动，批准备案新设总投资额3000万美元的汇中（连云港）装备制造有限公司等外商及港澳台商投资企业20家，总投资8.5亿美元，协议注册外资及港澳台资5.8亿美元。批准备案5家外商及港澳台商投资企业增资，新增协议注册外资及港澳台资7000万美元。批准投资额8亿元的恒瑞生物医药产业园建设项目等内资项目54个，总投资额96.8亿元。

【产业发展】 2016年，连云港开发区实现规模以上工业总产值1180.5亿元，比2015年增长8.3%；规模以上工业增加值316.3亿元，增长9.2%。生命健康、先进材料、临港装备制造三大主导产业实现产值757.5亿元，增长9.6%，占规模以上工业总产值的64.2%。战略性新兴产业、高新技术产业产值分别占规模以上工业总产值的44%、63.4%。新增国家高新技术企业8家、省级科技型中小企业5家，产值过百亿企业累计2家、超50亿元企业累计9家。9家企业进入连云港市工业产值20强企业。

【项目建设】 2016年，连云港开发区新开工总投资91.8亿元的润众生物制药、建筑产业现代化基地等项目13个，新竣工总投资29.9亿元的杰瑞自动化、晓行金属设备等项目11个。列入全市重点项目的20个项目完成投资56亿元，其中16个产业项目完成投资36.7亿元。累计投入技术改造资金81.7亿元，清理盘活土地106.67公顷，新增规模以上工业企业7家。

【基础设施建设】 2016年，连云港开发区继续实施城市基础设施建设三年行动计划。投资18.06亿元，实施城建项目56个。新建道路8条21千米，新增绿化45万平方米，新增水电线路13千米。淘汰整治污染企业33家。完善园区功能配套，生命健康产业公共服务平台（一期）研发楼、展示中心、孵化器建成投入使用，大数据中心主体完工，创智大厦具备使用条件，公安技术用房开始地下室主体施工。建立地下管线信息系统，创智街区通过省级建筑节能和绿色建筑示范区验收。

连云港杰瑞自动化有限公司装备设计人员进行自升式钻井平台钻具自动处理系统调试 贺成东 摄

【科技创新】 2016年，连云港开发区推动创新成果转化，打造区域性科技创新中心。成功举办中国化纤科技大会等行业峰会。连云港市药检所挂牌成立，原创化学药创新中心被省经济和信息化委认定为江苏省制造业创新中心，恒瑞医药成为江苏省唯一的国家创新企业百强工程试点企业；碳纤维复合材料试验公共服务平台被列入国家工业强基工程；创建省级科技企业孵化器、省级众创空间各1家。国家知识产权试点园区建设稳步推进，新增省级以上研发机构10家、国家科技进步二等奖2项、领军人才25人，全社会研发投入占GDP比重为4.5%。

【开放开发】 2016年，连云港开发区设立中小企业转贷应急基金，企业融资成本降低3%。网上政务服务大厅运行。组建新海诚集团，新海连集团主体信用评级提升至AA+，发行海外债3亿美元。新核准境外投资项目13个，投资额占全市的68.6%。

（贺亚洲）

连云港出口加工区

【概况】 连云港出口加工区于2003年3月10日经国务院批准设立，规划面积2.97平方千米。至2016年底，累计投入资金近6亿元，建成2.44平方千米的基础设施和18.2万平方米的标准厂房。2016年，面对经济下行压力持续加大的严峻形势，出口加工区拓展业务类型，推动跨境电子商务、保税展示交易、冷链物流等新兴业态发展，保税加工产业增长平稳。全年完成工业总产值9.4亿元，比2015年增长5.1%；工业增加值2.09亿元，增长5.51%。物流企业实现经营收入7495万元，增长10.06%；进出区货值13.19亿美元，增长19.66%；保税物流货值14.09亿美元，下降3.22%；进出口总额2.04亿美元，下降56.54%。

2016年连云港出口加工区经济指标一览表

表13

指标名称	指标单位	2016年	2015年	比2015年增长（%）	历年累计
增加值	万元	20890	19800	5.51	148799
经营总收入	万元	72850	82822	-12.04	685393
其中：技术服务收入	万元	362	379	-4.49	1012
工业总产值	万元	93963	89400	5.10	684416
其中：高新技术产业	万元	370	523	-29.25	46473
物流企业经营收入	万元	7495	6810	10.06	34024
企业利润总额	万元	-165	-1860	—	16114
综合能源耗费量（季报）	吨标准煤	632	643	-1.71	11809
批准企业数	个	2	7	-71.43	32
其中：加工企业	个	0	1	-100.00	13
物流企业	个	2	6	-66.67	19
批准外资及港澳台资企业数	个	0	1	-100.00	16
批准投资总额	万美元	2723	8937	-69.53	35644
其中：外资及港澳台商投资额	万美元	0	2000	-100.00	22041
合同利用外资及港澳台资	万美元	0	850	-100.00	11336
企业实际到位资金	万美元	1270	1075	18.14	12875
其中：实际利用外资及港澳台资	万美元	1270	75	1593.33	9765
固定资产投资额	万元	5596	23000	-75.67	88447
其中：基础设施投资	万元	1350	5070	-73.37	35350
土地实际已租售面积	平方米	0	0	—	400168
房屋竣工建筑面积	平方米	0	0	—	345631
其中：已建成厂房面积	平方米	0	0	—	335063
已投产运作企业数	个	2	5	-60.00	28
其中：已投产加工企业数	个	0	1	-100.00	12
已投产物流企业数	个	2	4	-50.00	16
其中：投资额1000万美元以上	个	0	0	—	6
税收总额	万元	10055	13531	-25.69	42312
其中：海关税收及代征税	万元	9865	13365	-26.19	36348
税务部门税收	万元	190	166	14.46	5959
期末从业人员	人	1313	1754	-25.14	1313
期末批准面积	平方千米	2.97	2.97	0.00	2.97
期末验收封关面积	平方千米	2.97	2.97	0.00	2.97

（马京河）

【项目建设】 2016年，出口加工区新批项目3个，分别为新汇源供应链、翰晟保税仓储及丰诺实业，项目总投资2.27亿元，全部实现当年开工。另有前海谷歌跨境电商项目开工，年内开工项目累计4个。竣工项目2个，分别是前海谷歌跨境电商项目、新汇源供应链保税物流项目。截至2016年底，出口加工区累计注册项目32个，其中外资及港澳台资项目16个，投资总额2.4亿美元；内资项目16个，投资总额13.3亿元。

【基础设施建设】 2016年，出口加工区累计完成基础设施投入1350万元，主要实施7号厂房整修工程，连云港市跨境电子商务监管中心及公共保税仓建设，出口加工区二期监控设施升级工程，国检办公用房改造工程，13号、14号厂房维修工程等。

【功能配套】 2016年，出口加工区跨境电子商务公共服务平台被批准建设，年内完成监管中心和公共保税仓硬件建设，进行软件部分调试。成功复制推广上海自贸区"先入区、后报关"、"委内加工"（海关特殊监管区域内企业接受区外企业委托进行加工生产，成品在国内销售）、"仓储货物按状态分类监管"3项自贸试验区新海关监管创新制度，累计复制推广10项。（贺亚洲）

连云港高新技术产业开发区

【概况】 连云港高新技术产业开发区于2015年2月经国务院批准升格为国家级高新区，同年9月正式挂牌成立。高新区采取"一区五园"的发展模式，"一区"即核心区，"五园"即五个产业辐射园，分别为新医药产业园、新材料产业园、清洁能源创新产业园、装备制造产业园和节能环保科技园。规划面积120平方千米，其中核心区总面积80平方千米，总人口15万人，管辖云台农场和花果山街道、南城街道、郁洲街道共22个村（社区）。高新区核心区内集聚淮海工学院、南京医科大学康达学院、连云港职业技术学院、连云港中医药高等职业技术学校、连云港师范高等专科学校、中船重工第七一六研究所等高等院校和科研院所，有国家级众创空间及科技企业孵化器3个，初步构建全链条科技创业孵化体系。区内科技馆、连云港实验学校、文化活动中心、人民医院、体育中心、万达广场等配套设施集聚，金融、商贸、会展、酒店等综合服务功能齐全。

2016年，高新区完成规模以上工业总产值52.8亿元；重点服务业实现营业收入27.59亿元。完成规模以上固定资产投资64.8亿元，一般公共预算收入7.8亿元。新引进注册企业180多家。全年新增本科及以上学历就业人口609人，高层次人才109人。欧美同学会留学报国连云港基地成立，海外人才对接渠道进一步畅通。

【科技创新】 2016年，高新区新引入各类科技中介服务机构10多家，成功引进南京大学、南京理工大学、中科院上海技术物理研究所、沈阳自动化所、龙芯中科、愚公生命6个科技创新团队落地创业。连云港市科技创业服务中心众创空间被批准为国家级众创空间，创建省级众创空间2个；被批准建设省级重点实验室3个、省级工程技术研究中心1个。全年新增国家级高新技术企业6家、科技创业企业近百家，28个产品被认定为省市级高新技术产品。高新区全年财政科技支出6951万元，占一般公共预算支出20.2%。企事业单位新批市级以上科技项目85项。专利申请量788件、授权量319件，万人有效发明专利拥有量23件。

【项目建设】 2016年，高新区承担市级项目38个、推进区级项目20个，共完成投资38亿元，万达广场、花果山社区中心、人才公寓等一批项目竣工，新世界文化城文化活动中心、科技创业城二期、科技馆、人民医院新海院区等重点项目基本完成建设，具备交付条件。全年完成房屋征收面积20万平方米，投入资金4.65亿元；完成土地征收41公顷，支付补偿款2379万元。高新区"十三五"发展规划编制完成。高新区管委会对高新区80平方千米核心区范围逐项调查研究，分类做好规划研判，完成高新区的整合规划、宋跳片区控规修编、南城古镇的城市设计，启动云台农场总体规划修编。（吉　祥）

江苏东海经济开发区

【概况】 江苏东海经济开发区于1995年被批准为省级开发区，规划面积22平方千米。至2016年底，开发面积16平方千米，入驻企业300

大陆汽车电子有限公司车间内景　　连云港高新区　供

多家，其中规模以上企业 102 家，过亿元项目 45 个。主导产业为硅资源深加工、食品制造、机械电气、轻纺服装。2016 年，东海开发区实现地区生产总值 80 亿元，比 2015 增长 11.5%。工业总产值 303 亿元，规模以上工业总产值 270 亿元。全年实际到位外资及港澳台资 3200 万美元，增长 60%；招引项目 28 个，总投资 32 亿元。完成进出口总额 2.1 亿美元，完成规模以上固定资产投资 55 亿元，规模以上工业投资 45.3 亿元，公共财政预算收入 3.7 亿元。新开工过亿元工业项目 26 个。新签约鑫润华石英、创拓科技、高效液态肥、智能服饰等 12 个项目。创建省级知识产权试点园区通过省知识产权局验收。

【基础设施建设】 2016 年，园区管委会邀请省内专业机构对园区空间布局、产业发展、美丽乡村建设进行规划，明确近 15 年的发展方向。黄河路东延工程年底建成通车。对水晶路、明珠路等道路进行集中整治，道路损毁严重的富华路等道路改造后通车，铺设完成黄河路、渭河路等 3 条道路污水管网 1.5 千米，新建城东消防站综合楼 2200 平方米。

【项目建设】 2016 年，列入全市重点推进项目的柏德公司无纺布生产、德邦公司年产 10 万吨食品级磷酸盐、伟创公司年产 1500 吨高纯石英砂、连云港华鼎车轮有限公司年产 50 万只钢制车轮、金三江公司年产 9 万吨牙膏级二氧化硅、连云港绿润环保科技有限公司含金属废弃物处置及综合利用、连云港创智联合有限公司高档服装、连云港太平洋光伏材料有限公司研发中心、连云港亚连玻璃有限公司年产 50 万平方米低辐射玻璃、润扬生物科技东海有限公司年产 4140 吨蛋白粉 10 个重点项目按序时进度完成，5 个列入市县春季集中开工的项目和 3 个列入秋季集中开工的项目按计划快速推进。德邦一期、伟创石英、太平洋铸锭生产线、亚连技改等 16 个项目竣工投产。（韩来善）

江苏省东海高新技术产业开发区（筹）

【概况】 江苏省东海高新技术产业开发区于 2015 年经省政府批准在国家级新材料高技术产业基地西部核心区的基础上批准筹建。园区规划面积 22.93 平方千米，以硅材料产业为特色战略产业，以农副产品精深加工为主导产业，以先进制造、新医药、新型建材等产业为培育型产业。至 2016 年底，园区开发面积 16.62 平方千米，累计投入 10 亿元进行基础设施建设，园区道路、供电、供水、污水处理、管道燃气等配套设施日趋完善。园区入驻企业 126 家，其中规模以上工业企业 44 家。重点企业有晶海洋半导体材料（东海）有限公司、中材江苏太阳能新材料有限公司、台玻东海玻璃有限公司、连云港如意情食用菌生物科技有限公司等。2016 年实现地区生产总值 61.2 亿元，公共财政预算收入 17431.6 万元。工业总产值 173.8 亿元，规模以上工业产值 124.3 亿元。新开工过 5000 万元工业项目 27 个，其中过亿元工业项目 22 个，过 10 亿元项目 1 个。过 5000 万元工业项目竣工投产 14 个。完成规模以上固定资产投资 43.96 亿元，其中规模以上工业投资 40.25 亿元；实际到位外资及港澳台资 3200 万美元；出口创汇 5500 万美元。

【基础设施建设】 2016 年，园区投入 750 万元，建成中捷水晶文化产业园“两纵一横” 3 条道路；投入 1 亿元建设高新区综合商务中心大楼，年底建至第七层；投入 350 万元对卫星河北段两侧景观带进行打造，年内完成景观道路铺设及土地平整工程。

【项目建设】 2016 年，总投资 10 亿元的如意情珍稀菌菇项目开工建设，总投资 10 亿元的正崴新能源锂离子电池项目签约落户，开工建设总投资 5 亿元的晶海洋 1 吉瓦多晶硅片扩能和总投资 1 亿元的中材江苏太阳能坩埚技术改造项目，并实现当年投产。

【科技创新】 2016 年，园区加快科技创新平台建设，江苏软件园东海双创基地于 3 月 10 日挂牌运营；总投资 2 亿元的东海县硅产业科创中心建设完毕，国家硅材料深加工产品质量监督检验中心及南京理工大学、南京大学、河南科技大学等高校在东海设立的研究院迁入中心，投入运营。啡咖啡科技孵化器入驻园区，总投资 5000 万元的啡咖啡众创空间开工建设，成功举办东海县首届“晶光杯”创新创业大赛。江苏股权交易中心入驻园区提供科技金融服务，5 家企业在江苏股权交易中心挂牌。（韩来善）

江苏省赣榆经济开发区

【概况】 江苏省赣榆经济开发区于 1993 年经省政府批准设立，规划面积 17.5 平方千米。至 2016 年底，开发面积 16.8 平方千米，是省级新能源产业园区、省级循环经济示范园区、省级科技创业园区、省级两化融合示范园区。园区主导产业是新能源新材料、机械装备制造，重点企业有连云港神舟新能源有限公司等。2016 年，园区实现业务总收入 751.99 亿元，比 2015 年增长 16.2%；工业增加值 137.96 亿元，增长 16.5%；公共财政预算收入 10.1 亿元，增长 16.8%；全社会固定资产投资 109.97 亿元，增长 17.5%；自营出口 1.96 亿美元，增长 37.1%。实际到位外资及港澳台资 3132 万美元。园区累计入驻工业企业 168 家，其中规模以上工业企业 56 家。年内新增规模以上企业 6 家。新开工过 5000 万元工业项目 20 个，其中过亿元工业项目 12 个，过 10 亿元项目 2 个，竣工项目 11 个。

【招商引资】 2016 年，赣榆开发区依托顺风光电等已进驻的新能源企业，推进电池片、边框、支架、农光互补光伏电站的招引及建设，引进神舟二期、安彩新能源、12 兆瓦光伏电站、申能科技等光伏产业链上下游企业；依托风华高科、中金岭南等上市公司，做大做强新材料产业；以劲美文仪家具为龙头，壮大新型智能家居产

2016年，天明机械集团生产、制造的新型节能环保特种车辆在赣榆经济开发区装备制造产业园实现整车下线。 赣榆区 供

业链。鼓励大学生、留学生入驻和安中小企业园创业，提供免收两年租金的政策，年内引进申能科技、九州通医药、东霞制衣、泰科科技等项目，泰科科技发展成为规模以上企业。

【项目建设】 2016年，赣榆开发区通过承接优质项目盘活存量资产。利用原键坤部分厂房新上安彩新能源在线镀膜光伏玻璃生产线项目；盘活舜天工贸新上江苏东霞纺织项目；原嘉宝生活区建设成为和安中小企业园配套服务区。利用在手地块代建约12万平方米厂房。在金信利西侧新建10.7万平方米钢结构厂房，引进劲美智能家具项目；神舟新能源公司新建4万平方米标准化厂房，加快二期500兆瓦电池组件项目落户。新建8000平方米厂房引进诚信玻璃项目。

【基础设施建设】 2016年，赣榆开发区投资3000万元实施开发区小学、幼儿园、宋庄养老院工程，投资1100万元实施雨污水管道检修、镇区污水管网连接、振兴路提升、青年路南延等工程，至年底，和安中小企业园12号至17号6座研发楼建设及绿化、亮化等附属工程进入收尾阶段。

【科技创新】 至2016年底，园区培育高新技术企业8家、建有省级工程技术研究中心(企业技术中心)12家、累计承担国家、省、市级科技项目6项。完成市级以上科技成果鉴定5项。高新技术产值占比10.6%。年内实施科技创新工程，神舟新能源、天天海藻、中大生物、东南标准件等技改项目加快推进，神舟新能源太阳能组件产能达750兆瓦，比2015年增长50%。九洲电控、步升机械、泰卓新材料等企业与中科院、东北林业大学、南京理工大学、常州大学等科研院所开展产学研合作。捷成科技创业园、和安中小企业园建成面积36.07万平方米，主要吸引精密机械、电子信息等项目落户，捷成科技创业园被省科技厅认定为省级科技创业园，被市人社局认定为市级留学人员创业园，签订产学研合作协议10余项，建立产学研合作创新平台2个。

（蒋正峰 李一夫）

江苏省赣榆海洋经济开发区

【概况】 江苏省赣榆海洋经济开发区于2003年经省政府批准设立，是全省首家成立的以海洋产业为主的开发区。园区主导产业是装备制造业、电子信息产业、海洋生物及海洋食品加工产业，有重点企业西德电梯、壁虎科技、贝兹乐信息科技、富安紫菜机械等。2016年，园区开发面积15平方千米。入驻企业205家，其中规模以上企业74家。年内，新增规模以上企业6家。围绕高新技术产业、突出海洋特色、实现产城融合的发展思路。全年实现业务总收入222.9亿元，比2015年增长16.1%；工业增加值51.8亿元，增长16.8%；公共财政预算收入10.35亿元，增长17.7%；完成全社会固定资产投资93.4亿元，增长16%。完成基础设施投入5.5亿元；注册外资及港澳台资实际到账3389万美元，增长41.2%。自营出口额1.48亿美元，与2015年基本持平。新开工过5000万元工业项目14个，其中过亿元工业项目4个，过10亿元1个；过5000万元工业项目竣工投产3个。

【招商引资】 2016年，园区开展多项招商引资活动，承接珠三角、长三角、京津冀等地区产业转移。全年接待到访客商320人次，外出拜访客商360人次，参加北京招商会等重大招商活动13次。新引进金田塑业BOPP特种膜项目、北建华海装配式集成建筑项目、红星美凯龙与北京巨卓Matrix品牌家具项目、上海佳成特种玻璃生产线项目等过亿元项目14个（其中过5亿元项目9个）。在谈项目48个，其中重点在谈项目有深圳奥萨医药精准营养、食品、保健品项目，罗格朗集团低压电器项目，无锡马丁格林光伏灯具项目、可歌国际控股有限公司抗辐射饮料项目等15个。

【项目建设】 2016年，园区投资5亿元建设紫菜产业园区，入驻紫菜加工企业6家，年底试生产。投资3亿元的天眼医药科技有限公司项目于12月20日试生产，实现当年签约、当年开工、当年投产。投资5亿元的壁虎科技发展有限公司，设备安装及配套设施完工并进入试生产运营。投资6亿元的华亿建材科技有限公司，一期工程建成并投入运营，二期厂房建设启动。

【基础设施建设】 2016年，《赣榆海洋开发区西片区控制性详细规划》《赣榆海洋开发区道路及给排水专项规划》编制完成。完善园区路网管网建设，投资500余万元对228国道东侧地埋供电线路进行回填，回填5万立方米。投资300余万元，铺设雨水管网2100米、污水管网2000米。赣榆电商物流产业园配套加快建设，集办公中心、仓储中心、配送中心、大学生创业中心、电商服务外包中心、电商货源展示中心于一体。2016年，电商物流园实现业务总收入10.5亿元，被省商务厅命名为省级电子商务示范基地。

【科技创新】 2016年，园区设立科技专项扶持资金，鼓励企业通过科技创新加快发展，帮助企业立项科技项目、申报高新技术企业、申报发明和实用专利等。2016年，为16家科技型企业发放专项扶持资金3840万元。截至年底，园区有国家高新技术企业14家，占园区企业数量的20%，有信息化与工业化融合试点企业5家，省级工程技术研究中心3家，省级企业技术中心2家，市级企业技术研发中心6家，省级研究生工作站3个。 （蒋正峰 李一夫）

江苏灌云经济开发区

【概况】 江苏灌云经济开发区于2006年经省政府批准为省级开发区，总体规划面积40平方千米。主导产业有现代装备制造、电子信息、轻工纺织、食品与健康、现代服务业、环保新材料等。至2016年底，园区建成区面积15平方千米，引进5000万元以上工业项目189个，过10亿元项目3个，重点企业有江苏科伦多食品配料有限公司，连云港紫燕食品有限公司，新乐电器（江苏）有限公司等。建成省级云海高新技术创业园、市级留学人员创业园、南农大农业装备研究院等科技平台。2016年，完成规模以上工业产值193.69亿元，比2015年增长7.5%；工业销售收入192.73亿元；地方自营出口9694万美元，增长28.4%；完成工业用电量4736万千瓦时，增长35.7%。新增规模以上工业企业9家，规模以上企业累计75家。财政一般预算收入4.33亿元。实际利用外资及港澳台资643.3万美元；新签约项目20个，其中过亿元项目10个。新开工5000万元以上项目12个，新竣工5000万元以上项目10个。新增投产企业13个。

【科技创新】 2016年，园区出台《江苏灌云经济开发区关于鼓励科技创新和品牌建设工作的奖励办法》，设立科技创新与品牌专项扶持资金500万元，为科伦多等贡献较大企业兑现奖励政策。淮海工学院技术转移中心灌云分中心挂牌成立，组织企业与上海大学、南京农业大学、南通大学以及国家航天中心、北京中关村等高等院校和科研院所开展产学研对接活动。2016年，全区新申报省级高新技术企业2家，市级工程技术研究中心5家，省级高新技术产品7个，获得市级科技进步奖2项。创建成为江苏省高端装备制造业特色基地、全省智能制造试点园区。

【基础设施建设】 2016年，园区投入5.8亿元，实施道路、绿化、路灯、管网、电力等基础配套建设，新建道路3.41万平方米，新增绿化3.42万平方米，疏通沟河6000米，修补道路2000平方米，新建管网2400米。水利路、云山南路建成通车，电力线路改造完成。中小企业园20万平方米标准厂房全部投入使用，入驻企业29家，创建成省级重点培育小企业创业基地、省级高新企业产业园和省级创业孵化基地。 （韦庆刚）

江苏连云港化工产业园区

【概况】 江苏连云港化工产业园区于2006年5月经国家发展和改革委审核、省政府批准，成为苏北唯一省级化工园区。先后创建成国家农药生产定点园区、省特色化学品产业基地、省出口创新基地、省知识产权试点园区、市首个出口化工产品质量安全示范区。园区总规划面积30平方千米，至2016年底，建成面积约9平方千米，进区企业90余家，其中化工企业83家，基础配套企业7家，初步形成农药、医药、染料、化工新材料四大产业板块。重点企业有华尔化工、亚邦染料、迪安化工、立本农化、道博化工、亚晖医药、中能化学等。2016年，园区实现工业产值574.08亿元，比2015年增长9.3%；实现工业应税销售收入180.91亿元，增长8.87%；入库税费8.39亿元，增长19.69%；规模以上工业固定资产投资63.4亿元，外贸进出口额9000万美元，增长12.68%。园区与南京邮电大学、常州职业技术学院、湖南怀化学院、淮海工学院等数家高等院校建立合作关系，招引各类人才800余名。年内5家企业被认定为国家高新技术企业。

【项目建设】 2016年，园区新签约康美化工、优化科技、世杰农化、富瑞兴生物、金圆危废、仁泰桶业、亚佳化工等超亿元项目8个，总投资28亿元。新开工项目优化科技、世杰农化、金圆固废、亚佳化工4个项目进展迅速，其中亚邦供热项目完成主体工程建设。园区有2015年结转在建（技改）项目21个，其中仁欣环保、亚邦制酸、耕耘化学、澄鑫化工等10个项目投产达效。

【基础设施建设】 2016年，园区推进综合管廊、雨水明渠、固废处理扩能、热电联产、道路改造、绿化提升六大工程。综合管廊工程总投入5亿元，高标准规划建设18.2千米地上综合管廊，将园区污水、供气、通信、供热等所有管道全部接入地上管廊，年内完成规划设计、资金筹措、建设主体确定以及部分路段打桩、建设承台等工作。完成亚邦南路、迎宾大道、纬四路、纬五路修建或维修约2万平方米。雨水明渠工程投资9000万元，总长36千米，西南片6千米建设完成。污水厂提升工程新建污水监控中心及污水处理中央控制系统，形成控制管理一体的污水处理中心。绿化亮化提升工程投入5000万元，重点对345省道园区段等主干道进行绿化改造提升。水环境提升工程投入6000万元，对园区内沟河进行全面清淤。 （邓洪鹏）

江苏海州经济开发区

【概况】 江苏海州经济开发区于1992年经市政府批准设立，2006年晋级为省级经济开发区。2016年，园区开发面积9.8平方千米，入驻企业130家，主导产业是装备制造业，有重点企业31家。完成规模以上工业产值172.8亿元，比2015年增长42%；全社会固定资产投资57.58亿元，增长71%；工业固定资产投资44.31亿元，增长55%；公共财政预算收入5.35亿元，增长33%；实际利用外资及港澳台资3280万美元，增长33%。年内新开工项目6个，新招引项目13个，其中过亿元项目12个，新竣工项目3个。

【基础设施建设】 2016年，园区内顺丰速递工程主体完工，远洋流体三期完成前期开工工作。第三人民医院新址完成前期征地、工程设计招标。为民路新建工程完成50%；纬一路北侧完工；东圩路新建工程一标段完成97%，二标段完成雨污水管道及山场碎石工程。前许路路面改造工程、青圃路与梧桐路新建工程完工，为民路南延线新建工程完成工程量的70%。通灌南路南延线新建工程、通用吊车厂房一期工程完工。昊海大厦新建工程主体封顶，室外附属工程完成道路、停车场水稳施工。投入资金6000余万元，新修为民路、青圃路、振兴路等。新建许庄游园2处，新增绿化8000余平方米，新建和改造公厕14座，改造户厕320个。清理水面河岸漂浮物等各类垃圾7200余吨，清理淤泥10万立方米，修建通灌路两侧文化背景墙2000余米。

【项目建设】 2016年，园区重点打造国际医疗器械产业园，7月29日，连云港(国际)医疗器械产业园项目签约仪式在北京举行，集中签约7个医疗器械行业项目。12月16日，从事疫苗产品、生物制药等研发和生产的长生云港项目成功签约落户，填补全市医药产业此类产品空白，年底前全面开工建设。打造移动装备产业园，园区内有中道房车、中兴房车、卡威房车3个项目。打造人才公寓、文创中心和30万平方米的综合体项目，进行土地挂牌前期准备和项目设计方案。

【科技创新】 至2016年底，园区有省级以上研发机构46家，省级科技型中小企业26家。专利授权150个，其中发明专利授权44个。认定省级以上高新技术产品18个，获批市级以上科技计划项目51个，立项市级科技型中小企业28家，省级3家。培育国家级高新技术企业3家；新增省级重点实验室1家。新增3家研究生工作站，省级以上研究生工作站增至9家。连利·福思特、天常复合材料和东鼎实业3家企业分别与清华大学、中科院签订科技副总协议。 (张 宇)

7月29日，连云港医疗器械产业园项目在北京签约。 海州区 供

江苏连云经济开发区

(参见沿海开发篇)

徐圩经济开发区(国家东中西区域合作示范区)

(参见沿海开发篇)

特色园区

【江苏灌河船舶工业园区】 江苏灌河特种船舶产业园于2009年2月经省外经贸厅批准建立，是苏北首家特种船舶产业园区，省政府规划的特种船舶生产基地之一。至2016年底，园区有江苏宏冠船业、江苏红旗船业、江苏海中洲船业、连云港美尔美图船业、连云港胜华船业等9家船舶修造企业及6家配套企业入驻，固定资产投资100亿元。主要以中小型散货船、加油船、海洋作业船等特种船舶为主，船舶远销俄罗斯、土耳其、荷兰、新加坡等国家，形成名洋船业和海中洲船业的中小型填海工程船生产基地，胜华船业与胜德集团的出口新加坡海上加油轮生产基地。2016年下水23艘，实现造船完工量9.32万载重吨，实现工业总产值4.13亿元，出口创汇743.35万美元，在建船舶18艘，4.42万载重吨。现代物流产业利用海河联运优势，推进长茂、五队、堆沟港镇、九队四大作业区，建成灌河国际海河联运区2个2万吨级泊位的散件杂货中转基地、五队港区的粮食转运专用泊位、中交第三航务工程局有限公司江苏分公司3个5000吨大型商用混凝土、大型预制件专用工程建设泊位、久源建材1个万吨级建材专用泊位、新澳港务1个2000吨级、2个5000吨级卷钢专用泊位。基本形成矿石、化工、粮食和商品混凝土集散基地。进驻大型国有物流企业4家，园区物流企业实

江苏赣榆新能源产业园内的航天光伏设备生产线　　朱代桂　摄

现年吞吐量1600万吨。园区加快堆沟新城建设，完善园区内次干道路、通讯、水、电、气线路，建设园区排水管网，提高园区项目的承载能力。紫藤街工程及新港大道东延工程建成通车，紫藤街工程北起新港大道，南至产业大道，全长2032米，宽18米，总投资2200万元；新港大道东延工程西起大拐弯交通环岛，东至紫藤街，全长470米。完成总投资约800万元的涵珠湖项目土方工程，环湖地型整理完毕；灌河大道东侧雨污管网完成建设，紫藤街、新港大道东延2.6千米雨污管网招投标完成。

（邓洪鹏）

【江苏赣榆新能源产业园】 江苏赣榆新能源产业园于2012年11月设立，位于赣榆经济开发区，规划用地总面积约266.67公顷。至2016年底，项目用地106.67公顷，入驻企业33家，投产工业企业26家，其中规模以上企业25家。主导产业是新能源新材料产业，有高新技术企业7家，其中年内新增1家，有发明专利42个，实用新型专利95个。2016年，园区实现主营业务收入99亿元。园区形成以光伏产业为主（光伏组件、光伏配套辅料、新能源装备）、生物质能源及新能源利用为辅的新能源产业集群，特色主导产业营业收入占比为93.3%。光伏主产业以连云港神舟新能源有限公司为龙头，由中国航天科技集团第八研究院下属的上海航天汽车机电股份有限公司投资建设，是以太阳能光伏电池组件研发、制造、技术服务于一体的航天光伏产业项目。2016年投资新上500兆瓦电池片生产线，并达到1吉瓦组件生产能力，实现销售收入20.8亿元，比2015年增长6.5%。生产组件边框、接线盒的配套企业江苏申能新能源装备制造有限公司，专业从事太阳能支架、铝边框架等系列产品的研发、制造生产与销售，年产600万套铝边框架，产值2亿元。EVA胶膜生产企业连云港东材绝缘材料有限公司，年生产光伏组件用EVA膜1万吨，年销售收入2亿元。光伏辅料企业中钢连云港石英材料有限公司形成年产6000吨超高纯石英砂生产线，为晶硅生产用坩埚的供应商。太阳能硅片切割液、研磨液的生产企业集中于开发区北区金山工业园，主要有江苏佳宇资源利用股份有限公司、连云港金方电子材料有限公司等。光伏应用产业主要是顺风光电投资建设的18兆瓦农业大棚光伏电站及6兆瓦屋顶电站。生物质能源企业连云港协鑫生物质发电有限公司专业从事生物质能直燃发电并供热。装机规模为2×15兆瓦抽凝式汽轮发电机组，每年燃烧稻壳、花生壳、稻麦秸秆、玉米秸秆、棉花秸秆、树枝条、木屑、废木材等各类生物质燃料20多万吨，节约煤炭燃料13万吨以上。

（蒋正峰）

【江苏连云海洋功能材料科技产业园】 江苏连云海洋功能材料科技产业园位于江苏连云经济开发区，规划面积3.6平方千米。至2016年底，园区内有海洋功能材料产业相关企业30家，省级科技型中小企业15家，省级工程技术研究中心、省企业研究生工作站等科技创新平台18家，国家高新技术企业5家，市级高新技术企业7家。以总投资200亿元的益海盐化为产业龙头，构建企业产品互为原料、废弃物循环使用，零运输、低成本的循环产业体系。依托园区氯碱、精盐、溴化物和多晶硅等精细化工项目，打造从制盐、精细化工、高分子化工到精深加工产品的完整产业链，建成大型盐化科技工程技术研究中心、光伏材料工程技术研究中心、稀土材料工程技术研究中心、阻燃新材料工程技术研究中心和企业研究生工作站。2016年实现产值32.3亿元。　（张　超）

责任编辑　郭　云

农　业

综述

【概况】 2016年，连云港市实现农林牧渔业总产值589亿元，农业增加值321亿元，农民人均可支配收入13932元。农业综合生产能力稳步提升，全市耕地面积39.22万公顷，粮食播种面积50.1万公顷，亩产479.6千克，均与2015年基本持平。粮食总产360.8万吨，比2015年减少1.4万吨。其中，夏粮播种面积24.2万公顷，亩产393.7千克；秋粮种植面积25.9万公顷，亩产559.8千克，总产217.8万吨。新增高效设施农业面积4667公顷，累计面积7.73万公顷，占耕地面积比重为19.7%。加快农业产业化进程，新增市级龙头企业71家，全市有国家级农业产业化龙头企业2家，省级农业产业化龙头企业48家，市级农业产业化龙头企业180家。农产品出口继续位居全省前列，加快"一带一路"连云港农业国际合作示范区建设，农产品出口额4.94亿美元。省内首个农业综合信息服务平台启动。推出省内首个市级农产品区域公用品牌"连天下"。

【农业产业结构调整】 2016年，连云港市调整优化种植业布局，推进优质米、强筋麦的区域化种植，实施县域精准化品种布局，优质品种集中连片规模化，打造一批优质稻米、强筋麦品牌。做好特种粮食作物、特种经济种物开发，适度扩大鲜食玉米、鲜食大豆、鲜食花生、果用甘薯、烘烤型甘薯、杂豆、高粱、荞麦等作物种植，满足多样化消费需求。发展稻田养虾、稻鸭共作、浅水藕套养龙虾、稻田养鱼、稻田养泥鳅等高效种养模式。打造高效农业集聚区，重点建设设施蔬菜、食用菌、花卉苗木、特色林果等主导产业，加强产业整合、资源整合、空间整合，调优产业、品种、区域结构。

【农业特色产业基地建设】 2016年，连云港市重点建设东海县石湖乡西瓜种植基地、驼峰乡杨大庄村绿色甜瓜基地，灌云县南岗乡油牡丹基地、杨集镇利华村高效设施农业基地、灌

2016年连云港市分地区农业总产值一览表

表14　　单位：万元

县　区	合　计	农　业	林　业	牧　业	渔　业	农林牧渔服务业
合　计	5894159	2755611	165368	1190124	1432360	350696
赣榆区	1675457	487933	43768	230078	884337	29341
海州区	360888	228176	9370	61813	30430	31099
连云区	119276	12223	3054	4313	97771	1915
#开发区	12156	5971	466	3136	1248	1335
东海县	1303138	744176	45475	265160	122677	125650
灌云县	1280036	624748	28424	354609	164342	107913
灌南县	970715	601070	21081	231087	75386	42091

2016 年，连云港市加快高效设施农业基地建设。图为赣榆雅仕农场育苗中心。 朱代桂 摄

南县李集乡大杨设施园艺基地、新安镇郝圩千亩工厂化食用菌基地、赣榆区黑林镇秦埠地猕猴桃设施基地、塔山镇扬帆猕猴桃设施基地、江苏沃田大树蓝莓基地、海州区新坝镇西片区千亩礼品西瓜基地、浦南镇千亩连片设施果蔬种植基地 11 个千亩连片高效设施农业基地。建成江苏金垦圣蓝湖蓝莓基地，东海县桃林镇核桃种植基地，灌云县岗岭地区特色花木产业基地、灌云县光伏食用菌产业基地，灌南县李集乡设施苗木产业基地、田楼镇设施园艺特色产业基地，赣榆区沙河镇设施葡萄特色基地、金山镇特色杂果基地、夹谷山特色林果示范基地，海州区浦南镇千亩连片浅水藕种植基地、海州区海河特色产业苗木基地 11 个农业特色产业基地。至年底，全市有农业特色产业基地 75 个，其中省级 9 个、市级 66 个。

（逢孝云）

【农业产业化】 市农发集团是市政府整合原振兴集团资产和市属涉农资产后组建的新型国有实体企业，注册资金 50 亿元，拥有二、三级子分（控股）公司 30 家，职工 1200 余人。2016 年实现营业收入 2.86 亿元、利润 3418 万元、税收 6000 多万元，资产总额 54.15 亿元。围绕“产业立企、品牌兴企、人才强企”发展战略，完成花卉、淮猪、种业、电子商务、农发金服、农贸物流等主营业务的培育构建。11 月，市农发集团权属企业——江苏中荷花卉股份有限公司自主研发的蝴蝶兰鲜切花投放日本市场，实现出口创汇。介质兰花获批全国首批介质兰花输美通行证。市农发集团、东海县政府投入 1.28 亿元并购东海老淮猪产业发展有限公司，在南京、北京、上海等地布局销售网点。成立连云港市农发种业公司，建设良种繁育基地 667 公顷，收购小麦种 276 万千克、水稻种 65 万千克，繁育小麦种 18 公顷。启动 7 万平方米瀛洲路农贸市场改造，打造农产品交易平台和“菜篮子”样板工程。开通“大香农”网，120 余种连云港特色农产品在线销售。连云港市农发融资担保有限公司进入实质运行，搭建江苏省首家市级农产品投融资平台，推出“惠农保”“连农贷”特色产品。成立农产品检测公司，开展检测业务。实施人才强企战略，创建市管国企首家企业大学——农发企业大学，搭建农业人才培训开发平台。（伏胜喜）

到 2016 年底，全市有市级以上农业产业化龙头企业 230 家，其中国家级 2 家、省级 48 家、市级 180 家；全国农产品加工示范基地 1 个，省级农产品加工集中区 4 个，市级农产品加工集中区 11 个。50 家省级以上农业龙头企业拥有基地种养面积 6.9 万公顷。

龙头企业。全市新增市级农业龙头企业 71 家。省级以上农业龙头企业实现销售收入 248 亿元，比 2015 年增长 18%，带动农户 62.57 万户，增长 10%。设立“连农贷”风险补偿基金，市农委与江苏银行、市农发融资担保有限公司、连云港格斯达担保咨询有限公司、江苏省信用再担保有限公司签订协议，形成四位一体的担保、再担保模式，为农业龙头企业提供担保，首期发放资金 5000 万元。在省级以上农业龙头企业中推广省“新农贷”，给 11 家企业发放 2500 万元贷款。加快产业融合，赣榆区获批国家级一、二、三产融合发展示范区，获国家 1000 万元资金支持。

2016 年，连云港市有全国休闲农业与乡村旅游星级示范创业企业 10 家，图为东海青松岭森林公园内的薰衣草园。 陶士振 摄

*农产品加工集中区。*连云港市有1个国家农产品加工示范基地，4个省级农产品加工集中区，11个市级农产品加工集聚区。国家农产品加工示范基地内有益海粮油、罗盖特、味之素如意等120家企业入驻，东海农产品加工集中区入驻雨润食品、温氏养殖、福润食品、越秀食品等省级龙头企业，灌南农产品加工集中区入驻40多家食用菌企业。

*重大农业项目投资。*全年农业项目总投资81.04亿元。其中，超亿元投资项目11个，总投资63.99亿元。赣榆区江苏海福特海洋科技股份有限公司海产品加工项目、灌云县光伏菌业生态园项目、东海县江苏珠穆朗玛食品有限责任公司年产24万吨食品及饮料生产线项目投资超10亿元。

【农业新兴产业】 *开放型农业。*2016年，连云港市加强出口示范区（基地）建设，鼓励农业企业境外发展，提升全市农业开放水平。全年农产品出口创汇4.94亿美元，比2015年下降17%。全市有出口实绩的企业150家，出口超1000万美元以上企业14家。全年申报省级农产品出口示范基地4个，省级农产品出口示范区1个。全市有省级以上农产品出口示范区（基地）24个，其中国家级出口示范区3个、省级示范区5个、省级示范基地16个。10个农产品出口企业18人次参加境外农业展会，推介销售农产品。连云港驰神科技有限公司向韩国出口食用菌菌棒100余万株，并投资300多万元在韩国成立公司组织食用菌种植生产。

*高效设施农业。*赣榆区形成北部的特色林果基地和以雅仕设施蔬菜基地为中心的设施农业基地布局，东海县形成以西部特色蔬菜、花卉产业基地和中东部瓜果产业基地布局，灌云县形成西部设施蔬菜基地和国省干道沿线设施农业产业基地布局，灌南县形成以食用菌产业园为中心的食用菌基地和东部设施葡萄基地布局，市区形成浦南镇、新坝镇的设施蔬菜基地和云台山茶果基地布局。全年新增市级“一村一品”示范村35个，新增市级产地批发市场10个，东海桃林北芹村获国家级“一村一品”示范村。全市有国家级“一村一品”示范村镇6个，省级“一村一品”专业示范村镇9个，市级“一村一品”示范村镇115个。全年新增高效设施农业面积4667公顷，总面积7.73万公顷，占耕地比重19.7%。

*休闲观光农业。*全年新增东海青松林温泉度假有限公司、赣榆区抗日山园艺场、灌云县同兴镇伊芦山生态园、江苏万年达现代农业有限公司为全国休闲农业与乡村旅游星级示范创建企业（园区），总数达10个。赣榆踏青赏花二日游线路入选江苏休闲农业与乡村旅游十佳精品线路。连云区宿城街道留云岭村、赣榆区厉庄镇谢湖村获批江苏省首批休闲观光农业示范村。认定赣榆区厉庄镇新坝村等10家单位为市级休闲观光农业示范村，江苏葡之源农业发展有限公司等10家单位为市级休闲观光农业示范点，市级休闲观光农业示范点（村）总数达50个。全年接待农业休闲观光旅游人数682.6多万人次，年营业收入30.15亿元，从业人员12.9万人，带动农户2万户，形成以“吃农家饭、赏田园风光、体验农家生活、感受乡村民俗”为主要内容的多元化休闲观光农业游格局。

【农产品质量安全管理】 2016年，连云港市启动创建国家农产品质量安全市，实施农产品品牌战略规划，开展农产品质量安全绩效评价。全年新增农产品经营主体产地编码45家，创建粮食产业标准化示范区13个、园艺标准园13个、畜禽生态养殖场13个、放心农资店21家，创建市级农产品质量安全示范乡镇21个，新增“三品”农产品（无公害农产品、绿色食品、有机农产品）113个，种植业“三品”占比40%。全年制定农业市级标准30个。评选出市级农产品质量“创牌立信”示范单位20家，其中8家单位获江苏省2016年度农产品质量“创牌立信”示范单位称号。参加第三届全国农产品质量安全检测技能竞赛江苏选拔赛，获得团体优秀组织奖。农产品检测合格率稳中有升，蔬菜质量安全合格率98.5%以上，畜禽产品质量安全合格率100%。

【农业保险】 2016年，全市开办27个农业保险险种，提供农业保险风险责任保障46.53亿元，受理赔付案件5144起，支付赔款1.09亿元，参保农户101.18万户次，受惠农民17.16万户次。全年承保水稻18.8万公顷、小麦20.9万公顷、玉米2.9万公顷，三个险种增保面积1.1万公顷，实现保费收入1.1亿万元，比2015年增加555万元。全年承保能繁母猪11.7万头、育肥猪132.66万头、蔬菜大棚3860公顷，全市高效农业保费收入8007万元。农业保险赔款额1.09亿元，简单赔付率57.3%。开展生猪防疫与保险同步、无害化处理与保险互动，推进全市病死动物无害化收集处理体系建设，灌南县、东海县收集处理病死生猪近7万头。 （逄孝云）

种植业

【概况】 2016年，连云港粮食播种面积50.1万公顷，粮食总产量360.8万吨。夏粮种植面积24.2万公顷，亩产393.7千克，总产143万吨，其中小麦亩产393.7千克。灌云县以亩产399.4千克在全省县级排名第一，灌南县以亩产399.1千克在全省县级排名第二。秋粮种植面积25.9万公顷，亩产559.8千克，总产217.8万吨，其中水稻种植面积20.5万公顷，亩产602.2千克，总产185.3万吨。玉米种植面积4.2万公顷，亩产420.9千克，总产26.3万吨。豆类种植面积6653公顷，亩产184千克，总产1.84万吨。薯类种植面积5920公顷，亩产490.2千克，总产4.35万吨。

【强农惠农政策落实】 2016年起，连云港市将原农作物良种补贴、种粮农民直接补贴和农资综合补贴三项补贴合并为农业支持保护补贴，政策目标调整为支持耕地地力保护和粮食适度规模经营。2016年，农业支持保护补贴（耕地地力保护）发放标准每亩119元，及时将补贴资金发放到农户。

2016年连云港市农作物总产量和单产情况一览表

表15

年份	全市	市区	赣榆区	东海县	灌云县	灌南县
一、农作物总产量（吨）						
（一）粮食作物	3608003	1010564	564350	1145299	818772	633368
1. 夏收粮食	1430033	402456	224811	451361	308411	267805
# 小麦	1415958	392057	215398	451361	306819	265721
2. 秋收粮食	2177970	608108	339539	693938	510361	365563
# 稻谷	1853054	512048	263965	573244	431054	336708
玉米	263034	72919	54440	97035	71075	22005
豆类	18355	7953	6481	2104	5549	2749
薯类(干品)	43527	15188	14653	21555	2683	4101
（二）油料作物	114043	63543	63407	48035	862	1603
# 花生	111932	63527	63407	48035	290	80
油菜籽	2085	16	—	—	546	1523
（三）棉花(皮棉)	549	549	450	—	—	—
二、农作物单产(千克/公顷)						
（一）粮食作物	7194	7115	7146	7167	7267	7278
1. 夏收粮食	5906	5801	5748	5895	5992	5987
# 小麦	5906	5801	5747	5895	5991	5986
2. 秋收粮食	8397	8370	8518	8338	8339	8642
# 稻谷	9033	8880	9308	8871	9266	9263
玉米	6314	6847	6979	6552	5874	5367
豆类	2760	3220	3411	2630	2545	2291
薯类(干品)	7353	8122	8141	7185	6708	6309
（二）油料作物	4674	4862	4870	4650	2463	2466
# 花生	4761	4864	4870	4650	3222	2667
油菜籽	2397	1600	—	—	2275	2456
（三）棉花(皮棉)	1771	1771	1800	—	—	—

2016年，全市粮食播种面积50.1万公顷，粮食总产360.8万吨。图为灌南县高标准农田项目区内种植的优质水稻。 魏士化 摄

【农作物病虫害防治】 2016年，连云港市做好植物保护与检疫工作。主要农作物重大病虫害准确预报率95%，有效防控以小麦赤霉病和水稻稻瘟病为主的重大病虫害，挽回粮食2.5亿千克，稻麦等作物重大病虫危害损失率控制在2%以内。全市有植物保护专业化统防统治组织200多家，专业化统防统治覆盖率58%，建成8个主要作物绿色防控示范基地。重大植物检疫性病虫得到有效阻截，加拿大一枝黄花和假高粱得到有效控制，申报企业农作物调运检疫带证率和产地检疫覆盖率均达100%。

【粮食绿色高产高效创建示范片建设】 2016年,全市承担粮食绿色高产高效创建示范片建设101个。其中,小麦高产创建万亩片35个,秋熟作物高产创建示范片66个。全市粮食绿色高产创建35个小麦万亩片核心方平均亩产560.6千克,58个水稻示范片平均亩产699.2千克。灌南县两块攻关田突破省设定的小麦亩产700千克的攻关目标,分别为堆沟淮麦33攻关田707.2千克,灌南县展示基地山农20攻关田728千克。

(逄孝云)

蔬菜业

【概况】 2016年,连云港市围绕蔬菜园艺转型升级提质增效行动计划,以"菜篮子"工程永久蔬菜基地建设和"菜果茶"标准园创建为载体,创建蔬菜标准化生产示范区,提高蔬菜生产基地的规模化、专业化和产业化水平。全年创建东海县桃林镇蔬菜标准化生产示范区,灌云县伊山、南岗蔬菜标准化生产示范区,灌南县新安、新集蔬菜标准化生产示范区,赣榆区沙河镇蔬菜标准化生产示范区和海州区浦南镇蔬菜标准化生产示范区。全市创建部级园艺作物标准园4个,省级园艺作物标准园16个,建成7个省级"菜篮子"工程蔬菜生产基地,面积5467公顷。全年蔬菜播种面积10.7万公顷,总产量逾500万吨。形成以如意味之素食品、每日食品、汉华保税物流公司、银丰食用菌等为龙头的20多家蔬菜加工贸易企业集群。建成市级千亩连片高效设施农业基地(蔬菜)18个。东海县桃林蔬菜基地辐射面积5000公顷,成为苏北鲁南最大的西葫芦、西红柿种植和批发集散地。灌云县"菜篮子"基地带动芦蒿种植面积2000公顷。灌南县"菜篮子"基地集聚发展工厂化食用菌企业50余家。

(逄孝云)

林业

【概况】 2016年,连云港市完成造林6347公顷,其中成片造林3533公顷,居全省第三。发展特色经济林果1500公顷。新建省级绿化示范村43个,其中森林生态示范村5个。乡镇建成区绿化覆盖率35.5%,集中居住型、分散居住型村庄绿化覆盖率分别为32.5%、22.1%。新建沿海防护林933公顷,开展森林抚育6267公顷。赣榆区、东海县人工造林面积分别以1200公顷、933公顷居全省县(市、区)第二、第三。开展"百亩集中连片"造林活动,完成百亩以上地块132块,面积2133公顷,其中千亩以上造林地块7块、面积633公顷。徐圩新区投资4500万元,完成工业园区绿化53公顷。灌云县完成小伊乡叮当河堆、四队镇跃进河堆等海防林80公顷。赣榆区完成沙河沭河里、海头李巷等海防林65公顷。海州区完成锦屏山绿化33公顷。连云区完成北固山、烟登山山体绿化27公顷。高新区完成南城街道山体点播绿化33公顷。连云港市被全国绿化委员会授予"全国绿化模范城市"称号,市绿化委员会办公室被评为全国绿化先进集体。市林业技术指导站被国家林业局授予"全国生态建设突出贡献先进集体"称号。

2016年,连云港市采取"政府+企业+新型经营主体"分工合作模式,促进绿化造林由政府示范向市场主导转型,图为赣榆金山茶园。 朱代桂 摄

【林业经济】 2016年,连云港市采取"政府+企业+新型经营主体"分工合作模式,促进绿化造林由政府示范向市场主导转型,全年社会资本投入3.5亿元。东海县引进晶都集团资金2000万元,完成桃林镇万亩薄壳山核桃基地建设。灌云县引进江苏林洋集团资金5000万元,在南岗、同兴等乡镇建设油用牡丹。赣榆区引进江苏石沟农业开发有限公司总资金1.2亿元,建设黑林镇80公顷石沟生态园。全年发展特色经济林果1500公顷,经济林果总面积2.4万公顷。灌南县孟兴庄镇发展绿化苗木167公顷,灌云县小伊乡发展绿化苗木33公顷,东海县双店镇投入260万元,栽植大丽花13公顷。全市苗木花卉面积1.52万公顷,实现销售额近40亿元。全年引进推广杨树雄株无性系、桃叶卫矛、油松、油用牡丹等林果花新品种40个。连云港市御龙茶业有限公司选送的"芦阳春"绿茶、中云林场选送的"中林高山"云雾茶、连云港夹山宜朵茶叶专业合作社选送的"夹谷春"绿茶获得江苏省第十七届"陆羽杯"名特茶评比一等奖。

【森林防火】 2016年,连云港市发生一般森林火灾1起,发生森林火警13起,比2015年下降16%。落实森林防火责任制,层层签订责任状。通过宣传横幅、刷贴标语、宣传车、市电视台播放防火公益宣传片、手机气象短信增加森林防火提醒内容,发放《市政府禁火通告》《森林防火条例》

10月20日，江苏省第七届森林消防技能竞赛在连云港市举行。
王晓伟 摄

《森林防火知识手册》，加强森林防火宣传教育。全年清理重点防范区域的林下可燃物1067公顷。冬至、清明节期间，公安、城管等部门开展联防联治，把守进山道口、重点区域，8支专业森林消防队伍全天处于临战状态。成立森林消防半专业队伍，定期进行培训和演练。有林乡镇（街道）建立50人以上义务扑火队伍。全市投入3000万元新建防火通道21千米、防火蓄水池（箱）28个、森林消防扑救系统6套、护林房（卡口）8个、祭拜台12个。

【古树名木普查】 2015年10月至2016年10月，连云港市开展古树名木资源普查工作。全市有古树名木536株，其中一级古树63株、二级古树69株、三级古树349株、名木55株，分别占总数的11.8%、12.9%、65%和10.3%。城区拥有古树名木27株，农村拥有509株，其中远郊野外90株、乡村街道48株、风景名胜区330株、院落内41株；属于国有、集体和个人的古树名木分别为365株、134株和37株。树龄为90—100年间古树作为后备资源库登记的有23株。结合普查工作，建立古树名木数据资料图片库，将树种珍贵、连云港市稀有、树型奇特的树木纳入资料库管理。

【森林资源保护管理】 2016年，连云港市加强森林资源管理，完成国家重点工程204国道改扩建工程和省重点工程242省道改扩建等工程使用林地审核审批，对连盐铁路灌云段、灌南段使用林地的被许可项目使用林地情况进行核查。开展惩罚破坏森林资源违法行为，在花草鱼虫交易集中区域开展清理非法出售来历不明的野生苗木、树桩、树兜、树根等专项行动。全年完成行政许可和行政处罚信息公示1816条。防治林业有害生物9253公顷。开展重点保护野生植物人工培育资源补充调查，全市有野生植物人工培植单位7处，人工培植的目的物种9种、面积120.86公顷、9.06万株，目的物种包括杜仲、红豆杉、核桃、银杏、水杉、五针松、园叶玉兰、鹅掌楸、金钱松等。

【义务植树】 3月12日，连云港市开展以“拥抱蓝天同呼吸，挥别雾霾共行动”为主题的绿化宣传月活动。市绿化委员会、市委宣传部、市文明办等8个部门向市民发出绿化港城的倡议书。全年开展广场宣传活动46场次。组织现场义务植树活动105场次，3.7万人次参加劳动，植树36万余株。建成青年林、拥军林、幸福家庭林等纪念林30个，全民义务植树尽责率89%。 （舒 彤）

畜牧业

【概况】 2016年，连云港市推进畜牧业结构调整，实施产业化经营，加强重大动物疫病防控，畜牧生产保持稳定增长。江苏蓬祥畜禽生态养殖有限公司、连云港富邦农场创建部级畜禽养殖标准化示范场，全市省级畜牧生态健康养殖示范场19家。全年生猪饲养量626.43万头，出栏429.13万头；牛饲养量46.97万头，出栏19.79万头；羊饲养量199.21万只，出栏127.98万只；兔饲养量277.2万只，其中出栏193.4万只；家禽饲养量7042.33万羽，出栏5019.03万羽；毛皮动物饲养量170万头，鹌鹑存栏350万羽。牛、羊、三元猪杂交改良率分别为85%、80%、75%。肉类总产量42.95万吨，奶类总产量3.72万

连云区金苏村千年银杏树 张言华 摄

2016年，全市有省级畜牧生态健康养殖示范场19家。图为灌南县天兆牧业生猪养殖场。 市农开局 供

吨，禽蛋总产量14.14万吨。牧业总产值119.01亿元，占农业总产值的20.2%。

【畜禽规模养殖】 2016年，全市生猪大中型规模养殖比重74%，大中型规模养殖场新增生猪出栏33万头。以东海县、灌云县、灌南县、赣榆区4个生猪县区为主的生猪产业带，生猪存栏占全市的93%；以东海县和连云港市郊区为主的肉禽产业带，肉禽出栏占全市的68%。全市规模养殖场7372个，其中万头猪场30个、千头奶牛场4个、出栏50万只肉鸡场8个、存栏10万只蛋禽场6个，生猪、家禽规模养殖比重分别为90%、91.5%。

【重大动物疫病防控】 2016年，全市未发生区域性重大动物疫情和畜产品质量安全事件。重大动物疫病群体免疫密度维持在92%以上，应免动物免疫密度100%，平均免疫抗体合格率85%以上。

【畜牧项目扶持】 2016年，连云港市落实好国家、省、市扶持畜牧业发展的政策。全年实施省农业产业化引导项目21个，争取省级财政资金885万元。实施“菜篮子”产品生产项目10个，争取省财政投资460万元。全年获得部、省生猪良种补贴项目1109万元，获得省奶牛良种补贴项目29万元，肉牛良种补贴项目45万元。东海县、灌云县、灌南县和赣榆区均被列入全国生猪调出县区，获奖励资金1554万元，市农委制定《生猪调出大县奖励资金管理使用办法》，主要用于猪场改（扩）建、良种猪引进、病死猪无害化处理示范点建设、生猪防疫服务、生猪发酵床养殖技术示范和仿生输精技术推广。 （逄孝云）

水产业

【概况】 2016年，连云港市水产品产量75.3万吨，实现渔业一产产值128亿元，渔业总产值217亿元，渔民人均收入2.38万元，基本实现提质增效、减量增收、绿色发展、富裕渔民的目标。海水产品总产量47.38万吨，其中海水捕捞15.38万吨、海水养殖32万吨。淡水产品总产量27.92万吨，其中淡水捕捞1.58万吨、淡水养殖26.34万吨。水产养殖面积6.79万公顷，其中海水养殖面积4.34万公顷，淡水养殖面积2.45万公顷。主要淡水养殖品种有青鱼、鲤鱼、鲫鱼等常规淡水鱼类，乌鳢、泥鳅、黄颡鱼、鳜鱼、河蟹、南美白对虾、克氏原螯虾等经济品种。

【渔业产业化】 2016年，全市形成规模以上水产加工企业26家、省级龙头企业6家、国家级龙头企业1家，培育形成“水中参”泥鳅、“神仙”紫菜等品牌产品，带动水产品出口创汇超1亿美元。建成农业部水产健康养殖示范场24家，获批省级水产良种繁育场6家，认定无公害水产品产地2.76万公顷，认证无公害水产品品牌31个。建成省级现代渔业园区3个、省级精品园区2个和市级现代渔业园区10个。 （韩 飞）

农业资源开发

【概况】 2016年，连云港市农业综合开发土地治理、产业化经营、丘陵山区开发、滩涂开发四类项目争取国家、省级农业开发财政投资3.05亿元。建成国家农业开发高标准农田9473.3公顷，至年底，全市建成高标准农田21.03万公顷，扶持产业化项目20个。

【土地治理项目】 2016年，国家农业综合开发土地治理项目涉及东海县、灌云县、灌南县、赣榆区、海州区的19个乡镇67个行政村，农业人口11.34万人。项目总数19个，总投资2.13亿元。其中，高标准农田建设项目18个，建设任务9140公顷；生态综合治理项目1个，治理面积333.3公顷。水利措施安排投资1.33亿元，建拦河坝2座，投资121万元；新建改建电灌站71座，投资1502万元；输变电线路配套2.65千米，投资75万元；开挖疏浚渠道16.69千米，投资135万元；衬砌渠道284.88千米，投资5678万元；埋设管道20.47千米，投资379万元；新建各类渠系配套建筑物6895座，投资5310万元。新建道路250.02千米，投资7011万元。林业措施安排投资342万元，建农田防护林网3200公顷，投资342万元。科技措施安排投资198万元，实施示范推广3133公顷，投资151万元。技术培训8300人次，投资47万元。

【农业产业化项目】 2016年，全市立项建设产业化经营项目20个。其中，补助项目7个，总投资1430万元，财政投资680万元；贷款贴息项目13个，贷款总额2.34亿元，财政贴息额720万元。新增农业总产值1.5亿元，新增农业增加值3196万元，新增利税923万元，固定资产形

农业综合开发项目扶持的李埝林场生态农业观光园　　　市农开局　供

成总额1392万元，直接受益农户572户，农民年收入增加总额1049万元，新增就业人数250人。通过现金支持、技术培训等方式结对帮扶贫困户23户。

【丘陵山区项目】 2016年，全市丘陵山区农业综合开发立项项目25个，其中东海县8个、灌云县4个、赣榆区7个、连云区3个、海州区3个。项目争取省级财政投资5215万元，改造治理2333.3公顷。全市项目区建成蓄水池43座，修建塘坝12座、跌水2座，建成塘坝混凝土护坡1.48千米，增做护坡545.7立方米、溢洪道29米；建成排灌站（泵房）10座、机电井34眼，架设输变电线路9.49千米、变压器4台套，衬砌渠道（截水沟、排洪沟）21.19千米，埋设管道36.54千米，建成桥、涵、闸、渡槽、放水口等渠系建筑物1179座。建成硬质路70.88千米、砂石路30.37千米、完成喷滴灌143公顷、增做挡土墙1417米。项目区新增有效耕地面积23公顷，营造农田林网33公顷。发展高效优质林果茶基地1807公顷，生态旅游、休闲观光基地面积347公顷。种植业总产值1.29亿元，带动农户3551户，安排就业4511人，农民收入总额增加1.5亿元。　（陈洪建）

农业机械化

【概况】 2016年，连云港市农机总动力588万千瓦。其中，大中型拖拉机保有量9.68万台，水稻插秧机保有量1.99万台，联合收割机保有量2.92万台。全市农业综合机械化水平达80.5%，主要粮食作物综合机械化水平84%。水稻机插秧总面积13.4万公顷，占适宜机插面积的79%，水稻、三麦的机耕、机收水平均在96%以上。稻麦秸秆机械化还田509.6万公顷，还田率77.2%。玉米机播面积3.6万公顷，机播率85%；玉米机收面积3.7万公顷，机收率87%；玉米生产机械化水平83%。

【农机购机补贴】 2016年，全市使用中央及省农机购机补贴资金1.75亿元，受益农户8616户，销售总额7.8亿元。到位资金1.86亿元，兑付率100%。全年新增补贴机具1.18万台，农机总动力616万千瓦。新增拖拉机1668台，其中100马力以上1561台，占93.6%；新增稻麦联合收获机4248台，全喂入履带机占比85%以上，新增高效植保机755台；新增乘坐式插秧机329台，新增烘干机444台，新增烘干能力6700吨/批处理。

【农机公共服务能力建设】 2016年，市委农工办、市农机局、财政局联合印发《连云港市农机示范合作社考评管理办法》，以奖补资金引导农机合作社向“规范化管理、规模化经营、全程机械化生产、产业化发展、信息化融入”方向发展，培育适度规模经营的农机示范合作社；鼓励农机合作社开展联耕联种、全托管等一条龙服务，推动农机服务由过去的单一服务向耕种收植保烘干全程机械化服务转变。全市符合农机示范合作社标准的有32家，奖补资金234万元。东海丰惠农机合作社被农业部评为全国农机示范合作社。全年免费发放跨区作业证1.56万张，实现作业收入7.3亿元。

【农机科技推广】 2016年，市政府出台《关于加快推进粮食生产全程机械化意见的通知》，灌南县通过省首批示范县创建中期验收，赣榆区通过省级竞争答辩，进入2017年省级示范县创建行列。市农委、农机局、农科院、东辛农场等部门联合召开全市水稻钵苗摆栽座谈会和现场观摩会，探索研究破解缺水地区水稻机插技术难题。全年投入75马力以上拖拉机及配套还田机具8877台，还田率77.2%；新增乘坐式插秧机329台，水稻机插秧总面积13.4万公顷，占适宜机插面积79%。

【农机队伍培训】 2016年，连云港市利用合作社理事长培训、基层推广培训和获证奖补等政策，加强农机人才队伍建设。全年举办机插秧、秸秆还田、农机维修、复式作业、职业技能以及拖拉机、收割机驾驶员等培训班160多期，完成农机化培训2.3万余人次，其中农机职业技能培训鉴定合格4583人。3月，举办“雷沃杯”农机修理工竞赛暨第三届江苏技能状元大赛农机修理工选拔赛，检验农机修理人员的职业能力和技术水平。

【农机安全生产】 2016年，农机系统开展“打非治违”和专项整治行动，农机监理能力和水平得到提升。开展“打非治违”“隐患排查”等行动401次，查纠违章行为1678起，查出一般隐患1583起，隐患整改率100%，全市未发生道路外较大以上农机责任事故。全市注册登记拖拉机1228台、联合收割机4761台；年检拖拉机4466台、联合收割机6785台；新办农机驾驶证1063人。

（周锦涛）

云台农场水生花卉园万亩荷花 刘聪 摄

农垦

【概况】 2016年，连云港垦区下辖东辛、云台、岗埠三个国有农场，拥有土地面积3.18万公顷，其中耕地面积1.7万公顷。总人口7.99万人，其中在职职工1.3万人、离退休人员1.72万人。垦区实现地区生产总值31.7亿元，实现国有二、三产利润1.07亿元，垦区居民人均收入2.5万元。

【东辛农场】 2016年，东辛农场有土地面积2万公顷，其中耕地1万公顷，养殖水面1467公顷，总人口4.2万人。实现国有营业收入7.86亿元，国有二、三产利润9281万元。小麦种子订单生产面积3467公顷，水稻种子订单生产面积3067公顷。种植大棚西瓜159公顷，种植浅水藕354公顷，种植青储玉米面积533公顷。农场水产公司实现利润1430万元。金鲤渔业公司实现利润320万元。东旺奶牛公司生产鲜奶7013吨，实现利润300万元。三元双宝公司存栏奶牛1473头，生产鲜奶7165吨，实现利润346万元。东米公司实现利润75万元。农场利用大面积河堆等宜林地栽植榉树、中华金叶榆等绿化苗木17公顷，自繁经济苗木基地规模107公顷。

【云台农场】 2016年，云台农场拥有土地面积2798公顷，其中耕地1649.2公顷，人口6100人。农场实现地区生产总值4.72亿元，营业收入1.23亿元，利润总额1457万元。全年粮食种植面积2450公顷，粮食总产量1405万千克。蔬菜种植面积635公顷，蔬菜总产量1.83万吨。拥有番茄、浅水藕、青花菜、甘蓝、青椒等无公害农产品6个，省名牌产品5个、著名商标1个。农场生猪饲养量2206头，出栏875头；饲养家禽45.6万只，出栏18万只；养殖种禽0.72万只，孵化雏鸡7.1万羽；羊饲养1523只，出栏652只。

【岗埠农场】 2016年，岗埠农场拥有土地总面积9000公顷，耕地面积5400公顷，人口3.18万人。全年实现营业收入1.76亿元，地区生产总值8.8亿元。农场粮食种植面积9067公顷，总产量6666万千克。繁育小麦种子713千克，水稻种子668千克。农场有林地1000公顷，林木总株数55.9万株，水产养殖面积333公顷，苗种培育面积27公顷，南美白对虾、福瑞鲤、水蛭等其他特色水产品57公顷。农场水产品产量6200吨，渔业产值9000万元。全年出栏猪牛羊3.6万头、鸡鸭鹅80万羽，产值8600万元。农场有高效设施农业面积120公顷，播种面积441公顷。

（李 洪）

名特优农产品

2016年，连云港市实施农业结构调整和优势产业区域布局规划，突出优势支柱产业，形成一批规模化、专业化、标准化程度较高，特色鲜明的优势农产品，打造优质稻米、蔬菜、食用菌、花卉、林果、水产等六大主导产业及极具特色的地方名优品。主要有以谢湖大樱桃、云台茶叶、石梁河葡萄、黄川草莓等为代表的林果类品牌农产品，以花果山风鹅、板浦香肠、东海老淮猪为代表的品牌畜禽产品，以东海优质大米、赣榆花生、灌云大豆为代表的品牌粮油农产品，以灌云芦蒿、灌南食用菌为代表的品牌蔬菜产品，以海州湾梭子蟹、连云港紫菜、赣榆区泥鳅等为代表的品牌水产品。 （逄孝云）

游客在赣榆区厉庄镇谢湖有机茶果观光基地采摘大樱桃 朱代桂 摄

责任编辑 徐 敏

制 造 业

综述

【概况】 2016年,连云港市工业经济实现平稳运行。市委、市政府深入推进“产业强市、工业立市”发展战略,先后制定出台《连云港市加快科技型中小企业培育行动计划(2016—2020)》《连云港市培优培强企业行动计划(2016—2020)》《连云港市上市企业培育行动计划(2016—2020)》等支持、培育企业发展的文件,推动全市工业转型升级,增强港城工业的核心竞争力。全市有规模企业1694家,比2015年增加57家。全市规模以上工业总产值6225.87亿元,比2015年增长12.2%。其中,轻工业总产值1984.07亿元,增长17.3%;重工业总产值4241.8亿元,增长10%,轻工业增速明显高于重工业,产业结构不断优化。规模以上工业增加值1302.48亿元,增长9.3%,增速列全省第七位;完成工业投资1487.3亿元,增长17.5%,增速列全省第二位。工业应税销售收入1973.2亿元,增长4.5%。规模以上工业实现利润465.17亿元,比2015年增长10%。全市工业化率35.8%,增长0.3个百分点。

全市35个工业行业大类中,31个行业生产成正增长态势,增长面为88.6%。8个行业增速在20%以上,15个大行业产值过100亿元,其中过1000亿元1个,500亿元~1000亿元3个,200亿元~500亿元4个,100亿元~200亿元7个。医药、新材料、能源、高端装备制造、石化、冶金六大支柱产业规模占全市规模以上工业的85%(含重复),平均利润增速为12.4%。全市产值20强工业企业完成产值2348.52亿元,占全市规模以上工业总产值的37.7%。全市高新技术产业实现产值2432.08亿元,比2015年增长12%,总量占全市规模以上工业总产值的39.1%,对全市工业总产值增长的贡献率为38.6%,拉动全市工业总产值增长4.7个百分点。

【工业项目建设】 2016年,连云港市组织春秋季两次工业项目集中开工活动,市经济和信息化委开通24小

2016年连云港市工业总产值20强企业一览表

表16 单位:万元

序号	企业名称	产值
1	江苏新海石化有限公司	2452505
2	江苏省镔鑫钢铁集团有限公司	2334621
3	连云港亚新钢铁有限公司	2158962
4	连云港兴鑫钢铁有限公司	1999729
5	益海(连云港)粮油有限公司	1922051
6	江苏恒瑞医药股份有限公司	1352129
7	正大天晴药业集团股份有限公司	1130571
8	罗盖特(中国)精细化工有限公司	983550
9	大陆汽车电子(连云港)有限公司	927387
10	丰益油脂化学(连云港)有限公司	904594
11	连云港启创铝制品有限公司	888564
12	江苏豪森医药集团有限公司	878761
13	东方国际集装箱(连云港)有限公司	839165
14	江苏康缘集团有限责任公司	811789
15	韩华新能源科技有限公司	750606
16	沙索益海(连云港)醇工业有限公司	749872
17	江苏虹港石化有限公司	681699
18	连云港五洲船舶重工有限公司	586641
19	连云港宏鹏金属制品有限公司	567121
20	江苏华尔化工有限公司	564848

时项目服务热线，建成市重点工业项目推进信息管理平台，随时了解项目进度和难题办理情况。105个市级重点工业项目有序推进。中材江苏太阳能新材料有限公司坩埚项目、恒运医药科技有限公司原料药生产项目、常茂生物连云港有限公司药品添加剂项目等47个项目实现竣工投产或部分投产，完成投资160亿元。全市完成工业投资1487.3亿元，比2015年增长17.5%，增速排名全省第二。其中，工业技术改造投资544.6亿元。

【产业转型升级】 2016年，全市工业产业转型升级步伐加快。市委、市政府出台《市政府关于供给侧结构性改革去产能的实施意见》《连云港市推进供给侧结构性改革补齐发展短板实施方案》等政策意见，旨在化解过剩产能、过剩库存、去金融杠杆，降低企业生产要素成本，推进战略性新兴产业和现代服务业加快发展，培育更多产业新增长点和结构性力量。市政府下发《关于印发连云港市企业互联网化提升实施计划的通知》《关于印发连云港市企业制造装备升级实施计划的通知》，引导企业深化互联网融合创新，加快智能装备、智能制造的推广应用和产业合作，突出数控装备推广应用、高端装备自主制造、重大装备智能改造，全面提升企业制造装备整体水平。国家工业强基项目实现零的突破，工业投资集团中标国家工业强基公共服务平台项目。斯尔邦石化的丙烯腈智能车间、新海石化的重油制烯烃智能生产车间省智能车间、杜钟新奥神氨纶的差别化无染氨纶纤维智能生产车间、神舟新能源的光伏组件智能生产车间获批省示范智能车间。城区重污染企业搬迁工作启动，连云港碱业公司成立并完成产权划转，德邦化工搬迁项目作为全市秋季集中开工主会场项目正式启动搬迁，全面开工新厂区建设，开工地基处理、道路建设等基础设施建设，双菱化工合成工序停产。全年实施重点节能改造项目30个，节约15万吨标准煤。淘汰小型冶金企业7家，重组融合化工企业17家。

2016年连云港市工业利润20强企业一览表

表17　　单位：万元

序号	企业名称	利润
1	正大天晴药业集团股份有限公司	310324
2	江苏恒瑞医药股份有限公司	305740
3	江苏核电有限公司	228098
4	江苏豪森医药集团有限公司	181679
5	连云港润众制药有限公司	150731
6	连云港兴鑫钢铁有限公司	145069
7	连云港亚新钢铁有限公司	134932
8	益海（连云港）粮油有限公司	108646
9	江苏华尔化工有限公司	86109
10	江苏新海发电有限公司	76071
11	丰益油脂化学（连云港）有限公司	65253
12	江苏康缘集团有限责任公司	58096
13	东方国际集装箱（连云港）有限公司	48906
14	江苏金茂源生物化工有限责任公司	45702
15	连云港中复连众复合材料集团有限公司	41110
16	江苏新海石化有限公司	40062
17	连云港市易达酒业有限公司	39919
18	江苏省镔鑫钢铁集团有限公司	39348
19	大陆汽车电子（连云港）有限公司	36505
20	沙索益海（连云港）醇工业有限公司	34826

【企业服务】 2016年，连云港市实施优强企业、上市企业、科技型中小企业培育“三大行动计划”，确认176家企业为2016年度首批市级科技型中小企业并纳入市级科技型中小企业培育的管理服务体系；认定东海晶澳太阳能科技有限公司等20家企业为2016年度连云港市科技小巨人企业。上市企业培育行动重点支持“中国制造2025”、“互联网+”、医药、新材料、能源、装备制造、文化创意、生态旅游、现代农业、金融服务、港口物流等行业领域企业上市。市经济和信息化委开展“企业服务年”活动，扩大直购电试点范围，54家企业直购电量27.24亿千瓦时，为企业节省电

位于连云港经济技术开发区内的中科院能源动力研究中心输运床气化中试装置　市发改委　供

2016 年连云港市获省工业和信息产业转型升级专项资金安排项目一览表

表 18 单位：万元

项目类别	单位	项目名称	安排资金
大中型企业制造装备升级	连云港神舟新能源有限公司	年产 300 兆瓦组件生产线自动化技改项目	100
大中型企业制造装备升级	日出东方太阳能股份有限公司	搪瓷内胆夹套水箱分体式太阳能供热系统	150
大中型企业制造装备升级	连云港杜钟新奥神氨纶有限公司	差别化无染氨纶纤维生产线技术改造项目	130
大中型企业制造装备升级	江苏耕耘化学有限公司	年产 2000 吨苯醚甲环唑原药、200 吨烯酰吗啉原药等 7 个产品技改项目	140
优秀示范智能车间	江苏三吉利化工股份有限公司	苯二酚智能生产车间	50
优秀示范智能车间	连云港市工投集团利海化工有限公司	氯化苄智能生产车间	50
产品质量攻关	中国船舶重工集团公司第七一六研究所	大型专用焊接机器人	150
首台（套）重大装备及关键部件示范应用	连云港市拓普科技发展有限公司	DXS3A-00 型多功能 LNG 一体化装卸撬	25
首台（套）重大装备及关键部件示范应用	江苏鹰游纺机有限公司	LMV82X 型高温拉幅定型机应用示范	50
大中型企业互联网化提升	正大天晴药业集团股份有限公司	集团互联网化创新提升工程	310
大中型企业互联网化提升	江苏斯尔邦石化有限公司	生产经营管控一体化集成系统应用提升	120
大中型企业互联网化提升	连云港中复连众复合材料集团有限公司	风力发电机叶片生产制造执行管控互联网化提升项目	120
国家两化融合贯标企业奖励	日出东方太阳能股份有限公司	国家两化融合贯标项目	30
国家两化融合贯标企业奖励	江苏金桥盐化集团有限责任公司	国家两化融合贯标项目	30
国家两化融合贯标企业奖励	连云港港口集团有限公司	国家两化融合贯标项目	30
软件产业关键核心技术突破和产业化（类别 1）	连云港杰瑞深软科技有限公司	基于大数据的 3D 可视化能源管控系统	85
软件产业关键核心技术突破和产业化（类别 1）	中国船舶重工集团公司第七一六研究所	工业控制系统故障诊断与预测系统开发	80
软件产业关键核心技术突破和产业化（类别 1）	连云港港口集团通信信息工程公司	港口码头生产经营综合管控平台的研发与应用	90
互联网创新创业载体与服务保障	淮海工学院大学科技园有限公司	互联网众创园	80
物联网、集成电路与新一代信息技术研发和产业化	连云港丰达电子有限公司	节能环保抗雷击二极管 (GPP-EM516)	250
智慧江苏建设平台项目	连云港电子口岸信息发展有限公司	2015 年智慧江苏建设重点示范工程（与省交通厅联合认定）	20
节能改造项目	江苏金茂源生物化工有限责任公司	发酵法醇醛装置集成优化专利技术应用改造项目	50
节能改造项目	连云港市永旺玻璃制品有限公司	生产自动化与产品提优改造（窑炉节能改造）项目	50
节能改造项目	江苏德邦兴华化工股份有限公司	联碱系统节能技术改造	80
绿色制造清洁生产项目	江苏三吉利化工股份有限公司	苯酚精馏余热利用节能技术改造	80
绿色制造工业循环经济项目	江苏省镔鑫钢铁集团有限公司	余热余压综合利用发电项目	117
能源管理体系认证项目	江苏金茂源生物化工有限责任公司	能源管理体系认证项目	5
能源管理体系认证项目	江苏金茂源生物化工有限责任公司	能源管理体系认证项目	5
能源管理体系认证项目	连云港鑫能污泥发电有限公司	能源管理体系认证	5
能源管理体系认证项目	江苏三吉利化工股份有限公司	能源管理体系认证	5

续表 18

项目类别	单位	项目名称	安排资金
能源管理体系认证项目	连云港兴鑫钢铁有限公司	万家企业能源管理体系认证	5
服务型制造	连云港天明装备有限公司	变频刮板输送机成套设备专业化服务项目	50
服务型制造	江苏西德电梯有限公司	电梯制造与服务升级	24
智慧物流示范	连云港市新干线物流有限公司（连云港港口集团有限公司子公司）	连云港港中心货运站一期工程	100
中小企业公共服务平台	连云港市雅欧乔创业服务有限公司	江苏省中小企业星级公共服务平台	30
中小企业公共服务平台	东海县中小企业服务中心	省级中小企业公共服务平台建设项目	30
专精特新小巨人企业智能化升级	连云港天诺光学仪器有限公司	高效型组合验光台专精特新项目	40
专精特新小巨人企业智能化升级	中复碳芯电缆科技有限公司	碳纤维复合芯导线产能技术提升项目（碳纤维复合芯导线二期）	40

费 8658.5 万元。市政府下发《关于印发连云港市中小企业应急转贷资金管理暂行办法的通知》，设立连云港市中小企业应急转贷资金，帮助中小企业及时获得金融机构转贷支持，年内累计为中小企业办理 55 笔转贷业务，帮助企业转贷 3.3 亿元。设立中小企业融资超市、企业融资信息平台，市经济和信息化委组织 3 次资本市场对接活动，推荐 10 家企业在江苏股权交易中心挂牌，直接担保融资 29.5 亿元。（张雪梅）

医药产业

【概况】 连云港市医药产业在国内具有较高知名度和影响力，形成化学创新药、现代中药、医疗器械及药用包装材料的发展格局，建立国内领先、接轨国际的创新研发体系。全市建成抗肿瘤药物、抗肝炎药物、麻醉手术用物、新型中成药、新型药用包装材料、医疗器械六大生产基地。2016 年，全市有规模以上医药企业 57 家，工业总产值 567.7 亿元，比 2015 年增长 19%；主营业务收入 526.9 亿元，增长 15.1%；利润总额 109.2 亿元，增长 18.7%；利税总额 168.4 亿元，增长 16.1%，利税和利润指标均列全市第一位。医药制造企业创新能力全国领先，2016 年，工业和信息化部公布中国医药研发产品线最佳工业企业 20 强，江苏恒瑞医药股份有限公司、正大天晴药业集团股份有限公司、江苏豪森药业股份有限公司分别列第一位、第三位、第四位。年内，恒瑞医药入选国家发展和改革委、科技部等九部委联合评审的国家第一批创新企业百强工程试点企业。由恒瑞医药牵头创建的江苏省原创化学药物制造业创新中心，是全省第二个创新中心试点。

【重点企业】 江苏恒瑞医药股份有限公司是国家重点高新技术企业、国家“863 计划”成果产业化基地、国家重大新药创制孵化器基地，是国内最大的抗肿瘤药和手术用药的研究和生产基地，在内分泌、心血管、造影剂等领域形成品牌优势，抗肿瘤药伊立替康注射剂通过美国 FDA 通用名药物注册和欧盟认证。公司先后承担 4 项国家“863 计划”重大科技专项项目，12 项国家火炬计划项目，7 项国家星火计划项目，23 项国家级重点新产品项目，25 个项目被列入国家重大新药创制专项，2 个创新药艾瑞昔布和阿帕替尼获批上市。2016 年 5 月，恒瑞医药入选“国家第一批创新企业百强工程试点企业”，成为唯一入选的医药企业，也是江苏省唯一入选的企业。2016 年实现产值 135.2 亿元，营业收入 110.9 亿元，利润总额 30.1 亿元，利税总额 47.5 亿元。

江苏豪森药业股份有限公司是集药物研究、制造、销售于一体的新型现代化制药企业。公司在抗生素、抗肿瘤、消化道等领域居国内领先水平，设有国家级博士后科研工作站、

江苏省原创化学药创新中心　　张肖峰　摄

省院士工作站、生物药物高技术研究实验室等多个技术平台，先后承担国家重大新药创制专项、“863 计划”重大科技专项项目、国家创新基金等多个重大课题，在中国医药企业创新力排名中居化学制剂类行业第五位。公司连续 2 年位列中国医药企业创新力 20 强前三强，中国医药研发产品线最佳工业企业前四强，“豪森”“泽菲”商标被国家工商总局认定为“中国驰名商标”，公司被工业和信息化部、财政部评为国家技术创新示范企业。2016 年实现产值 58.1 亿元，利润 14.8 亿元，利税 25.9 亿元。

正大天晴药业集团股份有限公司是国内最大的肝健康药物研发和生产基地之一、国家火炬计划重点高新技术企业、国家技术创新示范企业。江苏省新型肝病药物工程技术研究中心、国家级博士后科研工作站、国家级企业技术中心等高层次研发平台相继在正大天晴建立。“天晴”商标被国家工商总局认定为“中国驰名商标”。公司累计有效专利及专利申请 582 项，其中发明专利 547 项；累计授权公告的专利共 259 项，其中发明专利 228 项；累计国际专利授权 32 项。2016 年，实现产值 150 亿元，利税 25 亿元。

江苏康缘药业股份有限公司是国家创新型试点企业、国家技术创新示范企业、国家中药现代化示范企业、国家重点高新技术企业、中国制药工业百强企业。拥有中药制药过程新技术国家重点实验室、国家博士后科研工作站等国家级科研创新平台，累计获得中药新药证书 46 件、发明专利 259 件，承担国家、省级以上重大项目 70 余项，荣获国家科技进步奖 2 项及多项省部级科技成果奖。中药生产智能工厂项目是全国首批智能制造试点示范项目。“康缘”商标为中国驰名商标。2016 年，公司荣获江苏省消费品工业增品种提品质创品牌示范企业称号。实现产值 81.2 亿元，实现利税 10.8 亿元。

江苏德源药业股份有限公司成立于 2004 年 10 月，主要从事高血糖、高血脂、高血压领域治疗药物的研发、生产、销售，拥有通过国家GMP 认证的年产 5 亿片片剂生产线、1 亿粒胶囊生产线的制剂工厂以及 1 个获得生产许可证的原料药生产工厂。“德源”商标被省工商管理局认定为省著名商标，公司生产和销售国家 1 类、2 类、3 类新药共计 6 个制剂品种，国家 3 类新药“复瑞彤”被科技部认定为国家重点新产品；降压新药“波开清”为国内独家上市品种。公司被国家、省认定为国家级高新技术企业、省级企业技术中心、省级工程技术研究中心、省优秀企业技术中心和国家级博士后工作站。2016 年实现产值 2.8 亿元，利税 7200 万元。 （张雪梅）

2016 年，中复神鹰碳纤维有限公司 T800 碳纤维生产线投产。 贺成东 摄

新材料产业

【概况】 2016 年，连云港市新材料产业发展平稳。重点企业发展势头良好，在国内产业中的影响力逐步显现。2016 年，全市新材料产业实现产值 580 亿元，比 2015 年增长 12%；拥有新材料国家高技术产业基地、国家火炬计划东海硅材料产业基地 2 个国家级基地和国内首家石英行业上市公司——江苏太平洋石英股份有限公司。2016 年，产业链实现拓展延伸。围绕碳纤维、聚酰亚胺等国内优势产品，上游研发生产碳纤维成套设备等制造装备，江苏鹰游纺机有限公司的 LMV82X 型高温拉幅定型机被认定为 2016 年度江苏省首台（套）重大装备及关键部件；下游延伸拓展到风力叶片、碳纤维特种装备、碳纤维自行车、碳纤维乐器、防护服等产品。工业投资集团的碳纤维复合材料公共服务平台中标国家工业强基项目，成为全省首批获批的平台项目。市产品质量监督检验中心获评工信部工业（硅材料）产品质量控制和技术评价实验室。联瑞新材料、奥神新材料在新三板上市。6 月 16 日，纤维新材料绿色设计与绿色制造工程前沿技术论坛暨中国化纤科技大会在连云港开幕。大会由中国工程院环境与轻纺工程学部、中国化学纤维工业协会、中国纺织工程学会、连云港市人民政府主办，由中国纺织工程学会化纤专业委员会、纺织化纤产品开发中心、连云港经济技术开发区管理委员会、连云港市工业投资集团有限公司、中国化学纤维工业协会相关专业委员会及分会承办。大会举行了 2016 年“中国化学纤维工业协会·恒逸基金”优秀学术论文颁奖典礼。评出二等奖 8 篇，三等奖 26 篇，优秀奖 105 篇，一等奖空缺。中国化学纤维工业协会会长端小平作“中国化纤行业科技发展报告”。

【重点企业】 中复神鹰碳纤维有限责任公司是专业研究和生产碳纤维原丝、碳丝及其复合材料制品的企业。公司拥有全套自主研发干湿混纺碳纤维原丝生产线和碳化生产线，主要生产设备完全依靠自身技术能力设计制造，获得多项生产技术专利及技术成果。实现千吨T800级碳纤维原丝线投产，国产碳纤维国内市场占有率第一。神鹰碳纤维自行车研发的碳纤维电动自行车推向市场。2016年实现产值超20亿元。

江苏太平洋石英股份有限公司是硅资源深加工企业，是国内石英行业首家上市企业、国家火炬计划重点高新技术企业、国家硅材料产业基地骨干企业，主要生产高纯石英砂、高档石英管棒、石英坩埚等产品，被广泛应用于电光源、家用电器、化工、光通讯、半导体、太阳能等领域。建有国家级博士后科研工作站以及通过国家实验室认可委员会认证的太平洋石英检测中心。获批省级高新技术产品20件，获得国家授权专利43件，其中发明专利7件；承担国家科技项目8项、省重大科技成果转化项目2项。2016年，公司有员工635人，实现产值4亿元，利税1.2亿元。

（张雪梅）

能源产业

【概况】 连云港市能源产业主要包括传统电力工业，以核电、风电、生物质发电，光伏、风电装备制造为主的新能源产业。至2016年底，连云港地区有统调电厂6家，机组235台，装机容量520.7万千瓦；地方非统调电厂23座，机组158台，装机容量24.13万千瓦；地区总装机容量544.83万千瓦。其中，光伏及风电新能源总容量51.144万千瓦。有139座35千伏及以上变电站（不含用户变和灌西开关站），主变258台，总容量为1888.42万千伏安。其中，500千伏变电站3座，220千伏变电站22座。35千伏及以上线路331条（不含用户资产），线路长度5266.63千米。7月25日21时25分，地区调度负荷达到最高值321万千瓦（统调负荷313万千瓦），创历史新高。全市全社会用电量累计160.34亿千瓦时，比2015年下降4.3％。第一产业增幅较大，第二、三产业有所下降。其中，工业用电量110亿千瓦时，下降5.6％。

全市新能源产业有规模以上企业52家，主营业务收入535.51亿元，比2015年增长5.06％。其中，利用核能、生物质能、污泥、垃圾处理环保发电企业10家，主营业务收入98.94亿元。太阳能光伏产业32家，主营业务收入275.31亿元。太阳能光热利用企业3家，主营业务收入18.02亿元。风电装备制造企业3家，主营业务收入85.88亿元。生物燃料制造企业2家，主营业务收入51.25亿元。电力制造行业2家，主营业务收入6.11亿元。

【重点企业】 江苏核电有限公司隶属于中国核工业集团公司，负责田湾核电站的项目建设管理和建成后的商业运营管理，以及中核集团山东、河南、安徽、江苏四省核电新厂址的开发保护。2016年，田湾核电站1、2号机组保持安全稳定高效运行，2台机组完成第九次换料大修，其中1号机组大修工期63.26天；2号机组大修工期43.92天，创国内核电机组十年换料大修最短工期纪录。2016年，2台机组累计发电量153.73亿千瓦时，上网电量143.54亿千瓦时；寿期内累计发电量1532.24亿千瓦时，上网电量1430.15亿千瓦时。

江苏新海发电有限公司是国家特大型火力发电企业，也是苏北地区骨干发电企业和重要电源点。2016年，公司有职工1650人，资产总额90亿元。装机规模为2台330兆瓦热电联产机组和2台1000兆瓦超超临界机组。2016年1月23日，2号机组一次性通过168小时满负荷试运行，成功转入商业运行。全年完成全口径发电量134.98亿千瓦时。投资1.24亿元对1号机组进行超低排放改造，改造后机组的二氧化硫、氮氧化物、烟尘等污染物排放浓度符合国家超低排放标准。全年供热量20.58万吨，实现营业收入44.24亿元，利税13.01亿元。

晶海洋半导体材料（东海）有限公司隶属于晶澳太阳能公司，拥有国际先进的多晶硅铸锭炉147台、线切机88台、开方机23台和其他大型配套的生产设备，主要用于生产太阳能电池级多晶硅片。至2016年底，公司通过扩产实现年产多晶硅铸锭1.5吉瓦，年产太阳能级多晶硅片1.93亿片，2016年实现销售收入14.86亿元，上缴税收450万元。（张雪梅）

化学工业

【概况】 2016年，全市化学工业形成基础性化工、精细化工以及化工新

2016年，江苏斯尔邦石化公司240吨甲醇制烯烃项目建成投产。 市发改委 供

材料等新兴化工制造共同发展的格局。石化、盐化工、农用化工、生物化工等重点产业链条和产业集聚区日趋完善。年末，全市化学工业行业有规模企业276家，实现产值1470亿元，比2015年增长16.2%；实现营业收入1409亿元，增长16.2%；利税总额116亿元，增长9.6%；利润总额70亿元，增长9%。子行业中，石油化工产业产品价格受国际原油价格影响总体上涨，全年石化产业实现产值254.3亿元，增长7.5%。石化类项目主要为盛虹集团的系列产品项目，包括PTA项目、醇基多联产项目、液体码头及物流仓储项目等。全市无机碱制造领域实现产值18.3亿元，增长6.5%。全年纯碱行情呈现上涨趋势，轻质纯碱价格上涨61.4%，重质纯碱价格上涨55.1%。由于环保督查，行业部分装置停车检修，全市纯碱产量13.4万吨，比2015年下降4%。烧碱领域部分下游化工企业停产，企业产品市场行情萎缩，全市烧碱（折100%）产量30.6万吨，增长10.6%。全市磷化工业企业有连云港新磷矿化有限责任公司，公司生产规模为15万吨磷矿石开采、8万吨选矿、20万吨普通过磷酸钙、4万吨饲料级磷酸氢钙、12万吨工业硫酸、10万吨复合肥。全市磷矿石（折含五氧化二磷30%）6.5万吨，比2015年下降25.9%。12月14日，环保部印发《关于连云港石化产业基地总体发展规划环境影响报告书的审查意见》，标志着《连云港石化产业基地总体发展规划》环境影响评价工作结束。

5月31日，连云港碱业有限公司揭牌。　　连云港碱业公司　供

【重点企业】 江苏斯尔邦石化有限公司是盛虹集团的全资子公司，位于江苏连云港市徐圩新区化工产业园内，重点建设醇基多联产项目。该项目主要以甲醇为原料，经过甲醇转化制烯烃（MTO）工艺生产乙烯、丙烯，进而生产下游衍生物。项目总占地230公顷，一期投资总额134亿元，主要建设内容包括：90万吨/年甲醇制烯烃装置（MTO）、10万吨/年丁二烯装置、30万吨/年乙烯-醋酸乙烯共聚/高压低密度聚乙烯（EVA/LDPE）装置、26万吨/年丙烯腈装置（AN）、18万吨/环氧乙烷装置（EO）、8万吨/年甲基丙烯酸甲酯装置（MMA）、废酸资源化综合利用技术改造项目（SAR）、10万吨/年乙醇胺装置、12万吨/年乙氧基化装置、公用工程及辅助设施等装置，项目建成投产后主要有丙烯腈、甲基丙烯酸甲酯、EVA、丁二烯、高吸水性树脂、乙醇胺等化工产品。2016年完成施工。

江苏新海石化有限公司是苏北大型石油化工企业集团，资产规模60亿元。2010—2016年连续7年入围中国民营企业500强。2016年位列中国民营企业500强第204位，中国化工企业500强第58位，中国石油和化工民营企业百强第11位。2016年，实现销售收入237亿元。新海石化120万吨/年FDFCC重油制烯烃为国内首套完整采用FDFCC-Ⅲ专利技术的装置，80万吨/年柴油加氢改质装置采用国际先进的美国雅宝柴油加氢改质工艺包和雅宝清洁柴油加氢催化剂。主要产品有丙烯、丙烷、高标号汽油、精制柴油、蜡油、石脑油、液化石油气、石油焦、固体硫黄等。2016年，新建20家加油站，每天生产4000～5000吨柴油、2000吨左右汽油，实现产值245亿元。

（张雪梅）

连云港碱业有限公司前身为中石化南京化学工业有限公司连云港碱厂，公司采用氨碱法制碱，主要产品有轻重质纯碱、食用碱、小苏打、二水氯化钙等，年生产能力120万吨。公司生产的“长江三角”牌纯碱被评为中国名牌产品、中国化工十大最具国际竞争力品牌。2016年2月2日，国务院国资委批复连云港碱厂资产无偿划转相关文件；2月18日，连云港碱业有限公司登记成立；5月31日，市政府与中石化签署划转协议，公司正式隶属地方管理。加强技术改造，完成3台锅炉脱硝改造实现超低排放，立项并施工碱渣治理全压滤项目，改进的重灰煅烧炉出气装置、改进的煅烧炉进料吊轴瓦结构、自身返碱式重灰煅烧炉返碱装置获得国家知识产权局的实用新型授权。2016年，公司资产总额10.83亿元，纯碱产量106万吨，总产值13.05亿元，销售收入13.12亿元，实现利润782万元。

（陈昱彰）

冶金工业

【概况】 2016年，连云港市冶金工业实现产值970亿元，比2015年增长4.9%。其中，黑色金属冶炼和压延加工业实现产值810亿元，增长4.5%；有色金属冶炼和压延加工业实现产值160亿元，增长6.7%。螺纹钢、钢坯、钢管等产品价格稳中有涨，镔鑫特钢、亚新钢铁、兴鑫钢铁3家重点钢铁企业积极应对铁矿石、焦炭原材料上涨的压力，基本实现满负荷生产。宝通镍业停产至10月26日恢复生产，产能利用率在60%左右。市经济和信息化委委托冶金工业规划研究院编制完成《江苏省连云港市钢铁十三五发展规划》明确产业方向。针对连云港市钢铁产品本地市场占有率低的问题，市经济和信息化委召开全市钢铁产业产需对接会，帮助企业拓展本地市场。推进钢铁基地建设，组织镔鑫、兴鑫、华乐三家企业申报行业规范经营延续，镔鑫钢铁换发新的生产许可证。

【重点企业】 江苏省镔鑫钢铁集团有限公司坐落在赣榆区柘汪临港产业区，具备600万吨大型综合钢铁生产能力。公司主导产品为HRB400、HRB400E、HRB500、HRB500E热轧带肋钢筋、HPB300热轧光圆钢筋和H08、40Cr、72A、82B等建材、钢坯。公司先后获批江苏省高新技术企业、江苏省企业技术中心、省高性能钢材短流程加工技术工程研究中心，连续4年获得中国民营企业及民营制造业双500强。引进江苏省"双创人才"3名，共同研发项目12项，其中6项在科技系统进行技术开发备案，享受加计扣除总金额超过3亿元。2016年与中冶建筑研究总院合作的"钢渣辊压破碎——余热有压热焖资源化成套技术研发及产业化"项目获得江苏省科技成果转化专项资金1000万元。"镔鑫特钢"商标是江苏省著名商标。2016年产值233亿元。

连云港亚新钢铁有限公司位于灌南县灌河半岛临港产业园区。公司集烧结、炼铁、炼钢、轧钢、运输为一体。生产能力为炼铁280万吨/年、钢300万吨/年、热轧300万吨/年。2016年产值215亿元。

连云港兴鑫钢铁有限公司位于灌南县灌河半岛临港产业区内，可生产HRB400 10-Φ32MM热轧带肋钢筋。钢、铁生产能力300万吨，2条轧机生产能力240万吨。产品畅销苏、浙、沪等国内多个省市地区，进入全国民营企业500强行列。2016年产值199亿元。 （张雪梅）

装备制造业

【概况】 2016年，连云港市有规模以上装备制造业企业316家，实现工业总产值1130.7亿元，比2015年增长5.9%；主营业务收入1121.4亿元，增长9.1%；利润总额67.9亿元；利税总额105.7亿元。形成连云港开发区新型电力装备特色基地、海州开发区专用装备特色基地和灌云农用机械特色产业基地3个省级装备制造业特色产业基地。全市高端装备制造业产业形成一批知名企业和优势品牌，研发碳纤维成套设备、大功率叶片、6兆瓦海上风电机组、钻机、大型煤矿机械等一批填补国内空白的成套装备。2016年，国电UP2005-105低风速风力发电机组等7个产品被认定为省首台（套）重大装备及关键部件，全市有22个产品获得首台（套）重大装备及关键部件认定。

【重点企业】 连云港天明装备有限公司专业从事高端装备的研发、制造与销售，产品涵盖纺织机械、地质装备、矿山装备和特种车辆。形成氨纶纺丝成套设备系列产品、芳纶纺丝成套设备系列产品、地质勘探岩心钻机系列产品、高端智能化多功能车载钻机系列产品（煤层气抽采和矿山救援）、特种石油钻井装备系列产品、高端智能化刮板输送机成套采煤装备系列产品、高端智能采煤机系列产品、大型煤矿井下防爆特种车辆系列产品、公路运输特种车辆系列产品。建立国家级博士后科研工作站、省级技术中心和省级工程技术研究中心。集团下辖2家企业被列入科技部连云港装备制造特色产业基地六大骨干企业之列。2016年，该公司被认定为第二批省服务型制造示范企业。

连云港鹰游纺机有限责任公司主要有纺织机械、纺织、碳纤维、碳纤维复合材料制品四大产业，是国家级重点高新技术企业、国家新材料产业化基地重点骨干企业、国家工程技术中心重点培育企业。形成纺织后整理高端装备、碳纤维新材料两大生产基地和国内唯一完全国产化的碳纤维自行车生产基地。下辖鹰游纺机、中复神鹰碳纤维、飞雁毛毯等18家企业，拥有全套自主研发的国际主流工艺干喷湿纺T800级高性能碳纤维原丝生产线和碳化生产线。拥有国家级技术专利40多项，在高精尖成套设备的制造、新材料、纺织品、碳纤维自行车等8个核心领域占据领先优势。建有省级以上技术创新中心7个，博士后流动工作站1个。2016年实现产值18亿元，实现利税总额9000万元。

国电联合动力技术（连云港）有限公司主营业务为风电机组设计、生产制造、工程承包、研究开发、销售风机配套产品、提供系统化方案以及各种与此相关的机电设备产品和技术服务。主导产品为1.5兆瓦、2兆

2016年，国电联合动力有限公司实现产值14.7亿元。图为该公司动力车间。
贺成东 摄

瓦、3兆瓦和6兆瓦各类型风电机组，设计产能150万兆瓦/年。公司承担国家、省、市级各类科技计划项目17项；获得授权专利103件，其中发明专利14件。拥有国家博士后科研工作站、江苏省风力发电技术重点实验室、江苏省企业技术中心、江苏省（连云港）风电设备工程技术研究中心、江苏省兆瓦级风电机组电气测试工程中心，获国家能源科技进步奖二等奖1项，中国电力科学技术三等奖1项。2016年实现产值14.7亿元，实现销售收入2.4亿元，全年风电装机量国内第二，世界第七。全年研发投入1.4亿元，占全年销售收入的5.8%。

连云港耀科铝业有限公司成立于2015年5月，主营业务制造汽车铝合金轮毂。公司主要工艺流程为熔炼—铸造—热处理—机加工—涂装—包装，公司铸造车间铝合金熔化炉是国内先进的熔炼设备，年产能110万只轮毂，产品范围囊括10inch–24inch铝合金汽车轮毂，主要出口日本、澳大利亚、韩国、俄罗斯等国家。2016年实现产值4.2亿元，利润3908万元，利税4163万元。

江苏威迪农业装备科技股份有限公司是省政府认定的省旋耕机产业集聚群中的重点企业。生产深耕埋茬整地机、犁翻旋耕复式作业耕整机、反转灭茬机、双轴灭茬旋耕机、秸秆粉碎还田机、深松旋耕机、少勉耕秸秆全量精简还田条状施肥播种机、水旱两用埋茬旋耕机、开沟机、起垄覆膜机、田间碎石捡拾机、田间中耕管理机等12大系列，160余种产品。公司新型宽带窄行式少耕播种机的研发项目纳入“国家星火计划”，新型稻麦秸秆耕翻埋茬还田专用复式整地机的研发项目纳入“国家火炬计划”，2BS-10新型宽带窄行式少耕播种机的研发与开发纳入“江苏省苏北科技创新计划”，9个产品荣获“江苏省高新技术产品”证书，2个产品获“江苏省专精特新产品”称号，“振云”牌系列产品荣获“江苏省名牌产品”称号，并入选农业部支持推广农业机械产品目录和财政部通用类农业机械购置补贴目录。2016年实现产值3.2亿元，主营业务收入6751万元，利润804万元，利税805万元。

（张雪梅）

船舶工业

【概况】 2016年，受国际船舶市场持续深度调整的影响，连云港市规模船舶工业企业产值小幅下降，接单难、交船难、盈利难、融资难等问题依然存在，全行业经济效益下降。全市有规模以上船舶工业企业9家，其中造船6家、渔船2家、船配1家，完成总产值110.49亿元，比2015年下降12.8%；销售收入106.49亿元，下降12.25%；实现利润总额5.4亿元，下降15.23%。全市规模船舶企业以建造千吨级油船、散货船和驳船为主，船台利用效率较低。2016年下水70艘，计24.9万载重吨。其中，灌云县船企下水51艘，计15.58万载重吨；灌南县下水19艘，计9.32万载重吨。在建船舶34艘，计8.08万载重吨。其中，灌云县有20艘在建船舶，计3.66万载重吨；灌南县有14艘在建船舶，计4.42万载重吨。

【重点企业】 江苏名洋船业有限公司位于灌南特种船舶产业园区内，占用灌河岸线780米。一期投资近2亿元，主要设施有5万吨级船台3座，配备600吨、200吨龙门吊各1台；3.5万吨级船台1座，配备120吨龙门吊1台。2016年完成产值11.89亿元，下水7艘散货船，约4万载重吨。船台在建6艘总载重吨达1.5万吨的甲板船。

连云港五洲船舶重工有限公司位于灌云县燕尾港镇团港，拥有1.1千米海岸线。2016年，公司投资近7.8亿元建成3座1万吨级船台、2座2万吨级船台、4座3万吨级船台、4座5万吨级船台，1座8万吨级船台。2.08万平方米的喷涂车间投入生产。能建造的船型有散货船、集装箱船、油轮、拖轮、海工船、钢制渔船等，出口至阿联酋、毛里求斯、土耳其、意大利、印度尼西亚 、新加坡、菲律宾等国家及中国香港等地区。2016年完成产值58.66亿元。（张雪梅）

食品工业

【概况】 食品工业是连云港市工业传统产业，形成粮油加工、肉制品加工、饲料加工、水产品加工、果蔬加工、酿酒制造、乳品加工等多种产业形态，培育出益海粮油、如意集团、福润公司一批龙头企业，打造金龙鱼、口福、福润、汤沟、两相和等一批国内著名品牌。2016年，全市有规模以上食品企业227家。其中，农副食品加工企业176家，食品制造企业32家，饮料制造企业19家。实现工业总产值640.7亿元，比2015年增长13.9%；主营业务收入634.2亿元，增长13.5%；利润总额44.5亿元，增长10.4%；利税总额73.8亿元，增长12%。行业龙头企业益海粮油产值179.3亿元。食品行业年内开展“增品种、提品质、创品牌”行动，海州湾白酒、汤沟窖藏酒、汤沟世藏酒、汤沟国藏酒被认定为2016年长江三角洲名优食品，汤沟酒业被评为省消费品工业增品种提品质创品牌示范企业。

【重点企业】 益海（连云港）粮油工业有限公司引进美国皇冠公司先进的设备及ADM公司成熟的工艺技术，日加工大豆6000吨，日产饲料用豆粕4800吨，大豆油1200吨。生产的“金龙鱼”“口福”牌大豆食用油和“丰苑”牌不同蛋白含量的豆粕饲料有较高的市场占有率。2016年豆粕销售量127.9万吨，食用油销售量50万吨，实现产值64.5亿元，利税1.5亿元。

江苏汤沟两相和酒业有限公司传承古老的酿酒工艺，生产汤沟系列、汤沟窖藏系列、两相和系列、香泉系列等10多个系列产品，“汤沟”商标为中国驰名商标、中华老字号，“两相和”商标为江苏省著名商标，被列入国家地理标志保护产品名录。汤沟酿酒工艺被列为江苏省非物质文化遗产。2016年，汤沟酒业被评为省省消费品工业增品种提品质创品牌示范企业。全年实现产值4.97亿元，利税1.93亿元。

连云港神仙紫菜有限公司位

于赣榆区海头镇，由日本YAMAKO株式会社、日本小浅商事株式会社投资设立，主要从事干制水产品生产。2016年实现产值5.7亿元，利税381.1万元。

连云港海德益食品有限公司以海产品精深加工为主，产品主要出口韩国、日本、俄罗斯、乌克兰、泰国、新加坡等国家。2016年实现产值25亿元，利税1282.9万元。　（张雪梅）

纺织工业

【概况】 2016年，连云港市纺织工业有规模以上工业企业142家，实现工业总产值202.1亿元，比2015年增长17.4%；实现主营业务收入198.1亿元，增长18.3%；利润16.7亿元，增长18.5%；利税23.8亿元，增长15.5%。

【重点企业】 江苏宜尔杉集团有限公司从事西服、衬衫、西裤、风衣、休闲服、大衣、夹克、棉服等系列产品的开发、生产和销售。从德国、美国、日本、意大利引进300多台先进的服装专用生产设备，引进加拿大派克的服装电脑设计和制版系统。长期与德国骏马、意大利宝马、日本宾霸、日东纺等国外知名品牌合作。"宜尔杉"服装品牌被评为省优质产品、连云港市名牌产品、连云港市知名商标、江苏省著名商标、消费者推荐商品。2016年实现产值3500万元，利润200余万元，利税200余万元。

连云港金典服饰有限责任公司隶属于连云港鹰游集团公司，是具有自主进出口权的外向型家纺和服饰生产企业。主要产品包括各类割圈绒、超细旦纤维、仿动物毛及复合面料的毛绒家纺、服饰、地垫等。与欧美、东南亚等30多个国家（地区）以及好市多、沃尔玛等欧美多家大型超市建立直接贸易关系。2016年实现产值2.2亿元，利润651万元，利税457万元。

灌云泰达纺织有限公司以生产中高档纯棉半精梳、精梳系列产品为主，公司主要产品有"骏龙""华达"品牌精梳纯棉、新型纤维针织、机织纱16S/1-100S/1，20S/2-100S/2；普梳纯棉针织、机织纱16S/1-50S/1。公司产品主要出口日本、韩国、美国、澳大利亚等国家和中国香港等地区。"骏龙"牌棉纱线先后被认定为国家免检产品和江苏名牌产品。2016年实现产值1.6亿元，利润405万元，利税406万元。　（张雪梅）

木材加工业

【概况】 2016年，连云港市木材加工业拥有规模以上工业企业52家，实现销售收入80.8亿元，比2015年增长6.2%；主营业务收入77.4亿元，增长7.4%；利润总额4.8亿元，增长12%；利税总额6.7亿元，增长9.2%。全市木材加工企业集中在东海县和灌南县，以出口为主，主要从事人造板制造业，包括胶合板、纤维板等。

【重点企业】 连云港大江木业有限公司位于东海县房山镇工业园区，拥有1条年产16万立方米中高密度纤维板生产线。公司与南京林业大学木材工业学院建立长期合作关系，与苏南、广州、上海、浙江、成都等地的客商建立贸易往来，产品出口到中东、东南亚、南美等国家和地区。2016年实现产值1.5亿元，实现利润800万元，实现利税1000万元。

江苏文峰木业有限公司（赣榆县文峰木业有限公司）是江苏省农业产业化龙头企业，首批江苏省林业产业龙头企业，"文峰"商标被认定为江苏省著名商标，"文峰"牌实木复合地板被评为江苏省名牌产品。公司生产实木复合地板、实木地板、浸渍纸层压木质地板（强化地板）、胶合板、覆膜板、细木工板、刨花板、桐木拼板等系列产品。产品出口并销往美国、中东、新加坡等国家和中国台湾等地区。2016年实现产值13.2亿元，利税23.7万元。

连云港业事板业有限公司位于赣榆县经济开发区内，专业生产中密度纤维板，提供三聚氢胺贴面加工服务。公司拥有中密度板生产线1条，年产量10万立方米，产品平均密度为720KGS/CBM，环保级分别为E1、E2两类，达到国标GB/T-11718-1999一等品要求。产品主要出口印度、韩国、英国、中东等国家和地区。2016年实现产值16.2亿元，利税184.2万元。

连云港美步家居有限公司拥有4万平方米的生产车间，产品主要涉及楼梯、门、护墙板、衣柜、书柜、吊顶、踢脚线、顶线、哑口等，年设计生产整木家居产品3万套。美步家居是中国实木定制家居专委会执行会长单位，拥有知识产权36项，其中发明专利5项、外观专利7项、实用新型专利21项。公司产品及美步楼梯商标先后被评为江苏省名牌产品、江苏省著名商标。2016年实现销售收入1.2亿元，利润623.1万元，利税802.3万元。　（张雪梅）

责任编辑　郭　云

服　务　业

综述

【概况】 2016年，连云港市服务业快速发展，在巩固传统的交通运输、商贸流通、餐饮服务业的同时，加快发展旅游、金融、房地产、信息服务业等新兴产业，使其发展成为国民经济新的支柱产业。全年实现第三产业增加值1025.02亿元，占地区生产总值的43.1%，比2015年提高0.6个百分点。全年社会消费品零售总额933.31亿元，比2015年增长12.4%。消费需求对经济增长拉动作用明显，全市最终消费支出1074.17亿元，增长7.9%，最终消费率45.2%。最终消费支出增长拉动经济增长贡献率48.1%，其中居民消费支出866.59亿元，增长8.1%，居民消费支出拉动经济增长贡献率37.8%。全市服务业从业人员91.2万人，占全社会从业人员的36.4%。

【服务业结构】 2016年，全市三次产业结构由2015年的13.1∶44.4∶42.5调整为12.7∶44.2∶43.1。服务业成为全市吸纳劳动就业的主渠道之一，现代物流、金融保险、科技服务、文化创意、服务外包、电子商务等新型服务业呈现良好发展势头。生活性服务业业态明显提升，商贸服务业改造步伐加快，商贸流通业多业态、多形式发展，城市商业网点结构和布局进一步优化，健康服务、养老服务、家庭服务等一批城市公共服务业服务内涵丰富，服务方式多样，服务手段科学。

【服务业集聚区建设】 2016年，杰瑞科技创意产业园投入改造资金6000余万元，完成公共配套设施改造、建筑出新改造及环境亮化升级，建成园区公共服务平台、公共技术平台、人才培训基地，逐步建立以服务“创意、创新、创业”为主的综合服务体系。全年招引入园企业115家，从业人员2000余名，经济规模18亿元，汇聚杰瑞深软、天马网络、交通传媒、毛豆传媒、阿尼信息、启辰贸易等一批领头企业，形成互联网软件、文化传媒、动漫创意、电子商务为主要特色的产业方向和资源要素集聚。

（郭欣勇）

【商品市场提档升级】 2016年，连云港市完善商品市场布局。加强对特色商业街、商业综合体、专业市场等大型商业设施建设管理和服务。市商务局建立项目联络和推进机制，做

2016年连云港市5000万以上服务业分行业投资一览表

表19　　　　单位：亿元

行　业	2016年	较2015年（±%）
服务业完成固定资产投资	744.75	0.4
农、林、牧、渔服务业	2.05	105.4
交通运输、仓储和邮政业	69.16	-42.7
信息传输、软件和信息技术服务业	18.39	52.2
批发和零售业	15.27	-61.9
住宿和餐饮业	1.95	-86.9
金融业	2.00	134.9
房地产业	281.49	24.7
租赁和商务服务业	175.02	199.9
科学研究和技术服务业	9.41	-43.1
水利、环境和公共设施管理业	115.91	-41.0
居民服务、修理和其他服务业	4.10	-57.4
教育	10.29	-29.9
卫生和社会工作	2.41	-92.5
文化、体育和娱乐业	1.95	-83.6
公共管理、社会保障组织	35.37	2570.7

（刘从鸿）

好商贸流通项目招引、建设、运营等方面的协调服务。打造特色交易市场,加强对东海水晶市场、二手车交易市场有限公司、四季农副产品批发市场等大市场转型升级研究,引导促进传统市场在新形势、新常态下转型升级,推进企业建设网上交易平台。东海县水晶市场被认定为省转型升级示范市场。发展新型业态,扶持连云港电子商务企业发展,全市有省级电商示范单位16家。在建、拟建电子商务产业园区(楼宇)14个,入驻企业2000多家。 (董 峰)

11月18日,连云港万达广场开业运营。 贾栋钰 摄

2016年连云港市十大销售市场一览表

表20 单位:万元

单位	交易额
江苏东海县水晶市场	781472
连云港市农副产品批发市场有限公司	513210
连云港苏鲁海产品综合批发市场	319760
连云港海州白虎山批发市场	130134
连云港振兴装饰材料有限公司	112030
连云港市连云区海棠路市场	53360
灌云县四队商城	46378
赣榆县新东方市场有限公司	42194
东海县副食品批发市场	35917
连云港市中翔钢材现货交易市场	33850

商贸服务业

【概况】 2016年,连云港市消费品市场平稳运行。全市完成社会消费品零售总额933.31亿元,比2015年增长12.4%。按经营单位所在地分,城镇消费品零售额777.71亿元,增长13.3%;乡村消费品零售额155.3亿元,增长7.8%。分行业看,零售业745.72亿元,增长8.3%;餐饮业89.8亿元,增长32.7%。在商品零售中,限额以上企业(单位)商品零售额395.4亿元,增长18.2%。其中,汽车类增长10.8%,粮油食品类增长44%,金银珠宝类增长17.6%,石油及制品类增长2.4%。

【商贸设施建设】 2016年,连云港市有15个重点商贸项目,总投资107.6亿元,建筑面积197万平方米。至年底,利群综合体、孔巷文化商业街区2个项目主体竣工;银河购物中心提档升级、盐河巷花园街区、苍梧春晓商业综合体、瀛洲路商业综合体、龙港商业广场等9个项目按序时推进。

商业街区。2016年,连云港市市区有商业街区18条,营业面积52万平方米,总长7000米,2600余个店铺,营业额65亿元。其中,政府主导开发建设管理的商业街区9条,营业面积29.3万平方米,营业额34.5亿元,分别占总量的56.3%、48.8%;企业自主开发经营的商业街区4条,营业面积11.8万平方米,营业额23.3亿元;历史自然形成的商业街区5条,营业面积10万平方米,营业额7.2亿元。陇海步行街和万润商业街营业额分别为23.4亿元、16.2亿元。连云老街、民主路文化街、三禾水晶街、盐河巷历史文化街、新世界文化城美食街区、栖霞路步行街6个重点推进的特色街区项目运营良好。

商业综合体。2016年,连云港市区万达广场和苏宁广场2个商业综合体项目营业状况良好。万达广场位于新海新区金辉路以南、学林路以西、科苑北路以东、凌州东路以北,总投资约50亿元,是集合购物中心、商业街等为一体的大型城市综合体,建筑面积10.7万平方米。11月18日开业,首日客流25.45万人次,营业额3016万元。苏宁广场位于连云港市商圈核心,海连中路和通灌北路交汇处,总面积22万平方米,其中商业面积超10万平方米。有近200家知名品牌入驻,出租率100%。年营业额4.1亿元。

【连锁经营】 2016年,全市有汽车、农资、生活用品、医药、餐饮、养老、维修各类连锁经营2000多家,商业从零售行业向服务业发展,超市、便民店、品牌专卖店、专业连锁店等购物形式进入百姓生活。本土家得福超市、连云港康缘大药房等连锁经营加快布局,全市连锁经营向餐饮、养老、维修、便民服务等生活服务业拓展。

2016年连云港市十大零售企业一览表

表21 单位:万元

单位	交易额
连云港中油石油销售有限公司	354221
中国石化销售有限公司江苏连云港石油分公司	301082
连云港康缘医药商业有限公司	226313
连云港家得福商贸有限公司	110166
中国石油天然气股份有限公司江苏连云港销售分公司	108567
江苏润海油品销售有限公司	86567
苏果超市(连云港)有限公司	59251
连云港之星汽车销售有限公司	52152
连云港市中央百货有限公司	49951
连云港汤沟实业有限公司	43528

2016年,连云港市零售业实现销售额745.72亿元。图为海州区维港汇百货一角。 刘聪 摄

【百货批发零售】 2016年,连云港市批发业实现销售83.92亿元,比2015年增长29.8%,零售业实现销售745.71亿元,增长8.3%。批发和零售业形成多种经济结构、多种经营形式、多种业态全面发展的新格局。大型超市、专卖店、便利店、网上购物、电视购物等构成多层次、多业态、开放式、竞争型的市场格局。中央百货连云港百货大楼销售增幅较大,超市、便利店、社区型购物中心、专卖店销售增长明显,购物环境升级,购物渠道多样化。

【中华老字号】 2016年,连云港市有中华老字号企业2家,分别是江苏汤沟两相和有限公司、板浦汪恕有滴醋厂,营业额分别为10.54亿元、0.18亿元。江苏汤沟两相和有限公司连续多年跻身全国500家、全国轻工系统200家和全国同行业50家经济效益最佳工业行列,是全国著名年产销达万吨的国家级名优酒酿造基地,企业拥有"汤沟窖藏""两相和"2个知名品牌。"汤沟"是中国驰名商标、中华老字号、国家地理标志保护产品,"两相和"酒获得中国白酒工业十大创新品牌,汤沟酒酿造技艺为江苏省非物质文化遗产。连云港市板浦汪恕有滴醋厂运用现代先进的生产技术改造传统产业,实现机械化、管道化、标准化生产,产品质量稳步提高,滴醋各项质量指标均高于国家标准要求,发展成为江苏食醋行业的标杆企业之一。

【供销合作商业】 2016年,全市供销系统实现销售总额714.48亿元,农副产品收购额261.25亿元,连锁销售额228.79亿元,再生资源回收额8.67亿元,电子商务销售额6.57亿元。市委、市政府出台《关于深化供销合作社综合改革的实施意见》,在健全农资经营服务体系、提高农业规模化服务水平、加快发展农村电子商务等方面提出要求。全年建成经济薄弱村基层供销合作社15家。新建、提档升级为农综合服务社(中心)74家。

农田托管服务。赣榆区供销合作社以赣榆苏农"村村配"农资植保合作社为依托,发展农田托管合作社。海州区供销合作社整合5家农技服务组织,在植保、机插秧、机收等环节开展"菜单式"服务,土地托管面积近万亩。连云区供销合作社探索出"海田托管"模式,托管海田1333公顷。

放心农资诚信体系建设。2016年,农资直供专营店建设被列入连云港市十大重点民生工程48件实事。运用"互联网+农资"模式,发展农资电商,推进农资网上销售。海州区供销合作社金泉农资连锁打造"农资精品120商城"网站,有近百家农资类企业入驻。灌南县供销合作社依托社属企业中昊农资公司建设农资电商体验店,实现网上交易额1000余万元。全年发展农资直供专营店100家,农资配送中心3个,农资电商体验店50家。市农委、市供销合作社联合开展"放心农资"下乡进村活动,加强农资市场监管。

农产品流通体系建设。海州区供销合作社完成猴嘴集贸市场升级改造。赣榆区墩尚供销合作社投资1000余万元,对华联超市进行升级改造。赣榆区15个镇建成2000平方米以上的天惠超市镇级中心示范店8家,覆盖50%以上镇村。10月,47家单位的107个名优特农产品参加在镇江市举行的2016海峡两岸

（江苏）名优农产品展销会，连云港市海产品和水晶制品成为热销产品。全年新建、改扩建农村农贸市场2个，建设鲜活农产品直供店11个。（胡忆涛）

【粮油购销储备】 粮食收购。2016年，连云港市分别启动小麦、籼稻、粳稻最低收购价执行预案。全年收购农民余粮225.17万吨，其中国有企业收购119.08万吨、托市收购77.12万吨。采取加大建仓投入、奖励销售出库、租用社会仓容、组织跨省移库和定向销售等方式，准备有效收购仓容100余万吨。市委农工办、市农委、市粮食局为种粮大户、家庭农场等粮食规模经营主体，开展送信息、送技术、送场地，优先收购服务、优先烘干整理、优先经营结算的“三送三优先”服务活动。政策性粮食收购库点使用粮食收购信息化系统、一卡通送粮入库，自营收购粮食统一使用江苏省粮食收购凭证。

粮油储备。落实县级食用油及3000吨市级粳稻储备，市县两级储备充实到位，两级成品粮油控制性库存全部落实。加强对应急成品粮油周转库存的监管。浦东粮库摸索应急成品粮油管理模式，合理品种结构和库点布局。176家应急加工、供应企业及配送中心实行统一挂牌、统一管理，建成覆盖乡镇（街道）的粮油应急供应保障体系。

依法管粮体系建设。市委农工办、市农委等20家单位建立依法管粮联席会议制度。市政府与县区签订粮食安全责任状，印发连云港市超标粮食处置实施意见。灌云县通过全国粮食流通监督检查示范单位复核。全年新增放心粮油销售店39家。全市有放心粮油存储企业13个、放心粮油加工企业15个、放心粮油配送中心5个、放心粮油销售店173个，实现放心粮油店乡镇（街道）全覆盖。

物流体系建设。2016年，全市建成并投入使用粮食仓储建设项目4个，新增仓容9.79万吨，新建粮食烘干项目7个，新增烘干能力1840吨/日。申报省级财政支持的建仓项目6个，总仓容23.05万吨，烘干项目3个，烘干能力640吨/日。建设市、县两级粮食综合信息管理平台各1个，11个中心粮库进行管理智能化升级。（管忠超）

【石油贸易】 2016年，全市石油及制品类实现零售额90.55亿元，比2015年增长2.4%，汽车类实现零售额69.98亿元，增长10.8%。截至年底，全市有在营加油站（点）398个，其中加油站192个，全年销售汽油40万吨，柴油55万吨。（董　峰）

中国石化销售有限公司江苏连云港石油分公司。全年实现油品经营总量58.16万吨，增长14.4%。实现天然气销量1.1万吨。区域在营加油站有116座。开展汽车服务、保险、换油等综合业务，实现“汽车生活”一站式服务。加强全市成品油市场供应和市场信息监控。推进加油站自助建设，加快自助业务引导，提高自助充值金额、自助圈存金额占比。开展隐患排查，全年完成整改47项。开辟农机加油绿色通道，重点保障“三夏”“三秋”农业用油供应。（张　白）

连云港中油石油销售有限公司。2016年，连云港中油石油销售有限公司有在营加油站47座，实现成品油经营总量15.2万吨，CNG（压缩天然气）车用天然气销售1493吨。公司推出98号高标汽油，降低成品油有害物质和尾气污染。开通银联卡、支付宝等支付功能。开辟农机专用加油站，保障农业生产。（马芝跃）

【烟草专卖】 2016年，连云港市烟草系统实现卷烟销量13.19万箱，销售结构2.46万元/箱，比2015年增长4.75%。全年查获违法卷烟1201件，其中真品卷烟1136件。查获涉烟违法案件1007起，涉案卷烟案值1013万元，上报国际网络案件5起，涉烟违法被拘留17人，逮捕14人，判刑22人。“4·6”假烟网络案件被公安部列为挂牌督办案件。（陈庆华）

【食盐专营】 2016年，江苏省苏盐连锁有限公司连云港分公司实现营业收入7578万元，碘盐覆盖率99.11%。市公安局、盐务管理局等部门联合开展制贩假盐专项治理联合执法行动，全年查处盐业违法案件366起，查没盐产品38.4吨。完善食盐营销体系，终端客户实行直配直送，对300余家校园食堂和部分医院食堂实行直供到点。成立连云港苏盐健康厨房商贸有限公司，开展健康厨房业务，发展市级代理2个，县级代理4个。加强生活家建店管理，中山西路店开业运营。加强门店运营管理，全年发展会员7000人。（贾联德）

【水晶贸易】 2016年，东海县被世界手工业理事会授予“世界水晶之都”称号。东海水晶的质量、储量和产量均居全国之首，储量30万吨，占全国总储量70%以上。水晶产品涵盖原石、工艺品、珍藏品、时尚品、日用品

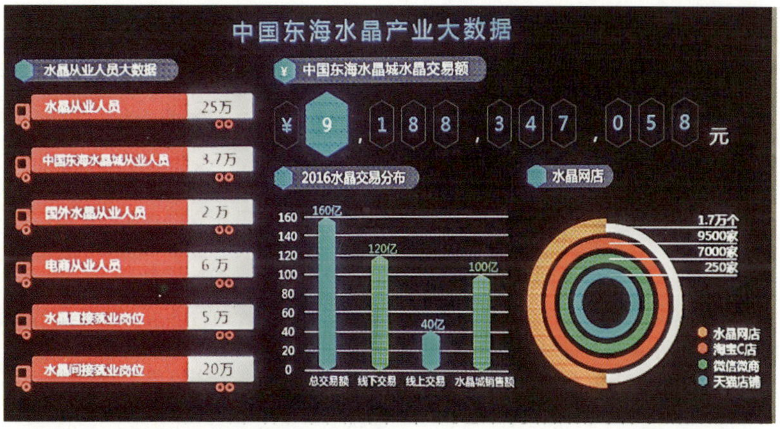

东海县是世界级水晶原料重要集散地和水晶交易中心。图为中国东海水晶城内公布的2016年东海水晶产业大数据。　　徐敏　摄

等几十个大类、上百个品种。“东海水晶”获国家地理标志产品保护，入选“江苏符号”。2016年，东海县有水晶从业人员近25万人，拥有水晶加工企业3000多家，形成年产3000万件水晶首饰、500万件水晶工艺品的生产规模，年交易额突破百亿元。拥有中国东海水晶城实体销售和阿里巴巴网上商城线上线下两大市场，全县有水晶网店1.9万家，年交易额超过40亿元。500多家企业从事水晶出口业务，全年出口额15亿元。

（韩来善）

电子商务

【概况】 2016年，连云港市创新电子商务产业模式，全市网络零售额105亿元，比2015年增长25%，从业人数7万余人。全市有省级电子商务示范项目9个，其中东海县水晶文化创意产业园、灌南县硕项湖电子商务园区、赣榆区电商物流产业园为省级电商示范园区，天马、红锦添、四季沐歌等6家企业为省级电商示范企业。东海县被评为省级农村电子商务示范县。

【电子商务平台】 2016年，连云港市电商企业开办网站的行业覆盖机械制造、农副产品、服装贸易、医疗器械、家居建材、数码电子、美术工艺、五金交电等。其中，连云港天马网络发展有限公司的幸运叶子销售平台、连云港电子口岸信息有限公司的口岸公共信息平台、东海县打造的中国水晶网上商城影响广泛。县区供销社均形成农村电子商务发展格局，培育出赣榆三好优品、海州指尖商城、连云区“点点通”、东海县千庄商城等电商龙头企业和电商品牌。易物天下、网上行、齐家网、天行健、58同城以及旅游携程网、美团网等国内大型知名网站在连云港市建立分支机构（或工作站）。连云港菜篮子网、看看我网、连云港特产网、连云港花卉网、连云港金升科技（建材和装潢）等服务民生、展示地方特色、服务进出口的网络平台逐步完善。（董 峰 胡忆涛）

【电子商务应用】 2016年，连云港市有超过40%的企业开展网上交易。中山氨纶、太阳雨、红香溢酒业等具有单品优势的实体企业构建单品电子商务交易平台。汤沟酒业、天意消防器材、乡情浓服装、福东石英、华夏照明、博云机械、大宇食品、世林花生、亿森牧业等企业通过自建B2B网站和在阿里巴巴、中国制造等知名网站发布信息实现产品营销电子商务化，其中乡情浓服装销售3000万元，汤沟酒线上交易推广期销售过千万元。海州区成立为民家政服务网络中心，为居民生活提供服务，尝试电子商务应用于社区服务领域。

【电子商务园区】 2016年，全市在建、拟建电子商务产业园区（楼宇）14个，入驻企业近2000家，发挥电商发展规模集聚效应。电子商务园区对20家具备一定电商发展规模、发展成果较好的企业进行扶持，培育一批电子商务创业带头人和电子商务新企业。其中，开发区电商物流园建立的“众创空间”平台，淮海工学院大学科技园引进的“创业之星”企业运营电子对抗平台成效明显。

【农村电子商务】 2016年，连云港市农村电商发展依托优势产业和传统交易市场，形成农副产品、特色珠宝、旅游产品、服饰电子商务垂直细分领域，网购人群和创业群体在数量上呈现递增趋势。全市有省级农村电商示范县1个，省级农村电商示范镇2个，省级农村电商示范村7个。全年评出市级电子商务示范村20个，开设网店5417家，实现电商零售额16.24亿元，从业人员2万人。农业综合信息服务平台启动，农业电商交易额22.39亿元。拓展全市农村市场，整合线上线下网点，在县区、中心镇和行政村建立服务网络，实现代购代销、生活服务、物流快递配送等综合服务功能。邮政公司、东海五交化、三好优品等企业开展农村电商服务网络建设。全市建成县级服务中心6个、乡镇服务站（体验店）100余个、村级服务点约2000个。东海县水晶产业交易额超40亿元。东海县获批建设省级花卉进口交易中心，打造中国鲜切花电子商务交易主要核心区。灌云县服饰（情趣内衣）网上销量占全国份额的70%以上。赣榆区海产品具备一定的品牌效应。连云港蓝海网络科技有限公司申报为江苏省农资试点企业。制定农产品网上规模营销奖励办法，连云港市菜篮子电子商务有限公司、连云港微好电子商务有限公司、江苏雅仕保鲜产业有限公司、连云港易农福电子商务有限公司等7家企业获得奖励。

（董 峰 逄孝云）

2016年连云港市重点电子商务企业交易额汇总一览表

表22　　单位：万元

单位	交易额
连云港天马网络发展有限公司	61000
连云港微好电子商务有限公司	13000
江苏四季沐歌电子商务有限公司	6000
江苏韦希网络科技有限公司	5200
太阳雨节能电器有限公司	5260
东海县红锦添国际贸易有限公司	4280
连云港市菜篮子电子商务有限公司	2080
连云港网隆实业投资有限公司	3300
连云港蒂凡尼灯饰有限公司	2100
连云港时代富华西游文化传播有限公司	1800

11月1日，连云港市“点点通”跨境电子商务公共平台上线运营。图为在连云港大陆桥跨境电商产业园内，第一批通过平台下单的集装箱进区。
连云区 供

物流业

【概况】 2016年，全市物流业运行总体平稳，物流需求显著增长，运行效率持续提高。全市社会物流总额8345.7亿元，比2015年增长10.9%。其中，工业品物流总额6492.2亿元，增长12.1%，占社会物流总额的77.8%；进口物流总额222.92亿元，下降10%，占社会物流总额的2.7%；农产品物流总额226.92亿元，增长3.3%，占社会物流总额的2.7%；外省市商品购进额1382.34亿元，增长10.3%，占社会物流总额的16.6%。全市社会物流总费用358.9亿元，增长6%。其中，运输费用177亿元，增长1.5%，占社会物流总费用的49.3%；保管费用142.1亿元，增长10.9%，占社会物流总费用的39.6%；管理费用39.9亿元，增长11%，占社会物流总费用的11.1%；社会物流总费用占地区生产总值的比率为15.1%，下降0.6%。全市物流业增加值178.9亿元，按可比价格计算增长8.6%，物流业增加值占全市服务业增加值的比重为17.1%。至年底，全市有市级以上重点物流基地8家，其中省级重点物流基地2家。市级以上重点物流企业45家，其中省级重点物流企业11家。全省智慧物流示范企业1家，省、市级物流企业技术中心各2家。

【港口物流】 2016年，连云港市建成30万吨级航道一期工程，二期工程被批准建设，30万吨级矿石码头投用。赣榆港区、徐圩港区、灌河港区、连云港区开港运营。全年港口总吞吐量2.21亿吨，集装箱运量470.33万个标准箱。新增集装箱航线7条，新开通19条远近洋航线，经营美西南、波斯湾2条始发港航线，海河联运突破800万吨，多式联运项目入选国家示范工程。

【物流园区建设】 2016年，连云港市培育江苏万发国际物流园成为市级重点物流基地，依照国家二级物流园区布局城市和省一级物流园区布局城市的定位、要求和标准，加快连云港中哈物流基地、江苏金港湾国际物流园区等货运枢纽型物流园区项目建设，培育煤炭、矿砂、粮食等大宗物资中转配送基地，推动物流园区向标准化、规范化和智能化发展。组织物流园区申报资金扶持项目，对园区连云港港中心货运站一期工程项目给予100万元的专项引导资金，用于园区载体功能的提升。 （张雪梅）

交通运输业

【公路运输】 2016年，全市完成公路客运量4654万人次，客运周转量33.33亿人千米；公路货运量8378万吨，货运周转量161.07亿吨千米。全市有道路旅客运输经营业户24户，其中班车客运经营业户13户、镇村公交经营业户4户、旅游包车客运业户7户；营运客车1446辆、5.29万座，三级以上客运站场42个。全市有客运线路421条。其中，省际班线83条、车辆数137台，市际班线150条、车辆数239台，县际班线74条、车辆数260台，县内班线114条、车辆数666台。高速客运班线175条，800千米以上班线12条。货运经营业户2.87万户、货运车4.68万辆、58.84万载吨重。道路化学危险品运输企业44家。全年新增甩挂牵引车等专业运输车辆87台。实施“互联网+道路客运”行动计划，购置7辆豪华商务车，开通连云港至南京、徐州定制班车。“巴士管家”APP实现全市二级以上客运站全覆盖。

【铁路运输】 连云港市境内有10个铁路站点，其中连云港站、连云港东站、连云站、云台山站为二等站，新浦东站、东海站、墟沟站、盐坨站为三等站，白塔埠站、阿湖站为四等站。2016年，连云港铁路货运量4528.11万吨，比2015年增长9.1%。境内铁路客运总量403.33万人次，下降12.5%。 （房子涵）

【新亚欧大陆桥运输】 2016年，连云港大陆桥运输完成4.69万个标准箱，比2015年下降11.5%。东行班列完成6800个标准箱，下降53.2%。西行班列完成4.01万个标准箱，增长3.9%。其中，出口完成2.8万个标准箱，增长34.6%；过境完成1.21万个标准箱，下降32.7%。中亚班列每周5列，实现对中亚五国主要站点全覆盖。中欧班列每月2班，新增德国海尔纳、格鲁吉亚波季港等站点，全年运行19个班次。2条中欧班列线路入选国家《中欧班列建设发展规划（2016—2020年）》，成为唯一获准开行至伊斯坦布尔等方向直达班列的口岸。 （夏正周）

【内河运输】 2016年，全市完成水路货物运输量1837万吨，货运周转量 144.36 亿吨千米，内河港口货物吞吐量 811 万吨。全市有水路客运企业 1 家，完成水路客运量 5 万人，客运周转量 3633 万人千米。水路货物运输企业 47 家，5 万吨以上国内水路运输企业 4 家。全市有营运船舶总数 1638 艘 109.9 万载吨重。其中，沿海船舶 266 艘 51.1 万载吨重，内河船舶 1372 艘 58.8 万载吨重。内河水路液货危险品运输企业 2 家，船舶 16 艘 8265 载重吨。全年过闸货物量 3272 万吨，比 2015 年增长 28%。过闸船舶吨位 5960 万吨，增长 35%。征收过闸费 2175 万元，增长 26%。开展航道"卡脖子"段摸底调查，完成 22 条 522.61 千米航道的调查统计。市航道处、市地方海事局开展水上联合执法巡航 10 余次，全年巡航 1.77 万千米、扫床 1114 千米，开展疏港、盐河、灌河、古泊河、善后河等干线航道无人机辅助巡航，完成全市六级以上航道图拍摄，实现无人机常态化巡航。（房子涵）

【民航运输】 2016 年，连云港民航站运营北京、上海、广州、成都、沈阳、舟山、深圳、厦门、哈尔滨、兰州、杭州、长春、大连、昆明、石家庄、海口、西安、南宁、天津、桂林 23 条航线，保障飞机起降 9322 架次，比 2015 年增加 1520 架次，增长 19%。完成旅客吞吐量 85.1 万人次，增长 20%。货邮吞吐量 1245 吨，下降 13%。全年业务总收入 4780 万元，上缴税金 89 万元，亏损 2285 万元。（陈 杨）

【多式联运】 2016 年，江苏省新亚欧大陆桥集装箱多式联运示范工程入选全国首批 16 个国家级多式联运示范项目。以上合组织（连云港）国际物流园为代表的 9 个场站项目入选"十三五"省重点物流枢纽站场建设项目库。连云港市协办江苏省多式联运推进工作会议。推进交通运输部第四批公路甩挂运输试点项目建设，新增甩挂运输车辆 80 辆。开展无车承运人试点，2 家企业申报全省首批试点。连云港至淮安开通内河集装箱航线。鲁西南、豫东、皖北等地区 20 余家重点内河港口企业成立内河港际合作联盟。

【交通运输行业管理】 2016 年，全市交通运输部门加强路政管理，完成路政巡查及清障里程 40 万千米，及时清除障碍物、摊点和非交通标志。完成 235 省道、326 省道和 228 国道安防工程，进行标志优化和标线漆划工作。道路养护管理完成投资 8700 万元，实施普通国省道养护大中修 5 项 36.9 千米，危桥改造 1 座，5 座桥 439 个支座进行整修。完成投资 3500 万元，做好小修保养日常工作，普通国省道当年水毁修复率 100%。加快养护工区建设，建成东海青湖和灌云仲集工区，完成灌南应急基地的设备采购。加强桥梁健康监测和专项养护，一、二类桥梁比例达 95% 以上。国省道 MQI（公路技术状况指数）值达 92、PCI（公路路面损坏状况指数）优良率 95%、RQI（路面行驶质量指数）优良率 94%。连云港市成立交通运输监控指挥中心。市政府成立全市治理车辆超限超载工作领导小组，全年查处超限运输车辆 6119 台次，其中车货总重 100 吨以上车辆 1922 台次、卸驳载超限货物 24.17 万吨。开展运输市场专项整治，查处案件 3672 起，其中非法营运 1097 起。对重点源头企业实施检查 50 次，全年对 1748 名驾驶员、15 辆货车、5 家运输企业分别实施记分、吊销营运证、停业整顿等处罚。全年获省交通运输节能减排补助 799 万元。（房子涵）

2016 年，连云港市实施"丝路枢纽、品牌发展、智慧港口、港产城联动"四大战略，全年新开地中海美西、韩国蔚山等 7 条航线。图为连云港港集装箱码头。
张伟 摄

信息服务业

【概况】 2016 年，全市软件与信息服务业实现主营业务收入 10.1 亿元，比 2015 年增长 19.4%。物联网产业实现主营业务收入 70 亿元，增长 16.7%。全年新增评估软件企业 1 家，通过评估的软件产品 17 件，4 家企业被评为省级规划布局内重点软件企业，正融科技的"正融基于居民健康档案的区域卫生信息平台软件 V1.0"获第十四届省优秀软件产品奖（金慧奖），淮海工学院大学科技园被评为省级互联网众创园。10 月，连云港市举办互联网+制造业融合发展大会，中船重工第七一六所和阿里巴巴集团专家为参会企业开展互联网+制造业专题授课。第二届"i 创杯"互联网创新创业大赛苏北地区宣贯推广会在连云港市召开，连云港市企业参加"软件之星"贷款申报。互联网企业参加第四届深圳电子博览会，到华为大数据中心等地开展学习调研。12 家软件企业和部分智能制造企业参加第十二届南京博览会。7 月，连云港市承办江苏产业人才"育鹰计划"第二期清华大学智

2016年连云港市"双软评估"（软件产品和软件企业评估）企业一览表

表23

序号	企业名称
1	连云港杰瑞深软科技有限公司
2	江苏正融科技有限公司
3	江苏金鸽网络科技有限公司
4	连云港港口集团通信信息工程公司
5	连云港电子口岸信息发展有限公司
6	连云港三众软件科技有限公司
7	江苏新元素数字科技有限公司
8	连云港易简信息技术服务有限公司
9	连云港金豆科技有限公司
10	连云港龙泽商务有限公司
11	连云港华舜网络科技有限公司
12	连云港信友科技有限公司
13	江苏有客网络科技有限公司
14	连云港协众软件开发有限公司
15	江苏一恒软件工程有限公司
16	江苏宣宝计算机科技有限公司
17	连云港市青之峰网络技术有限公司

慧产业专题研修班，70余名优秀软件和互联网企业负责人参加研修班。市软件行业协会和淮海工学院签订信息产业人才培养合作协议。

【工业与信息化融合】 2016年，716所获批工信部"两化"（工业化、信息化）融合管理体系贯标试点企业，汤沟两相和等6家企业获批省级"两化"融合管理体系贯标试点企业。全市获批省级互联网与工业融合创新示范试点企业10家，其中示范企业1家、试点企业9家。认定市级"两化"融合示范试点企业8家。新增省"两化"融合信息安全示范企业1家。恒瑞医药获批国家技术创新示范企业，全市有国家级技术创新示范企业5家。市产品质量监督检验中心获批工信部工业产品质量控制和技术评价实验室。江苏省原创化学药创新中心获第一批省制造业创新中心试点，获得省级财政第一批1000万元的资金支持。8个项目入选省新技术新产品推广应用目录。8个项目通过省级新技术（新产品）鉴定。

【智慧连云港建设】 2016年，连云港市完成《"十三五"智慧连云港建设规划》编制工作。明确智慧连云港总体建设框架，确定30项信息化重点工程项目。市政府与省电信、移动、联通、铁塔公司智慧连云港战略合作协议加快实施，全年完成信息基础设施投资15.37亿元，比2015年增长35％。全市互联网出口带宽达1280G，城市农村实现光网全覆盖，城区主要公共区域实现免费Wi-Fi全覆盖，县域免费Wi-Fi覆盖工程加速推进，有线无线互相结合、互为补充、安全可控的信息网络基本形成。连云港市入围2016年工信部第二批电信普遍服务补偿试点市。启动工业互联网"企企通"，加快推进宽带网络"进企业、入车间、联设备、拓市场"。全年举办软件企业与工业企业互联网+制造业融合发展对接活动1场、"企企通"推介会2场、企业电商拓市环省行县级站活动4场。新增省"企企通"示范企业2家、试点园区4家、企业38家。

【无线电管理】 2016年，连云港市完成无线电频谱使用专项活动数据采集工作，编制上报沿海无线电监测网规划。对全市公众移动通信业务进行监测，全年监测总数据量120.59GB。开展无线电监测检测11526小时，监测排查不明信号5个，检测新设无线电设备89部，抽检公众网基站47个，检测业余无线电台（站）84台（部）。

无线电频率台站管理。2016年，港口集团完成扩建800兆赫数字集群系统项目，徐圩新区新建1.8G无线宽带专用通信网。做好新设无线电台行政许可审批，全年完成行政许可32次，指配频率22个（组），新设台站111部，对116家已有设台单位和32批次新设台站开展频率占用费征缴工作，收缴69万元。强化台站动态监管，核查执照到期台站61部，换发到期执照2765本。

无线电保障服务。加强对广电、公众通信、铁路、航空等重要频段、重要业务安全保障，全年监测重点频率3413小时，受理排查11起无线电干扰。做好春节、"两会"等重要时期辖区内无线电安全保障。做好考试无线电安全保障，完成公务员考试、高考等18场次考试无线电安全保障。完善军地频谱管理协调机制，排查驻连空军某通信营无线调度干扰，开展无人机航线专项频率监测保障工作。完成"淮海-13"实兵检验性演习保障，做好相关频段电磁环境整治和保护性监测工作。

无线电行政执法。分业务频段开展不明违规信号执法查处，重点查处黑广播、卫星干扰器、伪基站等非法设台。全年查处黑广播案件5起，没收违法设备2套、移交公安部门处理3起。查处手机屏蔽器干扰公众通信案件2起，查处汽车考试系统干扰业余无线电通信案件1起。

（张雪梅）

【通信服务业】 中国电信股份有限公司连云港分公司。2016年，公司完成投资4.16亿元，加快全市通信网络升级和智慧城市基础设施建设。到年底，4G网络覆盖面积6975平方千米，有效面积覆盖率93％，天翼用户突破100万户。启动新一轮宽带提速，连云港城域网出口带宽由320G提高至800G，新增80G云存储专用出口带宽，全市家庭平均上网带宽由20M提升到46.8M，iTV用户近50万户。参与承建全市党建视频云系统、市人社局金保工程、连云区法院云桌面、赣榆区法院云桌面等政府信息化项目十余个。参与承建全市医疗机构新农合专线项目，为全市2200个医疗机构提供光纤改造、带宽升级服务。完成14个景区及核心商圈aWiFi热点优化，公共热点数475个，AP数量3504个，aWiFi公共热点日均PV访问量超过10万人次。为全市43家幼儿园集中提供"智慧幼儿园"解决方案。优化"孙悟空"便民APP，改善短信推送功能、提升预约挂号平台信息准确度、优化第三方平台业务，全年便民服务使用29.45万人次。 （徐 迟）

中国移动通信集团江苏有限公司连云港分公司。2016年，公司加快4G网络建设，建成5000个4G基站，覆盖人口规模超过500万人，道路综合覆盖率99.46%，4G客户总数超过150万人。加快光纤宽带网络建设，推进移动光纤宽带覆盖工程、"光网城市"工程及"光网乡村"工程，新建702个宽带小区29万户，440个行政村新开通宽带服务，覆盖用户145万户。参与市公安"天眼"一、二期、"天网"二、三期项目以及平安校园、国土卫士、蓝天卫士、智慧安监、智慧物流等行业性应用平台建设。承建市公车管理平台。参与建设的"地税E通"系统在全省地税系统推广。承建的连云港市智慧旅游指挥中心项目被省旅游局评为2016年度江苏省"互联网+"智慧旅游示范项目。建立面向移动互联网、物联网、企业信息化等领域的专业化运营体系。完善4G网络质量管理体系，推进降低资费、流量共用、流量当月不清零等新措施，手机流量资费比2015年下降23%，惠及用户150万户。采用实名制管控、阻断拦截效能强化等手段加强网络监管，全年拦截垃圾短信105万条，垃圾短彩信月均量下降43%，垃圾短信投诉量减少54.8%。完成连云港之夏、连博会等应急通信保障30余次。 （林 夏）

中国联合网络通信有限公司连云港市分公司。2016年，公司参与智慧城市、无线城市建设，完成体育赛事、大型展会等重大活动专项通信保障35次。全年新增4G基站1010个，4G网络覆盖83%，完成4G业务密集区载波聚合实验网开通。新增3G基站46个，3G网络覆盖率94.2%。新增G900基站220个，2G网络覆盖率99%。新增4G室内分布系统176套，室内覆盖楼宇765栋。全年投资宽带基础建设450万元，覆盖205个小区。接入网新增宽带接入端口2.86万个，其中具备20M放装能力的宽带小区83个，覆盖用户9.95万户。开展共建共享，节省网络投资534万元。至年底，公司有移动网用户70.1万户，固定电话用户6万户。加快固定网络社会化合作，节约投资90万元。 （张 健）

中国铁塔股份有限公司连云港市分公司。2016年，公司落实连云港市政府与中国铁塔江苏省分公司签订的《共同推进智慧连云港建设战略合作协议》，全年完成投资2.64亿元。加快通信基础设施建设，新建铁塔802座，实现全市农村区域4G信号初步覆盖。推进规划整合和共享改造，减少基站474个，节约行业投资1.89亿元，节约土地3公顷。加强通信基础设施维护，开展专项网元设备整治，全年开通动力环境监控3322个，动力环境监控覆盖率86.6%，更换蓄电池460组。 （杨滨羽）

【邮政服务业】 2016年，连云港市邮政企业和规模以上快递服务企业业务收入完成11.18亿元。全市邮政业务总量17.38亿元。其中，函件业务量累计351.31万件，包裹业务4.17万件，定销报纸业务5033.32万份，定销杂志业务206.5万份，汇兑业务14.65万笔。全市有邮政营业网点1138处，其中邮政普遍服务网点127处、快递服务网点1011处。邮政行业平均每一营业网点服务面积为7.01平方千米，平均每一营业网点服务人口为4700人。邮政城区每日平均投递2次，农村每周平均投递6次。全年完成建设576处村邮站，实现"村村设站"。推进新建小区信报箱建设，验收40个小区1.67万个格口。

快递业。2016年，全市有24个品牌的48家企业经营快递业务。拥有处理场地面积4.12万平方米，分拣传送带32条，安检机17台。全市有2437辆快递车辆，其中厢式货车367辆、面包车503辆、电动车1567辆。全市有从业人员3367人，其中末端网点从业人员2872人、处理场所人员495人。快递业务员职业鉴定考试鉴定384人。快递企业设置末端营业网点1011个，其中乡镇快递网点数量343个，实现乡乡通快递。全市设置智能快件箱984组，格口5.24万个。许可备案快递服务企业业务量7527.34万件，比2015年增长44.8%；业务收入6.5亿元，增长28.1%。其中，同城快递1017.42

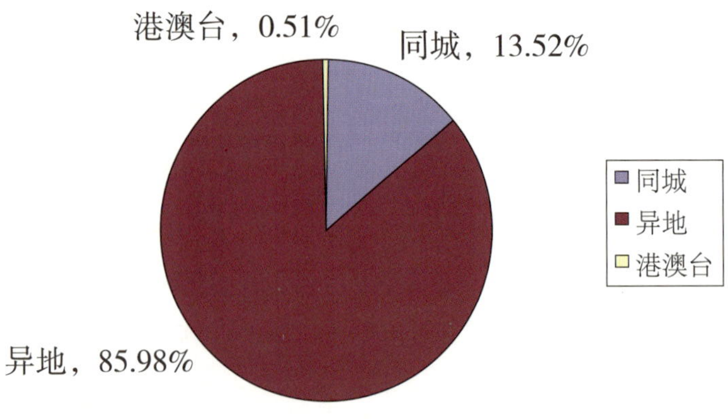

图4 2016年连云港市快递业务量结构示意图

万件，营业收入5700万元，分别增长47.1%、32.3%；异地快递6471.83万件，业务收入5.04亿元，分别增长44.9%、29.2%；国际及港澳台快递38.09万件，业务收入2200万元，分别下降2.6%、2%。市邮政管理局全年开展执法检查500人次，检查邮政网点44次，快递网点206次。开具整改通知书15份，立案处罚14起。开展快递清源专项清理活动，检查248人次，检查单位124家。全市网点配备二代身份证读卡器630台；建成连云港市寄递渠道安全监管信息系统，可在线实时上传收寄件人信息、内件图片；配置X光安检机17台。全年受理消费者有效申诉938件，增长40.8%，直接挽回消费者损失6.21万元。（朱良兑）

邮政普遍服务。2016年，全区实现邮政业务收入4.93亿元，比2015年增长14.14%。全区建成4个县级电商运营中心，全市有村邮站1442个，覆盖率100%，发展邮掌柜加盟店2090个。开展税邮合作，建成全省第一家税邮共建便民办税服务厅。实施邮商联盟，江苏邮政公司连云港分公司与家得福超市开展线上线下战略合作，扩大服务范围。结合社会热点，开发《女神医》《山河入梦、不忘初心》等个性化邮册。举办儿童书画比赛，发行《连云港市民文明手册》。9月，市农委、市商务局、市邮政管理局等部门联合举办邮乐农品@连云港馆上线暨战略合作签约仪式。构建购物不出村、销售不出村、生活不出村、金融不出村、创业不出村的"五不出村"农村电商服务生态圈，"邮乐购"加盟店覆盖全市80%以上的行政村和居民社区。开通"邮掌柜""邮乐江苏""邮乐农品"网络端，推出百余种农民日常生活用品。灌南县启动"全民阅读 书香邮政"活动项目，将县图书馆软件系统与灌南县内17个邮政网点进行联网。

（王　慧）

【互联网信息服务】 政府网站和新媒体应用服务。2016年，连云港市升级改版政府门户网站，建设网站群软硬件平台。政府网站推动重点领域信息公开和服务事项优化，全年加载信息5万余条。整合市第十二次党代会、市两会、创建国家卫生城市等专题，督促权力事项单位完善权力（办事）服务事项要素900多项，提供行政事项网上申请、办事状态查询等功能。以政府门户网站为主体，推动政务数据的集中、开发、共享，对接公积金账单、社保信息等市民在线查询和办理的公共服务项目。"连云港发布"微博微信客户端将政府网站向无线终端延伸。健全新媒体发布渠道，探索"互联网+公共服务"的新模式，形成政民互动、信息交互、在线服务的新平台。

政府信息化系统建设。灌南县、海州区、开发区、连云区办件平台开通运行。东海县完成与智慧政务系统的相关数据对接。管理维护行政权力网上公开透明运行系统。完成连云港市行政权力网上公开透明运行系统上报省级平台系统的数据迁移，全市行权系统办件74万件。完成51个市级部门、县区行政许可和行政处罚信息双公示信息系统软硬件安装部署和信息发布。开发省市县公示数据汇总上报系统，实现"双公示"系统与市公共信用信息系统数据交换。全市公示行政许可信息14万余条、行政处罚信息1万余条。连云港市国家突发事件预警信息发布系统运行良好，实现与主要承担预警发布任务职能的环保、国土、公安、水利、农业等12家单位的联网。

电子政务外网运行。建设虚拟化平台，扩容存储空间，部署交换机统一管理运维系统。开展设备运行情况监控，部署上网行为审计设备，维护机房精密空调、UPS不间断电源等机房环境，完成市行政中心机房二期设备更新项目，实施策略维护和优化，保障电子政务外网设备运转正常。（钱永忠）

【广播电视传输服务】 2016年，江苏省广电有线信息网络股份有限公司连云港分公司做好数字电视"村村通"工程，投资1200万元，做好灌云县农村广电网络整转工作，完成灌云县有线电视骨干传输网络的建设。加快"高清港城，智慧广电"建设，利用网络传输能力，完成"智慧青湖"工程。完成"两会""国庆"等重要保障期的安全播出工作，实现安全播出、安全传输零事故。完成省、市、县三级播控平台整合，提高市县安全播出可靠性。推进高清港城工程，实现城乡有线电视高清信号覆盖率42%，高清节目传输50套。全年发展农村有线电视3.08万户，全市有线电视用户总数48万户。（臧　乐）

房地产业

【概况】 2016年，连云港市房地产市场走势与全国、全省情况基本一致，

2016年，连云港市落实国家房地产调控政策，推进房地产供给侧结构改革。图为茗泰花园首批公租房摇号分配现场。　住房局　供

呈现商品房销售量价平稳增长、库存增幅减缓的特点，房地产市场总体保持健康发展态势，房价平稳上涨，房地产投资增速保持平稳，商品房供应量充足。全年完成房地产投资235.41亿元，比2015年增长14.6%。商品住宅开发投资完成额192.92亿元，增长10.88%。入库地方税收35.25亿元，下降37.03%。受“营改增”影响，房地产业营业税减收10.43亿元。

【商品房建设】2016年，全市商品房新开工面积515.64万平方米，比2015年增长15.34%。商品房批准预售面积497.87万平方米，其中商品住宅批准预售面积416.83万平方米。

【房地产市场交易】2016年，连云港市房价基本稳定，处于可控状态。全市商品房批准预售面积497.87万平方米，比2015年下降16.45%，其中市区288.22万平方米，增长1.07%。商品房销售面积642.25万平方米，其中住宅581.82万平方米，分别增长26.09%、28.61%。市区商品房销售面积314.51万平方米，其中住宅288.82万平方米，分别增长24.62%、26.28%。市区二手房交易面积146.92万平方米，其中二手住宅交易面积135.63万平方米，分别增长21.64%、27.83%。到年底，全市商品房可售面积1129.84万平方米，其中商品住宅可售面积568.76万平方米，分别下降13.83%、24.56%。市区商品房可售面积558.35万平方米，增长10.1%。

【房地产调控与管理】2016年，连云港市落实国家房地产调控政策，推进房地产供给侧结构性改革。市政府下发《连云港房地产业去库存实施方案》，系统提出去库存工作目标和具体措施。加强商品房预售审批及预售资金监管，全年监管市区140家开发企业预售资金135.75亿元，缴存率99%。建立和完善房地产开发企业诚信评价体系，根据诚信等级对市区269家房地产开发企业进行差别化管理。实施预售商品房退房摇号再销售等制度，防范违规经营行为。开展房地产市场秩序检查，重点对住房和城乡建设部提出的发布虚假信息和广告、变相收取定金和预订款、捂盘惜售、捆绑搭售、一房多卖等9种不正当经营行为进行集中依法查处，下发责令整改通知书5份。全年审批发放预售许可证136份，对438份过期预（销）售许可证进行换证。

住房价格管理。2016年，全市商品房成交均价为5436元/平方米，其中商品住宅成交均价5289元/平方米，比2015年分别增长5.65%、6.95%。市区商品房、商品住宅成交均价分别是6689元/平方米、6482元/平方米，分别增长9.53%、8.8%。加强房屋租赁备案管理，定期发布房屋租赁价格，市住房租赁信息政府服务平台建成运营。加快房屋租赁网上备案系统升级，对出租未登记房屋丘号进行警示限制，促进出租方主动办理租赁备案，稳定房屋租赁市场秩序，维护租赁双方当事人合法权益。全年办理房屋租赁备案业务9124件，备案面积258.66万平方米。市区住宅每月租赁价格为13.48元/平方米，比2015年上涨4.41%；商铺为33.22元/平方米，上涨1.74%；办公用房为20.31元/平方米，上涨5.31%。

房屋权属管理。全年市区完成房屋交易备案11.32万件；抵押备案面积1028万平方米，抵押额334亿元；产权交易备案面积923万平方米，产权交易备案5.88万件。商品房合同网备2.81万户，面积315万平方米，二手房交易网备1.54万户，面积147万平方米。新增档案建档14.04

2016年连云港市商品房、商品住宅成交均价情况一览表

表24

项目/区域	商品房均价（元/平方米）		商品住宅均价（元/平方米）	
	价格	比2015年（±%）	价格	比2015年（±%）
全　市	5436	5.65	5289	6.95
市　区	6689	9.53	6482	8.80
海州区	7025	11.19	6864	10.82
连云区	5762	11.95	4896	9.21
赣榆区	4235	-1.26	4149	2.67
东海县	4454	3.13	4368	10.41
灌云县	3984	-2.02	3802	3.53
灌南县	4075	5.11	3934	3.17

2016年连云港市商品房、商品住宅登记销售情况一览表

表25

项目/区域	商品房面积（万平方米）		商品住宅面积（万平方米）	
	面积	比2015年（±%）	面积	比2015年（±%）
全　市	642.25	26.09	581.82	28.61
市　区	314.51	24.62	288.82	26.28
海州区	254.81	18.45	236.35	19.59
连云区	34.58	52.45	29.12	65.86
赣榆区	80.40	16.96	74.09	21.65
东海县	115.67	11.43	100.79	11.03
灌云县	60.75	38.75	55.55	48.35
灌南县	70.93	74.49	62.56	81.02

万卷，其中房屋权属档案建档4.89万卷，抵押档案5.48万卷。

【物业管理】2016年，全市有物业服务企业320家，其中新增物业服务企业15家。住宅物业管理项目724个，新增物业管理项目42个。管理面积5300余万平方米，从业人员2.5万人。投入1235万元对73个物管小区开展绿化提升工作，新栽和补栽树木、乔灌木28854株，种植草皮49592平方米。投入资金5559万元，完成92个老旧小区的整治改造。启动15万平方千米的海绵城市示范区建设，完成58个老旧小区排水改造，占地面积145.25万平方米。市区物业维修资金归集2.46亿元，审批拨付维修资金1182万元。投入2100余万元，清理物管小区垃圾5200余吨，清理“小菜园”3000余处，清理“三乱”小广告3万余处，修复破损窨井盖1850个，设置毒饵站1.8万余个、健康教育宣传栏500余个，246个物管小区通过国家“创卫”检查小组暗访。

【房屋安全鉴定】2016年，全市开展城市危房和老旧房屋安全大排查，排查危险房屋45.82万平方米、2412幢。治理城镇危旧房屋10.15万平方米，其中治理危旧直管公房5.83万平方米。完成房屋安全鉴定面积10.86万平方米。通过房屋置换、危房清退、征收拆除、停租封存等形式进行直管公房解危解困。对危险房屋下达停租封存通知26户；腾空关闭封存危房11户310平方米；回收2户55.92平方米。对144户葵花街直管公房楼阳台用钢结构进行改造加固。完成新建房屋白蚁防治面积259.9万平方米。

【房地产中介管理】2016年，市住房局对在连云港市进行异地执业的房地产估价机构所出具的758本《房地产评估报告》进行资格审查和价格审核。全市有8家连云港当地估价机构，20家外地估价分支机构，4家异地执业估价机构，在连云港的估价师执业人数117人。全年发放房地产经纪机构备案证书13份，房地产经纪人和估价师职业资格注册变更、延期和注销网上审核45人次。完成1家估价机构公司设立、3家估价机构分公司设立、8家估价机构延期、2家估价机构法人变更、3家估价机构地址变更。完成13家经纪机构备案，其中2家经纪机构备案延期、11家经纪机构初始备案。加强房地产开发企业和经纪评估机构等诚信体系建设，开展房地产估价报告抽查评审工作，发布《关于全市房地产估价报告抽查评审工作的通报》。（韩　茜）

【装饰装修】2016年，连云港市有装饰装修企业一级资质企业6家，二级资质企业61家，装饰装修行业从业人数6000人。装饰行业由连云港市向外省市扩张，先后承揽北京、上海、深圳等城市的工程。4家企业被评为江苏省装饰装修优秀企业，2人被评为省级优秀项目经理，16家企业被评为连云港市装饰装修优秀企业。

新材料推广。全年引进、推广应用14大类建筑材料、生产企业342家，其中外保温生产企业57家、墙体材料生产企业8家、建筑机械设备生产企业13家、管材管件生产企业49家、建筑涂料生产企业25家、建筑电气生产企业51家、外加剂生产企业7家、安全网生产企业5家、防水涂料生产企业52家、门窗生产企业19家、其他建材建机生产企业56家。3家门窗企业通过江苏省建设厅的节能认证，9家门窗企业申报省级认证。

安全监督。全年督促整改质量安全隐患108起，未发生质量安全事故。市区装饰装修工程监督覆盖率90%。14项工程被评为连云港市装饰装修优质工程。赣榆区人民医院外科病房楼室内装饰施工，赣榆区人民医院门急诊楼、医技楼室内装饰装修工程获省“扬子杯”建筑装饰优质工程奖。江苏金桥盐化集团有限责任公司办公大楼室内装饰施工工程获全国装饰优质工程奖。

执法监督。全年下达执法文书78份。其中，停工通知书19份，整改通知书46份，处罚告知书8份，处罚决定书5份。办理完结行政处罚案4起。（王甜甜）

旅游业

【概况】2016年，连云港市旅游行业开展基础设施完善、重点品牌培育和环境秩序整治。旅游经济保持健康发展，全年接待国内外游客3013.34万人次，实现旅游收入395.4亿元，分别比2015年增长12.2%、15.5%。其中，国内游客3011.08万人次，增长12.2%；入境旅游人数2.26万人次，增长11.2%。实现旅游外汇收入2281美元，增长10.5%。全年发行旅游年票26万张。

【旅游资源】2016年，市旅游局编制完成《连云港市“十三五”旅游规划》。全年旅游重点项目建设投资90.8亿元。花果山景区被国家旅游局批准为AAAAA级旅游景区，西双湖景区被国家旅游局批准为AAAA级旅游景区。海州湾海洋乐园、夹谷圣境、孔雀沟等4个景区被国家旅游局批准为AAA级旅游景区。全市等级景区总数45家，其中AAAAA级旅游景区1家、AAAA级旅游景区12家、AAA级旅游景区18家。（茆廷军）

云台山国家级风景名胜区。云台山国家级风景名胜区是江苏省5个国家级风景名胜区之一，也是全省唯一山海相拥的国家级风景名胜区。云台山风景名胜区管委会辖云台街道办事处、南云台林场、朝阳林场、花果山景区管理处、渔湾景区管理处、猴嘴园林管理处。辖区面积98平方千米，常住人口3.7万人，拥有国家AAAAA级花果山景区和国家AAAA级渔湾景区，以及东磊、孔雀沟、樱桃谷等多个游览区。2016年，景区接待游客580万人次，实现门票收入1.1亿元。

花果山景区。花果山景区是国家级云台山风景名胜区的核心景区，是国家AAAAA级旅游景区。面积75.39平方千米，由16座独立山体组成，包含大圣湖游览区、西游胜境游览区、玉女峰游览区、太白涧游览区、

2016 年，赣榆夹谷圣境景区被评为 AAA 级景区。 朱代桂 摄

云龙涧游览区、渔湾游览区、东磊游览区、丹霞游览区 8 个游览区，层峦叠嶂 136 峰。花果山主要景点有阿育王塔、花果山山门、九龙桥、十八盘、三元宫、水帘洞、照海亭、玉皇阁、玉女峰等。玉女峰是江苏省最高峰，海拔 624.4 米。2016 年，景区完成花果山生态停车场、监控系统、出口道路及照明系统建设，建成供电动汽车使用的小型车辆充电桩 50 个、大型车辆充电桩 2 个、道闸岗亭木屋 4 个、LED 显示屏 4 个，新增环保厕所 3 座。完成数字花果山建设项目，景区实时监控系统全覆盖。全年种植紫薇 3500 余株、连翘 6800 余株、金银花 2000 余株、海棠 540 余株、红叶石楠球 5000 余株，种植草皮 1000 平方米，引进树型月季 1300 株，普通月季 1500 株，栽植果树 5000 余株。全年花果山景区接待游客量 385 万人次，实现旅游综合收入 4.15 亿元。

渔湾景区。渔湾景区位于国家级云台山风景名胜区的南麓，是国家 AAAA 级旅游景区，面积 3.5 平方千米，整体结构由两条大涧一道山梁组成，三面环山一面向海，是天然的避风港。主要景点有神鱼化龙铜制雕塑、九孔桥、龙潭涧、龙祈洞、老龙潭等。2016 年，景区建设 AAA 级厕所 1 座。完成 70 余块标识导向设施，垃圾箱、休憩座凳、护栏等服务设施的设计、施工安装。启动建设商业服务网点，完成停车场方案设计和前期准备工作。全年渔湾景区接待游客 130 万人次，实现收入 803 万元。

（张 昂）

海上云台山景区。海上云台山景区位于后云台山核心部位，北邻新亚欧大陆桥的起点东方大港连云港，南环“中国十佳村镇慢游地”、素有“世外桃源”美誉的宿城街道。景区面积 53.11 平方千米，主峰大桅尖海拔 605.4 米，为江苏第二高峰。景区森林覆盖率 95％。1986 年，海上云台山景区被列为江苏省自然保护区，1988 年被列为国家级风景名胜区，1993 年被列为国家级森林公园。2014 年 4 月，景区被列为国家 AAAA 级旅游景区。2016 年，景区投资 1 亿元，完成保驾山路、环山公路建设，投入 120 万元，完善乡村旅游厕所、停车场、标识标牌等公共服务设施。投入 200 万元，加强智慧旅游，依托电商、微信和论坛等网络平台。全年接待游客 138.25 万人次，实现门票综合收入 1602.6 万元。

（张 超）

连岛度假区。连岛，古称鹰游山，又称东西连岛，是江苏省第一大基岩海岛，海岸线长 17.66 千米，面积 8.1 平方千米，由 6.7 千米的全国最长拦海大堤与陆地相连。连岛集青山、碧海、茂林、海蚀奇石、天然沙滩、海岛渔村人文景观于一体，盛产海鲜。连岛旅游度假区为国家 AAAA 级旅游区，有江苏最优质的沙滩——大沙湾。2016 年，连岛入选国家海洋局评选的全国十大美丽海岛。加快连岛中心渔港、海鲜美食街、冰雪大世界等重点项目建设，购置 14 列观光小火车、环保电动汽车，购买 2 艘气垫船，升级景区检票系统，实现核心景区 Wi-Fi 全覆盖以及车辆实时监管。全年景区接待游客 401 万人次，实现门票收入 4287 万元。（张 波）

孔望山景区。孔望山景区山体主要由花岗岩、片麻岩构成，距今 18 亿年。孔望山蕴含着丰富的历史文化内涵，有原始社会新石器的杯盘石刻，有宋元明清的名人题刻，中国迄今为止最大的汉代圆雕石像，特别是 20 世纪 80 年代发现的东汉佛教摩崖造像，经考证比敦煌莫高窟早 200 年，被称为“中华母窟”。主要景点有龙洞庵、龙洞题刻、石象、馒头石、东海庙遗址及东海庙碑、石蟾蜍、飘然

冬日孔望山 刘聪 摄

2016 年连云港市 AAA 以上等级景区一览表

表 26

序号	等级	名称	电话	地址
1	AAAAA	花果山景区	85723807	海州区郁林路 5 号
2	AAAA	连岛海滨旅游度假区	82600039	连云区连岛镇
3		孔望山景区	85116663	海州区盐河路 198 号
4		渔湾景区	85941666	海州区云台乡渔湾村
5		中国东海水晶城	87280308	东海县牛山镇迎宾大道 2 号
6		中国东海水晶博物馆	87783760	东海县中华路 1 号
7		大伊山景区	88863002	灌云县伊山镇公园路 18 号
8		东海羽泉景区	87842001	东海县温泉镇
9		连云港市革命纪念馆	85820610	海州区朝阳东路 70 号
10		海上云台山景区	82201138	连云区宿城街道桃园路 62 号
11		二郎神文化遗迹公园	83286909	灌南县新安镇闸北村
12		桃花涧景区	85226228	海州区锦屏镇
13		西双湖景区	87260976	东海县西双湖
14	AAA	抗日山景区	86558000	赣榆区班庄镇
15		潮河湾生态园	88712955	灌云县杨集镇
16		灌南人民革命纪念馆	83221490	灌南县新安镇人民东路 17 号
17		青松岭森林公园	87027777	东海县李埝林场
18		灌云县博物馆	88631898	灌云县西苑南路 2 号
19		赣榆海州湾旅游度假区	86898226	赣榆区海头镇
20		和安湖湿地公园	86212275	赣榆区新城区创联大厦
21		宿城船山飞瀑景区	82203114	连云区宿城街道
22		徐福泊船山景区	86731000	赣榆区金山镇
23		云龙涧原生态景区	85735551	开发区中云街道
24		灌云县烈士陵园	88812514	灌云县公园路 20 号
25		赣榆夹谷山景区	86033070	赣榆区班庄镇
26		东海御园景区	87896888	东海县李埝林场驻地
27		湖西生态园	87526888	连云港温泉度假区南 3 千米
28		民主路文化旅游区	83080205	海州区民主路
29		海州湾海洋乐园	86900899	赣榆区海头镇小口村
30		连云港夹谷圣境景区	86551918	赣榆区班庄镇夹谷山
31		孔雀沟景区	85940333	海州区南云台林场

亭、乘槎亭遗址、孔子望海像、杯盘刻石、承露盘及孔望山古城遗址等。2016 年，景区投入 1047 万元，铺设景区进山道路 500 米、新建停车场 5000 平方米、新增配套用房 800 平方米、完成 150 只垃圾桶及 30 只座椅安装、新增导引牌 100 副、新增景区公厕 150 平方米、新增绿化面积 2 万平方米，完成景区服务中心升级改造 500 平方米，安装监控设施 20 台套，景区拆违 200 平方米，完成 Wi-Fi、广播系统等工程基础设施建设。全年接待游客 72.5 万人次，实现门票收入 300 万元。

桃花涧景区。桃花涧景区是国家级风景名胜区云台山风景名胜区的一个重要组成部分，位于海州锦屏山南麓，景区占地面积 4.5 平方千米，分东西两部分，东部有岩画、石刻、奇石、幽涧、龙潭、岩洞、古寺构成的桃花涧“三十六”景，西部为将军崖岩画，桃花涧旧石器遗址和石刻文化艺术园。桃花涧是锦屏山最大自然山涧，全长4.5千米。2016年，景区投入3927万元，完成桃花女塑像、七星涧拦水坝加固及配套泵站工程，芋水园景点工程、古樟园建设工程，新增景区绿化4万平方米，新增广场面积5000平方米，完成道路建设2500米，安装护栏1000余米，安装垃圾桶200个，新增导引牌100余副，完成1000平方米服务设施等建设工程。全年接待游客67万人次，实现门票收入320万元。（张 宇）

大伊山景区。大伊山景区主体大伊山由12座山峰组成，最高峰226.7米。景区开发建设以石佛寺为中心的佛文化区、以大伊山石棺墓遗址为中心的古人类文化区、以镜花缘主题公园为中心的文化旅游体验区和以山水生态景观为内容的风光游览区。2012年，景区获批国家AAAA级旅游景区。2016年，大伊山景区通过与第三方电商平台开展"智慧旅游"项目，建立核心景区免费Wi-Fi无线网络全覆盖、自助导游语音讲解系统，快捷支付客户端运用等功能。全年旅游接待量为87.8万人次，比2015年增长9.6%；实现旅游综合收入684.5万元，增长15.6%。

（韦庆刚）

中国东海国际水晶珠宝城。中国东海水晶城是集水晶购物、餐饮、住宿、休闲娱乐为一体的超大型商业综合体，也是国家AAAA级旅游购物景区。占地面积30公顷，建筑面积45万平方米，总投资32亿元，是全国面积最大、功能最全的水晶商业市场的水晶交易集散中心。水晶城主体包括1—3号交易主馆、主入口广场、淘晶广场。有游客接待中心、银行、工商、质检、税务、邮政、快递等配套业态服务功能。地下1层为停车场。地上1至3层主要为水晶珠宝玉石工艺品交易区，入驻商户近3000家。4层为综合配套区，设有办公服务区、大师工作室、水晶工艺展示区、电子商务区和餐饮服务区等。2016年，接待客流量超90万人次，交易额突破百亿元。

（韩来善）

【旅游业态】2016年，连云港市推进旅游+产业融合，提升工农业旅游的品位和档次，促进城乡旅游协调发展，以康缘现代中药健康产业园、东海青松岭森林公园等为代表的工农业旅游产品发展较快，时蔬采摘、踏青观光、赏花赏叶等乡村旅游产品和以健康养生、核电环保能源、水晶产品工艺展示等工业旅游产品受到游客的关注和好评。东海中国水晶文化创意产业园被评为江苏省工业旅游区。花果山景区、新海高级中学、

2016年连云港市省四星级乡村旅游区一览表

表27

序号	名称	地址	认定时间
1	徐福生态园	赣榆区金山镇	2010.2
2	温泉乡村旅游区	东海县温泉镇	2010.2
3	谢湖有机茶果观光基地	赣榆区厉庄镇谢湖村	2011.4
4	石桥生态农业旅游观光园	赣榆区石桥镇	2011.4
5	青松岭森林公园	东海县李埝林场	2011.4
6	灌南现代农业示范区	灌南县人民东路	2011.4
7	潮河湾生态园	灌云县杨集镇元兴村	2012.12
8	夹谷山观光休闲农业园区	赣榆区班庄镇	2013.12
9	石梁河万亩葡萄观光基地	东海县石梁河镇	2013.12
10	云台农业生态旅游示范区	海州区云台农场	2014.4
11	双店鲜切花基地	东海县双店镇	2014.12
12	浦南现代农业示范园	海州区浦南镇	2014.12
13	黄川草莓采摘园	东海县黄川镇	2015.12
14	月牙岛湿地公园	海州区滨河新城	2015.12
15	李集同兴生态园	灌南县李集乡	2016.12

2016年连云港市省级以上特色乡村旅游品牌一览表

表28

品牌	名称	所在县区	评定年度
国家级特色景观旅游名镇（乡）	温泉镇	东海县温泉镇	2012.12
全国休闲农业与乡村旅游示范点	江苏谢湖有机茶果观光基地	赣榆区厉庄镇	2015.12
江苏省特色景观旅游名镇（乡）	宿城乡	连云区宿城乡	2013.1
	连岛街道	连云区	2014.12
	李埝乡	东海县	2016.12
江苏省自驾游基地	青松岭森林公园	东海县李埝林场	2012.12
	连岛海滨旅游度假区	连云区连岛镇	2014.12
江苏省工业旅游区	江苏核电有限公司	连云区板桥街道	2012.12
	康缘现代中药健康产业园	连云区中云街道	2015.12
	中国水晶文化创意产业园	东海县	2016.12
江苏省研学旅游示范基地	花果山景区	海州区	2016.07
	新海高级中学	海州区	2016.07
	中国东海水晶博物馆	东海县牛山镇	2016.07
	灌云县小学生素质教育基地	灌云县伊山镇	2016.07
	赣榆区中小学素质教育实践基地	赣榆区石桥镇	2016.07

4月1日，连云港市举行乡村旅游节启动仪式暨开发区首届朝阳桃花节开幕式。 旅游局 供

中国东海水晶博物馆、灌云县小学生素质教育基地、赣榆区中小学素质教育实践基地成为连云港市首批省级研学旅游示范基地。

乡村旅游。连云港市加快特色旅游镇(村)发展。乡(镇)村加大旅游配套服务设施建设，提升旅游服务功能，打造特色旅游村镇品牌。2016年，灌南县李集同兴林业生态园被评为江苏省四星级乡村旅游区。东海县帕蒂亚葡萄庄园、灌南县易宝嵘成生态园、赣榆区河西猕猴桃水果产业园、佳农生态农场和开发区四季如意家庭农场被评为江苏省三星级乡村旅游区。东海县李埝乡获批江苏省特色景观旅游名镇(乡)。东海县双店镇代相村、海州浦南镇江浦村获批连云港市特色旅游村。推动乡村旅游品牌品质建设，健全品牌退出机制，全年取消8家省星级乡村旅游区，5家省星乡村旅游区限期整改。

工农业旅游。到2016年底，全市有全国工农业旅游示范点11家，国家特色景观旅游名镇1家，江苏省特色景观旅游名镇3家，全国休闲农业与乡村旅游示范点1家。江苏省星级乡村旅游区42家，其中四星级乡村旅游区15家。江苏省自驾游基地2家。江苏省工业旅游区3家。江苏省研学旅游示范基地5家。连云港市特色旅游镇(村)15家，连云港市农(渔)家乐41家，其中星级农(渔)家乐11家。

【旅游产业规划】 2016年，市旅游局编制《连云港市"十三五"旅游规划》。推进旅游重点项目建设，做好景区等级创建指导工作。花果山景区创成国家AAAAA级旅游景区，西双湖景区列为重点开展创建国家AAAA级旅游景区。海州湾海洋乐园、夹谷圣境、孔雀沟等景区创建AAA旅游景区。

【旅游设施建设】 2016年，全市在建旅游重点项目42个，总投资192亿元。海上云台山景区、西双湖景区、赣榆夹谷圣境景区等重点旅游项目加快建设，中国东海水晶城投入使用。环前云台山景观大道、连岛海鲜美食广场、秦山岛景区等完成综合配套设施建设并投入使用。完成2016年省级旅游专项资金的申报工作，争取资金927万元，其中景区类610万元、乡村类317万元。推进以景区厕所、停车场新建扩建、无线Wi-Fi覆盖和旅游标识标牌完善。全年新建改扩建旅游厕所45座，停车场26座。

【旅游节庆活动】 *江苏盛夏休闲旅游季暨连云港之夏旅游节*。7月8日，由省旅游局、市政府主办，市旅游局、新浪江苏共同承办的2016"畅游江苏 清凉一夏"江苏盛夏休闲旅游季暨连云港之夏旅游节举行启动仪式。活动期间，开展江苏夏季旅游休闲度假产品发布、连云港旅游资源推介、夏季旅游产品线路发布、旅游项目签约以及"畅游江苏 清凉一夏"主题体验活动。推出"大圣邀你看大海"网络宣传，连云港之夏旅游产品博览会，连云港之夏群星演唱会等旅游活动。县区举办的旅游活动主要有"欢乐一夏"船山露营节活动，"浪漫连岛"音乐节活动，"好享夜时光"连岛篝火晚会活动，"相聚海州湾 感受新连云"第三届连云新城海滨旅游活动月、秦山岛海钓节、猴年相聚花果山系列活动，第六届东海花卉博览会活动。全年举办首届开发区朝阳桃花节、"花漾海州·四季赏花"系列活动、东海青湖镇桃花节、高新区云水湾荷花节、灌云豆丹文化美食节、东海县乡村旅游节、第二届鸿禹山庄樱桃采摘节、东海首届"帕蒂亚之夏"、第八届赣榆厉庄樱桃节等10多个乡村旅游节庆活动。

《西游记》文化节暨花果山金秋登山健身活动。9月28日，由市政府主办，市旅游局、市体育局承办的第十三届《西游记》文化节开幕式暨花果山金秋登山健身活动在花果山景区开幕。开展港城最美旅游景区微视频评选、秦山岛海钓节、石桥苹果节、"讲西游故事，抢免费门票"推广等旅游节庆活动。11月25日闭幕。

第九届徐福故里海洋文化节暨2016金秋经贸洽谈会。10月18—23日，第九届徐福故里海洋文化节暨2016金秋经贸洽谈会在赣榆区举办。活动期间，举行徐福文化与"一带一路"城市文化产业国际论坛开幕式，徐福文化国际论坛(赣榆)秘书处启动仪式，文化产业合作项目签约仪式，参观徐福文化遗址等活动。开展金秋经贸洽谈会、"智汇海州湾"科技人才赣榆行等活动。洽谈会上签约21个项目，计划总投资75亿元。

【旅游市场开发】 2016年，连云港市投资157万元，在高铁南京南站广告牌，上海公交车车身，上海、南京电梯框架传统平面媒体，《江苏广播》《扬子晚报》上开展连云港旅游宣传。围绕"旅游促进发展，旅游促进扶贫，旅游促进和平"主题，举办2016"中国旅游日"连云港主场活动暨古玩街开街仪式，推出系列旅游优惠措施。参加中国(南京)国际度假旅游及房车展览会、中国—东盟博览会旅游展、第30届香港国际旅游展、中国西安丝绸之路国际旅游博览会等展会，发放连云港市旅游宣传材料2万余份。到合肥、池州、铜陵、安庆开展旅游宣传推介。市旅游局编印新版旅游地图，对市咨询中心进行资料补充。连云港旅游（香港）推广中心成立，开展境外旅游宣传。

【旅游商品开发】 2016年，连云港市推进旅游商品研发与推广，认定东海县至善坊水晶文化发展有限公司、连云港美奇黑陶工艺品有限公司为连云港市旅游商品研发基地。19家生产企业25种商品60余人参加江苏省首届"乐购江苏"特色旅游商品展销大汇活动，销售商品8.42万元。赣榆黑陶参加在新疆克拉玛伊举办的国际旅游商品博览会，推荐东海水晶幸福在望、水晶龙章等工艺品，赣榆黑陶"喜上眉梢"等艺术品，红香溢樱桃酒、汪恕有滴醋等特色产品共21家单位31个商品参加江苏省第二届"乐购江苏"旅游纪念品创意设计大赛。全市旅游商品的生产、销售网络初步建立，东海水晶城、墟沟海产品交易市场、新浦陇海步行街初具规模，各主要景区、景点设有旅游纪念品的商店或销售摊点。

【旅游行业管理】 2016年，连云港市在专兼职导游中开展全国导游公共服务监管平台电子导游注册、审核等工作。在市旅游局、总工会等部门联合举办的寻找"港城十大最美职工"推选活动中，朱岩岩等10人被评为港城十大最美导游员（讲解员）。市委宣传部、市旅游局等部门联合举办岗位学雷锋标兵和示范点推选活动。开展"弘扬行业新风、培育服务典型"系列活动，蔚蓝海岸国际大酒店、连云港青年国际旅行社被评为2016年度最受欢迎的旅游行业单位，鲁吾启等3人被评为最美旅游行业个人。花果山大酒店、和安湖国际大酒店、海州湾国际会议中心、东海青松林温泉度假酒店等旅游饭店开展旅游休闲度假酒店创建，海州湾国际会议中心被评为省旅游休闲度假酒店。公安、城管、食药监等部门开展全市旅游市场秩序专项集中整治活动。

2016年连云港市星级农（渔）家乐一览表

表29

名　称	星级	地 址	评定年度
望海山庄	三星	赣榆区海头镇	2014.12
塔山鱼王阁	三星	赣榆区塔山镇	2014.12
道永生态园（福鼎农庄）	三星	灌云县龙苴镇	2014.12
东旭楼大酒店	二星	连云区高公岛街道	2014.12
龙腾酒店	二星	连云区高公岛街道	2014.12
湖西生态园	四星	东海县石榴镇	2015.12
潮河春晓宾馆	三星	灌云县沂北乡	2015.11
民丰家庭农场	三星	海州区板浦镇	2015.11
紫晶葡萄庄园	三星	东海县桃林镇	2016.11
乡情满园生态园	三星	灌云县伊山镇	2016.11
金卉生态园	三星	海州区南城街道	2016.11

2016年连云港市营业收入前10名旅行社一览表

表30　　单位：万元

单位名称	营业收入
连云港市国泰国际旅游有限公司	4028
江苏友好国际旅行社有限公司	28408
连云港中国国际旅行社有限公司	2119
连云港青年国际旅行社有限公司	1943
连云港鑫海旅行社有限公司	1237
连云港天马国际旅行社有限公司	1120
连云港市如意行旅行社有限公司	1067
连云港好时光国际旅行社有限公司	888
连云港广电国际旅行社有限公司	704
连云港华天国际旅行社有限公司	504

2016年连云港市利润总额前10名旅行社一览表

表31　　单位：万元

单位名称	主营业务利润
连云港市花果山春秋旅行社	446
连云港市国泰国际旅游有限公司	444
江苏友好国际旅行社有限公司	315
连云港风光国际旅行社有限公司	282
连云港青年国际旅行社有限公司	168
连云港市如意行旅行社有限公司	140
连云港广电国际旅行社有限公司	59
连云港好时光国际旅行社有限公司	54
连云港康辉旅行社有限公司	54
连云港市实华旅行社有限公司	45

2016 年连云港市旅游星级饭店一览表

表 32

饭店名称	星级	地　址
云台宾馆	5	海州区苍梧路 27 号
福如东海温泉大酒店	5	东海温泉旅游度假区汤姑路 6 号
连云港神州宾馆	4	连云区墟沟海棠北路 215 号
明珠香榭尔国际大酒店	4	连云区墟沟海棠中路 36 号
蔚蓝海岸国际大酒店	4	连云区海棠北路 188 号
东圆国际大酒店	4	灌云县西苑南路 8 号
赣榆金苑大酒店	4	赣榆区青口镇盛世路 18 号
登泰大酒店	3	海州区通灌南路 98 号
天晴大酒店	3	海州区巨龙北路 6 号
千府国际大酒店	3	海州区南极北路 28 号
灌云县清和园宾馆	3	灌云县城振兴北路 1 号
振兴桃园宾馆	3	海州区苍梧路 36 号
远洋宾馆	3	连云区中山中路 195 号
东海温泉健身会馆	3	东海县温泉镇泳馆路 3 号
凯捷花园	3	海州区海连东路 3-1 号
连云港市西京宾馆	3	连云区中华西路 36 号
灌云县伊山宾馆	3	灌云县城宾馆路 5 号
灌云县清泉宾馆	3	灌云县胜利西路 203 号
明国大酒店	3	连云区中华西路 1 号
淮盐大酒店	3	海州区解放东路 176 号
华裕宾馆	3	海州区南极北路 55 号
永晋大酒店	3	连云区云宿路 51 号
金桥大酒店	3	连云区东园路 4 号
苏豪大酒店	3	海州区建设中路 80 号
赣榆区青口镇在海一方宾馆（碧海国际酒店）	3	赣榆区青口镇黄海路 85 号
连云港喜福来宾馆	2	连云区中山西路 22-1 号
连云港相王度假村	2	连云区北固山海景山庄 2 号
连云港永泰大酒店	2	连云区中山西路 169 号
连云港金港宾馆	2	连云区中华西路 37 号
连云港海霞新苑商务大酒店	2	赣榆区黄海路
连云港新时代大酒店	2	赣榆区黄海路
连云港云腾宾馆	2	海州区解放路 105 号
灌云嘉悦商务酒店	2	灌云县伊山南路 322 号
灌云龙飞大酒店	2	灌云县伊山南路 427 号

星级旅游饭店。2016 年，市旅游局完成全市 39 家星级酒店的年度复核工作。东海锦绣国际大酒店、东海九龙温泉会馆、东方大酒店、天然居宾馆、连云港普陀山大酒店因设施设备老化、转向经营等原因不能达到星级旅游饭店等级要求，被取消星级旅游饭店资格。截至年底，全市有星级饭店 34 家，其中五星级饭店 2 家、四星级饭店 5 家、三星级饭店 18 家、二星级饭店 9 家。

旅行社。到 2016 年底，全市有旅行社 110 家，其中出境旅行社 6 家。全年注销 5 家，新增 5 家。全年旅游、工商、卫生等部门开展联合执法检查 10 余次，处理违规旅行社 11 家、违规导游员及领队 51 人。处置旅游投诉 61 件，处理取缔假冒星级饭店 1 家。

导游员管理。全年完成 1440 名导游员年审培训，108 名新考证导游员岗前培训、30 余名中高级导游员“云课堂”培训。完成 24 名领队申报工作、325 名初级导游员，8 名中高级导游员的报考工作。举办连云港导游与旅行社双向交流洽谈会，30 余家旅行社，近 300 名兼职导游员参加活动，达成意向性签约 400 份。

旅游年票。全市纳入旅游年票景区 17 家，全年发行旅游年票 25.8 万张。新增B版年票代办点 4 家。

（茆廷军）

金融业

【概况】2016 年，连云港市金融业运行情况良好，实现金融业增加值 106.71 亿元，比 2015 年增长 14.8%；占地区生产总值和第三产业比重分别为 4.49%、10.41%。全年处置不良贷款 23.6 亿元，不良贷款余额降至 36.6 亿元，不良贷款率降至 1.75%。全市新增“新三板”挂牌企业 4 家、区域性股权交易中心挂牌企业 28 家，1 家拟上市企业申报材料报至香港联交所，3 家拟挂牌企业材料上报全国股转系统。

社会融资规模。截至 2016 年末，全市社会融资规模存量 3298 亿元，增量 530 亿元。各项贷款平稳增长，年末各项贷款余额 2093.9 亿元，比年初增加 266.2 亿元。全年发行直接债务融资工具 211.5 亿元，余额 408.4 亿元。

金融组织体系。全年引进金融机构 8 家。其中，银行业金融机构 1 家，保险业金融机构 4 家，证券业金融机构 3 家。成立江苏联港资产管理有限公司、连云港市信用再担保有限公司，港口集团财务公司获批筹建。到年底，全市有银行业金融机构 29 家，保险业金融机构 45 家，证券营业部 14 家，期货公司 3 家，典当公司 14 家，小额贷款公司 17 家，融资性担保公司 22 家，再担保公司 2 家，农民资金互助社 30 家，资产管理公

司1家,初步形成以银行、保险、证券为主体的较为完善的金融组织体系。

金融改革。银行业金融机构加强产品业务创新。工商银行发放小微企业创业贷1.98亿元、供应链融资4.28亿元、"网贷通"5.43亿元。农业银行发放"金农贷"1.28亿元、惠及企业783户。交通银行新增"税e融"客户193户、发放贷款8331万元,开展江苏银行首笔城市发展基金、首单理财直融、首单股权质押融资等新型业务。邮储银行发放"富农贷""农保贷"等惠农信贷产品103笔、贷款金额4509万元。东方农商行成立双创金融服务中心,投放贷款2828笔、2.99亿元。市、县两级成立4支小微企业应急转贷资金,规模4.28亿元。全年发生应急转贷业务321笔、转贷金额10.56亿元。开展农村产权抵押贷款试点。东海县成为全省第一批农村"两权"(农村承包土地经营权、农民住房财产权)抵押贷款试点县,全年发放农村承包土地经营权抵押贷款6821万元。

信贷政策引导。优化信贷结构,加大对连云港市重点领域和薄弱环节的金融支持力度。制订《连云港市金融业支持重点企业发展实施意见(2016—2020)》,明确金融支持市委市政府出台的培强培优企业、加快科技型中小企业培育和上市企业培育三大行动计划。强化制造业金融支持,2016年末,全市基础设施贷款增加81.7亿元,个人住房贷款增加120.9亿元,房地产开发贷款下降17.9亿元,金融助力全市商品住宅去化周期为10.7个月,工业贷款比年初增加11.9亿元。引导银行机构加大对"三农"和小微企业等薄弱环节的信贷投放。全市小微企业贷款增加46.8亿元,涉农贷款增加111.1亿元。实施金融助推脱贫攻坚奔小康计划,发放扶贫小额贷款1.95万笔、2.99亿元。

金融基础设施建设。市政府印发《连云港市农村信用体系建设工作实施方案》,推进中小企业信用体系和农村信用体系建设。优化POS机受理流程,增强POS机刷卡安全性。完成电子商业汇票系统上线工作,实现电子票据的承兑、贴现、再贴现等业务全流程无纸化操作。在农村地区无银行网点的行政村建设农村金融综合服务站,实现无银行网点行政村100%全覆盖。建立农村金融综合服务站风险分级预警管理体系,实行动态管理。开展人民币流通满意工程与反假货币知识宣传,加快残损人民币回收。二代货币发行管理系统在全市稳步推广。开展硬币自循环试点工作,优化人民币流通环境。提高国库服务精准度,在TCBS模式下收回开发区和连云区2家代理支库。开发无纸化退库影像审核系统并在全省推广。

金融生态环境优化。人民银行连云港市中心支行完成140余家法人金融机构存款保险保费数据归集、费率录入和费用上缴工作。对3家法人投保机构开展核查,对9家投保机构开展风险评级。强化金融风险监测处置。对赣榆农商行、灌云农商行开展资产质量真实性专项评估。做好对东方农商行的风险监测。市政府印发《连云港市金融突发事件应急预案》,提高全市金融风险应急处置能力。推进互联网金融风险专项整治活动,排查互联网金融机构852户,确定重点检查机构49户。建立农民资金互助合作社监管联席会议制度,推进互助社转籍工作制。

政银企合作。2016年,市区12家主要银行业机构向179个重大项目重点企业投放贷款326.59亿元。市金融办举办"百亿资金进百企"专题对接会。促成29家银行与257家企业进行签约,签约金额124亿元。截至年末有222个项目获得授信支持,授信金额158.13亿元。其中,到位资金107.63亿元,资金到位率86.8%,惠及签约项目215个。定期对全市企业的融资需求情况进行摸底排查,发布企业融资需求4批,涉及企业223家、融资总需求291.71亿元。帮助盛虹集团融资12.5亿元,帮助宝通镍业融资2亿元,企业成功复产。

金融服务。推动农村承包土地的经营权抵押贷款试点。东海县政府设立500万元贷款风险补偿基金,涉农金融机构推出"农地贷""金农贷"等信贷产品。2016年,东海县6家涉农金融机构发放农地抵押贷款222笔6821万元。完善利率定价自律机制,全市企业贷款加权平均利率5.64%,为企业节约融资成本6亿元。直接债务融资工具加权平均发行利率4.01%。

金融监管。人民银行连云港市中心支行对14家征信系统接入机构开展现场检查;对20家融资性担保机构开展信用评级,组织6家小额贷款公司进行业务考试并申请接入征信系统。对4家金融机构开展反洗钱执法检查,对3家机构进行行政处罚;72家义务主体开展反洗钱评级工作,对10家机构下达反洗钱监管意见书,2家机构约谈高管,6家机构开展现场走访,1家机构开展现场洗钱风险评估。全年对53家企业开展外汇调查或检查,对5家银行开展外汇业务延伸检查,对2家银行开展外汇业务专项检查,立案查处企业及银行14家,查实违规金额3956.12万美元。开展金融消费权益保护环境评估工作。全年金融消费者投诉咨询热线受理投诉160件,办结率100%。开展金融消费权益保护专项检查3次,现场评估2次。开展防范电信网络新型诈骗专项行动。辖内银行网点成功堵截电诈骗案件88起,挽回资金损失114.36万元,配合公安机关冻结银行账户458户,资金9960万元。阻截、清理非实名银行账户数1982户,发送防骗公益短信13.79万条。

外汇管理。人民银行连云港市中心支行构建"银行大额交易预报告+重点企业前置约谈"机制。建立大额购付汇预报告制度,通过跨境人民币结算、外汇贷款、自有外汇等方式替代购付汇,全年减少即期购汇17亿美元。督促企业及时将境外发债募集资金、境外滞留贸易款项等调回境内,动员银行、企业用好用足外债比例自律政策和全口径外债宏观审慎管理政策,增加外债、贸易等外汇资金流入近5亿美元。

(陈苏鸣　卜伟祥)

【银行业】 到2016年底,全市社会融资规模存量3298亿元,增量530亿元。各项贷款平稳增长,年末各项

2016年连云港市本外币信贷收支一览表

表33　　　　单位：亿元

栏目 来源项目	12月余额	比年初增减数	栏目 来源项目	12月余额	比年初增减数
一、各项存款	2555.48	391.56	一、各项贷款	2093.90	266.22
（一）境内存款	2554.42	391.79	（一）境内贷款	2093.76	266.69
1.住户存款	1179.91	123.94	1.住户贷款	792.93	139.90
（1）活期存款	487.30	78.72	（1）短期贷款	213.04	19.13
（2）定期及其他存款	692.61	45.23	消费贷款	60.71	18.39
2.非金融企业存款	866.31	169.52	经营贷款	152.33	0.74
（1）活期存款2	382.47	121.23	（2）中长期贷款2	579.90	120.77
（2）定期及其他存款2	483.85	48.29	消费贷款2	529.89	121.59
3.广义政府存款	483.92	83.99	经营贷款1	50.01	−0.82
（1）财政性存款	54.19	7.52	2.非金融企业及机关团体贷款	1300.83	126.79
（2）机关团体存款	429.73	76.48	（1）短期贷款	491.96	−16.14
4.非银行业金融机构存款	24.27	14.33	（2）中长期贷款	680.12	121.23
（二）境外存款	1.06	−0.22	（3）票据融资	125.67	23.08
二、金融债券			（4）融资租赁		
其中：境外发行			（5）各项垫款	3.09	−1.38
三、卖出回购资产			3.非银行业金融机构贷款		
四、借款及非银行业金融机构拆入			（二）境外贷款	0.13	−0.47
五、联行往来（净）			二、债券投资	17.48	8.60
六、应付及暂收款	40.58	1.29	其中：境外债券		
七、各项准备	51.16	1.44	三、股权及其他投资	59.07	20.23
八、所有者权益	70.46	14.83	四、买入返售资产		
其中：实收资本	23.25	1.42	五、存放非银行业金融机构款项	0.00	0.00
九、其他	−196.06	−36.44	六、联行往来（净）	318.75	78.86
			其中：境内存放二级准备金	84.93	9.66
			七、金银占款		
			八、中央银行外汇占款		
			九、应收及预付款	8.21	−2.01
			十、投资性房地产		
			十一、固定资产	24.20	0.79
资金来源总计	2521.62	372.68	资金运用总计	2521.62	372.68

贷款余额2093.9亿元。恒丰银行连云港分行成立，华夏银行连云港分行取得江苏银监局筹建批复。全市有银行业金融机构29家。县域、农村地区新增银行网点15家，金融便民服务点覆盖全部行政村。港口集团财务公司获得银监会批复。全市银行机构对接"一带一路"交汇点建设、临港产业基地建设等地方重大发展战略，加大对医药、新材料、新能源企业、高端装备制造、信息技术、节能环保等新兴产业的信贷支持力度，银行业工业转型升级项目贷款余额8.25亿元，战略新兴行业贷款余额84.03亿元。编制全市产融合作试点城市实施方案，开展"百亿资金进百企"银企对接活动。　（高　军）

中国农业发展银行连云港市分行。截至2016年末，全行企事业单位存款余额和日均余额分别为57.11亿元、53.52亿元，实现同业定期存款日均余额2.74亿元。加大收购信贷资金投放，保障托市、储备等政策性收购资金供应，全年放购销储贷款

2016 年连云港市外汇业务经营情况一览表

表 34

	金额（万美元）	比年初增加（万美元）	比年初增长（±%）
外汇存款余额	77300	22400	40.8
外汇贷款余额	67700	-3700	-5.2

		金额（万美元）	比 2015 年（±%）			金额（万美元）	比 2015 年（±%）
外汇收入	合计	482499.2	-4.1	结汇收入	2. 直接投资	39170	24.1
其中：	商品贸易收入	356084.1	-3.8	其中：	3. 证券投资	6	20
	服务贸易收入	23786.3	-15.0		4. 其他投资	177	-97.3
	收益收入	9653	-17.4		5. 国内外汇贷款	0	—
	经常转移	725.3	-34.2		6. 金融机构资金本外币转换	0	—
	资本和金融账户收入	92250.5	0.1		7. 其他	3	-91.4
外汇支出	合计	382354.6	7.7	售汇支出	合计	201046	-17.1
其中：	商品贸易支出	208429.3	-5.9	其中：	经常项目	152773	-27.6
	服务贸易支出	30836.4	-17.9		1. 货物贸易	120176	-29.4
	收益支出	39028.9	126.6		2. 服务贸易	31359	6.2
	经常转移	338.2	212.3		3. 收益和经常转移	1238	-89.1
	资本和金融账户支出	103721.8	31.7		资本与金融项目	48273	52.9
结汇收入	合计	331537	-2.7		1. 资本账户	0	—
其中：	经常项目	292181	-3.4		2. 直接投资	7072	-52.3
	1. 货物贸易	262568	-3.3		3. 证券投资	0	-100
	2. 服务贸易	15247	-18.6		4. 其他投资	28045	543.2
	3. 收益和经常转移	14366	17.9		5. 国内外汇贷款	13156	6.4
	资本与金融项目	39356	3.2		6. 金融机构资金本外币转换	0	—
	1. 资本账户	0	—		7. 其他	0	-100

（陈苏鸣）

2016 年连云港市银行机构统计表

表 35

序号	银行业金融机构名称	机构总数（个）	职工人数（人）	一级分行（个）	二级分行（个）	城区内网点			县域内网点		
						支行（个）	分理处（个）	储蓄所（个）	支行（个）	分理处（个）	储蓄所（个）
	合计	542	9834	2	123	221	22	24	161	12	84
1	农发行连云港市分行	5	114		114	2			3		
2	工商银行连云港分行	36	857		1	24			11		
3	农业银行连云港分行	49	1321		1	28			20		
4	中国银行连云港分行	32	927		1	21			10		
5	建设银行连云港分行	30	840		1	11	9		3	6	
6	交通银行连云港分行	18	405		1	16			1		
7	江苏银行连云港分行	30	833	1		24			6		
8	邮储银行连云港市分行	132	950		1	9		24	15		84
9	浦发银行连云港分行	2	72		1	1					

续表 35

序号	银行业金融机构名称	机构总数（个）	职工人数（人）	一级分行（个）	二级分行（个）	城区内网点			县域内网点		
						支行（个）	分理处（个）	储蓄所（个）	支行（个）	分理处（个）	储蓄所（个）
10	招商银行连云港分行	1	52		1						
11	恒丰银行连云港分行	1	51		1						
12	南京银行连云港分行	1	122	1							
13	苏州银行赣榆支行	1	26			1					
14	东方农村商业银行	45	771			44					
15	赣榆农村商业银行	45	687			31	13				
16	灌云农村商业银行	36	507			4			31		
17	东海农村商业银行	31	504			2			28		
18	灌南农村商业银行	24	346						23		
19	赣榆通商村镇银行	1	23								
20	东海张农商村镇银行	3	45						2		
21	灌南民丰村镇银行	3	53						2		
22	灌云民丰村镇银行	3	43						2		
23	常熟农村商业银行银行东海支行	5	139						1	4	
24	吴江农村商业银行连云支行	1	19			1					
25	张家港农村商业银行连云港新浦支行	1	33			1					
26	太仓农村商业银行新浦支行	1	17			1					
27	太仓农村商业银行灌南支行	1	25						1		
28	太仓农村商业银行灌云支行	3	29						1	2	
29	江南农村商业银行赣榆支行	1	23						1		

（高　军）

30.8亿元，支持购入粮食12.4亿千克，其中分别发放夏粮、秋粮收购贷款16.2亿元、8.5亿元，入库粮食6.3亿千克、2.45亿千克。依托银政战略合作平台，支持整体城镇化建设项目、农村水利、农村路网、棚户区改造及基金项目建设。全年获批中长期项目9个、金额120.9亿元，投放中长期贷款43.69亿元，年末中长期贷款余额80.56亿元。加快基金项目申报、审批及支付，采取投贷结合，全年投放基金项目8个、金额6.47亿元，投资涵盖棚户区改造、新能源电动车及充电站、污水处理、连云港综合客运枢纽一期站前南广场等。获批10亿元中国东海新水晶城项目，成为农发行系统内首笔非农产品物流市场项目。全年完成国际业务结算量6210万美元、净收入34.58万元。银行实现中间业务收入906.84万元。

（顾宝国　王劲驰）

中国工商银行股份有限公司连云港分行。截至2016年末，全行人民币各项存款余额217.9亿元，人民币各项贷款余额251.43亿元。加大对重大项目信贷投放力度，项目贷款（不含房地产开发贷款）余额123.24亿元。全年审批通过政府购买服务项目11个、审批金额58.1亿元。通

8月31日，中国工商银行连云港分行与市财政局联合举办“小微企业创业创新发展贷款”产品发布会暨签约仪式。　工商银行　供

过实施专项营销、方案营销、综合营销，实现信贷投放61.09亿元，解决重点客户融资需求。开发创业贷、财服贷、园区贷等银证通系列优质产品，服务小微企业，年末外部监管口径小微企业贷款总额50.5亿元。全年投放个人住房贷款24.4亿元。推进智能银行建设，实现智能网点全覆盖。（祝佳佳）

中国农业银行股份有限公司连云港分行。至2016年末，全行各项存款总额262.62亿元，本外币各项存款日均余额254.24亿元。全行本外币各项贷款余额222.33亿元。全年实现拨备前利润5.34亿元，拨备后利润5.28亿元。营销投放华能热电联产、永安新村保障房等项目贷款8笔26.1亿元。支持中小企业发展，全行非低风险法人用信客户137户。监管口径小微企业客户522户、贷款余额15.6亿元。为金融控股集团办理全省农行首笔股权质押融资，为方洋集团办理15亿元私募债，并于10月10日发行10亿元，港口集团10亿元私募债、10亿元超短融注册。推进服务"三农"工作，县域各项贷款余额102.45亿元，涉农贷款比2015年增加16.79亿元，农户贷款增加7386万元。发放"金农贷"等新型农业经营主体贷款783户12813万元。发放富渔贷17户1715万元，发放农村土地经营权抵押贷款12户1620万元。"惠农通"金融服务点点均交易量32笔，"两代业务"（代收电费、移动充值）交易25.3万笔。（于祥彪）

中国银行股份有限公司连云港分行。2016年，中行连云港分行机构总数32家，其中管辖支行5家、视同管辖支行管理的经营性支行4家、经营性支行23家。全辖离行自助银行13个、自助服务点26个、ATM自动柜员机164台、自助终端设备92台、助农服务点30个、农村金融综合服务站7个。截至年末，该行本外币一般性存款余额293.64亿元，本外币各项贷款余额303.45亿元。不良资产余额3.11亿元，不良率1.02%。加强对全市重点项目建设和重点企业发展，涉及电力、城市基础设施建设、石化、港口、文教科、房地产等多个领域。（徐　涛）

中国建设银行股份有限公司连云港分行。2016年，全行一般性存款日均余额190亿元，较年初新增14.1亿元，全量资金日均新增16.7亿元。一般性存款时点余额212.5亿元，较年初新增43.6亿元。各项贷款余额181亿元，较年初新增26亿元。其中，个人贷款余额89.6亿元，新增22.3亿元。综合融资48.4亿元，非贷综合融资24.6亿元。公司机构有效客户新增241户，个人有效客户新增11.06万户。资产质量管控有效，不良余额与年初基本持平，不良率1.24%。（陈延玲）

交通银行股份有限公司连云港分行。2016年末，全行人民币各项存款年均余额165.15亿元，较年初增长19.34亿元；人民币贷款年均余额113.38亿元，较年初增长14.9亿元。支持全市重大项目贷款54.49亿元，新增工业贷款16.47亿元，支持连云港重点企业、重点项目的融资需求。加强对小微企业扶持力度。推进由"坐商"向"行商"转变的零售业务开展模式。提升资产质量，不良贷款率、不良贷款余额连续四年实现双降。2016年，交通银行连云港分行晋级江苏省二类A等行。（王　敏）

上海浦东发展银行股份有限公司连云港分行。2016年末，全行总存款时点余额68.97亿元，总存款日均66.57亿元，人民币基础性存款日均54.41亿元，人民币结算性存款日均24.17亿元，人民币结算性存款占比36%。年末贷款余额62.51亿元，比年初新增15.44亿元。年末全行大类资产余额213.84亿元，其中信贷类资产66.73亿元，表外业务资产106.4亿元。全年直接债务融资业务总发行97亿元，余额69亿元。自营理财对接等金融市场业务余额26.9亿元。浦发银行连云港分行和浦发银行香港分行联动，投资境外美元债券2000万美元。参与企业集团债券发行，投资2000万美元海外债。2月为连云港土地储备办理连云港市首单政府一类债务平滑5亿元，9月发放15亿元政府债务平滑业务。采用创新模式推出土地开发基金，中标45亿元连云港土地开发基金项目。（陈可哲）

招商银行股份有限公司连云港分行。2016年末，全行人民币各项存款余额30.81亿元，各项贷款余额30.44亿元，承销直接债务融资工具50.05亿元，实现营业净收入1.7亿元，经营利润1.2亿元，经济利润8012万元。解放中路离行式自助银行开业。全年为企业授信21.3亿元，提款16.77亿元，发放贷款2.16亿元。为市保障房建设、港城水务、恒发农村供水以及蔷薇湖生态资源开发等项目贷款7.1亿元。向县区医院投放1.4亿元。为方洋物流、港口集团、

2016年，连云港市有银行业金融机构29家。图为浦发银行连云港分行。
浦发银行　供

金东方港口投资等重点港口企业贷款7.1亿元。推动"苏科贷""服贸贷""连文贷"等专业扶持小企业的融资产品，全年小微企业贷款余额7.87亿元，小微贷款户数133户。（吕阳阳）

恒丰银行连云港分行。2016年7月8日，恒丰银行连云港分行对外营业。截至年末，全行各项存款时点余额30亿元，各项存款日均余额23.35亿元，各项贷款余额22.45亿元。促成恒丰银行南京分行与连云港市人民政府签署300亿元银政战略合作协议，向市城建控股集团、市交通集团、新海石化等全市重点企业提供授信支持。支持小微企业发展壮大，推进债权主承销等投行创新业务和金融市场业务，发行连云港市交通集团2016年度第一期非公开定向债务融资工具10亿元。（恒丰银行）

江苏银行连云港分行。2016年末，全行各项存款余额312.86亿元，比年初增加63.96亿元。人民币各项存款全市占比12.02%。各项贷款余额210.64亿元，其中实贷余额189.67亿元，比年初增加7.57亿元，零售贷款余额43.19亿元，比年初增加10.71亿元。实现考核拨备前利润5.55亿元，中间业务收入1.37亿元。开展城市发展基金、理财直融、股权质押融资等新型业务。办理土地开发基金、棚改基金、城市发展基金、新型产业投资基金、结构化融资等表外业务108亿元。小微贷款余额92.85亿元，比2015年增长5.85%。网贷产品新增户数199户。新增个贷10.71亿元，卡易贷客户突破1万户，授信总额达28.87亿元。国际业务完成结算量9亿美元。（谭全芝）

南京银行股份有限公司连云港分行。截至2016年末，全行各项存款总额110.94亿元；贷款总额44.54亿元，比年初新增35.19亿元。个人客户金融资产总量9.6亿元，比年初新增6.04亿元。实现国际结算量1.1亿美元。南京银行连云港赣榆支行获批筹建。支持地方重大项目和经济建设，新增贷款主要投向海州区全面改善义务教育薄弱学校基本办学条件项目、连云新城基础设施二期等市重点项目。小微企业申贷获得率100%。打造科技金融模式，为美步家居、泰格油墨等科技企业提供信贷支持。为60家小微企业进行开户费、汇款结算服务手续费减免。服务港城外向型企业，在国际结算手续费和结售汇价格上实行减费让利。（张　宇）

2016年，恒丰银行连云港分行对外营业。图为7月8日，连云港市政府与恒丰银行南京分行签署战略合作协议。　恒丰银行　供

邮储银行连云港市分行。2016年，全行实现收入3.58亿元，实现拨备前利润1.76亿元，拨备后利润1.39亿元，比2015年增长24.77%。全辖负债余额212.32亿元，增长15.1%，信贷规模98.13亿元，增长40.27%。不良贷款额和不良贷款率实现双降。依托富农贷、农保贷等服务新型农业经营主体，实现普惠金融，全年放款103笔4509万元。（申冉然）

连云港东方农村商业银行。截至2016年末，东方农商银行下设43个网点，在岗职工775人。各项存款余额124.95亿元，其中储蓄存款78.46亿元、对公存款46.49亿元。承兑保证金7.26亿元，全行日均存款120.61亿元。各项贷款余额90.43亿元，其中零售类贷款44.32亿元、公司类贷款46.11亿元。公司类非贴现贷款39.2亿元。对公客户新增授信56户13.17亿元，新增用信50户，其中人民币47户10.22亿元、美元3户39.63万美元。签发承兑汇票余额9.56亿元。承兑保证金余额7.26亿元。保函完成20笔596.1万元。办理票证通7笔2074万元。委托贷款用信3笔6700万元。银团贷款授信4笔2.83亿元，用信3笔1.73亿元。全年新增激活贷记卡2450张，贷记卡各项收入1691万元。国际业务结算量1.98亿美元，贸易融资发生额6310万美元，实现业务创收1120万元人民币。金融市场开展业务861笔887亿元，实现利差收入2611万元。全行不良贷款2.7亿元，不良贷款率2.99%。实现净利润8364万元，拨备覆盖率167.35%。（陈　帅）

【保险业】 2016年，连云港市成立安诚财产、浙商财产2家产险公司，建信人寿、前海人寿2家寿险公司。全市有保险主体51家，其中产险公司20家、寿险公司25家，保险从业人员2万余人。全市保费收入74.68亿元，比2015年增长22.63%。财产险业务保费收入24.22亿元，增长17.06%。车险业务实现保险收入19.73亿元，增长18.20%。非车险业务实现保费收入4.49亿元，增长12.14%。人身险保费收入50.46亿元，增长25.51%。首年保费收入28.38亿元，增长22.73%。首年期交保费收入9.62亿元，增长52.70%。全年保险业参与防灾、救灾和灾后补偿等辅助社会管理工作，支出保险赔款23.64亿元，其中产险赔款支出12.85亿元，寿险赔付及各类给付10.79亿元。（王　琴）

中国人寿保险股份有限公司连云港市分公司。2016年，公司有员

工453人、营销人员1.2万余人。全年实现保费21.3亿元，比2015年增长20.2%。其中，实现长期险首年标准保费2.18亿元，增长26.8%；寿险首期交保费4.75亿元，增长47%；10年期及以上期交保费2.91亿元，增长49.1%；短险保费1.29亿元，增长18.6%。承办市区、东海、灌云3个统筹区新农合大病保险工作，覆盖人口180.2万人。全年为新农合大病提供补偿服务1.29万人次，支付4119万元。为市区职工大病提供2.9万人次补偿服务，支付510.57万元。新农合经办业务办理门诊及住院结算服务640.51万人次，支付金额8.91亿元。全年赔款6.2亿元，正常纳税824万元，个人所得税上缴2502万元。（王元元）

中国人寿财产保险股份有限公司连云港市中心支公司。2016年，公司实现总保费收入3.38亿元，比2015年增长14.25%，在全省系统保费总量排名第8位。全年支付赔款1.99亿元，上缴税收2187万元，实现利润54万元。查获酒驾、顶包、无证、假现场、恶意骗赔案件近百起。在中国人寿财产保险股份有限公司江苏省公司的综合考核中位列第一，获得甲A评级。（王　峰）

中国太平洋财产保险股份有限公司连云港中心支公司。2016年，公司下设5家支公司，有员工170余人。全年实现保费收入2.71亿元，比2015年增长0.95%。其中，车险保费2.2亿元，非车险保费4998万元，新增农业保险92万元，赔款支出1.2亿元，综合成本率96.34%。车险综合成本率97.32%，车险预期赔付率63%，车险满期赔付率64.9%，车险核心渠道占比62%。非车险综合成本率90.03%，非车险综合赔付率61.39%，非车险简单赔付率77%。（屈国红）

中国平安财产保险股份有限公司连云港中心支公司。2016年，公司有6家支公司，有员工117人。全年实现保费收入2.3亿元，比2015年增长19.3%。“新高铁”车险电话直赔、口袋理赔、修理厂自助理赔系统上线，理赔由线下转变为线上，缩短小额案件等待时长。全年平均理赔时效为21.36天。开发商业健康险、意外险等新产品，开拓医疗责任险、公众责任险、公共场所消防安全责任险和环境责任险等责任险种。（黄　艳）

中国人民人寿保险股份有限公司连云港中心支公司。2016年，公司设5家支公司及本部营销服务部，1736名寿险销售人员。全年实现保费收入2.9亿元，承保3.5万人次。其中个险渠道承保4500万元，团险渠道完成保费1420万元，银保渠道保费2.08亿元，收展渠道承保1043万元，互动渠道承保1384万元。个险渠道期缴保费2714万元。团险渠道规模保费1420万元，互动渠道新单保费1384万元。收展条线完成规模保费1043万元。（卞海滨）

天安财产保险股份有限公司连云港中心支公司。2016年，公司下设3家支公司、3个营销服务部。全年承担风险责任金额257亿元，开办险种136个，实现保费收入6016.23万元，比2015年增长23.04%。其中，车险保费收入5204.31万元，增长34.12%；非车险812万元，下降20%。赔案4475件，增长8.37%，总赔付金额2064.23万元，简单赔付率34.31%。（刘都庆）

中华联合财产保险股份有限公司连云港中心支公司。2016年，公司下设5家支公司、4个营销服务部。全年实现保费收入4146.14万元。其中车险收入3509.85万元，非车险收入475.71万元，人身意外伤害险和健康险收入160.58万元。（张　慧）

2月1日，中国人寿连云港市分公司召开职工代表大会。中国人寿　供

【证券业】 2016年，新成立证券业金融机构3家，全市有证券营业部14家，从业人员214人。全年实现证券交易量2699.4亿元，证券业营业收入1.27亿元，营业利润4928万元，客户资产总额193.56亿元。

企业上市。2016年，金融机构加大对后备企业融资支持力度，49家后备企业与银行业金融机构签约，其中37家企业获授信并提款，金额15.38亿元。市金融控股集团、工业投资集团通过股权、债权等方式为14家后备企业提供融资1.44亿元。金融机构举办企业上市及资本运作业务培训会，推介优质券商和优秀中介团队与全市拟上市挂牌企业对接合作。实施企业上市行动计划，全年新增“新三板”挂牌企业4家、区域性股权交易中心挂牌企业28家，1家拟上市企业申报材料报至香港联交所，3家拟挂牌企业材料上报全国股转系统。

【其他金融机构】 到2016年底，全市有小额贷款公司17家，其中农贷公司13家、科贷公司4家。贷款余额15.43亿元，比2015年增长10.45%。全市有融资性担保公司22家，担保余额28.56亿元，融资性再担保机构2家。全市有期货营业部3

2016 年连云港市证券营业部基本情况一览表

表 36

	交易总金额				正常账户情况				营业收入（万元）	营业利润（万元）	客户资产总额（万元）	从业人员（人）
	A 股交易额（亿元）	B 股交易额（万元）	基金（万元）	其他证券交易（万元）	资金账户（万元）	A 股证券账户（万元）	B 股证券账户（万元）	基金账户（万元）				
南京证券海州营业部	765.70	4760	81120	491546	68593	128562	393	18181	4091	2397	748720	14
华泰证券营业部	595.82	6909	65603	643941	57043	106277	947	46988	1682	842	735127	18
中信建投海州营业部	272.29	2530	25864	610859	39252	72517	484	5287	2627	1184	164017	38
南京证券赣榆营业部	68.58	0	3761	3351	7463	14767	3	4286	379	71	18655	6
中信建投东海营业部	112.10	30	10072	73911	20376	37473	4	2765	1180	508	48074	20
国联证券营业部	70.42	10	1786	200901	3229	5948	6	1743	312	-14	17075	20
长城证券墟沟营业部	50.83	4714	12471	53189	7705	14031	8	458	434	21	4521	24
长城证券海州营业部	27.46	0	3936	2542	3983	7373	0	60	139	-5	1306	16
南京证券墟沟营业部	230.03	2087	25971	180232	21639	39609	106	5612	1321	653	119033	10
海通证券营业部	76.65	0	8913	58451	6724	12875	0	13012	391	124	27307	17
中投证券营业部	50.94	0	28464	11562	335	645	0	89	111	-745	4179	6
君安证券营业部	100.00	0	0	0	5895	5569	0	11463			34745	10
银河证券营业部	8.12	0	991	3080	2464	4624	0	2751	40	-107	8298	6
安信证券营业部	8.09	0	0	0	194	194	0	17			4544	9
合计	2437.06	21040	268951	2333565	244895	450464	1951	112712	12707	4928	1935601	214

家、农民资金互助合作社 30 家、典当行 14 家、资产管理公司 1 家。

（卜伟祥）

会展业

【概况】 江苏金海国际展览中心有限公司是江苏省政府和连云港市政府共同出资建设项目，占地 7.6 公顷，建筑面积 1.8 万平方米，室外展场 2 万平方米，2002 年 4 月投入运营。2016 年，国展中心举办 19 次展会活动。

【中国食用菌行业大会暨 2016（中国连云港）春季博览会】 3 月 16—18 日，由市政府和中国食用菌协会共同主办的中国食用菌行业大会暨 2016（中国连云港）春季博览会在国展中心举办。展会面积 6000 多平方米。活动期间，举办多场次行业研讨会、交流会、推介会等，内容覆盖食用菌产业的上下游整个产业链。

【第四届中国戴托纳摩托节】 6 月 16—19 日，第四届中国戴托纳摩托节在国展中心举办。摩托车节期间，汇聚全国近千辆顶级摩托车，展出面积 2.8 万平方米，开展海边骑行、机车音乐节、最佳车队评比等活动。

【第八届新亚欧大陆桥国际汽车博览会】 6 月 23—26 日，第八届新亚欧大陆桥国际汽车博览会在国展中心举办。汽车博览会规模达 3.5 万平方米，参展品牌 50 多个，参展车型 300 余款，参观人员 2 万多人次。

【江苏第十八届江苏农业国际合作洽谈会】 9 月 23—25 日，江苏第十八届江苏农业国际合作洽谈会在国展中心举办，洽谈会由省政府主办，省农委、省商务厅、省贸促会和连云港市政府承办。农洽会的主题是农业国际投资与贸易合作。越南、荷兰等驻华机构官员，柬埔寨、俄罗斯、巴西等代表团及企业代表等，共 50 多个国家和地区的 600 多名境外人员，以及 1000 多家境内外企业参展，展区面积近 2 万平方米、设有展位 760 多个。农洽会期间，连云港市举办现代农业合作说明会、“一带一路”农业国际合作产业联盟成立大会、连云港市农产品品牌发展战略规划发布会、“一带一路”连云港农业信息平台启动仪式及连云港市现代农业现场考察等活动。

【2016 皮草羊绒服装商品交易会暨农副产品展销会】 11 月 8—21 日，

皮草羊绒服装商品交易会暨农副产品食品展销会在国展中心举办。展会面积6000平方米、展位120个，分为秋冬服饰、品牌服饰、连云港特色产品和绿色食品四个区域，100多家商家参展，主要以销售秋冬服装服饰、羊绒及全国特色产品为主。会展期间，参观人员6万多人次，交易额200万元，港城本土企业签订销售协议约80万元。（徐卫红）

中介服务业

【广告业】 2016年，连云港市有广告经营市场主体1793户，其中企业1550户、个体工商户243户，从业人员8352人。全年广告经营额25亿元。完善连云港广告产业园区公共服务平台建设，引进和培育园区重点广告企业。连云港广告产业园被认定为江苏省广告产业园，园区广告经营额18亿元，比2015年增长10%。加大广告监管力度，开展金融类广告、互联网广告、食品药品保健品及医疗器械广告、旅游市场广告及房地产广告专项整治工作，全年查处违法广告57件，罚没金额162万元。

（廖智勇）

【法律服务】 律师法律服务。2016年，全市有律师事务所57家，公司律师事务部1家，公职律师办公室1家。全市有律师609人，其中专职律师577人、兼职律师19人。全年律师行业业务收入1.27亿元，比2015年增长115%。全年开展“法润港城·春风行动”“走访服务企业、维护农民工和困难群众权益、特殊人群帮扶、法律服务提质增效”为主题的法律服务专项活动。做好企业法律顾问工作，为企业转型升级提供法律服务。成立“一带一路”法律服务研究中心，聘请29名省内知名法学专家为首批研究员，研发法律服务产品。组建临港产业区等5个专业法律顾问团，为近300家企业提供法律体检活动，做好“僵尸企业”破产法律服务工作。做好化解和代理涉法涉诉工作，引导信访人员通过法律途径解决信访涉法案件。组建由65名律师组成的代理涉法涉诉信访案件律师

2016年连云港市律师公证情况一览表

表37

指标	单位	2016		2015	
		全市	市区	全市	市区
一、律师机构人员					
律师事务所	所	57	44	54	41
律师	人	609	489	572	470
专职律师	人	577	470	540	451
女性	人	126	110	105	93
兼职律师	人	19	19	19	19
聘请担任常年法律顾问的单位	个	3250	2780	3183	2761
担任政府法律顾问	个	170	132	155	124
民事诉讼代理	件	14566	10196	11181	8204
经济诉讼代理	件	5989	4192	4626	3823
刑事辩护及代理	件	2173	1521	1747	1066
行政诉讼代理	件	362	286	255	187
非诉讼事件	件	7306	6223	6957	5978
代理法律援助	件	2420	1331	2783	1518
12348公共法律服务热线接听量	人次	7563	5126	6587	3030
二、公证工作					
公证处	个	7	4	7	4
公证人员	人	82	48	85	51
公证员	人	32	21	35	24
公证员助理	人	42	24	39	19
办理公证文书	件	33336	20773	27074	16237
国内民事	件	14196	8229	8872	5488
国内经济	件	12382	8335	10830	6494
涉外	件	6758	4209	7372	4255

库，57名律师组成的参与化解涉法涉诉突发事件律师库，对以律师为主体的第三方参与窗口信访接待、介入涉法信访案件的范围、程序和保障措施进行规范。

基层法律服务。全市建成乡镇（街道）公共法律服务中心、村（社区）司法服务站，村（社区）法律顾问实现全覆盖。1677个村（社区）司法服务站实现司法行政职能驻点驻村。在东海水晶、赣榆渔业、法制宣传、社区矫正和安置帮教等规模性行业，打造一批枢纽型和基础型社会组织。全市司法行政领域培育发展社会组织124个，县级司法行政领域社会组织发展指导中心全部建成运行。全年开展百名法律服务工作者进村（居）、百名法律服务工作者上百堂法治课、百名法律服务工作者化解百件矛盾纠纷等行动。

司法鉴定业务。2016年，全市新增执业司法鉴定人6人，注销司法鉴定人1人，9家鉴定机构有执业司法鉴定人87人。市东方医院司法鉴定所成立。7家法医类鉴定机构申报能力验证项目29项，通过率100%。开辟残疾人司法鉴定绿色通道，对残疾人办理司法鉴定实行优先受理、优先办理，酌情减免残疾人鉴定费用。举办全市法医类鉴定人《人体损伤致残程度分级》培训，灌南县中医院司法鉴定所通过省资质认定复评审。全年鉴定机构办理司法鉴定6893件，业务收费938.05万元，鉴定采信率100%，减免收费150件36.82万元。

法律援助工作。市委、市政府印发《连云港市关于完善法律援助制度的实施意见》。加强案件质量跟踪管理，完善事前预防、事后监督、全程跟进的监管机制。全年申报的100起法律援助案件中，76起案件获得省法律援助基金会资助奖励。2起法律援助案件被评为全省法律援助十大优秀案例（好案例）。全市设立法律援助工作站141个，覆盖农民工劳务市场、看守所、监狱、强制隔离戒毒所、驻军团以上部队。成立连云港市法律援助志愿者分会，由律师、公证员、司法鉴定员、高校大学生70余人组成首批志愿者队伍。组建连云港

3月3日，连云港市法律援助志愿者分会举行授旗仪式。　于德春　摄

市工会阳光法律援助志愿者服务支队，与淮海工学院签订大学生法律援助中心框架协议，将法律援助实务列入淮海工学院法律系选修课程。全年受理法律援助案件4216起，群众满意度95%以上。

【公证服务】 2016年，全市公证机构办理公证事项3.33万件、业务收费1137.7万元。司法部门完成连云港碱厂划转地方的法律服务工作，对《关于连云港碱厂移交市政府管理协议书》《关于连云港碱厂无偿划转协议书》等内容进行公证。开展公证服务进企业活动，走访田湾核电站、港口集团等35家企业，回访公证案件45件。开展“公证农村行”“公证服务助残维权”活动，为群众提供公证服务。在连云港公证处试点建立家庭事务法律服务中心。完善公证处、县区司法局、市司法局和市公证协会三级公证质量监督机制。制定公证文书参考范本对家事公证事项进行规范。全市公证机构接入全省统一的公证管理平台，完善平台数据，发挥公证遗嘱库、民间借贷库、公安查询专用渠道查询功能。搭建公证在线受理平台，依托“12348”司法行政公共服务平台和公证处微信公众服务平台，实现公证在线申请、在线咨询、在线办理。在省司法厅组织的全省公证满意度调查中，连云港市公证满意率98.75%。　（张　莹）

【会计服务】 2016年，全市有注册会计师事务所20所，从业人员284人。全年注册会计师行业实现业务总收入4402万元，比2015年增长10.44%。会计从业资格无纸化考试报名人数1.82万人，实考人数1.32万人，综合参考率72.64%，考试合格人数4819人，合格率36.49%。发放会计从业资格证书3909本，到年末，全市有持证人员5.68万人。5964人报名参加全国会计专业技术资格考试，其中3914人报考初级资格考试、2032人报考中高级资格考试。915人通过考试。到年底，全市有1.24万人取得初、中、高级会计专业技术资格，占全市会计从业人员的21.8%。1982人报名参加全国注册会计师考试，增长21.37%。专业阶段六门平均参考率32.77%，增长1.29%。13人通过注册会计师专业阶段考试，21人通过注册会计师综合阶段考试。38人参加高级会计师评审，34人通过评审。至年底，全市有456名高级会计师，其中正高级会计师5名。6月，市财政局对代理记账机构进行复验、发证和网上公示，全市查验合格的代理记账机构81家，从业人员243人。对全市注册会计师任职资格进行检查，通过率98%。　（王文祺）

【人力资源服务】 2016年，全市做好人力资源服务机构行政许可年检工

作，年检单位78家，年检合格74家，注销4家。到年底，全市有人力资源服务机构75家。开展清理整顿人力资源市场秩序专项行动，检查职业中介机构和用人单位276户，依法取缔9户非法职业介绍机构，责令6户用人单位进行改正，规范中介机构职介行为。实施人力资源服务行政许可制度，全年发放人力资源许可1家，为10家机构开展人力资源许可咨询指导服务，培训从业人员964人次。连云港开发区人力资源开发有限公司、连云港市人力资源开发有限公司、连云港金辰实业有限公司3家人力资源服务机构被评为省诚信机构，连云港开发区人力资源开发有限公司被评为省人力资源服务骨干企业。 （程继云）

2016年连云港市人力资源服务机构一览表

表38

序号	机构名称	法定代表人（负责人）	地址
1	连云港开发区人力资源开发有限公司	周晓军	开发区昆仑山路27号
2	连云港兴港人力资源开发服务有限公司	孙新海	连云区中山东路99号
3	连云港上航局航道工程有限公司	张宪周	连云港市开发区泰山路88号
4	连云港基石人力资源开发有限公司	王　刚	海州区朝阳东路30-209号
5	连云港诺雅人力资源开发有限公司	张　舟	海州区解放中路9号中德国际商务大厦903室
6	连云港盛大人力资源开发有限公司	陈　健	海州区海连西路3-18号2单元302室
7	连云港威特人力资源有限公司	陈守忙	开发区天山路物产大厦一楼
8	连云港金辰实业有限公司	姜　波	连云区海棠中路28号
9	连云港市乾坤人力资源有限公司	崔广乾	海州区朝阳东路盛世嘉缘1幢414室
10	连云港市聚英人力资源有限公司	汪建州	海州区朝阳西路7号宝泰商住楼1单元501室
11	连云港市大有人力资源有限公司	钱明俊	海州区朝阳东路21-1号楼1117室
12	连云港科瑞人力资源顾问有限公司	张　舟	海州区解放中路9号中德国际商务大厦904室
13	连云港市人力资源开发有限公司	马明荣	海州区朝阳东路1号
14	连云港市人才服务中心	李海东	海州区朝阳东路22号
15	连云港市职业介绍服务中心	钱　均	海州区朝阳东路1号
16	连云港市海州区劳动就业管理处	刘君远	海州区陇海步行东街2号3楼
17	连云港市连云区劳动就业管理处	许美华	连云区中山中路363号
18	开发区人力资源服务中心	薛　洋	开发区花果山大道601号
19	开发区职业介绍服务中心	张义军	开发区猴嘴街道办事处振云路30号
20	连云港市杨辉物业管理有限责任公司	杨　辉	海州区朝阳西路46-4号楼201室
21	连云港优达人力资源开发有限公司	林　岳	海州区朝阳东路22-2号海晟新寓AB号楼A座519室
22	连云港市领秀人力资源开发有限公司	孙　苗	海州区电台街解放西路38号
23	连云港合益装卸服务有限公司	程吉岗	连云区大港路1号
24	连云港华怿人力资源服务有限公司	卢士娥	海州区云海街玉龙花园A2区135号
25	连云港纳福商务服务有限公司	高　尚	连云区中山中路115号
26	连云港网隆科技发展有限公司	蔡　勇	海州区宁海街道福海路3号电子信息产业园网隆电商物流城
27	连云港杨辉聚力保安服务有限公司	朱继忠	海州区朝阳西路46-4号楼201室
28	连云港市亮洁物业管理有限公司	张　洁	海州区朝阳西路7号宝泰商住楼1单元501室
29	江苏方洋人力资源管理有限公司	钱　明	徐圩新区横五路西、纵六路北
30	连云港恒泰人力资源管理有限公司	岳润峰	连云区墟沟镇路南公司综合楼
31	扬州华南服务有限公司连云港分公司	韩昌龙	海州区通灌北路18号
32	江苏中佳居民服务有限公司	赵家红	海州区解放西路61号幸福家园1号楼1号门面
33	盐城人才网人力资源有限公司连云港分公司	王海利	海州区通灌北路87号国际商务大厦A座816室

续表 38

序号	机构名称	法定代表人（负责人）	地址
34	连云港创智人力资源有限公司	胡敬岩	高新区花果山大道 17-2-1611 室
35	连云港鸿泰人力资源有限公司	王　亮	海州区解放中路 87 号
36	连云港晟璐商务信息咨询有限公司	王永华	海州区通灌北路国际商务大厦 B 幢 1209 室
37	万驰网络信息技术（连云港）有限公司	沈万乔	海州区经济开发区永昌路 99-7 号
38	赣榆区职业介绍服务中心	魏延安	赣榆区青口镇宁海东路 4 号
39	赣榆区人才服务中心	孙　伟	赣榆区青口镇黄海东路公共服务中心 3 楼
40	赣榆区万帮劳动服务中心	霍一政	赣榆区青口镇宁海东路 4 号
41	赣榆区城西镇阳光职业介绍所	仲崇玉	赣榆区城西镇政府驻地
42	赣榆区金山镇万通职业介绍所	鲁统军	赣榆区金山镇政府驻地
43	赣榆区沙河镇福达职业介绍所	苗运祥	赣榆区沙河镇政府驻地
44	赣榆区塔山镇鑫城职业介绍所	张绪强	赣榆区塔山镇政府驻地
45	赣榆区赣马镇中兴职业介绍所	苏欣高	赣榆区赣马镇政府驻地
46	赣榆区柘汪镇联桥职业介绍所	马德刚	赣榆区柘汪镇政府驻地
47	赣榆区石桥镇润桥职业介绍所	姜密先	赣榆区石桥镇政府驻地
48	赣榆区宋庄镇立业职业介绍所	黄立业	赣榆区宋庄镇政府驻地
49	赣榆区海头镇兴海职业介绍所	宋世团	赣榆区海头镇政府驻地
50	赣榆区城头镇鑫华职业介绍所	林凡亭	赣榆区城头镇政府驻地
51	赣榆区墩尚镇兴盛职业介绍所	闫振卫	赣榆区墩尚镇政府驻地
52	赣榆区黑林镇兴林职业介绍所	阮洪河	赣榆区黑林镇政府驻地
53	赣榆区班庄镇夹谷山职业介绍所	张延玉	赣榆区班庄镇政府驻地
54	赣榆区厉庄镇利达职业介绍所	尹胜强	赣榆区厉庄镇政府驻地
55	赣榆区城区万达职业介绍所	戴　明	赣榆区青口镇前宫路 76 号
56	东海县职业介绍服务中心	薄彩德	东海县牛山镇晶都大道人力资源市场
57	东海县宇腾人才市场	薄彩德	东海县牛山镇晶都大道人力资源市场
58	东海县万帮劳务服务中心	徐田宝	东海县牛山镇晶都大道人力资源市场
59	东海县中江国际贸易有限公司	彭忠宝	东海县牛山镇海陵东路 227 号
60	连云港宝信劳务派遣有限公司	刘建国	东海县牛山镇牛山北路 100 号
61	东海县环球人力资源有限公司	李长春	东海县牛山镇海陵东路 15-8 号
62	江苏力聚塔工程服务有限公司	李东亮	东海县牛山镇东天桥 245 省道东侧
63	东海县晶华人力资源有限公司	黄志华	东海县牛山镇西蔡村
64	灌云县人才流动管理办公室	平淑娟	灌云县伊山镇西苑中路
65	灌云县劳动就业管理处	周刚凡	灌云县伊山镇西苑中路
66	灌云创合人力资源有限公司	李　崴	灌云县临港产业区
67	灌南县人才流动管理办公室	乔学光	灌南县新安镇人民中路
68	灌南县人力资源市场	陈德新	灌南县新安镇人民西路
69	灌南县万邦劳务中心	张韶峰	灌南县新安镇人民西路
70	连云港辉煌人力资源有限公司	洪　兵	灌南县新安镇人民中路
71	灌南宏大职业介绍所	朱广法	灌南县新兴北路 21 号
72	灌南县民生人力资源有限公司	孙延明	灌南县新安镇工农路 189 号
73	灌南县智鼎人力资源服务有限公司	王　磊	灌南县堆沟港镇九队村一组
74	灌南县益众人力资源服务有限公司	侍永生	灌南县润天都会小区
75	灌南县顺顺人力资源服务有限公司	陈　飞	灌南县新安镇武障河村九组

【典当拍卖】 2016年，连云港市有典当企业14家，参加年检13家，注册资本2.6亿元。典当总额3.79亿万元，比2015年下降18.9%。其中，动产7006万元，下降34.5%；房地产2.94亿元，下降12.1%；财产权利1490万元，下降42%。全市拍卖企业25家，参加年检21家，新增1家，全年举行拍卖会84场次，增长6.41%，拍卖成交额1.14亿元，下降17.68%。其中，房地产拍卖会27场次，成交额6261万元；机动车拍卖会46场次，成交额4082万元，增长490.09%，增长的主要原因是公改车辆集中拍卖；文物艺术品拍卖会4场次，成交额1.16万元；其他拍卖会19场次，成交额500万元。 （董　峰）

7月16日，灌云县举行豆丹美食文化节。图为豆丹制品展示。
江能尧　摄

食宿餐饮业

【住宿业】 2016年，连云港市住宿业实现营业收入13.86亿元，比2015年增长42.8%。业态创新迅速，经营主体不断进入，行业接待能力有所提高，高端酒店谋求转型，通过价格调整和产品创新吸引消费者，大众化消费成为主流，民宿客栈、精品酒店、主题酒店、短租公寓、中档连锁、度假酒店等业态发展迅速。

【饮食服务业】 2016年，连云港市餐饮业完成营业额89.8亿元，比2015年增长32.7%。餐饮企业参加上海肉类博览会、长沙食品餐饮博览会、南京餐饮博览会等餐饮活动。在上海之春小区举办宴会制作展示交流和菜品烹饪比赛，100多名选手参加。市商务局、人社局、总工会、工商联等联合开展烹饪技能竞赛，组织餐饮企业和选手参加省烹饪协会开展的技艺交流比赛，参加中国烹饪协会举办的淮扬菜创新制作大赛。连云港市举办首届餐饮博览会，以“山海盛宴，百味传香”为主题，弘扬西游文化为底蕴的餐饮产品。 （董　峰）

2016年连云港市十大饮食服务企业一览表

表39　　单位：万元

单位名称	餐费收入
连云港世纪缘酒店有限公司	3627.7
连云港市金庭餐饮有限公司（肯德基）	3074.5
连云港云台宾馆有限责任公司	2949.3
连云港市齐春阁早餐工程有限公司	2464.2
连云港景致湖西生态园有限公司	2080.2
江苏海州湾会议中心有限公司	1755.6
灌云县伊山宾馆有限公司	1656.6
连云港康缘大酒店有限公司	1626.1
连云港徐福生态园发展有限公司	1611.2
东海嘉臣国际大酒店有限公司	1560.0

居民服务业

【理发沐浴美容】 至2016年底，连云港市有理发沐浴美容从业户5050户，资金总额5.03亿元，从业人数8702人。其中，企业170户，资金总额1.46亿元，从业人数936人；个体工商户4880户，资金总额3.57亿元，从业人数7766人。 （廖智勇）

【养老服务】 2016年，连云港市推进养老机构公建民营改革，优化配置养老服务资源。9家政府主办的养老机构全部完成体制机制改革工作，70家农村敬老院加快向区域性养老服务中心转型，55家敬老院增挂养老服务中心或老年公寓的牌子，44家面向社会老人开放，床位利用率由28%提升到40%。至年底，全市建成养老服务机构143个，拥有养老床位2.97万张，每千名老人拥有养老床位35.6张。其中，民办养老机构61家，占比42.7%；养老床位数1.64万张，占比55.1%。全市100张床位以上的大型民办养老机构19家。

医养融合。市委、市政府将医养融合发展写入政府工作报告，列入民生重点工程。全年新增赣榆区养老护理院、海州区养老护理区、灌南县仁慈护理院3家医养融合养老机构，至年底，全市有医养融合型养老机构10个，床位1000余张。其中，民办医养融合型养老机构有8家，床位600张。推进养老机构内设卫生服务机构，16家养老机构内设卫生室或医务室。

居家养老服务。2016年，连云港市投入200多万元，引进上海海阳养老服务企业，建成市级智慧养老服务平台，在海州区、连云区的4个街道、30个社区进行试点，为老人提供“互联网+”的居家养老服务，通过“线上+线下”方式，为社区居家养老的老人提供助餐、助浴、助洁、助医、助修、助购、助询7类服务。到年底，该平台线上信息库采集市区6万余名老年人信息。城镇社区居家养老服务中心实现全覆盖。赣榆区把农村老年集中居住区建设由村集体自发行为转变为政府推动的民生幸福工程，按照“城区成片、沿海成线、逐步辐射”的建设规划，建成老年人集中居住区39个。（黄　蕾）

2016年，连云港市推进养老机构公建民营改革，优化养老服务资源配置。图为新浦街道路北社区乐龄生活馆。海州区　供

2016年连云港市老年福利机构基本情况一览表

表40　　单位：人

指标	单位	全市	市区		东海县	灌云县	灌南县
				赣榆区			
城镇收养性老年福利机构	个	39	28	1	5	2	4
工作人员	人	339	295	6	15	9	20
床位	张	4643	2672	60	626	460	885
年末收养人数	人	1461	941	11	237	118	165
农村收养性老年福利机构	个	99	23	16	19	18	37
工作人员	人	579	240	198	56	92	185
床位	张	12294	4252	3540	2941	2449	2570
年末收养人数	人	3040	575	387	935	539	960

责任编辑　徐　敏

经济事务管理

发展规划管理

【概况】 2016年，市发展和改革委编制完成《连云港市国民经济和社会发展第十三个五年规划纲要》，确立连云港市“十三五”时期的发展战略是以港兴市、产业强市、城乡协调发展、创新驱动发展、绿色发展；“十三五”时期连云港市经济社会发展的总体目标是全面建成小康社会，让人民群众过上更加美好的生活，“经济强、百姓富、环境美、社会文明程度高”建设取得重大成果；围绕国际化海港中心城市的定位，建设全省“一带一路”建设的核心区和先导区、开放型经济新高地、我国沿海重要产业基地，并阐明发展任务、发展重点和发展路径。《连云港市主体功能区实施规划》编制完成，作为指导连云港空间有序开发和管制的依据。在此两项

2016年连云港市投资额前20位项目一览表

表41　　　　单位：万元

排序	建设单位	项目名称	2016年完成投资
1	江苏核电有限公司	田湾核电站	1442146
2	江苏斯尔邦石化有限公司	年产360万吨醇基多联产项目	355675
3	江苏斯尔邦石化有限公司	年产18万吨环氧乙烷和30万吨EVA	300200
4	连云港港30万吨级航道建设指挥部	徐圩港区防波堤工程	269000
5	连云港润洲投资有限公司	海州智慧物流产业园项目	170571
6	江苏金港湾投资有限公司	连云港保税物流中心	169480
7	江苏山海连云建设有限公司	连云新城一期商务中心景观绿化工程	140781
8	连云港瀛洲投资发展有限公司	二零四国道新浦连接线工程	134250
9	江苏连城投资有限公司	新能源创新中小企业园项目	118061
10	中通科云置业（连云港）有限公司	中电智云华东大数据中心及高科技数据产业园	115789
11	连云港万达广场投资有限公司	连云港万达广场项目	99875
12	连云港市水利局	新建蔷薇湖水库工程	92414
13	连云港瀛洲投资发展有限公司	海州区民主路老街改造工程	87060
14	江苏康惠医药产业园有限公司	康惠医药产业园项目	82626
15	连云港春旭滚塑科技有限公司	滚塑制品加工项目	80559
16	连云港市城市建设投资集团有限责任公司	连云港市5处规划路下穿陇海铁路及新建连盐铁路立交桥工程	73755
17	江苏斯尔邦石化有限公司	环氧基精细化学品项目	70900
18	东海县协鑫光伏电力有限公司	二期110MW渔光光伏发电项目	70100
19	江苏斯尔邦石化有限公司	年产10万吨丁二烯项目	69100
20	达进东方（江苏）光电有限公司	LED制造项目	67851

规划基础上，出台连云港市“十三五”科技创新规划、知识产权规划、水利发展规划、新型工业化发展规划、社会信用体系建设规划纲要、互联网经济发展规划、智慧连云港建设规划、安全生产规划、海洋经济发展规划、沿海开发规划、国土资源保护和利用规划、城乡建设规划、卫生与健康暨现代医疗卫生体系规划、综合交通体系发展规划、防震减灾发展规划15项重点专项规划。编制完成全市“十三五”沿海开发、战略性新兴产业、物流业发展规划，开展“十三五”人口发展规划编制。推进国家新型城镇化综合试点工作，牵头建立月报工作机制，建立农业转移人口市民化分担机制、构建多元化可持续的城镇化投融资机制、创新土地管理制度、加快港产城融合发展、创新农业现代化发展体制机制、加快新型城市建设6项重点试点工作稳步推进。

【经济运行管理】 2016年，市发展改革委制定《2016年国民经济和社会发展计划报告》及计划草案，做好月度分析、季度分析和县区目标完成情况通报。全市政务大数据云计算中心启动建设，全市经济运行信息管理系统上线。全年编印《周边经济动态》43期，全方位、宽渠道、多时点掌握市内外发展信息，提升经济形势分析和政策落实举措的科学化水平。

【重大项目管理】 2016年，市发展和改革委组织实施全市固定资产投资和重点项目投资计划，编排年度重点项目230个，总投资2602.3亿元，2016年度完成投资722亿元。有10个项目列入省重大项目投资计划，总投资2216.6亿元，2016年度完成投资137.5亿元。田湾核电站二期3号、4号机组扩建进展顺利，三期5号、6号机组加快推进，4台机组年度完成投资107亿元。徐圩港区防波堤、灌云县恒运医药等114个项目完成年度建设目标，海州区日出东方高效太阳能热水器三期技术改造、高新区万达广场等39个项目竣工并投入使用。灌云光大城乡再生能源、开发区臣功制药等107个项目开工建设，赣榆区德友碳钢紧固件、东海县晶海洋半导体等28个项目实现当年开工当年投产。市发展和改革委筛选梳理“十三五”期间全市重点实施项目159个，计划投资4657.2亿元。加强70个2015年中央预算内投资计划项目督查和稽察监管，跟踪投资计划执行情况，组织计划执行专项自查与整改，重点督查资金到位、支付情况及工程形象进度，促进项目及时开工、规范建设，发挥好中央投资效能。

【项目审批】 2016年，连云港市行政审批制度改革深入推进，推广容缺预审、多评合一、集中审批，建立完善以权力清单为核心的阳光高效审批体制，压缩服务流程，提速项目审批。国家知识产权试点城市和国家创新型试点城市2项国家级改革试点，政务公开、国家新型城镇化综合试点、综合行政执法改革试点、全口径预算管理、“营改增”改革、国税地税征管体制综合改革、“先照后证”改革、金融风险化解、海绵城市建设、农村土地承包经营权确权登记颁证和农村集体产权制度改革10项省级重点改革任务及知识产权试点城市建设、旅游业改革创新先行区建设、赣榆区行政许可改革试点、东海县农村土地承包经营权抵押贷款试点、灌云县新型农业经营主体培育试点5项自主创新改革事项加快推进，徐圩新区获批增量配电业务改革试点，第一批50家行业协会商会与行政机关脱钩改革启动实施。

【目标管理】 2016年，市发展改革委发挥目标考核导向作用，突出主要发展指标、提质增效指标、产业投资和重点项目、专项工作考核，突出主要经济指标和重大产业项目考核，引导各县区明确发展重点，提升经济发展的质量和效益。根据县、区综合考评得分及排序，县（含赣榆区）目标综合奖一等奖为东海县、赣榆区，二等奖为灌云县、灌南县；区目标综合奖一等奖为海州区、开发区、徐圩新区、连云区，二等奖为高新区、云台山景区。 （郭欣勇）

财政

【概况】 2016年，连云港市受“营改增”税制改革等因素影响，完成一般公共预算收入211.47亿元，比2015年下降27.5%。其中，税收收入170.87亿元，下降28.1%，占一般公共预算收入的80.8%，占比指标居全省第三位。政府性基金收入114.29亿元，下降22.8%。国有资本经营预算收入1.69亿元，下降67.3%。受财政收入减收影响，财政支出比2015年有所下降。全年全市一般公共预算支出373.12亿元，下降12.4%。其中，政府性基金支出133.41亿元，下降14.4%；国有资本经营预算支出3768万元，下降91.2%。财政支出重点投向民生领域，民生投入占一般公共预算支出的80.2%，主要包括一般公共服务、公共安全、教育、科学技术、文化体育与传媒、社会保障和就业、医疗卫生、节能环保、农林水事务、交通运输、住房保障支出，其中一般公共服务、公共安全、住房保障支出分别比2015年增长3.6%、14.3%、27.4%。“营改增”试点改革全面推开，市财政局、国税局、地税局协同保障税制转换顺利平稳实现。

【财税体制改革】 2016年，市财政部门加强政府性基金预算和国有资本经营预算调入一般公共预算统筹使用，继续盘活并统筹使用财政存量资金，推动重点领域资金整合，市、县财政部门按规定建立预决算公开统一平台，扩大公开范围，细化公开内容。用好政府性投资基金，与省级财政共同出资10亿元设立上合组织（连云港）国际物流园发展基金，首个投资项目落地，吸引社会投资0.9亿元。全市有连云港民用机场迁建工程项目、连云港综合客运枢纽项目、连云港中医药高职校中医老年养护院项目、徐圩达标尾水排海工程和原产前大道改造工程5个项目跻身省级PPP（政府和社会资本合作）项目库，项目计划总投资49.6亿元。引导金融资源服务实体经济发展，运用小微创业贷、苏微贷、苏科贷、科技型中小企业

2016年连云港市财政预算内收支情况一览表

表42 单位：万元

指标	金额	指标	金额
一般公共预算收入	2114677	一般公共预算支出	3731249
增值税	477145	一般公共服务支出	429900
营业税	444902	外交支出	—
企业所得税	182296	国防支出	6730
企业所得税退税	—	公共安全支出	208610
个人所得税	54748	教育支出	737601
资源税	21844	科学技术支出	100328
城市维护建设税	108333	文化体育与传媒支出	49442
房产税	44935	社会保障和就业支出	366818
印花税	24707	医疗卫生与计划生育支出	284150
城镇土地使用税	107395	节能环保支出	108495
土地增值税	105962	城乡社区支出	489403
车船税	14437	农林水支出	460839
耕地占用税	1567	交通运输支出	188083
契税	119680	资源勘探信息等支出	55360
专项收入	144380	商业服务业等支出	28500
行政事业性收费收入	127119	金融支出	5627
罚没收入	67289	援助其他地区支出	5005
国有资本经营收入	—	国土海洋气象等支出	75673
国有资源（资产）有偿使用收入	55138	住房保障支出	91520
其他收入	12069	粮油物资储备支出	9853
政府性基金收入	1142891	其他支出	4139
国有资本经营预算收入	16861	债务付息支出	24464
上划中央税收	1036277	债务发行费用支出	709
上划中央国内增值税	626134	政府性基金支出	1334112
上划中央国内消费税	54576	国有资本经营预算支出	3768
上划中央企业所得税	273445		
上划中央个人所得税	82122		

贷款风险资金池等银政合作平台，引导银行投放贷款3.9亿元，缓解小微企业融资难、融资贵问题。

【产业扶持】 2016年，市财政部门调整优化市级工业和信息产业专项资金使用方向，安排再就业培训等补助资金0.86亿元，支持化工、冶金等重点行业去产能。出台《人才所得税地方留成奖补个人在连安居实施方案》。争取置换债券84.6亿元，平均拉长债务年限5年，降低融资成本3—4个百分点。全年对178家高新技术企业加计扣除及减免税11.67亿元。实施普遍性降费政策，减轻企业和居民负担1.84亿元，惠及企业和居民27.9万户。

【“三农”投入】 2016年，市财政部门安排统筹城乡发展专项资金1000万元，支持全市美丽乡村示范片区规划编制、公共服务、基础设施建设等工作。争取中央、省小型农田水利重点县补助资金2000万元，改善市区农田水利生产条件。筹集财政资金1.08亿元支持蔷薇河治理、沭南沭北闸拆建、猴嘴闸迁建等重点水利工程建设。筹集财政资金2.91亿元，建设高标准农田9473公顷，滩涂开发治理面积1733公顷，丘陵山区开发治理面积2400公顷。争取省财政资金5349万元，扶持农业产业化项目32个。争取省财政精准扶贫帮扶资金1.18亿元，石梁河重点片区关键工程项目建设资金3119万元，扶持低收入农户创业就业、发展农业产业。市财政安排扶贫开发专项资金600万元，实施扶持经济薄弱村发展项目41个，重点推进石梁河库区及沂河淌片区扶贫开发工作。实施村级公益事业建设“一事一议”财政奖补项目609个，投入财政资金15154万元，项目惠及全市564个行政村140余万农民。

【教育事业投入】 2016年，市财政部门采取增加部门预算拨款、预拨非税收入、周转金借款、专项补助等方式，保障市属高中、市属高校正常运转。将高中公用经费标准提高到每生每年800元。对2016年各区支持学前教育发展情况进行综合考评，下达奖补经费700万元。安排省级实训基地等职业教育专项补助资金1100万元。以义务教育均衡化发展为导向改善教育发展条件，统筹安排教育费附加、校舍维修改造资金等各项教育专项资金，拨付中小学校舍安全工程资金1亿元，拨付2300万元加强学校教育技术装备建设。

【社会保障投入】 2016年，市财政局、市人社局、市卫计委对全市2015年社保基金决算和2016年社会保险基金预算进行全面审核。企业退休、退职人员的养老金待遇上调，惠及全市19.49万名企业退休人员，人均月增资176元。建立市区城镇居民基本医疗、基础养老金、最低生活保障、新农合财政补助增长机制，市政府出台《关于印发连云港市机关事业单位工作人员养老保险制度改革的实施办法的通知》。发放创业贷款7076万元，扶持创业0.95万人。实施企业稳岗补贴新政策，发放稳岗补贴五批次5297万元，516家企业受惠，减轻企业缴费负担近2.8亿元。

【生态建设投入】 2016年，市财政局安排市级生态文明建设工程专项资金1000万元，支持港口集团防风抑尘网、市城管局购置多功能抑尘车、市水利局河道清淤、环保大气污染源调查等大气、水重点项目。对2013年以来下达市区的中央、省、市环保资金进行全覆盖专项审计和监督检查，审计检查项目数230个。安排市级秸秆综合禁烧资金1050万元，安排垃圾焚烧补贴经费1200万元，安排市区市政绿化养护经费4797万元。安排1577万元推进城乡环境综合整治、黑臭水体整治，重点支持海州城区污水管网完善工程、市区污水提升泵站改造工程、主城区河道生活污水排口整治工程等。

【安居工程投入】 2016年，市财政部门拨付茗泰花园、茗馨花园、永安新村等保障房项目资金7406万元。推进棚户区改造货币化安置和廉租住房货币化补贴，拨付棚户区改造资金2.56亿元、廉租房补贴757万元，满足住房困难家庭居住需求。

【惠民实事投入】 2016年，市财政局、市环保局做好水环境补偿工作，完成省通榆河水环境补偿资金缴纳，争取省级水环境补偿资金3670万元，争取省环保引导资金4500万元，用于大气、水、国控重点污染源监控。安排城市公交专项补贴资金4800万元，用于快速公交运营、乘车优惠补助、车辆购置补助、冷僻线路及站点建设以及其他综合性补助。累计争取并安排新能源汽车推广应用补贴8740万元，支持海通公交、金盛公交和广达贸易等企业购置新能源汽车，推动充电站（桩）建设，争取省补资金6740万元，安排市级资金2000万元。

【政府购买服务】 2016年，市财政部门规范政府采购预算编制与执行，将集中采购目录内和采购限额标准以上的采购项目及资金计划全部编入预算，统一编制，同步上报，同步批复，规范执行。拓展购买服务范围，引入竞争机制和契约化管理方式，提高公共服务质量和效率。推行"互联网+"模式，运用大数据服务政府采购，推动连云港政府采购网上商城上线，在政府采购通用目录以内的商品，可向电商平台直接下单，不需要由各个单位到采购中心申报、等待集中招标。采购人可根据采购需求自主选择最合适的商品。

【政府债务管理】 2016年，市财政部门实施政府债务限额管理，严格控制新增政府债务，市区债务规模未超过省核定的232亿元债务限额。市、县、区政府债务预算管理实现全覆盖。制定新增债券资金分配管理办法，明确新增债券分配、使用、偿还、监督等内容。创新公益性项目融资机制，鼓励推广政府和社会资本合作（PPP）模式，支持设立不同类型投资基金以及海外债券发行，拓宽融资渠道。加快推进债务信息公开，逐步建立地方政府债务余额及收支情况随同预算公开的常态机制，建立政府债券账簿核算制度。 （王文祺）

国税

【概况】 2016年，连云港市国税收入164.4亿元，比2015年增长23.1%，增幅列全省第二。其中，中央级收入100.3亿元，占61%；一般公共预算收入63.5亿元。5月1日起，"营改增"试点全面推开，全年营改增收入22.9亿元。市国税系统防范"营改增"虚开风险，实现风险应对成效2.17亿元，其中入库成效7246万元。加强税源监管，落实各项优惠政策，办理各类税收优惠66.9亿元，占国税收入的40.7%。其中，出口退（免）税21.8亿元，启运港退税661.95万元，小微企业优惠2.7亿元，高新技术企业所得税优惠10.8亿元。加强非居民税收管理，入库2.66亿元，增长112.8%。

【国税征管改革】 5月1日起，继交通运输业、铁路运输和邮政服务业、电信业等行业之后，建筑业、房地产业、金融业、生活服务业纳入试点范围，标志着全市营业税纳税人全部改征增值税。其中，建筑业和房地产业适用11%税率，金融业和生活服务业适用6%税率。新增试点行业将涉及纳税人3.3万户，是前期"营改增"试点纳税人总户数的2倍。此次"营改增"试点将不动产纳入抵扣范围，制造业、商业等原增值税纳税人和"营改增"试点纳税人均可抵扣新增不动产所含增值税。全年营改增收入22.9亿元。市国税局、市地税局、市政务中心等部门协作，建成17个合作共建窗口。实施委托代征，设置委托代征点106个，代征税款1.6亿元。根据国家税务总局2015年底发布的《深化国税、地税征管体制改革方案》，市国税、地税系统于2016年合作开展税收征管体制改革。7月8日，全市深化国税、地税征管体制改革暨国地税合作联席会议召开，国税、地税、邮政部门拓展合作，明确共建办税厅、税邮合作便民办税厅，实现税款委托代征、代开代发发票、自助办税。按照国家、省统一部署，全市国税部门、地税部门于10月8日成功上线金税三期个人税收管理系统。扣缴义务人在进行网上个税明细扣缴申报时，需要采用金税三期个人所得税扣缴系统进行明细扣缴申报。

8月20日，市国税局、地税局、邮政连云港分公司税邮共建便民服务厅揭牌。 市国税局 供

【税收服务】 2016年，市国税系统推广使用电子税务局，引导纳税人选择预约取件办税，扩大预约取件业务范围，缩短纳税人等待时间。构建以特服号咨询、微信咨询、现场咨询为主要形式，以各级咨询专家和系统平台为主要支撑的咨询体系，全年回答各类咨询20余万次。发挥“退税360”品牌作用，按规定程序及时办理退税。“三证合一、一照一码”（将原来企业、农民专业合作社登记时依次申请，分别由工商行政管理部门核发工商营业执照、质量技术监督部门核发组织机构代码证、税务部门核发税务登记证，改为一次申请、由工商行政管理部门核发一个加载统一社会信用代码的营业执照）登记制度改革推进，国税、工商、质监、地税等部门合作，全市存量户换证1.58万户，新办户1.09万户。国税、科技、财政部门合作认定高新技术企业226户。实施企业黑名单制度，加快推进信用体系建设。

【依法治税】 2016年，市国税局制定《连云港市国家税务局2016年全面推进依法治税加快税收现代化建设任务分解表》，涉及建立现代税收政策管理制度、依法正确履行税收工作职能等8个方面42项内容，至年底各项任务按计划完成。推进行政审批制度改革，受理行政许可3658件，比2015年增加45%。完成政策确定性事项19件，并被省国税局列为推行此项工作的试点单位。开展税收规范性文件清理，清理文件983份。实施税收执法权力清单和责任清单，规范进户执法行为。规范行政处罚裁量权，落实首违不罚办理行政处罚1363件，下降近50%。建立公职律师制度，借鉴民事纠纷的调解做法，规范处理行政复议和诉讼。执行重大案件审理集体审议办法，受理重大税务案件6件。

【税收风险防控】 2016年，市国税系统建立风险管理运行机制和分级分类管理模式，推进（基层）风险管理示范单位建设，单户风险应对成效提升2.18倍。建立覆盖市、县两级大企业风险管理团队，开展千户集团风险深度分析。探索建立所得税重点税源和高风险事项管理团队，团队化运作应对成效3000万元。开发“纳税人征管风险预警”系统，推行高风险纳税人实名制采集、实施大额开票重点监控、提请公安提前介入、实施税警联合办案、基本事实查实及早移交等措施，遏制发票虚开增长势头。7

2016年连云港市国税系统分税种收入完成情况一览表

表43

项目	2016年累计收入（万元）	2015年同期收入（万元）	增减额（万元）	增减（%）
国税税收收入	1643703	1334908	308795	23.1
1. 国内“两税”	1197328	948850	248478	26.2
（1）国内增值税	1142752	912468	230284	25.2
（2）国内消费税	54576	36382	18194	50.0
2. 企业所得税	367028	318171	48858	15.4
3. 存款利息个人所得税	2	4	-2	-45.2
4. 车辆购置税	79345	67884	11461	16.9

月19日，全省打骗打虚案件苏北分片区推进会在市国税局召开。全年全市国税系统检查确定虚开企业182家，税额12.27亿元。（殷 然）

地税

【概况】2016年，连云港市地税部门在面临经济增速持续放缓、结构性减税、“营改增”等多重因素影响下，充分释放减税降费政策红利，做到应收尽收。5月1日，全市全面推行营业税改增值税后，营业税收入逐步消失，税收收入大幅下降，“营改增”减税效应明显。代征增值税和查补营业税一半划入中央级，中央级收入增长10.92%；省级收入因受金融业“营改增”影响，下降42.73%；财政一般公共预算收入因营业税及契税、土地增值税大幅减收而明显下降。全市地税收入总额211.76亿元，比2015年减收84.88亿元（不考虑“营改增”，下同），下降28.61%，同口径（2016年及2015年剔除6月份以来营业税、增值税，下同）下降7.32%。税收收入入库131.01亿元，减收89.77亿元，下降40.66%，同口径下降14.26%。其中，一般财政公共预算收入111.86亿元，减收88.54亿元，下降44.18%，同口径下降16.98%。非税收入80.74亿元，增收4.9亿元，增长6.45%。其中，社会保险费71.23亿元，增收6.81亿元，增长10.57%；其他各项基金费9.51亿元，减收1.91亿元，下降16.75%。三大主体税种入库75.23亿元，所占税收的比重为57.43%。其中，企业所得税、个人所得税共入库24.23亿元，所占税收的比重由6月份的15.08%，提升到18.49%，逐月提升约0.5个百分点。“营改增”后地方九税的比重逐月提升约1%。“营改增”对税种结构起调整作用。

【征管改革】2016年，市国税、地税部门出台征管体制改革实施方案，开展联合办税服务，国税、地税共同进驻政务服务大厅，共建窗口17个。通过“一窗一机一人”模式通办国税、地税业务。国税、地税双方联合开展纳税信用等级评定，互相交换评定结果，按纳税服务规范要求及时传递纳税人补评、复评、动态调整信息。市县（区）地税局基础管理局、风险应对局调整为税源管理局，承担基础管理和风险应对双重职能。5月1日，全市全面推开“营改增”试点，发起“营改增”行业税收专项清理，入库营业税5.41亿元。灌云县国税、地税合作示范区建设试点成功，相关经验做法被《人民日报》刊载。全市国税、地税12个主办税服务厅全部进驻政务中心，国税、地税共同设立代征点94家，国税部门代征地方税收1248万元，地税系统代征国家税收8364万元。

【风险防控】2016年，市地税部门拓宽风险数据来源，加强风险数据分析，加强税收堵漏增收。全年高等风险应对入库税收6.1亿元，查补税额在千万元以上的8户，中等风险应对入库税收4.87亿元，督察内审部门实现复审入库税款0.61亿元。

【税收执法】2016年，市地税部门出台《中等风险应对质效管理办法（试行）》《中等风险应对考核办法（试行）》，进行定期税收风险应对质量督审，全年新建风险识别指标10个，推送年纳税额10万元以上的纳税人1719户，中等风险应对累计有效率99.43%，应对入库税款8.93亿元，累计贡献率6.82%，较2015年上升28.92%。加强税种精细化管理，完成新一轮土地增值税清算审核项目39个，查实税款2.8亿元，查处虚开发票金额2.4亿元。以地控税增加应税土地面积108万平方米，查补税款1670万元，以地控税试点范围居全省前列。1.24万户企业汇缴入库企业所得税1.29亿元，增长37%。1511家企业股权变更核定征收个人所得税4410万元。157家机关事业单位申报个人所得税3631万元。2例反避税调查案例通过国家税务总局审核并结案。连云港市社会综合治税管理服务中心成立，固定场所、固定人员、规范工作流程。全年通过外部门数据实现应对入库税款1.69亿元，增长74.22%，确认并移交犯罪线索29条。出台《税务行政强制暂行办法》，引导规范10家单位解决47起行政强制案件，入库税款1664万元。106个风险应对案件发现疑点税款9775万元，责任追究54人次。全年累计查补入库5.8亿元，查办千万元级大案11起，其中新世纪商贸城偷税案查补税款2294万元、罚款1182万元。查获非法发票511份，涉案金额2798.97万元。35件陈年积案清理入库税款1524万元。

【纳税服务】2016年，市地税部门开展便民办税“春风行动”，通过公众

市地税税务人员深入到港口企业了解涉税需求　　市地税局　供

微信平台向纳税人推送最新政策动态信息，提示各项办税操作指南。落实国家税务总局二维码一次性告知事项要求，方便纳税人通过手机扫码及时获取相关涉税信息。市地税系统纳税服务部门办理上门申报征收税款12.98万户次，征收社保费4.53万户次，办理税务登记事项2.43万户，其他登记信息采集6820户，开具各类税收证明5937份，办理税费退库1098次，税收优惠备案452户次，行政处罚680户。市国税、地税联合评定A级纳税人2107户。市地税、国税部门对市区21个乡镇办事处展开委托代征签约、票证发放、人员培训工作，与邮储签订委托代征协议，推进联合委托第三方征税。“12366”纳税服务平台受理人工电话5.89万个，在线咨询7185个，月接通率92.53%。市地税部门落实各项税收优惠政策，累计减免各项税收22.32亿元，其中，改善民生减免税收6.82亿元，鼓励高新技术减免税收1.01亿元，促进小微企业发展及个体减免税收8000万元，支持金融资本市场发展减免12亿元，支持农村发展减免税收3200万元。（任　虎　徐光辉）

土地资源管理

【概况】 连云港市地势自西北向东南倾斜，境内平原、海洋、高山齐全，河湖、丘陵、滩涂具备。2016年，全市土地总面积7615.29平方千米（76.15万公顷），其中农用地面积51.51万公顷，建设用地面积17.76万公顷，未利用地面积6.88万公顷，土地开发强度23.33%。全市国土资源管理部门做好耕地和基本农田保护、查处违法用地、打击非法开山采石等工作。不动产登记工作在全省率先实现全市域发证、全市域登记平台统一、全市域接入国家级信息平台。全市累计发放不动产权证书10.3万本、不动产登记证明10.5万份。提高被征地农民待遇水平和最低筹资标准，其中，市区提高到6.4万元/人，增长13.5%。全市新增30批8855名被征地农民纳入社会保障，落实社会保障资金4.8亿元。

5月3日，连云港市不动产登记局、不动产登记中心揭牌。　市国土局　供

【土地管理】 市政府常务会议审议通过《连云港市“十三五”国土资源保护与利用规划》。市国土局制定实施《关于服务中哈（连云港）物流中转基地和上海合作组织出海基地建设实施意见》。为新建徐州至连云港高铁、盐化产业链项目、石化产业基地等重大项目保障用地空间、土地指标和用地手续。全市征转土地693公顷，其中农用地470.6公顷（耕地363.26公顷）。探索工业用地供应方式改革，29宗158.27公顷工业用地采用30年期出让，降低企业首次用地成本6765万元，惠及企业11家。创立市级土地开发基金，创新土地收储融资模式，实现城市建设资金良性循环。到位地方政府债券2亿元，专项用于棚户区改造项目的土地储备。工业用地和经营性用地使用权出让均实现网上平台交易。2016年，全市出让土地180宗866.67公顷，共47.7亿元；出让采矿权1宗349万吨，成交价1.05亿元。《连云港城市地图集》通过国家测绘地理信息局验收。投资1497万元的数字赣榆地理空间框架建设项目通过省测绘地理信息局验收。

【土地资源保护】 2016年，全市耕地面积39.22万公顷，基本农田保护面积33.71公顷。市国土管理部门加强耕地和基本农田保护。市政府与各县区政府、功能板块签订“十三五”耕地保护目标责任书。开展高标准农田建设项目18个，面积2.2万公顷，建设资金3.9亿元。承办全省省以上投资土地整治项目规划设计大赛。完成省以上投资土地整治项目4个，面积3667公顷，总投资1.2亿元，新增耕地45.8公顷。国土资源执法综合监管加强，市政府印发实施外部共同责任机制文件。市国土管理部门印发实施执法监管内部共同责任机制。2016年新发生的53宗涉土、195起涉矿违法行为得到有效遏制。东海县、高新区完成国土资源综合动态智能监管系统试点建设，布设267个监控点。

【地质矿产勘探】 2016年，全市开发利用矿产13种，包括蛇纹岩、磷矿、钛矿、花岗岩、玄武岩、大理岩、砖瓦用黏土、矿泉水、地热等。矿业工业总产值3.08亿元，从业人员1896人。根据省财政厅、省物价局《关于取消有关行政事业性收费项目的通知》，矿产资源补偿费费率降为零，取消矿山地质环境恢复治理保证金收费项目。经市国土局和华东有色地勘局联合申请，省财政安排专项资金396万元，开展连云港中哈物流园区域地质环境调查，为园区内各项重大工程及基础设施建设做好基础地质服务工作。根据《江苏省国土资源厅关于开展市级土地利用总体规划确定的城市建设用地范围内压覆重要矿产

2016年连云港市土地面积一览表

表44 单位：平方千米

地区	全市	市区	赣榆区	东海县	灌云县	灌南县
土地总面积	7615.29	3011.89	1514.08	2036.66	1538.33	1028.41
1.农用地	5156.72	1747.60	974.51	1576.84	1105.32	726.97
#耕地	3925.06	1195.64	700.24	1225.42	916.48	587.52
园林	154.62	64.02	45.77	84.55	2.57	3.48
林地	146.18	115.30	5.05	27.01	3.87	0.00
2.建设用地	1765.64	921.73	371.67	376.06	297.76	170.10
#居民及工矿用地	1411.81	762.44	300.95	236.60	251.49	161.28
交通运输用地	325.10	148.04	73.12	95.61	48.79	32.66
水利设施用地	1562.73	697.34	379.24	329.88	307.34	228.18
3.未利用地	692.93	342.57	167.90	83.76	135.26	131.35

资源调查的通知》要求，市国土局落实资金60万元，开展市区城市建设用地范围内压覆重要矿产资源调查项目，降低企业用地成本。全市3家企业列入第四批国家级绿色矿山试点单位，分别是江苏金正阳矿业有限公司、江苏龙腾化工有限公司和连云港新磷矿化有限责任公司，其中连云港新磷矿化有限责任公司因安全生产不达标，被市安监部门勒令停产整改。江苏龙腾化工有限公司的蛇纹石矿实际回采率提升至92%，综合利用率100%。赣榆区金正阳矿业的三清阁大理石矿实际回采率100%，综合利用率100%。（林炳煌）

国有资产监督管理

【概况】 2016年是连云港市国企改革重组提升年，全市国资系统以国有资产保值增值为核心，提升国企改革重组成效，国有经济的活力、控制力、影响力和抗风险能力明显增强。2016年，全市有8家市属国有资产监管企业，资产总额1777.74亿元，比2015年增长21.1%；负债总额1278.18亿元，增长30.1%；所有者权益515.27亿元，增长3.5%。全年实现营业收入178.4亿元，增长14.5%；上交税费总额8.96亿元，增长65.6%，上交国有资本经营收益1.5亿元；实现利润3.36亿元，国有资产保值增值率102.3%。市属监管企业加强债务管理，融资成本率下降1.3%，全年节约利息支出7.6亿元。市属8家监管企业有在岗职工2.33万人，新增就业1249人；全年承担市级重大项目87项，投入纯公益性项目建设53.6亿元。

【国有企业发展】 2016年，连云港市国有经济效益总体向好。港口控股集团新开地中海美西、韩国等7条集装箱航线，全港完成吞吐量2.21亿吨，营业收入95亿元，实现利润1.5亿元，其中铁矿石运量以56.7%的增幅位居沿海港口第一。工业投资集团获评国家高性能纤维新材料产业研发制造示范基地，中标工信部总投资2.6亿元的“强基工程”，争取国家拨款5000万元。城投控股集团对招标业务集中统一管理，推动二级公司内部深度整合，全年营业收入16亿元。金融控股集团产业链条向融资租赁、创业投资、互联网金融、不良资产处置等板块拓展，实现利润1亿元。交通控股集团综合客运量近1.2亿人次，完成客运周转量31亿人千米，交通工程建设及养护工程中标额9.28亿元，全年营业收入20亿元。农业发展集团加强外向型农业培育，发展淮猪产业，全年营业收入2.4亿元，其中农业主营业务收入比2015年增长121%。连云港白塔埠机场有限公司引进扬子江航空、长龙航空等5家航空公司加盟运营，加密深圳、海口、大连航线，新开通昆明、长春等5条航线，通达国内20个城市，每周航班超过100个，全年航班起降8858架次，进出港旅客85万人次，进出港货物1210吨。连云港碱业公司划归地方管理，利润比2015年增加1035万元。在投资大、周期长、关系全市发展全局的重大项目建设过程中，市属监管企业投入90多亿元用于市级重点工程建设。在卫生城市创建过程中，市属监管企业累计投入9000余人次、近5000万资金，完成64万平方米绿化、8万平方米人行道路面改造。

【国有资本功能发挥】 2016年，市属监管企业通过设立基金、股权投资等多种形式，发挥国有资本拉动实体经济的功能。金融控股集团多渠道将低成本资金引入实体经济，主导设立8.65亿元产业投资基金、30亿元股权投资基金、50亿元土地开发基金，累计引导撬动金融及社会资本147亿元，支持重点园区、珠江钢管和中鹏新材料等重点企业的发展，投资的润普食品、香如食用菌挂牌新三板。工业投资集团出资5亿元设立的产业基金、2亿元的中小企业转贷应急资金，直接拉动社会投资22亿元。港口控股集团争取落地国家开发银行发展基金8.2亿元，连云港国际物流发展基金首期注册资本20亿元。港口集团财务公司获得国家银监局批复筹建，成为全市首家财务公司。农发集团按照"企业+基地+农户"的模式，在县区基地建立半联合体性质的专业化合作经济组织，拉动各类社会资本3亿元，直接、辐射带动花农4250户，增加近300个就业岗位，带动户均年增收4万元。

【国资监管体系建设】 2016年，市国资委以国有资产保值增值为核心下放担保、借款、主业投资、子公司国有产权转让等权力，基本建成由外部董事的决策监督、外派监事会的实时监督、考核评价和后评价机制的事后监督、"阳光国企"的社会监督等构成的全过程闭环监管体系。在全省率先实现监管企业外部董事全覆盖，加强出资人在决策环节的监管。外派监事会实施12次财务检查和23次专项检查，发现问题22个，提出工作建议40条，发出工作建议函5份。市委、市政府印发《关于深化市管企业负责人薪酬制度改革实施意见》的通知，基本年薪、绩效年薪和任期激励收入组成企业负责人的薪酬结构。在全省率先开展国有企业年度绩效考评，商业类企业考核经营业绩、企业价值创造能力和市场竞争力，公益类企业考核企业投融资能力、服务保障水平、产品质量、运营效率和成本控制情况。初步搭建投资项目动态监管数据库和债务动态监测数据库。从市属监管企业承建的项目中抽取30%的项目进行投资后评价。对存量债务进行置换，监管企业直接融资比例达到28.8%，置换高利率贷款108.2亿元，节约财务成本近4亿元。港口控股集团建立管理制度136项，初步形成符合现代企业制度要求的法人治理机制。城投控股集团实行事业部制，统一招商、运营及管理商业资产，降低营运成本。连云港碱业公司通过建立应收款项分级预警制度和客户评审体系，采取以物抵债、让利清收、法律诉讼等举措加大应收账款清欠力度，应收账款总额从1999年初的3.68亿元下降到400万元。

【县区国资国企改革】 2016年，连云港市县区国资国企改革工作启动。东海县、海州区分别制定相关企业主要负责人年度经营业绩考核办法，规范收入分配秩序。灌南县启动江苏汤沟两相和酒业有限公司股改及上市工作，对乡镇水厂、污水处理厂整合提出建议方案。连云区出台《区属国有企业监事会管理暂行办法》。赣榆区启动三兴公司破产重组工作。开发区拓展海外债、产业基金、北交所私募债等融资新渠道，新海连集团成功发行3亿美元海外债券，成为国内首家成功发行海外债券的地市级平台公司。 （闫超群）

工商行政管理

【概况】 2016年，连云港市工商行政管理系统推进"一照一码"、放宽住所（经营场所）等各项商事制度改革，助力地方经济转型升级。全市新登记各类市场主体5.74万家，资金总额824.4亿元。新申请商标注册4216件，新认定中国驰名商标1件，省著名商标52件，新认定市知名商标97件。新登记私营企业1.26万家，新登记个体工商户4.13万户，分别比2015年增长1.2%、91.8%。农村市场主体建设加强，新增家庭农场826家，新增农民专业合作社547家，新发展涉农经纪执业人员800人，订立涉农合同3000余份。办理动产抵押登记176件，股权质押144笔，协助企业融资240亿元，有效解决企业生产经营过程中资金问题。

【商事制度改革】 10月1日起，连云港市全面推行企业"多证合一、一照一码"。12月1日起，全面启动个体工商户"两证整合"（将个体工商户登记时依次申请，分别由工商行政管理部门核发营业执照、税务部门核发税务登记证，改为一次申请、由工商行政管理部门核发一个营业执照）的登记制度改革，年内全市发放企业"一照一码"营业执照5.1万份、个体工商户"一照一码"营业执照5000份。市政府颁布实施《连云港市市场主体住所（经营场所）登记管理办法》，简化登记手续，降低创业门槛和成本，允许住改商，有效释放各类场所资源。建立市场主体准入前信用承诺制度和"先照后证"登记（先申领营业执照后再办理有关许可证）和"双告知"制度（工商部门为企业发放营业执照后，企业需要取得相关审批才能从事经营活动的，工商部门对商事主体和相关审批部门实行告知制度）。建立企业名称自助查询端口，推进工商登记全程电子化，完善企业网上登记模块

市政务服务中心工商窗口工作人员为企业发放"一证一码"登记证书
市工商局 供

与并联审批平台对接，网上登记率98％，名称当场核准率75％以上。发放电子营业执照3万余份，居全省前三名。启动无不良记录且未开业、无债权债务的企业简易注销登记改革，为300余家市场主体实施简易注销登记。各项改革措施的深化，有效激发资本活力，2016年，全市新增各类企业1.58万家，比2015年增长13.9％；新增个体工商户4.1万户，增长91.8％。

【商标注册】 2016年，市工商局针对特色主导产业、新兴产业、出口型企业等，采取“一企一策、一企多标”方式，指导申请注册商标。2016年全市新申请商标注册4216件，“东海大米”成功注册为地理标志证明商标，新认定中国驰名商标1件，新认定省著名商标52件，新认定市知名商标97件，全市累计有国家、省、市著名商标451件。全市企业申请办理境外注册商标26件。

【企业信用体系建设】 2016年，市工商管理部门在全市企业中开展年报公示工作，加强异常经营名录和“黑名单”管理，全市5.51万家企业、14.13万户个体工商户进行了年报公示，综合年报率91％。全市经营异常名录记载数据14.96万家次，为9259家企业办理经营异常名录移出手续，全市因不同情形列入“黑名单”记录的信息1.54万条。开展企业公示信息抽查，定向抽查企业2284家、不定向抽查企业1967家，67户企业列入经营异常名录。市工商管理部门、市行政审批部门、行业主管部门及其他部门之间加强监管信息交换，市场监管信息平台上线运行。对87家《危险化学品经营许可证》许可期限到期未办理延期手续的市场主体进行联动监管，对排查中发现的42户涉及未经安全生产许可的烟花爆竹销售企业进行抄告；对112家专项检查整治中发现以及其他部门抄告存在问题的市场主体采取警示等相应的监管措施。全市新增重合同守信用企业173家。全市累计有国家级重合同守信用企业29家，省级重

2016年度连云港市“十佳诚信商场（街）”一览表

表45

序号	名　称
1	连云港市陇海步行街
2	江苏东海水晶产业投资发展有限公司
3	四季农产品交易中心有限公司
4	上海红星美凯龙品牌管理有限公司连云港分公司
5	盐河巷历史文化街区
6	连云港市东海五交化有限公司
7	连云港天盛置业有限公司墟沟海鲜美食城分公司
8	连云港赣榆农工商超市有限公司
9	苏果超市（连云港）有限公司灌云分公司
10	连云港保真连锁超市有限公司

2014—2015年全市国家级“重合同守信用”企业一览表

表46

序号	企业名称
1	日出东方太阳能股份有限公司
2	江苏豪森药业股份有限公司
3	连云港正航电力节能技术有限公司
4	江苏康缘药业股份有限公司
5	中蓝连海设计研究院
6	江苏连云港港口股份有限公司
7	江苏汤沟两相和酒业有限公司
8	江苏德邦化学工业集团有限公司
9	中国石化集团南京化学工业有限公司连云港碱厂
10	正大天晴药业集团股份有限公司
11	江苏万年达建设集团有限公司
12	连云港中联理货有限公司
13	江山建设集团有限公司
14	江苏东海农场有限公司
15	江苏秦江集团股份有限公司
16	江苏省鸿浩建设工程有限公司
17	江苏省烟草公司连云港市公司
18	连云港港口集团有限公司
19	连云港市朝阳建设工程有限公司
20	万联能源集团有限公司
21	江苏新时代工程项目管理咨询有限公司
22	江苏德源药业股份有限公司
23	江苏华特建筑装饰工程有限公司
24	连云港振兴实业集团有限公司
25	连云港中复连众复合材料集团有限公司
26	江苏泰格油墨有限公司
27	江苏新海发电有限公司
28	连云港市晶都建设集团有限公司
29	灌南县水利建筑工程有限公司

注：国家级守合同重信用企业两年公示一次

2016 年连云港市获得“中国驰名商标”的企业及其商标名称一览表

表 47

序号	商标名称	商标注册人	注册证号	类别	核定使用范围	所在地区
1	黄川及图	东海县黄川新桃草莓专业合作社	11034608	31	新鲜草莓	东海县

2016 年新认定“江苏省著名商标”的企业及其商标名称一览表

表 48

序号	商标名称	商标注册人（利害关系人）	注册证号	类别	核定使用范围	所在地区
1	孚来迪	江苏豪森药业集团有限公司	1362785	5	药用胶囊；药物胶囊；人用药等	连云区
2	恒丹	江苏豪森药业集团有限公司	4928460	5	补药（药）；人用药；药物饮料等	连云区
3	yf	连云港永发包装有限公司	4861139	6	金属工具柄；普通金属制钥匙圈；五金器具等	东海县
4	华乐牌	连云港华乐合金有限公司	10339420	6	铬；镍；钢条等	连云区
5	威迪	江苏威迪农业装备科技股份有限公司	7727280	7	农业机械；犁；收割机等	灌云县
6	LIANGANG	江苏连港皮革机械有限公司	10782548	7	研光辊；研光机；制革机等	连云区
7	天诺	连云港天诺光学仪器有限公司	1915864	9	放大镜（光学）；复径计（光学）；光学玻璃等	连云区
8	水晶传奇	连云港传奇水晶文化传播有限公司	7569757	14	小饰物（首饰）；项链（首饰）；金刚石等	东海县
9	弘扬石英	连云港市弘扬石英制品有限公司	5526307	21	水晶（玻璃制品）；半制品玻璃管	东海县
10	可比味 KEBIWEI	连云港康康食品有限公司	3925789	29	猪肉食品；鱼制食品；蔬菜罐头等	赣榆区
11	苏龙	灌云县三星食品有限公司	4742884	29	猪肉食品；油炸丸子；猪肉等	灌云县
12	俏渔郎	江苏天边渔村食品有限公司	10295711	29	紫菜；鱼（非活的）；腌鱼等	赣榆区
13	芦阳春	连云港赣榆山涧春茶叶专业合作社	10243713	30	茶；茶叶代用品	赣榆区
14	东喜	江苏恒益粮油有限公司	6796926	30	茶饮料；糕点；饺子等	东海县
15	二月春	东海县房山镇欣欣蔬菜专业合作社	8610819	31	新鲜蘑菇；黄瓜；新鲜蔬菜等	东海县
16	蓝宝宝	江苏沃田农业股份有限公司	9641364	31	蓝莓；坚果（水果）；新鲜草莓等	赣榆区
17	超蓝世界	江苏伊云贝尔饮料股份有限公司	9703669	32	果汁；乳酸饮料（果制品，非奶）；蔬菜汁（饮料）等	灌云县
18	家得福	连云港家得福商贸有限公司	12060960	35	货物展出；广告；计算机网络上的在线广告等	连云区
19	花果山	连云港市花果山风景区管理处	1703824	39	观光旅游；旅游安排；安排游览等	海州区
20	开	连云港开元商标专利事务所有限公司	4746279	42	版权管理；法律服务；法律研究等	海州区
21	JARI	连云港杰瑞深软科技有限公司	11090185	42	技术研究；技术项目研究；科学实验室服务等	连云区

合同守信用企业95家，市级重合同守信用企业470家。市工商局、市委宣传部等部门联合开展“十佳诚信商场、商街”等评选。

【市场监管】 2016年，市工商管理部门开展“流通领域商品质量监管公开日”活动，全年抽检汽车零配件、儿童玩具、旅游商品、农资等25类商品1165批次，查处不合格商品质量案件124起。开展“红盾护蕾”、合同格式条款、非法金融广告、旅游市场、成品油市场、打击整治传销集中行动、非标三四轮车等专项整治工作，查处各类违法行为。所有专项整治中，全市工商（市场监管）部门出动行政执法人员6000余人次，检查各类市场主体3.15万家次，责令改正279家，取缔无照经营128家，查办各类案件623起。市工商局“12315”平台登记各类信息2.19万条，投诉举报办结率100%，调解成功率98.3%，举报成案率7.52%，诉转案率6.28%。

【工商行政违法案件查办】 2016年，市工商管理部门开展反限制竞争、反商业贿赂、反虚假侵权三项执法行动，查处损害公平交易秩序的不正当竞争行为。全市工商（市场监管）系统立案查处工商案件961起，其中查处公共服务行业限制竞争案件18起，其他不正当竞争行为案件9起，违法广告案件57起，各类商标侵权案件86起，农资案件23起，网络交易案件25起，其他案件743起。

（廖智勇）

质量技术监督

【概况】 2016年，国家、省、市级产品质量监督检查连云港市341批次产品，合格311批次，抽查合格率为91.2%。其中，国家级监督抽查化肥、食品包装材料等类产品17批次，合格15批次，合格率为88.2%。省级监督检查建筑用胶粘剂、车用汽柴油、农业生产资料、食品包装材料、卫生纸等产品153批次，合格142批次，合格率92.8%。市级监督检查建筑材料、编织袋等产品171批次，合格154批次，合格率90.1%。省市两级监督抽查合格率91.36%，与2015年持平。其中，抽查食品包装（瓶盖、塑料膜袋等）产品43批次、食用盐3批次，合格45批次，合格率为97.8%；抽查化工类产品82批次，合格率96.34%；抽查机械、冶金类产品7批次，合格率85.71%；抽查建材类产品173批次，合格率为91.33%；风险监测中小学生校服60批次，合格52批次，合格率86.7%。全市2016年工业产品质量指数为99.7，比2015年提升1.2，其中海州区为100。全市新增江苏省名牌产品47个，认定连云港名牌产品66个。江苏康缘药业股份有限公司获得江苏省质量奖，省政府一次性给予奖励100万元。江苏新海石化有限公司获得2016年第四届连云港市质量奖。年内，市质监局制定《连云港市产品质量监督抽查管理办法》，开展打击农资、化肥、“地条钢”等专项整治行动，开展建材、校服、食品接触用不锈钢制品等执法专项行动。围绕保障性住房等重点工程，严查生产、制售不符合国家强制性标准水泥、防水涂料、外墙隔热板等违法行为。查办案件189起，其中大案要案22起，查获假冒伪劣产品货值851.7万元，移送司法机关案件8起。质监“12365”举报打假平台受理群众举报、投诉、咨询674件。完善连云港、临沂、日照三市质监局跨省域执法协作机制，未发生区域性质量问题。9月，连云港市产品质量监督检验中心更名为连云港市质量技术综合检验检测中心。

【新增江苏省名牌产品47个】 在省名牌推进委员会公布的2016年江苏名牌产品中，全市32家企业47个产品榜上有名。其中，化工类5个、机械类8个、建材类1个、轻工类2个、医药类13个、冶金1个、电子1个、食品和农产品类12个、服务业4个，比2015年增加21个产品。到2016年底，全市有63家企业93个产品在省名牌产品有效期内。

【认定连云港市名牌产品66个】 2016年，连云港市名牌战略推进委员会审议认定55家企业66个产品为2016年连云港名牌。其中制造类48个、食品和农产品类12个、服务业6家。截至2016年底，全市有143家企业177个产品在名牌产品有效期内。

【质量管理】 2016年，连云港市质量工作纳入政府年度目标考核。市政府召开全市质量工作暨争创全国“质量强市示范城市”动员大会。市质监局制定《连云港市质量发展规划（2016—2020）》，完成连云港市质量分析报告，全面反映产品、工程、服务等领域质量情况。市质监局、淮海工学院共同承担《以质量战略推升连云港市企业竞争力的路径研究》课题。开展企业质量信用评价，11家企业被评为信用AA级。35家企业44个工业产品单元、14家食品相关产品企业15个产品单元获得工业产品生产许可证。截至2016年底，全市累计有效期内获证企业工业产品有159家企业259个产品单元，食品相关产品61家企业66个产品单元。

【检验检测能力建设】 2016年，江苏省石油化工产品质量监督检验中心获批在连云港市筹建。市质量技术综合检验检测中心新购置食品包装、轻工、电器等专用仪器设备16台套，完成资质认定扩项评审，新增检验能力87个产品185个参数，被工信部核定为工业（硅材料）产品质量控制和技术评价江苏实验室，入选省质监局2017—2018年产品（含食品相关产品）质量监督抽查和风险监测任务承检机构资格和2016—2018年江苏省流通领域（电商平台）商品质量抽检承检机构资格，并成为中国绿色产品认证和净水设备节水认证的首批指定检验机构。中国质量检验协会净水设备专业委员会等部门联合在连举办2016年净水器检测认证技术研讨会。国家火炬计划项目“硅材料产业公共技术服务平台”通过验收。市质监局承担的市科技项目“肉及乳中布氏杆菌培养方法改进”“高压渗透式显微荧光探伤技术研究”通过验收和成果鉴定。新建

2016 年连云港市新增江苏名牌（企业）产品一览表

表 49

序号	企业名称	行业	产品数	产品名称
1	江苏自动化研究所（中国船舶重工集团公司第七一六研究所）	电子	1	“杰瑞（JARI）”牌抗恶劣环境计算机
2	江苏三吉利化工股份有限公司	化工	2	“吉豪”牌工业用邻苯二酚和工业用对苯二酚
3	江苏德邦兴华化工股份有限公司	化工	2	“银球”牌工业碳酸钠（纯碱）、氯化铵
4	连云港金蔷薇化工有限公司	化工	1	“晶珠”牌硅酸钠
5	连云港市港圣开关制造有限公司	机械	1	“港圣”牌低压成套开关设备和控制设备
6	连云港鹰游纺机集团有限公司	机械	1	“ZGL”牌烫光机
7	连云港远洋流体装卸设备有限公司	机械	1	“COSCO”牌流体装卸设备
8	日出东方太阳能股份有限公司	机械	4	“四季沐歌”牌家用和类似用途反渗透净水机、家用太阳能热水系统，“太阳雨”牌家用和类似用途反渗透净水机、太阳能热水系统
9	国电联合动力技术（连云港）有限公司	机械	1	“ ”牌兆瓦级风力发电机组
10	江苏东浦管桩有限公司	建材	1	“大圣”牌先张法预应力混凝土管桩
11	东海县华亚照明器材有限公司	轻工	1	“亮亚”牌 LED 灯
12	江苏文峰木业有限公司	轻工	1	“文峰”牌实木复合地板
13	连云港兴鑫钢铁有限公司	冶金	1	钢筋混凝土用热轧钢筋
14	江苏苏云医疗器械有限公司	医药	2	“苏云”牌一次性使用输液器、一次性使用注射器
15	江苏中金玛泰医药包装有限公司	医药	2	“中金”牌药用复合膜、药用铝箔
16	正大天晴药业集团股份有限公司	医药	8	“止若”牌盐酸帕洛诺司琼注射液、“天册”牌注射用比阿培南、“天晴”速乐牌噻托溴铵粉雾剂、“名正”牌阿德福韦酯胶囊、“润众”牌恩替卡韦分散片、“天晴甘平”牌甘草酸二铵肠溶胶囊、“天晴甘美”牌异甘草酸镁注射液、“天晴依泰”牌唑来膦酸注射液
17	江苏豪森药业股份有限公司	医药	1	“昕维”牌甲磺酸伊马替尼片
18	东海县黄川新桃草莓专业合作社	食品、农产品	1	“黄川”牌草莓
19	江苏恒益粮油有限公司	食品、农产品	1	“东喜”牌大米
20	江苏万润肉类加工有限公司	食品、农产品	1	“雨润”牌冷鲜肉
21	江苏香如生物科技股份有限公司	食品、农产品	1	“香意”杏鲍菇
22	江苏幸福淮猪产业发展有限公司	食品、农产品	1	“古淮”牌东海（老）淮猪肉
23	江苏雅仕保鲜产业有限公司	食品、农产品	1	“鲜品湾”牌新鲜蔬果、冷冻水果、果汁等
24	连云港丽沙食用菌销售有限公司	食品、农产品	1	“共展”牌杏鲍菇
25	连云港市云辉农业发展有限公司	食品、农产品	2	“云生”牌水稻种子、大豆种子
26	连云港天谷米业有限公司	食品、农产品	1	“平珠”牌晚粳米
27	江苏省北沟花卉产业有限公司	食品、农产品	1	“晶都花卉”牌鲜切花
28	江苏丰收菇业有限公司	食品、农产品	1	“绿菱”牌杏鲍菇
29	连云港市交通控股集团有限公司	服务业	1	
30	江苏天缘物流集团有限公司	服务业	1	
31	江苏东海水晶产业投资发展有限公司	服务业	1	
32	东海县天迈国际贸易有限公司	服务业	1	

2016年连云港市名牌产品一览表

表50

序号	企业名称	商标及产品名称
		制造业
1	正大天晴药业集团股份有限公司	“天晴甘美”牌异甘草酸镁注射液、“天晴速乐”牌噻托溴铵粉雾剂、“止若”牌盐酸帕洛诺司琼注射液、“天晴甘平”牌甘草酸二铵肠溶胶囊、“润众”牌恩替卡韦分散片、“天晴依泰”牌唑来膦酸注射液、“名正”牌阿德福韦酯胶囊、“天册”牌注射用比阿培南
2	江苏豪森药业集团有限公司	“昕维”牌甲磺酸伊马替尼片
3	江苏苏云医疗器械有限公司	“苏云”牌一次性使用输液器、一次性使用注射器
4	连云港万泰医药材料有限公司	“紫兰”牌甲基丙烯酸—丙烯酸乙酯共聚物水分散体
5	日出东方太阳能股份有限公司	“太阳雨”牌家用太阳能热水系统、“四季沐歌”牌家用太阳能热水系统
6	连云港鹰游纺机集团有限公司	“ZGL”牌烫光机
7	江苏东浦管桩有限公司	“大圣”牌先张法预应力混凝土管桩
8	连云港连利·福思特表业有限公司	“连利”牌水表
9	连云港市港圣开关制造有限公司	“港圣”牌高低压成套开关设备和控制设备
10	江苏齐天铁塔制造有限公司	“齐天”牌输电线路铁塔
11	连云港根深纸制品有限公司	“根深”牌淋膜纸
12	江苏文峰木业有限公司	“文峰”牌实木复合地板
13	连云港神舟新能源有限公司	“HT”牌晶体硅光伏组件
14	江苏联瑞新材料股份有限公司	“超晶”牌大规模集成电路基板用超细E-玻璃粉
15	晶海洋半导体材料（东海）有限公司	“晶海洋”牌新型低成本多晶硅片
16	东海县华亚照明器材有限公司	“亮亚”牌LED灯
17	连云港奇晴光电照明有限公司	“奇晴”牌LED节能灯
18	唯嘉管业（东海县）有限公司	“唯嘉”牌建筑排水用高密度聚乙烯（HDPE）管材及管件
19	中复碳芯电缆科技有限公司	“ ”牌铝合金芯高导电率铝绞线
20	江苏瀚能电气有限公司	“鼎馨电力”牌电缆保护管
21	连云港宏坤建材有限公司	“苏港防水”牌防水卷材
22	连云港市三安矿山机械制造有限公司	“连三安”牌烘干机
23	连云港市海林农业机械有限公司	“宁”牌旋耕刀
24	连云港市天意消防器材有限公司	“灌河”牌灭火器
25	江苏威迪农业装备科技股份有限公司	“威迪”“振云”牌双圆盘开沟机、旋耕机械
26	连云港市云港旋耕机械有限公司	“云港”牌旋耕复式机械
27	连云港市连发机械有限公司	“惠农”牌旋耕机
28	连云港双亚机械有限公司	“春山”牌旋耕机
29	连云港九迁机械制造有限公司	“九迁”牌旋耕机
30	连云港五洲船舶重工有限公司	“五洲”牌钢制船舶
31	江苏三吉利化工股份有限公司	“吉豪”牌苯二酚
32	江苏泰格油墨有限公司	“泰格”牌醇溶凹印油墨
33	连云港市金囤农化有限公司	“金囤”牌噻嗪酮、噁草酮
34	连云港锐巴化工有限公司	“锐巴”牌均匀增粘剂
35	连云港新磷矿化有限责任公司	“牛马”牌过磷酸钙
36	江苏省好徕斯肥业有限公司	“好徕斯”牌有机肥料
37	连云港恒奥达肥料科技有限公司	“绿成丰”牌育苗基质

续表 50

序号	企业名称	商标及产品名称
	食品、农产品	
38	连云港市天缘食品有限公司	"天缘"牌分割肉
39	连云港雅玛珂紫菜有限公司	"一休"牌紫菜
40	连云港集瑞园农业科技有限公司	"集瑞园"牌丝瓜
41	江苏雅仕保鲜产业有限公司	"鲜品湾"牌新鲜蔬果
42	东海县白塔埠镇绿康蔬菜专业合作社	"前营"牌番茄
43	连云港天谷米业有限公司	"平珠"牌晚粳米
44	连云港市工投集团青口投资有限公司	"盐田玉"牌大米
45	江苏骏都生物科技有限公司	"骏都"牌白玉菇、蟹味菇
46	连云港丽沙食用菌有限公司	"共展"牌杏鲍菇
47	江苏丰收菇业有限公司	"绿菱"牌杏鲍菇
48	连云港徐福酒厂	"徐福"牌浓香型白酒
49	灌云县安国食品厂	"多来利"牌虾酱
	服务业	
50	连云港市交通控股集团有限公司	
51	江苏杰瑞科技集团有限责任公司	
52	江苏天缘物流集团有限公司	
53	连云港市菜蓝子电子商务有限公司	
54	中国人民财产保险股份有限公司灌云支公司	
55	东海县天迈国际贸易有限公司	

计量检定、校准项目 5 个，技术改造扩项项目 4 个。

【东海西红柿获批国家地理标志保护产品】 12 月 28 日，国家质量监督检验检疫总局发布 2016 年第 128 号公告，东海西红柿地理标志产品保护申请经技术审查合格，被批准为国家地理标志保护产品，自即日起实施保护。东海西红柿产地范围为连云港市东海县现辖行政区域，品种为粉果西红柿，土壤类型为砂浆黑土，土壤质地为沙壤土，土壤 pH 值 6.5—7.5，土壤有机质含量≥ 1.0%。播种期为 2 月上中旬，定植密度每亩不大于 3000 株。农药、化肥等的使用符合国家相关规定。采收时间为 6 月上旬至 8 月上旬。质量特色与理化指标为肉质面沙，酸甜多汁；可溶性固形物≥ 5%，番茄红素≥ 6.8 毫克 /100 克。到 2016 年底，全市国家地理标志保护产品总数达 12 个，位居全省第一。

2016 年连云港市国家地理标志保护产品一览表

表 51

序号	产品名称	获批日期	备 注
1	东海水晶	2007 年 10 月 12 日	质检总局 2007 年第 151 号公告
2	东海大米	2008 年 12 月 10 日	质检总局 2008 年第 132 号公告
3	东海（老）淮猪肉	2009 年 9 月 21 日	质检总局 2009 年 89 号公告
4	灌南汤沟白酒	2010 年 9 月 9 日	质检总局 2010 年第 104 号公告
5	赣榆梭子蟹	2010 年 12 月 21 日	质检总局 2010 年第 155 号公告
6	灌南金针菇	2012 年 12 月 26 日	质检总局 2012 年第 220 号公告
7	黄川草莓	2012 年 12 月 26 日	质检总局 2012 年第 220 号公告
8	石梁河葡萄	2014 年 2 月 13 日	质检总局 2014 年第 13 号公告
9	汪恕有滴醋	2015 年 4 月 14 日	质检总局 2015 年第 44 号公告
10	双店百合花	2015 年 4 月 14 日	质检总局 2015 年第 44 号公告
11	花果山风鹅	2015 年 4 月 14 日	质检总局 2015 年第 44 号公告
12	东海西红柿	2016 年 12 月 28 日	质检总局 2016 年第 128 号公告

9月30日，连云港市召开质量工作暨争创全国“质量强市示范城市”动员大会。
质监局 供

【标准化工作】 2016年，市质监局主导制定的《光伏用高纯石英砂》《电感耦合等离子质谱法检测石英砂中痕量元素》《多晶硅铸锭石英坩埚用熔融石英料》3项国家标准被批准发布，在全国范围内实施。主导修订的SJ/T 3328.1—2016《电子产品用高纯石英砂 第一部分 技术条件》等9项行业标准被工信部批准发布实施。《环氧模塑料检验方法》国家标准编制项目被国标委批准立项。全市企业采用国际标准16项，197家企业617项企业产品标准在网上实行自我声明公开，涵盖767种产品。该做法入选省编办《江苏简政放权100例》，并被评为优秀典型案例。到2016年底，全市有854项企业产品标准实行网上自我公开声明。花果山食品有限公司获批国家地理标志产品专用标志使用权。东海县承担的国家级农村综改标准化试点通过验收。灌南食用菌产业标准化示范区项目通过省级验收。东海县外派劳务管理中心、灌云行政审批中心、灌南行政审批中心3个行政服务标准化试点，新东方国际货柜码头服务业标准化试点，市公安消防支队、连云港特检院承担的电梯事故应急联动救援服务标准化试点均通过省级验收。江苏联瑞承担的江苏省战略性新兴产业标准化试点和江苏三吉利承担的省级循环经济标准化试点通过省级验收。东海县外派劳务管理获批国家级服务业标准化试点。市卫生监督所获批省级服务业标准化试点。灌云县政务服务标准化、连云港市图书馆服务标准化获批为国家级社会管理和公共服务综合标准化试点项目。市卫生监督所获批省级服务业标准化试点，成为全省首个试点的卫生监督部门。江苏华海诚科获批省级战略性新兴业标准化试点，市标准化协会获批省级团体标准化试点。连云港市海洋与水产科学研究所承担的仿刺参工厂化人工育苗技术规范项目、连云港市农业科学院承担的东方百合脱毒技术规程项目获批省级农业地方标准项目。益海粮油等12家企业被批准为省标准化良好行为企业试点单位。市质监局印发《2016年市农业地方标准规范编写指南》，审核发布市农业地方标准30项。培育首批市级标准化试点项目12个。推进组织机构代码向统一社会信用代码平稳过渡。全市新办商品条码注册41家，续展53家。围绕全市产业发展，提供最新国家标准2162条、行业标准5261条，完成国家强制性农业标准文献的采集工作。

【计量管理】 2016年，市政府办印发《关于进一步加强计量工作的意见》，并连云港市计量工作联席会议制度，加强计量工作组织领导和统筹协调。全市有69家企业通过计量确认，新建、复审企业最高计量标准38项。全市创成省级诚信计量示范单位35家、市级诚信计量示范单位38家。全市质监部门免费检定全市69家集贸市场7871台计量器具、1482家农村医疗卫生机构5887台计量器具。制定实施《连云港市2016年能源计量工作专项行动实施方案》，对重点耗能企业开展能源计量审查、能耗对标、能耗测试。在连云区连岛餐饮行业试点开展电子计价秤统一配置、统一管理、统一检定、统一维修、统一轮换“五统一”管理方式，召开全省质监系统现场推进会。检查肉制品、家禽制品大米、乳制品、小食品、炒货等定量包装商品239批次，净含量合格率98%。监督抽查电能表5920只、水表727只、燃气表14033只，经检验全部合格。对72个加油站306台加油机、672只加油枪进行计量校准。

【认证认可监管】 2016年，全市有65家企业通过质量管理体系认证，36家企业通过职业健康安全管理体系认证，43家企业通过环境管理体系认证。工业投资集团利海化工有限公司、益海（连云港）粮油工业有限公司、亚新钢铁有限公司、艾伦钢铁有限公司、晶海洋半导体材料（东海）有限公司、韩华新能源科技有限公司累计9家企业通过能源管理体系认证。到2016年底，全市发放质量管理体系认证证书755张、环境管理体系认证证书286张，有9家有机产品认证企业。市质监部门专项监督检查机动车辆、建筑材料、食品等检测机构26家。

【特种设备安全监察】 2016年，特种设备安全工作纳入各级政府安全生产工作目标考核。市质监局制定出台《连云港市特种设备安全隐患处理办法》，明确市县区及检验机构隐患排查及处置的流转衔接程序，每季度通报事故隐患。全年发现督改各类隐患产1745处，严重隐患整改率100%。下达特种设备安全监察指令书263份，涉及1623台设备，电梯安全集控平台建立，电梯119应急救援服务标准化项目通过省服务标准化示范点验收，“互联网+电梯集控平台”建设被列为国家质检总局科技项目。电梯责任保险覆盖率58%。开展气瓶安全专项整治，查处充装过期瓶457只、报废瓶245只、无条码气瓶38只，立案查处12起。启动气瓶二维码工作，安装二维码数量48384只。开展叉车专项治理，普查出叉车使用数量2249台，已注册2196台，未注册53台，未配备安全管理员34家。检查电梯使用单位221家，处理超期未检、超期未登记、超期未保养等违规使用行为15起，其中立案查处11起。325名安全监察人员获得特种设备安全监察员证。举办全市叉车司机职业技能竞赛，并组织参加全省竞赛，2人获得省岗位能手称号。开展2016年度电梯维保单位星级评定，从连云港市维保单位和外地驻连维保单位中，评出2星级以上维保单位39家，其中4星级维保单位1家、3星级维保单位19家、2星级维保单位19家。24家维保单位未达星级标准。

【纤维检验与执法】 2016年，市纤维检验中心开展中小学校服质量监督抽查（风险监测），抽检全市59所中小学60批次学生服，合格52批次，合格率86.7%。完成全市出库棉公检1万吨。市纤维检验中心获批市科技局《连云港市高性能纤维及复合材料质量检验与评价（新材料）开放实验室》项目，申报的聚苯硫醚短纤维等7个产品30个参数，通过国家认可委员会（CNAS）的实验室认可监督及扩项评审。新扩项婴幼儿及儿童纺织品安全强制性国标和中小学校服2个产品标准，以及邻苯二甲酸酯等9个方法标准（高性能纤维方面）、8项参数变更（国家标准变更）。上海、无锡、武汉等地5家军工企业将市纤检中心确定为原料产品性能评价定点实验室，参加能力比对验证4个批次，均获得满意。首次参与由德国DRRR机构组织（德国最大的专业提供实验室能力验证、参考物质、培训的机构）的国际能力验证项目比对，在29个国家、相关国际组织等54家实验室中，检测结果被评价为“非常满意”。 （周文吉　李子龙）

价格调控监管

【概况】 2016年，连云港市价格管理部门加强市场价格调控，市场价格平稳有序运行。年度居民消费价格指数（CPI）累计上涨2.1%。市政府办出台《2016年价格调控目标责任制实施细则》，实行市、县区两级价格调控目标责任制。市本级安排价调基金500万元，专项用于困难群体补助、平价商店扶持等。实施社会救助和保障标准与物价上涨挂钩联动机制，启动物价补贴发放联动机制4次，发放低收入群体物价补贴1600余万元。市物价局获评江苏省文明单位。

【价格监测】 2016年，市物价局、市卫计委、市食药监局、市人社局联合建立药品价格监测预警机制，启动连云港市海产品批发市场价格指数编制，开展8个特色农产品价格监测，全年通过电视、报刊、物价局网站等媒介公示各类民生价格72期，发布价格资讯372条。首次对生产要素进行监测，新增劳动力市场价格监测，监测掌握人员流动、工资变动等情况。

【价格机制改革】 2016年10月9日，市委、市政府出台《关于推进价格机制改革的实施意见》，明确六大类64项价格改革任务。年内，市物价管理部门实施市区居民阶梯水价、气价政策。对218条公路客运班线票价启动运价与油价联动机制。执行差别和惩罚性电价政策，督促2家企业改进设备，对2家环保信用评级不达标企业上浮污水处理费标准。对38家在建工地征收扬尘排污费205万元。落实低价药品政策，对公立医疗机构二类疫苗实行零差率销售政策。

【价格服务】 2016年，市物价局推行“直购电”、“直供气”价格优惠政策，两度下调一般工商业及其他用电类别价格，全年累计为企业降低用电用气成本1.8亿元。取消、免征、放开各类收费46项，降低社会负担2000万元以上。形成完善的收费目录清单“2+9”体系（即行政事业性和经营服务性2个收费目录和涉农、涉港、涉房、涉车、中介服务、涉企行政事业、涉企经营服务、涉企行政审批前置服务、市政务服务中心行政审批等9个收费清单）。组织3轮涉企收费专项检查，清退多收价款9000余万元。实行房地产行业明码标价、“一价清”政策，核定永安新村6.8万平方米经济适用住房综合销售平均价格为3424元/平方米。试点免除查验没有问题的外贸企业吊装、移位、仓储费用，实行岸电服务价格政策。拨付农村转供水企业扶持资金700万元，争取农村低压电网维护费7亿元。

【平价商店建设】 2016年，全市有67家平价商店，销售平价农副产品2.7万吨，销售额2.2亿元，为市民节约开支2000万元以上。全市平价商店布局结构持续优化，年内淘汰5家，增补4家，市物价局评选出20家市级示范平价商店。市物价局、市财政局、市商务局开展“平价商店规范年”活动，全市80%以上平价商店配备电子显示屏，其中市区平价商店全部配备电子显示屏。

【价格政策】 2016年，市物价管理部门出台《市区经营性停车场收费管理办法》，明确经营性停车场收费，实行政府指导价和市场调节价两种价格管理形式，其中公共停车场、对外经营的内部专用停车场，实行政府指导价，独立专业机械立体停车场和社会资本全额投资新建停车场停车收费实行市场调节价。出台《养老机构服务收费管理实施细则》，就各项养老收费的定义、管理方式及制定价格程序做了详细规定。出台《城市道路及普通公路车辆救援服务收费管理办法》，对城市道路及普通公路救援服务收费进行分类管理，明确不同救援服务收费的定价方式。出台市区电动汽车充电服务价格暂定标准，规定纯电动汽车充电服务价格按充电电度收取，其中：纯电动客车充电服务最高价格暂定为1.15元/千瓦时，纯电动汽车（七座以下）充电服务最高价格暂定为1.4元/千瓦时。公布市区2016年度采暖季民用供热蒸汽销售价格，采暖季民用供热蒸汽到居民小区总计量表的价格为188元/吨。调整市区污水处理费标准，调整之后的污水处理费分别为居民生活用水1.15元/立方米、生产用水1.2元/立方米，特种用水1.4元/立方米，到户价分别为3.05、3.69、5.72元/立方米（附件2）。核定海州区青龙山公墓墓穴管理费，其中墓穴销售价格5万元（含）以下，墓穴管理费标准40元/年；墓穴销售价格在5万～10万元（含）之间，墓穴管理费标准60元/年；墓穴销售价格10万元以上，墓穴管理费标准80元/年。出台民营机动车驾驶许可考试场地训练收费政策，明确考前训练费按照不高于省级制定的机动车驾驶许可考试场地（道路）训练收费标准自行确定并执行。

【成本监审】 2016年，市物价局在省内首家出台《中介机构参与成本监审管理办法》，为引入第三方参与成本监审、解决现有成本工作力量不足和专业性不强问题提供制度保障。依托“连云港成本调查”微信公共平台，提升农本调查数据和信息资讯双向互动传播效率。扩大成本调查信息公开范围，发布市场热门旅游线路运营成本信息。建立校地合作制度，邀请在连高校专家参与农业保险购买情况等专题调研。

【价格执法检查】 2016年，市物价系统开展价费专项检查，规范商品房销售明码标价、电信价格、药品和医疗价格等重点行业价格行为。在云台山景区设立价格管理办公室，推动花果山AAAAA级景区创建。实施《物业服务企业价格信用管理暂行办法》，开展市区百家小区物业收费检查，认定1家物业公司为一般价格失信。在全市首批开展行政许可和行政处罚等信用信息公示工作，全省价格系统首家通过门户网站进行列表滚动式连续公示和查询式公示。制定价格举报应急处置工作制度，划分3个应急处置区域。

【价格鉴证】 2016年，市物价局做好涉案、涉税、涉违纪价格认定工作，其中受理涉案财产价格认定548件、涉违纪财物价格认定15件、涉税存量房价格认定2万余件。建立案件集体审议、大案要案报告和援引监督监察机构审案议案等制度，解决对涉纪案件、特殊疑难案件的政策口径把握难题。海州物价分局开展边远地区价格认定业务。建立绿色服务通道，服务蔷薇河安全饮用水工程、连盐铁

2016年，全市67家平价商店销售平价农副产品2700万千克，为市民节约开支2000万元以上。图为市民在平价商店选购商品。 王一珺 摄

2016年连云港市市区自来水价格一览表

表52 单位：元/立方米

分类	类别	阶梯	阶梯用水量	基本水价	污水处理费		水资源费	城市附加费	到户水价	
					调整前	调整后			调整前	调整后
生活类用水	居民一户一表且抄表到户	第一阶梯	年用水量≤180立方米	1.62	1.05	1.15	0.2	0.08	2.95	3.05
		第二阶梯	180立方米<年用水量≤300立方米	2.43	1.05	1.15	0.2	0.08	3.76	3.86
		第三阶梯	年用水量>300立方米	4.86	1.05	1.15	0.2	0.08	6.19	6.29
	居民合表户	不执行阶梯		1.62	1.05	1.15	0.2	0.08	2.95	3.05
	执行居民水价的非居民用户	不执行阶梯		1.72	1.05	1.15	0.2	0.08	3.05	3.15
生产类用水				2.19	1.11	1.20	0.2	0.10	3.60	3.69
特种类用水				4.00	1.25	1.40	0.2	0.12	5.57	5.72

路建设、连徐铁路建设、公车改革、企业改制等重大事项。建立覆盖市县镇村四级价格争议调解网络，并与现行的人民调解、司法调解有机融合，调解各类价格争议87起。（任书毅）

统计

【统计数据质量管理】 2016年，市统计部门完善数据质量控制体系，从数据采集、上报、审核、反馈等环节入手，对统计数据质量实施全程监控。建立统计基础数据质量查询制度，加强平台数据全流程、全时段监控审核。建立统计数据评估制度，制订实施《连云港市统计数据质量保障体系》和分专业的统计数据质量控制办法。做好“五上”（规模以上工业、有资质的建筑业、全部房地产开发经营业、限额以上批发零售业和住宿餐饮业、规模以上服务业法人单位）单位名录库的审核认定和更新维护，严格新增企业入库审批。市统计部门完善统计联网直报平台，组建高清视频会议系统，实现国家、省、市、县四级高清视频会议互联互通。加强基本单位名录库核查，掌握基本单位名录库及一套表调查单位的维护更新现状，提高基本单位名录库数据质量。

【统计制度改革】 2016年，根据国家统计局的统一部署，建立“三新”（新产业、新业态、新商业模式）统计调查制度，制定连云港“三新”专项统计报表制度和实施方案，加强对科技服务业、高技术服务业、服务贸易、服务外包、展览业等新兴服务业态的统计研究，选取上合组织国际物流园和东海水晶产业（园）2个地方特色突出的服务业领域作为全市新经济发展试点，列入全省“三新”统计试点项目。完成新服务业企业甄别确认，全市筛选出规模以上新服务业企业239家，涉及节能环保技术服务、生物技术服务、新一代信息技术服务、新能源和新材料技术、科技研发与技术服务五大方面33个行业。市统计局、市科技局研究确定2016年高新技术产业工业统计范围，确定纳入统计的高新技术企业，每月定期测算高新技术产业产值。建立战略性新兴产业统计企业库，对企业上报数据进行实时核对、严格对比，加强综合汇总审核，探索战略性新兴产业增加值核算方法。开展成本费用调查，确定年度成本费用调查工业企业名单，测算成本费用调查企业的增加值率，加强成本费用调查数据审核。完成“四众”企业（为其他企业提供众创、众包、众扶、众筹服务的企业）专项调查，确定全市“四众”平台企业42家，其中众创企业26家。

【统计服务】 2016年，市统计局定期、定点、定内容、定标准发布统计信息，开通“数据港城”移动资讯手机客户端。在市政府网站发布《连云港市2015年国民经济和社会发展统计公报》，在统计网站发布统计工作动态，发布最新的统计数据和统计分析研究报告。印制《统计月报》《统计手册2016》《连云港市统计年鉴（2016）》等统计资料和出版物，将统计成果分享给信息需求者。组织统计专家委员会，定期开展分析研究，做好形势判断、进度分析、趋势分析。市统计局、市经信委等部门联合制定亿级企业培育行动计划，加强跟踪监测，服务“产业强市、工业立市”战略。服务“一带一路”和沿海开发建设，制订丝绸之路经济带主要经济指标体系，完成“一带一路”城市数据交流、沿海开放城市数据资料、淮海经济区交流资料等，编印《新丝绸之路经济带统计资料汇编（2015）》和《海上丝绸之路统计资料汇编（2015）》。开通“12340”社情民意调查热线，对政府重视、社会关注、群众关心的经济社会民生等问题开展调查。

【第三次全国农业普查】 第三次全国农业普查工作启动于2015年，连云港市于2015年9月在全省率先成立第三次全国农业普查领导小组。2016年，连云港市完成机构组建、人员配备、普查经费落实，开展试点、培训、农业普查指导员和普查员选聘、农作物面积遥感测量野外调查工作等各项准备工作，并取得阶段性成效。10个县区级单位全部成立农普领导小组及办公室。在灌南县三口镇康渡村开展农业普查试点工作，为正式填报农业普查表格积累经验。建立连云港市第三次全国农业普查网站，印发《致全市第三次全国农业普查对象的一封信》。完成县乡两级农业普查业务培训1.4万余人次。

（刘从鸿）

审计

【概况】 2016年，全市审计机关审计单位224个，提交审计报告和专项审计报告286篇，被批示、采用33篇。审计查出主要问题金额252.07亿元，其中违规金额2.91亿元，损失浪费金额2565万元，管理不规范金额248.91亿元。查出非金额计量问题401个，查出损益（收支）不实涉及金额12.87亿元。审计期间整改金额6843万元，审计处理处罚3.54亿元，其中应上缴财政5566万元，应减少财政拨款货补贴1.57亿元，应归还原渠道资金1026万元，应缴纳其他资金1388万元，应调整处理金额1.17亿元。移送处理事项4件，移送处理人员4人。审计促进整改落实有关问题资金2.36亿元，审计促进拨付资金到位388万元，挽回损失1396万元，核减工程投资2.66亿元。市审计部门提出审计建议497条，被采纳审计建议426条。向社会公告审计结果45篇，上报审计专报6期。市审计局组织实施的连云港职业技术学院原党委书记经济责任审计项目获省审计厅申报2016年审计署地方优秀审计项目表彰。

【重大政策执行跟踪审计】 2016年，全市130余名审计人员对政策措施落实情况开展跟踪审计。对连云港新机场、北疏港高速公路2个项目落实国家和省重大政策措施情况进行审计；开展降低实体经济企业成本政策落实情况、盘活财政存量资金政策落实情况跟踪审计；开展盐城龙卷风冰雹特别重大灾害救灾款物跟踪审计；对行政审批改革政策落实情况、投资审批改革政策落实情况、职业资

3月2日，市审计局在市财政局召开2016年市级“同级审”统一进点会议。
市审计局 供

格改革政策落实情况、商事制度改革政策落实情况、收费清理改革政策落实情况进行跟踪审计。

【市级预算执行和其他财政收支审计】 2016年，市审计局对市财政局、市地税局、连云港经济技术开发区、徐圩新区和云台山风景区组织的2015年度预算执行情况进行了审计，对市政府办公室、政协办公室、数字化城管中心、水利局、红十字会、司法局、民防局、安监局、总工会、妇联、档案局、连云港工贸高等学校2013—2015年度部门预算执行（财政财务收支）情况进行审计，对2014—2015年市级土地储备资金、秸秆综合利用和禁烧专项资金、农业现代化工程资金、基本公共卫生服务补助资金、创新城市建设科技专项资金进行审计调查。

【领导干部经济责任审计】 2016年，市审计局对市水利局原局长、云台山风景区管委会原主任、市红十字会原会长、港口集团公司原董事长开展离任审计；对市司法局局长、市民防局局长、市安监局局长、市总工会党组书记、市妇联主席、市档案局局长、江苏省工贸高职校校长、灌南县审计局局长开展了任中审计。对灌南县委原书记、云台山风景区管委会原主任、市水利局原局长开展经济责任审计时，同步开展领导干部自然资源资产离任审计。

【政府重大投资项目审计】 2016年，市审计局开展对口支援新疆发展资金和项目审计；对蔷薇湖生态净化暨应急水源工程、蔷薇湖输水泵站工程、云宿路征地拆迁工程开展跟踪审计；对市档案馆和城建档案馆迁建工程、徐圩新区实验学校、环云台山大道建设局段开展预算执行审计；对海滨大道连云新城段工程、海州高级中学东校区工程开展竣工决算审计。对蔷薇湖生态净化暨应急水源工程同步开展了资源环境审计。

【审计指导】 2016年，市审计局开展分类行政指导，制作4类行政指导规范文本，年初向全市所有一级预算单位发出促进财经工作行政指导意见书；对列入审计计划的被审计单位，发出审计告知性行政指导意见书；对审计实施完毕的单位，发出审计建议和意见整改落实行政指导意见书。（仲崇鑫）

2016年度连云港市审计机关审计情况一览表

表53

审计或审计调查单位（个）	审计查出违规金额（万元）	审计处理结果落实情况（万元）			移送处理		审计结果开发利用		
		上缴财政	减少财政拨款或补贴	归还原渠道资金	落实事项（件）	落实人员（人）	被采纳的审计建议（条）	被批示采用工作报告、信息（篇）	发布审计结果公告（篇）
224	29050	5566	15716	1026	4	4	426	31	45

2016年度内部审计情况一览表

表54

内审机构（个）	内审人员（人）	完成审计项目（个）	审计总金额（万元）	增收节支（万元）	提出建议意见被采纳（条）	实际给予行政处分（人）	向司法机关移送案件（件）	向司法机关移送人员（人）
287	638	5155	2662560	12602	2129	2	0	0

责任编辑 郭 云

海滨城市建设与管理

综述

【概况】 2016年,连云港市实施城建项目1322个,完成城乡建设投资758.4亿元,其中市区实施城建项目723个,完成投资521亿元。年内竣工项目831个,其中市区竣工项目443个。全市建成区面积扩大至214平方千米,比2015年增加10平方千米。在市区实施99个城建重点项目,其中新开工项目54个,45个续建项目全部复工,完成投资170.2亿元,竣工项目37个。

【城市布局优化】 2016年,连云港市实行"组团发展、功能互补、提升品质、彰显特色、快速联通"的城市发展布局。海州城区实施全民健身中心、利群综合体、白虎山市场改造等重点项目,行政商务、公共服务、科教文化、新型居住等城市功能不断完善。连云城区突出港口和海滨特色,实施中华西路西延工程、零千米丝路公园、保税商品展示交易中心等重点工程,港航服务、现代物流、休闲旅游、高端居住等城市功能凸显。赣榆城区强化与主城区的融合对接,实施旅游道路环线工程、秦山岛保护开发、嘉汇城等重大项目建设,提升海洋经济、科教文化、商贸旅游、滨水居住等城市功能。开发区、徐圩新区、高新区、云台山景区实施中通科云大数据中心、大陆桥产品展览展示中心、广播影视文化产业城、花果山景区唐王坝服务区等项目建设,提升产业特色和城市功能。港城大道、花果山大道、海滨大道环线经济带等城市发展主轴,环云台山大道和高铁、空港、海港三大特色商圈加快建设。

（徐云蕾）

城市规划

【概况】 2016年,市规划局开展《连云港市城市总体规划修编》工作,并通过省住建厅组织的专家论证会。编制完成《连云港市城市总体规划(2015—2030年)》和《城市地下管线综合规划》《市区控规单元划定》等多项专项规划。《徐圩新区区域发展规划》《海绵城市规划》《地下综合管廊规划》《公共停车场布局规划》《市区汽车充电设施布局规划》编制完成,通过专家论证;《城市环卫专项规划》《城市商业网点布局规划》《公交专项规划》编制完成,通过专家论证、规委会审议;《新浦新区控制性详细规划局部调整》《海州开发区东区一单元控制性详细规划》《海州老城区白虎山批发市场片区控制性详细规划》等控制性详细规划编制完成,均通过专家论证、规委会审议;《高新区宋跳片区控制性详细规划》《南云台片区林场单元控制性详细规划》《葫芦山单元控制性详细规划》《花果山南大门单元控制性详

2016年,连云港市实行"组团发展、功能互补、提升品质、彰显特色、快速联通"的城市发展布局。图为港口和海滨特色突出的连云城区。　俞德春　摄

连徐高铁。正线全长180千米，工程投资估算总额281.7亿元，设计时速350千米，沿途设有连云港、东海、新沂、邳州等站点。连徐高铁连云港段长55千米，投资约90亿元。2016年11月5日，连徐高铁先导段开工建设。

连连二线。陇海线连云至连云港东原为单线电气化，输送能力仅4500万吨，新建增建二线长度11.95千米，设计时速80千米，工程投资估算4亿元。2015年12月开工建设。到2016年底，建成材料厂、混凝土拌和站、道砟存放场、轨料存放场等设施，庙岭路上跨立交桥架梁封锁完成施工，路基、桥涵、电力迁改等工程进行施工。

【空港建设】 2016年，连云港新机场完成空域使用规划，省政府与东部战区空军签订军地协议。机场委托评估公司对项目预可研报告进行评估，民航专家对连云港市的重要战略地位和新机场功能定位给予高度评价，评估建议新机场飞行区等级为4D级。全年完成连云港机场跑道南防吹坪硬化改造、机坪2号位道面改造、滑行道嵌缝料更换等不停航施工。（陈　杨）

【航道建设】 2016年，全市航道总里程1113.68千米，其中三级航道117.87千米、四级航道93.45千米、五级航道90.95千米、六级航道64.24千米、七级航道135.34千米、等外航道611.83千米。全市有通航船闸5座，水上服务区1座。8月，灌南县政府、市水利局、市交通运输局签订《灌河航道放水冲淤保通航调度方案》，灌河西段航道整治工程初步设计完成施工招标。开展灌河航道放水冲淤保通航工作，全年放水78次，泄水量9.7亿立方米，泄水历时757小时，基本保持冲淤平衡。投入船闸运行维护经费382万元，完成5项中修工程，船闸通航保证率100%。投入航道日常维护经费1071万元、航道日常维护完成率93%，干线航道通航保证率99.5%以上，航标正常率100%。（房子涵）

市区道路建设

【概况】 2016年，海滨大道全线通车，华联广场交通改造基本完成，西盐河河滨路、紫金公馆北侧道路、凤凰名都东侧道路、解放路小学南校区西侧道路、玉女路、银杏路、金辉路、文苑路、纬一路、建设中路10条“断头路”及城市支路完善实现竣工。大庆西路跨西盐河桥、青年东路跨龙尾河桥、建设西路新村段等路网完善工程进入勘察测量、方案设计阶段。完善海连路、郁洲路、苍梧路等道路照明设施，路灯设施完好率保持在95%以上，亮灯率保持在99%以上。2016年，市城乡建设局、城建控股集团投资3000万元，完成大庆东路、幸福南路、龙河北路（万润段）、新孔路南段、新孔路北段、南极北路、科苑南路、巨龙路南段、建设东路、玉带新村东侧规划路、建设中路大中修工程。巨龙路、绿园路、解放东路、蔷薇河西路、人民东路、华联周边交通改善工程进入收尾阶段。（徐云蕾）

【城市公共交通】 常规公交。2016年，市区公交有3家经营主体，公交运营车辆1088辆，其中燃油车280辆、燃气车381辆、纯电动公交车427辆，折合总标台数为1343.1标台，每万人拥有公交车辆标台数为16.18标台，公交从业人员1661人，发放公交IC卡48万张。拥有公共交通出行分担率为23.12%。开通公交线路78条，线网长度415千米，线路运营总里程1689千米，公交线网密度2.76千米/平方千米，建成区公交站点500米覆盖率98%。市区新辟优化调整公交线路25条，开通赣榆区至海州区公交线路，市区新增公交运营里程97千米。新购427辆纯电动公交车，新能源和清洁能源公交车比例达80%。全市实现江苏“交通一卡通”全覆盖，掌上公交实时数据与“畅行江苏”APP实现对接。开通灌云龙苴、赣榆青口、东海青湖等9个乡镇村公交，全市镇村公交开通率60%。

连云区海棠北路　　张言华　摄

快速公交。全市城市快速公交线路运营总长237千米,承担全市40%的公交客运量,在线运营车辆188辆,日发班次1578班,日运行里程4.4万千米,日均客流10万人次,日最高客流达到15万人次。一号主线在线运营车辆108辆,日发班次723班,日运行里程2.37万千米,日均客流5万人次。

旅游公交。市区有20条公交线路途径或始发景区,旅游公交占比27%,全年投放空调公交车271辆,日均发送旅客9万余人。市区AAAA级景区至少有2条公交线路通达,花果山景区有B11、游1等5条公交线路通达,平均发车间隔10分钟。连岛景区有游3路、游6路2条公交线路通达,平均发车间隔9分钟。渔湾景区有游6路、游8路2条公交线路通达,平均发车间隔16分钟。市区AAA以上景区实现公交线路串联,AA级以上景区实现公交全覆盖,火车站、汽车站等重要交通枢纽实现公交直达主要景区。

出租汽车。市区出租有5家经营主体,出租运营车辆1611辆,其中汽油车568辆、双燃料车1043辆。出租从业人员2864人,其中驾驶员人数2772人。载客车次总数2294.6万车次,客运量5810万人次,运营总里程18709.5万千米。全年新建改建市区6个客流集散站点及100个出租汽车即上即下点,更新出租汽车252辆。（房子涵）

公共自行车租赁。2016年,公共自行车项目二期开工建设,在海州古城区、东部城区公交转乘点、居民小区、商场、旅游点等区域建设服务站点65个,投入车辆2000辆。截至年底,全市有建设服务网点218个,服务亭18个,安装锁止器6735套,投入公共自行车4800辆,覆盖海州主城区、连云区50余条主次干道,服务面积200平方千米。（甄艳军）

公用事业

【城市供水】 2016年,蔷薇湖输水泵站调试运行。海州水厂深度处理工程3月份开工建设,年内完成沉淀池、臭氧池、污泥池等构筑物主体工程施工,部分设备进场安装,完成投资7000万元。全年完成市区老旧住宅自来水一户一表改造4000户,接收二次供水泵房40座,全市新建区域供水管网138千米。灌南县5座建制镇污水处理厂完成土建主体工程建设。城市供水普及率100%,城市供水水质综合合格率98%。

2016年,连云港市城市供水普及率100%,城市供水水质综合合格率98%。图为海州第三水厂。 蒋蒙 摄

【城市供气】 2016年,全市天然气供气总量2.3亿立方米,用气户数41.8万户,其中天然气居民用户数41.66万户,用气人口108.51万人,年度新增燃气用户1.08万户,燃气气化率99.98%。新建燃气管网35千米。全年开展燃气行业安全检查80余次,发现安全隐患231处,下发整改通知书34份。

【城市供暖】 2016年,市城乡建设局协调推进海州西部城区供热市场整合事项,港城公用投资有限公司承担原田申热电公司供热范围供热任务。全年主城区供应88万吨蒸汽,其中民用以及商业用户30万吨。

【供电】 2016年,全市全社会用电量166.15亿千瓦时,比2015年下降0.32%,其中工业用电量110亿千瓦时,下降5.64%。全社会用电量按产业类型分,第一产业6.12亿千瓦时、第二产业111.84亿千瓦时、第三产业20.03亿千瓦时;按区县全社会用电量来分,赣榆区34.93亿千瓦时、灌南县31.48亿千瓦时、东海县23.22亿千瓦时、灌云县12.83亿千瓦时。调度最高负荷321万千瓦,增长2.6%。城市供电可靠率99.97%,综合电压合格率100%。农村供电可靠率99.88%,综合电压合格率99.9%。

电网建设。2016年,连云港电网建设投资33亿元,投产10千伏及以上线路1059.7千米、变电容量298.6万千伏安。投运500千伏徐圩变等输变电工程11个,形成三大500千伏变电站为核心的220千伏独立分区电网,供电能力达到424万千瓦,持续保持60万千瓦以上裕度。完成3173项配网工程和10764项农网工程,配网关键指标居国内领先水平。建成7个美丽乡村供电示范区,全市新农村电气化镇、村建设实现全覆盖。城市、农村居民户均配变容量分别提升至5.12千伏安/户、3.91千伏安/户。

供电服务。2016年,市供电公司跟踪全市164项重大项目。推进企业客户用电"一证受理",高压接电周期缩短36%,万达广场、海州高级中学等34个项目投运送电。落实电价调整政策,减少企业客户电费支出1.81亿元。全年接入清洁发电容量59.07万千瓦,发电量增长51.23%。完成"电能替代"项目398个,减排二氧化碳34万吨、二氧化硫3168吨。建成全省首个智能海岛微电网。市政府出台《连云港市"无煤区"建设工作方案》,逐步实现全市无燃煤。建成23座电动汽车充电站、充电桩164台。（杨龙威）

【城市污水处理】 2016年，墟沟、大浦、城南、恒隆4座城市污水处理厂平均负荷率92%，全年处理污水8200万吨，COD（化学需氧量）削减量11万吨，城市污水处理率92%。新建城区污水管道20千米，大浦、墟沟污水处理厂提标改造快速实施。全年整治生活污水排口105个，完成黑臭水体排查并实施综合治理。

【市政设施养护】 2016年，全市实施人行道畅通工程，安装车挡近1.2万根。市区主要路口更换铸铁车挡1400根。学校、医院、商场等人流量较大路段，安装绿化隔离护栏1.7万米。对市区主次干道上27座桥梁进行检测，完成桥梁信息系统后期数据录入。完成沙板桥泵站工程机械格栅安装、水泵维修及泵房内部改造。全年对24条主次干道红线、内外破损铺装进行兜底维修，同时对岔路口破损路面重新摊铺沥青，完成沥青路面1.47万平方米，混凝土路面1.11万平方米，人行道3.2万平方米，路牙石4330米，井盖维修8938座，护栏维修2337米，车挡喷漆3500根。全年清掏城区主次干道雨水井7000余座，疏通管道130余千米，增设雨水篦260套，处理市区积水路段26处。（徐云蕾）

园林绿化

【概况】 2016年，连云港市区实施园林绿化项目90项，新增绿地300公顷，投资7.2亿元，建成区绿地率37.6%，绿化覆盖率40.2%，人均公园绿地面积14.4平方米。

【公园绿地建设】 全市公园绿地专项梳理规划纳入城市总体规划。2016年，按照"300米见绿、500米见园、大中小公园合理级配、综合功能完备"布局原则，扩建月牙岛湿地公园，新建创智绿园、新丝路公园，修复郁洲公园景观。月牙岛湿地公园完成园内基础设施配套及绿化建设，新增绿地36公顷，完成投资2400万元。创智绿园完成景观湖开挖和场地平整、排盐基础工程以及绿化土方回填，进行绿化苗木栽植、景观土建施工，完成投资7500万元，新增绿化面积12万平方米。新丝路公园景观桥、停车场、炫舞广场等加快建设，完成投资3130万元。郁洲公园完成主园路两侧卵石沟工程、蜀桧绿篱栽植等工作。

【街头游园建设】 2016年，全市加快老城区"建景增绿"步伐，推进"点"状绿地增量扩容，构建小、多、匀、精为特色的街头游园体系，全市完成游园建设项目13个，新建樱花南园、北园、庙岭游园、三角游园、陶庵游园、东风路游园，改建老城区百花园、锦园、颐和园、和煦园等，总规模8.7公顷，投资3000万元，逐步构建级配合理、类型丰富、功能完善公园绿地体系。

【道路景观带建设】 2016年，全市实施城区花卉"添彩"工程，在郁海广场、华联广场、朝阳东路等重要节点成片栽植大花月季1.1万平方米；瀛洲路、海连路、幸福路、科苑路等重要主干道交叉口布置花境4000平方米；苍梧路、绿园路、学院路、科苑路机非分隔带路灯杆、交通标志牌砼基础上为国庆节摆放菊花3.5万多盆；朝阳东路侧分带增植紫薇364株。全年完成共港路、中山西路、临洪大道、204国道、银珠路等29条道路绿化，东盐河慢行系统完成验收，玉带河景观生态廊道启动实施。

【小区绿化】 2016年，全市完成科技馆、市人才公寓、眼科医院、云湖邻里中心、四季花城等绿化34项，新增绿地面积66.7公顷，完成投资1.61亿元。

【绿化养护】 2016年，市城乡建设部门对全市行道树和色块进行补植，完成全市行道树补植536株，色块地被1万平方米，总投资100余万元。对主城区部分道路进行提升改造，东盐河河滨绿地，西盐河河滨绿地，巨龙路进行提升改造，栽植东方杉、白玉兰、樱花等乔木及花灌木592株，铺植草坪及地被4.07万平方米，投资109万元。在朝阳路、科苑路、苍梧路等主要道路节点增加绿化面积6000平方米，立体绿化2400平方米，投资150万元。在朝阳东路栽植胸径5厘米以上紫薇168株，投资12.6万元。对巨龙路与朝阳路交叉口、凌州广场广告前、苍梧路与科苑路交叉口、人民路振兴装饰城门前、博威江南西围墙边、御景龙湾西围墙边等养护红线范围外边角地块6000平方米进行整理美化，投资80万元。投资500多万元，更换东盐河路、朝阳东路、苍梧路、海宁路等受冻严重的行道树1814株。对240万平方米主次干道及游园1万余处黄土露天的地方进行补植。完成南极路、解放路、朝阳中路、建设路3000株法桐修剪。（徐云蕾）

2016年，连云港市区建成区绿地率37.6%，绿化覆盖率40.2%，人均公园绿地面积14.4平方米。 王健民 摄

建筑施工

【概况】 2016年，连云港市有建筑企业686家，其中一级企业37家。江苏华特建筑装饰股份有限公司在江苏股权交易中心挂牌，是全市首家上市的建筑装饰企业。万象集团、万年达集团列为省晋升特级重点扶持对象。全市完成建筑业总产值648.73亿元，建筑业增加值186亿元，建筑业外出产值364亿元。

【勘察设计】 2016年，全市有勘察设计单位45家。全年完成3家设计单位资质初审，14家一体化资质企业换证，2家乙级资质延续以及14项勘察设计单位变更法人、办公地址、注册资金；完成勘察设计合同备案项目432项；组织评选优秀勘察设计奖60项。中蓝连海设计研究院获江苏省"紫金奖"评选职业组二等奖，连云港市建筑设计院、华新规划院、世博工程勘察院获职业组三等奖。加强全市住宅供水保温设计，出台加强民用住宅供水保温设计文件。

【工程建设管理】 2016年，全市报监工程224项，面积180.22万平方米。其中，住宅工程174个、面积141.25万平方米；公共建筑50个、面积38.97万平方米；厂房工程18个、面积5.91万平方米；市政工程5个，造价6.25亿元。全年在建单位工程579个，面积988.04万平方米。其中，住宅451个、面积734.23万平方米；公共建筑128个，面积247.39万平方米；厂房18个、面积6.42万平方米；市政公用工程13个，总造价11.75亿元。竣工工程109个，面积163.97万平方米。评出2015年度玉女峰杯优质工程58个，省级扬子杯优质工程6个，市级优质结构工程85个。农电培训中心工程、七一六研究所军品大楼工程获国家优质工程奖。全年对49个工程开展施工现场安全生产评价，对316台起重机械进行产权登记，对452台起重机械进行登记挂牌。（徐云蕾）

城市建设投资与融资

【概况】 2016年，市城建控股集团承担项目6类83项，其中新建项目42项、续建项目41项。83个项目中列入市发改委、政府工作报告、48件民生实事及城建计划的重点项目有43项。全年完成投资110亿元。其中，市政道路桥梁类23项，完成投资24.05亿元；保障性住房、安置房及商业地产开发类14项，完成投资28.12亿元；公共建筑类19项，完成投资37.41亿元；公用事业类6项，完成投资1.72亿元；园林绿化类4项，完成投资0.63亿元；旧城改造类17项，完成投资18.4亿元。到年底，市城建控股集团融资余额424亿元，融资成本6%。（甄艳军）

城市管理

【概况】 2016年，连云港市开展城市环境综合整治，完成城郊接合部、城中村、棚户区、老旧小区、背街小巷、城市河道、低洼易淹易涝片区等整治项目1834项，其中完成市区整治995项，群众满意度达95%以上。开展以"清洁环境、美化市容"为内容的专项整治行动，对露天烧烤、景区环境、东部城区散杂货堆场以及校园周边和背街小巷实施专项整治，对马路市场、占道经营、沿街乱搭乱建、随意堆放和卫生死角进行清理。建成区内主次干道和背街小巷基本消除占道经营和店外经营现象，马路市场全部取缔。落实市容环卫责任制，市区沿街单位市容环卫责任制签约率100%。全年规范亭棚207处，对274个废品收购站进行综合治理，建成投入使用15个疏导点。

2016年，全市投资9200万元的刘湾垃圾填埋场建成并使用。投资7900万元建设餐厨废弃物收运处理项目完成主体工程。全年购置道路机械化作业车辆51辆，新建、维修、提档升级、旱厕改造公厕793座，新建、维修垃圾转运站16座，拆除敞口垃圾池589个，设置垃圾桶5423只，增设果皮箱4052只。购置压缩车13辆，垃圾运输车22辆，农村垃圾清运车32辆。

【环境卫生管理】 2016年，连云港市健全道路积尘防治机制，加强道路清扫保洁。推行道路夜间全面积"扫冲洗"一体化作业，道路机械化清扫率100%。做好晨兴垃圾焚烧厂运行监管工作，各项污染物排放指标均达标。加强公厕、垃圾中转站等环卫设施的保洁管理，公厕实行定人定责专人管理。县区城乡垃圾收运体系基本建成，市区、县城区、乡镇所在地垃圾无害化处理率100%，农村垃圾无害化处理率80%。城区生活垃圾日产日清，全年市区处理生活垃圾46万吨。

2016年，全市完成9家建筑垃圾运输企业资质认证和市区249台运输车辆密闭智能化改装，建筑垃圾运输车辆公司化、密闭化、智能化改造率100%。成立连云港市渣土运输

2016年，连云港市加快城市建设进程。图为建设中的利群商业广场。 刘聪 摄

2016年，连云港市完善道路积尘防治机制，加强道路清扫保洁，实现道路全幅冲洗。图为洗扫试点。 市城管局 供

协会，吸收9家团体单位和51名个人加入行业协会，制定行业规范和行业自律公约，配合职能部门共同规范渣土处置行为。全年淘汰非标车149台，更新换代新型渣土运输车辆32台。通过联合执法、联合审批验收、车辆运输通行准运联合核发等手段，查处车辆运输违法行为，控制渣土清运环境污染。

【城市景观改造】 2016年，连云港市对城市景观进行提档改造，拆除道路违章搭建1230余处3.13万平方米，对22家工地围墙刷新改造，完成围墙刷新2.52万平方米，新建围墙898米，改造围墙1.56万米，设置围挡750米，清理乱堆放4450余处。解放东路两侧景观改造出新进行排查，共排查楼体刷新、空调外机加罩、管线整治、店招店牌提档、户外广告整治等楼体外立面综合整治出新105项、道路红线内违章搭建拆除15项31处、占道经营5项、占道堆放12项，市城管部门对道路出新建设方案进行邀标，提交专家组审定设计方案，由海州区政府组织实施。

【户外广告管理】 2016年，连云港市加强店招店牌与户外广告管理，拆除违规设置及有碍观瞻、影响城市容貌的户外广告设施(店招)。加大对店招店牌提档改造力度，鼓励使用亚克力、烤漆、烤瓷、铝塑板等新材料制作店招店牌，取消主干道两侧商业店铺喷绘布店招店牌，并逐步向背街小巷延伸，扩大店招店牌提档改造面。做好艺形店招店牌的试点及主干道两侧店招店牌的美化亮化工作。对楼顶平板式广告牌进行提档改造，鼓励设置三面翻等设计新颖、材料精良，体现城市发展的新型广告设施。逐步取消市区主要道路及重要节点灯杆灯箱广告设施，增强城市道路空间透明度。2016年，全市提档改造、拆除破损、违规店招店牌2309块，清理整治广告牌419块。

【城管行政执法】 2016年，连云港市完成城市管理"十三五"规划并通过专家评审。全年受理、答复行政复议案件11件，应诉行政诉讼案件11件。办理一般程序行政处罚案件1385件，简易程序行政处罚案件2810件。推进疑难复杂信访问题化解，接待信访群众330批次762人，分流、办理信访事项72件，调查处理市领导批办件、转办件等31件，按期回复率、办理率均100%，解决群众反映的热点难点问题，无进京到省信访事项，无重大信访事件。办理审批店字招牌、广告牌等承诺件770件、即办件335件，所有审批件均通过市政务服务办件大厅办理，按期办结率100%。城管"110"二级服务平台坚持24小时值班，受理处置案件29670件，结案率99.90%。全年办理人大建议、政协委员提案70件，20件主办件办理满意率、50件协办件按期回复率全部100%。

违法建设查处。2016年，全市开展存量违法建设摸底排查建档，高压控制违建。市城管局组织开展拆除违法建设活动，不间断对全市违法建设进行大规模拆除，违法建设多发、频发趋势得到有效遏制。建立在建违建快速处置机制，印发《连云港市违法建设治理工作实施方案》，出台《连云港市建立在建违法建设快速处置机制的意见》。调整市区控制和查处违法建设委员会，成立由市长任主任的连云港市控制和查处违法建设委员会。全年市区拆除违法建设31.5万平方米。 (王善山)

【数字化城市管理】 2016年，市数字化城市管理监督指挥中心一级平台受理案件26.73万件，其中市一级平台直接答复办结5.95万件、立案派遣到二级成员单位处置20.78万件。案件结案率、按期结案率分别为98.81%、91.08%。创建"创卫"建议与投诉"12345"平台，受理"创卫"类问题21.01万件，结案率98.62%。建立市"12345"政府热线与数字城管工作联席会议制度。完善平台系统功能70余项，优化网站、微信、微博等平台受理渠道。建成城市管理智能监控平台，提升城市管理可视化、智能化水平。

案件处置。2016年，市数字化城市管理监督指挥中心对于因城市快速发展形成的职责不明、部件归属不清等疑难案件及部分推诿扯皮案件，采取现场核实、电话咨询、上门协调、召开专家会议、形成情况专报等多种方式，及时界定权属，合理协调督办，推进问题解决。协调疑难问题3573件，对二、三级网络成员单位上门指导服务50余次，召开协调会议20余次，现场核实案件1839件。

信息采集。2016年，市数字化城市管理监督指挥中心加强信息采集监督员巡查采集力度，80名信息采集监督员在市区巡查，市政管理问题的发现率达90%以上。信息采集监督员上报各类问题11.54万件，其中街面秩序类问题占比33.54%。信息采集监督员核查问题11.3万件，核实热线举报投诉问题2.08万件。

(马 丹)

责任编辑 徐 敏

新农村建设

综 述

【概况】 2016年，连云港市推进脱贫致富奔小康工程和农村综合改革，市政府启动实施美丽乡村示范片区建设，新型农业经营主体加快培育。1385个行政村启动土地确权登记颁证工作。全市有农民专业合作社5767家，成员103.85万人。完善城乡一体化规划编制，对东海县羽泉—海陵湖、灌云县伊山、灌南县硕项湖、赣榆区海州湾—抗日山、海州区古盐河、连云区山海连云6个美丽乡村示范片区进行规划，出台《连云港市美丽乡村示范片区统筹规划》。农民人均可支配收入1.39万元，10.78万低收入人口高标准脱贫、35个经济薄弱村达到有群众拥护的"双强"（政治素质强、科学发展能力强）班子、有科学合理的发展规划、有高产高效的农业设施、有特色鲜明的主导产业、有持续稳定的集体收入、有先进适用的信息网络、有健康向上的文明新风、有村容整洁的居住环境的省新"八有"标准。 （封其佟）

【镇村规划】 2016年，全市编制完成《连云港市优化镇村布局规划》，市规划局审查《锦屏镇李圩村村庄规划》《新坝镇墙匡村村庄规划》《新坝镇大井村村庄规划》3个连盐铁路安置点村庄规划，通过专家论证、规委会审议。 （王利民）

2016年，连云港市加快农村产权制度改革，县区级产权交易所建成面积830平方米。图为灌云县农村产权交易所。 市委农工办 供

农村综合改革

【农村土地经营制度改革】 2016年，东海县、灌云县、海州区、连云区完成土地确权登记，进入经营权证书颁证阶段。灌南县、赣榆区启动确权登记颁证工作。1385个行政村启动土地确权登记颁证工作，占应开展村数的99.07%。1360个村完成权属调查，1310个村完成数据入库，1092个村完成颁证。

【农村产权制度改革】 2016年，连云港市提升县级产权交易市场，东海县产权交易所被评为省先进单位。推进乡镇产权交易市场标准化建设，市政府出台《关于开展乡镇农村产权交易中心标准化建设的指导意见》。全市5个县、区级产权交易所建成面积830平方米，专职从业人员20人，投入524万元，建成标准化乡镇级农村产权交易中心59家。全年县、乡两级产权交易额4.23亿元。

【农村社区股份合作制改革】 2016年，连云港市确定20个村开展农村社区股份合作制改革试点。市委农工办举办试点工作培训班，试点县区人员到南京江宁区秣陵街道太平社区、苏州常熟市虞山镇勤川村参观学习。全年有16个村完成挂牌。

【农村金融制度改革】 2016年，连云港市深化投融资改革，推进东海县农

村土地承包经营权抵押贷款试点工作，全年发放抵押贷款222笔6821万元。开展房屋、林地、水面、农村土地承包经营权交易鉴证书等农村综合产权抵押贷款，缓解农民贷款难题。规范农民资金互助合作组织建设，全市有农民资金互助社25家，入社成员3.38万人，股金余额4.18亿元，放款余额3.24亿元。 （封其佟）

镇村建设

【概况】 2016年，连云港市推进镇、村综合治理提升和长效管护。连云区连岛街道西连岛村西连岛等11个美丽乡村示范项目完成建设，海州区浦南镇龙浦村大官庄等8个村庄获批省级康居村庄，连云区宿城街道大竹园村大竹园、赣榆区金山镇徐福村后徐福获批省级传统村落项目。全年新建区域供水管网138千米，新建污水管道20千米，开工建设建制镇污水处理厂6座。改造农村危旧房1065户，完成渔民上岸安居工程327户。 （徐云蕾）

【农民合作组织】 2016年，全市新增农民专业合作社258家，总数5767家；新增合作社成员1万人，总数103.85万人。1126家合作社进入政府优先扶持的农民专业合作社名录，占比19.52%，其中专业合作社1098家、农地股份合作社26家、其他类型合作社2家。全年认定、命名市级以上示范社102家，其中国家级示范社5家、省级示范社35家、市级示范社62家。开展A级农民合作社创建活动，新增AAA级合作社126家，总数400家。57家合作社获省财政扶持资金1262万元。

【家庭农场】 2016年，全市新增家庭农场416家，总数1649家。按照有主体经营资格、有配套经营设施、有适度经营规模、有规范经营制度、有先进经营模式、有明显经营效益的"六有"标准评比产生2016年度市级示范家庭农场30家，评选上报省级示范家庭农场22个。市委农工办、市农委联合举办家庭农场主培训班，培训家庭农场主300余人。

2016年连云港市经济发展20强镇（街道）、20强村（社区）一览表

表55

序号	20强镇（街道）	20强村（社区）
1	赣榆区青口镇	东海县牛山街道茅墩村
2	赣榆区柘汪镇	连云区板桥街道张跳村
3	东海县牛山街道	赣榆区青口镇下口村
4	赣榆区海头镇	连云区宿城街道夏庄社区
5	灌云县燕尾港镇	赣榆区宋庄镇沙口村
6	灌云县侍庄街道	连云区云山街道老君堂村
7	灌南县新安镇	连云区海州湾街道西墅村
8	海州区浦南镇	东海县牛山街道东蔡村
9	赣榆区墩尚镇	赣榆区宋庄镇四新村
10	海州区花果山街道	连云区云山街道平山社区
11	东海县安峰镇	赣榆区海头镇海后村
12	赣榆区宋庄镇	赣榆区柘汪镇西林子村
13	东海县房山镇	赣榆区海头镇匡口村
14	东海县桃林镇	连云区云山街道李庄村
15	赣榆区金山镇	赣榆区青口镇杨圪村
16	海州区板浦镇	赣榆区墩尚镇罗阳村
17	赣榆区班庄镇	连云区中云街道东巷村
18	海州区宁海街道	赣榆区石桥镇九里村
19	连云区猴嘴街道	赣榆区石桥镇石桥村
20	东海县平明镇	海州区浦南镇太平村

2016年，连云港市开展村级公共服务运行维护示范片区创建活动。图为赣榆区柘汪镇西棘荡村公开栏。 徐敏 摄

【村级集体经济】 2016年，全市加快发展村集体经济建设，推进有持续稳定的集体收入、有功能齐全的活动阵地、有先进适用的信息网络、有群众拥护的双强带头人、强化村党组织领导责任的村级"四有一责"建设活动，开展村级集体经济发展20强竞赛，村级集体经济稳步发展，实现经营性收入6.7亿元，村均45万元。东海县被财政部确定为发展村级集体经济试点县，全年争取30个村3200万元奖补资金。

【农村公共服务】 2016年，全市争取省级“一事一议”财政奖补资金1.05亿元，兴办村内公益性事业项目650个，惠及58个乡镇、523个行政村，直接受益农民133.27万人。开展村级公共服务运行维护示范片区创建活动，全市创建25个示范片区。

【农民负担监督】 2016年，全市印发农民负担监督卡96万份。举办村级党组织书记政策法规培训班。接待办理信访事项21起，办理信访复核事项14起。

【人才兴农】 2016年，市委农工办开展农业专业技术职称评定工作，调整更新专家库，全市申报中级职称85人，终审通过57人。百名中、高级农业专业技术人员开展农技咨询、农村政策与法规普及、新农村建设宣传教育等科技服务新农村活动，服务农民5.2万余人次。全年新增第十二届全国农业技术推广研究员1人、农业技术系列研究员8人、副高职称40人、中级职称57人。

【村级公共服务设施运行维护】 2016年，市委农工办、市财政局、农村综合改革领导小组办公室联合下发《关于创建村级公共服务运行维护示范片区的实施意见》。突出农村环境和公共服务设施的运行维护，明确管护质量标准，建立完善管护队伍，健全督查监管机制，同步推进重点项目建设和村级集体经济发展，初步建立起政府主导、村居主体、村民参与、社会支持的村级公共服务运行维护机制。开展县区村庄环境长效管护机制建设专题调查，市委农工办、市城乡建设局召开全市村庄生活污水处理会议。落实村庄公共事业运行维护工作经费，以县区为单位的村庄环境“六位一体”长效保洁管护工作机制基本建立。

【美丽乡村建设】 2016年，全市精选综合基础较好的28个乡镇、93个村开展美丽乡村示范片区创建活动，汇总149个重点发展项目，完成美丽乡村示范片区规划编制。全年建设重点项目143个，投资9.02亿元。东海县平明镇周徐村、连云区高公岛街道柳河村、开发区朝阳街道韩李村等11个村获批2016年度省美丽乡村建设示范项目，实施农户4435户，获省财政奖补资金3260万元。 （封其佟）

2016年，连云港市开展美丽乡村示范片区创建活动，全年建设重点项目143个，投资9.02亿元。图为赣榆区宋口村。 朱代桂 摄

扶贫开发

【概况】 2016年，连云港市10.78万低收入人口高标准脱贫、35个经济薄弱村达到省新“八有”标准。市政府出台《关于实施脱贫致富奔小康工程意见》《连云港市县（区）党委和政府扶贫开发工作成效考核办法》，召开全市扶贫开发工作会议和全市扶贫开发工作现场推进会。加大扶贫小额贷款投放，全年发放扶贫小额贷款3.04亿元，受益农户1.99万户。开展全国扶贫日宣传活动，印发《帮扶手册》13.6万册。试行“扶贫大病特惠保”，减少特困农户大病医疗支出。

【行业扶贫】 2016年，连云港市加大对农村低保、教育、卫生和保险政策的支持力度，完善农村教育扶贫助学政策落实，发放大学生助学贷款1.6亿元，捐赠助学资金200万元，资助中小学生3000多人。全年纳入低保1676人，组织市县乡三级医疗单位和医疗人员到经济薄弱村开展百村义诊送药活动，义诊群众1.74万人次，送药价值110.26万元。

【片区开发】 2016年，连云港市片区开发以石梁河库区和沂河淌两岸为重点，完成石梁河片区和沂河淌片区“十三五”扶贫开发规划。全年启动实施扶贫开发项目195个，总投资14.05亿元。争取省财政资金1.1亿元，投入石梁河片区节点工程——东海县羽陈公路和赣榆区岗岭山区节水灌溉项目。召开石梁河片区、灌云县、灌南县帮扶联席会议和扶贫开发现场推进会，派驻片区帮扶督察员。

【挂钩帮扶】 2016年，市委办下发《2016—2017年度市领导挂钩帮扶经济薄弱村方案》，明确市县四套班子成员每人结对联系1个省定经济薄弱村，确保每个经济薄弱村都有领导结对帮扶。全年市级帮扶后方单位落实帮扶资金5173.94万元。

（封其佟）

责任编辑 徐 敏

水　　利

综述

【概况】 2016年，连云港市水利建设完成投资22亿元，其中重点水利工程完成投资约10亿元，农村水利建设完成投资约8.17亿元。主要实施蔷薇河治理、灌北干渠拓浚、东门五图河治理、灌河治理、沭南沭北闸拆建、猴嘴闸迁建、排淡河治理、小农水重点县、农村饮水安全、灌区节水改造、农村河道疏浚等工程。

【水利改革】 2016年，连云港市开展小型农田水利工程管理体制改革。到年底，全市7.07万处小型水利工程均明晰工程产权并落实管护主体，印发产权证书1.39万本。东海县完成全部45座小型水库管理改革工作。赣榆区完成70座小型水库管理改革工作。海州区完成6座小型水库管理改革工作。开展水利投融资机制改革，市水利局与中国银行连云港市分行签订授信30亿元的战略合作框架协议。农业发展银行连云港分行至2016年底累计完成水利项目融资审批42亿元。农业综合水价改革方案制订完成，开展试点工作。

【水利科技】 2016年，市水利系统3个项目获省级水利科技项目立项，分别是基于多信息源的水库实时安全调度技术应用推广、蔷薇河截水沟续建完善及尾水导流方案研究、清洁小流域内采矿宕口边坡治理技术研究与应用，争取省级财政专项经费80万元。“龙梁河流域梯级水库群防洪调度预案研究”“连云港市洪水资源利用风险管理技术与应用”“连云港市河道及闸站监测与智能调度系统的研发”“连云港市水文化现状及建设路径研究”4个课题完成研究，并上报江苏省水利厅验收。洪水资源利用的水库分期汛限水位控制研究、浅谈赣榆区水资源保障体系建设分别获得第三届连云港市自然科学优秀学术成果奖二等奖、三等奖。10月，市水利局学会主编的《连云港市水利建设与管理论文集》由河海大学出版社正式出版。

【水政执法】 2016年，全市水政监察部门出动执法人员3万余人次，现场制止查处违法行为581起，立案查处36起，清除违章建筑1.57万平方米、铲除违章种植428公顷，清理违章圈圩15处，清理渔网、渔罾110处，征缴各项规费3778.4万元。市水利局、市人力资源和社会保障局、各县区总工会联合举办连云港市水行政执法技能竞赛，各县区水利（务）局、直属单位参加。在江苏省水行政执法技能竞赛中，市水政支队获团体一等奖。市水政支队年内组织临洪河口湿地大型清障行动、新沭河网簖专项清理行动、东盐河河堤违章种植专项清理行动等大型执法清障行动。推进石梁河库区综合整治，压缩水库采砂期，加强水库砂场船舶管理和安全管理。　　（李　军）

2016年，连云港市投资22亿元，实施水利工程建设。图为连云港沭南闸施工现场。
张月军　摄

农村水利

【概况】2016年，连云港市完成农村水利建设投资8.17亿元，实施农村河道疏浚、大中型灌区节水改造、小型农田水利重点县、中小河流重点县、农村饮水安全、农桥改造、水土保持、水利绿化等重点农村水利建设工程。全市完成农村水利建设土方工程量6323万立方米，配套小型建筑物1.48万座，疏浚县级河道11条119千米670万立方米，乡级河道77条490千米1013万立方米，村庄河塘1741条(面)891万立方米，新建农桥484座，新建、改造泵站164座，护砌渠道629.85千米、铺设低压管道136.85千米；治理水土流失面积31.3平方千米，新增有效灌溉面积5666.67公顷，新增旱涝保收田1.35万公顷，新增节水灌溉面积2.13万公顷，其中新增高效节水面积2740公顷。编制完成连云港市中型灌区"十三五"规划及连云港市水土保持规划(2016—2030)。创建水美乡镇2个、水美村庄15个。全市铺设镇村供水管道2402千米，完成投资1.47亿元，为农村饮水不安全人口24万人解决饮水问题。

【农村重点水利建设工程】农村河道疏浚工程。市水利部门完成疏浚整治县级河道11条119千米，工程量670万立方米；乡级河道77条490千米，工程量1013万立方米；整治村庄河塘265个，工程量891万立方米。完成投资1.43亿元。

大中型灌区续建配套与节水改造。市水利部门完成赣榆区石梁河灌区2015年节水改造项目，干渠防渗14.33千米，支渠防渗48.68千米，兴建渠系配套建筑物648座，完成投资6885万元。完成灌南县灌北灌区节水改造项目，新建、拆建大沟引水闸17座，拆建泵站31座1309千瓦，新建渡槽2座、路涵18座、渠桥70座，兴建混凝土防渗渠道6.65千米，疏浚引水河道2条土方工程量12.96万立方米，完成投资2247.13万元。开工建设2016年农业综合开发灌云县官沟河中型灌区节水配套改造项目，计划新建、拆建、迁建、改造泵站22座，配套量水设施6套，自动化控制系统3套，衬砌渠道36.67千米，兴建渠系配套建筑物488座，铺设机耕路3700米，工程计划总投资2175万元，年内完成投资600万元。

小型农田水利重点县项目。市水利部门完成建设2016年度小型农田水利重点县5个项目，完成投资1.5亿元，拆建、改造、新建灌溉泵站66座，衬砌渠道217.8千米，建设渠系配套建筑物7020座，疏浚中小沟98.53千米82.4万立方米，建设高效节水灌溉面积680.8公顷，安装量水设施37套。

农田水利维修养护项目。2016年，市水利部门完成2015年度及2016年度农田水利维修养护项目，累计完成投资3250万元，其中2015年度农田水利维修养护项目投资1250万元，2016年度农田水利维修养护项目投资2000万元。

小型农田水利奖励资金项目。市水利部门完成省下达连云港市2015年度小型农田水利重点县奖励资金项目投资992万元，新建、拆建、改造泵站10座，衬砌渠道15.64千米；建设渠系配套建筑物441座，新建低压管道灌溉89公顷，铺设机耕路2.73千米。

小型农田水利中央补助资金项目。市水利部门完成赣榆区小型农田水利中央补助资金项目，新建取水泵站3座，建设高效节水灌溉201.33公顷，完成投资513.72万元。

农村饮水安全工程。市水利部门完成省下达连云港市23.1万人的农村饮水安全建设任务，其中赣榆区5万人、东海县13.33万人、灌南县4.76万人，灌云县自筹资金解决燕尾港镇1.5万人的饮水安全问题。全市铺设镇村供水管道2402千米，解决农村饮水不安全人口24.6万人，完成投资1.47亿元。

农桥建设。市水利部门完成484座农桥改造项目，工程总投资6820万元。

水利绿化。市水利部门完成农村河道植树绿化893.33公顷52.3万株，完成投资611万元。

水土保持。市水利部门完成赣榆泊船山小流域综合治理工程，新修梯田50公顷、拦沙坝4座、塘坝7座、涵洞20座、跌水160座、生产桥2座、蓄水池1座、生产路1200米，营造水土保持林60公顷，发展经济林84公顷，治理水土流失面积15平方千米，完成投资600万元。（李 军）

灌云县东门五图河治理工程施工现场 市水利局 供

城市水利

【概况】2016年，连云港市加强河道长效管护。市水利部门组建河道保洁队伍，实行河道、岸坡常态保洁，每条河道每天保洁人员不少于3人，每天保洁在岗时间不低于10个小时。拆除西盐河15片排污口拦污网，清洗河道拦污网浮球500多珠，对龙尾河、西盐河等河道岸墙杂草、河边的倒伏树木、杂树和两岸攀爬至河道中的藤本枯草等进行全面清理修剪。投资196万元对新浦闸下游1000米至铁路桥约1200米的大浦河进行清淤，清淤土方、建筑垃圾2.3万立方米。投资30万元，组织2条清淤船

东盐河生态浮岛　　李军　摄

清理玉带河、西盐河等重点河道水草，清理水草浮萍、河底垃圾300余吨。1月20日，排淡河治理工程开工，完成征地拆迁、临时设施搭建、施工道路修筑、河道排水等。5月30日通过市发改委组织的工程投入使用验收，工程累计开挖土方34.99万立方米，填土2.1万立方米。投资500万元开展“清水进城”工程，烧香河、妇联河、驳盐河、开泰河等河道疏浚清淤工程加快推进，根除河底淤积、水生植物丛生等。市水利部门优化6闸联动水情调度方案，东盐河3天换一次水，西盐河2天换一次水，龙尾河每天换一次水，市区河道小流量不间断补充新鲜活水，最大限度减少排水交叉污染。全年调引蔷薇河水约1.3万亿立方米，确保市区河道生态景观用水需求。自2014年起在东盐河打造河道景观示范带，至2016年底累计投资80多万元，绿化东盐河重点地段2万平方米，栽植柳树760株、小叶女贞球、红叶石楠球220株，草坪7000平方米，河道绿化修补2000平方米；投资220万元，在东盐河建设生态浮岛77座，栽植水生植物和花卉苗木3500多平方米；筹资130万元，在东盐河增设4千米亲水平台的汉白玉护栏。　（李　军）

水利工程建设与管理

【重点水利工程建设】 2016年，连云港市完成重点水利工程建设21项，投资约10亿元。蔷薇河整治、灌北干渠拓浚、东门五图河治理、灌河治理、沭南沭北闸拆建、猴嘴闸迁建、排淡河治理等工程快速推进；引淮入石泵站、灌西保滩及护坡修复工程等项目全面完成。小潮河闸、沭南闸、沭北闸、猴嘴闸、大新闸等工程基本完成。开工实施灌河堤顶防汛道路、河险工段防护、海堤达标增补项目元宝港闸拆建、三洋港闸闸下港堤防护、马庄河挡潮闸、无名河挡潮闸等工程。完成政府验收36项，其中古泊善后河一期、二期治理，唐响河、义泽河、范河治理，界圩闸、石埝漫水闸、朱南闸、沙河子漫水闸拆建、徐圩新区海堤应急加固、徐圩新区海堤修复、新城闸、开泰闸、临洪西泵站更新改造工程14个项目通过竣工验收。

【小型水库示范库创建】 12月，东海县高埝水库、朱州水库、塔桥水库、赣榆区大庄一号、马旦头水库通过省级规范化小水库的考核；东海前贤水库、北涧水库、赣榆区“红领巾水库”、“三八”水库、连云区宿城水库、开发区朝阳水库通过省级规范化小水库的复核。新出险小水库除险加固工作加快推进，8月，东海县2座小水库、赣榆区5座小水库通过竣工验收。11月，云台山景区的虎窝、东磊水库通过竣工验收。

【河库及水利工程管理范围划定】 2016年，全市进行河道和水利工程管理范围划定。其中，市管河库工程划定管理范围界线长度420.6千米，现场埋设桩牌3873个。东海县、灌云县、灌南县、赣榆区、海州区、连云区及徐圩新区划定管理范围界线长度1233千米，现场埋设桩牌7069个。

【省级水管单位创建】 2016年，市水利部门做好省级水利工程管理单位创建及复核工作，12日8月，三洋港挡潮闸、通榆河善北套闸通过省一级水管单位的考评。8月，狮树套闸管理所、大浦抽水站管理所、八条路水库管理所、盐河南闸管理所通过省水利厅的水管单位复核。叮当河涵洞通过省三级水管单位考核，安峰山水库通过省三级水管单位考核。

（李　军）

赣榆县节水灌溉智能控制中心　　张月军　摄

水资源管理

【概况】 2016年，连云港市年降水量814.1毫米，径流深138.9毫米，属于平水偏枯年份。折合降水总量61.99亿立方米，比2015年偏大11.6%，比多年平均偏小9.3%。全市水资源总量16.32亿立方米，其中地表水资源量10.58亿立方米、地下水资源量5.74亿立方米。全市总用水量26.4亿立方米，其中农业用水20.83亿立方米，占生产用水量的85.8%。全市人均用水量588.9立方米，万元地区生产总值用水量（当年价，下同）111.1立方米，万元工业增加值用水量20.6立方米，农田灌溉亩均用水量412.1立方米，农田灌溉水有效利用系数0.59。全市11座大中型水库2016年末蓄水总量4.55亿立方米，比年初增加1.55亿立方米。其中，3座大型水库年末蓄水总量4.06亿立方米，比年初增加1.35亿立方米；8座中型水库年末蓄水总量0.5亿立方米，比年初增加0.21亿立方米。

全市在45条河流共设89个水质断面，控制河长1144.7千米。全年优于三类水的断面22个，占24.7%；控制河长360.5千米，占31.5%；在8座水库设水质监测断面，优于三类水的3座，占37.5%。全市86个水功能区，达标27个，达标率31.4%。全市监测饮用水源地5个，分别为小塔山水库赣榆城西水源地、沭新河东海水源地、沭新河连云港市水源地、叮当河灌云水源地和北六塘河灌南水源地，合格5个，合格率100%。

排淤河整治前后　　市水利局　供

【取用水管理】 2016年，市水利部门完成水资源管理市级考核，制定推进规划水资源论证的指导意见。3月，水利部批复同意《连云港石化产业基地规划水资源论证报告》。盛虹炼化一体化项目水资源论证获省级行政许可批复。东海县城北水厂一期工程、灌云县临港产业区燃煤热电联产、赣榆民生水务塔山水厂、东海县青松岭地热温泉等项目水资源论证报告通过省级审查。制定完成市级第一批重点监控用水单位名录。完成灌南县硕项湖水厂、田楼水厂取水许可验收，将2个水厂纳入信息系统监测站点。全年征收水资源费4788.15万元，比2015年增长42.7%。灌云县追缴凯发新泉（连云港）自来水公司、连云港胜海自来水公司的欠缴水资源费983万元。

【节水型社会建设】 2016年，市水利局、机关事务管理局联合召开全市节水型单位创建现场会，完成17家市级机关水平衡测试，市级机关实现创建节水单位全覆盖。全市首家节水教育基地——市师专三附小节水教育基地通过省级验收。市大村中心小学等4所学校完成省级节水型学校的创建申报。水利部门编制完成赣榆区、灌云县、灌南县节水型社会建设“十三五”规划。

【水资源保护】 市水利部门完成2015年度市级封井验收，并通过省水利厅抽验。2016年，实际封井31眼，完成市级验收。市区沭新渠、灌南北六塘河等7个饮用水源地通过省级达标建设验收。初步编制完成《连云港市水生态文明城市建设总体规划报告（2015—2030年）》。编制完成《连云港市水资源保护规划》。东海县省级水生态文明城市试点建设完成中期自评估。开展典型河湖健康评价，组织蔷薇河、大圣湖生态需水量、生物多样性研究。（李　军）

责任编辑　郭　云

生态建设与保护

环境质量

【空气质量】 2016年，连云港市总体环境质量状况良好，市区空气质量优良天数280天，市区环境空气质量优良率76.5%，比2015年提高5.3个百分点。空气质量超标天数86天，其中轻度污染66天、中度污染14天、重度污染6天。环境空气中细颗粒物（PM2.5）、可吸入颗粒物（PM10）、二氧化硫、二氧化氮年均浓度分别为46微克/立方米、87微克/立方米、25微克/立方米和30微克/立方米，一氧化碳日均值的第95百分位浓度为1.6毫克/立方米，臭氧8小时第90百分位浓度为158微克/标准立方米，均满足《环境空气质量标准》（GB3095-2012）相应标准限值要求。灌云县、东海县、赣榆区、灌南县城区空气质量达标率分别为82.1%、76.5%、74.5%、74.3%。各地区环境空气中的可吸入颗粒物（PM10）、细颗粒物（PM2.5）年平均浓度均超过环境空气质量二级标准，其他指标均符合空气质量二级标准要求。

2016年，全市总体环境质量状况良好，市区空气质量优良率76.5%。图为环境监测中心工作人员进行空气监测。 朱代桂 摄

【水环境质量】 2016年，全市饮用水源水质达标率100%。6个断面功能区达标率66.7%。其中，三类以上断面4个，占66.7%；劣五类断面1个，占16.7%。22个省考断面功能区达标率77.3%。其中，三类以上断面14个，占63.6%；劣五类断面3个，占13.6%。84个地表水监测断面中有50个达到地表水功能区划要求，水质达标率59.5%，其中三类及以上水质断面39个，优三类水质比例46.4%，劣五类水质比例23.8%。主要污染物为氨氮、总磷、化学需氧量。部分河流水质改善不明显，主要原因是城区部分污水管网和工业园区截污设施不完善、乡镇污水处理厂不稳定运行、生态补充水量不足、农业面源污染突出。15条入海河流中有7条河流达到功能区要求，达标率46.7%；近岸海域7个功能区有4个功能区达标，达标率57.1%；12个海水监测点中有5个点位满足相应水质类别要求，达标率41.7%，主要污染因子是无机氮、活性磷酸盐。塔山水库、安峰水库、石梁河水库水质指标年均值均满足三类及以上水质功能类别要求，石梁河水库处于轻度富营养化状态，其余2座水库均处于中营养化状态，主要营养元素为总磷，总体水质良好。市区、灌南县地下水各指标均满足（GB/T14848—93）《地下水水质标准》四类标准要求，东海县、灌云县均满足三类标准要求。

【海洋环境质量】 2016年，全市近岸海域7个功能区12个水质测点中，有4个功能区达标，达标率57.1%；有6个监测点达到一、二类海水要求，一、二类海水比例为50%，与2015年持平。主要污染因子是无机氮、活性磷酸盐。

【声环境质量】 2016年，全市城区区域环境噪声年均值均符合国家要求。其中，市区区域环境噪声年平均等效声级53分贝，与2015年持平；灌南县、灌云县、赣榆区、东海县分别为52.8分贝、56.5分贝、54.7分贝、56.3分贝。市区除个别一类区和4类区夜间平均等效声级出现超标外，其他功能区噪声基本满足《声环境质量标准》(GB3096—2008)相应要求；东海县、灌云县、灌南县、赣榆区各功能区噪声昼间、夜间平均等效声级年均值符合国家标准。全市城区交通噪声平均值符合国家标准昼间四类区标准。其中，市区20条主要道路的交通噪声年平均等效声级67.7分贝，比2015年上升0.7分贝；灌云县、东海县、灌南县、赣榆区城区交通噪声分别为61.8分贝、66.8分贝、64.7分贝、64.2分贝。

【电磁与辐射环境质量】 全市电离辐射源主要有医学、生产、科研和教学等领域使用的放射性同位素和射线装置。2016年，全市有使用放射性同位素工作单位24家，在用密封放射源总数348枚。20家单位使用二类射线装置，102家使用三类射线装置辐射工作单位，1家三类射线装置销售单位，全市持有辐射安全许可证单位152家。全市空气、水体、土壤、生物等辐射水平在本底范围内正常波动。 （孙 峰）

生态建设

【概况】 4月13日，市委、市政府召开全市生态文明建设大会，落实党政同责，组织实施生态文明建设八大工程和188项年度重点工程。下发《连云港市生态文明建设环境保护重点任务行动方案（2016—2017年）》。加快生态文明建设，东海县、赣榆区通过国家级生态区验收，海州区、连云区通过省级生态区技术评估，连云港经济技术开发区建成国家级生态工业示范区。49个行政村完成覆盖拉网式农村环境综合整治，完成畜禽养殖禁养区范围划定工作。10月，连云港市被环保部批准为全国第一个开展地级市战略环评试点的城市。优化和扩大生态红线区域，生态红线区域占土地面积的22.3%。在省内率先开展生态红线边界现场勘界测

通榆河生态区 朱代桂 摄

绘，启动生态红线地理信息系统建设工作。

【生态文明管理制度改革】 2016年，市委、市政府推进生态文明管理制度改革，出台“一企一档”环境管理制度、排污权交易制度、环保信用评级企业差别化污水处理收费政策和实施战略环评4项改革措施。在全市建立水环境质量区域补偿机制，利用经济手段促进水质改善。建立立体式资源环境保护体系，健全环境保护行政执法与司法联动机制，推动生态环境案件专业化审理，全市法院受理资源环境一审案件245起，审结175起。

【生态示范区创建】 2016年，东海县、赣榆区通过环保部组织的国家级生态县（区）考核验收，连云港经济技术开发区创成国家级生态工业园区，获得环保部、商务部、科技部联合命名。海州区、连云区生态文明建设通过省级生态区创建技术评估。全年创建省级生态乡镇8个，全市有国家级生态乡镇19个、省级生态乡镇66个，国家级和省级生态乡镇覆盖率分别为25%、85%。赣榆区官河中心小学、柘汪中学和东海县实验小学获国际生态学校“绿旗”称号。 （孙 峰）

【花果山国家地质公园建设】 花果山国家地质公园位于连云港市云台山风景名胜区，由花果山和渔湾、东磊景区组成，界定面积29.9平方千米，地质公园地处苏鲁造山带的东部，以浅粒岩为主，夹有较多的基性岩脉体，地层岩性均为变质岩，属中新元古代，被命名为“云台岩群”。经历漫长的地质演化和三叠纪再造山作用，地质公园区域内形成许多形态各异的地质遗迹自然景观，可分为典型地质剖面、地貌景观、环境地质、水体景观等几大类，有重要地质遗迹85处、国家级地质遗迹3处。崩塌与堆积形成的东磊石海是国内规模仅次于翠华山的山崩环境地质遗迹，不同海拔高度的成层海蚀洞是研究近50万年来海平面变化的重要依据。2014年1月，国土资源部授予花果山国家地质公园资格。2016年，地质公园完成勘测定界工作并形成成果报告书，编制《江苏连云港花果山国家地质公园规划（2014—2025年）》。花果山地质博物馆完成布展陈列，建成启用地质公园科普影视厅，完成主副碑、地质景点说明牌、引导标志放置。 （张 昂）

【海洋生态修复】 2016年，连云港市出台《海州湾海洋生物资源养护与生态环境修复规划》，全年获批海洋牧场建设资金2500万元。连云港港30万吨级航道一期工程、赣榆港区前期工程和徐圩盛虹石化液体化工泊位工程等生态补偿项目加快推进，全年完成生态补偿投资945万元。临洪

河口湿地调查与评价项目提请验收。编制完成罗阳滨海湿地公园概念规划，启动水质净化和生态修复工程建设。签订赣榆港区15万吨级航道和徐圩防波堤工程海洋生态补偿协议。完成徐圩港区前期工程实施方案编制。启动徐圩港区防波堤工程生态修复项目。完成《田湾核电机组海洋环境影响后评估工作方案》《田湾核电站温排水项目对周围海域的影响评估实施方案》编制工作。编制完成《海州湾海洋公园总体规划》，并通过国家海洋局组织的专家评审。发布《2015年连云港市海洋环境质量公报》。做好浒苔应急处置工作，全年出动船舶250艘次、人员2800人次，打捞浒苔3000余吨。加快推进《连云港市海洋生态红线保护规划》编制工作。（韩 飞）

【湿地保护】 2016年，全市有自然湿地面积11.92万公顷，其中受保护的自然湿地面积5.49万公顷，自然湿地保护率46.1%。开展湿地保护小区建设，完善标牌、界碑、界桩的设置等基础设施建设，定期开展巡护检查和湿地资源监测，实行动态管理。全年新建湿地保护小区5个，面积2181.08公顷，其中东海县磨山河湿地保护小区10.84公顷、东海县埝河湿地保护小区51.03公顷、灌云县古泊善后河湿地保护小区737.35公顷、灌云县界圩河湿地保护小区733.89公顷、赣榆青口滨海湿地保护小区647.97公顷。湿地保护小区总面积2.22万公顷。加快东海西双湖省级湿地公园、灌南硕项湖省级湿地公园基础设施建设。东海西双湖省级湿地公园申报江苏东海西双湖国家湿地公园试点。12月27日，省林业局批复建立江苏连云港临洪河口省级湿地公园。采取清淤、河塘整治、植被恢复等措施实施恢复工程，全市恢复湿地400.6公顷。（舒 彤）

环境保护

【概况】 2016年，连云港市环境空气监测能力从常规监测逐步过渡到研究性监测。市环保局编制源解析分析报告16期，完成《连云港市2011—2015年度环境质量报告书》。启动环保大数据平台建设。完成核电流出物高放射性样品分析实验室及杨圩子站迁建工程建设。连云港辐射环境监测管理站被评为国家环保科普基地。市环境监测中心站建成苏北第一家灰霾超级站。实验室认可的能力覆盖水和废水、空气和废气、噪声和振动、土壤底质固废、生物、机动车尾气、生物体残留7大类372项。计量认证覆盖水和废水、空气和废气、噪声和振动、土壤底质固废、生物、饮用水6大类455项。市环保部门全年监管污染源1100余家次，发现并查处违法单位120余家。实施行政处罚572件3211万元，依法查处案件119起，比2015年增长122%。其中，实施按日连续处罚3件，处罚金额282万元，查封扣押案件35起，限产停产整治案件36起，移送拘留案件31起，涉嫌环境污染犯罪15起。清理违法违规建设项目2048个。全年开展2016绿色发布、首届环境监测技能大赛、十大最美环保人评选、生态文明建设宣传一条街、中小学生环保知识大赛等近30项系列环保宣传活动。“连云港环保”微信公众号获全国地市级环境保护官方微信第二名。

2016年，连云港市有自然湿地面积11.92万公顷。图为大红鹳在连云港沿海湿地嬉戏。 王健民 摄

【环境综合整治】 化工园区专项整治。2016年，全市开展化工园区专项整治。徐圩新区、板桥工业园、赣榆临港产业区实现供热全覆盖，灌云县、灌南县化工园区热电联产项目加快建设。灌南县赛科危废焚烧、灌云县光大环保危废填埋项目稳定运营，化工园区内3个总处置能力4.5万吨/年危废焚烧项目加快建设，全市危废处置压力逐步缓解。灌南县化工园区完成卫生防护距离内1298户居民搬迁。强化化工项目清理整合、兼并重组，灌云县、灌南县化工园区关停环保整治不达标企业35家，取缔禁止类产品和工艺22个。

河道综合整治。市政府建立水污染防治联席会议制度和地表水国省考断面及入海河流控制断面“断面长”制度，下发《连云港市水污染防治工作方案》，以及不达标水体、入海河流、地下水污染防治等系列专项方案，实施水污染防治工程项目46个。2016年，全市22个省级以上考核断面中，达到或优于地表水三类水比例为63.6%，劣五类比例为13.6%，其中6个国考断面达到或优于地表水三类水比例为66.7%，劣五类比例为16.7%，全市入海河流及近岸海域水质保持稳定。开展酸洗石英砂专项整治，编制沭新渠饮用水源保护区划分方案，县级以上集中式饮用水源地全部达到三类水标准。

水污染治理。2016年，10个省级以上工业园区全面实现废水集中处理和在线监控。全市化学需氧量、氨

2016年，连云港市将五类入海河流纳入强化监督清单。图为工作人员对核电站附近海域海水进行检测。 市环保局 供

氮、总氮、总磷排放量分别比2015年减少3.08%、3.20%、2.23%、2.32%。22个国省考断面、15条入海河流控制断面建立“断面长”制。全年开展2个地级以上、4个县级集中式饮用水源地环境状况调查评估。完成沭新渠饮用水源地保护区划定，梳理全市在用和备用水源地名录，开展水源地基础信息调查。编制《水污染防治工作方案》及未达标水体、黑臭水体专项整治等专项方案，将考核断面、治污项目、治理措施落实到6个国家控制单元中，实施精细化管理。编制近岸海域水污染防治方案，将五类入海河流纳入强化监管清单，推进劣五类入海河流环境综合整治。全年完成水污染减排项目96个，重点减排工程68个。新增工业治理项目5个，新建污水处理设施3座，新增规模化畜禽养殖粪污治理与资源化利用工程项目57个。

烟尘区域综合整治。全市实施工业企业扬尘污染治理，强化工业企业燃料、原料、产品堆场扬尘控制，大型堆场建设密闭料仓与传送装置，露天堆场实施覆盖或洒水喷淋。连云港港口集团在墟沟作业区完成防风抑尘网一期工程建设，在煤炭、矿建材料等堆场安装移动喷洒设备，加强扬尘污染全过程管控，连云区PM2.5、PM10平均浓度均下降。灌云县完成江苏新龙港港口有限公司散货码头堆场喷淋、覆盖等，取得明显防尘抑尘效果。

辐射安全管理。全年审批110千伏输变电工程建设项目环境影响报告表46份、核技术应用项目环境影响报告表和登记表4份，核发辐射安全许可证（含延续、预审等）12份、验收4批次输变电工程建设项目，验收核技术应用单位8家，办理放射源异地使用预备案含注销手续38件，出具电磁类环境影响评价预审意见10份，出具输变电和移动通信基站验收前现场核查意见7份，完成18起信访调处。市环保部门对核技术利用单位进行检查，下达监督意见书3份，完成整改3份，完成1家伴生放射性矿物资源开发利用企业监督检查。开展《连云港市辐射事故应急预案》的修订工作，全年安全送贮8枚放射源，未发生辐射安全事故。

【污染物减排】 大气污染减排。2016年，全市淘汰黄标车9299辆、老旧机动车6009辆。开展尾气排放年审，落实环保安全检验前置。开展机动车环保检验17.2万次，机动车环保检测参检率保持在90%以上。建成新的机动车排气监管平台，实现机动车辆、环检机构、机动车排气检测、标志核发等基础信息的国家、省、市三级联网。市政府出台《连云港市新能源汽车推广应用方案（2016）》《连云港市2016年度新能源汽车推广应用补贴细则》。全年新增新能源汽车3591辆，其中纯电动公交车171辆，公交领域清洁能源、新能源车辆总数占比90%以上。排定408项大气污染防治重点工程项目和84项主要大气污染物总量减排项目，全年PM2.5浓度比2015年下降16.4%。夏季、秋季秸秆综合利用率均达95%以上。秋季禁烧期延长至次年1月底，秸秆禁烧实现“零火点”。

工业污染物减排。2016年，全市火电、钢铁、水泥、有色金属冶炼、平板玻璃等行业11家国控、省控重点工业企业均安装废气自动监控设施，增设烟粉尘监控，并与环保部门联网。加强自动监控执法监管，重点查处篡改、伪造自动监控数据等恶意环境违法行为，规范自动监控设备现场端运行管理水平。完成31家化工企业挥发性有机物综合治理项目和4个表面涂装等重点行业挥发性有机物综合治理项目。在全市化工园区开展泄漏检测与修复工作，将泄漏检测与修复工作推广至所有化工企业。14家进口固体废物企业实施环保分类分级管理。

土壤污染防治。市政府出台《连云港市土壤污染防治工作实施方案》，从污染源监管和预防、风险管控和农用地安全利用等方面，细化各项工作目标和任务措施。编制全市土壤污染调查工作方案，启动农用地土壤调查点位布设工作，排查关闭搬迁的化工企业遗留地块。加强重金属污染防治，开展镍、锑、铊污染源调查和重金属重点行业环保整治“回头看”工作。加快固体废物集中处置设施建设，危险废物焚烧能力提升至2.3万吨/年、填埋能力2万吨/年，全市危险废物安全处置能力提高到4.3万吨/年，比2015年增长115%。开展危险废物专项整治，抽查160家涉危单位。启动危险废物集中收集贮存、点对点综合利用、自建设施集团内共享等试点工作。开展灌南县硕项湖饮用水源地土壤修复工程、开发区罗盖特公司搬迁后污染土壤修复工程。全年新增8个风险场地监测点位，补充布设40个风险点位，土

壤监测网络初步形成。开展土壤重点行业企业空间位置遥感核实工作，对800余家企业的信息进行核实、补充。（孙 峰）

农业废弃物综合利用。2016年，全市建成沼气治理工程项目96个，综合利用率97%。稻麦等主要作物高效低毒低残留农药使用面积占比79%；配方肥应用面积32.38万公顷，测土配方施肥面积占主要农作物播种面积90%以上，全市化肥施用量下降10.3%。（逄孝云）

【节能降耗】 2016年，全市单位地区生产总值能耗下降7.1%。市政府编制完成《连云港市“十三五”节能规划》，将节能目标任务细化分解到县区、重点用能企业，督促引导企业分解落实节能任务到车间、班组和项目。健全县区能源消费通报制度，每月跟踪重点用能企业掌握情况，每季度分析全市节能形势，设置红黄绿级别及时预警。将《国家重点推广的低碳技术目录》等最新节能低碳技术编印成册，免费发放企业。召开全市绿色制造暨石化产业发展报告会，举办能源管理岗位高级进修班，对重点用能企业开展节能法律法规培训。

工业节能降耗。市环保部门全年实施工业节能评估审查项目19个，核减能源消费1.79万吨标准煤。加强重点用能企业节能管理。对5000吨标准煤以上企业能源管理负责人更新备案，将能源管理体系建设由万吨企业拓展到5000吨标准煤以上企业，兑付能源管理体系补助资金36.6万元。冶金、电力、化工等重点耗能行业开展余热余压利用等节能诊断改造。赣榆云海电源公司获工业和信息化部高风险污染物削减行动计划奖励资金165万元，市区获省级节能专项资金657万元。做好开发区氨纶、灌云和利瑞2家企业惩罚性电价退出工作。东海县华宏再生资源申报废钢铁加工行业准入，海州区大吉塑料申报废塑料综合利用行业准入。107家重点用能企业实施节能监察，重点监察能源管理制度的建立与执行情况。4家钢铁企业开展能源消耗情况和单位产品能源消耗限额标准达标情况专项检查，3家企业开展合成氨等产品执行能耗限额标准专项检查，4家企业开展落后机电设备淘汰情况专项检查。在全市推行分片区节能监察责任制。

建筑领域节能降耗。全年新建节能建筑面积365.22万平方米，其中住房293.28万平方米、公共建筑71.94万平方米。通过施工图审查合格的绿色建筑341幢，建筑面积547.6万平方米，全部按照绿色建筑标准进行设计。全市新增绿色建筑设计标识7项68.24万平方米。新增可再生能源建筑应用面积155.83万平方米，其中太阳能光热面积147.95万平方米、浅层地源热泵7.8万平方米。连云港市申报的国家级可再生能源示范市、东海县申报的国家级可再生能源示范县、赣榆区申报的国家级可再生能源示范区通过省环保厅验收评估。徐圩新区、开发区创智街区通过省级绿色建筑示范区验收。

交通领域节能降耗。2016年，全市运用再生技术的交通施工里程33.08千米。推广使用清洁能源与新能源营运车辆。使用清洁能源车辆2911辆，比2015年增加41辆。926辆节能环保公交投入运营，占全市公交总数的66.9%，同步建设624个充电桩。全市执行营运车辆燃料消耗量准入和客车类型划分制度。加强营运车辆燃油消耗量核查和营运客车类型划分及等级评定。实施新增营运车辆燃油核查6132辆，56辆因未达标被拒绝准入。

公共机构节能。2016年，连云港市在公共机构中推行节约用电、节约用水、节约用油、节约办公耗材、节约会议成本的“五个节约”。开展公共机构节能示范单位创建、节约型示范单位创建活动，33家单位创建省级公共机构节能示范单位，11家单位创建省级节水型单位，5家单位创建国家节约型示范单位。全市公共机构单位建筑面积能耗、人均综合能耗和人均用水量分别比2015年下降2.58%、3.25%、4.16%。（张雪梅）

【企业环境行为评价】 2016年，全市参加环保信用评价的企业698家，其中国控企业44家，非国控企业654家。由省环保厅组织评价发布。国控企业评定绿色企业7家、蓝色企业22家、黄色企业8家、红色企业6家、黑色企业1家，非国控企业评定绿色企业53家、蓝色企业505家、黄色企业67家、红色企业19家、黑色企业10家。（孙 峰）

责任编辑 徐 敏

科学技术

综述

【概况】 2016年，连云港市树立创新、协调、绿色、开放、共享的“五大”发展理念，推进科技创新工程，加快创新型城市和区域性产业科技创新中心建设。全市科技进步贡献率达53%，高新技术产业产值突破2400亿元，国家级高新技术企业数量达226家；全社会研发投入占地区生产总值比重为1.78%。全市有市级以上众创空间24家，自主支配场地面积近10万平方米，入住项目数和企业数800余家。全年争取科技资金8195万元，兑现科技减免税11.71亿元。全市3项科技成果获国家科技进步奖。

2016年，连云港市加快创新型城市和区域性产业科技创新中心建设。图为12月17日，中国（昆山）国际创新创业大会连云港分会场。　张弛　摄

2016年连云港市科学技术基本情况一览表

表 56

指　　标	单位	全市	市区	赣榆区	东海县	灌云县	灌南县
科技活动机构（独立科研机构）	个	30	18	2	6	6	3
科技活动人员（独立科研机构）	人	828	685	37	70	61	12
科学研究成果							
通过鉴定项目	项	96	83	8	8	3	2
# 达到国际水平	项	4	4	1			
达到国内先进水平	项	60	55	2	3		2
达到省内先进水平	项	32	24	5	5	3	
获市级以上科技进步奖	项	80	68	4	8	1	3
科技活动经费							
经费支出（独立科研机构）	万元	9148.3	8205.3	202.9	334.2	298.6	107.3
经费收入（独立科研机构）	万元	11092	9509.9	187.7	746.3	521	127.1

2016年连云港市新增国家高新技术企业一览表

表57

序号	企业名称	序号	企业名称
1	东海晶澳太阳能科技有限公司	29	江苏远征化工有限公司
2	东海县飞亚电光源有限公司	30	连云港科铭化工有限公司
3	江苏圣达石英制品有限公司	31	连云港锐巴化工有限公司
4	连云港江利达矿产品有限公司	32	连云港中港化工有限公司
5	连云港西诺花卉种业有限公司	33	江苏和利瑞科技发展有限公司
6	江苏景泰玻璃有限公司	34	江苏银华春翔农业装备有限公司
7	江苏蓬祥畜禽生态养殖有限公司	35	连云港海得利化学有限公司
8	连云港宝翔铸造有限公司	36	连云港三众软件科技有限公司
9	连云港润沃达环境技术有限公司	37	江苏盛世节能管理有限公司
10	连云港市沃鑫高新材料有限公司	38	江苏奇星流体设备有限公司
11	连云港桃盛熔融石英有限公司	39	连云港华舜网络科技有限公司
12	连云港市东邦化工机械有限公司	40	连云港久盛电力辅机有限公司
13	江苏欧野建筑节能科技有限公司	41	连云港帅宝机械有限公司
14	连云港大阳机械有限公司	42	意太维光电科技（江苏）有限公司
15	连云港丰泰海藻有限公司	43	江苏惠宇玻璃有限公司
16	连云港华明泰材料科技有限公司	44	江苏苏乐种业科技有限公司
17	连云港康乐药业有限公司	45	连云港世博工程设计研究院有限公司
18	连云港隆源海藻有限公司	46	江苏伟光铝塑包装有限公司
19	连云港新江环保材料有限公司	47	连云港市宏庆电力辅机开发有限公司
20	江苏中农肥业有限公司	48	连云港溢瑞科技有限公司
21	江苏裕灌现代农业科技有限公司	49	东方国际集装箱（连云港）有限公司
22	江苏仁欣化工股份有限公司	50	江苏诺泰生物制药股份有限公司
23	江苏永凯化学有限公司	51	连云港北方变速器有限责任公司
24	连云港保丽森实业有限公司	52	连云港德立信电子科技有限公司
25	连云港冠钰精密工业有限公司	53	连云港神特新材料有限公司
26	连云港市华通化学有限公司	54	合立玻璃纤维（连云港）有限公司
27	连云港泰盛化工有限公司	55	江苏暨明医药科技有限公司
28	连云港致诚化工有限公司	56	连云港前沿重工机械有限公司

【创新载体建设】 2016年，市政府印发《连云港市科技创新“十三五”规划》《连云港市知识产权发展“十三五”规划》，明确新的经济发展常态下创新发展的目标与路径。出台《市委市政府关于加快推进区域性产业科技创新中心和创新型城市建设的实施意见》《连云港市促进科技成果转移转化行动方案》，深入实施创新驱动发展战略，加速科技成果转移转化。淮海工学院大学科技园获批为国家级孵化器，连云港市获批为国家知识产权质押融资试点城市。全市13家省级以上科技企业孵化器孵化场地面积102万平方米。4家众创空间新获批备案为省级众创空间，天使（种子）基金规模6亿元。市科创城、东海水晶文化创意产业园、灌南硕项湖电子商务创业孵化中心获批为省级众创集聚区建设试点。

（朱哲保）

高新技术产业

【概况】 2016年，全市高新技术产业实现产值2432.08亿元，比2015年增长12.02%，占规模以上工业比重为39.06%。新材料制造业、新能源制造业、生物医药制造业“三新”产业分别实现产值1397.5亿元、241.78亿元、575.4亿元，占全市高新技术产业产值的91.06%。连云港市推进科技企业培育“十百千”（培育以10家左右的创新型领军企业为龙头、100家左右的科技型上市企业为骨干、1000家左右的高新技术企业为支撑的创新型企业集群）工程，实施“小升高”（科技型中小企业升级高新技术企业）培育行动，45家企业被认定为2016年江苏省科技型中小企业，全市省级科技型中小企业累计520家。20家企业列入江苏省科技企业上市培育入库。全年对591家科技型中小企业发展情况进行摸底调研，首批确定210家争创国家高新技术企业后备企业。全年获批国家高新技术企业56家，累计226家。（朱哲保）

农业科技创新

【概况】 2016年，连云港市实施省农业科技入户工程和农业部基层农技推广体系建设补助项目，建立一批农业新品种新技术新模式的现代农业科技综合示范基地，加快稻麦、蔬菜、畜禽、林果等主导产业转型升级，提升现代农业科技创新与推广服务能力。实施农业科技入户工程、基层农技服务体系补助项目，构建以公益性农技推广体系为主导、社会化农业服务组织为补充、农科教等联合协作，社会力量广泛参与的农业服务体系。全年获省级农业科技入户项目资金573.5万元、农业部基层农技服务体系建设补助项目资金770万元，获省农业三新工程项目经费1030万元。遴选农业科技示范户1万户、培育核心示范户1000户。申报省农业科技综合示范展示基地4个、江苏现代农业产业技术体系基地27个。全年培育新型职业农民4.96万人，累计培育人数27.69万人。（逄孝云）

产学研合作

【概况】 2016年，连云港市举办东南大学—连云港市校地产学研专题对接会、连云港石化基地产学研专题对接会等专题对接活动20多场，参加江苏省第五届跨国技术转移大会，对接高校院所重点实验室20家，发布高校科技成果3298项，征集企业技术需求361项，新建校企联盟72个，全市校企联盟数1000余家。连云港市与南京大学、南京理工大学、南京工业大学开展校市会商，推进政产学研共建科技创新平台的合作。（朱哲保）

科技成果

【概况】 2016年，连云港市科技成果获国家科技进步奖3项，获省科技进步奖7项，康缘药业萧伟获江苏省首届专利发明人。杰瑞电子公司“低温漂旋转变压器信号—数字转换器”等6项专利获得中国专利优秀奖，获奖数量位列全省第5位。富安紫菜机械公司“FAY20型圆饼紫菜初加工机组”等2项专利获第九届国际发明展览会发明创业奖金奖，远洋流体装卸设备公司“船用低温流体装卸设备”等3项专利获发明创业奖银奖。（朱哲保）

2016年，连云港市加强产学研合作。图为9月30日举行的连云港市—东南大学产学研合作对接洽谈会。 九三学社市委 供

2016年连云港市获国家、省级科技进步奖一览表

表58

序号	项目名称	主要完成人	主要完成单位	奖励等级
1	复杂结构天然产物抗肿瘤药物的研发及其产业化	孙飘扬	中国药科大学、江苏恒瑞医药股份有限公司、上海恒瑞医药有限公司	国家科技进步奖二等奖
2	干法纺聚酰亚胺纤维制备关键技术及产业化	王士华 詹永振 陶明东 郭涛 苗岭 陈斌	东华大学、江苏奥神新材料有限公司	国家科技进步奖二等奖
3	中国脑卒中精准预防策略的转化应用	何明利	北京大学第一医院、深圳奥萨制药有限公司、安徽省生物医学研究所、安徽医科大学、连云港市第一人民医院中国医疗保健国际交流促进会	国家科技进步奖二等奖
4	肠道病毒71型疫苗临床应用关键技术	朱磷扬 葛恒明	江苏省疾病预防控制中心、东南大学、国药中生生物技术研究院有限公司、连云港市疾病预防控制中心、东海县疾病预防控制中心、射阳县疾病预防控制中心	省科技进步奖一等奖

续表 58

序号	项目名称	主要完成人	主要完成单位	奖励等级
5	中药资源产业化过程循环利用模式与适宜技术体系创建及其推广应用	萧　伟	南京中医药大学、江苏苏中药业集团股份有限公司、江苏康缘药业股份有限公司、山东步长制药股份有限公司、陕西中医药大学、江苏神龙药业有限公司	省科技进步奖一等奖
6	基于脂质体技术突破甘草酸口服吸收瓶颈的肝病药物开发	张来芳　夏春光　王善春　张喜全　田　心　周　浩　徐中南　唐蓉晖　程艳菊	正大天晴药业集团股份有限公司	省科技进步奖二等奖
7	2 兆瓦低风速双馈风力发电机组	何　明　舒小平　陈　波　魏庆强　冯立超　訾克明　程　朗	国电联合动力技术（连云港）有限公司、淮海工学院	省科技进步奖三等奖
8	创制杀菌剂丁吡吗啉	李泽方　于康平	江苏耕耘化学有限公司、中国农业大学、中国农业科学院植物保护研究所	省科技进步奖三等奖
9	精细农作高性能变量施肥播种装备关键技术研究及应用	芦新春　杨　进　孙启新　陈书法　付海明　张石平　王彦峰	连云港市威迪机械有限公司、淮海工学院、连云港市神龙机械有限公司	省科技进步奖三等奖
10	铰链式混凝土生态护坡关键技术创新及其推广应用	颜　建	金陵科技学院、河海大学、江苏科技大学、南京市长江河道管理处、连云港市市区水工程管理处、江苏绿东坡环境工程有限公司	省科技进步奖三等奖

2016 年连云港市获省重点研发计划（产业前瞻与共性关键技术）竞争项目一览表

表 59

序号	项目名称	承担单位	主管部门	合作单位
1	基于云计算及大数据的互联网医疗平台关键技术研发	十方健康管理（江苏）有限公司	连云港市科学技术局	南京大学 南京鼓楼医院
2	基于大数据的区域医疗平台关键技术研发	江苏正融科技有限公司	连云港市科学技术局	南京大学
3	耐超低温大口径液化天然气（LNG）装卸臂成套装备关键技术研发	连云港远洋流体装卸设备有限公司	连云港市科学技术局	扬州大学
4	工业机器人核心部件伺服驱动器及控制系统集成优化技术研究	中国船舶重工集团公司第七一六研究所	连云港高新技术产业开发区科技局	东南大学
5	新型高效低成本精密铸造硅基复合功能涂层材料关键技术研究	中材高新江苏硅材料有限公司	东海县科学技术局	南京工业大学东海先进硅基材料研究院

2016 年连云港市获省科技型创业企业孵育计划项目一览表

表 60

序号	计划类别	项目编号	项目名称	承担单位	项目负责人
1	省中小企业孵育计划（大赛获奖项目）	BC2016030	3D 活动策划专家	连云港文创智能科技有限公司	张　宇

2016 年连云港市获省级高新技术产品认定清单

表 61

序号	产品名称	申报企业	县区
1	PM2.5 油气分解用新型光敏石英管	江苏圣达石英制品有限公司	东海县
2	高效大尺寸（156.75 × 156.75 毫米）多晶硅片	东海晶澳太阳能科技有限公司	东海县

续表 61

序号	产品名称	申报企业	县区
3	基于环保高热工度立窑熔炼技术的高品位镍铁合金	连云港宝翔铸造有限公司	东海县
4	无籽晶高效多晶硅片	东海晶澳太阳能科技有限公司	东海县
5	航空耐高温 8 兆赫 LGS 压电晶振	江苏海峰电子有限公司	东海县
6	声波温度传感器用 12 兆赫硅酸稼镧晶体元件	江苏海峰电子有限公司	东海县
7	通讯电子用 90.114 兆赫石英晶体元件	江苏海峰电子有限公司	东海县
8	片式高稳 27 兆赫 SC 切石英晶体谐振器	江苏海峰电子有限公司	东海县
9	低成本无籽晶技术工艺多晶硅片	晶海洋半导体材料（东海）有限公司	东海县
10	157×157 毫米大尺寸高效多晶硅片	晶海洋半导体材料（东海）有限公司	东海县
11	LED 筒灯	连云港奇晴光电照明有限公司	东海县
12	LED 平板灯	连云港奇晴光电照明有限公司	东海县
13	PS 级高纯石英砂	江苏太平洋石英股份有限公司	东海县
14	光纤耦合用精密石英毛细管预型体	连云港市弘扬石英制品有限公司	东海县
15	高端精细球磨 1200# 绿色碳化硅微粉	连云港海蓝研磨材料有限公司	东海县
16	171 毫米高纯石英封帽坩埚	连云港福东正佑照明电器有限公司	东海县
17	P500 半导体耐高温石英扩散管	江苏太平洋石英股份有限公司	东海县
18	PQ 级高纯石英砂	江苏太平洋石英股份有限公司	东海县
19	Φ580 毫米超大口径耐高温高纯石英玻璃管	连云港市东海县宏伟石英制品有限公司	东海县
20	半导体用 Φ600 毫米超大口径抗高温变形石英玻璃管	连云港市东海县宏伟石英制品有限公司	东海县
21	Φ125 毫米太阳能光热发电集热管专用玻璃	东海县飞亚电光源有限公司	东海县
22	PE 级高纯石英砂	江苏太平洋石英股份有限公司	东海县
23	1GKN-300A1 型旋耕机	连云港市兴安机械制造有限公司	赣榆区
24	1JMS-260 型水田埋茬（草）耕整机	连云港市兴安机械制造有限公司	赣榆区
25	安全节能型自动扶梯	江苏西德电梯有限公司	赣榆区
26	高效 P 型双玻发电光伏组件	连云港神舟新能源有限公司	赣榆区
27	新型多功能生物转化复配基质	江苏中农肥业有限公司	赣榆区
28	GC3000# 资源再生型碳化硅微粉	江苏佳宇资源利用股份有限公司	赣榆区
29	JYX-Z 资源再生型晶硅切割液	江苏佳宇资源利用股份有限公司	赣榆区
30	新工艺生物炼制乙酸乙酯	江苏金茂源生物化工有限责任公司	赣榆区
31	新型耐电交流盘形悬式瓷绝缘子	连云港石港高压电瓷有限公司	赣榆区
32	阿司匹林肠溶片用薄膜包衣预混剂	连云港康力特药业有限公司	赣榆区
33	一种保健食品专用薄膜包衣预混剂	连云港康力特药业有限公司	赣榆区
34	中药含片用薄膜包衣预混辅料	连云港康力特药业有限公司	赣榆区
35	一种专用于口含片的药用薄膜包衣预混剂	连云港康力特药业有限公司	赣榆区
36	水溶肠溶型薄膜包衣预混剂	连云港康力特药业有限公司	赣榆区
37	2- 噻吩乙胺	连云港宏业化工有限公司	灌南县
38	2- 噻吩乙醇	连云港宏业化工有限公司	灌南县
39	丙炔噁草酮原药	连云港市金囤农化有限公司	灌南县

续表 61

序号	产品名称	申报企业	县区
40	对氨基苯甲醚	连云港泰盛化工有限公司	灌南县
41	分散黄 54#	江苏华尔化工有限公司	灌南县
42	噻嗪酮原药	连云港市金囤农化有限公司	灌南县
43	C.I. 溶剂红 207	江苏道博化工有限公司	灌南县
44	C.I. 溶剂蓝 35	江苏道博化工有限公司	灌南县
45	新型驱虫药芬苯达唑	连云港市亚晖医药化工有限公司	灌南县
46	邻氨基苯甲醚	连云港泰盛化工有限公司	灌南县
47	丙炔噁草酮原药	连云港市金囤农化有限公司	灌南县
48	RF-80 抗硫化返原剂	连云港锐巴化工有限公司	灌云县
49	第四代头孢类药物硫酸头孢噻利关键中间体 7- 位物	连云港恒运医药科技有限公司	灌云县
50	磺化对位酯	江苏远征化工有限公司	灌云县
51	1JH-200 型秸秆粉碎还田机	连云港市连发机械有限公司	灌云县
52	1JH-260 型秸秆粉碎还田机	连云港市连发机械有限公司	灌云县
53	新型 1BPQ-320 高效节能水田耙浆平地机	连云港大陆农业机械装备有限公司	灌云县
54	新型 1GKN-250 型智能化控深旋耕机	连云港大陆农业机械装备有限公司	灌云县
55	AG001X 轻量化轮毂	连云港耀科铝业有限公司	灌云县
56	DS97TAR-25E/T3 机芯 359 度旋转防盗水表	连云港连利·福思特表业有限公司	海州区
57	LNG 拉断阀	连云港远洋流体装卸设备有限公司	海州区
58	MB335K 起毛机	江苏鹰游纺机有限公司	海州区
59	SME472W 双辊四次烫光机	江苏鹰游纺机有限公司	海州区
60	YTW 散热强化型高效配光 LED 工矿灯	意太维光电科技（江苏）有限公司	海州区
61	恩替卡韦分散片	正大天晴药业集团股份有限公司	海州区
62	甲磺酸伊马替尼胶囊	正大天晴药业集团股份有限公司	海州区
63	消音器	连云港久盛电力辅机有限公司	海州区
64	一种气动锁紧式密封装置	连云港天邦科技开发有限公司	海州区
65	4G 网络通信用高性能集成电路基板用超细熔融硅微粉	江苏联瑞新材料股份有限公司	海州区
66	RN420R 油加热双辊二次烫光机	连云港如年实业有限公司	海州区
67	SOD 封装用绿色环氧模塑料	江苏中鹏新材料股份有限公司	海州区
68	玻璃钢风力发电机组机舱罩	连云港东鼎实业有限公司	海州区
69	超声波热量表	连云港腾越电子科技有限公司	海州区
70	超声水表	连云港腾越电子科技有限公司	海州区
71	除氧器余热回收装置	连云港久盛电力辅机有限公司	海州区
72	大功率 5A 超快恢复二极管	连云港丰达电子有限公司	海州区
73	低压抽出式开关柜	连云港市港圣开关制造有限公司	海州区
74	高强高模 UD1240H 织物	连云港天常复合材料有限公司	海州区
75	高效抗氧化平板一体式物联网太阳能热水器	日出东方太阳能股份有限公司	海州区
76	矿用重载平板动力车	连云港天明装备有限公司	海州区

续表 61

序号	产品名称	申报企业	县区
77	马来酸恩替卡韦片	正大天晴药业集团股份有限公司	海州区
78	水性硝化棉分散体	江苏泰格油墨有限公司	海州区
79	新型电动挡板隔绝门	连云港市安百利电力机械有限公司	海州区
80	药用薄膜包衣预混剂（肠溶型）	连云港万泰医药材料有限公司	海州区
81	一种防潮防静电环保镀铝袋	江苏伟光铝塑包装有限公司	海州区
82	一种先张法预应力混凝土高强抗震桩	江苏东浦管桩有限公司	海州区
83	异甘草酸镁注射液	正大天晴药业集团股份有限公司	海州区
84	应用改性催化剂常温储存型环氧模塑料	江苏中鹏新材料股份有限公司	海州区
85	注射用替加环素	正大天晴药业集团股份有限公司	海州区
86	UP3000-120 双馈式风力发电机组	国电联合动力技术（连云港）有限公司	开发区
87	阿德福韦酯	连云港润众制药有限公司	开发区
88	奥沙利铂原料药及制剂（艾恒）	江苏恒瑞医药股份有限公司	开发区
89	吡格列酮二甲双胍片	江苏德源药业股份有限公司	开发区
90	差别化无染氨纶纤维	连云港杜钟新奥神氨纶有限公司	开发区
91	大品种抗肿瘤药物酒石酸长春瑞滨及其创新制剂	江苏豪森药业集团有限公司	开发区
92	恩替卡韦	连云港润众制药有限公司	开发区
93	呋喃酚	江苏三吉利化工股份有限公司	开发区
94	甘草酸二铵	连云港润众制药有限公司	开发区
95	高纯稳定型 D- 氨基葡萄糖硫酸氯化钠盐	江苏澳新生物工程有限公司	开发区
96	高效静音空调压缩机气缸	连云港东睦新材料有限公司	开发区
97	环保型药用包装铝箔	江苏中金玛泰医药包装有限公司	开发区
98	甲磺酸阿帕替尼原料药及其制剂	江苏恒瑞医药股份有限公司	开发区
99	聚酰亚胺长丝	江苏奥神新材料股份有限公司	开发区
100	噻吩并苯并二氮杂卓类精神病治疗药物奥氮平及其创新制剂	江苏豪森药业集团有限公司	开发区
101	噻托溴铵	连云港润众制药有限公司	开发区
102	双 Z 型加强底侧梁干货集装箱	东方国际集装箱（连云港）有限公司	开发区
103	糖尿病药物大品种瑞格列奈及其创新制剂	江苏豪森药业集团有限公司	开发区
104	芯片补强底部填充胶	连云港华海诚科电子材料有限公司	开发区
105	新型噁唑烷酮类抗菌药物利奈唑胺原料及制剂	江苏豪森药业集团有限公司	开发区
106	新型抗糖尿病药物瑞格列奈二甲双胍片原料及其制剂	江苏豪森药业集团有限公司	开发区
107	新型抗抑郁药物褪黑素受体激动剂阿戈美拉汀原料及制剂	江苏豪森药业集团有限公司	开发区
108	盐酸氨溴索片剂及口服液	江苏恒瑞医药股份有限公司	开发区
109	椰油酸	丰益油脂科技（连云港）有限公司	开发区
110	异甘草酸镁	连云港润众制药有限公司	开发区
111	10kW 三相有源 PFC	连云港杰瑞电子有限公司	高新区
112	LZ68-6.0 型风力发电机组风轮叶片	连云港中复连众复合材料集团有限公司	高新区
113	基于云计算的印刷厂智能管理平台	连云港金豆科技有限公司	高新区

续表 61

序号	产品名称	申报企业	县区
114	基于主被动架构设计的安全气囊控制器	大陆汽车电子（连云港）有限公司	高新区
115	杰瑞制造执行系统	连云港杰瑞深软科技有限公司	高新区
116	内置参考双速 R/D 转换器	连云港杰瑞电子有限公司	高新区
117	全自动通过式揉纹机	江苏连港皮革机械有限公司	高新区
118	钽电容封装用环氧模塑料	汉高华威电子有限公司	高新区
119	新型 Mini 磁阻式主动集成轮速传感器	大陆汽车电子（连云港）有限公司	高新区
120	信息化三维成像测井系统	连云港杰瑞自动化有限公司	高新区
121	CJM-01 稀土抛光粉	连云港市镧溪新材料有限公司	连云区
122	基于淤泥碱渣再固化利用技术的港口高强混凝土方	连云港港口工程设计研究院有限公司	连云区

2016 年连云港市入选省“双创计划”一览表

表 62

序号	姓名	单 位	计划类别
1	李元念	江苏豪森医药集团有限公司	省双创计划（双创人才企业创新类）
2	屠鹏飞	江苏康缘药业股份有限公司	省双创计划（双创人才企业创新类）
3	李振宝	江苏东浦管桩有限公司	省双创计划（双创人才企业创新类）
4	徐后国	连云港市金陵饲料有限公司	省双创计划（双创人才企业创新类）
5	惠建斌	江苏大唐博创再生资源开发有限公司	省双创计划（双创人才自主创业类）
6	何 飞	江苏保易制药有限公司	省双创计划（双创人才自主创业类）
7	张哲巅	江苏中国科学院能源动力研究中心	省双创计划（双创人才科研院所创新类）
8	张 磊	江苏恒瑞医药股份有限公司	省双创计划（双创博士企业创新类）
9	孙 琼	江苏恒瑞医药股份有限公司	省双创计划（双创博士企业创新类）
10	张丰盈	江苏豪森药业集团有限公司	省双创计划（双创博士企业创新类）
11	陈劲松	江苏瀚能电气有限公司	省双创计划（双创博士科技副总类）
12	王俭辛	东海县兰天汽车车轮厂	省双创计划（双创博士科技副总类）
13	邵起越	江苏丽港稀土材料有限公司	省双创计划（双创博士科技副总类）
14	王玉英	连云港西诺花卉种业有限公司	省双创计划（双创博士科技副总类）
15	刘建勋	东海县晶盛源硅微粉有限公司	省双创计划（双创博士科技副总类）
16	唐永凯	江苏福瑞生态渔业有限公司	省双创计划（双创博士科技副总类）
17	张争艳	连云港市兴安机械制造有限公司	省双创计划（双创博士科技副总类）
18	陈妍慧	江苏先锋塑业科技发展有限公司	省双创计划（双创博士科技副总类）
19	吴本刚	连云港海德益食品有限公司	省双创计划（双创博士科技副总类）
20	徐 刚	连云港盛和生物科技有限公司	省双创计划（双创博士科技副总类）
21	张 恒	连云港杰瑞深软科技有限公司	省双创计划（双创博士科技副总类）
22	李绍成	连云港宫良木业有限公司	省双创计划（双创博士科技副总类）
23	喻 斌	江苏福邦药业有限公司	省双创计划（双创博士科技副总类）
24	王振华	江苏珀然锻造有限公司	省双创计划（双创博士科技副总类）

续表 62

序号	姓名	单 位	计划类别
25	梁金花	江苏克胜作物科技有限公司	省双创计划（双创博士科技副总类）
26	苏 伟	江苏润普食品科技股份有限公司	省双创计划（双创博士科技副总类）
27	张 强	连云港笃翔化工有限公司	省双创计划（双创博士科技副总类）
28	黄永明	江苏力源电气科技有限公司	省双创计划（双创博士科技副总类）
29	徐国想	江苏恒隆作物保护有限公司	省双创计划（双创博士科技副总类）
30	辛志峰	连云港宏业化工有限公司	省双创计划（双创博士科技副总类）
31	陈华保	连云港埃森化学有限公司	省双创计划（双创博士科技副总类）
32	赵占中	灌南县冠昊牛羊专业合作社	省双创计划（双创博士科技副总类）
33	夏海岸	连云港乐斯化学有限公司	省双创计划（双创博士科技副总类）
34	曹志凌	连云港恒运医药科技有限公司	省双创计划（双创博士科技副总类）
35	黄耀兵	倍合德华强（连云港）医药化工科技有限公司	省双创计划（双创博士科技副总类）
36	陈玉仑	连云港市东堡旋耕机械有限公司	省双创计划（双创博士科技副总类）
37	葛 藤	连云港市连发机械有限公司	省双创计划（双创博士科技副总类）
38	刘明芹	连云港市拓普科技发展有限公司	省双创计划（双创博士科技副总类）
39	代 巧	连云港市安百利电力机械有限公司	省双创计划（双创博士科技副总类）
40	丁 凯	连云港如年实业有限公司	省双创计划（双创博士科技副总类）
41	王 衍	连云港连利·福思特表业有限公司	省双创计划（双创博士科技副总类）
42	康家银	江苏正融科技有限公司	省双创计划（双创博士科技副总类）
43	武毅君	连云港万泰医药材料有限公司	省双创计划（双创博士科技副总类）
44	王华兵	连云港天邦科技开发有限公司	省双创计划（双创博士科技副总类）
45	张先进	连云港福源医疗器械有限公司	省双创计划（双创博士科技副总类）
46	卢 辰	连云港脂立方生物医药研究所有限公司	省双创计划（双创博士科技副总类）
47	王淑芳	江苏骏都生物科技有限公司	省双创计划（双创博士科技副总类）
48	于雪梅	连云港利思特电子材料有限公司	省双创计划（双创博士科技副总类）
49	吴泽彬	连云港电子口岸信息发展有限公司	省双创计划（双创博士科技副总类）
50	张磊安	连云港中复连众复合材料集团有限公司	省双创计划（双创博士科技副总类）
51	宋永献	江苏苏云医疗器材有限公司	省双创计划（双创博士科技副总类）
52	张胜文	江苏中金玛泰医药包装有限公司	省双创计划（双创博士科技副总类）
53	房耀维	江苏澳新生物工程有限公司	省双创计划（双创博士科技副总类）
54	张东恩	江苏华海诚科新材料股份有限公司	省双创计划（双创博士科技副总类）

知识产权保护

【专利授权】 2016年，连云港市专利申请8780件，专利授权4599件。其中，发明申请1760件，发明授权453件，PCT（专利合作条约）专利申请74件，万人有效发明专利拥有量4.49件。全市有431件发明专利获得国家知识产权局授权，155件实用新型专利获得授权，58项PCT专利获得省财政专项资助450万元。

【企业知识产权标准化管理体系建设】 2016年，连云港市贯彻《企业知识产权管理规范》国家标准建设。以高新技术企业为重点，引导64家企业进行贯准创建，正大天晴药业等7家企业被省知识产权局、质监局认

2016 年连云港市专利申请授权情况一览表

表 63 单位:件

县 区	申请量				授权量			
	合计	发明	新型	外观	合计	发明	新型	外观
东海县	954	73	379	502	504	34	224	246
灌云县	1100	144	176	780	95	11	45	39
灌南县	685	70	309	306	680	33	180	467
赣榆区	1394	112	269	1013	790	31	132	627
海州区	2049	572	1062	415	1066	142	497	427
连云区	664	114	147	403	569	15	147	407
开发区	1021	475	281	265	441	89	180	172
高新区	854	179	331	344	416	89	225	102
徐圩新区	59	21	36	2	38	9	26	3
全 市	8780	1760	2990	4030	4599	453	1656	2490

定为绩效评价优秀单位。豪森药业被国家知识产权局评为国家知识产权示范企业,中复连众、苏云医疗器材、太平洋石英被评为国家知识产权优势企业。中蓝连海被省知识产权局评为省知识产权战略推进计划重点项目。2016 年,市科技局出台《连云港市知识产权优势和示范企业认定办法(试行)》。全省生物医药领域企业实施知识产权战略示范现场会在连召开。东海县被批准开展全省第二批强省建设区域示范单位创建,海州区通过国家知识产权强县试点工程考核验收。正大天晴、康缘药业被批准开展第二批江苏省高价值专利培育示范中心创建,获省级资助 600 万元。北京中金浩资产评估公司在连云港市设立分公司,企业专利权质押融资专业化服务加强。 (朱哲保)

科技管理与服务

【概况】 2016 年,连云港市有“苏科贷”、专利质押融资等科技金融产品,市科技部门实施国家科技税收减免政策,解决小微企业融资难问题。30 家中小微企业获得科技贷款 2.6 亿元,3 家企业专利质押融资贷款近 3000 万元。市科技局受理确认企业研发项目 413 项,落实科技减免税额 11.71 亿元,比 2015 年增长 23.3 %。189 家中小科技企业兑现科技创新券 1015 万元。连云港市整合市内高校、科研院所、分析测试机构和企业的大型科学仪器设备资源,科研仪器设施对外开放共享加快,市大型仪器开放共享管理服务网络平台功能完善。

(朱哲保)

科研院所

【连云港市农业科学院】 2016 年,连云港市农业科学院有高级职称 33 人,省“333”工程培养对象 5 人,省六大高峰人才 6 人,市“521”工程培养对象 19 人;享受国务院特殊津贴 1 人,江苏省有突出贡献中青年专家 2 人,享受市政府特殊津贴 5 人。2016 年,连云港农科院新立项目 42 项,到账经费 759.9 万元;发布江苏省地方标准 2 项、市标准 8 项;通过审(鉴)定新品种 5 个,获植物新品种权授权 3 项,专利授权 17 项,软件著作权 3 件;获市政府科技进步一等奖 1 项、二等奖 2 项;在省级以上专业刊物发表科技论文 36 篇。

水稻研究。主要从事常规粳稻育种、杂交籼稻育种、杂交粳稻育种和生物技术育种。全年有 3 个品种参加国家黄淮粳稻组和京津塘组区域试验,9 个品种参加江苏和河南省级区域试验,9 个品种参加国家或省级绿色通道和联合体区域试验。其中,1 个品种通过国家黄淮粳稻组生产试验,3 个品种通过江苏和河南省级水稻生产试验。承担国家杂籼区试、预试各 1 组,国家杂籼评比试验 2 组,国家北方杂粳评比试验 3 组,承担省级常规粳稻、杂交粳稻、杂交籼稻区域试验和生产试验 5 组。

小麦研究。全年引进国内外小麦品种资源 762 份。完成配组杂交组合 1373 个,筛选综合性状较好的品系 80 余个,6 个新品系参加省区预试及国家联合体试验;开展优质、丰产、抗白粉病、抗赤霉病、抗纹枯病等轮回选择群体的构建研究,初步筛选优良株系 100 余个。

杂粮研究。全年选育“苏花 1 号”“苏花 2 号”2 个新品种。创建“连谷”杂粮品牌。征集国内外花生、大豆、甘薯资源。选育“连玉糯 1 号”玉米品种 1 个、“连饲麦 1 号”大麦品种 1 个。1 个新品种参加江苏省花生、大豆新品种鉴定试验。

特色学科。市农科院引进筛选切花百合、唐菖蒲、非洲菊等优良品种 400 余个,建立品种资源圃 3 个;选育切花百合“连合”、非洲菊“苍梧

2016 年连云港市农科院育成品种一览表

表 64

序号	作物种类	审定名称	级别	审定编号	审定日期
1	非洲菊	苍梧粉	省级	鉴字（2016）003	2016.6
2	唐菖蒲	粉明星	省级	鉴字（2016）002	2016.6
3	唐菖蒲	超级紫	省级	鉴字（2016）001	2016.6

2016 年连云港市植物新品种权授权名单一览表

表 65

序号	植物种类	品种名称	品种权号	授权状态
1	水稻	连恢矮 9386	CNA20110074.4	授权
2	水稻	矮 93	CNA2016110073.5	授权
3	小麦	连麦 7 号	CNA20100350.0	授权

粉”等花卉新品系 5 个；开展切花百合、唐菖蒲等种球繁育工作，形成鳞片扦插、组培等百合种球繁育技术体系。完成洋葱各杂交组合的授粉及各自交系的鳞茎球的收获。开展番茄、西葫芦等品种的选育。收集和引进乌桕、杜仲等乔木树种、灌木树种和耐盐碱绿化树种，建立东辛农场耐盐碱绿化树木种质资源保存圃，带动周边发展耐盐碱绿化树种 333 公顷。引进和栽培葡萄等果树新品种，全市推广栽培 667 公顷。

科技服务。2016 年，市农科院选派 15 名专家到东海李埝林场经济薄弱村开展科技帮扶。举办“科技进村入户”系列活动和省“挂县强农富民”工程行动。在灌南县新安镇于圩村和孟兴庄镇连三村建成生猪养殖基地；在灌南县田楼镇合兴村、三口镇张湾村和新安镇管庄村建成设施蔬菜新品种种植基地。示范推广新品种及相关实用技术 30 余项。全年开展送科技下乡活动 80 多次，参训人数 2 万余人次，发放科普资料 1.5 万多份。举办 20 多次技术培训班，受训人次 2000 多人。（寇运书）

【中国船舶重工集团公司第七一六研究所】2016 年，第七一六所有高级职称人员 584 人，博士 38 人，硕士 702 人，在职享受国务院政府特殊津贴专家 4 人，国家百千万人才工程专家 1 人，省部级有突出贡献专家 12 人，省部级人才工程专家 28 人。年内新增高级职称人员 57 人、博士 2 人、硕士 100 人。全年实现主营业务收入 22 亿元，实现利润 2.8 亿元。“杰瑞”系列商标连续 3 年被评为江苏省著名商标、江苏名牌。全年培育新兴产业，实现对外营业收入 10.3 亿元，抗恶劣环境计算机收入超 4 亿元，智能信息系统及软件产业收入超 2 亿元，智能交管、电源产业收入超 1 亿元。在世界机器人大会承办“船舶智造机器人”大型行业论坛，分别与大连船舶重工有限公司、武昌船舶重工集团有限公司等达成战略合作。联合中船重工贸易公司在上海自贸区设立舸杰自贸流转中心，为参与“一带一路”建设提供支持。

质量体系。2016 年，七一六所通过 GJB9001B 质量管理体系认证、总装备部 GJB5000A 三级软件研制能力评价。系统仿真测试中心、软件测试中心、机电设备环境与可靠性试验检测中心、电子转换模块测试中心通过国家实验室认可、国防实验室认可、实验室资质认定。江苏杰瑞科技集团质量管理体系首次通过第三方机构认证，1 项海军标和 1 项船舶行业标准发布，中国船舶工业连云港机电设备环境与可靠性检测试验中心通过了中国合格评定国家认可委员会（CNAS）、国家质量监督检疫总局计量认可（CMA）以及国防科技工业实验室（DILAC）“三合一”现场监督评审。

科技创新。2016 年，七一六所入围工业和信息化部“两化”（工业和信息化）融合管理体系贯标试点企业，成为“两化”融合重点培育企业。江苏省船海装备智能制造工程技术研究中心、江苏省道路交通信号控制工程中心获批建设。全年获国家科技进步奖 2 项、国防科技进步奖 4 项、集团科技进步奖 13 项；获专利授权 116 项，其中国防专利 46 项、发明专利 14 项，“低温漂旋转变压器信号—数字转换器”获第十八届中国专利优秀奖。（丁　宁）

2016 年，由中船重工七一六研究所、杰瑞科技集团研制的国内首套具有完全自主产权的船舶制造多功能舱室焊接机器人投入使用。　七一六所　供

【中蓝连海设计研究院】 中蓝连海设计研究院有职工500多人，其中70%具有高、中级以上专业技术职称，注册工程师300余人。拥有国家石油和化工、工程咨询、工程监理等多类甲级资质。2016年，设计院实现主营业务收入4.9亿元，利润总额2557万元。全年完成总承包项目6项，工程设计及咨询项目67项。开展海外技术服务项目，完成沙特阿拉伯乌姆沃尔1550万吨每年的磷矿选矿装置、突尼斯磷矿选矿项目设计、美国磷矿选矿项目。

科技创新。2016年，中蓝连海设计研究院承担企业委托、政府资助等研发项目40个，完成验收项目近20项。全院申请专利31项，其中发明专利23项；获得专利授权22项，其中发明专利21项。“一种适合于含氮化工废水总氮的处理方法”获中国发明协会2016年第九届国际发明展览会发明创业奖·项目奖银奖。“有机酸类工业废水综合治理与资源化利用技术开发研究与应用”获连云港市科技进步一等奖。耦合高效微生物菌剂的高氨氮废水处理技术和含酚、含有机酸类工业废水综合治理及资源化利用技术2项环保技术被中国石化联合会推荐为石油和化工行业环境保护与清洁生产重点支撑技术（设备），被省科技厅列入江苏省水污染防治技术指导目录。《磷矿采矿和选矿矿渣技术规范》被工业和信息化部立项化工行业标准制订计划。

（王　艳）

绿地·观湖1号（B3-3地块）获2016年省优秀勘察三等奖、市工程勘察二等奖。　　市建筑设计院　供

【连云港市建筑设计研究院有限责任公司】 2016年，市建筑设计院综合财务收入8300多万元，完成工程项目设计总建筑面积380多万平方米，签订工程项目设计合同70多项。完成的主要设计项目有帝豪水榭花都二期、世纪凤凰城二期、苍梧家苑等。30多个项目分别获得省、市各级奖项。万润华泰居住小区2号至9号楼及人防地下车库一、二项目、东方瑞园二期1号至8号楼及地下室工程被评为江苏省建筑施工标准化文明示范工地；瑞安花园安置小区1号、2号、3号、4号、6号、7号、12号楼工程被评为连云港市标准化文明示范工地；苍梧·新华苑一标段20号、21号、22号、23号楼获连云港市优质结构工程；东方瑞园1号至8号楼及地下室被评为江苏省示范监理项目。

工程勘察检测。绿地·观湖1号项目获2016年度省优秀勘察三等奖、市工程勘察二等奖；连云港师专二附小异地新建工程项目获2016年度市工程勘察二等奖；连云港老干部活动中心项目获2016年度市工程勘察三等奖。

科技创新。2016年，市建筑设计院被省经信委批准为江苏省科技型中小企业。东方国际商务中心项目获省优秀设计二等奖、市一等奖；开发区物流广场项目、香溢广苑项目获省三等奖；新华广场项目获省优秀设计奖。先张法预应力混凝土切角方桩获市科学技术进步奖三等奖。恒润郁洲府获第六届全国“绿建设计、创意无限”绿色建筑信息模型（BIM）大赛三等奖。江苏省特种设备安全节能技术研发中心试验检验楼项目获得江苏省勘察设计行业第三届（BIM）设计大赛最佳BIM应用新秀奖。

（张丽辉）

责任编辑　高鹤婷

教　育

综述

【概况】2016年，连云港市有幼儿园589所，在园儿童23.9万人，专任教师1.08万人；普通小学451所，在校生43.2万人，专任教师2.36万人，小学教师具有专科及以上学历比例97.63％；初级中学137所，在校生15.56万人，专任教师1.3万人，初中教师具有本科及以上学历比例94.99％；普通高中37所，在校生7.45万人，专任教师6985人，普通高中教师具有本科及以上学历比例99.28％；中等职业学校14所，在校生4.54万人，专任教师3118人，中职教师具有本科及以上学历比例为97.71％；普通高等院校5所，在校生3.9万人，专任教师2128人；成人高校1所，在校生0.8万人。全市学前三年教育毛入学率97.23％，义务教育阶段入学率、巩固率均达100％。教育现代化水平继续提升，全市教育现代化建设监测评估综合得分80.02分，比2015年度提高6.1分，其中赣榆区综合得分89.45分。全市现代化建设监测体系4个一级指标、16个

2016年连云港市各类学校和在校学生一览表

表66

指　　标	全市	市区	赣榆区	东海县	灌云县	灌南县
一、学校数（个）						
1.高等学校	5	5	—	—	—	—
2.中等专业学校	9	8	2	—	—	1
3.普通中学	174	75	38	38	30	31
高　中	37	20	9	8	5	4
初　中	137	55	29	30	25	27
4.职业中学	5	3	—	1	1	—
5.技工学校	11	8	1	2	1	—
6.小　学	451	175	107	118	111	47
二、在校学生数（人）						
1.高等学校	38647	38647	—	—	—	—
2.中等专业学校	37474	21997	6363	2884	3990	8603
3.普通中学	230091	102895	55878	52511	41358	33327
高　中	74489	36523	20439	16402	12461	9103
初　中	155602	66372	35439	36109	28897	24224
4.职业中学	7952	5583	—	2269	—	—
5.技工学校	7751	6863	—	418	470	—
6.小　学	432004	181180	101312	118178	70112	62534

2016年连云港市各类学校教职员工和专任教师一览表

表67 单位:人

指 标	全市	市区	赣榆区	东海县	灌云县	灌南县
一、教职员工数						
1.高等学校	3095	3095	—	—	—	—
2.中等专业学校	1867	1512	474	—	—	355
3.普通中学	24022	11389	6368	5183	3572	3878
4.技工学校	981	682	—	33	266	—
5.职业中学	1251	797	—	249	205	—
6.小 学	23026	10155	5813	5960	3404	3507
二、各类学校专任教师数						
1.高等学校	2128	2128	—	—	—	—
2.中等专业学校	1511	1169	381	—	—	342
3.普通中学	19959	9608	5353	4512	3086	2753
4.技工学校	831	559	—	19	253	—
5.职业中学	1113	692	—	230	191	—
6.小 学	23614	10389	5961	6086	3333	3806

二级指标、40个监测点、49个检测要点的达成度超过80%。

【教师队伍建设】 2016年，连云港市继续开展“青蓝工程”“百位名师百乡行”等特色活动，评选中小学高层次人才“333工程”，第三周期第三层次培养对象1582人，遴选乡村教育人才“领雁计划”第二层次培养对象450人。全年完成7大类46项教师培训，培训6.47万人次。24名教师被省教育厅评为第十四批省特级教师。市教育局修订《连云港市“港城名师工作室”管理考核暂行办法》。建设乡村骨干教师培育站26个，实现乡村义务教育阶段学校学科全覆盖，全省乡村教师工作现场会议在连云港市召开。全市3239人取得各级各类教师资格证书，783名教师获得各级各类职称。4.02万名教师完成中小学教师资格定期注册。教育部、人社部联合表彰全市乡村学校从教满30年的教师1.34万人，市政府表彰从教满30年的教师720人。市教育局评选表彰市教学名师、市优秀教育工作者165人。5月，身患重病坚守讲台10余年的灌云县侍庄乡侍庄小学教师范松林被评为“2015感动中国·江苏十大感动人物”。9月，在偏远山区小学从教多年的赣榆区黑林中心小学教师柏纪荣获得“江苏最美教师”称号。

【教育经费保障】 2016年，市政府出台《进一步完善城乡义务教育经费保障机制实施方案》，统一城乡义务教育学校生均公用经费基准定额。2016年，全市普通高中、中等职业学校生均公用经费拨款标准分别提高到800元、1000元。全市发放学前教育、义务教育、普通高中、中职学校和应届考上大学的家庭经济困难学生补助资金9883万元，办理生源地助学贷款2.09万人次，发放贷款1.6亿元。

【教育信息化建设】 2016年，市教育部门在全市农村中小学中实施教育信息化提升工程和智慧教育工程，加强各级各类学校教育技术装备基础设施建设，全市中小学国家教育信息化达标率85%，比2015年上升5个百分点。其中，学校百兆光纤接入率100%、公共资源平台和公共管理平台覆盖率100%、教室多媒体覆盖率85%、学习空间“人人通”使用率82.6%，公共资源平台和公共管理平台资源建设量连续3年列全省第一。在教育部开展的“一师一优课、一课一名师”（每一位教师上好一堂利用信息技术和优质教学教育资源的优质课，每一堂课至少有一位优秀教师能够利用信息技术和优质数字教育资源讲授）活动中，有3.47万名教师上传作品，位居全省第二。全年建成智慧教室120个、云录播教室23个、“一师一优课、一课一名师”制作系统32套。市教育管理信息中心承担中国教育科学研究院“教师主题研修网络课程资源”项目建设，完成23个专题资源建设，被中国教育科学研究院选为教师培训课程在全国发行。

【教育督导】 2016年，市政府出台《连云港市教育督导规定》，成立市政府教育督导委员会，全市第一次教育督导委员会工作会议召开。海州区、连云区完成省级综合督导评估，开展全面改善义务教育薄弱学校基本办学条件工程专项督导。第四届市级督学和督导委员会专家组成员完成换届与聘任，聘任56名市督学、131名专家组成员。东海县、灌南县完成国家义务教育质量监测工作。

【教育科研】 2016年，连云港市在江苏省第四届教育科学优秀成果奖评比中获得一、二、三等奖16项。在江苏省首届教育研究成果奖评选中获得一、二、三等奖8项。立项省教育科学研究所“十三五”教育科学2016年度课题100项，4项课题被评为省精品课题。全市教师撰写论文参加省中小学教师“教海探航”论文竞赛，279篇论文获奖，占全省获奖总数的29%，其中特等奖4篇、一等奖41篇、二等奖49篇、三等奖185篇。连云港市参赛成绩连续七年位居全省第一。参加江苏省中小学“师陶杯”教科研论文竞赛，2篇论文获得特等奖，38篇获得一等奖，39篇获得二等奖，获奖率64%，其中特等奖、一等奖获奖数位居全省第一。开展《连云港市教育志》编纂工作，完成《连云港市“十三五”教育发展规划》编写。在连高校18个党建与思想政治工作理论研究项目获省高校哲学社会科学研究基金立项和验收。

【校园安全建设】 全市各级各类学校开展中小学安全教育日、中小学生（幼儿）防溺水专题教育、消防安全宣传教育行动等活动，普及安全、减灾知识和技能。全市学校配备保安2272人、防范器械1027套，安装摄像探头1.63万个，开展应急演练4562次。连云区创建成江苏省平安校园建设示范区。建设合格校园警务室50所。 （茆大斌）

基础教育

【概况】 2016年，连云港市有幼儿园589所，在园儿童数23.9万人，专任教师1.08万人；普通小学451所，在校生数43.2万人，专任教师2.36万人；初级中学137所，在校生数15.56万人，专任教师1.3万人；普通高中37所，在校生数7.45万人，专任教师6985人。东海县、灌云县、赣榆区、海州区、连云区、连云港经济技术开发区创建成江苏省学前教育改革发展示范区，学前三年教育毛入学率97.23%；小学入学率、巩固率100%、升学率97.85%；初中入学率、巩固率100%，升学率97.46%。有四星级普通高中18所，三星级普通高中14所，高中阶段教育毛入学率97.35%。

5月26日，庆六一幼儿建构游戏展示活动现场。 市教育局 供

【学前教育】 2016年，连云港市启动实施第二期学前教育发展五年行动计划，年内创建省级优质幼儿园11所、省幼儿园课程游戏化项目3个，建设市级管理规范示范园15所、市级优质幼儿园33所。新建幼儿园18所，认定普惠性民办幼儿园96所。5月26日，举办全市庆六一幼儿园建构游戏现场展示活动，全市推荐112所（城市园、农村园各56所）参赛单位进入复赛，经评审、选拔，分别选出农村组、城市组各33所幼儿园进入决赛，参加现场展示活动。10月22日，举办市首届幼儿园园长专业素养与履职能力大赛，全市76名园长进入教育活动评价环节，比赛分集体教学活动和园本教研活动2个主题。

【义务教育】 2016年，全市小学、初中招生13.25万人。市教育部门推进义务教育优质均衡发展，完成《市区中小学布局规划（2015—2030年）》修编。自2015年起实施的义务教育薄弱学校办学条件改善工程全面推进，全市开工建设项目341个、竣工项目326个，开工建设校舍面积51.57万平方米，新增运动场面积9.18万平方米，累计投入校舍建设和设施设备采购资金9亿元。创建省级小学特色文化建设项目和薄弱初中课程建设项目9个、前瞻性教学改革实验项目1个。市教育局认定118所中小学达义务教育学校省定办学标准。村级小学质量提升工程启动实施。市教育局、编办、发展和改革委、财政局、人社局、国土局、规划局联合下发《关于加大对流动人口流入地教育工作支持的意见》，安排5806名进城务工人员随迁适龄子女就读小学一年级、初中一年级。

【普通高中教育】 2016年，全市普通高中招生2.22万人。东海县房山高级中学接受省四星级普通高中评估验收，完成新海高级中学、海州高级中学、东海高级中学、灌云高级中学、赣榆高级中学、赣榆第一中学6所高中四星复评工作，完成连云港开发区高级中学、连云港市田家炳中学、灌南县华侨双语学校、灌云县四队中学、赣榆区历庄高级中学、赣马高级中学6所高中三星复评工作，12所学校全部通过省级复评。创建省级普通高中课程基地3个（市厉庄高级中学地理实践课程基地、新海高级中学环境化学实践课程基地、南京师范大学灌云附属中学心理教育课程基地）、前瞻性教学改革实验项目1个（新海高级中学排球博物馆建设：指向提升学生体育核心素养的探

2016连云港市基础教育省级课程基地建设一览表

表68

建设时间	学段	建设学校	建设项目	共建学校
2016年	高中	连云港市厉庄高级中学	地理实践课程基地	
		江苏省新海高级中学	环境化学实践课程基地	
		南京师范大学灌云附属中学	心理教育课程基地	
	初中	连云港市石桥中学	劳动与技术课程建设项目	赣榆区实验中学
		连云港市宁海中学	节能环保综合实践活动课程	连云港外国语学校
		灌云县杨集初级中学	农村初中生物课程建设项目	灌云县下车中学
		东海县青湖中学	初中生物课程建设	东海县实验中学
	小学	连云港市海头中心小学	小学“做数学”特色文化建设	连云港市赣榆实验小学
		东海县实验小学	“少儿版画”特色文化建设工程	东海县牛山街道中心小学
		连云港市院前小学	“人文科技”特色项目建设	连云港市解放路小学
		灌南县新安镇中心小学	小学“数学实验”特色文化项目建设	灌南县孟兴庄镇中心小学
		连云港市建宁小学	“生态美术”特色文化建设项目	连云港市建国路小学
	幼儿园	连云港市塔山中心幼儿园		连云港市赣榆区实验幼儿园
		灌南县三口镇中心幼儿园		灌南县小红花幼儿园
		连云区海州湾中心幼儿园		连云区海州湾中心幼儿园

索)。2016年高考录取本科1.12万人。连云港高级中学新疆内地高中班高考本科达线率100%。全市录取空军航空航天大学飞行学员、海军飞行员、青少年航校飞行员11人。11月22—23日,江苏省深化高中教育教学改革建设高品质高中现场观摩研讨会在海州高级中学召开。来自全省各市教育主管部门负责人及300余名四星级高中校长参加会议。与会人员观摩了新海高级中学、海州高级中学教育教学改革现场,进行教育教学改革经验交流。

【特殊教育】 2016年,连云港市有7所特殊教育学校,930名在校生,191名专任教师。市教育部门为未入学的432名中重度残疾儿童登记学籍,落实学校、班级、教师。实施特殊教育发展工程,7个项目获得省级立项,其中改善办学条件项目学校2所:灌云特殊教育学校、赣榆特殊教育学校。医教结合项目学校1所:东海特殊教育学校。资源教室建设项目学校3所:连云港师专二附小、海州区蓓蕾幼儿园、连云区院前小学。送教上门服务项目学校1所:新浦培智学校。举办全市特殊教育青年教师基本技能考核、教师优质课评比,26名教师获表彰。举办全市特殊教育学校学生运动会,127名运动员分别参加10个项目33个组别的比赛。举办全市特殊教育学校生活技能比赛,全市180名选手参加包饺子、叠被子等生活技能比赛。灌云特殊教育学校聘请康复医生与学校教师开展送教送康上门服务,并慰问残疾儿童,江苏教育信息网、江苏文明网等多家省级媒体进行专题报道。

(茆大斌)

职业教育

【概况】 2016年,连云港市有中等职业学校16所,高等职业技术学校2所,在校生4.77万人,专任教师2624人。赣榆区、灌南县创建为江苏省职业教育创新发展实验区。连云港中等专业学校、赣榆中等专业学校、灌南中等专业学校创建成国家级中等职业教育改革发展示范学校。累计创建国家级重点职业学校12所、创建江苏省高水平示范性职业学校9所、创建江苏省高水平现代化职业学校8所、创建江苏省四星级中等职业学校7所。江苏省连云港中等专业学校、江苏省大港中等专业学校、江苏省东海中等专业学校创建江苏省高水平现代化职业学校3所。创建示范性实训基地9个,分别是连云港中医药高等职业技术学校护理实训基地、连云港工贸高等职业技术学校现代物流实训基地、大港中等专业学校现代物流实训基地、连云港生物工程中等专业学校现代农业实训基地、连云港市艺术学校艺术表演实训基地、金山中等专业学校茶叶生产与加工实训基地、东海中等专业学校机电技术应用实训基地、灌云中等专业学校电子技术应用实训基地、灌南中等专业学校汽车运用与维修实训基地创建省级现代化专业群4个,分别是连云港中医药高等职业技术学校中药学专业群、连云港中等专业学校化学工艺专业群、赣榆中等专业学校建筑工程施工专业群、灌南中等专业学校机电技术应用专业群。29个专业被省教育厅批准为省现代职业教育

2016 年连云港市获省现代职业教育体系建设试点项目一览表

表 69

类别	牵头院校	合作院校	招生专业
中职与高职“3+3”专业班分段培养试点	连云港中医药高等职业技术学校	盐城卫生职业技术学院	护理
	连云港中等专业学校	徐州工业职业技术学院	精细化工（化工制药方向）
			化学工艺（化工制药方向）
		连云港职业技术学院	电气运行与控制
		淮安信息职业技术学院	电子技术应用
			计算机应用
		南通航运职业技术学院	港口机械运行与维护
	东海中等专业学校	徐州工业技术学院	机电技术应用
			电子技术应用
	灌云中等专业学校	无锡商业职业技术学院	电子电器应用与维修
			计算机平面设计
		连云港职业技术学院	计算机应用
	灌南中等专业学校	江苏工程职业技术学院	服装制作与生产管理
		连云港职业技术学院	机电技术应用
	赣榆中等专业学校	江苏财会职业学院	会计
		常州轻工职业技术学院	电子技术应用
			计算机应用（网络技术方向）
		江苏城乡建设职业学院	工程造价
		徐州工业职业技术学院	机电技术应用
	金山中等专业学校	江苏农牧科技职业学院	畜禽生产与疾病防治
			现代农艺技术
	大港中等专业学校	南通航运职业技术学院	港口机械运行与维护
	连云港生物工程中等专业学校	江苏农牧科技职业学院	现代农艺技术
			畜禽生产与疾病防治
			农业机械使用与维护（机修方向）
中职与本科“3+4”分段培养试点	连云港中等专业学校	淮海工学院	机电技术应用
	赣榆中等专业学校	淮阴工学院	建筑工程施工
	灌南中等专业学校	淮海工学院	计算机应用

体系建设试点项目，12 所学校与高校开展“3+4”“3+3”“4+2”分段培养试点，建立从中职到高职、到应用本科的人才培养通道。实施普通高中与中等职业教育融合贯通试点，江苏省连云港中等专业学校、连云港高级中学、连云港外国语学校 3 所学校开展试点工作。全市中等职业教育毕业生就业率 96.05%，对口就业率 81.54%。

【职业教育科研】 2016 年，市职教教研室首次对 11 所学校 24 个专业类别进行教学视导。全市首次实施“对口单招”班统一命题制卷、统一考试评分（由市职教教研室统一命题）。编制系列学科、专业建设、年度质量分析报告，形成有效的教学质量监控评价机制。25 项课题被省教科院立项，其中重点课题 5 项。评选江苏省职业学校“三创”（创业、创新、创优）优秀学生 40 人、优秀学生干部 15 人、先进班集体 20 个。

【竞赛活动】 市教育部门在全市职业学校中组织实施职业教育系列赛事“星光计划”，建立四级竞赛机制。连云港中医药高职校、连云港中等专业学校学生参加全国职业技能大赛取得历史性突破，获得国家级比赛金牌 5 块。其中，连云港中医药高职校黄乾、张文瑜获得中药传统技能（高职学生组）金牌 2 块；聂奕轩获得护理技能（中职学生组）金牌 1 块；连云港中等专业学校李阳获得焊接技术（中职学生组）金牌 1 块；李豆豆、赵云阁获得化工分析检验（中职学生组）金牌 1 块。工贸高职校、连云港中等专业学校参加江苏省职业院校技能大赛夺得机械加工、焊工和工业分析项目 3 枚金牌。在 2016 年全国职业院校信息化教学大赛中，连云港市 5 组参赛选手全部获得一等奖，一等奖获得数在全国地级市中名列第一。其中，连云港中等专业学校魏

5月7日，连云港市举行职业教育活动月启动仪式。 市教育局 供

朴、南岚、王健团队，工贸高职校白桂彩、孙明月、尤富仪团队获得全国第一名。全市职业院校师生参加全省信息化教学大赛、职业教育班主任基本功比赛、创新大赛、文明风采比赛等获得一等奖56项、二等奖102项、三等奖161项，信息化教学设计大赛与班主任基本功比赛分别获得全省团体第一名、第三名。

【职业教育活动月】 5月7日，连云港市职业教育活动月启动仪式在市行政中心广场举行。全市16所中等职业学校师生代表1600人参加启动仪式。活动月期间，举办连云港市职业学校信息化教学大赛、职业学校开放周、企业开放日、职教服务在身边、职业教育论坛、市民大讲堂、全市职业学校技能大赛、"媒体职教行"等活动，并承办全国职业院校技能大赛中药传统技能比赛项目。 （茆大斌）

普通高等教育

【概况】 2016年，连云港市有普通高等院校5所，分别是淮海工学院、南京医科大学康达学院、连云港师范高等专科学校、连云港职业技术学院、江苏财会职业学院；有成人高校1所：连云港开放大学。全市普通高等院校有大专以上在校生3.9万人，专任教师2128人，具有正高职称的教师的229人，获得博士学位的教师的312人。《江苏省国民经济和社会发展第十三个五年规划纲要》明确"依托淮海工学院建设江苏海洋大学"。开展第三届全市高校教学名师评选，8名教师获奖。18名教师被评为江苏高校"青蓝工程"优秀青年骨干教师、中青年学术带头人。淮海工学院机械工程专业被省教育厅批准为"十三五"期间省一级学科重点培育学科，淮海工学院中国语言文学、应用经济学、计算机科学与技术、药学、控制科学与工程、生物工程、材料科学与工程专业被批准为一级学科建设学科。连云港师范高等专科学校王志蔚的课题"转型期江苏应用型本科高校领先发展研究"获江苏省社科应用研究精品工程课题立项，淮海工学院3项课题获省研究生教育教学改革研究与实践课题重点课题立项，连云港师范高等专科学校"构建U–K专业实践共同体的实践探索"被评为省教育改革创新优秀案例。

【竞赛活动】 2016年，全市高校组织学生参加多项国家级、省级专业和技能竞赛，获多个奖项。参加省市文化创意设计大赛，获得奖项5个。在第三届全国职业院校建筑装饰综合技能竞赛中，连云港职业技术学院3名学生组成的代表队获得装饰施工图绘制单项特等奖。在全国高职院校土建施工类专业学生第三届"鲁班杯"建筑工程识图技能竞赛中，连云港职业技术学院1名学生获得个人赛二等奖。在第二届江苏省笔译（英语）大赛中，连云港职业技术学院2名学生获专科组英译汉一等奖。在省第五届师范生技能大赛中，连云港师范高等专科学校4名学生获一等奖。江苏财会技术学院1名学生获第七届全国职业院校民政职业技能大赛一等奖，1名学生获江苏省大学生数学竞赛一等奖。

【毕业生就业创业】 2016年，全市高校举办各类招聘会155场，提供岗位总数3万余个。连云港师范高等专科学校与软通动力信息技术集团有限公司乐业空间签订合作协议，为高校学生创新创业搭建平台。全市67个项目获省大学生创新创业训练计划立项，新增6个省学位研究生实践创新计划项目。在团省委、省教育厅、省人力资源和社会保障厅、省科协、省学生联合会共同主办的2016年"创青春"江苏省大学生创业大赛中，淮海工学院木虫科技团队获决赛银奖。连云港职业技术学院1个创业项目获得江苏省第二届"互联网+"大学生创新创业大赛决赛三等奖，2个项目分别获得省大学生职业生涯规划大赛二、三等奖。全市2016届高校毕业生就业率92.45%。

【高校校外教学点管理】 2016年，全市有65个高校校外教学点，其中函授站39家、现代远程教育学习中心17家、奥鹏网络教育公共服务体系3家、弘成教育学习中心6家。经市教育部门年检，撤销不合格教学点3个，分别是郑州大学灌云县委党校现代远程教育校外学习中心、淮海工学院江苏省大港中等专业学校函授站、中国人民大学连云港中等专业学校远程教育学习中心；暂停教学点3个，分别是南京审计学院连云港师范高等专科学校函授站、安徽理工大学连云港市新华技工学校函授站、徐州工程学院连云港市新华技工学校函授站。新增高校校外教学点2个，分别是淮海工学院江苏省灌云中等专业学校函授站、南京邮电大学连云港市光明教育培训中心函授站。

【"一带一路"教育交流】 1月14日，由省教育厅国际交流处主办的"江苏教育参与'一带一路'建设研讨会"在连云港职业技术学院召开。南京大学、南京航空航天大学、苏州大学、市外侨办、连云港中哈国际物流有限公司等11家单位参加会议。10月22日，淮海工学院、江苏财会职业学院与哈萨克斯坦KIMEP大学联合主办的“一带一路”中哈（连云港）国际商务学术论坛在淮海工学院举行。留学生来源国范围扩大、留学生人数增加，年内有13个国家的100余名留学生到连学习。淮海工学院成为“留学江苏培育学校”，连云港职业技术学院全浸式基础汉语速成班被批准为江苏高校省级外国留学生短期项目，连云港师范高等专科学校与加拿大圣劳伦斯应用文理与技术学院合作举办学前教育专业项目以及与俄罗斯奔萨国立大学合作举办音乐表演专业专科教育项目获省教育厅批准。（茆大斌）

社会教育

【概况】 2016年，连云港市创建省级社区教育示范区2个、省教育服务“三农”高水平示范基地2个、省标准化社区教育中心21所、省标准化居民学校687所，建设江苏开放大学“学习苑”2个。全市完成农村实用技术培训28万人次、劳动力转移培训2.2万人、农民工培训1.78万人；完成“农村妇女网上行”培训4050人次。实施社会教育协力共荣计划，创建省级社区教育示范区2个，分别是海州区、连云区，全市累计5个；标准化社区教育中心21个，全市累计71个。13人获得市“百姓学习之星”称号，“黄海人家文化活动”“伊山放歌德行灌云”等8个项目获得市终身学习品牌项目。6家单位被江苏省成人教育协会、江苏省社会教育服务指导中心评为首届江苏省社会教育百强单位。

【教育服务“三农”高水平示范基地培育】 2016年，市教育局制定实施《连云港市教育服务“三农”高水平示范基地优选培育工作方案》，优选产生市级培育对象2个，分别是赣榆区葡萄高科技栽培示范基地、东海县黄川镇草莓种植示范基地。2个基地经过遴选公示、6个月培育期、市级考查评估，通过省教育服务“三农”高水平示范基地现场评估验收。

【农村居民教育培训】 2016年，全市社区教育中心开展农村转移劳动力培训，增强农民职业素养、就业本领以及职业岗位迁移能力。灌南中等专业学校与食用菌产业化龙头企业共建教育培训中心，通过合理设置专业、科学编写教材、强化专业知识、现场操作实训，开展食用菌技术教育培训工作。各县区农业广播电视学校与乡镇社区中心、村居民学校聘请各行业专家、专业技术人员组建农民培训讲师团，采取“点菜式”培训，根据农民需要进村入户开展“面对面”培训。全年完成农村实用技术培训28万人次、劳动力转移培训2.2万人、农民工培训1.78万人。

【社区教育信息化建设】 2016年，各县区以“江苏学习在线”为平台推进社区教育信息化建设。推进网上学习平台的互联互通互用和社区教育数字化学习资源的建设与共享，全市建设赣榆学习在线、东海学习在线、连云学习在线等3个在线学习平台，为社区居民提供线上线下多种形式的学习支持服务。赣榆区教育局被省社会教育服务指导中心评为年度社会教育宣传工作先进集体，“赣榆学习在线”被评为江苏学习在线项目联盟建设优秀单位、应用推广先行区，该区在江苏学习在线网站“新闻资讯”及“社区风采”栏目发表社会教育方面的稿件512篇。

【社区老年教育】 2016年，根据老年人生活、作息、健康等方面特点，市、县区、乡镇（街道）联动，采取不同的方式方法，打造各具特色的孝文化资

2016年连云港市社会教育创建成果一览表

表70

创建品牌	创建单位	创建品牌	创建单位
江苏省教育服务“三农”高水平示范基地	东海县黄川镇草莓种植示范基地	江苏省标准化社区教育中心	灌南县汤沟镇社区教育中心
	赣榆区沙河镇葡萄栽培示范基地		连云区连岛街道社区教育中心
江苏省级社区教育示范区	连云区		连云区云山街道社区教育中心
	海州区		赣榆区城头镇社区教育中心
江苏省标准化社区教育中心	东海县洪庄镇社区教育中心		赣榆区沙河镇社区教育中心
	东海县黄川镇社区教育中心		赣榆区黑林镇社区教育中心
	东海县温泉镇社区教育中心		赣榆区赣马镇社区教育中心
	东海县安峰镇社区教育中心		赣榆区班庄镇社区教育中心
	灌云县四队镇社区教育中心		赣榆区塔山镇社区教育中心
	灌云县龙苴镇社区教育中心		海州区花果山街道社区教育中心
	灌云县小伊乡社区教育中心		海州区新海街道社区教育中心
	灌南县李集乡社区教育中心		连云港经济技术开发区朝阳街道社区教育中心
	灌南县孟兴庄镇社区教育中心		

源平台。利用居民学校教育资源与居家养老平台，开展老年人喜闻乐见的文化、健康、娱乐、休闲等活动，各县区老年人社区教育活动年参与率均超过20%。

【全民终身学习活动周】 10月29日，全民终身学习活动周启动仪式在灌云县举行。仪式结束后，与会人员参观了灌云县全民学习书画展——“我手画灌云”，观摩群众文体活动展演。各县区在活动周期间开展职工技能大赛、老年文体活动、“农村妇女网上行”教育、农民技能和学历双提升教育等活动。

民办教育

【概况】 2016年，连云港市有经教育行政部门批准设立的各级各类民办教育机构462所，其中学历教育机构（含幼儿园）271所，非学历教育机构191所。在学历教育机构中，有中学30所（包括12年制、9年制），普通高中在校生7719人，初中在校生3.12万人；有小学28所，在校生2.6万人；有幼儿园213所，在园幼儿6万人。年内全市新设立民办幼儿园13所，非学历培训机构8个。全市非学历教育机构培训各级各类人员11.59万人次。

【民办学校办学许可证年检】 2016年，市教育部门对全市民办中小学、幼儿园和培训机构依法办学、学校建设、办学管理等情况进行年度检查，有7所中小学、12所幼儿园、6个培训机构不合格，均作限期整改处理。制作完成连云港市民办学校基本情况统计表、连云港市民办学校基本信息统计表。

【民办培训机构专项治理】 2016年，各县区教育行政部门开展民办培训机构专项治理，依法查处无证非法办学行为。海州区对34个无证办学机构下发行政处罚告知书和限期整改通知书，并对17家不具备办学条件的培训机构做出责令停止办学的行政处罚。 （茆大斌）

素质教育

【德育教育】 7月，由省科协、科技厅、文明办、台办主办，国家东中西区域合作示范区管委会、市教育局、市科协、科学大众杂志社、台湾“中华创意发展协会”等单位在连共同举办2016海峡两岸青少年科技创新交流活动，活动包括海峡两岸青少年科技教育论坛、2016年海峡两岸Power Tech交流赛、台湾中小学生江苏历史文化之旅三部分，来自台湾和江苏的39所中小学的400多名学生参加活动。9月，市教育局组织开展以“学长征精神，做红色传人”为主题的纪念红军长征胜利80周年活动。全年评选社会主义核心价值观优秀教育案例65件、优秀德育工作案例69件、优秀心理健康教育工作案例69件、十佳（优秀）学生社团20个、星级学生发展（指导）中心41个。开展青少年维权岗、绿色学校、防震减灾示范校、科学教育特色校等创建活动。新海高级中学2012级学生龚翔宇获得里约奥运会女子排球金牌，成为连云港市首个奥运冠军。灌云县杨集中学初二学生王祖帅勇救落水女童事迹获得社会和媒体广泛赞扬。经市委政法委、市依法治市领导小组办公室、教育局共同研究，组织市级有关专家、教师编写连云港市法治校本教材，发放至各学校。

【体育卫生艺术教育】 2016年，市教育部门开展阳光体育联赛活动，组织参加省苏北片中学生田径比赛，灌云高级中学获传统组团体总分第一名，南师附中灌云校区获非传统组团体总分第一名。连云港外国语学校、东海县第二中学、新浦中学、板浦高级中学、海州高级中学分获省苏北片中学生篮球比赛第二至六名。在省高中生篮球总决赛中，灌云高级中学、新浦中学、连云港外国语学校分获第五至八名；在2016年度“李宁杯”江苏赛区篮球比赛中，连云港外国语学校蝉联冠军。新海高级中学、新海实验中学获省中学生排球比赛团体第三名。承办省中学生乒乓球比赛，海州高级中学获团体亚军。海州高级中学选拔8名运动员代表中国参加第三届世界中学生教育运动会，参赛项目包括篮球、足球、田径、乒乓球等。在全国第五届中小学生艺术展演中，全市有13件作品分获一、二、三等奖。其中，建国路小学教师刘怀芹的论文获全国一等奖，连云港外国语学校学生王瑞琪的书法、任翔宇的版画、王思薇的摄影、大村小学何雅岚的书法、石榴高级中学何昕玥的版画、东海县初级中学唐天毅的版画等6件艺术作品获全国一等奖，赣榆实验小学王家乐的绘画获全国二等奖，连云港师专二附小的校园剧《一路花香》、东海二中的朗诵《少年梦中国梦》获全国二等奖，解放路小学的舞蹈《墨韵欢歌》、海州实验小学的合唱《撒哩啰》获全国三等奖。5月30日，由省教育厅主办、连云港大爱艺术团承办的“大爱之声”优秀获奖剧目到师专一附小展演。10月28日，在连云港市建国路小学举行江苏省高雅艺术进校园拓展项目——海州地区民间美术作品展。全年创建国家级足球特色学校8所、省首批足球特色幼儿园5所、省级体育传统项目学校21所、省级艺术特色学校5所。市教育局制定实施《连云港市学生体质健康促进行动计划（2016—2020年）》，为中小学生实施免费健康体检。加强学校食品卫生安全及传染病防控工作，创建“健康促进学校”84所。

【竞赛活动】 2016年，全市中小学生获得国家级比赛一、二等奖38项、省级比赛一等奖297项。其中，新海高级中学学生曹宇辉获得第30届全国高中化学奥林匹克竞赛金牌，并入选国家集训队。在全国青年教师教学大赛中，7人获一、二等奖；在省青年教师教学基本功大赛、优质课比赛中，61人获一、二等奖。省青年教师教学基本功大赛连云港市一等奖获得数居全省第一。7所学校获省足球大课间活动评比一、二等奖。

【语言文字教育】 5月4日，连云港市中学生汉字听写大会在市广电总台演播大厅举行，来自6所学校的30名选手参赛。连云港外国语学校代表队夺得团体赛总冠军，东海县实验中学富华路校区学生袁星宇夺得个人赛第一名。5月28日，由连云港市语言文字工作委员会、连云港市文学艺术界联合会共同成立的“文华读书会”在大华文化交流中心举行启动仪式，同时举办当代诗歌欣赏主题读书活动。9月13日，市教育局举行第19届全国推广普通话宣传周连云港市系列活动启动仪式暨诵读艺术进校园诗歌朗诵会。9月19日，市教育局召开连云港市中小学深化阅读推进会暨“真阅读工程”启动会。年内，完成赣榆区、海州区“中国语言资源保护工程·江苏汉语方言调查·连云港调查点方言发音人”增补数据采录。

【素质教育实践基地建设】 2016年，全市有素质教育实践基地6个，分别是江苏省连云港未成年人社会实践基地、赣榆区中小学素质教育实践基地、东海县中小学素质教育实践基地、灌南县中小学素质教育实践基地、灌云县小学生素质教育实践基地、灌云县中学生社会实践基地。各基地均建有素质拓展区、生活体验区、劳动实践区、主题教育区，6个实践基地建有室外实践区30余片，探究体验室102个。全市各素质教育实践基地开发生存体验、素质拓展、科普教育、专题教育4大模块16类课程，实践活动项目涉及素质拓展、安全与健康教育、环境保护教育、通用技术教育等40个大项110多个子项。年内，新建、改造素质教育实践基地主题馆室及室外实践区13个，建立优秀课程6个。创建农村学校劳动实践场所示范校2所，分别是东海县青湖中学、赣榆城南高级中学，全市学生参加劳动实践活动23万人次。

【国际交流】 2016年，海州高级中学与荷兰卡尔斯高中学生开展互访，新海高级中学与加拿大高中合作建立“2+10”模式海外升学项目，连云港外国语学校中澳VCE双证班、中

5月4日，连云港市举行汉字听写大会，连云港外国语学校获得冠军。
市教育局 供

美GAC课程班等课程成为发展特色。市教育局组织63名教师赴香港及台湾开展短期教育培训，组织300名中小学生参加国外教育文化交流及课程修学活动，新海高级中学、新海实验中学与英国学校签订友好学校协议。

【第五届中小学素质教育实践活动成果展示】 10月28日，第五届中小学素质教育实践活动成果展示在东海县中小学素质教育实践基地举行。全市11支代表队参加包饺子、急救包扎、灭火器使用、自行车组装、逃生练习、龙行天下、翻越毕业墙等8个项目的展示，14名教师参加实践活动教学说课展示。活动评选团体奖12个、单项奖48个、优秀选手40人，灌云县中学生代表队、东海县小学生代表队分获团体一等奖。

（茆大斌）

招生考试

【概况】 2016年，连云港市各项教育考试38万人次。其中，参加普通高考2.33万人，录取1.93万人，录取率84.77%；录取本科1.12万人，录取率68%。2.72万人参加学业水平测试必修考试，2.53万人参加信息技术考试，6020人参加高职单招联测，8610人参加成人高考，1955人参加对口单招考试。5月30日，连云港市教育考试院揭牌。全市高考设5个考区、18个考点、811个考场。整个考试过程平稳顺利，无一起违纪舞弊事件，无雷同试卷，高考考务继续保持“零差错”。

【高中段学校招生信息化管理】 2016年，连云港市中考全面实现网上阅卷、网上报名、网上填报志愿、网上查分及网上录取。制定《连云港市高中段学校招生统一文化考试成绩复核办法》，做好中考成绩复核工作。向市人大代表、政协委员、新闻媒体、考生与家长代表开放中考阅卷现场，对中考阅卷工作进行检阅与监督。

【高考、中考招飞工作】 2016年，空军航空航天大学通过初选、复选、定选，从灌南高级中学、东海高级中学录取2名飞行学员。北京航空航天大学分别从灌南高级中学、东海高级中学录取2名海军飞行员。北京航空航天大学、南京航空航天大学等学校在连云港市招收民航飞行员。开展青少年航校招飞工作，全市录取7人。

【自学考试与社会考试】 2016年，全市自学考试报考规模为1.26万人次、2.83万课次。市教育部门组织全国英语等级考试、全国计算机等级考试、剑桥少儿英语考试、全国大学英语四六级考试、江苏省书法水平等级证书考试、全国中小学教师资格证书考试等9个项目13次考试。全市社

会考试报名人数18.9万人次，其中书法水平等级证书考试报考规模突破11万人次，比2015年增长26.69%。开通"连云港招生考试"微信公众号，用户超过1.5万人。开通"连云港市教育考试院"政务头条号，连续4个月在政务头条号月排行榜上进入全国教育榜前十名。举办高考、中考三次大型填报志愿咨询会，在连云港社区大学"市民大讲堂"免费举办填报志愿公益讲座。（茆大斌）

大中专院校

【淮海工学院】 淮海工学院是省属本科院校。学校占地144.2公顷。学校下设18个二级学院，开设63个本科专业，专业门类覆盖工学、理学、文学、管理学、农学、法学、经济学、艺术学、教育学和医学10个专业门类。有全日制在校本科生1.91万人，硕士研究生192人。2016年招收本科生5195人，毕业生就业率97.93%。有海洋科学、机械工程、化学工程与技术3个学术型硕士学位一级学科授权点；有工程硕士（测绘工程）和农业硕士（渔业、食品加工与安全）2个专业学位授权点。有教职工1552人，1010名专任教师中479人具有高级职称。2016年新增江苏省"333"高层次人才培养工程（第五期）第三层次培养人选13人，新增江苏省高等学校"青蓝工程"培养人选10人，新增江苏省"六大人才高峰"项目资助人选9人，入选江苏省科技创新人才团队1个。全校有各类教学科研实验仪器设备6.2万台套，总值2.82亿元。有基础化学、大学物理、生物学、现代商务与港口物流、机电综合实践等12个江苏省高校基础课实验室示范中心和67个中央与地方共建基础实验室和特色优势学科实验室。图书馆有纸质图书157万余册，自建海洋专题数据库。

2016年，淮海工学院创建江苏海洋大学列入江苏省"十三五"规划和国家海洋局《关于实施"一带一路"战略，共同推进江苏海洋强省建设合作框架协议》。"海洋经济与临港产业应用型人才培养项目"获省发展和改革委批准，并上报国家发展和改革委。《淮海工学院加快建成江苏海洋大学行动纲要（2016—2018）》出台，列出创建工作的任务清单、时间节点和责任部门。土木工程学院、海洋学院和测绘工程学院分别更名为土木与港海工程学院、海洋生命与水产学院、测绘与海洋信息学院。10月22日，首届"一带一路"中哈（连云港）国际商务学术论坛在淮海工学院举行。论坛围绕"一带一路"的包容性经济互惠机制、中哈共建经贸合作示范区、中哈国际物流园区建设等问题进行探讨和交流。11月20日，第七届海峡两岸海洋海事大学蓝海策略校长论坛在淮海工学院举行，论坛以"海洋学科发展展望"为主题，来自海峡两岸的13所涉海高校校长、专家学者30余人参会。

学科专业建设加强，8个学科获批新一轮省重点培育学科和重点建设学科，9个省重点专业（类）通过省教育厅验收。新增海洋生物技术、先进材料功能调控技术2个省重点实验室。海洋工程综合实验中心完成项目技术设计评审，设备设计制造和基建工程启动实施。企业运营在线虚拟仿真实验项目和网络安全与物联网虚拟仿真实验平台被省教育厅批准为实验教学与实践教育中心（共享平台）培育项目。立项建设校级开放课程38门，引入尔雅通识课学习系统，首次实现学生在线选课、学习、获取学分。3部教材入选省重点教材。确定省级以上优秀教学成果培育项目10项。海洋出版社江苏分社在淮海工学院成立。3个博士点培育学科分别与兰州大学、东南大学、上海海洋大学达成博士研究生联合培养合作协议。测绘工程专业通过工程教育专业认证（专业认证机构针对高等教育机构开设的工程类专业教育实施的专门性认证）。

全年新批准纵向科研项目（国家、部、省、厅、市等政府机构下达的科研项目，资金由政府部分提供）189项，经费总额2040万元。蒋廷臣"典型区域城市不透水层遥感监测"项目、阎斌伦、申欣"近海生态灾害发生机理与防控策略"总课题下2个项目立项国家科技重大专项子项目。立项横向科研项目（由社会需求单位委托的科学研究、技术咨询、技术开发等项目）83项，合同金额1462万元，到账经费965万元。科研成果获得省科技进步奖2项、省哲学社会科学成果奖4项。与中国社科院共建知识社会（连云港）研究基地和"一带一路"（连云港）研究基地，与省社科院共建江苏省海洋发展研究院。拓宽产学研合作领域，召开东南大学—连云港市政府—淮海工学院产学研合作对接洽谈会。大学科技园被科技部批准为国家级科技企业孵化器，并被省经济和信息化委员会批准建为江苏省互联网众创园。（王小艳）

10月22日，由哈萨克斯坦KIMEP大学、淮海工学院和江苏财会职业学院联合主办的首届"一带一路"中哈（连云港）国际商务学术论坛在淮海工学院举行。
市教育局 供

【南京医科大学康达学院】 南京医科大学康达学院于2013年9月从南京迁址到连云港办学。2016年，学校占地33.33公顷。有在校生5488人，专任教师207人。设有临床医学、预防医学、药学、医学影像技术、护理学、公共事业管理、医学信息工程、眼视光学、康复治疗学、医学检验技术、药物制剂、英语、生物医学工程专业。在2016年江苏省普通高校招生中理科投档线排名省内本三批次院校第一。2016年招收本科生1775人。2016届毕业生797人，毕业生一次性就业率91.59%。

2016年，学校出台《南京医科大学康达学院品牌专业建设实施方案》《南京医科大学康达学院本科生转专业实施细则》。首次实行南京医科大学交换生项目，20名学生于2016—2017学年前往南京医科大学临床医学专业插班学习1年。在2014级临床医学专业（含全科医学方向）和护理学专业中，加修急诊医学课程和重症护理学课程。南京医科大学康复医学院连云港分院、康达学院康复医学部成立。与钟山职业技术学院签订“高职与普通本科3+2分段”合作培养康复治疗学专业人才协议，并招收首批学生。连云港市妇幼保健院、丹阳市人民医院、赣榆区人民医院、连云港市中医院先后成为学校附属医院；南京市江宁医院成为学校临床医学院，江苏天士力帝益药业有限公司和江苏正大清江制药有限公司成为大学生创新创业基地。

教师队伍引进博士研究生2人。16名教师获得南京医科大学PBL（基于问题的学习）导师认证资格；1名教师获得南京医科大学第十届“扬子江奖教金（优秀奖）”。建设南京医科大学康达学院青年教师科研平台和南京医科大学大学生创新科研平台，出台科研成果奖励办法。学校教师获得江苏省教育厅、连云港市、南京医科大学课题立项19项，比2015年增长90%。学校附属连云港东方医院刘岳鹏申报的课题获得2016年度国家自然科学基金面上项目立项。孟国祥专著《烽火薪传：抗战时期文化机构大迁徙》获得连云港市第十三届哲学社会科学成果奖一等奖。

学校与英国贝尔法斯特女王大学药学院、护理学院签署联合人才培养协议，推荐11名学生赴英国贝尔法斯特女王大学药学院攻读硕士学位。开展20余次遗体与造血干细胞宣传活动，学校遗体接受站全年接受6具遗体。与连云区、高新区共同实施“区校共建”健康港城行动计划。与连云区墟沟街道签订实践教育基地协议，开展健康宣传系列活动、急救知识宣传和技能培训、心理健康活动及志愿服务活动。 （李尹凤）

【连云港师范高等专科学校】 2016年，连云港师范高等专科学校有全日制在校生8925人，其中本科生2617人；有专业37个，其中本科专业13个，省级特色专业6个，省重点专业群3个，国家财政重点扶持专业2个。馆藏图书82万册。有专任教师403人，其中正高职称52人，副高职称205人；博士15人，硕士248人。1人被评为省“六大人才高峰”高层次人才培养资助对象，5人入选省“333”人才培养工程，4人入选省高校“青蓝工程”，2人获市级教学名师称号，4人享受市政府特殊津贴。获得教育部人文社科基金项目立项“基于UGK共同体的农村幼儿教师课程游戏化能力提升研究”，立项省高校哲社研究项目7项，省自科研究项目2项。“儿童教育与发展实训平台”被省教育厅评为省高等职业教育产教深度融合实训平台，“构建U-K专业实践共同体的实践探索”被省教育体制改革领导小组办公室评为省教育改革创新典型案例优秀案例。“和谐公寓、文化育人”项目获全国第九届高校校园文化建设二等奖。

教育教学改革深化，修订实施新的本、专科人才培养方案。美术教育专业被确定为省品牌专业建设工程一期项目，“基于UGK教育共同体的实践型卓越幼儿园教师培养模式”被评为省卓越教师培养计划项目。建成“学前教育、药品生产技术、旅游管理、社会体育、文秘、动漫制作技术、小学教育”校级品牌专业“6+1”建设项目。在省第五届师范生技能大赛中，朱晓燕、朱蕾、荀春花、薄紫瑜分别在中学数学、学前教育、小学语文、小学数学4个项目中获一等奖。学校年内与俄罗斯奔萨国立大学、韩国草堂大学和顺天乡大学签署合作协议。与澳大利亚、英国等国家合作开展的“海外本科”直通车项目，新招收来自韩国和“一带一路”沿线6个国家的留学生22人，在校生累计221人。

2016年12月，省委书记李强在《关于市委书记座谈会反映情况的梳理汇总及任务分解落实的建议》上作批示，“提升连云港师专办学层次”被列为重点建设项目。“支持连云港师专升格本科院校”列入市委、市政府印发的《关于深入贯彻“一带一路”战略推进沿海发展五大工程的实施意见》和2017年《政府工作报告》。年内，学校举办或承办“舞动中国——排舞联赛”暨全国广场舞联赛、江苏省诗词教育基地揭牌仪式、市第二届文化艺术展示季暨“经典·悦读”启动仪式、“春天，面朝大海”——连云港·盐城“两地两校四方”大型诗歌朗诵会、“山海和声”连云港市合唱比赛“争做文明市民、共创美德师专”——《连云港市文明市民手册》进校园等多项文体活动。

（王布新）

【江苏财会职业学院】 江苏财会职业学院前身是江苏财经高等职业技术学校，2015年升格为江苏财会职业学院。2016年，学校占地38.4公顷，有在校生4018人，专任教师226人，其中教授2人，副教授74人、“双师型”（同时具备教师资格和职业资格）教师77人；省级中青年教师培养对象3人，江苏联合职业技术学院专业带头人3人。馆藏图书50余万册（含纸质图书32万册及电子图书等），图书馆全部采用RFID智能化管理。建设现代服务业实训中心，包括省级现代商务实训基地、省级现代物流实训基地、现代金融实训基地、现代信息技术实训基地、现代社区管理实训基地、现代语音技术实训基地等41个实训室。制订“十三五”事业发展规划，提出12项重点任务50项发展措施。制订《江苏财会职业学院推进管理水平提升行动计划(2016—2018年)》。加强以财会为中心的专业和学科建设,形成会计管理、财务与金融、贸易与营销、电子商务、公共管理5个专业群。开展校级精品资源共享课程评审,立项15门专业基础课程、专业核心课程和公共基础课程。推进微课资源建设,引入慕课、翻转课堂等职业教育教学方法。改善学校办学条件,实训中心二期工程完成功能调整、设计、审图等环节。在省教育厅主办的全省高等职业院校信息化教学大赛中,马尚、沈欣、顾学玲和蒋晶、高蔓丽、谢慧的团队分别获一等奖。学生庞宁获第七届全国职业院校民政职业技能大赛一等奖。项梦媛获江苏省大学生数学竞赛一等奖。学校成为省财政厅干部培训基地、市财政干部教育培训基地,先后举办全省财政系统新进工作人员岗位培训班、第一期市属行政事业单位财务人员业务培训班。与南京农业大学继续教育学院签订合作协议,联合举办财务管理专业专接本自考班,首次招收29名学生。36项课题获省、市、校科研项目立项。6项科研成果获市级科技、社科成果奖。

【连云港职业技术学院】 2016年,连云港职业技术学院占地76.67公顷。有全日制在校生9000余人,教职工487人,其中正高级职称23人,副高级205人,博士学位18人,硕士学位243人,省、市高等学校教学名师5人,省"333"高层次人才培养工程培养对象24人,省高校"青蓝工程"中青年学术带头人6人、优秀青年骨干教师18人,省"六大人才高峰"培养对象4人。有化学制药技术、数控技术应用2个江苏省优秀教学团队,"双师"型专任教师比例为81.2%。学校设有机电工程学院、医药与化学工程学院、公共管理学院、商学院、信息工程学院、艺术与旅游学院、建筑工程学院、外国语学院(国际交流合作学院)、继续教育学院、基础课部、政治教学部等9个二级学院、2个教学部。开设51个专业,涉及制造、土建、电子信息、生化、环保、农林、财经、公共事业、文化教育、艺术设计、交通运输、旅游等12个专业大类。建有2个国家级实训基地、3个省级实训基地、1个国家职业技能鉴定所。年内组建10个专业导师团,建设专兼结合+"双师"化+引培结合的专业团队体系。出台《连云港职业技术学院关于引进培养博士、正高人员暂行规定》。

探索人才培养模式改革,下发《关于做好专业群设置论证工作的通知》,组织专业群设置及2016年招生专业调整论证工作。开展高水平专业群和特色专业群遴选、评审与建设工作。在2015级学生中实行"学分银行"工作改革试点,2015级人才培养方案中新课程更新率12%,实践环节课时比例达60%以上。创新实践教学体系,建立技能大赛和学科竞赛、创业创新大赛、大学生实践创新训练计划三大实践能力辅助培养体系。大学生创业园被评为省级巾帼创业创新孵化基地,新增4个注册为实体的创业项目,注册资金总额1500余万元。举办校第八届大学生创业计划大赛和2016年职业生涯规划大赛。1个创业项目获得江苏省第二届"互联网+"大学生创新创业大赛决赛三等奖,2个项目分别获得省大学生职业生涯规划大赛二、三等奖。在第三届全国职业院校建筑装饰综合技能竞赛中,路庆云、胡烽、胡姗姗3名学生组成的代表队获得装饰施工图绘制单项特等奖。在全国高职院校土建施工类专业学生第三届"鲁班杯"建筑工程识图技能竞赛中,学生梅月磊获得个人赛二等奖。在中国翻译协会语言服务能力培训与评估中心(LSCAT)、江苏省翻译协会、江苏省高校外语教学与研究会联合主办的第二届江苏省笔译(英语)大赛中,学生张巧晨、严锁获专科组英译汉一等奖。在2016年省高职院校技能大赛中,获一等奖1项、二等奖1项和团体三等奖4项。开展毕业设计(论文)环节改革,试点毕业综合能力考核、毕业综合报告等形式。在2016年省普通高等学校本专科毕业设计(论文)评优中,获二等奖2项、三等奖3项。2016届毕业生初次就业率85.69%,年终就业率98.48%。

年内,学校与市政府合作共建市公共培训基地;与南京大学、南京理工大学、南京工业大学合作共建连云港市大学科技园;与东方领航教育集团就建立连云港东方领航学院签订校企合作框架协议。与连云港港口控股集团、国网江苏省电力公司职业技能训练基地签订全面合作协议。学校成为中国食用菌协会工厂化生产培训基地。机械工程中心被遴选为省级产教融合实训平台,空中乘务实训基地建成。全年开展学生培训5520人次,社会培训9188人次。编制《连云港职业技术学院"十三五"事业发展规划》。全年招收来自吉尔吉斯斯坦、哈萨克斯坦、俄罗斯和赞比亚等国留学生13人。吉尔吉斯斯坦籍留学生然娜参加连云港市城市形象大使比赛获"最受媒体关注"奖,获得江苏省茉莉花全额奖学金进入本科学校学习。"点亮爱心 伴你成长"关爱农村留守儿童项目入选市优秀志愿服务项目,机电工程学院家电维修志愿服务队入选市学雷锋活动示范点。 (李文刚)

【连云港开放大学】 2016年,连云港开放大学前身为连云港广播电视大学,与连云港社区大学实行两块牌子、一套班子管理。2016年,学校开设理工、文法、财经等科类40余个专业,在校在籍学生8000余人,专任教师100人。全年招生1713人,其中全日制531人,开放教育544人,成人高考及网络教育招生638人。与中央广播电视中等专业学校北京校区联合开设城市轨道交通运营管理客运服务专业,首届招生94人。18名学生通过"专转本"被淮海工学院、南京金陵科技学院等本科院校录取。三年制毕业生就业率98.41%,五年制毕业生就业率95%。厦门航空高崎机场到校招聘航空服务人才,录用率60%以上。与市人力资源和社会保障局、市创业服务指导中心联合举办第14期创业沙龙专题活动。

大学生创业基地创立新征程汽车美容中心和校园快递服务站。承办江苏开放大学第一届文化艺术节戏曲曲艺大赛。连云港社区大学组织9期"市民大讲堂"活动。在第15届巴西残奥会上，残疾人学院13名选手获得15金6银4铜。开放教育学院被评为国家开放大学残疾人教育先进集体。赣榆区墩尚镇、连云区墟沟街道社区2个教育中心成为首批江苏开放大学"学习苑"获准单位之一，开展培训项目30个，累计培训与考试3.59万人。年内，学校3项科研成果分别获得江苏开放大学优秀科研成果一、二、三等奖；2名教师的科研成果获得市哲学社会科学二、三等奖；6名教师的课题获省开放大学立项。（顾　雪）

【江苏省连云港中医药高等职业技术学校】 2016年，江苏省连云港中医药高等职业技术学校有在校生6000余人，教职工330余人，其中博士、硕士95人，教授、副教授86人。形成药学服务类、药品制造类及护理康复类三大专业群，其中高职护理为省品牌专业，高职中药学、药学、药品生产技术为省特色专业。有护理实训中心、中药饮片厂、药物制剂实训工厂等校内实训基地11个，其中省级以上实训基地5个。有2100平方米的国内同类院校中面积和规模最大的中医药博物馆。年内编制学校"十三五"事业发展总体规划及专业建设、人才队伍建设、校园建设、科技创新与社会服务、德育工作与学生发展、文化建设等6个专项规划，学校升格工作列入连云港市"十三五"规划。助产专业成功申报五年制高职专业。中药学专业群创建成为省级现代化专业群，中药学专业成为全国健康服务类示范专业点。完成连云港市中医院校院班组建，与苏州天灵中药饮片公司、苏州海王星辰大药房开办现代化学徒制合作项目，与康缘医药有限公司合作办学，组建冠名班。2016年与钟山职业技术学院签订4+3合作办学协议（4年中职+3年大专）。2016年录取中、高职学生1405人，实际报到1403人。2016届毕业生年终就业率98.49%，专业相关度96.07%。

2016年，学校承办全国职业院校技能大赛"康缘杯"中药传统技能比赛和全省职业院校中药传统技能大赛。参加全国职业院校技能大赛"康缘杯"中药传统技能赛项获高职组一等奖第一、第三名。参加全国职业院校技能大赛中职组护理技能比赛，聂奕轩获得金牌。参加江苏省职业学校中药传统技能项目技能大赛获高职组一等奖1项、二等奖1项，获中职组一等奖1项、二等奖2项。参加江苏省职业院校工业分析与检验技能大赛获团体一等奖；参加第七届江苏省职业教育创新大赛获二等奖1项、三等奖1项。承办并参加连云港市2016年职业学校技能大赛3个项目，其中工业分析与检验项目2枚金牌，护理技能项目获一等奖2名、二等奖2名，职业英语技能项目获一组一等奖、一组二等奖。

5月21日，全国职业院校技能大赛中药传统技能比赛在连云港中医药高等职业技术学校举行。　韩新民　摄

学校成立哲学社会科学联合会，开展教研活动15次及教科研讲座5次。全年立项全国护理教育研究会课题1项、省级课题9项、市级课题2项。获发明专利1项，实用新型专利2项。教学成果获省教育厅教育科学研究成果奖三等奖2项，江苏联合职业技术学院教学成果奖三等奖1项。职业技能鉴定所完成5个工种2个批次500余人次的技能鉴定。全年引进教师20人，1人晋升教授、10人晋升副教授。（卞宝瑞　江　漾）

【江苏省连云港工贸高等职业技术学校】 江苏省连云港工贸高等职业技术学校是省属国家级重点职业技术学校、江苏省高水平示范性职业技术学校，2016年创建成江苏省高水平现代化职业学校。学校设有粮油食品、机械工程、电子信息、汽车工程、经济贸易5个系，有粮食、数控、机电、报关、物流、汽修、电子、服装、计算机等26个专业，拥有粮食、机电技术、数控技术、商贸物流、电子信息、汽车、服装7个实训基地。在校生6000余人，教职员工297人，其中正高职称6人、副高职称83人。2016年，学校招生1388人，毕业生就业率98%。2月29日，江苏省粮食局与连云港市政府签订共建协议，共同谋划学校发展战略。学校制订《落实"省市共建协议"推进学校发展工作方案》并实施。2人入选江苏省第五期"333"高层次人才培养工程、5人入选连云港市"333"工程、2人被评为省联合职业技术学院专业带头人。学校教师、学生参加省、市比赛，6人获得省级一等奖，27人获市级一等奖。在国家粮食行业技能比赛中，1人获二等奖；在省粮食行业职业技能竞赛中，1人获一等奖。在国家、省、市信息化大赛中，5人获国家一等奖，2人获省一等奖，6人获市一等奖。在全国省文明风采大赛中，学生作品《马路天使》获国家一等奖。在省、市班主任基本功大赛中，1人

2月29日，省粮食局和连云港市政府签订共建连云港工贸高职校协议。
工贸高职校 供

获省个人全能二等奖，6人获市一等奖。2人获省联合院学科带头人称号。加强专业建设，新增汽车电子技术专业并列入招生计划，申报设置西餐工艺、移动商务、环境艺术设计3个新专业。港口物流省级实训基地建设完成，国家发展和改革委批准的校企合作实训基地项目基本建成，国家级高技能人才培训基地成功创建，获得专项建设资金500万元。

全年为粮食行业培训职工1500余人，培训国际商务单证员120余人，培训中级工、高级工、技师3000余人，培训退役士兵454人。与山东大学网络教育学院联合举办学历培训班。开展弹性函授培训，为全省粮食企业在职员工开办粮油储藏与检测技术专业高级班，学生结业后获得高级技能证书。承办第十届江苏联合职业技术学院“院长杯”乒乓球大赛。（张钰婧）

【江苏省连云港中等专业学校】2016年，江苏省连云港中等专业学校占地面积38.4公顷，在校生4737人。2016年招生1819人，其中五年制高职288人，内地新疆中职班招收190人，列全国内地新疆中职班报到学生人数第一、报到率第一。远程教育招生543人，远程教育累计在籍学生1293人。学校教育教学资产5.5亿元，其中实训设备总值6812万元。设有机电工程系等6个系部，有数控技术应用等省级品牌（特色）专业7个和省级化学工艺专业现代化群1个，建成加工制造类等校内实训基地8个，校内实训室210个。年内，学校创建成江苏省高水平现代化职业学校及江苏省首批、连云港市首家现代学徒制试点单位。旅游服务与管理实训基地被认定为江苏省职业教育高水平示范性实训基地，累计有省级以上实训基地5个。学校图书馆藏书13.8万册。

围绕山海文化，开展德育系列活动。开通“连云港中专山海文化”微信公众号。开展内地新疆中职班“古尔邦节”系列活动。“武动青春”社团被评为省级优秀学生社团。学校代表队获得江苏省第三届职业学校足球锦标赛冠军。学校组织师生参加全国、省、市多项比赛。在2016年市技能大赛中，学生组获18枚金牌、教师组获14枚金牌。在全国职业院校信息化教学大赛中，魏朴、南岚、王健的作品《膜生物反应器MBR的运行和设计》和赵莉、江莉军、范瑞敏3名教师的作品《门座式起重机吊装作业》均获中职组信息化教学设计一等奖。学校教师获第二十届全国教育教学信息化交流展示活动微课一等奖和全国中等职业学校体育与健康信息化教学说课大赛一等奖。在全国职业院校技能大赛上，1人获焊接技术竞赛项目一等奖，2人获工业分析检验项目一等奖。1人获全国首届班主任基本功大赛一等奖。在省职业学校创新大赛中，获一等奖1项、二等奖2项、三等奖6项；在第27届省青少年创新大赛中，获一等奖1项、二等奖3项，三等奖5项。2人获连云港市第三届青少年科技创新市长奖。

学校与德国博世公司和海尔集团联合开展现代学徒试点，与江苏新海电力工程有限公司、虹港石化、七一六研究所、南京奥特佳等数十家企业建立深度校企合作关系。2016届毕业生就业率99.67%，其中对口就业率82.3%。全年开展安全生产管理人员、特种作业人员培训70余期6800余人次。（张宸瑞）

2016年，连云港中等专业学校教师团队参加全国职业院校信息化教学大赛获得中职组信息化教学设计一等奖第一名。
中等学校 供

文　化

综述

【概况】 2016年，连云港市市直文化广电新闻出版系统有在职职工（含聘用人员）549人，其中高级专业技术人员77人，中级140人。文艺扶持奖励加强，市委、市文化事业主管部门先后下发《中共连云港市委关于推进文艺繁荣发展的实施意见》《连云港市花果山文化奖评奖办法》《连云港市重大文艺成果奖励办法》《连云港市关于繁荣振兴地方戏曲的计划》等系列激励扶持文件，制定各艺术门类中长期创作规划，将重大题材重点作品纳入市级重点文艺创作扶持项目范围。全年全市文艺创作精品成果较为丰硕，以徐福东渡为题材，在日本推出《徐福外传》连环画，出版发行《当代中日韩徐福文化交流图志》，拍摄完成大型纪录片《福·路》；以中哈物流基地签约建设为故事原型的四集广播连续剧《逐梦东方大港》在中央人民广播电台中华之声《文化时空》栏目播出；大型现代淮海戏《辣妈犟爸》获第三届江苏文化艺术节优秀剧目奖；纪录片《孝鉴古今 尚善朝阳》在中央电视台发现之旅频道播出；纪录片《花果山传奇》《沂沭安澜》在中央电视台科教频道播出。在省优秀文艺成果奖评比中，独舞《二妮》等6项成果获奖。全市500余件文学、摄影、书法、美术等文艺作品在国家级重点刊物上发表，6件音乐作品在中央电视台及江苏卫视展播。市文化部门举办摄影、音乐、舞蹈、戏剧、曲艺、朗诵等各艺术门类的展示、展演、展览活动100余场，举办第十三届《西游记》文化节、第三届“丝绸之路”全国摄影艺术大展等艺术活动。市图书馆公共服务标准化入选国家第三批国家级社会管理和公共服务综合标准化试点项目，市、县（区）级文化馆全部建成国家一级馆。《连云港市公共文化设施系列服务标准》实施，全市初步建成325个基层综合文化服务中心。灌南县创建成省级公共文化服务体系示范区，全市万人拥有公共文化设施面积1287.76平方米。举办市第八届文化产品博览会，交易额8500万元。完成第一次可移动文物普查工作，文物行政执法监控平台建立运行，制定《连云港市文物管理保护办法（送审稿）》。11个项目入选江苏省第四批非物质文化遗产保护名录，公布第六批市级名录30个。在华顿经济研究院发布的“2016年中国百强城市排行榜”中，连云港市文化事业排名居第56位，列苏北第一。

【文化体制改革】 2016年，市文化事业主管部门根据中共中央办公厅、国务院办公厅下发的《关于下发推动国有文化企业把社会效益放在首位、实现社会效益和经济效益相统一的指导意见》及省出台的实施意见，制定重点任务分工方案，拟定市属国有文化企业绩效考核办法、负责人薪酬

现代淮海戏《辣妈犟爸》获第三届江苏文化艺术节优秀剧目奖

市文广新局　供

7月8日，淮海工学院举行第二届"全民阅读乡村行"主题实践活动出征仪式。 市文广新局 供

管理办法，逐步建立国有文化企业两个效益相统一的体制机制。改革公共文化运营管理体制，建立提升文化创意和设计服务产业发展水平联席会议制度、公共文化服务体系建设协调，市图书馆完成法人治理结构及理事会制度建设，《连云港市演艺集团引进优秀紧缺专业技术人才实施意见》出台。

【艺术教育】 2016年，市艺术学校招生110人，引进专业教师6人，校文化艺术名师工作室通过首届港城名师工作室、省名师工作室立项。学校与江阴金杯安琪乐器有限公司签订2017届乐器修造定向班合作协议，与红舞鞋舞蹈培训中心签订2017届舞蹈培训教师定向班合作协议。组织青年歌舞团参加演出40场，创排大型音乐舞蹈诗"追梦3"。开展廉政文化乡村行演出10场。投入162.34万元，完成东方艺术中心剧场改造、升级，通过省级高水平示范性实训基地验收。参加江苏省职业学校技能大赛，获一等奖2项，二等奖4项，三等奖2项，独舞《芳春行》获中国舞及当代舞一等奖，钢琴独奏获器乐一等奖。参加市职业学校技能大赛获一等奖6项、二等奖11项、三等奖3项。参加省班主任大赛获二等奖1项，三等奖1项。参加省中等职业学校文明风采大赛获一等奖4项，二等奖1项，三等奖1项。2月14—28日，应埃及、苏丹邀请，艺术学校晶港艺术团一行13人赴埃及参加阿斯旺国际艺术节，赴苏丹参加"欢乐中国年"文化交流演出活动，受到当地官员、观众、华人华侨的赞誉。11月11日，经市政府同意，市艺术学校与市城市建设投资集团签订《海州高级中学原校区租赁使用协议》，启动搬迁工作。

【全民阅读】 2016年，市政府将全民阅读活动列入全市十大重点民生工程48件实事之一。市文化部门制定印发《2016全民阅读工作要点》，成立市全民阅读促进会，制作发放5万张农家书屋借阅证，试点推进40家农家书屋和文化大户融合发展。新建市图书馆分馆12个，全市累计建成19个。200家"一卡通"农家书屋与县图书馆实现通借通还。举办第四届连云港读书节、"书香家庭"全民阅读社区行等主题活动155项，参与人数20万人次。在人群聚集场所布局投放电子图书扫描机近30台，打造全民阅读新空间20余家，评选书香校园、书香企业、书香家庭、书香机关近300个，征集"书香连云港"建设公益广告600余条。市阅读办、淮海工学院组织200名大学生志愿者，到全市1151个行政村（社区）开展第二届"全民阅读乡村行"主题实践活动。东海县樊振家庭获得2015年度全国"书香之家"称号，4月9—10日，中央电视台新闻栏目记者到连云港对其进行专题采访。

（武依林　龙莹莹）

文艺创作与活动

【概况】 2016年，全市有500余件文学、摄影、书法、美术等文艺作品在国家级重点刊物上发表，市文化部门举办摄影、音乐、舞蹈、戏剧、曲艺、朗诵等各艺术门类的展示、展演、展览活动100余场。6件音乐作品在央视及省台展播，14个艺术项目获江苏艺术基金资助300万元，8部作品入选江苏省作家协会2016年文学创作项目。57名文艺工作者加入国家级文艺家协会。连云港邮政文联、市青年美术家协会、市女摄影家协会、"聚焦文明"摄影志愿者分会、文华读书会文艺组织成立，市摄影家协会、市民间文艺家协会、市戏剧家协会创作基地挂牌。淮海戏《辣妈犟爸》等作品获省级以上奖项。市文化部门编印《和谐文化乐万家——连云港市和谐文化建设文艺作品集（十）》，免费发放到各县区乡镇文化站和各基层文艺剧团。举办第二届戏剧节、第三届音乐舞蹈节、女子民乐团巡演、第三届"丝绸之路"全国摄影艺术大展等大中型艺术活动30多场次，组织送戏下乡1328场。市美术馆自办、承办、接办首届江苏美术奖获奖作品巡展（连云港站）、大爱如涛——江苏省文化系统赈灾义卖书画作品连云港展、丹青连云——连云港市美术作品展等大型展览26个；开展基层送展活动2次，举办"美术馆之友"系列活动7次。

【文艺创作】 2016年，连云港市文艺工作者、连云港籍作家创作了一批优秀文艺作品。张文宝、王成章分别创作出版长篇纪实文学《爱莲说：何宝珍烈士传》《去留肝胆 朱克靖烈士传》。王成章的长篇报告文学《国家责任》获得首届浩然文学奖。陈武的中篇小说《中介》《吴小丽一周的情感波澜》《一个人的岛》《竞选》先后

2016 年连云港市入选江苏省作家协会的文学项目一览表

表 71

项目名称（签约作家）	入选项目（作家）
“一带一路”项目	徐习军《丝绸之路梦想曲》（长篇散文）
第十一批“重点扶持文学创作与评论工程”项目	李建军《水晶牛》（长篇小说） 张宜春《天花板》（长篇小说）
首批“托起梦想的翅膀”儿童文学项目	王经涛《海风吹呀吹》（长篇小说） 曹延标《在火红的队旗下》（长篇小说）
第五批“壹丛书”项目	庄青小说集《童年功课》
第二批“定点深入生活”作家	相裕亭
第八批签约作家	赵航

在《小说选刊》《湖南文学》《清明》《芙蓉》等大型刊物上发表。中篇小说《中介》入选漓江出版社《2016 年中国年度小说》。何尤之在《芳草》《朔风》《小说月刊》《鸭绿江》等期刊上发表了《较量》《黑白》等小说。王春迪的海爷系列微小说在《小说月刊》上发表，被《微型小说选刊》《传奇·传记文学选刊》转载。尚庆学的小小说《憾》被《微型小说选刊》转载。徐继东出版“城乡留守儿童系列”《城里孩子乡下娃》《那油菜花开的日子》《山村小说的纸足球》小说 3 册。曹延标儿童小说《一年级的小壮壮》系列中 3 本第 7 次印刷，1 本第 8 次印刷。李锋古、蔡骥鸣、李梦凡、古森、麦豆（徐云志）的诗歌在《星星》《诗选刊》《诗刊》《中国诗歌》等刊物上发表，孔灏的组诗《诗酒趁年华》获“红花郎”杯全球汉语诗歌拉力赛年度诗歌奖。在杭州做保安工作的灌南籍作家吕国军在《散文选刊·下半月》《海外文摘·文学》杂志上发表散文作品 2 篇。“连云港作家”“乡土诗”2 个微信平台开通，推出连云港的作家和作品。

由市委宣传部、市广播电台联合打造，市港口集团协助制作的 4 集广播连续剧《逐梦东方大港》在中央人民广播电台中华之声《文化时空》栏目播出；由市开发区朝阳街道策划，邀请中央电视台拍摄的纪录片《考鉴古今 尚善朝阳》在中央电视台发现之旅频道播出；由市委宣传部联合云台山风景区与中央电视台联合制作的专题纪录片《花果山传奇》在中央电视台科教频道《地理·中国》节目中播出；由市委宣传部、党史工办、市水利局联合制作出品的纪录片《沂沭安澜》在中央电视台《探索·发现》栏目播出。

12 月 16 日，江苏女子民乐团丝路回响——“一带一路”沿线城市民乐巡演启动仪式在市文化艺术中心举行。 市文广新局 供

大型现代淮海戏《辣妈犟爸》获第三届江苏文化艺术节优秀剧目奖，“辣妈”表演者汪敏获优秀表演奖。演艺集团打造首部本土儿童剧《白雪公主与七个小矮人》。舞蹈《黄海弄潮》获第十二届省五星工程奖银奖，广场鼓舞《盛世港城》等 3 个节目获参演作品奖，书画《小萝莉》等 9 个作品分别获优秀作品奖和入展作品奖。6 件作品参加第四届林散之江苏书法作品双年展，1 件作品参评第十一届艺术节中国美展。

【文艺活动】 1 月 9 日，由市文联主办，市音乐家协会承办的“美丽憧憬”2016 连云港市音乐家新年音乐会在市文化艺术中心大剧院音乐厅上演。

1 月 15 日，2016 年全市暨开发区文化科技卫生“三下乡”启动仪式在朝阳街道礼堂举行。

2 月 26 日，由赣榆京剧团排演的大型原创现代京剧《九月菊》在市文化艺术中心大剧院举行首场公演。

3 月 1—3 日，受文化部委派，女子民族乐团代表中国参加摩尔多瓦第五十届“迎春花”国际音乐艺术节，是中国艺术团第一次登上该艺术节开幕式的舞台。

3 月 13 日，声动港城·2016 春天的诗行——“大地之歌”诗歌朗诵会在文化馆艺术剧院举行。朗诵会由市文联主办，市朗诵艺术家协会承办，市文化馆、市语委办协办。诗会的主题是“大地之歌”。

4 月 20 日，由市委宣传部、市体育局、文联联合举办的“予健于影”

2016年连云港市文化艺术展览一览表

表72

名称	主办单位	地点	时间
连云港市首届女书法家提名展	市文化联合会、市妇女联合会	市美术馆	1月10日
巴蜀风情·邓枫中国画新作展	花果山国画院	市美术馆	1月23日
丹青连云·连云港市美术作品展	市文化广电新闻出版局	市美术馆	2月2日
丹青连云·连云港市美术作品展灌云巡回展	市美术馆	灌云县美术馆	3月9日
油画观摩展	市美术馆、市书画院	市美术馆	3月9日
徐州油画展	徐州市委宣传部、连云港市委宣传部、徐州市文广新局、连云港市文广新局、徐州市文联、徐州报业传媒集团、徐州广电传媒集团	市美术馆	3月30日
第四届美术馆之友书画作品展	市美术馆	市美术馆	4月15日
海峡两岸《西游记》文化书画展	海峡两岸西游记文化创意交流中心、连云港市书画院	台北市上古国际艺术公司展馆	4月20日
市美术馆馆藏作品展	市美术馆	市美术馆	5月12日
“山海相邀”全国书画名家邀请展	市文联、市美术馆、海州区委宣传部、海州区文联	市美术馆	5月23日
首届江苏美术奖获奖作品巡展——连云港站	江苏省文联、江苏省美术家协会、连云港市委宣传部、连云港市文广新局、连云港市文联	市美术馆	5月25日
“彤管流芳——三月画会”2016年春季展览	江苏省美协、中国女画家协会、南京书画院、连云港市美术馆	市美术馆	6月6日
海峡两岸《西游记》文化书画展	海峡两岸西游记文化创意交流中心、连云港市书画院	市美术馆	6月22日
连云港市中国画扇面小品展	市中国画学会	市美术馆	7月12日
连云港市第三届暑期书画艺术培训佳作展	市文广新局	市美术馆	8月25日
连云港市中国画扇面小品展赴灌云展	市美术馆	灌云县美术馆	8月25日
连韵扬彩——中国画作品展	扬州市文广新局、连云港市文广新局	市美术馆	9月20日
市美术馆馆藏作品展暨第二展厅开展仪式	市文广新局	市美术馆	9月21日
山河颂·无锡画家万里采风作品展	无锡美术馆、无锡市书画院、连云港市美术馆、连云港市书画院	市美术馆	9月30日
苍梧印社三十周年社庆系列展	市文联	市美术馆	10月9日
“一带一路·湖海神韵”摄影联展	连云港市政协，苏州市政协	市美术馆	10月20日
南京书画院作品全省巡展·连云港站	南京市文广新局、连云港市文广新局	市美术馆	10月26日
《西游记》儿童卡通画展	市美术馆	市美术馆	11月1日
红润天成——当代著名重彩书画艺术家李友好山水画展	中国名家书画研究院、市文联、苍梧晚报、市美术馆	市美术馆	11月11日
第二届中韩书画交流展	连云港市美术馆、韩国清州文化院	市美术馆	11月12日
第三届“丝绸之路”全国摄影艺术大展	中国艺术摄影学会、连云港市人民政府	市美术馆	12月1日
大爱如涛——江苏省文化系统赈灾义卖书画作品连云港展	江苏省文化厅、江苏省苏豪控股集团	市美术馆	12月9日
连云港·湖州书画联展	市美术馆	市美术馆	12月20日

体育摄影展在市革命纪念馆开幕。

4月23日，龙马杯“两地两校四方”大型诗歌朗诵会在连云港师范高等专科学校音乐厅举行。朗诵会由连云港师专主办，盐城师范学院文学院、盐城市朗诵艺术协会、连云港师专文学院、连云港市朗诵艺术家协会承办，以“春天·面朝大海”为主题，分为“春”“潮”“海”三个部分。

4月28日，“文明风尚大家唱、核心价值观‘六进’”系列文化活动启动仪式暨首场核心价值观进社区文艺演出在市文化馆艺术剧院举行。

5月4日，中国梦·劳动美·幸福路——连云港市“建功十三五·建设新港城”劳动竞赛启动仪式暨市总工会“进企业·送文艺”巡演启动演出在港口集团码头举行。

5月6—10日，江苏女子民族乐团一行20余人赴摩洛哥参加第22届菲斯国际心灵音乐节，在摩洛哥菲斯城麦地那旧城区布直卢得门等地作专场演出。

6月2日，连云港市第二届文化艺术展示季暨“经典·悦读”启动仪式在连云港师范高等专科学校举行，活动由市委宣传部主办，由市教育局、连云港师专、市文联、新华书店共同承办。活动期间举办了“港城印象”摄影展书画展、图书展等活动和市民间文艺家协会副主席孙洪香的《剪纸西游记》首发仪式。

6月12日，第三届“Super Kids”全国少儿街舞挑战赛在市文化馆艺术剧院举行，来自国内各的25支队伍参赛，连云港市DN街舞培训基地的“Hiphop Crew”组合获冠军。

6月30日，“红色旋律”连云港市庆祝建党95周年民族音乐会在市文化艺术中心大剧院举行，音乐会由市委、市政府主办，市委宣传部、市文广新局承办，江苏女子民族乐团演出。

7月29日，连云港市戏剧家协会大华剧场创作实验基地挂牌暨首场演出活动在大华文化交流中心举行。基地挂牌后，大华剧场每周五晚上免费为市民开放演出。

7月30日，由市演艺集团打造的儿童剧《白雪公主与七个小矮人》在市文化艺术中心大剧院首演，全市20多个环卫工家庭受邀观看演出。

9月3日，走近刘心武——和茅盾文学奖得主面对面暨《谈阅读与写作》主题讲座在连云港花果山酒店举行。中国当代著名作家、红学研究家、茅盾文学奖获得者刘心武作专题讲座。

9月10—11日，由市委宣传部、市文联、市教育局、市广电台、团市委联合举办的连云港市第十四届青年歌手大赛在连云港师范高等专科学校音乐厅举行。大赛设美声组、民族组、流行组3个组别，全市百余名专业、业余歌手参加。刁立博、颜子涵、刘晓雯分别夺得流行组、美声组、民族组一等奖。

9月29日，由市委宣传部、市总工会、市文联等联合举办的“生活因劳动而精彩”连云港市职工原创诗歌作品大赛颁奖典礼暨朗诵会在电视台一号演播厅举行。活动征集到来自全市各行各业的原创诗歌作品298篇，《车轮之歌》等22篇作品获奖。朗诵会分为“劳动美”“幸福路”“中国梦”三个篇章，反映港城各行各业劳动者的风采。

10月12日，山海廉韵2016·廉政文化乡村行首场演出在市艺术学校实训剧场东方艺术中心举行。

10月14日，由市委宣传部、市机关工委、市教育局、市文联共同主办的“山海和声”连云港市合唱比赛在连云港师范高等专科学校举行。比赛分为中老年组、少年组、童声组和中青年组四个组别，有26支代表队，近1000名选手参赛。。

11月16日，大型现代淮海戏《辣妈犟爸》作为第三届江苏文化艺术节原创剧目之一在南京市艺术中心会演。

12月16日，丝路回响——“一带一路”沿线城市民乐巡演启动仪式在市文化艺术中心大剧院举行，江苏省艺术基金审查组及近千名市民观看演出。

12月21—22日，江苏女子民族乐团应白俄罗斯明斯克中国文化中心邀请，赴明斯克参加“丝竹华韵”民乐演出。

【第二届中国微小说高峰论坛】 6月23日，由中国作家协会、《小说选刊》杂志社、江苏省作家协会、市委宣传部、市文联联合主办的第二届中国微小说高峰论坛在连云港举行。中国作家协会党组成员、书记处书记、中国作家出版社社长、评论家吴义勤，《中国作家》杂志社主编、评论家王山，《小说选刊》杂志社副主编、评论家王干，省作家协会主席、作家范小青，省作协党组书记、书记处第一书记、副主席韩松林，市委常委、宣传部部长滕雯，以及来自全国和连云港籍作家和文艺评论家参加论坛。与会

6月23日，第二届中国微小说高峰论坛在连云港市举行。 市文联 供

连云港市第二届戏剧节演出现场　　市文广新局 供

作家围绕微小说创作进行探讨和交流。6月24日，与会人员到连岛、花果山等地进行采风活动。

【《西游记》文化节】 9—11月，全市围绕《西游记》文化和“一带一路”主题，开展大型演出、高端论坛、产业展会、主题旅游、体育赛事等系列活动40余项。活动期间，举办第十三届《西游记》文化节开幕式暨花果山金秋登山健身活动、第八届中国·连云港文化产品博览会、第二届中国·连云港《西游记》文化高层论坛、中国曲艺名家“笑说西游”专场演出等大型综合性活动，举办第三届“丝绸之路”全国摄影艺术大展、“东胜神洲一座城”连云港市首届《西游记》主题歌会、“《西游记》与连云港”剪纸大赛、《西游记》画展、《西游记》阅读推广、《西游记》影视作品展播等系列活动。《西游记》文化节于9月28日开幕，11月25日闭幕。闭幕式上，南京市杂技团演出大型原创杂技魔幻剧《金箍棒》，近千名市民观看演出。

【连云港市第三届音乐舞蹈节】 12月23日晚，“歌声飘过山海间”连云港市第三届音乐舞蹈节颁奖晚会在市文化艺术中心大剧院举行，集中展演部分获奖作品。第三届音乐舞蹈节历时两月，以县区为单位分为十个赛区，首次尝试将比赛作为惠民展演，在全市及各县区举办惠民展演10场，受众5万余人。

【连云港第二届戏剧节】 4月18日晚，2016·连云港市第二届戏剧节开幕式暨首场演出在市文化艺术中心大剧院举行，淮海戏《辣妈犟爸》举行首场演出。5月23日，戏剧节闭幕式暨大型京剧《九月菊》在大剧院举行。戏剧节期间，全市56家戏曲院团戏剧专场在各大文化场馆举办11场免费公演，1.8万名观众观看演出，市文广新局开通网络与自媒体平台，10万余名戏迷参与互动。

（武依林　龙莹莹）

公共文化设施

【图书馆】 市图书馆。连云港市图书馆建筑面积1.6万平方米，馆藏纸质图书75.6万册（件），电子图书近90万种。2016年，投入150余万元，完成改建项目78个，新建多功能厅、艺术展厅、婴幼儿活动中心等服务设施，新增实用面积3500多平方米。4月3日后，实行全天开放中午不休制度；11月，建成连图移动图书馆。年内，建成赣榆区分馆、星化分馆、南巷分馆、市公安局分馆、市开发区管委会分馆、核电分馆、边检分馆等12家分馆，分馆总数累计19个。新增江苏省连云港监狱、大华文化交流中心等10个馆外服务点，累计52个。全年新增持证读者7438人，持证读者累计4.94万人。外借图书42.6万册次，分编上架新书2.76万种6.17万册，接待读者65万余人次。完成国家图书馆项目《政府公开信息》《网事典藏》2个数据库的建设，编制新书推荐书目12期，畅销书推荐4期，读者阅读排行榜4期，设立“两学一做”暨建党95周年图书专架、曹文轩作品专题书架等，邀请省、市知名专家学者举办“苍梧讲坛”现场讲座18场，组织策划读者现场荐书、读书使者进社区、英文绘本馆夏令营、连图“I·科学”科普活动等系列读者活动90余次。举办“港城一家亲”社区艺术节优秀书画作品展、翰墨筑侨梦——连云港市海内外侨界书画展、连云港与《西游记》剪纸作品展、“东海·全国少儿版画双年展”优秀作品全国巡展（连云港站）近20次。市图书馆被中国图书馆学会评为全民阅读先进集体，“引领全民阅读 共建书香港城——连云港市图书馆全民阅读促进工作显成效”获第七届江苏省公共图书馆优秀服务成果二等奖。市图书馆公共服务标准化入选第三批国家级社会管理和公共服务综合标准化试点项目。

市少儿图书馆。连云港市少儿图书馆建筑面积3400平方米，馆藏纸质图书34万册（件）。2016年，购书5300种1.77万册，订报刊349种396册，接待到馆读者66.79万人次，书刊外借44.21万册次。全年新增持证读者1261人，持证读者累计15548人。开展“七彩夏日”系列活动、国学经典诵读、“红读”征文、“棒棒堂”故事会、义务小馆员、“爱心服务队”志愿者服务等各类阅读推广活动300场次，参加人数近8万人次。加入江苏省少儿数字图书馆联盟，建成少儿数字图书馆体验室和24小时自助图书馆。在全国少年儿童阅读年系列活动中获七项优秀组织奖、57项单项奖，获江苏省少儿数字图书馆2016年“E路畅游 悦读暑假”系列活动优秀组织奖。“七彩夏日”系列活动获第七届江苏省公共图书馆优秀服务成果二等奖。

【博物馆】 市博物馆。2016年，连云港市博物馆馆藏文物8869件套，其中珍贵文物154/395件/套，分别为一级文物23/140件/套，二级文物

2016年连云港市图书馆、博物馆基本情况一览表

表73

指　　标	单位	全市	市区	#赣榆区	东海县	灌云县	灌南县
一、公共图书馆	间	8	5	1	1	1	1
公共图书馆藏书	册	2652552	1472404	253083	748152	249196	182800
#古籍	册	4301	3110		595	196	400
累计发放有效借书证	个	112377	72907	5501	31320	600	7550
图书流通人次	人次	2746006	1525176	64303	1060000	65400	95430
图书流通册次	册次	2282680	1012410	62582	1052300	110120	107850
阅览座席数	个	2324	1524	274	320	240	240
二、博物馆	个	6	3	1	1	1	1
文物藏品件数(实际数量)	件	16892	10217	545	2079	3286	1310
#一级品	件	28	24	1	4		
参观人数	人次	475500	303000	25000	54500	110000	8000

67/155件/套，三级文物65/100件/套。年内新增文物藏品94件(套)，其中接受捐赠37件(套)，移交48件，征集2件，修复归还7件(套)。文物类别包括书画、青铜器、石器、拓片、漆木器等。从新增文物中精选出340件精品编辑出版《枕山襟海——连云港市博物馆新增文物揽粹》。按全国统一部署，开展可移动文物普查，完成全市15268件(套)可移动文物的信息采集、登录、审核和上报，举办“细数家珍——连云港市第一次全国可移动文物普查成果展”，出版《山海集珍——连云港市第一次全国可移动文物普查成果》文物图录。开展“古尸——凌惠平”陈列展览提升工程，联合湖南省建筑设计院对古尸保护和展陈提升工程进行方案设计。委托中国社会科学院考古研究所编制《连云港市博物馆馆藏铜器保护修复方案》，获国家重点文物保护专项资金资助。开展尹湾汉墓“珠慧长生图”缯绣复制工作，按照国家文物局的批复方案开展馆藏纸质文物保护修复。举办2016(农历丙申年)春节猴文化特展、永远的战士——纪念彦涵100周年诞辰特展、江苏省精品文物巡回展——邮票上的贝壳等20台展览。赴淮北市博物馆、淮南市博物馆举办“中国当代书法名家楹联展”，赴桂林博物馆举办“激越之美——彦涵美术作品展”，赴东海版画中心举办彦涵100周年诞辰特展。全年接待观众19.2万余人次，其中未成年观众约5.4万人次。开展第四届“小讲解员”公益培训班、免费鉴宝活动、“感悟和谐中秋”等主题教育活动30余次。开展“连云港馆藏文物暨全国第一次可移动文物普查图片展”送展进校园、进社区活动，到苍梧小学等14所学校和郁洲街道等4个社区展出。

市民俗博物馆。2016年，连云港市民俗博物馆建筑面积1200平方米，设有老街风情、衣食住行、海韵渔盐、教书育人、岁时节庆、人生礼仪、民间信仰、临时陈列8个展厅，馆藏文物582件(套)。举办海州五大宫调演出、“百年印记”老印章展等展演活动10余场，接待观众4万人次。市民俗博物馆、市艺术学校、建宁小学、解放路小学等单位联合举办老海州儿童游戏知识讲座、端午节民俗文化讲座、连云港地方民俗文化等讲座4次，编写《寻找老家的年味》《沧桑大浦》等乡土文化教材。赴周边县市开展民俗文化采风活动20余次，拍摄照片2000余张，整理2万余字采风文字资料。对海州方言进行系统调查，整理字条5400余条，文字12万余字。征集民俗文物300余件(套)，其中渔船3艘、渔业生产工具80余件。全年有5人向民俗博物馆捐赠民俗资料400余册(件)，其中较为珍贵的有晚清、民国期间的医书100余册，以及市内拓片10余幅。编写《海州湾渔民俗》由中国文史出版社出版。（武依林）

陇海铁路历史博物馆。连云港老街陇海铁路历史博物馆由原连云火车站改造而成，始建于1935年。博物馆建筑面积3000平方米，包括室内和室外两个部分，室内以时间为线索，展示陇海铁路连云港段的修筑历史和发展历程。室外以公园景点的形式呈现，主要展示老式绿皮车厢、守车、站房及部分铁路专用设备。全馆分3层，一层介绍陇海铁路线自清光绪三十四年(1908年)起规划建设的历史进程；二层展现原陇海铁路建设、职工生活场景和沿线珍贵历史照片，包括1931年4月28日铁道部政务次长钱宗泽到老窑视察、1935年冬修建中的连云火车站等。三层介绍东陇海铁路电气化改造工程，放映厅播放人民铁道报社特派记者罗朝清、杨建波从连云港出发，完成4131千米的徒步行走抵达阿拉山口这一过程中部分站台的幻灯片。展馆内展览分为铁路文化收藏展，展出不同时期的火车票、火车时刻表、信号灯等多系列藏品；火车模型展，展出毛泽东号(文革版)、龙号、0号、周恩来号、和谐号等多种火车模型；老照片展，展出约百幅历史照片。2016年，陇海铁路历史博物馆接待游客3

2016年度连云港市博物馆展览一览表

表74

序号	展览名称	主办单位	展出日期
1	中国工笔画艺术研究院作品展	中国工笔画艺术研究院 连云港市文联 花果山国画院	1月1—20日
2	2016（农历丙申年）春节猴文化特展	连云港市博物馆	1月29日至3月13日
3	岁月有痕——淮北市馆藏证券文物精品展	淮北市博物馆 连云港市博物馆	3月17日至4月6日
4	霓裳银装——桂林博物馆藏少数民族服饰展	桂林博物馆 连云港市博物馆	4月13日至5月13日
5	细数家珍——连云港市第一次可移动文物普查成果展	连云港市第一次全国可移动文物普查办公室	5月18日至7月3日
6	南来北往——清华大学中国画高研班马顺先工作室结业作品巡回展	清华大学继续教育学院 连云港市博物馆	7月8—10日
7	林如海扑克收藏四十年回报展暨大型奇特扑克文化展	连云港市博物馆 连云港市收藏家协会	7月14—24日
8	于空行缘——赵东中国画作品展	中国美术家协会民族美术艺委会 连云港市文联 海州区委宣传部 连云港市博物馆 《先风》杂志	7月28—31日
9	翰墨飘香——郭庆香国画展	民革芜湖市委员会 花果山国画院 连云港市博物馆	8月6—14日
10	永远的战士——纪念彦涵100周年诞辰	连云港市文广新局	8月19日至9月20日
11	第八届中国扑克收藏文化博览会暨2016中国（连云港）第一届扑克展	中国收藏家协会扑克收藏委员会 连云港扑克收藏家协会	9月24日至10月8日
12	第二届江苏省篆刻艺术展	连云港市文联	10月9—16日
13	寿州窑瓷器精品展	淮南市博物馆 连云港市博物馆	10月20日至11月12日
14	2016中国“花果山杯”画说美猴王工艺美术作品创意设计大赛作品展	中国工艺美术协会 连云港市人民政府	11月15—18日
15	江苏省精品文物巡回展——“邮票上的贝壳”	江苏省文物局	11月20日至12月20日
16	“信仰尽展”——周永恩摄影作品展	江苏省摄影家协会 中共连云港市委宣传部 连云港市文学艺术界联合会 连云港市文广新局	12月24日至2017年1月5日
17	激越之美——彦涵美术作品展	连云港市博物馆 桂林博物馆	4月20日至5月23日
18	永远的战士——纪念彦涵100周年诞辰	连云港市博物馆 东海县彦涵纪念馆	9月19日至10月8日
19	中国当代书法名家楹联展	连云港市博物馆 淮南市博物馆	9月29日至10月24日

万余人次。（张　超）

中国水晶博物馆。中国水晶博物馆位于连云港市东海县城中华路与晶都大道交汇处，建筑面积 2.9 万平方米，总投资 3 亿元。一至三层为水晶博物馆展厅，四层为历史博物馆展厅，五层为办公区，是国内规模最大、唯一以水晶为主题的专题性博物馆。中国水晶博物馆分为开天辟地厅、鬼斧神工厅、气象万千厅、姹紫嫣红厅以及精品厅、临展厅、捷克水晶展厅 7 个展厅，设有学术报告厅、游客服务中心。该馆集水晶精品展示、硅工业展示、历史文物展示、学术研讨、国际文化交流等多功能于一体，汇聚东海及世界各地天然水晶和水晶工艺品，演示水晶形成的奇特景观。中国水晶博物馆是国家 AAAA 级旅游景区、全省科普教育基地。2016 年被认定为连云港市影视基地。全年接待游客 50 多万人次，其中外籍游客、中国香港、澳门、台湾地区游客及海外华人游客 5 万余人次，日接待游客最多时达 4000 人次。在中国地质博物馆建馆 100 周年期间，水晶博物馆 4 件展品入选"百年地博"精品联展。（韩来善）

【纪念馆】 连云港市革命纪念馆。市革命纪念馆位于海州区朝阳东路，原址为建于 1925 年、位于海州区民主东路龙尾河西首的陇海公寓。市革命纪念馆建筑面积 1.49 万平方米，展陈面积 6000 平方米，包括基本陈列展、陇海公寓复原、国防园、各类专题展览、老电影放映、红色旅游文化展示中心等。市革命纪念馆先后被评为国家 AAAA 级旅游景区、江苏省爱国主义教育基地、江苏省全民国防教育基地、连云港市社会主义核心价值观建设示范基地、连云港市首批党性教育现场教学基地。2016 年，市革命纪念馆接待观众 28.6 万人次。为纪念中国共产党成立 95 周年、红军长征胜利 80 周年，举办《风雨兼程党旗红——纪念中国共产党成立 95 周年》等专题展 5 场，放映革命题材影片 129 场，到部队和学校开展长征精神巡回宣讲活动 33 场，举办全市第二届红色小讲解员大赛。7 月，中央组织部党建工作调研组和省委组织部"两学一做"学习教育协调小组第三检查组先后到市革命纪念馆调研，观摩市革命纪念馆党支部学习习近平总书记七一重要讲话讨论会和纪念红军长征胜利 80 周年主题早课，并予以充分肯定。年底，市革命纪念馆在全市 AAAA 级景区满意度评价榜单中以 82.82 分位居第一。12 月 5—6 日，由市委宣传部、市委党史工办、市水利局联合出品，市革命纪念馆、上海齐歌文化传播公司联合承制的纪录片《沂沭安澜》在中央电视台科教频道《探索·发现》栏目播出。该片系统讲述中华人民共和国成立之初的 1949 年，在连云港市及周边地区开工建设的"导沂整沭"大型水利工程。（徐　玲）

李汝珍纪念馆。李汝珍纪念馆坐落在海州区板浦镇东大街，占地 1500 平方米，1992 年建成开馆。纪念馆分门厅、主展厅和故居三部分组成。建筑为一宅两进的清式院落，主展厅陈列多种中外文版本的《镜花缘》以及资料。故居中院有一棵石榴树，后院有一棵古皂角树，相传均为李汝珍手植。2004 年 1 月，李汝珍纪念馆被省委宣传部命名为"江苏省爱国主义教育基地"，2012 年被批准为国家 AA 级旅游景区。2015 年 7 月，板浦镇政府会同市海城旅游开发有限公司对李汝珍纪念馆进行全面修缮。2016 年，针对纪念馆电路老化以及无消防设施的情况，板浦镇分别按标准、等级对馆内外电路进行重新改造，配备相关必备的消防设施，同时对纪念馆门前道路以及下水道进行升级改造。全年接待游客近万人次。

徐福纪念馆。徐福纪念馆位于赣榆县金山镇泊船山徐福生态园，始建于 2007 年 7 月，包括山门、东西钟鼓楼、徐福庙、藏书阁、文物陈列室、碑廊、后花园、浮雕墙、纪念广场等，建筑面积 4000 平方米。徐福大殿是徐福纪念馆的主要建筑，面积 286 平方米，是连云港最大的祭祀大殿。馆内设徐福塑像、文物和书画陈列布展、浮雕墙等。徐福纪念馆前的徐福广场正中，耸立着一尊巨型徐福雕像，像身高 8.5 米，座高 3.5 米，通高 12 米，像座正面镌"徐福"两个大字，座后刻有赞颂徐福铭文。（蒋正峰）

【文化馆】 2016 年，市文化馆升格为国家一级文化馆。连云港市市民文艺培训中心（CATC）一期工程改建并开放试运行，新增服务面积 1000 多平方米。举办"相约艺术剧院"系列展演活动 37 场次，"港城文化课堂"第八季、第九季共开设 70 个班（次），培训市民 3300 余人次。举办全市"港城一家亲"社区艺术节巡展、全市第三届暑期书画艺术培训展、"丝路梦·陆桥情"江苏连云港市、新疆霍尔果斯市两地摄影展、连云港—都拉塔口岸两地摄影展、农民工题材摄影作品展、连云港—湖州两地书法交流展、全市老干部美术书法摄影展等 20 多

文化馆少儿艺术创作活动　　市文广新局　供

场次，为全市37家机关企事业单位、学校、军营及社会团体提供艺术创作与辅导服务，为社会人员和团队提供文化艺术辅导2.05万人次。

【美术馆】 2016年，市美术馆新增面积1500平方米，总面积2700平方米，设有第一展厅、第二展厅、画库、美术资料阅览室、档案室、裱画室、美术作品翻拍室、接待室、画室等。全年自办、承办、接办首届江苏美术奖获奖作品巡展——连云港站、大爱如涛——江苏省文化系统赈灾义卖书画作品连云港展、连韵扬彩——中国画作品展、第二届中韩书画作品交流展、丹青连云·连云港市美术作品展、第四届美术馆之友书画作品展等27个，开展基层送展活动2次，举办“美术馆之友”系列活动7次。组织6件作品参加第四届林散之江苏书法作品双年展，1件作品参评第十一届艺术节中国美展，9名画家为盐城灾区捐赠书画精品9件。 （武依林）

【新华书店】 连云港新华书店有限责任公司坐落在连云港市朝阳东路27号，总建筑面积2.83万平方米。公司注册资金2000万元，是江苏凤凰出版传媒股份有限公司的全资子公司。2016年，公司有在职员工105人，朝阳东路店、通灌路门店、解放路门店、海州门店、墟沟门店5个零售门店。图书经营品种6万余种，门店设立教师阅读专区、家长阅读专区、成人考试专区等多个区域，满足不同读者的购书需求。书店不定期举办作者签售活动，深入学校进行讲座。设立微信平台，以短信的方式发送各类图书信息，加强与读者的沟通。凤凰阅读吧于每周六举办“名师讲课”“朗读者”活动，邀请“港城最美领读人”朱卫文等名师引领学生和市民阅读经典名著《上下五千年》《小王子》《草房子》等。全年发行图书1653.84万册，品种28.01万种，实现销售码洋1.73亿元，比2015年增加7288万元，增长72.8％。公司连续多年被连云港市新闻出版印刷发行协会评为新闻出版印刷发行“双优诚信”单位，被凤凰出版传媒集团股份公司评为省级先进店、市场拓展先进单位、连锁经营（一般图书）发行先进单位，2016年获得凤凰出版传媒集团发行营业收入奖。 （马 建）

【农家书屋】 2016年，市文广新局制定出台《连云港市农家书屋提升工程实施方案》，东海县、灌南县被列入省农家书屋提升工程试点县区，9个乡镇、街道被列为试点乡镇、街道。200家农家书屋与县区图书馆实现“一卡通”通借通还，400家农家书屋的图书出版物完成更新，江苏文艺出版社捐赠图书2万册，价值60多万码洋，用于补充农家书屋提升工程试点地区的图书出版物种类。接受捐赠《译林》杂志3500册、中复神鹰碳纤维有限责任公司捐赠文学类图书1200册。市文化部门制作发放5万张农家书屋借阅证进村入户、发放5000份农家书屋管理员调查问卷和农民阅读调查问卷，深入了解农村群众的阅读需求。灌云县、赣榆区数字农家书屋建设完成。开展“全民阅读·手拉手春风行动”，推行市县区机关企事业单位与基层农家书屋开展结对共建。市文广新局、市教育局、妇联联合开展“农村学生四点半课堂”，引导学生放学后走进农家书屋，并有志愿者带领开展读书活动。市文广新局、市教育局联合开展“我的书屋，我的梦”青少年征文大赛。市文广新局、淮海工学院组织200名大学生志愿者，开展第二届“全民阅读乡村行”主题实践活动，深入全市1151个行政村（社区），按照营造宣传氛围、领读经典文章、讲述阅读故事、发布手机微信、做好阅读调查、撰写活动心得报告六项主题开展活动。制定印发《农家书屋与文化大户融合发展方案》，试点建成东海石湖乡廖塘村如飞书屋 、连云区宿城街道桃源书屋等40家农家书屋+文化大户，《中国新闻出版广电报》3次进行专题点评报道。 （武依林）

公共文化服务

【概况】 2016年，全市新增公共文化场馆（含文化广场）39个，总数达2000余个。全市初步建成325个基层综合文化服务中心，市、县（区）级文化馆全部建成国家一级馆。市美术馆、市文化馆一期改造工程完成，市、县（区）文化馆实现一级馆全覆盖。市文化馆升格为国家一级文化馆。市图书馆公共服务标准化入选国家标准委第三批社会管理和公共服务综合标准化试点项目。9月，连云港市市民文艺培训中心（CATC）一期工程改建任务完成并开放试运行。市文化部门组织举办春节文化系列活动、“中国梦·港城情”广场文化系列活动、市第三届社区艺术节、惠民文化展览讲座等4000余场次。承办第三届“丝绸之路”全国艺术摄影大展。市博物馆、美术馆、文化馆举办公益性展览50余台次。市文广新局加大对基层文化站和文化团体扶持力度，对堆沟港镇文化站等12家优秀文化站进行奖励，每家给予以奖代补资金1万元。对群星女子合唱团等20支重点团队进行奖励，对刘荣等20名优秀群众文化活动领头人进行表彰。举办全市基层文化人才队伍培训，各县区分管副局长、文化馆馆长、文化站站长200余人参训，对2000余名重点群众文艺骨干进行轮训。全年为社会人员和团队提供各类文化艺术辅导2.05万人次。举办全市公共图书馆业务技能大赛。

【广场文化系列活动】 7—10月，连云港市采取市、县、区联动方式，以弘扬“中国梦”为主题，组织举办广场文化系列活动300多场次。11月18日，由市委宣传部、市文广新局主办的2016“中国梦·港城情”广场文化系列活动闭幕式暨颁奖文艺演出在市文化馆艺术剧院举办。

【第三届“港城一家亲”社区艺术节】 8月26日，第三届“港城一家亲”社区艺术节在苍梧小区举行启动仪式。市文广新局现场发放200本《译林》杂志，在苍梧社区设立图书漂流点，向苍梧社区捐赠图书300余本。至11月，先后举办社区广场文艺演出、优秀社区书画作品展、社

12月1日，以“守望·相连”为主题的第三届“丝绸之路”全国摄影艺术大展在市美术馆开幕。 市文广新局 供

区手工创意大赛等系列活动，市县区联动举办文艺演出、书画作品展等活动2000余场，惠及全市基层近百万群众。

【公益文化服务推广季】 10月，伴随市民文艺培训中心（CATC）投入试运行，市文化馆策划推出2016公益文化服务推广季。推出“今夜，我们说台词”、CATC麦田生活馆、新音乐·耳边风、芝麻主题影院、“海莲籽”冬令营、视觉空间立体展览等系列公益文化推广活动，“港城文化课堂”重点课程入驻。“港城文化课堂”依据市民的需求完善课程设置，开设第八季、第九季70个班（次），培训市民3300余人（次），举办学员教学成果汇报展演2次。古琴、篆刻、琵琶、魔术、工笔等课程受到市民欢迎。

【第三届“丝绸之路”全国摄影艺术大展】 12月1日，以“守望·相连”为主题的第三届“丝绸之路”全国摄影艺术大展在市美术馆开幕。通过近一年征集，展出来自国内“一带一路”沿途城市300余件优秀代表作品，以及由文化部外联局安排的中卡（中国—卡塔尔）文化年“一带一路”联合拍摄作品70件。

【“相约艺术剧院”系列惠民展演】 2016年，市文化馆举办“相约艺术剧院”惠民文化专场系列活动37场（次），包括2016新年民族音乐会、新年交响音乐会、全市老干部情况通报会文艺演出、元宵管乐音乐会、全市助残日文艺演出、庆“三八”专场文艺演出、“五一”全市职工文艺汇演、全国街舞挑战赛、爵士音乐节、纪念长征胜利文艺音乐会、戏曲票友专场、《致敬经典》越剧艺术专场等。

（武依林）

社会科学研究

【概况】 2016年，市发展和改革委、市社联共同印发《连云港市“十三五”哲学社会科学发展规划》，是全市首个哲学社会科学发展规划。市社联发起成立全国“一带一路”沿线城市智库联盟，牵头成立国内首个地市级智库行业协会连云港市智库业协会，在全国率先探索设立社联常委会专门委员会，在学会设立党支部，共建中国社科院知识社会研究基地和“一带一路”研究基地。市哲学与社会学学会、市政治学会、市公共管理学会、市心理学与教育学学会、市中国文学学会、市外国文学学会、市艺术学会7个社科类一级学科市级学会成立，填补全市社科一级学科市级社团建设空白。淮海工学院、连云港师范高等专科学校、连云港开放大学、连云港工贸高职校、连云港中医药高职校成立哲学社会科学联合会。开展首届市委书记市长圈定重大课题应用研究，举办全市社科界首届学术大会，编辑出版《连云港智库（2016）》白皮书和《连云港社会科学（2016）》蓝皮书，开展第十三届社科优秀成果评奖，推出一批有价值、有影响的研究成果和活动。市社科院进行有关省市经济社会发展重大理论和实践问题研究，完成各类研究成果20多项，获省委省政府主要领导和分管领导批示3次，市委常委批示1次。“江苏海洋经济高层论坛”在连云港举办，江苏海洋发展研究院在连云港成立。市社科院与中国社科院、省社科院以及其他智库开展多层次多领域交流合作，哈萨克斯坦总统基金会世界经济与政治研究所首次到连云港进行学术交流。市社联被评为全国大中城市先进社联，市社科院被评为全国城市社科院先进单位。市社联会刊《连云港论坛》更名为《新研究》，市社科院改进内刊《决策参考》，内容侧重连云港经济社会文化发展理论研究，推出新刊《决策咨询专报》，内容侧重对策建议和专家学者观点。

（薛继坤 谢仁善）

【课题研究】 2016年，连云港市加强全市发展重大课题应用性研究，推出一批研究成果。新立项市社科基金项目课题85项，资助经费14.5万元。清理2010年以来逾期未结项课题87个，累计完成立项课题鉴定结项115项。市财政部门设立全市决策咨询研究专项资金，每年40万元，用于全市应用研究课题项目资助。首次开展市委书记、市长圈定重大课题应用研究。年初，市社联根据全市重点工作拟定备选课题，分经济、政治、文化、社会、生态文明和综合6类，遴选事关全市发展的重大课题36项，供市委书记、市长圈定。市委书记杨省世和市长项雪龙共圈定重大课题9项，其中1项课题为市委书记、市长共同圈定。市委常委命题9项，为重点课题。经市社联邀请，徐圩新区、高新区、市发改委、市经信委等22家重点单位（部门）主要领导拟定课题43项，市社联遴选18项作为一般课题，25项自筹经费课题。面向全市发布《关于申报2016年度市委书记市长圈定重大课题等全市应用研究课题资助项目的通知》，有122多个课题组投标，对68个中标课题组予以立项。组织专家委员会对课题结项材料进行鉴定，68项课题有15项被评为优秀，无不合格课题。市社联制定《连云港市应用研究课题资助项目管理办法（试行）》，对申报与立项、中期成果检查、结项与撤项、经费管理、成果应用等进行规范。对优秀研究成果，以《决策内参》、专题成果汇报会、交流会等形式向市委、市政府领导和有关部门负责人汇报，结集出版《连云港智库（2016）》白皮书，择选刊登于《连云港日报》理论版，促进成果转化。

2016年，连云港市开展首届市委书记、市长圈定重大课题应用研究。图为项目成果汇报会。 刘怀君 摄

2016年，市社科院中标省社科院18项省委书记、书记省长圈定课题中的2项课题。6月16日，2项课题成果《江苏建设海洋经济强省研究》《江苏开放型经济转型升级研究》获得省委主要领导批示。完成中国社会科学院“一带一路”研究中心组织编写的《“一带一路”建设发展报告（2016）》连云港篇，完成省社科应用研究（人才发展）课题重点项目《“一带一路”战略背景下江苏沿海人才战略重点研究》和一般项目《苏北地区各类高层次人才发展环境现状与对策研究》；完成省哲学社会科学规划办公室2015年度省市协作研究项目《江苏如何积极参与“一带一路”建设研究》。完成市哲学社科规划办课题重点项目《新型城镇化与连云港区域协调发展研究》和一般项目《连云港市推进社科强市的思考与对策》。完成市社联“市委书记市长圈定重大课题”的重点课题《我市战略性新兴产业高端化路径研究》。完成市科技局软科学研究课题《区域创新一体化背景下连云港科技创新合作模式研究》。完成法治江苏建设高层论坛论文《连云港法治城市建设的思考》《新发展理念下连云港环境法治建设研究》《海洋环境保护立法暨“一带一路”交汇点核心区法治建设》。

（赵全全　谢仁善　薛继坤）

【社科普及】 2016年，市社联组织开展全市社科普及宣传周活动，市县区社联、学会、社科普及基地开展各类社科普及活动300余场，受益群众10万多人次。编印《优生优育》《创业就业》《投资理财》3本社科普及读物3万余册，作为《社科知识与百姓生活》丛书第一辑，向公众免费发放。面向大众创新开办高层次社科讲坛——“港城社科大讲堂”，每季度推出1期讲座，全年举办5场。邀请北京大学政府管理学院院长俞可平，省社联党组书记、常务副主席刘德海，南京图书馆副馆长、研究馆员许建业，淮工教授吴价宝，连云港师专教授严淡如等专家学者，围绕群众关心的热点难点焦点问题开展专题讲座。各县区、各单位的人文社科讲坛，根据公众的兴趣热点设立相应讲座板块，利用报刊、电视、网络及微博微信等社交媒体广泛宣传推介。市社联牵头组织成立连云港市社会科学普及志愿者协会。由全市社科界、教育界、新闻界、文艺界及企事业单位、社区基层等有志于社会科学知识普及的个人和团体自愿组成。

【市第十三届社科优秀成果奖评选】 5—12月，市社联按照《连云港市哲学社会科学优秀成果奖励办法》的要求，组织开展市第十三届哲学社会科学优秀成果评奖工作。全市申报社科成果360多项，通过初评、复评和终评三轮程序，最终确定110项社科优秀成果获奖。年内，连云港市有1项成果获得连云港市获江苏省第十四届哲学社会科学优秀成果奖二等奖，10项成果获三等奖。

【交流合作】 3月下旬，中国社科院西亚非洲研究所所长杨光一行就“促进‘一带一路’沿线往来与合作”到连云港开展调研活动。4月下旬，中国社会科学院俄罗斯东欧中亚研究所和哈萨克斯坦首任总统基金会世界经济与政治研究所代表团一行到连云港考察，并就连云港“一带一路”建设和对哈经贸合作开展座谈。9月中旬，江苏省社会科学院副院长吴先满到连云港就“促进江苏全面建设小康社会”系列问题开展主题调研活动。10月上旬，苏北发展研究院华学成院长一行到市社科院就“苏北共同发展”开展调研和交流。

【中国社科院知识社会（连云港）研究基地暨“一带一路”（连云港）研究基地建立】 12月8日，由中国社科院人口与劳动经济研究所和世界经济与政治研究所与连云港市社联、淮海工学院三方共同建立的中国社会科学院知识社会（连云港）研究基地暨“一带一路”（连云港）研究基地在淮海工学院揭牌。来自市内外的300余名领导专家和各界代表参加基地成立大会。2个研究基地日常办公地点均设在淮海工学院商学院，基地经费由市社联和淮海工学院共同承担，同时接受相关部门的委托课题经

2016 年连云港市获江苏省第十四届哲学社会科学优秀成果奖一览表

表 75

序号	优秀成果	作者	奖项
1	《中国戏曲文学本事取材研究》（著作）	伏涤修（淮海工学院）	二等奖
2	《环境公正的国家共振理论》（论文）	陈兴发（淮海工学院）	三等奖
3	《论〈紫颜色〉的生态社会思想》（论文）	杜业艳（淮海工学院）	
4	《中国对外直接投资的动力机制与逆向技术溢出效应的研究》（著作）	张纪凤（淮海工学院）	
5	《“一带一路”战略与区域开发开放：基于江苏实践的研究》（著作）	古璇（淮海工学院）、古龙高（江苏省社会科学院连云港分院）、赵巍（淮海工学院）	
6	《宽严相济刑事政策及其司法实现》（著作）	薛剑祥（连云港市中级人民法院）	
7	《边际文化影响下的海州叙事文学》（著作）	李传江（连云港师范高等专科学校）	
8	《经济夹缝谈》（著作）	朱其训（连云港师范高等专科学校）	
9	《港城一体化战略下港口城市土地利用演化与模拟研究：以连云港市为例》（著作）	王丽萍（连云港师范高等专科学校）	
10	《科技创业家论》（著作）	杨东升（连云港市哲学社会科学界联合会）	
11	《关于深入推进我市“一带一路”交汇点建设的调研报告》（研究报告）	曹佳鸣（连云港市政协）、尹侠（连云港市政协）	

2016 年连云港市第十三届哲学社会科学优秀成果获一等奖项目一览表

表 76

序号	优秀成果	作者
1	《论资源地区产业结构转型：基于“资源诅咒”机理的解析》（论文）	宣昌勇（淮海工学院）、唐成伟（中国人民大学）、晏维龙（淮海工学院）
2	《技术进步、环境污染及其困境摆脱研究》（论文）	孙军（淮海工学院）、高彦彦（东南大学）
3	《中国沿海港口群体的代际评估研究》（论文）	吴价宝（淮海工学院）、卢珂（中国矿业大学）、贺永正（中国矿业大学）、潘培培（中国矿业大学）
4	《马克思异化理论之人本嬗变的隐性逻辑及其反思》（论文）	周桂芹（淮海工学院）
5	《关于“其他设区的市”立法权配置与监督的若干思考》（论文）	李敏（淮海工学院）
6	《断裂与重构：农村“空心化”到“产业化”》（论文）	刘永飞（中共连云港市委党校）、徐孝昶（徐州工程学院）、许佳君（河海大学）
7	《烽火薪传：抗战时期文化机构大迁徙》（著作）	孟国祥（南京医科大学康达学院）
8	《灵动的文学空间：多丽丝·莱辛小说研究》（著作）	赵晶辉（淮海工学院）
9	《网络道德异化与和谐网络文化建设》（论文）	张元（淮海工学院）、丁三青（中国矿业大学）、李晓宁（北方民族大学）
10	《隐喻性范畴化及其实现机制》（论文）	周榕（华南师范大学）、龚玉苗（淮海工学院）
11	《徐林祥、李明高研读叶圣陶、朱自清〈精读指导举隅〉〈略读指导举隅〉》（著作）	李明高（连云港师范高等专科学校）、徐林祥（扬州大学）
12	《乱世犹闻读书声：中国教育 1912—1937》（著作）	张兴龙（淮海工学院）
13	《用“学术性”增强历史课堂“人性化”的研究与反思》（论文）	刘俊利（连云港市教育局）
14	《历史探究性学习要重视几种有效思维建构》（论文）	李南亮（江苏省海州高级中学）
15	《创新党群工作站模式破解非公企业党建工作难题》（调研报告）	陈军（连云港市委组织部）、龚武成（连云港市委组织部）、葛伟（连云港市委组织部）

费。基地以联合攻关等形式开展重大课题研究。

【全市社科界首届学术大会】2016 年，市社联举办全市社科界首届学术大会。以“树立新理念 建设新港城”为主题，分别举办市级学会、县区和高校专场 10 余场。包括灌南县社联“树立新理念、建设新灌南”研讨会和赣榆区社联“徐福文化产业”研讨会两个县区专场；师专社联“‘一带一路’视域下的连云港发展战略研讨会”和市开放大学社联“让远程学习融入港城生活”2 个高校专场；市保险学会全省保险贯彻落实“八项重点任务”“五个发展理念”研讨会、市税务学会“营改增”税收理论与实践研讨会、市读书研究会“读书与工作生活”理论研讨会、市国际税收研究会“不忘初心与城市精神”地税专场研讨会、市图书馆学会“图书馆融合发展与创新服务”学术研讨会、市朐海书院“中国古代思想史”研讨会6个学会专场。学术大会期间，收到论文420多篇，参会人员1000多人，65位学者作学术交流发言。 （谢仁善）

【江苏海洋经济发展2016高层论坛】11月，由江苏省社会科学院、中共连云港市委宣传部主办，市社科院、市海洋渔业局承办的江苏海洋经济发展2016高层论坛在连云港举行，是江苏省首次举办关于海洋经济发展的专题性论坛活动。与会专家围绕论坛主题，为江苏海洋经济发展提出一系列意见建议。论坛举办期间，由江苏省社会科学院与淮海工学院共建的江苏海洋发展研究院揭牌，研究院日常办事机构设在市社科院，研究基地设在淮海工学院。 （薛继坤）

文化遗产保护

【概况】2016年，全市有各级文物保护单位165处，其中国家级9处，分别是将军崖岩画、孔望山摩崖造像、大伊山石棺墓、海清寺塔、藤花落遗址、东连岛东海琅琊郡界域刻石、郁林观石刻群、曲阳城遗址、尹湾汉墓；省级28处，市级71处，县区级57处。各级博物馆及文物收藏国有单位藏有文物1.53万件（套）。全市非物质文化遗产保护体系逐步健全，海州五大宫调、淮海戏、徐福东渡传说、东海孝妇传说、淮盐制作技艺等5个项目入选国家级保护名录，33个项目入选省级名录，确立公布150个市级“非遗”名录及200多个传承人和100多个传承基地。

【文物保护】2016年，连云港市全面完成第一次可移动文物普查工作，全市所辖各级文物收藏国有单位共计28家，文物总数为1.53万件（套）。编制完成孔望山摩崖造像、将军崖摩崖岩画、藤花落遗址3个全国重点文物保护单位保护规划文本并报送省文物局。开展郁林观石刻群、东连岛界域刻石2处国家级文保单位保护规划编制。果城里民国建筑群、龙苴城遗址2个省级文保单位保护规划编制获省文物局立项。市文保部门开展将军崖岩画、孔望山摩崖造像、石棚山摩崖题名石刻的保护范围及建设控制地带图纸测绘工作，完善将军崖岩画抢险加固工程设计方案并报国家文物局审批。完成省级文物保护单位大雾崖石城的本体保护、石刻防风化和环境整治工程、大龙顶抗日防御工事的本体保护和环境整治工程。做好文保单位白蚁防治调查，调查文保单位92处，其中41处受白蚁危害，调查文保单位周边建筑29处，其中21处受白蚁危害。开展连云港历代防御工程资源调查、古游水考古调查、民俗资源调查、海州区九龙口遗址考古调查、宿城上法起寺遗址考古调查等，编辑出版《连云港文保单位图录》《石上春秋》。文物行政执法监控平台试运行，61名义务文保员定期对市级以上文物保护单位进行安全巡视，通过手机APP及时上传文物安全信息。全年组织文物安全巡视90余次，巡视文保点300多处，对发现的6起文物安全问题下发督办通知，要求所涉县区限期整改查处。《连云港市文物保护管理办法》被列入市2016年立法计划，形成送审稿。全年省级财政下拨文保专项经费650万元。全市文物系统博物馆举办临时展览37台，接待观众45.2万人次。

考古发掘。市文物保护部门完成赣榆区盐仓城遗址及墓地一期考古发掘工作。开展土城遗址、宿城法起寺遗址、朝阳镇大雾崖石城遗址、土船顶遗址、朝阳遗址考古调查。对海州区前官村遭破坏墓葬、灌南县三口镇民国瓷器窖藏、海州区吴窑村遭破坏宋墓进行现场勘查。组织对盛虹炼化一体化工程项目、田湾核电站3、4号机组工程项目、连镇铁路连云港段、中俄东线天然气管道工程连云港段等项目进行考古调查勘探。

【非物质文化遗产保护】2016年，市文物保护部门推进山海文化生态保护试验区建设，建成东海水晶城等一批大型非遗保护街区，《镜花缘传说》等11个项目入选省四批非物质文化遗产保护名录，《田横岗传说》等30个项目入选市第六批非物质文化遗产保护名录，高跷（盐坨高跷）等14个项目入选市第一至五批非物质文化遗产保护扩展项目名录。新命名非物质文化遗产保护24名市级传承人，11人被评为市五批优秀传承人，20余人被评为优秀非遗保护工作者。在东海举办“美丽港城·精致非遗”展示展演活动，以“让文化遗产融入现代生活”为主题，组织110个各级非遗项目及传承人进行集中

非物质文化遗产展示活动 市文广新局 供

展示、展演。组织水晶制作技艺等项目参加山东省第四届中国非遗博览会，锻铜等项目赴扬州参加“精彩江苏 精致非遗”——江苏省非物质文化遗产传统美术传统技艺展示展演，黑陶等项目参加第六届江苏书展。举办2016年连云港民间传统美术作品邀请展、《西游记》与连云港”剪纸大赛作品展。推进非遗进校园、进社区，市文广新局与淮海工学院应用技术学院举办“走进非遗”夏令营，与连云港师专联合举办海州五大宫调研讨会，为师专美术系、淮海工学院应用技术学院、江苏财会职业学

连云港市入选省第四批非物质文化遗产保护名录项目一览表

表 77

序 号	编号	项目名称
316	JSV-16	肘股子
326	JSVI-43	连云港贝雕
45	JSIV-8	淮海戏
301	JSI-40	镜花缘传说
376	JSIX-10	刘氏自然拳
377	JSIX-11	形意拳
388	JSX-23	淮北盐民习俗
233	JSX-11	海州湾渔俗
108	JSVII-28	樱桃酒酿造技艺
118	JSX-2	新安灯会
361	JSVII-24	万寿堂胃病疗法

第六批市级非物质文化遗产一览表

表 78

序号	项目类别	项目名称	保护单位
1	民间文学	大伊山传说	灌云县剧目工作室
2		田横岗传说	市开发区中云街道社会事业服务中心
3		羽山传说	连云港市羽山·大禹文化研究学会
4	传统音乐	古筝艺术	司徒古筝国乐艺术馆
5	传统技艺	花生油古法压榨技艺	江苏长生缘生物科技有限公司
6		捕鼠器制作技艺	赣榆区沙河镇兴旺捕鼠器经营部
7		金银细工制作工艺	赣榆区文化馆
8		杆秤制作技艺	赣榆区文化馆
9		灌云豆丹制作技艺	灌云县餐饮商会
10		仿古铜器制作技艺	灌南县文化馆
11		锔 瓷	灌南县文化馆
12		山楂酒酿造技艺	连云港市凯威酒业有限公司
13		戗刀磨剪技艺	海州区文化馆
14		古建筑营造（木斗拱）技艺	海州区文化馆
15	传统美术	草编技艺	赣榆区城西镇文化站
16		灯彩制作工艺	赣榆区文化馆
17		棕编技艺	东海县张湾乡文体中心
18		软陶制作技艺	海州区文化馆
19	传统医药	孙氏接骨膏制作技艺	连云港市科普研究会
20		张氏正骨术	宜连保健按摩室
21		太极真炁流注针灸术	赣榆区迎春太极平衡养生俱乐部
22		摸结松筋针灸疗法	东海张氏针灸堂
23		谢氏膏药外敷疗法	灌云谢氏葆龄堂药房有限公司
24		克山中医喉疾疗法	灌南县克山喉科诊所
25		李氏鼻炎中药疗法	灌南县李玉成诊所
26		朱中学中医风湿针灸疗法	朱中学中医风湿门诊部
27		王氏中药黑膏药制作技艺	灌南县王亚方诊所
28	传统体育、游艺与杂技	八卦掌	连云港市八卦掌研究会
29		铁砂掌	连云港市传统武术研究会
30	民俗	东海老淮猪饲养习俗	江苏幸福淮猪产业发展有限公司

第一、二、三、四、五批市级非物质文化遗产名录扩展项目一览表

表 79

序号	项目类别	项目名称	保护单位	所属区域
1	传统舞蹈	高跷（盐坨高跷）	开发区猴嘴街道文化服务中心	市开发区
2	传统技艺	风筝制作技艺	赣榆区文化馆	赣榆区
3		桃林烧鸡制作技艺	连云港桃林蒋记食品有限公司	东海县
4		蒸馏酒酿造技艺（海州湾白酒酿造技艺）	灌南县汤沟曲酒厂	灌南县
5		蒸馏酒酿造技艺（洪门酒酿造技艺）	江苏新海洪门酿酒有限公司	海州区
6	传统美术	葫芦画	赣榆区青口镇徐进涛烙画艺术工作室	赣榆区
7		吹糖人技艺	赣榆区文化馆	赣榆区
8		根 雕	东海县山左口乡文体中心	东海县
9		泥 塑	东海县驼峰乡文化中心	东海县
10		剪纸（穆氏剪影）	东海县文化馆	东海县
11		面塑（吕中国面塑）	灌南县文化馆	灌南县
12		面塑（海州面塑）	海州区文化馆	海州区
13		木 刻	海州区文化馆	海州区
14	民 俗	盐民习俗	开发区猴嘴街道文化服务中心	市开发区

院、新海小学等院校的学生开设相关讲座。举办戴晓觉膏药制作技艺、徐氏痹症外敷疗法等传承人义诊、走进非遗——连云港市剪纸新春送祝福、“保护城市根脉 留住历史记忆”非遗技艺展示展卖等系列活动，各级代表性传承人参与活动300余场。灌南县、灌云县非遗保护中心开展并完成工鼓锣、五妙水仙膏省“记忆工程”数据库建设工作。市文广新局加强代表性传承人管理，取消贝贴画等4位传承人资格，对云绣市级代表性传承人等7位传承人给予停发1年传承补助金的警告处理。

【海州五大宫调传承保护】 6月，市文广新局制作《海州五大宫调精选曲目》光盘，出版《海州五大宫调》画册，拍摄海州五大宫调宣传片，举办海州五大宫调保护十周年研讨会，出版海州五大宫调音像资料，邀请省内外知名专家教授60余人参加。8月、11月，“海州五大宫调”传承人刘长兰及6名玩友前往北京参加中央电视台大型原创文化传承类综艺节目《叮咯咙咚呛》录制，国家级代表性传承人刘长兰获得“文化传承人”称号。中国艺术研究院文化发展战略研究中心副主任郑长铃、台湾师范大学民族音乐研究所教授吕锤宽、省艺术研究院教授谢建平等专家学者到连云港调研“海州五大宫调”传承、保护工作。 （武依林）

文化产业

【概况】 2016年，连云港市文化创意产业加快发展。举办2016中国“花果山杯”画说美猴王工艺美术作品创意设计大赛和全市文化创意设计大赛。微电影《假如失去三天光明》获省第三届“紫金奖”文化创意设计大赛金奖，《反腐倡廉职业篇》获省廉政公益广告创意设计优秀作品评选平面类金奖。新建宿城1968文化艺术街区。完善东海水晶文化创意产业园、杰瑞科技创意产业园服务平台建设。引入鸿奥科技公司、毛豆文化传媒公司，开设网上直播平台1个、设立网络游戏平台2个，《决战花果山》网页游戏成功上线，实现连云港市游戏研发零的突破。连云港市被评为省文化发展速度先进地区，杰瑞科技创意产业园被评为省重点文化产业园区，三众网络科技有限公司被评为省重点文化科技企业，东海惠泽工艺品公司被评为省民营文化企业30强。杰瑞科技创意产业园二期升级改造、丝路回响“一带一路”沿线国家和国内重要城市民族音乐会巡演、《西游记》文化节·连云港文化产品博览会、《决战花果山》网页游戏研发、面向媒体融合的影视制作平台构建、“连云港发布”融媒体移动交互平台6个项目获省级文化产业引导资金590万元，“猴嘴街道众创空间”被评为省级创业空间。

【画说美猴王工艺美术作品创意设计大赛】 2016年初，中国工艺美术协会、连云港市政府举办2016中国“花果山杯”画说美猴王工艺美术作品创意设计大赛，面向全球征集以美猴王孙悟空为题材创作的各类工艺美术作品和设计方案。大赛收到参赛作品4209件。其中，美国、英国、韩国、日本、马来西亚等国外作品87件，中国港澳台地区作品1242件。征集到的作品形式多样，内容丰富，材质涉及面塑、雕刻、书画、陶瓷等；门类涉及时尚创意类、旅游纪念品类、室内外陈设类等。组委会评出优秀作品124件，包括金奖5名、银奖10名、铜奖19名、优秀奖30名、入围奖60名。水晶雕刻《归来》、背雕工艺水晶吊坠——齐天大圣舞棒特写、锻铜《大圣金砖》、美猴王邮册、画作《百猴图长卷》5件作品获金奖。经过100名大众网络评委代表及广大网民网络投票，背雕工艺水晶吊坠——齐天大圣舞棒特写被评为最具市场价值作品，摆件《猴厉害》被评为最具人气作品，“大圣三宝”茶器被评为最佳

10 月 14—17 日，连云港市第八届文化产品博览会在振兴花卉城举行。
市文广新局 供

制作作品。大赛促进一批文创项目成功签约，其中，连云港报业传媒集团分别与乐合家网络科技股份有限公司、北方华录文化科技有限公司 2 家文化企业签订合作协议。

【江苏省“一带一路”文化产业发展研讨会】 3 月 10 日，江苏省“一带一路”文化产业建设研讨会在连云港举行。江苏省各设区市及昆山、泰兴、沭阳文广新局产业处相关负责人、省文化产业协会相关负责人、文化企业代表参会。会上，省商务厅对外投资和经济合作处副处长赵宇虹就江苏“一带一路”相关政策与举措作辅导讲座。南京、苏州、徐州、连云港、南通、盐城六市就“一带一路”倡议实施情况发言。

【第八届文化产品博览会】 10 月 14—17 日，2016 第八届中国·连云港文化产品博览会在振兴国际花卉城会展中心举行。文博会突出“全面融入一带一路，展示文化产品风采”主题，设连云港展区、各省展区、境外展区、创意生活展区等 11 个展区，来自 20 个国家、100 家国外展商、600 家国内展商参展。文博会现场成交额 8500 万元，合同成交额 2.6 亿元，观展人数超过 10 万人次。

【市演艺集团】 连云港市演艺集团下设江苏女子民族乐团有限公司、连云港市歌舞剧院有限公司、连云港市淮海剧团有限公司、连云港市文化艺术城市有限公司 4 个子公司，拥有大剧院、音乐厅、多功能厅、数字影城、咖啡吧等文化服务和休闲娱乐场所，演职员近 200 人。2016 年，市演艺集团招聘引进民乐、舞蹈等人才 18 人，与聚橙网、大麦网等国内大型票务运营平台合作，开发微信客户端在线售票功能，年内组织演出、讲座等 242 场，实现收入 862 万元。江苏女子民族乐团赴苏州、南通、太仓、常州、烟台等地开展“丝路回响”民乐巡演活动 6 场，举办“华韵四季”系列民族惠民音乐会 4 场，并赴摩尔多瓦、摩洛哥、白俄罗斯参加文化交流。全年组织“欢乐零距离——名人名团港城行”演出 40 场、现代淮海戏《辣妈犟爸》演出 6 场、“中国梦·劳动美”进企业送文艺巡演 7 场、儿童剧《白雪公主与七个小矮人》巡演 7 场、“一路同心”大型公益淮海戏巡演 41 场。

（武依林　赵全全）

新闻传播

【报刊】 截至 2016 年，全市有正式报刊出版物 9 种，其中报纸 3 种，期刊 6 种；连续性内部资料出版物 48 种。有中央、省新闻单位驻连云港机构 11 家。市级主要报纸媒体有《连云港日报》和《苍梧晚报》。有印刷企业 267 家，2016 年新设立 11 家。其中，从事出版物印刷企业 7 家（从事出版物专项印刷 3 家、数字印刷 1 家），从事包装装潢印刷企业 137 家、其他印刷品印刷企业 123 家。

（武依林）

连云港报业传媒集团。连云港报业传媒集团于 2013 年 12 月 26 日挂牌成立，拥有《连云港日报》《苍梧晚报》和连报新媒体（主办连网和手机报）、高端户外阅报栏、《今日报业》等多种形态的信息资讯媒介。2016 年，连云港报业传媒集团深化文化体制改革，组建《连云港日报》《苍梧晚报》管委会，分设编辑中心、采访中心、策划运营中心 5 个中心。截至年底，报业集团有在职员工 300 多人，其中 35 岁以下的一线新闻工作者占 50% 以上，正高职称资格 7 人，副高职称资格 19 人。

2016 年，报业集团以《连云港日报》《苍梧晚报》为基础，融合微博、微信、客户端等新兴媒体，组建《连云港日报》融媒体集群和《苍梧晚报》融媒体集群。日报融媒体代管连云港旅游、连云港环保、连云港妇联、志愿连云港等 10 个政务微信号和 2 个微博号。围绕践行五大发展理念、实施创新驱动发展战略、省市党代会、纪念建党 95 周年报道等重大主题，组织宣传报道，发布策划《小布探路》《暖新闻》等专栏。出版《国际日报·连云港之窗》50 余期，与新疆主流媒体共建东西桥头堡网、东西产经网。《苍梧晚报》小记者团开展“寻找身边的美”、万名小记者进军营等系列活动。拓展多媒体电子屏、户外大屏、公交车体等户外媒体传播渠道。截至年底，集团全媒体总用户达到 140 万。日报新媒体跻身副省级地市级党报百强榜，“连云港日报”公众号获全国地方网络媒体优秀微信公众号称号。整合《中国好声音》连云港赛区海选优秀选手成立报业演艺公司，创办爱尚生活网。发行投递向现代物流配送业转型，承接上海万象等落地配业务。实施“媒体+”战略，星海湖文创园项目一期进入招商阶段；小记者文创园开展美术、英语、足球等学前教育及技能培训。

（戴作仁）

报刊管理。2016年，市文广新局、市委宣传部联合开展中央、省新闻单位驻连云港机构清理整顿，对《新华日报》等5家省级新闻单位驻连云港记者站、《连云港日报》等3家市级新闻单位情况和采编人员等进行登记备案并上报省文广新局。市文广新局加强报刊审读，编印《报刊审读》报告4期。完成全市印刷企业和发行单位的网上年度审核验证，培训从业人员200多人次。（武依林）

【广播影视】2016年，连云港广电台开办新闻、经济、交通、故事4套广播节目和新闻、公共、影视3个电视频道，广播电视节目覆盖苏北、鲁南地区1000多万人口。生活服务类报纸《连云港广播电视报（新周刊）》受到市民欢迎。综合性门户网站连云港传媒网在区域内影响广泛。“智慧连云港”是港城集成和传递信息的主要全媒体综合服务平台。以中国广播电视新闻奖“十佳公共栏目”《东方女孩》、省名优电视栏目《港城365》为代表的自创栏目取得良好的社会效益和经济效益。以荣获中国广播影视大奖的广播小说《一路格桑花》为代表的优秀作品，赢得专家和受众的好评。连云港广电传媒集团（台）所属的广播影视文化产业城，位于连云港国家高新技术产业核心区，项目占地面积8.5公顷，建筑面积14.1万平方米，总投资7.2亿元，其规模在全国地市级台中排第3位。

连云港广电传媒集团。2016年，连云港广电传媒集团推出20余个重点报道和重大新闻行动。推出6期大型全媒体访谈节目《新起点 新征程——对话一把手 阔步十三五》；开设全国“两会”《直通北京》专栏，设立“直通省党代会”南京演播室，报道会议情况。推出《党旗红》《红色足迹》《辉煌的历程》等专栏；推出《产业强市企业行》专栏和五集系列报道《供给侧改革引领“新常态”》；围绕创建国家卫生城市和健康连云港建设，推出《我们的城市》专题节目，开设《“创卫”在行动》《健康连云港》等新闻专栏。完成100多场次录、直播工作，实现广播电视安全优质播出无事故。节目获得省广播电视节目制作质量奖金帆奖、金鹿奖二等奖各1项。影视城广播技术用房的声学装修及技术系统搭建完成。建成连云港市地面数字电视省单频网、市单频网及省多频网，市民可免费收看24套高标清数字电视节目。在后云台山山林火灾等突发事件报道中，启动应急机制，引领新闻报道和舆论走向。中央电视台、东方卫视、江苏卫视等10多家城市电视台开展“走一带 看一路”联合新闻行动，播出“连博会”、“画说美猴王”工艺美术作品创意设计大赛及连云港“一带一路”建设相关报道。举办全国百家网络媒体走进连云港大型新闻采风活动。制作的电视节目累计被中央电视台用稿40篇，其中《中国丝绸之路国际物流博览会开幕》等6篇稿件被《新闻联播》采用；省电视台用稿900篇，比2015年增长14%。广播在中央广播电台、省广播电台用稿289篇，创历史最高水平。广播连续剧《逐梦东方大港》在中央人民广播电台中华之声《文化时空》栏目播出。派出记者走进西班牙、哈萨克斯坦等国家，报道“一带一路”国家与江苏及连云港的经济文化交流成果。34件作品获得省广播电视政府奖。其中，广播新闻短消息《连云港国际班列做强“一带一路”互联互通》，电视文艺综艺节目第四届《中国作家》郭沫若诗歌奖颁奖晚会，报刊评论《真人秀这块“糖”还能甜多久》等5件作品获得一等奖。《〈中国成语大会〉的传播特色分析与改进策略》获省广播电视学术论文一等奖；《东方女孩》获得省广播电视少儿精品二等奖；《孝行天下》获得省广播电视公益广告二等奖。《连云港当选“全国十大幸福城市”》等4件作品获得连云港新闻奖。专题片《云台本草》入选市2016年度重点文艺创作资助项目。《〈西游记〉里的花果山传说》等8部专题片借助江苏国际频道平台，传播到北美与亚洲大部分地区。主办连云港之夏群星演唱会、“3·15”消费者电视晚会、新年音乐会、电视播音员主持人大赛等传统品牌活动，协助办好中国曲艺名家“送欢笑”暨第十三届《西游记》文化节文艺晚会、“美·德照亮港城”道德模范身边好人颁奖典礼、“生活因劳动而精彩”市职工原创诗歌作品大赛暨朗诵会等公益活动。依托集团微信、微博、移动客户端等“两微一端”新媒体矩阵，实施重要新闻事件、大型活动首播平台向微信迁移的突破。首次对“连云港之夏”开幕式进行微信直播，观看人数达30万人，评论互动超过1亿条；对市第十二次党代会开幕式进行微信直播，在线实时收看人数近11万人。11月3日，《连云港广播电视志》首发，是连云港广电历史上第一部广播电视专业志。

2016年，《连云港广播电视·新

2016年，连云港市加强广播影视管理，引领新闻报道和舆论走向。图为11月15日，2016中国画说美猴王工艺美术作品创意大赛颁奖晚会现场。
广电传媒集团 供

周刊》注重市民关注的热点、焦点，刊发《建设美好家园 需要你我一起努力》《老小区改造 让居住环境更美好》《工资高 港城不少人准备转行带孩子》《这种付款方式你敢用吗》《看看儿童市场那些事儿》《儿童消费市场的生意经》等20余篇民生新闻报道，推出《高考新方案》《开车时吸烟吃东西都要扣分？》《买个牛奶这么多门道》等60余篇民生服务专题报道。结合港城市民的消费特点及本土文化特色，推出《乡味》《春游》春节特刊、《你消费我做主》“3·15”主题特刊、《尝鲜》五一节特刊、《秋色》国庆特刊。联合市消费者协会打造“3·15”消费特刊、成立房产家装钻石联盟，举办盐河巷庙会、GDH世界搏击大赛连云港赛、连云港市少儿艺术文艺演出等活动。（陶斯嘉）

广播影视管理。2016年，市文广新局举办第三届广播电视新闻采访技能比赛。完成2015年度连云港市优秀广播电视节目奖评选工作，收到作品132件，报送63件参评省级评审。开展全市播出机构广告专项检查，对广告播出情况进行监听监看，完成监听通报10期。排查电视剧广告播出情况，停播违规广告，重视公益广告的制播和展播工作，开展广播电视净化荧屏声频专项检查。落实《广播电视安全播出管理规定》，开展广播电视无线传输覆盖网秩序专项整治。严查非法地面卫星接收设备，查处没收非法接收设备“小耳朵”1000多部，东海县、灌云县被评为全省“小耳朵”治理先进单位。开展打击非法广播电台专项活动，查处非法广播电台4部。组织参加省广播电视科技创新奖、节目技术质量奖评选，获广播电视技术质量奖5项（广播节目金鹿奖二等奖2项，三等奖1项，电视节目金帆奖二等奖1项，三等奖1项），广播电视科技创新奖三等奖3项。推进农村电影服务转型升级，建立村级服务点、乡级服务点、预约放映服务点、城区服务点。建成农村电影放映固定点80个，放映电影17088场。全市有影院16家，比2015年新增2家。

（武依林）

【网络媒体】 2016年，依托连云港报业传媒集团、连云港广电传媒集团，连网、连云港传媒网、连云港金融网3家新闻网站以及以“连云港发布”为核心的政务矩阵成为主流舆论传播的重要网络媒体。全市有政务微信账号320个，其中连云港公安微警务、连云港警方、“连云港发布”、东海县微平台、《苍梧晚报》、《连云港日报》微信账号订阅用户量居前6位；“在海一方”论坛成为全市网民聚集地。

连网。2016年，连网定位调整为连云港市第一新闻门户网站，全年制作“与雷锋车同行 建设文明港城”“诗意山海·美丽连岛”征文大赛、首届连云港市文化创意设计大赛、翰墨书香校园美文大赛、“美丽港城”网络文化活动、美丽乡村行、画说美猴王工艺美术作品创意设计大赛、“百城百人花果山”邀你当评委、《连云港攀登珠峰第一人》等新闻专题36个，其中2篇新闻专题被评为中国地方网络媒体新闻奖金奖。连网连续第四次被评为江苏省文明办网先进单位。推出新版连网手机版，推出掌上连网直播，并在连云港市“两会”上成功使用。（赵全全）

连云港传媒网。2016年，连云港传媒网进行改版升级并开展智慧连云港客户端的宣传，“智慧连云港”下载安装量快速增长。举办连云港第五届城市形象大使选拔比赛、市首届“十大最美金融人”评选、连云港传媒网十周年暨网络舆情应对名家讲坛等多场品牌营销活动。《全媒体新闻行动：“一带一路”交汇点报告》、评论《网络谣言到底害了谁！》获江苏网络好新闻三等奖。在2016年集团双月评中，新媒体管理中心创作的《有图有真相：连云港至乌鲁木齐高速铁路“十三五”将全线贯通》、《荔枝新闻“苏说辉煌”省党代会连云港专区》等7篇作品分获二等奖。完成“智慧连云港”手机客户端3.0版本发布，建成水电费缴纳、医疗挂号、智能公交、水电查询等15项便民服务功能模块，用户近20万个。打造“互联网+政协委员”平台，实现网络议政、远程协商。完成广电新大楼网站新址搬迁，新设备访问速度大幅提升，同时在线人数从原有的2000人提高到8万人以上。（陶斯嘉）

连云港金融网。连云港金融网于2014年被省政府新闻办公室批准从事互联网新闻信息服务，成为连云港市首家获得新闻信息服务资质的行业新闻门户网站。2016年，连云港金融网举办网友最喜爱的优秀金融机构评选、金融消费权益保护知识电视大赛、金融系统青年辩论赛、最佳气质银行展示评选等活动，联合人民银行连云港中心支行共同举办市首届“十大最美金融人”评选活动，全市近百家金融机构参与。

连云港发布。市政府办、市委宣传部、连云港报业传媒集团共同打造的政务移动宣传平台。“连云港发布”微信、微博于2014年12月26日上线，2015年12月17日推出“连云港发布”移动客户端，用户总数超过70万个（截至2016年底）。同时入驻《人民日报》客户端和腾讯天天快报企鹅媒体平台，全市120余家单位入驻，与广州发布、深圳发布、成都发布、南京发布等全国50多家知名地方发布建立联盟。“连云港发布”推出《小布探路》《政在访谈》等一系列专栏。《小布探路》栏目在江苏创新新闻传播工作座谈会上被选为经典案例作展示。“连云港发布”微信获全市新媒体应用创新十大品牌、全市“网络正能量”创新平台、全市宣传思想文化工作创新奖、江苏2016年度成长潜力奖、中国报业融合发展实战案例优秀奖、全国政务新媒体（发布）最具影响力品牌50强等荣誉。

《连云港日报》微信公众号。《连云港日报》微信是党委机关报《连云港日报》的官方微信，由连云港报业传媒更名而来，2016年推送新闻16000余条，过万阅读近百条，最高阅读突破30万次。推出“市委书记新年给你发红包”“书记市长去了哪里，看了什么，说了什么？”等政务报道，社会反响良好，获2016年度中国地方网络媒体优秀微信公众号，《连云港日报》新媒体上榜中国地市党报新媒体百强。

《苍梧晚报》微信公众号。《苍梧晚报》官方微信平台于2014年开通。

每天推送最新新闻资讯，让用户第一时间了解发生在连云港及全国的重大新闻事件，拥有订阅用户17万，日均阅读量4万余次，是连云港地区唯一上榜的官方媒体微信号。《苍梧晚报》微博关注用户量突破10万，篇均阅读量突破6000次。（赵全全）

【版权保护】2016年，全市新增东海版画中心、文联、师专、电大4个版权登记服务点，开展水晶创意作品、非物质文化作品专项登记活动，全年完成一般作品登记4701件，发放版权登记宣传资料万余册。东海水晶、黑陶、版画等连云港特色版权产品参加第六届国家版权博览会、第六届江苏书展文创版权展。市文广新局、国资委联合制订全市国有企业软件正版化工作方案，建立完善软件资产管理制度。惩治侵权盗版行为，全年开展联合检查10余次，收缴各类非法音像制品1000余盘，盗版教辅资料500余册，低俗非法书刊230余本，假冒伪劣出版物1520余本。（武依林）

文化市场管理与综合执法

【概况】2016年，全市有互联网上网服务营业场所533家（实际营业388家），歌舞娱乐场所124家（实际营业109家），电子游戏场所137家（实际营业9家），艺术品经营单位20家，互联网文化经营单位3家（新设立2家）。受家庭电脑普及、移动网络不断成熟等因素影响，传统文化娱乐行业受冲击较大，开始寻求转型升级，新兴文化娱乐行业逐渐发展壮大。市文广新局依法办结审批服务事项355件，完成30家企业行政许可的双公示。审批项目增加文化类社团、民营非企业的批复事项。

【文化市场管理】市文化部门实施经营单位分级分类管理，试行文化市场“黑名单”制度。规范艺术品市场秩序，办结2起艺术品市场案件。做好集中监控应用管理系统和网吧技术监管软件平台推广应用，发挥江苏省互联网上网服务场所监管软件平台实时监控、过滤、自主管理、筛查不良游戏等功能，全年拦截色情、反动网站40175次。

【综合执法】2016年，市文化综合执法支队推进全国文化市场技术监管与服务平台移动执法试点工作，建成连云港市文化市场网络技术监管服务中心，全市6个县区均配备移动执法设备，完成经营主体信息导入、地理坐标匹配以及执法人员培训等工作，移动执法系统在全市正式应用。举办全市2016年文化市场亮点工作暨典型案件评比活动、全市文化执法多门类办案竞赛活动、“队长说案”交流会，完成全员普训4次。开展暑期网吧市场、校园周边文化市场、网络文化市场、艺术品经营市场、农村演出市场等五项专项整治行动。年内，市县两级执法部门检查网吧、出版物发行单位、印刷企业等文化场所10559家次，立案362起，市文化行政综合执法支队被评为全省文化系统先进集体，办理的江苏瀛洲发展集团有限公司擅自拆除不可移动文物、擅自在原址重建已经全部毁坏的不可移动文物案，获2014—2016年度江苏省文物行政执法案卷评查活动一等奖。市文广新局调研制订《连云港市文化行政综合执法改革试点工作方案》。（武依林）

档案工作

【档案资源建设】2月，市委办、市政府办转发《连云港市档案馆收集档案范围实施细则》。开展全市各单位到期档案进馆的摸底调查工作，文化局原副局长赵鸣捐赠照片档案数字化23000多张，完成海滨大道全景录像片的拍摄和后期制作，做好海滨大道竣工仪式等重大活动档案资料的采集工作，征集原第一人民医院院长段继承个人档案资料及《安定堂胡氏宗谱》《朱镛回忆录》等珍贵资料。对馆藏利用率高的档案进行数字化扫描，提高检索利用的正确率和速度。完成馆藏纸质档案数字化508万页，实现档案目录与全文PDF挂接，投入档案查阅利用。完善馆藏档案目录，建成文书档案目录数据库180.2万条，专题目录数据库171.58万条。举办1期全市数字档案室业务培训班，参训人员400余名。年内，完成市直1个省AAAAA级数字档案室、2个省AAAA级数字档案室等级评估工作。连云港市档案管理系统接收各单位上传收发文目录44.9万条，档案目录53.44万条，接收电子公文和电子档案约800G。市档案馆数据总量达到6T，结合馆藏档案数字化和系统建设，做好馆室系统分离，数据异地异质、离线等方式的备份。根据省档案局统一安排，将重要数据备份至湖南省档案局。整合《见证——连云港沿海开发档案辑录》《丝绸之路经济带——动态档案》，开展《机遇》编纂工作。落实《“十三五”时期国家重点档案保护与开发工作总体规划》，建立完善国家重点档案目录数据库建设中的民国档案数据库和抗战档案数据库。全年编发12期《连云港大事记》。

【重点建设领域档案监管与服务】2016年，市档案局完成省级重点建设项目登记备案工作。对省级重点建设项目涉及单位进行跟踪服务，9月底，完成全部重点建设项目档案工作登记备案并汇总上报省档案局。下发《关于做好2016年度全市沿海开发重大项目档案管理和登记工作的通知》，全年完成83项建设项目的登记备案。

【档案规范化建设】2016年，市档案局在教育局、交通局、农业局、人社局和工业投资集团等单位开展所属二级单位档案行政执法检查工作，对发现违法违规行为的启动执法检查程序，下发整改通知书。2016年底，完成市县两级单位《归档范围、分类方案和保管期限表》修订审核工作。修订《连云港市档案工作年检办法》，对全市144家市直机关、市属企业事业单位和驻连部省属单位进行检查。开展《江苏省机关企业事业单位档案工作规范》测评工作，市检察院等6家单位晋升五星级单位，市区乡镇街道财政所除宿城、云山街道外均达四星级标准，中云街道完成四星级创建工作。港口控股集团各子公司均达三星级以上标准，教育、卫生等系统均有多家医院、学校开展星级创建工作并通过测评。

【档案普法宣传】 2016年，市档案局制定印发《连云港市档案法制宣传教育第七个五年规划》。开展“6·9国际档案日”系列宣传活动。召开“档案与民生”新闻发布会，向全社会公开发布2016年度档案宣传周活动安排。市档案局、海州区档案局、市地税局、民政局、卫计委、公安局、人社局、住建房、地税局、城建档案馆8家单位在市不动产中心广场举办以“档案与民生”为主题的展览活动。活动现场向群众发放《中国的世界记忆遗产》《家庭档案工作指南》等宣传资料300余份，接受群众咨询100余人次。办好全市档案工作官方微博“连云港档案”和政务微信，在《档案与建设》期刊、江苏省档案信息网、“江苏连云港”网站、连云港档案信息网、“机关家园”网站等媒体刊登档案信息200多篇。

【档案查阅利用】 2016年，市档案馆接待利用者7900余人次，提供利用档案1.72万余卷次。完成10万余卷件规范整理，完成2016年度馆内各类业务工作登记表和统计台账的增设、调整和规范工作，及时完善统计台账和检索工具。做好政府公开文件的接收，完善接收台账统计和查阅服务系统建设，完整接收3285件。

（黄永艳）

地方志工作

【概况】 2016年，全市地方志事业贯彻落实《全国地方志事业发展规划纲要（2015—2020年）》，二轮志书编修、综合年鉴编纂、市地情馆筹建等取得新成效。5月，市政府印发《连云港市贯彻全国地方志事业发展规划纲要（2015—2020）实施方案》，进一步推动全市地方志事业科学发展。新出版列入全省二轮修志规划的志书2部，出版市、县、区地方综合年鉴7部。全市乡镇街道志、部门行业志编修工作全面启动。

【二轮修志工作】 全市第二轮修志工作于2005年11月启动。至2016年底，列入全省二轮修志规划8部市、县、区志书中，出版发行5部。11月24—25日，由省地方志办公室组织的《连云港市志（1984—2005）》终审会在连云港召开，副市长吴海云到会致辞。来自省地方志办公室、江苏人民出版社、江苏第二师范学院、南京市地方志办公室、无锡市地方志办公室、扬州市地方志办公室以及连云港市政协、市老区开发促进会的8名修志、地情专家组成评审组对志稿进行评审。与会专家认为，《连云港市志（1984—2005）》篇目设计合理、体例体裁得当、内容记述全面，资料翔实、编校质量较高，一致同意通过终审。10月21日，《灌南县志（1984—2005）》举行首发式；12月26日，《东海县志（1990—2010）》举行首发式。年内，《赣榆县志（1990—2009）》《灌云县志（1984—2005）》通过市地方志办公室的验收。

【乡镇志部门志编修】 3月，连云港市政府办公室印发《关于做好乡镇志部门志编纂工作的通知》，全面启动乡镇街道志、部门志编纂工作。确定12个乡镇街道、6个市直部门为试点单位。到2016年底，《百禄镇志》《墟沟街道志》《云台乡志》《连云港市质量技术监督志》《连云港海事志》等一批乡镇街道志、部门行业志完成编纂。12月，市地方志办公室在省地方志办公室全面启动江苏名镇名村志编纂工作会议上介绍乡镇志编纂工作经验。

【地方综合年鉴编纂】 2016年，《连云港年鉴（2016）》《赣榆年鉴（2016）》《连云年鉴（2016）》《东海年鉴（2016）》《灌云年鉴（2016）》、《灌南年鉴（2016）》由江苏人民出版社出版；《海州年鉴（2016）》由方志出版社出版。其中，《连云港年鉴（2016）》全面反映2015年度全市自然、政治、经济、文化、社会等方面的基本面貌和发展情况，全书110万字，设11编41个栏目、298个分目、1209个条目，收录图照266幅、表格99张，附目录、索引。同步出版全文检索光盘，光盘加载影像大事记。

【市方志馆筹建】 连云港市方志馆筹备处于2015年7月成立，开展立项报批、资料征集等相关工作。至2016年底，完成市方志馆总体方案设计。通过捐赠、交换、购买等方式，征集各类地情资料5000种2.1万余册，其中，与城市经济社会发展密切相关的图片1.5万余张，音像资料2万余分钟。

（徐　玲）

11月24—25日，《连云港市志》（1984—2005）终审会召开。　郭云　摄

责任编辑　郭　云

医疗卫生

综述

【概况】 2016年，连云港市有医疗卫生计生机构总数2726个，其中医院80个、基层机构2559个、专业公共卫生机构83个、其他卫生机构4个。全市有三级医院7所、二级医院28个、一级医院45所；综合医院52个、中医医院6个、专科医院15个、护理院7个。有床位2.33万张，每千人口拥有床位数5.21张，高于全省5.19张平均水平。其中，非公立医疗机构床位5179张，占总床位数22.15%。执业(助理)医师1.1万人，每千人口拥有执业(助理)医师2.45人。全科医生1192人，每万人全科医生数2.65人。

【卫生行风建设】 2016年，市卫计委出台《关于落实党风廉政建设党委主体责任、纪委监督责任的实施意见》，明确班子集体责任7项、个人责任5项，纪委监督责任6项。全年进行诫勉谈话16人次，函询9人次，通报批评13人次，经济处罚6人次。给予2人党内严重警告处分，1人党内警告处分，1人被降低岗位等级。开展"卫计清风"系列教育活动，通过举办专题讲座、"风清气正勇当廉洁楷模"辩论赛等活动弘扬清风正气。建成急救廉政文化馆、中医廉政文化墙等廉政文化景观。

【新型农村合作医疗保障】 2016年，全市新农合参合率99.74%，人均筹

2016年连云港市医疗卫生机构情况一览表

表80　　单位：个

	2016年	2015年
总计	2726	2708
医院	80	70
公立医院	25	25
民营医院	55	45
基层医疗卫生机构	2559	2532
社区卫生服务中心	25	25
乡镇卫生院	91	91
村卫生室	1707	1709
诊所、卫生所、医务室	610	608
专业公共卫生机构	83	102
疾病预防控制中心	9	9
专科疾病防治院	1	1
妇幼保健院（所、站）	9	9
卫生监督所（中心）	7	7
计划生育技术服务机构	55	74
其他卫生机构	4	4

2016年连云港市卫生人员情况一览表

表81　　单位：人

	2016年	2015年
卫生技术人员	26152	23056
执业（助理）医师	10979	8701
执业医师	7937	6883
注册护士	10947	9898
药师（士）	1201	1136
技师（士）	1231	1186
其他技术人员	1279	1109
管理人员	1190	1192
乡村医生和卫生员	3776	4352

2016 年连云港市医疗机构工作量及入院情况一览表

表 82

	总诊疗人次数（万次）		入院人数（万人）	
	2016 年	2015 年	2016 年	2015 年
总计	2825.76	2836.15	60.58	55.68
医院	659.76	670.43	45.31	42.46
公立医院	501.42	515.34	32.47	31.53
民营医院	158.33	155.09	12.83	10.94
基层医疗卫生机构	2045.34	2078.53	11.56	11.00
社区卫生服务中心	85.59	78.03	0.40	0.74
乡镇卫生院	667.86	616.82	11.16	10.26
其他卫生机构	2.57	0.28	1.31	0.13

2016 年连云港市医疗机构床位数一览表

表 83　　单位：张

	2016 年	2015 年
总计	23281	19035
医院	16606	13256
公立医院	11467	9569
民营医院	5139	3687
基层医疗卫生机构	5500	4892
社区卫生服务中心	646	773
乡镇卫生院	4840	4116
其他卫生机构	418	150

2016 年连云港市医疗病床使用率及出院平均住院日一览表

表 84

	病床使用率（%）		出院者平均住院日（天）	
	2016 年	2015 年	2016 年	2015 年
总计	68.75	68.47	8.0	8.2
医院	76.89	75.90	8.4	8.5
社区卫生服务中心	16.56	28.68	7.6	10.3
乡镇卫生院	51.15	51.11	7.0	7.0
妇幼保健院	82.19	81.33	7.3	7.7
专科疾病防治院	100.00	24.08	46.8	68.9

资标准提高至 620 元，其中各级财政补助 4700 元。统一全市新农合补偿政策，异地就医管理实行统一补偿标准、统一新农合目录、统一转外政策。深化住院按病种、按床日、按疾病组付费等新农合混合支付方式改革，在东海县、赣榆区试点 DRGs（按疾病诊断相关分组）付费方式支付改革。全市新农合政策补偿比为 78.74%，实际补偿比为 58.53%。完善新农合大病保险制度，人均筹资标准提高到 25 元，补偿符合大病保险 1.71 万人，补偿金额 7645.71 万元，符合大病保险参合人员实际报销比例在基本医保补偿基础上提高 12.39%。

【基本药物制度】 2016 年，卫生系统扩大省平台集中药品采购规模，医疗机构达 130 家。基层医疗卫生机构和纳入一体化管理的行政村卫生室实施基本药物制度。完善药品（耗材）采购监管、规范购销行为，全年采购配送药品 11.24 亿元。规范六大类高值医用耗材网上集中采购。加大短缺药品动态监测，对 48 个短缺药品采购 73.89 万元、对 28 个低价与定点药品采购 51.72 万元。

【基本公共卫生服务】 2016 年，全市基本公共卫生服务项目人均经费标准提高至 50 元，12 类 45 项基本公共卫生服务项目规范落实，全市居民健康档案规范化电子建档率 84%。启动实施 H 型高血压和脑卒中防控惠民工程。全市疾控体系达标建设实现全覆盖。艾滋病、结核病等重点传染病得到有效控制，传染病疫情稳中有降。开展预防接种门诊分级管理，免疫规划工作质量全面提升。海州区被评为省级健康促进区。建成省食品安全风险监测中心市级分中心，食源性疾病监测工作实现二级以上综合医院全覆盖。县、乡、村一体化基层食品安全监管模式得到国家卫计委的肯定。连云港市第四次被评为全国无偿献血先进城市。

【人口健康信息化建设】 2016 年，卫生系统完成区域健康信息平台数据上传下载接口改造，实现平台与辖区内医疗、公共卫生中心和基层机构联通，实现与省平台对接。新版电子系统在全市上线运行。实现居民电子健康档案等部分基本公共卫生服务考核信息化。市直医疗机构电子病历应用水平达到 3 级及以上。双向转诊系统在市一院医疗集团内上线运行；完成东海县、连云区共 21 万张居民健康卡制卡工作，灌云县 30 万张居民健康卡完成制卡招标工作。拓展健康卡服务功能，在市第一人民医院、市妇幼保健院实现居民持居民健康卡挂号、缴费、打印报告全程自助服务。建立区域影像、心电、检验检查和远程会诊中心，支持常态化开展业务。

【卫生依法行政】 2016 年，市卫计委制订《市卫生计生委行政许可和行政处罚信用信息公示工作实施方案》。全年办件量 6396 件。其中，消毒产

2016年，连云港市启动实施H型高血压和脑卒中防控惠民工程。图为医务人员为群众测量血压。 市卫计委 供

品生产企业卫生许可13件，涉及饮用水卫生安全产品卫生许可3件，放射诊疗许可4件，医护人员资格取得和执业注册6262件，医疗机构准入管理37件，母婴保健专项技术服务机构许可及人员资格认定33件，公共场所卫生许可24件，医疗广告许可20件。

【卫生综合监督】 2016年，全市开展夏季游泳场所、公共场所集中空调通风系统、农村生活饮用水、医疗美容等六项专项整治行动。立案436起，结案255起，移送公安机关12起，罚没金额90.59万元。学校卫生综合评价工作实现全覆盖。开展医疗卫生机构传染病防治分类监督综合评价工作和全市医疗机构依法执业专项监督检查工作。市卫计委等九部门联合转发《关于加强农民工尘肺病防治工作意见》，加强农民工尘肺病防治工作。

【医疗卫生服务设施建设】 2016年，卫生系统推进医疗卫生资源集约化，优化重组卫生计生资源。市一院新海院区项目竣工，市妇幼保健院新院区主体封顶，市中医院启动扩建项目。健全基层医疗卫生服务体系，向省卫计委申报4家乡镇卫生院、4家社区卫生服务中心和35家村卫生室的基础设施建设项目。

（罗时宝　姜秀新）

医疗卫生体制改革

【公立医院综合改革】 2016年，连云港市卫计委出台《连云港市公立医院管理体制改革试点实施意见》《连云港市创新公立医院人员编制管理操作办法》。全年市级财政预算安排改革经费投入5566.18万元。开展公立医院债务化解工作，市级财政安排1000万元政府债券用于公立医院建设贷款贴息补助。深化公立医院医药价格综合改革，药占比比2015年下降8%，普通门诊减少13.4%，平均住院日缩短0.6天；劳务性收入占比、人员经费支出占比分别提高3.8%、2.9%。市县均成立公立医院管理委员会。开展医联体建设，市区以6家市属医院组建医联体覆盖城区所有基层医疗机构，县域以县医院为龙头推进县乡村一体化改革。

【分级诊疗制度建设】 2016年，市政府召开分级诊疗制度建设暨家庭医生签约服务现场推进会。完善向基层倾斜的价格和医保政策体系，引导居民基层首诊。完善分级服务体系，探索建立基层医疗卫生机构、专业公共卫生机构和二、三级医院“三位一体”的医疗卫生综合管理服务模式。探索信息化助推分级诊疗制度模式，推广应用市、县、乡三级远程医疗会诊服务体系，发放应用居民健康卡110余万张。探索新农合支付方式支撑分级诊疗制度模式，在乡级和县级定点医疗机构分别选择50个、100个病种按病种付费。启动实施H型高血压与脑卒中防控惠民工程项目。以签约服务为抓手推进分级诊疗，以户为单位全市签约率27.3%，以人为单位全市签约率32.3%。

【医疗保障体系】 2016年，全市基本医保人均财政补助标准提高到425元，人均筹资水平546元。全市城镇职工、城镇居民医保、新农合政策范围内住院费用基金支付比例分别为84%、72%、78.7%。深化支付方式改革，开展按疾病诊断相关分组付费方式改革试点，县乡住院按病种付费，新农合医保开展病种数量分别为100种、50种，职工医保开展按病种付费的病种数230个。全市异地就医联网定点医疗机构数量244家，实现机构全覆盖，全市异地就医联网结算率60.3%。

【药品供应保障机制】 2016年，全市基层医疗卫生机构和纳入一体化管理的行政村卫生室实施基本药物制度。扩大省平台集中药品采购规模，医疗机构达130家。完善药品（耗材）采购监管、规范购销行为，全年采购配送药品11.24亿元。规范六大类高值医用耗材网上集中采购。加大短缺药品动态监测，对48个短缺药品采购73.89万元、对28个低价与定点药品采购51.72万元。

【基层卫生医疗体系】 2016年，连云港市争取省扶持基层医疗卫生机构基础设施建设项目8个、设备装备项目20家395台件。实施基层医疗卫生机构提档升级工程，建成全国示范社区卫生服务中心2家、省级示范乡镇卫生院（社区卫生服务中心）59家、省级示范村卫生室69个。安排435名乡镇卫生院、乡村医生到各级医疗机构进修，举办岗位练兵活动260次，评选产生20名市级优秀家庭医生，遴选268名地方优秀基层卫生骨干人才。建立基层医疗卫生机构绩效工资制度和绩效考核制度。实施12类45项基本公共卫生服务项目，人均经费标准提高至50元，65岁以上老年人健康管理率70%。

【社会办医】 2016年，连云港市落实社会办医政策措施。全市有非公立医疗机构572家，占医疗机构总数20.98%；床位5179张，占总床位数22.15%；总诊疗人次368.06万人次，占全市总诊疗人次的13.03%。落实医师多点执业，全市有53名医师申请多点执业。

【智慧健康服务工程】 2016年，全市实施智慧健康服务工程。建成市、县一体化区域卫生信息平台，实现省、市、县各级信息平台和医疗机构间系统互联互通。居民健康档案规范化电子建档率83.9%。实施"互联网+"健康医疗服务，开展远程医疗、预约诊疗、线上支付、移动随访等系统集中建设应用工作，市、县、乡、村四级远程会诊平台覆盖所有医疗机构。

（刘永波）

医政管理

【概况】 2016年，连云港市卫生系统完善疾病应急救助制度，健全部门协作机制，全年核销疾病应急救助费用112.4万元。推进等级医院建设，市二院通过三级甲等综合性医院评审，市东方医院通过三级乙等综合性医院复评，赣榆区医院通过三级医院评审。新增3个省级临床重点专科，2个省级重点专科建设单位通过复核，全市省级临床重点专科总数14个。开展市属医院临床重点专科建设项目评审活动，评出3个国家临床重点专科培育项目、7个省级临床重点专科培育项目、4个临床重点专科择优建设项目、3个薄弱专科扶持建设项目，按照项目类别每周期分别给予相应资金补助。市预约挂号统一平台升级上线，完成与省集约式预约诊疗服务平台直连。开展大型义诊活动，1760人次医务人员义诊群众近万名，为患者减免医疗费用50万余元。开展2016医疗质量内涵提升年专项行动，新增药学、儿科2个市级医疗质量控制中心，调整组建县级医疗质量控制中心。全年有256名医务人员参加卫生对口支援工作，实现城市医疗卫生机构对口支援基层医疗机构全覆盖。全市临床供血100%来自无偿献血。

【医疗事故技术鉴定】 2016年，连云港市医学会受理行政委托的医疗事故技术鉴定120例，鉴定59例，结论为医疗事故31例，无法确定5例，非医疗事故23例。其中，一级医疗事故2例，二级医疗事故2例，三级医疗事故6例，四级医疗事故19例，构成事故但等级未定的2例；医疗机构负完全责任6例，主要责任13例，次要责任9例，轻微责任2例，构成事故但责任程度未定的1例。所涉及医疗机构中一级医疗机构3例，二级医疗机构14例，三级医疗机构14例。受理各级法院委托医疗损害鉴定21例，组织鉴定14例。其中，有因果关系8例，无法确定因果关系1例，无因果关系5例；直接因素2例，主要因素1例，次要因素1例，轻微因素4例。

（刘永波 祝音飞）

疾病预防与控制

【重点传染病防治】 2016年，连云港市无甲类传染病报告，报告乙类传染病15种3945例，报告发病率88.18/10万，比2015年下降12.48%。做好霍乱等肠道传染病防控，全市登记腹泻病人5.27万例，检索8855例，检索率16.79%，未发现霍乱弧菌阳性标本；外环境采样检测915份标本，未检测出霍乱弧菌。全市哨点医院报告流感样病例6.59万例。开展禽流感环境病原学常规监测工作，全年采集300份外环境标本，H7N9禽流感病毒阳性1份，H9N2禽流感病毒阳性10份，总阳性率3.67%。做好黄热病疫情防控，对8名归国人员开展健康监测管理，未发现疑似病例。全年处置突发公共卫生事件5起，上报率、报告及时率、处置率、原因查明率均为100%。

【结核病防治】 2016年，全市发现并治疗活动性肺结核病人1674例，比2015年下降11.43%；发现并治疗涂阳肺结核病人542例，上升0.93%。全市结核病总体到位率、转诊到位率、医疗机构病人报告率、病人转诊率、追踪到位率、病人系统管理率、病人家属筛查率等相关指标均达到省目标要求。做好耐多药结核病患者治疗，市疾控中心送检涂阳痰标本618份，诊断出耐多药结核病人20人。其中，1例患者纳入前死亡，应纳入治疗管理19人，实际纳入治疗管理14人，纳入治疗率73.68%。

【麻风病防治】 2016年，全市未发现新复发麻风病人。省级麻风病项目达到县区全覆盖。开展麻风病患者关爱活动，为病村患者提供必需生活物资和资金支持。市卫计委完成麻风病治愈存活者调查初筛工作。完成全市《消除麻风病危害规划（2012—2020年）》中期评估工作。

【艾滋病防治】 2016年，全市检测各类人群54.26万人次，比上年增长1.92%，发现HIV（艾滋病感染患者和病人）阳性92例，下降2.13%。开展高危人群筛查，做好国家、省艾滋病哨点监测工作，将外来媳妇艾滋病筛查工作纳入常规监测，完成监管场所被监管对象3487人的HIV抗体检测。全年治疗艾滋病患者322人，在艾滋病病毒感染者和病人中开展5次CD4计数检测，采样检测508人次感染者和病人，对治疗1年以上的243名艾滋病患者做好病毒载量检测。

【地方病与寄生虫病防治】 2016年，全市开展发热病人血检2.18万人次，网报境外输入性疟疾34例，24小时网络直报率、规范治疗率、3日个案流调率以及7日疫点处置率均达100%；完成居民户碘盐监测工作，碘

2016 年，连云港市完成 2709 人健康素养监测，健康素养水平 18.09%。图为 10 月 29 日，连云港市举行第八届健康节（惠民行动）开幕式暨大型专家义诊活动。 市卫生局 供

盐覆盖率及合格碘盐食用率分别为 99.11%、95.44%；完成人群碘营养监测工作，儿童及孕妇尿碘中位数分别为 201.4 微克/升、153.5 微克/升，碘营养处于较适宜水平。

【慢性病防治】 2016 年，全市上报慢性病死亡病例 2.72 万例，死亡率 5.23‰，比 2015 年下降 3.68%。报告及时率 99.50%，审核及时率 99.91%。报告恶性肿瘤新发病例 1.03 万例，发病率 195.49/10 万，增长 2.15%。全市报告心脑血管事件 2.62 万例，发病率 497.32/10 万。报告心脑血管事件死亡 5524 例，死亡率 104.92/10 万。

【计划免疫】 2016 年，全市对适龄儿童接种疫苗 144.75 万人次，免疫规划疫苗接种率达 95% 以上，报告麻疹病例 5 例，报告发病率 1.12/100 万，无死亡病例。做好接种门诊分级管理工作，全市有 A 级门诊 11 家，B 级门诊 84 家，C 级门诊 20 家。推进预防接种门诊视频监控系统和疫苗储存用冰箱冷链监控预警信息系统建设，107 家接种门诊安装视频监控系统，覆盖率 92.2%；108 家接种门诊安装冷链监控预警信息系统，覆盖率 93.1%。

【口腔卫生】 2016 年，卫生系统总结口腔卫生窝沟封闭项目实施经验，下发《关于做好年度口腔卫生干预项目工作的通知》，举办市级项目技术培训班。到年底，全市免费为 3502 名适龄儿童窝沟封闭 1.02 万颗牙齿，完成市政府 2000 名儿童的年度目标任务。

【精神卫生】 2016 年，连云港市做好严重精神障碍患者管理工作，建立严重精神障碍管理例会制度，定期交流通报工作进展情况。到年底，全市严重精神障碍信患者检出率 4.05‰，检出患者管理率 97%。

【卫生监测】 2016 年，全市完成 10 家哨点医院 34 台医用 X 射线诊断机监测，检测合格率 100%。加强城市饮用水监测，全年采集出厂水 24 份，合格 23 份，合格率 95.8%；末梢水 258 份，合格 236 份，合格率 91.5%，二次供水 40 份，合格 37 份，合格率 92.5%。食品安全风险监测采样 665 份。其中，烘焙食品检测 20 份样品，含铝添加剂超标 1 份，超标率 5%；淀粉及其制品监测 6 份样品，含铝添加剂超标 1 份，超标率 16.7%；鱼类干制品检测 7 份，检出河豚毒素 1 份，检出率 14.3%。食源性致病菌监测检测 8 类 351 份样品，检出阳性样品 25 份，阳性检出率 7.12%。食源性疾病监测病例完成 1206 例；完成职业病诊断体检 152 例，组织 5 次职业病诊断，诊断 54 例，其中 5 例诊断为职业病，完成疑似职业病报告 30 例。市疾控中心通过全国个人剂量和水中总放射性实验室比对。

（孙　亭）

爱国卫生

【概况】 2016 年，连云港市启动建设健康连云港行动计划（2016—2020）。全年创建省级卫生村 41 个，完成 3.6 万户农村改厕，其中生态改厕 2300 户。卫生户厕普及率 95.8%，无害化卫生户厕普及率 79.23%。连云港市创建国家卫生城市工作通过国家技术评估进入公示命名。

【健康环境建设】 2016 年，全市建成省级健康社区 13 个，健康村 8 个。建成健康单位 31 家，其中健康机关 14 家、健康学校 5 家、健康企业 5 家、健康医院 7 家。建成省级健康促进示范区 1 个、健康促进医院 4 家。新建健康主题公园 8 个、健康小屋 32 个、健康步道 43 条，健康一条街 8 条，创建健康家庭 200 个。

【健康教育与健康促进】 2016 年，市政府召开建设健康连云港新闻发布会。市卫计委、体育局等单位在市民广场开展健康教育宣传活动。《连云港新闻》《港城 365》开设全媒体互动专栏《健康连云港》。市卫计委在公交车、快速公交系统（BRT）站台 LED 电子滚动屏开展健康连云港宣传，制作快速公交系统（BRT）橱窗 12 块、常规公交站亭橱窗广告 40 块、公共自行车站点设置健康连云港宣传橱窗 20 块。开设市级市民健康学校 16 所，县区级市民健康学校 69 所，开展健康教育讲座 315 场，印发宣传资料 5 万余份，发放控油壶、限盐勺等健康生活工具 7000 余套。开展健康教育进机关、企业、学校、社区和农村活动，依托卫生医疗机构开设健康连云港大讲堂。二级以上公立医疗机构开设院内健康学校，全年开展健康教育讲座 3500 余场，宣传活动 390 次。市卫计委、教育局等部门对医疗机构、学校、网吧、公共交通工具、文化娱乐场所、餐饮、宾馆等公共场所控制吸烟工作开展专项监督检查。全市医疗卫生机构、中小学全部建成无烟单位。

【水质监测】 2016年，全市监测集中供水水厂425座，其中城市水厂4座、农村水厂421座。城市生活饮用水合格率92.1%，农村生活饮用水生活饮用水合格率76.6%。灌南县推进区域供水工作，214个农村小水厂全部关停，实现区域供水。

【病媒生物防制】 2016年，市爱国卫生运动委员会印发《连云港市病媒生物防制工作方案》和病媒生物防制工作手册。举行防虫除害防病大行动，下发病媒生物防制手册8000份，采购环境卫生用药40万元，添置毒饵站15万个。开展重大活动保障工作，对重点活动区域、场所及周边进行病媒生物加密防制。加强对连云港市备案的PCO（有害生物防治业）公司的管理，对PCO公司进行调查摸底和资质审核。 （杨友高）

基层卫生

【概况】 2016年，连云港市有乡镇卫生院91个，床位4840张，总诊疗667.86万人次，住院人数11.18万人；村卫生室1707个，乡村医生3708人，卫生员68人，村卫生室总诊疗1011.74万人次。建成1个省级优秀社区卫生服务中心，新增7家省级示范乡镇卫生院、25个省级示范村卫生室，10家乡镇卫生院被国家卫生计生委确认为群众满意的乡镇卫生院。

【基层医疗服务】 2016年，连云港市扩大家庭医生服务模式创新试点，4个社区卫生服务中心探索签约服务新模式。市卫计委印发《连云港市区乡村医生签约服务实施方案》，乡村医生签约服务政策实现全覆盖。至年底，全市家庭医生签约家庭37.62万户，签约居民144.54万人，以户为单位全市签约率27.3%，以人为单位全市签约率32.3%。 （朱　恒）

妇幼保健

【妇幼保健服务】 2016年，连云港市开展妇幼健康优质服务创建，住院分娩率100%。推广婚前医学检查与孕前优生健康检查服务项目的衔接与融合，县区建成“一站式”服务模式。出台加强出生缺陷综合防治的实施办法，加强产前筛查、产前诊断和新生儿疾病筛查，产前筛查率、产前诊断率、新生儿疾病筛查率分别为65.8%、1.59%、99.59%。强化出生缺陷三级干预，孕产妇死亡率、婴儿死亡率和出生缺陷发生率分别为5.16/10万、2.23‰、2.25‰。婚前医学检查率82.14%、孕产妇产前检查率98.71%、产后访视率98.12%、3岁以下儿童系统管理率97.21%。全市提供母婴保健技术服务的机构和人员100%持证执业，托幼机构卫生保健合格率95%以上。

【妇幼重大公共卫生服务项目建设】 2016年，连云港市实施农村孕产妇住院分娩补助、农村妇女“两癌”（宫颈癌、乳腺癌）、预防艾滋病梅毒和乙肝母婴传播、农村妇女免费叶酸发放等妇幼重大公共卫生服务项目，全年“两癌”检查11.65万人，农村妇女补服叶酸2.04万人，孕产妇HIV检测率99.81%，孕产妇梅毒检测率99.82%，孕产妇乙肝检测率99.81%，乙肝表面抗原阳性孕产妇所生婴儿乙肝免疫球蛋白注射率100%。农村孕产妇住院分娩人均补助标准不低于500元、农村妇女“两癌”检查人均补助标准不低于128元。

【避孕药具不良反应监测】 2016年，连云港市探索、创新避孕药具发放模式，扩大医疗卫生机构药具宣传和发放网点，全市医疗卫生机构避孕药具发放点覆盖率95%以上。做好城区避孕药具不良反应监测与科学干预工作，城乡监测全覆盖，全年上报避孕药具不育反应2958例，每百万人口上报率590例。

【妇幼健康联合体建设】 2016年，连云港市加强妇幼健康联合体建设。市妇幼保健院与灌南县妇幼保健院开展紧密型医联体合作。市妇幼保健院与海州区的2个社区卫生服务中心开展医联体试点。县级妇幼保健院与乡镇卫生院建设妇幼保健联合体或共建特色专科门诊。 （王其军）

中医中药

【概况】 2016年，全市有中医师、中药师和中医护理人员604人。全年中医类医院门诊诊疗131.08万人次、中医类医院出院2.68万人次、病床使用率71%。全年新增市级重点中医专科5个，建成基层医疗机构中医诊疗区（中医馆）35家，评选第四批市名中医（中西医结合）10人。海州区建成省级中医药工作先进单位。连云港中医药高职校启动省级中医药文化宣传教育基地创建。

2016年，连云港市启动中医药文化宣传教育基地创建。图为5月21日，全国中药职业技能大赛在连云港中医药高等职业技术学校举行。 俞德春　摄

【中医药学科建设】 2016年,全市建成基层医疗机构中医诊疗区(中医馆)35家,省中医重点专科3个,省乡镇卫生院示范中医科2个。新增省基层医疗机构中医特色专科建设项目单位2个,省中医药特色社区卫生服务中心建设单位1个,省基层中医药适宜技术服务能力建设项目单位2个,市级中医(中西医结合)临床重点专科5个。赣榆区中医院创建三级中医医院,市第一人民医院通过全国综合医院中医药工作示范单位复审评估。

【中医人才建设】 2016年,连云港市新增全国中医护理骨干人才培训项目培养对象1人,第二批江苏省名老中医药专家传承工作室建设项目专家1人,第四批市名中医(中西医结合)10人。第五批全国老中医药专家学术经验继承、第三批全国优秀中医临床人才培养、省老中医药专家传承工作室和第二批省优秀中青年中医临床人才培养项目通过国家、省级考核验收。培养公共卫生服务中医药健康管理项目师资19人,78人通过2016年度中医类别住院医师规范化培训结业考核。开展全覆盖式基层中医药适宜技术培训。完成中医类别住院医师规范化培训89人,招录中医类别住院医师规范化培训学员16人、中医类别全科医师规范化培训学员23人。

【中医药文化宣传】 2016年,连云港市启动中医药文化宣传教育基地、国家健康医疗旅游基地创建活动。举办中医药文化科普知识省级巡讲连云港站活动2场,市级巡讲90余场。举办第四届全省中医药文化科普宣传周连云港站活动。 (苏 楠)

卫生执法

【食品安全工作】 2016年,连云港市食品安全标准管理工作完成食品安全国家标准的跟踪评价,成立食品安全标准专家组,开展15场(次)食品安全国家标准宣传活动。完成《卫生计生基层医疗卫生机构食品安全工作技术指南》编制工作。

2016年,连云港市推进公共场所量化分级管理。图为卫生监督执法人员检查美发业消毒设施使用情况。 市创卫办 供

【医疗卫生执法】 2016年,市卫生系统做好医疗美容、抗菌药物专项检查工作。建立打非投诉举报奖励制度,设立奖励基金20万元,兑现奖励金3000元。卫生监督机构与公安治安大队建立联席会议制度,召开市级联席会议。市卫生监督所与南京医科大学联合开展《医疗服务监督与刑事司法问责现况调查与对策研究》项目,制订连云港市《关于进一步提升医疗卫生监督执法能力的意见》。

【公共场所和生活饮用水卫生监督】 2016年,全市有公共场所经营单位8100余家,生活饮用水供水单位451家,从业人员6.48万人,其中有效健康合格证持有率99.5%,入户监督3.11万户次。全年抽检公共卫生用品1132份,合格率96.28%。开展公共场所经营单位专项检查、督查16次,检查市管及区"四小"(小美容美发、小旅店、小浴室、小歌舞厅)单位3600余家。推进公共场所量化分级管理,在游泳、住宿、沐浴、美容美发四类重点场所实现全覆盖。

【传染病防治监督】 2016年,全市开展传染病防治专项整治,医疗卫生机构预防接种管理、疫情报告情况检查,消毒产品生产企业专项整治,餐饮具集中消毒单位专项整治,传染病防治分类监督综合评价试点工作。共检查中小学校172所,预防接种单位148家,消毒产品生产企业8家,餐饮具集中消毒企业41家。部分学校传染病防治措施落实不到位,餐饮具集中消毒单位存在数量多、分布广等问题,市卫生监督所采取市场引导、兼并重组等措施,将40余家企业合并为14家,通过产品抽样检测,合格率98.2%。

【职业卫生和放射卫生监督】 2016年,全市开展职业健康检查机构、职业病诊断机构依法执业情况专项检查,放射诊疗及放射卫生技术服务机构检查。检查职业病诊断机构4家、职业健康检查机构10家、托幼机构305家、医疗卫生机构616家,消毒产品生产企业8家。

【卫生执法稽查】 2016年,全市开展公共服务机构标准化建设试点工作。全年办理卫生计生监督执法案件96件,罚款23.86万元,没收违法所得16.19万元,移送涉嫌非法行医罪案件2起。加大投诉举报办理情况督查力度,26起投诉举报均及时交办、回复。做好卫生计生监督执法全过程记录工作,保存现场执法影像记录数据240条。加强行政权力事项的动态管理和公开工作，梳理卫生计生行政处罚事项144条，行政强制事项3条，公开行政处罚信息82项。灌南县堆沟港中心卫生院等9家单位被评为卫生执法协管示范单位。（孙东如）

医疗单位

【连云港市第一人民医院】 2016年，医院有职工2492人，其中卫生技术人员2111人、高级技术职称443人、中级技术职称630人。享受各级政府特殊津贴的专家23人，省有突出贡献的中青年专家4人，省"333工程"培养对象20人，省"六大人才高峰"高层次人才9人，全国优秀中医临床人才1人，博士127人、硕士465人。医院设置临床、医技科室57个、病区43个、市级专病诊疗中心5个，省级临床重点专科11个、市级医学重点学科6个、市级临床重点专科37个，神经外科为省"科教强卫工程"医学创新团队。医院开放床位1892张，开设专科门诊68个、专病门诊25个、专科护理门诊3个，多学科诊疗门诊3个。连云港市心血管病医院挂牌成立。全年医院诊疗总量125万人次，出院人数7.63万人次，出院病人手术2.46万人。医院设有国家博士后科研工作站、国家药物临床试验认证机构、国家临床医学研究中心连云港研究基地、国家全科医生规范化培养基地、国家住院医师规范化培训基地、国家临床药师培训基地、卫生部脑卒中筛查与防治基地医院、卫生部内镜与微创医学培训基地、江苏省博士后创新实践基地、国家核辐射医疗救治基地等平台。4人赴陕西省佳县人民医院开展医疗援助工作，10人入选国家第13期援圭亚那医疗队。12月28日，市第一人民医院新海院区项目竣工。（高 峰）

【连云港市中医院】 2016年，医院有职工850人，其中高级技术职称147人，省市级名中医31人，博士生和硕士生导师4人，博士生、硕士生群体121人，全国老中医药专家学术经验继承指导老师1人，全国及省老中医药专家传承工作室专家2人，全国和省优秀中医临床人才3人，省老中医药专家学术经验继承指导老师3人，省"333"高层次人才培养对象1人，全国中医护理骨干人才2人。医院编制床位620张，设置临床、医技科室38个、病区15个、市级诊疗中心1个，开设专科门诊41个、专病门诊51个、专科护理门诊1个。其中，卫生部国家临床重点专科建设项目（中医专业）1个，国家中医临床重点专科2个，江苏省中医重点学科建设单位1个，江苏省中医临床重点专科4个，市中医临床重点专科9个。全年医院门急诊量52.8万人次，出院病人数1.84万人次。脑病科获市医学重点学科、中国卒中学会卒中中心，肾病科、结石科获批成为省中医临床重点专科。医院成为首批江苏省中医医院系统患者安全目标合格医院。举办首届医师节系列活动和连云港市第六届膏方养生节，推广冬病夏治和冬病冬治等传统项目，全年完成2万人次的贴敷诊疗服务。（顾 豪）

【连云港市第二人民医院】 2016年，医院有职工1626人，其中卫生专业技术人员1381人、高级技术职称357人。享受政府特殊津贴专家6人，省"333"工程培养对象4人，省"六大人才高峰"项目资助2人，省"科教强卫工程"青年人才2人；博士、硕士196人，省医学会委员21人，医科大学及医学院兼职教授81人，硕士培养点12个，硕士生导师19人。医院设置临床医技科室42个、病区及重症监护病房35个，开放床位1140张，开设专科门诊33个、专病门诊20个、专科护理门诊4个。全年医院诊疗47万人次，出院人数3.6万人次，出院病人手术9407人。神经内科、肿瘤科被评为省级临床重点专科，医院拥有省级临床重点专科3个，江苏省综合医院示范中医科建设单位1个，连云港市专病诊疗中心3个、连云港市重点学科3个，连云港市临床重点专科20个。神经内科获国家级临床重点专科建设项目，泌尿外科、心血管内科获省级临床重点专科建设项目，内分泌科获临床重点专科择优建设项目。设有连云港市肿瘤专科护士培训基地、糖尿病和急诊急救专科护士实习基地。4人入选国家第13期援圭亚那医疗队。（董淑德）

【连云港市妇幼保健院】 2016年，医院有职工751人，其中卫生技术人员644人，高级技术职称122人，中级技术职称230人，硕士以上研究生人员92人。省级重点学科5个，市级重点学科3个，市级重点专科10个。编制床位401张。全年门急诊71万人次，出院2万人次，手术5502台次，分娩数9991例。新设高级专家

2016年，连云港市加强基层中医药服务能力建设。图为10月29日，市中医院组织专家上街义诊。 市卫计委 供

10 月 14 日，市精神心理卫生医疗集团在市第四人民医院成立。
市卫计委 供

门诊、宫颈病门诊等特色门诊，升级口腔保健科、眼保健科、耳鼻喉保健科。市级母婴急救绿色通道呼救电话 75 次，协调转诊 29 例，专家赴现场急救 14 例，新生儿科成为省新生儿急救中心协作网络单位，产科和新生儿科分别成为省孕产妇和新生儿危急重症救治中心建设单位。市妇幼保健院与连云区妇幼保健计划生育服务中心、墟沟社区卫生服务中心签约，建成市—区—社区妇幼三级联合体，与苏州优爱妈妈合作，启动母乳喂养指导师 APP 上线，实现线上线下服务无缝隙对接。成立连云港市妇幼保健院馨雅汇月子会所，创建国家标准级优等产后母婴康复机构。

（卜玉洁）

【连云港市东方医院】 2016 年，医院有职工 901 人，其中卫生技术人员 758 人、高级技术职称 163 人、中级技术职称 263 人。享受市政府特殊津贴专家 2 人，省特聘医学专家 1 人，省“333”工程培养对象 5 人，博士、硕士 94 人，医学院校兼职教授、副教授 40 人，硕士培养点 15 个，硕士生导师 15 人。医院设置 43 个临床、医技科室，中西医结合消化科、骨科为省中医重点专科建设单位，中西医结合科是首批江苏省综合医院示范中医科，骨科、麻醉科入选省级临床重点专科培育项目，神经外科、普外科、心内科、妇产科、麻醉科、眼科为市级重点专科，麻醉科为市“十三五”医学重点学科。设有临床研究与转化医学中心，为连云港市级转化医学基地。医院有编制床位 572 张，门急诊诊疗 42.64 万人次，出院 1.82 万人次，住院手术 3335 台次。医院是苏北地区唯一的涉外医院，全年完成对俄罗斯、哈萨克斯坦等国家人员的涉外医疗服务 191 人次。医院获得国家自然科学基金面上项目立项，临床综合实验中心通过省临床基因扩增检验实验室评审验收，通过省三级综合医院复核评审。

（李　尤）

【连云港市第四人民医院】 2016 年，医院有职工 323 人，其中卫生技术人员 246 人、高级技术职称 51 人、中级技术职称 77 人。医院有传染科、肝炎科、结核病科、精神科、临床心理科等科室 37 个，其中肝炎科、结核科为市级重点专科。医院开放床位数 360 张，病床使用率 65.3%，门急诊 5.66 万人次，出院病人 4155 人次，平均住院日 20.5 天，病历甲级率 100%，入院诊断符合率 99.8%，急危重症抢救成功率 85.5%。全年严重精神障碍信息管理系统录入 1.9 万例，患者检出率 4.05‰，检出患者管理率 97.08%。医院与赣榆区精神病防治院、东海县精神病医院、灌云县精神病防治院、灌南县第四人民医院组建连云港市精神心理卫生医疗集团。新设老年医学科，初期采取集约型管理模式，逐步过渡为失智、失能患者服务的集医疗、康复、养老及宁养疗护为一体（医养结合）的老年科和老年精神康复科。

（潘瑞伟）

【江苏省连云港海滨康复医院】 2016 年，医院有职工 138 人，康复病房开放床位 112 张。全年接待省级机关干部疗养员 560 人。依照三级康复医院设备配备标准，购置 CT、上肢机器人、下肢机器人等四十余种康复治疗、训练和体检设备。医院康复中心开设神经康复、骨关节康复、心肺康复、普通内科、口腔科、眼科等门诊，引进蜡疗、水疗、中药熏蒸等慢性病康复新项目（技术）。建立慧明居家候鸟式智慧养老护理服务中心。健康管理中心日体检 300 人次，全年接待体检 4.5 万人次。医院是省级机关公务员体检定点医院、江苏省协同创新健康服务示范基地。

（杨　璐　王利欢）

【中国人民解放军第一四九医院】 2016 年，医院有职工 544 人，其中卫生技术人员 417 人、高级技术职称 30 人、中级技术职称 97 人。医院设置临床、医技科室 21 个，骨科被原南京军区批准为军区脊柱矫治专病中心。医院有核磁共振、多层螺旋 CT、数字胃肠机、C 臂 X 光机、关节镜、椎间盘镜、腹腔镜、高压氧、电子胃肠镜、胶囊内镜、肺功能测定仪、骨密度仪、全自动生化分析仪、血球分析仪、多普勒超声诊断仪、超声聚焦刀、24 小时动态心电图、24 小时动态血压、红外线乳腺检查仪、计算机远程会诊系统等设备。全年医院开放床位 450 张，门急诊诊疗总人数 13 万人次，出院人数 11 万人次。（张玉刚）

责任编辑　徐　敏

体　　育

综述

【概况】 2016年，连云港市有体育场地8681个，用地面积980万平方米，建筑面积62.86万平方米，场地面积1035万平方米。其中，室内体育场地1210个；室外体育场地7471个。分布在城镇体育场地5520个，占66%，场地面积818万平方米，占79%。乡村体育场地3161个，占34%，场地面积217万平方米，占21%。平均每万人拥有体育场地19个，人均体育场地面积2.3平方米，全市有全民健身路径1666套。

【健康连云港建设】 2016年，市委办、市政府办下发《建设健康连云港行动计划（2016—2020）》，市体育局制定行动计划和年度计划，全力推进。按照“前移健康关口、预防疾病发生，提高生活品质、促进全民健康”原则，实施国民体质监测工程、科学健身指导工程、健身设施惠民工程、健身活动普及工程、健身活动保障工程全民健身“五大工程”建设。连云港市推进城乡公共体育设施一体化，打造群众满意的体育生活圈。建成以灯光篮球场为主的乡镇（街道）多功能运动场22片，拼装式游泳池2个，龙式足球场4片，350片行政村篮球场或其他多功能场地（门球场、羽毛球场）。全市公共体育设施面积1164平方米。市本级、东海县、灌云县、赣榆区建成体育中心，建有体育场4个，体育馆4个，游泳馆4个，全民健身馆4个。海州区、连云区建成全民健身馆。创建10个乡镇、街道体育健身示范工程，10个行政村、社区体育健身示范点。2016年，连云港市海宁小区建成占地1.2万平方米、市区规模最大的社区全人群体育公园。建有标准游泳池、笼式足球场、笼式篮球场、羽毛球场、四投篮球场、儿童游乐园、健身路径、休闲驿站、健身步道等场地，年服务人群20万人次。

2016年，连云港市推进城乡公共体育设施一体化，打造群众满意的体育生活圈。图为海宁体育公园鸟瞰。　市体育局　供

【公共体育服务体系示范区建设】 2016年，市体育局按照《连云港市公共体育服务体系示范区建设的实施意见》要求，加强和优化公共服务、推动全民健身、提高健康水平。市本级、海州区、灌南县通过第三批省公共体育服务体系示范区考核，全市建成省公共体育服务体系示范区，实现公共体育服务能力的整体提升。

【体育社团】 2016年，市体育总会完成改选，新成立摔跤、瑜伽、拳击、柔道、弹弓、魔方等11家市级体育协会组织，总数57家，其中人群体育协会7家、单项体育协会50家。新建体育俱乐部9家，总数110家。全年体育社团举办活动和比赛300多项。

（夏东明）

群众体育

【概况】 2016年,连云港市推进“健康连云港”建设,开展“港城健身大联动”活动,举办全民健身周、万人健步月牙岛、国民体质监测、全民健身大讲堂等全民健身活动和比赛400多项,参加人数30多万人次,实现体育人群均衡发展。

【健身指导】 2016年,全市开展科学健身大讲堂8期,参加群众1200人次。举办社会体育指导员培训班5期,培训社会体育指导员320人次。基层体育俱乐部建成率100%,组织活动200多项。市体育局为4500名社会体育指导员办理意外伤害保险。全市4500个晨晚练点均配备小功率音箱。完成社会体育指导员新一轮选拔,每个晨晚练点均配有3名以上社会体育指导员。

【港城健身大联动活动】 2016年,连云港市以“港城健身你我同行”为主题,整合优化全民健身活动和比赛,推广全民健身,科学健身。举办“港城健身大联动”活动,开展全民健身日、社区体育节、农民体育节、职工运动会、青少年阳光体育运动等活动400多项,参加人数30多万人次,常年参加体育锻炼人口比例为36.6%。

【全民健身周】 9月8日,2016年连云港市全民活动健身周在市体育场开幕,活动由市政府主办,主题为“全民健身促健康,共圆健康港城梦”。活动分为三大板块,五大活动。开展“健康连云港,幸福港城人”健康主题展、运动健身科学指导、老年体育专场、武术专场、健身气功专场、社会体育指导员专场,2万多名健身群众参加活动。

【老年人体育节】 4—11月,连云港市举办2016年老年人体育节,主题为“自觉参与健身,共享快乐健康”。体育节期间,举办门球、气排球、木兰拳、乒乓球、太极拳、木兰拳、健身球、柔力球、钓鱼以及健身“四季乐”、乐天大舞台等健身比赛、活动,全市20多万名老年人参加活动。

2016年,连云港开展“港城健身大联动”活动。图为6月5日,江苏省最美跑步线路揭牌仪式在连岛举行。 李家岭 摄

【连云港市职工足球比赛】 4月3—24日,2016年连云港市职工足球比赛在海州区南广场举办,比赛由市体育局、市总工会、市级机关工委、团市委、连云港报业集团主办,共举办46场比赛,全市21支代表队参赛,连云港港口控股足球队获得冠军,连云港体彩中心足球队获得亚军。

【第二届龙舟公开赛】 6月10日,由市体育局、总工会主办的连云港市第二届龙舟公开赛在东盐河美食水岸水域举办,市级机关、企业、事业、街道、学校和淮海工学院泰国留学生组成的18支代表队300多名运动员参加比赛。企事业组江苏东浦管桩有限公司大圣龙舟队获得200米直道竞速冠军;中国邮政连云港分公司鸿雁龙舟队分别获得300米直道竞速和1000米环绕赛冠军,社会团体组行者无疆龙舟队分别获得200米直道竞速和1000米环绕赛冠军,北斗辟谷养生龙舟队获得300米直道竞速冠军。

【健身活动保障工程建设】 2016年,连云港市争取省社会开放补助经费250万元,扶持5家大型体育场馆,13家体育场馆全部实现免费、低收费对社会开放。推行政府向社会组织购买体育公共服务,评选600个“健身达人”,试行免费发放体育健身券30万元。

【国民体质监测】 2016年,连云港市开展国民体质监测“走社区、进农村”,依托市、县区、乡镇社区监测中心、监测站、监测点,用好国民体质检测车,组织开展体质监测,出具运动处方,监测人数6000人。监测覆盖全市区(县)幼儿(3—6岁)、成年人(20—59岁)和老年人(60—69岁)3类人群72个组别,监测内容包括对身体形态、身体机能和身体素质3个方面的27个指标,对有可能影响监测对象体质状况的生活方式进行问卷调查,总体达标率93.6%。

(夏东明)

竞技体育

【概况】 2016年,连云港市调整布局,优化结构,提高体育基础大项的整体实力,重点加强田径、游泳、自行车、篮球、排球、网球等重点项目,加快集体项目的发展,设置业余训练项目22个,运动员注册970人。加快整合业余训练资源,搭建高水平业余训练平台。建立教练员年度岗位考评机制,推进训练工作规范化、系统化。龚翔宇、杨丽、卞卡人选在巴西里约举行的第31届夏季奥运会中国体育代表团,分别参加排球、足球、铅球比赛。龚翔宇与队友获得女排金牌,实现连云港市奥运金牌历史性突破。港口集团职工董贵军成功登顶世界最高峰珠穆朗玛峰,成为苏北地区登顶珠峰第一人。

9 月 25 日，2016 年中国连云港连岛铁人三项赛在连岛举行。 市体育局 供

【中国连云港连岛铁人三项赛】 9 月 25 日，由市体育局和连岛旅游度假区主办、市体育旅游协会等单位承办的 2016 年中国连云港连岛铁人三项赛在连岛举行。比赛连续组合完成游泳、自行车和长跑，设公开组、接力组两种，组别分别是男子 18—35 周岁组、男子 36—49 周岁组、男子 50 周岁及以上组；女子 18—44 周岁组、女子 45 周岁及以上组、接力组共 6 组。游泳距离 1.5 千米、自行车 44 千米、跑步 10 千米，来自江苏、安徽、山东等城市，以及德国、加拿大近 300 名选手参加比赛。

【四国男篮争霸赛】 5 月 16—17 日，“海上云台山杯”四国男篮争霸赛分别在市体育中心、赣榆区体育中心、东海县体育中心举办，比赛由市体育局、江苏省篮球协会主办，巴西明星篮球队、墨西哥太阳队、突尼斯国家队、中国山东队进行 4 场比赛。

【中国连云港第七届海上游泳邀请赛】 9 月 10 日，2016 年中国·连云港第七届海上游泳邀请赛在在海一方公园海域举办，比赛由市体育局、体育总会主办，市游泳协会、连云区文化旅游体育局、在海一方公园承办，赛事线路为 2600 米，设置 5 个组别，全国 19 支代表队 249 名选手参赛。

【中小学生体育联赛】 5—10 月，由市体育局、教育局联合举办中小学生体育联赛。共举办篮球、游泳、举重、摔跤、跆拳道、武术等 12 项比赛，参赛中小学生 6000 多名，推动青少年体育发展。 （夏东明）

体育产业

【概况】 2016 年，连云港市积极培育体育市场，拉动体育消费。全年获得省级体育产业发展引导资金 350 万元，扶持体育产业企业 5 家。发放市级体育产业发展引导资金 195 万元，扶持企业 11 家，全市有一定规模的体育产业企业年营运收入约 40 亿元。拓展体育彩票市场，全市有彩票网点终端 650 个，全年销量突破 6.3 亿元。

2016 年连云港市运动员获得国际比赛、全国比赛前三名一览表

表 85

序号	姓名	比赛名称及项目	成绩	比赛时间	地点
1	龚翔宇	里约奥运会女子排球	第一	8 月	巴　西
2	龚翔宇	2016 年瑞士女排精英赛	第一	6 月	瑞　士
3	杨欢欢	2016 亚洲少年田径锦标赛	第一	6 月	越　南
4	董　雨	2016 亚洲少年田径锦标赛	第二	6 月	越　南
5	王　旭	2016 全国少年田径锦标赛	第一	7 月	山东济南
6	杨欢欢	2016 全国少年田径锦标赛	第一	7 月	山东济南
7	王　楠	2016 年全国少年自行车场地挑战赛奥林匹克竞速	第一	11 月	江苏苏州
8	张安琪	2016 年全国少年自行车场地挑战赛奥林匹克竞速	第一	11 月	江苏苏州
9	张安琪	2016 年全国少年自行车场地挑战赛行进间 200 米	第三	11 月	江苏苏州
10	孙越之	2016 年全国少年自行车场地挑战赛男子甲组 3000 米个人	第三	11 月	江苏苏州

（夏东明）

责任编辑 徐 敏

社会事务管理

人口管理

【户政管理】 2016年，连云港市户政管理部门建立实有人口管理机制，清理16周岁以上无相片人员1.58万人，清理身份证重号2人，清理注销重户口120人。摸排1100名无户口人员，受理身份证号、性别、出生日期、民族等主项变更申请1.27万人，其他辅项变更申请29.05万人。印发《连云港市常住户口登记管理规定实施细则》，发布《连云港市流动人口居住管理暂行办法》，从流动人口子女入学、住房保障、证照办理、社会救助等12个方面推进社会基本公共服务均等化。推进标准地址采集工作，采集建筑物标准地址数据126.3万条，关联户籍地址80.6万条，通过标准地址数据与实有人口系统地址数据关联、匹配、上图，完成市区门牌标准化改造，更换30.21万块门牌为铝制反光门牌。建立居民身份证异地受理、挂失申报和丢失招领制度，全市正常受理居民身份证45.76万张，受理省内异地证1559张、全国异地证962张、市内异地证3331张，审核签发连云港市户籍省内异地办证信息2.58万条、外省异地办证信息1624条。

【流动人口管理】 2016年，全市公安人口管理部门加强流动人口信息采集，采集流动人口信息28.56万条，出租房屋信息17.53万条。省内外市申领居住证3.34万人，外省申领居住证7.95万人，连云港市申领居住证3.05万人。

【居民出入境管理】 2016年，市公安出入境管理部门新增7个受理窗口，累计14个，形成市区15分钟、郊区20分钟网格化办证服务圈，实现出入境受理办证工作“6+1天”常态化运转。全年受理公民因私出国（境）申请6.81万人次，各类赴港澳台签注申请7.25万人次，办理外国人签证证件1.69万人次，外籍到连云港临时住宿境外人员1.69万人次，住宿登记录入率99.6%，准确率99.7%。查获非法入境、非法居留、非法就业案（事）件9起12人，其中拘留审查3人，遣送出境6人。市公安局出入境管理支队被公安部国际合作局授予“国际执法合作工作示范单位”称号。

（李春友）

【生育管理】 2016年，全市出生人口6.04万人，人口出生率12.32‰。全市出生人口性别比110.52∶100。户籍总人口中，男性278.75万人，女性255.24万人，性别比109.2∶100。其中，海州区、连云区人口男女性别比为103.02∶100，下降0.28个百分点，男女性别比逐年减小；东海县、灌云县、灌南县、赣榆区为110.74∶100，升高0.11个百分点，男女性别比持续扩大。

1月1日，全国统一启动实施全面两孩政策。省人大《人口与计划生育条例》修正案颁布实施后，连云港市出台实施方案和5个配套文件，保证政策衔接和配套措施执行。建立出生人口监测、评估机制，跟踪监测和分析研究出生人口变动趋势。两孩以上出生总量逐步上升，但受生育旺盛期妇女人数锐减等因素影响，生育一孩3.08万人，比2015年下降8.6%。二孩及以上2.96万人，增长10.56%。一孩占比由2015年的55.79%下降到51.05%，二孩及以上占比由44.21%上升到48.95%。市卫计委制定出台《连云港市关于深化生育服务管理制度改革的实施意见》，全面建立生育服务登记制度，启用生育服务登记信息系统，完善再生育审批流程，全面推行承诺制，进一步简化计划生育证明办理程序。规范社会抚养费征收、照顾再生育子女、独生子女证等执法文书格式。在连云区、灌云县等县区进行出生人口信息互联互通工作试点，探索县、乡级生育服务登记、孕产期保健、住院分娩、出生医学证明、儿童防疫等信息交换与共享模式。市卫计委制定印发《连云港市“十三五”时期出生人口性别比综合治理行动计划》。开展“圆梦女孩”志愿行动、幸福工程救助贫困母亲活动日活动，扶助救助困难女孩家庭216户，发放扶助金41万元。全市确认农村计划生育奖励扶助对象1.2万人，独生子女伤残家庭315户，独生子女死亡家庭485户，计划生育手术并发症特扶家庭812户，其他计划生育困难家庭860户。全年发放奖励扶助金2676万元。市卫计委、财政局出台《连云港市市级计划生育公益金使用管理暂行办法》，对独生子女父母发生意外死亡伤残重病等生活困难家庭，给予一次性扶助1000～4000元扶助。独生子女伤残、死亡父母扶助金分别由400元、500元提高到600元、700元。在全市探索建立特别扶助对象“连心卡”制度，落实经济扶助、养老保障、医疗保障、社会关怀等精确到户、精准到人的帮扶政策。落实生育关怀项目和计生系列保险制度，688名失独、伤残家庭成员购买综合保险。开展“连心家园”项目，新建2个生育关怀帮扶基地。启动计划生育家庭发展项目市级试点工作，开展家庭发展能力建设、科学育儿、青少年生殖健康、养老照护等项目试点，全市建立示范点9个。连云区被评为全国计划生育优质服务先进单位。

（蔡廷银）

民政事务

【婚姻登记与收养管理】 2016年，连云港市办理结婚登记5.58万对、离婚登记1.36万对、补领证件1.28万对。截至2016年底，东海县、灌云县、灌南县、赣榆区、连云区5个婚姻登记处成功创建成国家AAA级婚姻登记机关，成为全省创建数量最多的地级市。市民政部门推进收养家庭评估工作，出台《连云港市收养子女家庭评估实施细则》《连云港市收养子女家庭评定标准》。全年办理收养登记25例，完成收养家庭评估33例。

【殡葬管理】 2016年，东海县、灌云县、灌南县和赣榆区出台11类人群的殡葬惠民政策，11类人群包括当月享受城乡居民低保待遇的人员、农村“五保”供养对象、城市“三无”（无生活来源、无劳动能力、无法定抚养义务人）人员（含孤儿）、无固定收入且享受重度残疾生活救助金人员、无固定收入且享受民政部门抚恤的残疾军人、享受民政部门抚恤的烈士遗属和因公牺牲军人遗属及病故军人遗属、享受民政部门定期生活补助金的在乡复员军人、享受民政部门定期生活补助金的参战涉核人员、带病回乡退伍军人、无丧葬补助费的城乡居民、公安机关运送并开具证明的无名尸体。全市落实殡葬惠民资金809万元。全年火化遗体2.83万具，居民死亡火化率100%。

【流浪救助管理】 2016年，市救助管理站、赣榆救助管理站、东海救助管理站、灌云救助管理站、灌南救助管理站全部达到国家三级救助管理机构标准。民政部门及救助管理站开展寒冬送温暖、夏日送清凉等专项行动，全市无一例生活无着流浪乞讨人员因救助不力而露宿街头受冻挨饿。截至2016年底，全市救助流浪乞讨人员7863人次。开展寻亲服务1004次，帮助800余名受助者找到家人。在全省率先为流浪乞讨人员免费采集DNA数据，对全市5家救助管理站滞留在站的213名托养无名流浪乞讨人员和流浪精神病人开展DNA数据免费采集和比对寻亲，比对寻亲成功1例。

5月9日，第二届社会组织公益创投暨首届社区微公益新闻发布会举行。
市民政局　供

【未成年人社会保护】 2016年，市民政部门开展全市农村留守儿童关爱保护工作，摸底排查出农村留守儿童3.44万人，主要集中在东海县、灌云县、灌南县，分别为9005人、1.36万人、1.01万人，占全市留守儿童总数的95%。构建组织网络、信息管理、教育服务和校外关爱4个平台，开展针对辍学、未登记户籍、处于困境、合法权益受侵害、无人监护或监护缺失五类重点农村留守儿童的分类帮扶。东海县、灌云县发动社会力量建立白塔埠镇、南岗乡留守儿童关爱之家。灌南县开展儿童家庭监护缺失社会干预试点。海州区将陷入困境的留守儿童纳入临时救助、低保进行分类保障。海州区760名困境儿童，享受低保的305人，享受重残补助的259人，享受孤儿生活补助的21人，得到志愿者定期帮扶的57人。灌南县为70名困境儿童办理低保。东海县临时救助400名困境儿童共计12万元。

【区划地名管理】 2016年，市政府出台《连云港市地名管理办法》，涵盖地名命名、申报与办理、标准地名的使用、地名标志的设置与管理、历史地名保护等，建立健全地名管理机制。完成行政区域内的市、县界线界桩更换并通过验收。完成连云港—盐城线、连云港—宿迁线市级行政区域界线联合检查。全市相邻各县区行政区域界线界桩管护良好，无丢失、无损坏，界线走向清晰无变化。建立健全定期走访会商、情况通报、协调处理、联席会议等平安边界创建机制。市区新命名道路34条，更名4条，住宅区建筑物命名16个，新增设路名牌1700余块。

3月15日，连云港市举行第10个"国际社工日"主题宣传活动启动仪式。 市民政局 供

【社会组织管理】 2016年，市民政局直接登记行业协会商会类、科技类、公益慈善类、城乡社区服务类社会组织273家。截至年底，全市有依法行政审批注册登记各类社会组织3241家。其中，社会团体1549家，民办非企业单位1689家，基金会3家。市民政局制定出台《连云港市社会组织综合监督管理暂行办法》，建立统一登记、各司其职、协调配合、分级负责、依法监管的社会组织管理体制和政府监管、社会监督、社会组织自律有机结合的社会组织综合监管体系。市民政局、信用办联合出台《连云港市社会组织信用评价暂行办法》，完善社会组织信用评价机制。推进社会组织统一社会信用代码赋码及换发新版登记证书改革，全市履行"三证合一""一照一码"换发新版登记证书社会组织近50%。市级社会组织2015年度年检工作全面实行网上年检，年检率近70%。建成市级社会组织孵化基地，首批入孵社会组织20多家。截至2016年底，全市建成各级社会组织孵化基地28家，为社会组织提供宣传推介、孵化培育、公益创投、培训交流、信息咨询等全方位服务。开展第二届全市社会组织公益创投活动，投入资金176万元，资助44个社会组织开展为老、为小、助残、帮困等公益服务。

【社工】 3月15日，市委组织部、宣传部、市民政局、司法局、扶贫办等10部门联合举办第10个国际社工日主题宣传活动启动仪式。市民政局邀请北京大学社会工作系原主任王思斌作客连云港名家讲坛，作"社会治理创新与社会工作的发展"专题报告。市民政局在复旦大学举办市第二期社会工作（管理人才）培训班，市级有关部门社会工作主管处室负责人，市、县（区）民政部门社会工作有关负责人，部分社会工作者代表等51人参加培训。全市参加全国社会工作者职业水平考试人数1104人，较2015年增长25%，通过考试人员232人。截至2016年底，全市发展民办社工机构23家，有持证社工567人，其中社会工作师190人，助理社会工作师377人。 （黄 蕾）

基层自治组织建设

【村委会、居委会换届选举】 11月3日，连云港市启动第十一届村民委员会和第六届居民委员会换届选举工作。全市有1428个村委会、253个居委会参加换届选举。至年底，所有居委会完成换届选举工作；1272个村委会完成换届选举，完成率89.1%。全市登记选民358.28万人，347.72万名选民投票，参选率97.1%。选出村（居）委会委员7155人，平均年龄43.1岁，其中专职女委员1785人；高中以上学历4772人，占66.7%。新进村（居）委3305人，占46.2%；新任主任774人，占46.2%；大学生村官65人；村（居）委会主任与村（居）党组织书记"一肩挑"的有161人。40岁以下2082人、占29.1%。其中，40岁以下的村（居）委会主任441人，占26.4%。有党员3656人，占总人数的51.1%。推选出村（居）民代表6.24万人。其中，妇女代表1.58万人，占25.3%；党员代表2.01万人，占32.3%。

【基层自治】 2016年，全市优化基层治理结构，推进多元共治，在全市推广"两目录一协议双评估"（《基层自治组织依法履行职责事项》《基层群众自治组织协助政府工作事项》；乡镇（街道）与基层群众自治组织签订《委托管理协议书》。评估主体对政府和基层群众自治组织双方履约情况进行全方位评估）为主要内容的政社互动（政府行政管理与基层群众自治有效衔接和良性互动）。截至年底，全市乡镇（街道）政社互动覆盖率90%。实行社区事务准入制度，社区只能出具21种事项证明，社区致力自我管理、公益事业、纠纷调解等10类依法履职事项，对维护社会治安、计划生育等26类协助政府履职事项实行契约化管理。按照"政府主导、专业承接、项目运作、整体联动"的思路，"三社联动"（通过社会组织实施项目和政府购买服务，形成社区、社会组织、社会工作者三者结合协调联动机制）推进，引导专业社工、社会组织参与社区服务。市民政部门举办全市首届社区微公益创投活动，评选出31个社区微公益创投项目，投入扶持资金60万元。

【社区建设】 2016年，针对城乡社区协商、社区用房建设、社工人才队伍建设、智慧社区建设等重点领域，市委办、市政府办联合出台《关于加强城乡社区协商的实施意见》，市政府办印发《关于进一步加强社区用房建设管理的意见》，市社区建设协调指导委员会印发《连云港市社区专职工作者管理办法（试行）》、市政府推进职能转变协调小组办公室印发《连云港市"互联网+"智慧社区建设实施方案》，明确社区科学管理、优质服务以及能力建设等方面的具体要求。加强城乡社区协商民主，全市涌现出海州区村（居）党组织和村（居）民议事会、村（居）民委员会、村（居）监事会“一委三会”工作法；连云区村（居）党组织提议、村（居）党组织和村（居）民委员会商议、村（居）民议事会决议、决议公告、实施决议、村（居）监事会对实施结果质询评议“六布工作法”；东海县所有村级重大事项的决策必须按照村“两委”广泛征求村民建议、党组织提议、村“两委”商议、党员大会审议、乡镇党委核议、最后提交村民代表会议或村民会议做出决议的程序进行，对村民代表或村民会议作出的决议向群众公开、实施结果由群众公开评议，村务监督委员会对决策的村级重大事项实施过程进行全程监督的“六议两公开一监督”等一大批基层协商民主形式。探索村（居）民小组为单位的“微自治”实践，涌现出连云区西园社区园丁小区居民自治委员会、海州区洪门街道百姓堂议事会、灌南县三合村关爱留守儿童、留守妇女、留守老人的“邻里互助一家亲”互助社、连云区云台社区“邻里互助 1+1”等形式。市民政局、文明办联合举办 2016 年社区邻里节活动，开展十佳和谐社区、十佳好邻居评选活动，增强群众对社区的认同感和归属感。

【城乡社区“一委三会”工作法】 为进一步加强民主政治建设，自 2008 年起，连云港市在城乡社区逐步培育、发展、深化“一委三会”工作法，有效破解基层组织弱化、民主协商方法不完善、群众参与渠道不畅通、权利运行监督乏力等难题。2008 年，连云港市提出由村民议事会、村民委员会、村民监事会共同治村的基本构想，建立“三会村治”的村级治理模式。9 月，在海州区新坝镇大屯村、沙杭村及锦屏镇酒店村开展“三会村治”模式第一批试点工作。2009 年 7 月选择 4 个村进行第二批试点，并逐步全面推广。2010 年 2 月，海州区农村全面推行“三会村治”模式。2012 年初，结合加强村（居）党组织建设，在“三会村治”的基础上，形成“一委三会”工作法，即：由村（居）召开村（居）民会议或村（居）民代表会议，制定并通过村（居）民《自治章程》，在村（居）党组织的领导下，依据《自治章程》，推选设立村（居）民议事会、村（居）民监事会，与村（居）民委员会一起，形成党组织领导、议事会协商、村（居）委会实施、监事会监督的治理格局。议事会对各类涉及到村（居）民切身利益的事务进行民主协商；村（居）民委员会负责审议议事会民主协商结果并实施；监事会负责监督协商议事程序和居民委员会实施情况以及财务开支。改革试点范围从农村引入城市社区。2013 年底，连云港市深入贯彻中央全面深化改革决策部署，加大“一委三会”工作法推广力度，逐步在海州区、连云区等 222 个城乡社区广泛实施。2015 年 2 月，连云港市对“一委三会”工作法的机制和内涵进行深化和规范，构建“一委三会”城乡社区民主自治新机制。2015 年底，全省第二次现代社区治理创新实验区工作推进会在海州区召开，“一委三会”工作法被评为省基层社会治理十大创新成果。2016 年，“一委三会”工作法在东海县、赣榆区、海州区、连云区等城乡社区推广，并被省民政厅作为社区治理创新典型向民政部推荐申报。“一委三会”工作法使城乡社区民主自治职能充分发挥，实现党的领导、村（居）民自治、依法办事的有机统一，至 2016 年底，全市有 2 个区、42 个街道（乡镇）、302 个城乡社区被评为省和谐社区建设示范单位，241 个城市社区、1280 个农村社区达到省级城乡和谐社区建设标准，达标率 90%。

（黄　蕾）

老龄工作

【概况】 2016 年，连云港市户籍总人口 535.59 万人，其中 60 岁以上老年人口 92.36 万人，比 2015 年增加 5 万人。老年人口占总人口的 17.25%。80 岁以上高龄老人 14.3 万人，占老年人口的 15.48%。老年人口呈现基数大、发展速度快、高龄化趋势明显等特征。9 月 29 日，市政府召开新闻发布会，向全社会发布《连云港市 2015 年老年人口信息和老龄事业发展状况报告》。

【敬老服务】 2016 年，市老龄委开展第七个敬老月活动和“敬老文明号”创建活动。举办老年文艺会演、老年健康体育节、敬老艺术节、老年人书画展等活动。新建市级智慧养老服务平台和一批医养融合型养老机构、日间照料中心、社区老年助餐点。为 13.28 万人次办理老年人意外伤害保险，建立覆盖全市的老年人法律援助网络，7 家法律援助机构开辟老年人“绿色通道”，对 60 周岁以上老年人的法律援助申请和法律咨询，实行优先接待、优先解答。33 家单位被命名为市级“敬老文明号”，7 家单位被命名为省级“敬老文明号”，连云港市社会福利中心等 3 家单位被命名为全国“敬老文明号”。10 月中旬，市老龄办与市民政局、市慈善总会在海州区星化、新潮、延东、西苑、玉带、幸中社区以及连云区荷花、陶庵、营山等社区开展“黄手环慈善助老”活动，首次发放黄手环约 1000 只。“黄手环”针对患有阿尔茨海默病（俗称老年痴呆）的老人专门设计，上面标有老人的姓名和家人的联系方式，一旦老人走失，可通过手环上的信息找到其家人。

【老年大学】 9 月 1 日，位于绿园路老年活动中心的市老年大学新校区投入使用。新校区建筑面积约 8700 平方米，有 20 间教室，4 间办公室。截至 2016 年底，在校学员 9700 多人次，创历史新高。市老年大学被命名为江苏省示范老年大学、全国示范老年大学。学校选送的“云水禅心”节目，获得江苏省第五届老年春晚金奖。

（钱　江）

拥军优属

【概况】 2016 年，连云港市委办公室、市政府办公室和连云港警备区政治部联合出台《贯彻落实江苏省委、省政府、省军区〈关于完善拥军政策增强军人荣誉感的意见〉》，分解相关责任。市及县、区双拥办策划拥军慰问活动，投入慰问资金670余万元；向489人次随军家属核发未就业补助金147万元，发放进社区随军家属工资66万元。7月29日，全国双拥表彰模范城大会召开，连云港市第七次被评为全国双拥模范城，实现“七连冠”。开山岛民兵哨所王继才被表彰为全国爱国拥军模范。

2016年，市民政部门提高部分优抚对象抚恤和生活补助标准，平均提升10%；老复员军人补助标准每人每月提高300元，提高25%。优抚对象的参合参保率和医疗补助救助率均达100%，依托城乡医疗救助同步结算平台，实行“一站式”结算服务。组织医疗机构开展为重点优抚对象送健康活动，全年为优抚对象免费体检3000余人次。全年发放义务兵家庭优待金4500余万元。开展优抚对象短疗巡诊工作，全年组织常规疗养8期320人次、上门体检慰问750人、医疗巡诊440人次。2016年，市民政部门投入资金2343万元，申请省财政补助280万元，对东海县安峰山烈士陵园、灌云县烈士陵园、灌云县小伊乡烈士陵园、赣榆区十八勇士纪念馆进行提档升级；各级烈士陵园全年接待参观祭扫人员近60万人次。（黄 蕾）

关心下一代工作

【概况】 2016年，连云港市关工委组织进一步完善，乡镇（街道）关工委组织实现全覆盖，村（社区）覆盖率达93.7%。市工商局建立民营经济关工委组织网络。灌云县县直机关单位按党群、宣传、政法、财税、金融等10个系统成立关工委组织。海州区调整配齐175个社区、村关工委常务副主任。截至年底，全市有乡镇（街道）、村（社区）以及系统关工委2725个，其中“五有五好”（有领导班子、有工作队伍、有活动阵地、有经费保障、有工作制度；领导重视好、组织建设好、作用发挥好、活动开展好、工作效果好）基层关工委1364个，达到“五有五好”示范标准的627个，省级先进基层关工委典型50个。全市有3.33万名“五老”（老干部、老战士、老专家、老教师、老模范）志愿者参与基层关工委工作。市关工委、市委老干部局、市农委、老科学技术者工作协会持续开展“三扶两创一促进”（扶技扶志扶创业，创建青年农民创业基地、评选青年农民创业之星，促进现代农业发展）活动，全市建立科技指导咨询机构262个，800多名老农业科技人员参与其中，帮助青年农民解决实际技术问题。

【主题教育活动】 2016年，市各级关工委组织青少年通过读、讲、看、咏、赛、写、唱等多种形式，开展“学党史、学国史、听党话、跟党走”主题教育。在清明节期间，组织近16万名学生祭扫抗日山烈士陵园，凭吊驻地抗日遗址，参观市革命纪念馆。在中国共产党成立95周年纪念日前夕，市关工委、市委党史工办联合开展“童心向党——儿童电影周暨纪念建党95周年图片展”活动，在暑期放映多部爱国主义教育影片。各级关工委、教育系统关工委联合各中小学开展纪念中国工农红军长征胜利80周年活动，通过升旗仪式、召开主题班队会、绘制红军长征胜利80周年的手抄报、观看红军胜利会师的纪录片、朗诵诗歌等形式，让学生了解红军长征的历史。

【校外教育辅导站建设】 2016年，全市创建村办、村校联办、学校办、家庭办等校外教育辅导站1803个，全市有941名大学生村官、1933名在职教师兼任校外教育辅导员。177个辅导站站点配备电脑1115台，辅导学生40万人次。打造“四点半课堂”、未成年人帮教基地和心理咨询康复中心等社会教育实践基地。在省关工委开展的全省校外教育辅导站电子阅览室特色活动项目征集和评选中，连云港市获特色活动项目视频、文字一等奖各1个，二等奖2个。省关工委向市校外教育辅导站发放29万元专项扶持奖励资金，对1个青少年校外教育实践基地和33个校外教育辅导站进行装备更新。

【青少年违法犯罪预防】 2016年，全市各级关工委推进“未成年人零犯罪社区（村）”创建活动，开展法制教育、结对帮教、组织“五老”志愿者参与社区矫正、网吧义务监督等工作。全市92.4%的社区（村）达到“零犯罪”创建要求。全市有法治报告团196个，举办法制报告会近千场，受教育青少年126万人次。全市90个乡镇（街道）建立安置帮教工作站，3250名“五老”社会帮教志愿者组成帮教小组1052个，开展针对失学、失管、失亲青少年以及服刑人员未成年子女的帮扶活动。“五老”志愿者还担任社区矫正、安置帮教志愿者、网吧义务监督员等。

【关爱弱势青少年】 2016年，市关工

老红军到石湖中心小学开展革命传统主题教育　　市关工委　供

委、市总工会为灌云县益海助学中心孤儿捐助10万元助学款。市级机关关工委组织全市31家市直单位关工委和老干部关爱工作团，开展送温暖、送健康、送法律、送科技、送教育活动。市民营经济关工委组织外资、民营企业对全市县、区60户困难户及35名贫困学生发放慰问金15万多元，为全市30所中小学校捐赠总价值60余万元的图书和桌椅，向经济薄弱村学校提供价值7万多元的新式电脑、书包和学习用品。

（菅兆启）

消费者权益保护

【概况】 2016年，连云港市消费者协会受理消费者投诉3267起，解决3216起，为消费者挽回经济损失350.89万元。投诉量比2015年下降32%。商品类消费投诉排名前三位的是通讯、商品房、家用汽车；服务类消费投诉排名前三位的是美容、健身、旅游。2016年度全市公共服务行业满意率达84.5%。

【消费维权】 2016年，市消费者协会、市委宣传部、市放心消费创建办、市工商局共同开展寻找2015年度港城最美消费维权人物活动。活动评出最美消费维权人物10人，最美消费维权人物提名奖10人。在“3·15”消费者权益保护日之际，市消协与《新周刊》联合编印《连云港市消协2016年3·15特刊》，就消费年主题含义，2016年消费维权工作计划，2015年度消费维权工作剪影、十大投诉案例、投诉分析报告，诚信企业风采展示等内容进行宣传。在连云港电台《一路同行》栏目开设“消协与你同行”，每周1期，报道消协开展的各类维权活动、消费投诉分析和消费警示提示。家装建材行业成立家装建材联盟，开展行业自律，该行业消费投诉大幅降低。5月26日，连云港市汽车消费教育基地在连云港德兰奥迪4S店揭牌。市消协组织消费者开展汽车消费体察、汽车知识大讲堂等教育活动，引导经营者强化行业自律。开展问卷调查，通过“港城3·15”微信平台，从旅游合同、餐饮、住宿、购物、收费等方面听取消费者评议，并形成调查报告。对市内代表性旅游线路进行体验性调查，形成《2016年连云港市AAAA级景区旅游消费体察报告》反馈给相关部门。认定中国邮政集团公司连云港市分公司等80家企业为2015年度诚信单位。

【公共服务行业满意度调查】 2016年，市消协采取拦截访问问卷调查、入户问卷调查和一站式服务大厅拦截调查相结合的方式对全市供电、供水、供气、有线数字电视四大公共服务行业2015年度的消费者总体满意度、热线服务电话、投诉维修处理、一站式大厅窗口业务办理服务满意度等进行全面调查。4月26日，召开四大公共服务行业服务满意度调查结果发布会，向媒体和社会公布调查结果。全市四大公共服务行业2015年消费者主观总体满意度74.8%，为一般水平，排名在全省处于下游。分行业看，供水服务满意度76.4%，供气服务满意度76.3%，供电服务满意度75.5%，有线数字电视服务满意度72.6%。四大公共服务行业服务存在的共性问题是服务的便利性和服务态度有待提高，缴费网点、缴费方式较少，缴费窗口开设少。 （廖智勇）

民族宗教事务

【少数民族事务】 2016年，市政府办印发《连云港市民族工作联席会议兼职成员单位职责及兼职委员名单》，建立民族工作联席会议机制，明确25家成员单位的工作职责，加强部门协作，协调解决民族工作中的重大问题。民族工作“3321”工程继续实施，即打造少数民族干部、企业家、专业人才3支队伍；支持以东海县、灌云县民族村为代表的特色产业，以淮海工学院为代表的民族文化，以眼科医院为代表的便民服务“3个基地”；服务全国少数民族特需用品定点生产企业益海（连云港）粮油工业有限公司、飞雁毛毯有限公司2家企业；促进连云港市少数民族与流动少数民族之间的“1个融合”。年内，民族村特色产业基地重点发展特色种植业、养殖业和加工企业，发展势头良好。东海县推进民族村基础设施项目建设，修建740米水泥道路和1100米下水道，建设农桥2座。淮海工学院、市民促会举办第六届民俗风情节，开展少数民族服装、才艺、风俗展示，民族宗教政策法规咨询。眼科医院新院区建成投入使用，少数民族定点就医优惠范围扩大。市民宗部门为“丝路印象”餐饮店、金色楼兰新疆餐厅申领清真标志牌。灌南县民宗部门协助新世纪大酒店争取省级补助资金8万元，在其4楼建立全县首家清真餐厅，并挂牌营业。连云港经济技术开发区为雅仕保鲜争取鲜切蔬菜全程冷链加工项目上级补助资金100万元。承办全省“民族团结杯”板鞋竞速、高脚竞速比赛，连云港市代表队获得全部6项比赛中的5项冠军。举办全市“少数民族心向党”庆祝建党95周年文艺会演，各县区、功能板块民宗部门组队参加。市民宗局为回族等10个少数民族群众发放清真饮食补贴47万元，争取少数民族发展资金60万元。办理少数民族中、高考加分手续81人。赣榆区帮助209户少数民族群众脱贫致富。

【宗教事务】 2016年，市委、市政府召开全市民族宗教工作会议，下发《关于加强和改进新形势下民族宗教工作的实施意见》，明确全市民族宗教工作的指导思想、基本要求和目标任务。自2010年起，连云港市建立五大宗教教职人员每月25日学习例会制度，形成以市宗教团体和重点场所负责人学习会为阵地，集体学习为龙头，团体、场所小组学习为基础，个人根据自身需求选学为补充的立体网络式学习格局，《中国宗教》等杂志做经验介绍，多个外地城市到连云港学习。2016年，全市创成三星级宗教场所8个，填补三星级场所的空白。全市累计创建全省五星级宗教场所1个、四星级场所8个、三星级场所8个，二星级场所

位于连云区宿城乡的法起寺　　张言华　摄

65个、一星级场所83个。市道教协会召开第二次代表会议、市伊斯兰教协会召开第三次代表会议，灌云县基督教"三自"爱国运动委员会、基督教协会进行换届选举。连云区举行"丝路之光·一路同行"法起文化节系列活动。灌云县以2016中国·灌云豆丹美食文化节为契机，举办佛教名人书画展、水陆法会，弘扬宗教文化。市宗教部门加强与国土、规划、用电等部门的沟通联系，推进天主教新建教堂用地相关手续，协调市基督教中心堂重建工作，协商解决宗教场所用电问题。年内，黄窝雪道寺、宿城龙洞庵、灌云伊芦山钟庵主体，安和寺大雄宝殿竣工。5月10日，（南）通连（云港）盐（城）伊斯兰教协会会长联席（扩大）会议在连云港市召开。三市伊斯兰协会会长围绕星级宗教活动场所创建工作作交流发言，并结合各市清真寺在星级创建活动中存在的实际问题进行深入讨论。9月，开展第5个宗教慈善周活动，首次召开活动新闻发布会。宗教慈善周活动开展扶贫、济困、助残、救灾、养老、助学、疏导、义诊等公益慈善活动700余场（次），累计捐款200余万元。盐城阜宁发生重大龙卷风自然灾害后，全市宗教界为灾区捐款70余万元。连云港市义工之家在南城普照寺揭牌，无偿提供3个房间，供义工交流学习，并举办各种公益活动和各类公益兴趣学习班。

【"一带一路"民宗部门协作机制建立】 2016年，连云港市民宗局牵头建立"一带一路"民宗部门交叉协作机制，是连云港市第一个由政府职能部门牵头建立的专门服务"一带一路"建设的交流机制，涉及沿线、沿海城市20余家，覆盖"一带一路"沿线、沿海的主要城市。1月，由市民宗局发起成立的海上丝绸之路民族宗教工作联席会议第一次会议在连云港市举行。大连、唐山、天津滨海新区、烟台、上海浦东新区、温州、宁德、珠海、北海、海口以及连云港市等11省市区11家民宗部门参加会议。与会人员围绕抢抓"一带一路"机遇，发挥民族宗教工作整体优势，服务发展大局的主题进行探讨，并审议通过会议章程，提出相关建议。10月25—27日，由省民族事务委员会、省宗教事务局，连云港市人民政府主办，连云港市民族宗教事务局承办的"一带一路"民族宗教工作座谈会暨"佛从海上来"系列文化活动在连云港市举行。来自伊犁、乌鲁木齐、西安、郑州、徐州、唐山、烟台、上海浦东新区、温州、福建平潭试验区以及连云港共11家"一带一路"沿线地区民族宗教工作部门相关负责人参加活动，开展"发挥宗教文化作用，服务'一带一路'建设"专题报告会、"一带一路"民族宗教工作座谈会、"佛从海上来"研讨会和"一带一路"书画展等一系列活动。（民宗局）

责任编辑　郭　云

人民生活

居民收入

【城镇居民收入】 2016年，连云港市城镇居民人均可支配收入27853元，比2015年增长8.3%。在人均可支配收入中，工资性收入15194元，增长8.4%；经营净收入5458元，增长6.5%；财产净收入2316元，增长13.9%；转移净收入4884元，增长7.3%。

【农村居民收入】 2016年，全市农村居民人均可支配收入13932元，比2015年增长9%。其中，工资性收入6462元，增长9.4%；经营净收入4854元，增长7.2%；财产净收入190元，增长15.8%；转移净收入2425元，增长11.4%。

（刘从鸿）

2016年连云港市分地区城镇居民平均每人收入情况一览表

表86　单位：元

指标名称	连云港	市区	赣榆区	东海县	灌云县	灌南县
总收入（未扣除生产费用）	33465	40129	42232	30414	25229	30945
可支配收入	27853	30120	27199	27391	22979	24494
一、工资性收入	15194	18119	15815	14964	11460	11679
（一）工资	14637	17388	15396	14311	11391	11191
（二）实物福利	41	76	92	1	1	13
（三）其他	517	654	327	651	68	474
二、经营净收入	5458	5371	6881	6776	5973	3809
（一）第一产业经营净收入	1559	1757	4284	1382	1997	732
（二）第二产业经营净收入	696	586	816	777	522	505
（三）第三产业经营净收入	3203	3028	1781	4617	3455	2572
三、财产净收入	2316	1899	1398	2919	2037	2689
（一）利息净收入	155	188	16	293	-20	103
（二）红利收入	163	46	—	436	769	—
（三）储蓄性保险净收益	3	2	—	12	—	—
（四）转让承包土地经营权租金净收入	84	125	491	20	54	77
（五）出租房屋财产性收入	182	140	—	384	108	152
（六）出租机械、专利、版权等资产的收入	10	22	—	—	—	—
（七）其他财产净收入	81	1	—	7	438	—
（八）房屋虚拟租金	1637	1376	891	1765	688	2357
四、转移净收入	4884	4731	3105	2733	3509	6318
（一）转移性收入	6103	6405	3620	3678	3970	7408

续表 86

指标名称	连云港	市区	赣榆区	东海县	灌云县	灌南县
1. 养老金或离退休金	3664	4865	2581	1363	3595	2783
2. 社会救济和补助	70	77	1	—	45	107
3. 政策性生活补贴	2	2	—	—	6	—
4. 报销医疗费	262	393	69	—	50	242
5. 家庭外出从业人员寄回带回收入	1186	193	424	1882	141	3096
6. 赡养收入	647	475	98	427	114	1052
7. 其他经常转移收入	47	53	30	—	10	—
8. 从政府和组织得到的实物产品和服务折价	2	4	—	—	—	1
9. 现金政策性惠农补贴	223	342	417	6	9	127
（二）转移性支出	1219	1674	514	945	461	1090
1. 个人所得税	99	200	—	32	—	2
2. 社会保障支出	924	1154	427	811	411	968
3. 赡养支出	140	226	13	36	46	117
4. 其他转移性支出	57	93	73	66	4	3

2016 年连云港市分地区农村居民平均每人收入情况一览表

表 87　　单位：元

指标名称	连云港	市区	赣榆区	东海县	灌云县	灌南县
总收入（未扣除生产费用）	18658	17923	16808	23821	15278	16847
可支配收入	13932	14796	14731	14487	12969	12430
一、工资性收入	6462	6591	7096	5822	6448	5347
（一）工资	6367	6453	7052	5820	6391	5222
（二）实物福利	11	13	—	—	—	32
（三）其他	84	125	45	2	57	94
二、经营净收入	4854	4915	4984	6039	5070	3730
（一）第一产业经营净收入	3398	3356	3684	4887	3000	2421
（二）第二产业经营净收入	489	441	653	808	504	216
（三）第三产业经营净收入	968	1118	646	345	1566	1093
三、财产净收入	190	137	174	280	151	105
（一）利息净收入	51	22	16	216	-34	27
（二）红利收入	17	24	6	—	6	—
（三）储蓄性保险净收益	1	2	3	—	—	—
（四）转让承包土地经营权租金净收入	103	88	146	48	179	62
（五）出租房屋财产性收入	7	—	—	16	—	16
（六）其他财产净收入	11	1	2	—	—	—
四、转移净收入	2425	3153	2477	2346	1300	3248
（一）转移性收入	2753	3484	2708	2565	1498	3832
1. 养老金或离退休金	715	737	224	661	169	511
2. 社会救济和补助	73	135	29	41	1	101
3. 政策性生活补贴	8	—	—	32	3	1
4. 报销医疗费	123	147	63	47	558	255
5. 家庭外出从业人员寄回带回收入	1341	1724	1874	1635	537	2364

续表 87

指标名称	连云港	市区	赣榆区	东海县	灌云县	灌南县
6. 赡养收入	262	341	61	50	157	487
7. 其他经常转移收入	32	107	64	19	19	26
8. 从政府和组织得到的实物产品和服务折价	1	1	2	—	—	3
9. 现金政策性惠农补贴	199	291	390	79	54	85
（二）转移性支出	327	331	231	220	197	584
1. 个人所得税	5	—	—	—	18	2
2. 社会保障支出	266	271	214	213	148	450
4. 赡养支出	47	40	9	2	23	129
5. 其他转移性支出	10	20	8	4	8	3

居民消费

【城镇居民消费】 2016 年，全市城镇居民人均生活消费支出 18344 元，比 2015 年增长 6.31%。其中，食品烟酒支出 5924 元，增长 5%；衣着支出 1612 元，增长 4.2%；居住支出 3450 元，增长 6.5%；生活用品及服务支出 1124 元，增长 5.9%；交通通信支出 1735 元，增长 8.7%；教育文化娱乐支出 3042 元，增长 8.3%；医疗保健支出 1031 元，增长 7.4%；其他用品和服务支出 425 元，增长 5.9%。

【农村居民消费】 2016 年，全市农村居民人均生活消费支出 10113 元，比 2015 年增长 11.7%。其中，食品烟酒支出 3299 元，增长 10.3%；衣着支出 616 元，增长 7.8%；居住支出 1995 元，增长 14.6%；生活用品及服务支出 642 元，增长 12.1%；交通通信支出 1008 元，增长 12.9%；教育文化娱乐支出 1855 元，增长 12.5%；医疗保健支出 539 元，增长 9.5%；其他用品和服务支出 160 元，增长 11%。

【恩格尔系数】 2016 年，全市城镇居民恩格尔系数 32.3%。农村居民恩格尔系数 32.6%，均比 2015 年下降 0.4 个百分点。（刘从鸿）

2016 年连云港市分地区城镇居民平均每人支出情况一览表

表 88　　单位：元

指标名称	连云港	市区	赣榆区	东海县	灌云县	灌南县
总支出	26792	34430	33819	25709	17482	21456
消费支出	18344	18700	16567	18633	13980	15734
（一）食品烟酒	5924	5416	5354	6423	4902	5475
1. 食品	4485	4086	4001	3916	3673	4802
2. 烟酒	499	420	531	496	944	451
3. 饮料	105	158	56	103	59	45
4. 饮食服务	835	751	766	1908	226	177
（二）衣着	1612	1655	1558	1459	849	1410
1. 衣类	1240	1289	1176	1047	653	875
2. 鞋类	372	366	382	412	197	534
（三）居住	3450	3976	3182	4051	2325	2466
1. 租赁房房租	88	101	6	—	98	21
2. 住房维修及管理	452	636	483	478	164	260
3. 水电燃料及其他	709	786	597	635	665	626
4. 自有住房折算租金	2202	2453	2096	2938	1398	1559
（四）生活用品及服务	1124	1420	1082	830	985	836
1. 家具及室内装饰品	234	332	119	113	73	152
2. 家用器具	267	282	311	179	439	140
3. 家用纺织品	145	178	99	85	61	92

续表 88

指标名称	连云港	市区	赣榆区	东海县	灌云县	灌南县
4.家庭日用杂品	269	300	334	255	197	275
5.个人用品	186	224	204	187	110	165
6.家庭服务	23	106	15	11	105	12
(五)交通通信	1735	1968	1490	1588	1035	1177
1.交通	925	1104	757	655	399	461
2.通信	811	864	733	933	636	716
(六)教育文化娱乐	3042	2366	3067	3372	2566	3018
1.教育	1738	1049	2165	1992	1128	2576
2.文化娱乐	1304	1317	902	1380	1438	442
(七)医疗保健	1031	1359	618	483	746	935
1.医疗器具及药品	301	386	298	284	349	217
2.医疗服务	731	973	321	198	397	717
(八)其他用品和服务	425	539	215	428	571	418
1.其他用品	264	293	106	317	420	311
2.其他服务	161	247	109	111	151	107

2016年连云港市分地区农村居民平均每人支出情况一览表

表 89　　单位:元

指标名称	连云港	市区	赣榆区	东海县	灌云县	灌南县
总支出	16874	15936	17363	23516	13083	17128
消费支出	10113	10694	10694	10194	9140	8978
(一)食品烟酒	3299	2999	3529	3571	3240	3335
1.食品	2538	2226	2635	2712	2588	2708
2.烟酒	440	434	358	331	539	438
3.饮料	56	73	44	34	20	45
4.饮食服务	265	266	491	494	92	144
(二)衣着	616	832	843	622	507	592
1.衣类	444	617	619	451	421	427
2.鞋类	171	215	223	170	86	165
(三)居住	1995	2213	1971	1730.39	1488	1103
1.租赁房房租	4	9			2	5
2.住房维修及管理	324	472	276	90.90	20	172
3.水电燃料及其他	439	516	458	123.20	453	264
4.自有住房折算租金	1228	1215	1237	1516.29	1014	661
(四)生活用品及服务	642	813	842	759	512	452
1.家具及室内装饰品	155	205	108	329	64	83
2.家用器具	196	250	245	147	248	153
3.家用纺织品	70	59	75	54	34	54
4.家庭日用杂品	143	211	259	148	92	103
5.个人用品	63	79	142	45	65	55
6.家庭服务	14	10	14	36	9	5
(五)交通通信	1008	996	897	1066	974	901
1.交通	555	448	427	631	616	455

续表 89

指标名称	连云港	市区	赣榆区	东海县	灌云县	灌南县
2. 通信	453	548	470	435	358	446
（六）教育文化娱乐	1855	1944	1944	1851	1775	1645
1. 教育	1193	842	1412	1343	635	1259
2. 文化娱乐	662	1102	533	508	1141	386
（七）医疗保健	539	709	593	488	411	844
1. 医疗器具及药品	147	327	258	169	104	217
2. 医疗服务	392	382	335	319	307	626
（八）其他用品和服务	160	188	75	108	233	108
1. 其他用品	80	138	33	44	104	25
2. 其他服务	80	50	42	63	129	83

2016 年连云港市居民百户耐用消费品拥有量一览表

表 90

指标名称	单位	城镇住户	农村住户
家用汽车	辆	20	12
摩托车	辆	27	49
助力车	台	126	116
洗衣机	台	101	93
电冰箱（柜）	台	93	86
微波炉	台	64	31
彩色电视机	台	139	136
空调	台	147	88
移动电话	部	242	234
计算机	台	81	45
摄像机	台	3	3
照相机	台	22	7

2016 年连云港市居民主要消费品人均消费一览表

表 91　　单位：千克

指标名称	城镇住户	农村住户
谷物	122.14	125.15
油脂类	15.93	12.68
鲜菜	106.68	63.91
肉类	21.37	18.80
禽类	6.27	4.47
水产品	18.01	11.09
蛋类及蛋制品	13.74	9.97
奶和奶制品	12.61	7.43
干鲜瓜果类	51.02	37.34
糖果糕点类	7.96	5.58
酒	9.06	8.81

市场物价

【概况】 2016 年，CPI（全市居民消费价格指数）总体呈现温和上涨，累计同比上涨 2.1%，涨幅较 2015 年扩大 0.3 个百分点，低于全省平均水平 0.2 个百分点，高于全国平均水平 0.1 个百分点。1—12 月，CPI 比 2015 年分别增长 2.9%、2.4%、2.6%、2.0%、1.5 %、1.9 %、1.8 %、1.5 %、2.1 %、2.7%、2.2%、1.9%，指数维持在 101.5 到 103 之间，总体保持平稳。一季度指数相对高位运行，二、三季度有所回落，四季度波动相对较大。

【食品类价格】 2016 年，全市食品价格指数呈两头高中间低趋势，总体保持高位运行。食品类价格受气候、节日消费等因素影响较大。食品价格比 2015 年上涨 3.5%，影响 CPI 总水平上升 0.68 个百分点。

【医疗保健类价格】 2016 年，全市医疗保健类价格比 2015 年上涨 12.9%，助推服务项目价格涨幅扩大。服务项目价格指数比 2015 年上升 0.9 个百分点，上涨 3.2%。其中，医疗服务价格上涨贡献 2.5 个百分点，贡献率 81%。

【其他类价格】 2016 年，全市八大类商品和服务项目价格指数全部上涨。除医疗保健类和食品类，其他依次为其他用品和服务、居住、衣着、交通和通信、生活用品及服务、教育文化

2016 年连云港市部分商品收费、服务价格调整情况表

表 92

收费项目名称	调整前标准	调整后标准	执行日期
耕地开垦费	13 元 / 平方米。对占用基本农田的，加收 40% 的耕地开垦费	30 元 / 平方米。对占用基本农田的，加收 40% 的耕地开垦费	1 月 1 日
断层放射治疗项目价格	无	3400 元 / 次	6 月 20 日
市区电动汽车充电服务价格	无	纯电动客车充电服务最高价格暂定为 1.15 元 / 千瓦时（含电费，下同），纯电动汽车（七座以下）充电服务最高价格暂定为 1.4 元 / 千瓦时	6 月 30 日
市区污水处理费	居民生活用水 1.05 元 / 立方米、生产用水 1.11 元 / 立方米，特种用水 1.25 元 / 立方米	居民生活用水 1.15 元 / 立方米、生产用水 1.20 元 / 立方米，特种用水 1.40 元 / 立方米	12 月 1 日
民用供热蒸汽销售价格	新电实业 172 元 / 吨，田申 180 元 / 吨，新城热电 180 元 / 吨，不实施上下浮动	188 元 / 吨	2016 年采暖季
工商业供热蒸汽销售价格	新电实业公司连续用汽 135 元 / 吨，间断用汽 144 元 / 吨；新城热电公司执行 162 元 / 吨	江苏国信连云港发电有限公司连续用汽 157 元 / 吨，间断用汽 166 元 / 吨；新城热电公司执行 184 元 / 吨	11 月 1 日

2016 年，连云港市居民消费价格指数总体呈现温和上涨，其中菜类比 2015 年上涨 8.6%。 朱代桂 摄

和娱乐，全年涨幅分别为 1%、0.8%、0.6%、0.3%、0.3%、0.1%。（沈 阅）

就业创业

【概况】 2016 年，连云港市城镇新增就业 5.69 万人，城镇失业人员再就业 2.08 万人，就业困难人员再就业 0.56 万人，新增转移农村劳动力 2.72 万人，城镇登记失业率 3%。市人社局围绕“大众创业、万众创新”的工作要求，出台 3 项地方稳定就业政策，支持成功自主创业 1.36 万人，创业带动就业 4.32 万人。开展市区“4050”人员、低保、残疾人、双失业及单亲家庭等就业困难人员调查，登记市区就业困难人员 2506 人，其中“4050”人员 2463 人，占 98.28%。离校未就业高校毕业生实名制登记率和公共服务率均实现 100%，城乡“零就业”及“零转移”家庭保持动态清零。市人社部门为 8072 名灵活就业的困难人员发放社保补贴 3505 万元，为 1940 名生活困难的就业困难人员发放“两节”（春节、元旦节）补助 97 万元，为 25 家吸纳就业困难人员的企业发放社保补贴 401 万元，安置就业困难人员 488 人。开展全市基层人社服务平台建设，全年评定达标基层平台 1174 家，其中街道 28 家、乡镇 59 家、社区 201 家、村 886 家。

【就业帮扶与创业服务】 2016 年，市委、市政府出台《关于进一步做好失业保险支持企业稳定岗位工作的通知》《关于在化解过剩产能实现脱困发展过程中做好职工安置工作的实施办法》等一系列政策文件。市人社部门推进新一轮就业政策落实，组织城乡劳动者就业技能培训 2.7 万人次，城乡新成长劳动力技能培训 1.5 万人次。开发基层劳动就业、卫生、民政等公益性岗位 2034 个，举办“就业援助月”等专场招聘，帮扶就业困难人员再就业 5600 人。通过岗位推介，对登记的 104 户零就业家庭，实现 108 人就业帮扶。全年人社部门降费率减收 7691 万元，发放稳岗补贴 5772 万元。

创业人才培养。2016 年，市劳动部门实施创业培训 9384 人次。其中，引领大学生创业 1160 人，扶持农村劳动力自主创业 4657 人。发放创业担保贷款 7615 万元，组织“创业大讲堂进校园”系列活动，主办第二届“中国创翼”青年创业创新大赛连云港市分级赛，协办连云港市青年创业精英大赛，评选青年创业精英 18

人。开展大学生优秀创业项目评选活动，培育28个项目获批省级大学生优秀创业项目。电视节目《创客之路》在市电视台首播。评选市级最美创业者和创业明星20人。推荐食用菌（杏鲍菇）工厂化栽培与深加工和小晶鲜生电商2个项目参加“中国创翼”全国赛，2个团队均获“金翼奖”，为连云港市首次获得的创业大赛类全国性荣誉。

就业创业服务。市人社部门召开大学生就业创业政策新闻发布会，编发《连云港市高校毕业生就业创业政策解读》《就业法规政策汇编》等宣传资料。2016年，市人社部门登记离校未就业高校毕业生5516人。其中，已就业3920人，占71.1%；其他情况（升学、参军、出国等）1593人，占28.85%；未就业3人，占0.05%，全部进行失业登记。推进困难群体就业培训，实施巾帼家政服务培训工程、高校毕业生岗前培训计划、返乡进城务工人员职业技能提升行动。全年培训家政服务员等3个工种4000余人，其中1500多人取得高级职称。连云港市人社局和东海县劳动监察大队被评为省农民工工作先进集体，任同昌、朱桂江、王其芳、徐启良被评为省优秀农民工。

创业载体建设。2016年，市人社部门启动市级创业示范载体动态评估和退出机制，建成省级创业示范基地4个、市级8个，获省奖励资金350万元。截至年底，全市建成省级创业示范基地15家，省、市级示范基地总数达60家。依托大学生村干部创业学院，全年举办创业培训班7期，培训大学生村干部263人。依托创业咖啡集群，举办各类主题活动20期，2000余名创业者参与其中，初步形成连云港创业集聚的规模效应。

【职业技能培训】 2016年，全市人社部门完成职业技能培训25.67万人次，企业职工岗位技能提升培训2.4万人次，在18家企业建立企业技能人才评价体系，投入278万元购买企业培训成果。3家企业设立技工学校，10家企业建立职业技能鉴定所，8家企业设立培训机构。组织开展技能

2016年，连云港市支持成功自主创业1.36万人，创业带动就业4.32万人。图为市“双创”活动周启动仪式暨首届青年创业精英大赛决赛。 人社局 供

竞赛，4名选手获省技能状元大赛三等奖。建成职业技能鉴定质量标准体系，组织编印《质量督导人员工作手册》。全年组织职业技能鉴定4.6万人（含统考），核发职业资格证书3.5万本（含统考），组织职业资格全国（省）统一鉴定2722人。

公共实训。2016年，市人社部门与连云港信息技工学校、连云港万邦管理咨询公司合作共建信息技术实训和企业班组长管理能力实训项目10余个，组织实训5972人次。以省级创业示范基地为依托，拓展实训中心功能，孵化小微企业5家。

高技能人才建设。2016年，全市新增高技能人才1.17万人。建成国家级高技能人才培养示范基地，获中央财政投资500万元。建成省级高技能人才培养示范基地3家、省级技能大师工作室2个、省重点专业1个、省精品课程2门。截至年底，全市有国家级高技能人才培养基地1个，省级高技能人才专项实训基地2个，国家级技能大师工作室4个，省企业首席技师33名。

【失业保险费率调整】 2016年，市人社部门完善失业保险费率动态调整机制，将失业保险费率由2%降至1.5%，全年为企业减负7691万元。市人社局、财政局联合出台《关于进一步做好失业保险支持企业稳定岗位工作的通知》，将失业保险基金支持企业稳岗政策实施范围由兼并重组企业、化解产能过剩企业、淘汰落后产能企业等三类企业扩大到所有符合条件的企业，全年发放稳岗补贴5772万元，惠及企业587家。

【劳动关系管理】 2016年，全市规模以上企业劳动合同签订率稳定在98%以上，已建工会企业集体合同签订率95%以上。市人社局制订《连云港市劳动保障监察联动举报投诉平台规范化管理办法》，出台联动举报投诉平台管理办法。举报投诉案件动态录入率、按期运行率和结案率均为100%。东海县设立行政执法、刑事司法衔接办公室。开展劳动用工和社会保险法律法规专项检查，检查783家用人单位4.17万人。改正240起违法行为，责令支付工资及补偿赔偿27起，补签劳动合同348人，涉及金额37.26万元；督促社会保险登记108家企业，督促105家企业缴纳社会保险费152.11万元。审批实行特殊工时企业69家，涉及员工2.34万人。

【劳动工资管理】 市人社部门发布2016年度全市人力资源市场指导价、人工成本信息及工资指导线，印发《关于发布2016年度全市企业工资指导线的通知》。设定企业工资增长基准线9%，下线4%，不设上线。市委、市政府印发《关于深化市管企业负责人薪酬制度改革实施意见》，完成全市国有企业在岗职工工资调查

工作，整理342家企业的薪酬和最低工资实施效果的专项数据。推进集体协商工作，举行全市工资集体协商“冬春要约行动”启动仪式。全年签订工资集体合同1010份。开展农民工资支付情况专项检查，12月2日，市人社局、市中级人民法院、市人民检察院、市公安局、市公安局海州分局联合召开全市拒不支付劳动报酬案件查处工作联席会，探讨案件查处及移送工作中的难点问题。

【和谐劳动关系创建】 2016年，市政府出台《关于构建和谐劳动关系的实施意见》。市人社局对县区2016年度劳动关系和谐企业和工业园区评审认证及企业工资集体协商等重点工作开展情况调研检查，认证市级模范劳动关系和谐企业38家、劳动关系和谐企业73家，复核通过的市级模范劳动关系和谐企业39家、劳动关系和谐企业22家。

【劳动争议仲裁】 2016年，全市仲裁机构立案受理劳动争议案件2685起，案外调解130起，当期审结2634起，结案率98.1%。其中，裁决结案1097起，一裁终结308起，占裁决案件的28.1%。以调解撤诉及其他方式结案1537起，调撤率60.3%。各类调解组织调解劳动争议案件占当地劳动争议案件总数的52.4%。全市调解平台调解劳动争议案件633起，调解平台接处案件占仲裁机构立案案件数量的24.7%。全年公开裁决书10份。100家规模以上企业建立劳动争议调解委员会。灌南县化工园区、灌云县化工园区建成巡回仲裁庭，处理案件85起。设立维护劳动者合法权益法律援助工作站，全年接待困难人员劳动争议咨询256人次，开展劳动争议援助案件100余起。

【劳动监察工作】 2016年，市、县劳动监察部门接待群众咨询投诉1.2万人次，受理举报投诉案件925起，立案889起，结案957起。通过案件查处，督促32家用人单位与87名职工

2016年连云港市城镇非私营单位从业人员数一览表

表93　　单位：人

指标	全市	市区	赣榆区	东海县	灌云县	灌南县
总计	474789	314429	77047	50467	53789	56104
一、按企业、事业、机关分：						
企业	342795	238347	50727	27010	35890	41548
事业	97390	55697	19735	17333	12906	11454
机关	33786	19831	6280	6124	4993	2838
二、按国民经济行业分：						
1.农、林、牧、渔业	8019	5246	139	1621	1148	4
2.采矿业	6992	6437			555	
3.制造业	107949	71122	7973	11268	16573	8986
4.电力、热力、燃气及水的生产和供应业	6554	5525	56	406	438	185
5.建筑业	100792	60970	34856	3677	11571	24574
6.批发和零售业	18772	15683	860	1060	1054	975
7.交通运输、仓储和邮政业	31216	26473	761	1503	2069	1171
8.住宿和餐饮业	2472	2084	232	298	90	
9.信息传输、软件和信息技术服务业	5466	4338	361	608	187	333
10.金融业	23697	17266	2248	2112	1939	2380
11.房地产业	4631	3386	147	288	805	152
12.租赁和商务服务业	15270	11669	585	2597	566	438
13.科学研究和技术服务业	7702	5957	1954	1368	137	240
14.水利、环境和公共设施管理业	9566	6646	945	1147	991	782
15.居民服务、修理和其他服务业	2723	1196	1001	840	71	616
16.教育	51900	27581	11369	11215	6937	6167
17.卫生和社会工作	25387	15117	4295	3689	3218	3363
18.文化、体育和娱乐业	2015	1671	325	108	55	181
19.公共管理、社会保障和社会组织	43666	26062	8940	6662	5385	5557

2016年连云港市城镇非私营单位在岗职工平均工资一览表

表94　　单位：元

指　　标	全市	市区		东海县	灌云县	灌南县
			赣榆区			
总　计	61262	66973	52731	51884	50071	50461
一、按企业、事业、机关分:						
企业	56585	62269	46974	45024	42080	46145
事业	71568	79736	66685	60731	62401	60808
机关	77559	85367	57478	56171	71171	74964
二、按国民经济行业分:						
1.农、林、牧、渔业	49035	33617	12612	57430	99774	38750
2.采矿业	54971	57591			30487	
3.制造业	53561	59831	52399	41925	38842	45384
4.电力、热力、燃气及水的生产和供应业	118216	132503	54019	48447	36154	52011
5.建筑业	46223	48515	42744	39548	41141	44513
6.批发和零售业	69143	75480	47444	35752	33280	43097
7.交通运输、仓储和邮政业	63802	66272	58464	56162	43445	52636
8.住宿和餐饮业	37839	40382	31843	24766	21911	
9.信息传输、软件和信息技术服务业	63524	71147	55698	46092	53691	32731
10.金融业	105768	109632	105341	90190	107884	82389
11.房地产业	54307	55421	55721	39339	54985	54493
12.租赁和商务服务业	50426	54793	47079	38411	40625	32609
13.科学研究和技术服务业	81142	89984	45371	52867	58372	40614
14.水利、环境和公共设施管理业	48483	53708	47386	40150	41444	28900
15.居民服务、修理和其他服务业	61612	70133	73540	51014	72394	59029
16.教育	76728	86088	73073	63472	69153	68992
17.卫生和社会工作	67292	73952	61532	56421	59243	57347
18.文化、体育和娱乐业	64190	65459	38527	70450	61692	50243
19.公共管理、社会保障和社会组织	73360	82520	55081	56392	59067	65076

补签劳动合同；362家用人单位补发2096名职工工资1484万元。19家用人单位为95名职工办理社会保险登记手续。181家用人单位为650名职工补缴社会保险费364万元。退还4名职工押金1400元，清退童工4人。向34家用人单位下达行政处罚决定，处罚金额49万元。（程继云）

社会保障

【概况】2016年，连云港市继续加强社会保障综合体系建设。市人社局编制完成《连云港市"十三五"人力资源和社会保障发展规划》，提出加快完善覆盖城乡的社会保障体系，从完善社会保障制度，加快社会保障全民覆盖，推动社会保险可持续性发展，提高社会保障待遇水平和提升社会保障经办服务效能等方面做了详细的任务规划，年内通过专家评审论证并报市发展改革委审核。加强社保基金日常监管，实施工伤保险基金、医保基金专项审计。将恒瑞自主研发的一类新药甲磺酸阿帕替尼片（艾坦）纳入全市职工大病保险、居民大病保险基金支付范围。创新药基金支付比例90%。

2016年，在未提高社保最低缴费基数并降低养老、失业、工伤保险费率的情况下，市区五项社保费总收入47.52亿元，其中养老28.56亿元、医疗15.52亿元、失业1.85亿元、工伤8901万元、生育6966万元，总额较2015年增长6.78%。参保总人数166.33万人，其中养老34.12万人、医疗47.68万人、失业22.59万人、工伤32.59万人、生育29.35万人，总数增长1.74%。全年发行社保卡262万张，参保和退休人群发卡比例分别超过85%和90%，基本实现市、县大医院社保卡就诊一卡通应用，失业金和医保、工伤、生育报销费用通过社保卡发放，并完成系统改造支持社保卡发放养老金。

【社会保障体系建设】2016年，市政府办印发《连云港市全民参保登记工作实施方案》，通过信息比对、入户调查、数据集中管理和动态更新等措施，记录、核查和规范管理各类群体参加社会保险情况，建成具有权威性的全民参保登记大数据库。根据省人社厅要求，开展农村社会养老保险（老农保）和新型农村养老保险（新农保）衔接工作。新增被征地农民5286名全部纳入社会保障体系，落实社保资金3.2亿元。全市27.6万名老农保人员中核实确认身份信息27.3万人，核实率98.9%。其中，核实信息转入城乡居保24.1万人，核实信息并办理转企保或退保手续3万人。全市96个乡镇（街道）1480个村（居）建成便民服务站1567个，城乡居民养老保险参保登记、个人缴费、待遇领取、权益查询“四个不出村”创建率和上线运行率均达100%。探索“互联网+城乡居保”网上经办服务平台建设，经办管理服务标准化建设全面升级。因各种原因无法联系暂未能核实身份信息3000人。市人社局制定市级机关、事业单位工资标准调整方案并组织实施，调整市直1.92万名在职人员工资标准、3000名离休人员离休费。按照环保、农业特殊岗位津贴、警员警衔津贴标准调整规定，完成特岗津贴的调整。

11月20日，连云港市市级机关事业单位养老制度改革培训班召开。
市人社局 供

【养老保险】 机关事业单位养老保险。2016年市本级养老保险基金总收入1.68亿元，基金总支出1.02亿元，基金当期结余6671.03万元，养老保险费征缴率与养老金社会化发放率保持100%。市政府出台《连云港市机关事业单位工作人员养老保险制度改革实施办法》，规定改革的时点为2014年10月1日，全市所有机关事业单位及其编制内的工作人员均参加机关事业单位养老保险，编制外人员参加企业职工基本养老保险，离休人员不纳入改革范围。改革后，单位按工资总额的20%、个人按缴费工资的8%缴纳基本养老保险费，缴费工资高于当地在岗职工平均工资3倍部分不纳入缴费基数，低于当地在岗职工平均工资60%的，以60%为缴费基数。实行职业年金制度，职业年金与机关事业单位基本养老保险的参保范围、缴费基数均一致，单位缴费比例为8%，个人缴费比例为4%。调整机关事业单位退休人员养老金，人均增加308.35元，比2015年增长5.7%。市人社局、市委组织部、市编办、财政局联合下发《关于做好参加市级机关事业单位养老保险制度改革人员核定工作的通知》，确定人员核定与登记流程。

城乡居民保险。全市城乡居保参保人数为108万人，参保覆盖率99.9%，续保缴费率95%；领取基础养老金人数62万人，基础养老金领取率100%。实现保费征缴收入3.8亿元，比2015年增长15%，人均缴费395元，增长24%。城乡居民养老保险基础养老金和被征地农民社保待遇逐年提高。被征地农民月人均养老金补助金标准提高到462元，人均增加44元，社会保障资金最低筹资标准调增至6.42万元，人均增加6116元。

企业职工养老保险。2016年，全市19.22万名企业退休人员养老金实现“十二连调”，月人均养老金从1932元提高到2098元，增加166元。按时足额发放养老金51.61亿元，办理待遇审核1.25万人，企业退休人员养老金待遇资格认证率100%。完成企业退休军转干部生活补助上浮、离休干部及中华人民共和国成立前老工人待遇调整及发放，以及国企、职教、幼教退休教师补贴及企业退休人员独生子女一次性奖励费发放工作。

【医疗保险】 2016年，全市城镇基本医疗保险参保人数127.16万人。城镇职工基本医疗保险参保人数75.09万人，比2015年增加0.84万人，其中市本级参保47.68万人，增加4900人。城镇职工基本医疗保险基金征缴收入21.08亿元，增加2.73亿元。其中，市区职工医疗保险基金征缴收入13.89亿元，增加1.05亿元。城镇居民基本医疗保险参保人数52.07万人。全年医疗费用发生额比2015年下降3.5%，首次实现负增长。有住院统筹待遇的定点医院全部实现总额控制结算。所有三级医院和65%的三级以下医院医疗费用实现负增长。扩大单病种结算范围，将急性阑尾炎及肛肠科、乳腺、妇科部分病种纳入单病种结算范围，制订各类疾病230个结算标准并实施按病种结算。在全省率先对所有定点单位建立医保医药管理信息系统，慢性病药品费用下降21%，门诊大病药品费用下降5%。在全省率先实施医保限用药品总控管理，辅助用药费用下降27%。在全省创新实施医用耗材分类管理，耗材费用下降7.52%。市人社局出台《关于完善基本医疗保险定点医药机构协议管理制度的通知》，公开定点医药机构协议管理的条件和工作程序，对于自愿申请定点管理的药店和医疗机构进行现场评估，对于符合要求的单位，通知其与经办机构签订协议。出台《关于调整城镇居民基本医疗保险有关政策的通知》，自2016年1月1日起，增加冠心病、阻塞性肺气肿、慢性肾功能衰竭（非透析治疗）、类风湿关节炎、支气管哮喘5个病种为门诊一类慢性病。自2016年1月1日起，新生儿出生之日起15个工作日内凭有效证明材料办理居民医保参保手续的，自出生之日起按规定享受出生年度居民医保待遇。提高市区居民医保筹资标准，自下一个居民医保年度起，市区城镇一般居民个人缴费标准由原每人每年150元调整为180元，在校学生及其他未成年人个人缴费标准由原每人每年60元调整为100元。

【工伤保险】 2016年，全市工伤保险参保人数51.22万人，比2015年增加1.24万人。其中，市区参保32.59万人，增加5869人。工伤保险基金征缴收入1.45亿元，增加2708万元。其中，市区工伤保险基金收入8900万元，增加1235万元。市政府出台《连云港市实施〈工伤保险条例〉细则》，明确将国家机关、参照公务员法管理单位纳入工伤保险适用范围，扩大工伤保险覆盖面；明确工伤保险的缴费基率、工伤保险基金的使用范围、不予受理的情形、用人单位不提供证据时的工伤认定方法及工伤康复问题；对工伤补助金计算方法、退休前劳动合同解除时的偿付标准、难以安排工作时及工伤复发时工资的确定依据、用人单位关停并转后的工伤待遇问题等作出规定，工伤认定更加及时准确，复议、诉讼案件下降23%。创新病退鉴定机制，病退通过率下降19%，节约社保基金3000多万元。全年工伤鉴定1392件。印发连云港市工伤保险费率浮动办法，全市工伤保险费率分类从3个行业调整为8个行业，工伤保险平均费率降低0.11个百分点，执行标准全省最低。

【生育保险】 2016年，全市生育保险参保人数43.09万人，比2015年增加8000人，其中，市区参保29.35万人，增加4826人。生育保险基金征缴收入9748万元，增加1448万元。其中，市区征缴6965万元，增加737万元。

【失业保险】 2016年，全市失业保险参保39.86万人，比2015年增加6600人；期末领取失业金4407人，增加257人。征缴失业保险基金2.52亿元，支出1.72亿元，增加4500万元。累计结余11.82亿元，增加1.08亿元。（程继云）

【城乡居民最低生活保障】 2016年，全市有城乡低保对象6.39万户11.67万人。其中，城市低保对象5777户1.06万人，全年发放低保金4200万元，人均月补助295元；农村低保对象5.81万户10.51万人，全年发放低保金2.77亿元，人均月补助227元。实施城乡低保标准自然增长机制，城市低保标准提高到510元/月，农村低保标准提高到420元/月；赣榆区城市低保标准提高到430元/月，农村低保标准提高到375元/月；东海县、灌云县、灌南县城市低保标准提高到410元/月，农村低保标准提高到370元/月。全市城市低保平均标准为472元、农村低保平均标准为395元，较2015年分别增长6.1%和10.6%。市民政部门加强城乡低保对象动态管理，开展低保对象“大排查、大清理、大整治”活动，清退不符合条件2785人。1月向城乡低保对象发放节日补助金1192万元，1—3月、10月发放价格补贴资金1548万元。

【救济救助】 医疗救助及临时救助。2016年，全市城乡困难居民医疗救助实现全覆盖，资助符合条件医疗救助对象13.5万人参加城镇居民医疗保险或新型农村合作医疗，资助资金1614万元；依托城乡医疗救助同步结算平台对医疗救助对象住院实行“一站式”救助3.36万人次，发放救助金3699万元。调整医疗救助政策，救助对象住院年度救助封顶线从4万元调整为5万元。实现门诊救助，门诊救助比例为符合用药目录范围内其他保险报销后50%，封顶线400元。对因灾因故造成基本生活陷入困难的居民和家庭，全部实施临时救助。全市救助临时救助对象4829户次，发放临时救助资金710万元。

慈善救助。2016年，全市慈善组织接收捐赠7144.29万元（其中市本级接收捐赠1301.6万元），慈善救助支出2925.9万元，救助困难群众近5.2万人次（其中市本级实施慈善救助支出1270.16万元，救助困难群众4600人次）。在第四届中国公益慈善城市评比中，连云港市第三次被评为六星级慈善城市，位列第43名。市委宣传部、市文明办、民政局、文广新局等8家单位开展慈善文章、歌曲、书画主题活动，征集作品705件，评

9月1日，连云港市举办“以法兴善、爱满港城”主题文艺演出。
市民政局 供

2016 年连云港市社会福利院基本情况一览表

表 95

指　　标	单位	全市	市区	赣榆区	东海县	灌云县	灌南县
社会福利院	个	5	3	1		1	1
社会福利院床位数	张	868	768	258		50	50
#民政部门办社会福利院	个	868	768	258		50	50
工作人员	人	173	163	11		5	5
床　　位	张	868	768	258		50	50
年末收养人数	人	319	290	20		23	6

2016 年连云港市优抚和社会救济情况一览表

表 96

指　　标	单位	2016 年		2015 年	
		全　市	市　区	全　市	市　区
一、优抚事业					
优抚收养单位数	个	3	—	3	—
优抚收养单位床位数	张	140	—	140	—
年末优抚收养人数	人	100	—	100	—
优抚对象人数	人	22018	6341	22191	6376
#革命伤残人员	人	2514	1033	2591	1056
烈军属人数	人	548	142	581	164
在乡复员、退伍军人	人	5771	1364	5909	1405
优待烈军属户数	户	3585	1139	4425	1956
优抚事业费用	万元	24430	9144	21832	8078
二、社会救济					
城镇居民最低生活保障对象人数	人	11595	6004	12140	6549
城镇居民最低生活保障对象户数	户	5777	2977	5981	3218
农村居民最低生活保障对象人数	人	105125	28185	107233	27534
农村居民最低生活保障对象户数	户	58125	14289	59163	13936
农村五保供养人数	人	7146	2162	7429	2286
其中：集中供养	人	2226	456	2433	520
分散供养	人	4920	1706	4996	1766

选出 20 首歌曲、40 篇文章和 12 幅书画作品，举办“以法兴善、爱满港城”公益慈善书画展览和庆祝《中华人民共和国慈善法》颁布实施暨“以法兴善、爱满港城”主题文艺演出。“6·23”盐城市阜宁县、射阳县龙卷风及冰雹灾害发生后，市、县（区）慈善总会接收社会各界捐款 770.49 万元，物资折价 100 万元；其中，市慈善总会接收捐款 580.06 万元，物资折价 100 万元，全额拨付给灾区。11 月，市慈善总会以“汇聚慈善力量，助力精准扶贫”为主题开展“慈善一日捐”活动，至 12 月底募集善款 76.59 万元。中华慈善总会在灌云县百川小学、伊东小学实施旱厕改水厕慈善项目，投入资金 40 万元。全市向省慈善总会上报并审核通过儿童重大疾病慈善救助申请 197 人，实际结算 334 人次，支出救助医疗费用 171.35 万元。开展“阳光助学”慈善助学项目，全年安排 24 万元资助 80 名贫困家庭大学生。开展“情暖江苏·温馨港城”春节慰问活动，省、市慈善总

会各安排40万元，慰问连云港市患重特大疾病的低保困难户、低保边缘户和困难群众1200户。市慈善总会与光明医院共同开展"慈善光明行"助医项目，为低保及低保边缘家庭的贫困白内障患者提供免费手术，全年该项目救助872人，减免医疗费用折合187.65万元。

福彩爱心救助。2016年，全市福利彩票累计销售突破5亿元，其中电脑票2.74亿元，刮刮乐即开票2042万元，中福在线2.06亿元，为国家筹集福彩公益金1.3亿元，其中筹集市县级公益金5337万元。开展"福彩连心""福彩爱接力"公益救助活动，成功救助78个困难家庭，资助金额46.7万元。福彩爱心助学活动投入58万元，资助全市160名考取大学本科的困难学生。开展"爱心敬老"活动，为6家敬老院老人提供30万元专项资助，帮助"五保"老人改善生活条件。

12月17日，海州区举行茗昇花园、茗泰花园廉租房实物配租公开选房摇号仪式，参加选房的335户居民参加抽签摇号。 市住房局 供

【城镇"三无"人员和农村"五保"老人供养】 2016年，全市继续实施城镇"三无"（民政部门收养的无生活来源、无劳动能力、无法定抚养义务人或法定抚养义务人丧失劳动能力而无力抚养的公民）人员、农村"五保"老人供养标准自然增长机制，截至年底，全市城镇"三无"人员334人，保障标准为平均每人每年1.26万元；农村"五保"老人7127人，集中供养平均每人每年6659元，分散供养平均每人每年5738元。

【优待抚恤】 2016年，全市各类优抚对象的补助标准平均提高10%，老复员军人补助标准每人每月提高300元，提高幅度达25%。优抚对象的参合参保率和医疗补助救助率均达100%，并依托城乡医疗救助同步结算平台，实行"一站式"结算服务。市民政部门组织医疗机构开展为重点优抚对象送健康活动，为优抚对象免费体检3000余人次。全年发放义务兵家庭优待金4500余万元。开展优抚对象短疗巡诊工作，组织常规疗养8期320人次、上门体检慰问750人次、医疗巡诊440人次。市财政投入资金2343万元，并申请省财政补助280万元，对东海县安峰山烈士陵园、灌云县烈士陵园、灌云县小伊乡烈士陵园、赣榆区十八勇士纪念馆进行提档升级。各级烈士陵园接待参观祭扫人员近60万人次。（黄　蕾）

【住房保障】 2016年，全市基本建成公共租赁住房1500套，发放廉租房租赁补贴1196户。分配配售型保障性住房412套、配租型保障性住房1094套，其中公租房分配入住171套，人才公寓分配入住202套。审核保障性住房上市交易167套，实现财税收入1306.8万元，出让金代缴14.16万元。完成配售型保障性住房销售204套，回笼资金1亿元。完成新申请保障性住房资格审核1303户，其中廉租房审核317户，经济房资格审核660户，公租房资格审核325户。签订嘉富·香桂园、瀛洲·梧桐里、苍梧家苑、世纪凤凰城、湖景花园5个项目配建保障性住房协议，配建523套3.94万平方米。

廉租住房。全年完成廉租房实物配租年检1448户，实物配租333户。审核、发放廉租房货币补贴1198户，发放补贴285万元。续建茗怡花园66套4000平方米，配套工程服务中心及1号楼地下车库2万平方米，二季度竣工交付。

经济适用住房。2016年，续建茗怡花园C8号楼、C9号楼、C10号楼、C11号楼2万平方米240套并完成竣工验收。（韩　茜）

住房公积金管理。2016年，全市发放个人住房公积金贷款1.34万笔47.39亿元，比2015年分别增长23.05%、32.41%；发放户数13356户，增长23%。截至年底，全市累计发放个人住房贷款9.74万笔237.79亿元，分别增长15.81%、24.89%。个人住房贷款率106.95%，增长10.21%。全市回收个人住房贷款22.17亿元，增长30%。累计贷款余额126.78亿元，增长24.83%，贷款逾期率0.03‰。（徐　翔）

责任编辑　郭　云

公共安全

防灾减灾

【地质灾害防治】 2016年，连云港市有地质灾害隐患点、危险点104处。地质灾害类型主要有崩塌、滑坡、地面塌陷等突变型和地面沉降缓变型地质灾害，主要分布在云台山、锦屏山、北固山、连岛，以及赣榆、东海、灌云等区县露采矿山宕口。全年对104处地质灾害隐患点汛前逐一进行实地排查，对每个地质灾害隐患点，从县区、乡镇到村层层落实防灾责任到具体责任人。出台地质灾害防治方案、应急预案，印发《连云港市地质灾害防治资料汇编》。全年开展地质灾害应急演练活动3次。安排200万元经费，开展徐圩新区地质灾害危险性区域评估项目。推进地质灾害隐患点治理，开发区朝阳西山地质灾害治理项目，总投资1500万元，获中央财政专项补助400万元，到年底完成60%工程量；连云区刘沟小区完成地质灾害治理项目，获省地质勘察基金补助150万元；连云区西墅花园小区北坡地质灾害治理项目进场施工，总投资1200万元。实施地质灾害监测预警系统建设工程试点项目，开发地质灾害数据库系统，选取4处隐患点安装专业预警监测仪器设备。连云港市地质灾害防治实现连续14年“零伤亡”。连云区被国土资源部评为地质灾害防治高标准“十有县”。

（林炳煌）

【防汛防旱防台】 2016年，连云港市降水量比多年均值偏少一成，为平水年。汛期先后遭受春旱、伏旱、暴雨和台风影响，流域性河道新沂河、新沭河上游来水流量偏小，骆马湖、石梁河水库均未开闸泄洪；11座大中型水库中仅大石埠水库超汛限水位而短时小流量泄洪；133座小型水库中有32座超汛限水位泄洪；汛末水库水位整体偏低。全市部分地区遭受干旱、洪涝等灾害影响。6月23日和7月1日，连云港市发生强降雨。降雨期间，每半小时收集一次降水、工情情况进行分析调度，大中小型水库、沿海闸站管理人员到岗到位，沿海涵闸全部开启，利用潮汐间隙开闸排水。全市经历第1号强台风“尼伯特”、第18号超强台风“暹芭”外围影响。市防汛办按照防台预案要求，落实防台措施，关注台风动向和汛情变化，根据水利工程实际情况，做好水库和内河水位调度工作，在台风到来之前安排预降骨干河道水位，腾出库容。沿海挡潮闸管理单位24小时值班，做好备用电检查工作，主城区排涝枢纽做好开机排涝准备。水库、塘坝按照水库调度方案控制运用，做好河海堤防、水库、涵闸、泵站等水利工程的巡查防守工作。

（李　军）

农产品质量安全

【概况】 2016年，连云港市启动创建国家农产品质量安全市，实施农产品品牌战略规划，开展农产品质量安全绩效评价工作。全年新增农产品经营主体产地编码45家，创建粮食产业标准化示范区13个、园艺标准园13个、畜禽生态养殖场13个、放心农资店21家，创建市级农产品质量安全示范乡镇21个，新增“三品”（无公害农产品、绿色食品、有机食品）个数113个，实现种植业“三品”占比40%，组织制订农业市级标准30个；评出市级农产品质量“创牌立信”示范单位20家，其中8家单位被评为江苏省2016年度农产品质量“创牌立信”示范单位。参加第三届全国农产品质量安全检测技能竞赛江苏选拔赛，获得团体优秀组织奖。农产品检测合格率稳中有升，蔬菜质量安全合格率98.5%以上，畜禽产品质量安全合格率100%。（逢孝云）

食品药品安全

【概况】 2016年，连云港市有食品生产和食品添加剂生产企业695家，食品流通获证主体2.9万余家，餐饮服务持证企业1.04万家；有药品生产企业26家，医疗器械生产企业19家，药品批发企业18家，单体药店634家，药品零售连锁企业总部17家，下辖门店827家，医疗器械经营企业283家。全市6家药品企业35个品种一次性通过国家食品药品监督管理总局和省食品药品监督管理局药品注册现场检查，获得药品生产注册批件10个。全市9个制剂剂

11月29日，省药品安全突发事件Ⅲ级应急演练在连云港市举行。
王振 摄

型、15个原料药品种通过新版GMP认证和复认证。市食品药品监管系统开展专项整治、推进社会共治，全市未发生源头性、区域性食品药品安全事件。市食药监局被市委、市政府授予2016年度特别贡献奖。

【食品安全监管】 2016年，市政府印发《连云港市政府关于加强食品安全工作的意见》，提出建立健全全市食品安全责任体系、全程治理体系、保障支撑体系、预警应急体系和社会共治五大体系。市政府与县区政府签订《2016年食品药品安全工作目标管理责任书》，食品安全纳入市政府对食品安全监管部门绩效考核否决项。全市食品生产经营秩序持续好转，增强食品生产经营者责任意识，制售假冒伪劣和有毒有害食品的违法行为得到遏制。市食品监管部门完善食品全链条监管，全年检查食品、食品添加剂生产企业1518家次，食品销售单位3.05万户次，餐饮服务单位2.85户次，食用农产品集中交易市场274个次，食品小作坊601家次，食品小摊贩1154个次，检查集体聚餐132个次，查处不合格食品案件88件。投入专项经费1419万元，开展食品安全监督抽检工作。全年食品药品监管部门完成食品监督抽检2.14万批次，抽检数量是2015年的3.5倍。其中，市本级抽检4239批次，县区抽检1.74万批次，抽检涵盖30大类食品、123个食品品种、194个食品细类，按常住人口计算，全市食品千人抽检率达到4.76批次/千人。检出不合格食品及相关产品581批次，抽检样品总体合格率97.3%，对检出的不合格产品处置率达到100%。其中，食品生产环节产品合格率最高，抽检4172批次，产品合格率99.5%；流通环节抽检1.24万批次，合格率99.2%；食品餐饮环节抽检4025批次，合格率88.7%。开展学校周边食品、餐饮具、桶装饮用水、含铝添加剂、塑料饭盒等专项抽检11个。国家食品药品监督管理总局和江苏省食品药品监督管理局在连组织抽检1545批次，检出不合格产品45批次，合格率97.1%，与市级抽检合格率基本持平。以创建卫生城市为契机，开展食品安全整治，市食药监局制订《创卫食品安全整治工作实施方案》《创卫食品安全百日整治方案》等。至年底，完成市区4694家餐饮单位和1.24万家小食品店、小熟食店软硬件整治改造，新发和换发食品经营许可证1.25万张，新建和改建农贸市场34个，投入财政资金1500多万元，带动社会资金投入4.5亿元。

【药品监管】 2016年，市药品监管部门开展药品注册现场核查，组织开展仿制药质量和疗效一致性评价工作。加强对高风险、新开办、特药、委托生产、基本药物等生产企业的检查，开展各类检查65家次，责令整改缺陷90余项。开展药品流通领域违法经营行为集中整治，加强互联网药品信息和交易服务网站监管，组织对批发企业、连锁门店、医疗机构开展随机监督检查。开展体外诊断试剂质量评估和综合治理，加强高风险医疗器械生产经营使用监督检查。年内，全市6家保健食品、化妆品生产企业全部换发新证，65个非特殊用途化妆品产品通过备案上市。保健食品生产企业信用信息管理系统启用。全市立案查处食品药品案件412起，移交司法机关案件20起，其中市食药监局移送公安机关的崔某某等人生产销售假药案，涉案货值近4000万元，涉及全国6个省市，抓捕犯罪嫌疑人18人，捣毁生产窝点1个，查扣涉案假药8000余瓶及生产原料、工具若干。

【药品应急管理】 10月，市政府办公室印发《连云港市药品和医疗器械安全突发事件应急预案》，对药品和医疗器械安全突发事件应急处置的工作原则、事故等级、组织体系及职责、监测和预警、事故报告、应急响应、后期处置、保障措施以及其他相关事项做了明确和规范。11月，全省首次药品安全突发事件Ⅲ级应急演练在连云港市举行。

【食品药品检验检测】 2016年，市药品检验所更名为连云港市食品药品检验检测中心。市食药监局与省食品药品检验检测院签订关于提升连云港市食品药品检验检测能力合作备忘录，市食品药品检验检测中心通过国家实验室认可委现场监督评审和实验室资质认定标准转版评审。全年完成药品监督检验1203批，快检1000批。检验报告准确率为100%，全检1040批，全检率86.5%；不合格23批，不合格率1.9%。

【药品不良反应监测】 2016年，全市上报药品不良反应报告6337篇，每百万人口报告数1417篇，新报告药品和严重报告数2156篇，占所有报告数的34.02%。上报医疗器械不良事件报告2395篇，每百万人口报告数为557篇，严重报告数102篇，占所有报告数的4.26%，医疗器械不良事件报告的县级行政区域覆盖率达100%。上报化妆品不良反应报告87篇，每百万人口报告数20篇。

（何童礼）

公共卫生安全

【概况】2016年，市急救中心接听急救电话10.88万次，完成院前急救1.7万次，与“110”联动5920次，长途转运360次，处置突发公共事件6起，安全行车80万千米。全年完成重大社会活动保障15次。开展急救知识“进社区、进企业、进机关、进学校、进农村、进家庭”活动，进行大型急救科普宣传教育27次。推进卫生应急规范县（区）、乡镇创建和自救互救体验馆建设，海州区建成省级卫生应急规范区，灌南县通过省级卫生应急示范县复评。全市建成9家市级卫生应急规范化乡镇（街道）。加强“120”省、市、县联网运行管理工作。强化市、县级紧急医学救援基地管理。市中心血站采集无偿全血3.38万人次，采血量5.55万单位。无偿机采成分血1537人次，机采成分血总量2663个治疗量，血液采集100%来自自愿无偿献血。检测血液标本3.53万份，其中合格3.48万份、不合格465份。为临床提供全血33.5单位，红细胞5.23万单位，血浆4.8万单位，冷沉淀1.01万单位，机采血小板2646个治疗量。连云港市第四次被授予全国无偿献血先进城市称号。

（周晶晶　田　芸）

【基本公共卫生服务】2016年，全市基本公共卫生服务项目人均经费标准提高至50元，12类45项基本公共卫生服务项目规范落实，全市居民健康档案规范化电子建档率84%。启动实施H型高血压和脑卒中防控惠民工程。全市疾控体系达标建设实现全覆盖。艾滋病、结核病等重点传染病得到有效控制，传染病疫情稳中有降。开展预防接种门诊分级管理，免疫规划工作质量提升。海州区被评为省级健康促进区。建成省食品安全风险监测中心市级分中心，食源性疾病监测工作实现二级以上综合医院全覆盖。县、乡、村一体化基层食品安全监管模式得到国家卫计委的肯定。

（罗时宝　姜秀新）

安全生产

【概况】2016年，连云港市发生生产安全事故427起、死亡286人，比2015年分别下降3.4%、4.3%。其中，工矿商贸事故41起、死亡41人，分别下降10.9%、4.7%；道路运输事故383起、死亡243人，分别下降1.8%、2.8%；农业机械事故3起、死亡2人，分别下降50%、66.7%。发生道路运输较大事故2起、死亡8人。

【安全生产监督执法】2016年，市安监系统开展安全生产行政执法监督年活动。加强重点时段、节假日和重大活动期间风险管控，开展G20峰会、中秋、国庆、省市党代会、连博会等安全生产大检查。75名专家对70个乡（街道）、80家企业开展4批安全巡查。全年惩罚非法违法、违规违章行为4.7万起，曝光45个重大隐患，因重大隐患整改不到位问责单位12家，责令停产、停业、停止建设262家，临时查封399家，依法追究法律责任936家，处罚罚款3755万元。

【事故隐患排查治理】2016年，市安全委员会办公室印发《坚持标本兼治防范遏制重特大事故工作方案》，推动构建安全风险分级管控和隐患排查治理双重预防工作机制。开展春节后企业复产复工隐患排查治理、“事故隐患集中排查月”等活动，通过媒体公示、定期过堂会、领导约谈等举措，推动重大隐患整改销号。全年排查生产经营单位2.8万家，排查隐患8.64万条，整改8.52万条，整改率98.7%。

【安全生产专项整治】2016年，全市开展危化品安全专项整治，检查涉及危险化学品企业2488家，发现隐患问题4604项，完成整改4333项，整改率94.1%。加强烟花爆竹管理，惩罚非法经营行为。工贸行业企业开展冶金煤气、非煤矿山、有限空间作业、涉氨制冷作业、涉爆粉尘作业等专项整治，实施循环交叉互查。开展“道路运输平安年”活动，查处交通违法行为320万起，挂牌整治事故多发路段12处，对28家道路运输企业主要负责人实施集中约谈。开展气瓶和电梯安全监管，检查气站34家，立案查处12起；检查电梯使用单位221家，立案查处11起。开展渔业安全专项整治，取缔拆解无船名船号、无船舶证书、无船籍港的船舶108艘。开展冬春火灾防控、夏季消防检查等专项行动，督促整改隐患4万余

11月14日，连云港市在徐圩新区举行危险化学品事故应急综合演练。

市安监局　供

处,对16家重大火灾隐患单位提请政府挂牌督办。

【安全生产基层基础工作】 2016年,徐圩新区管委会、江苏斯尔邦石化有限公司组织危险化学品事故应急救援综合演练,出动消防车、气防车、医疗救援车、环境检测车、防化洗消车等应急车辆30余台,参演人数300余人。投资210万元,用于徐圩新区、板桥工业园应急救援基地及消防站建设。103个基层安监机构配发执法记录仪、便携电脑和打印机。推进职业病危害项目申报,全市完成网上申报6716家。市安全生产监察支队与赣榆区、灌南县安全生产监察大队通过第一批省级执法监察机构规范化建设验收。全年参加安全生产责任保险企业264家,参保人数1.81万人,保额74.16亿元,保费804.18万元,筹集安全生产专项资金80.4万元,安排65家企业理赔支出368万元。 (刘义三)

交通安全

【概况】 2016年,公安交通管理部门启动创建交通"最安全、最顺畅"城市,查处交通违法行为332万起,拘留374人,吊销驾驶证986本,查获被盗抢车85辆,亡人交通事故起数和死亡人数比2015年分别下降15.91%、16.59%。改革勤务模式,在市区设立6个示范岗、21个固定值守岗、5个重点部位岗、3个机关高峰岗、3个外围执勤岗、7个夜间管控岗、7个护学岗和37条一、二级管控路段,查处违法停车35万起、非机动车违法2.57万起、行人违法5995起,清理"僵尸车"527辆,查扣非标三四轮车1185辆。增划路内停车点260处,施划机动车停车泊位2.2万个,施划标线6.6万平方米,制作、安装标志1167套(块),增设信号灯路口7个、信号灯108组、护栏530米,维修信号灯1013组次、护栏1895米。投资470万元,在重点路段开展智慧交通建设,铺设大型诱导屏6块、条形诱导屏34块,布建流量监测设备257套,区域通行率提高13.35%。全年查处酒后驾驶2501起、无证驾驶4807起、超速行驶50.7万起、客车超员17起、货车超载1795起,查扣"违章王"车辆197辆。做好G20峰会等大型活动安保,依托7个省际公安检查站和治安卡口,检查车辆32.6万辆次、人员35.8万人次,查获违法犯罪嫌疑人员65名,缴获管制刀具89件,查处违法运输危化品行为58起。 (李春友)

消防安全

【概况】 2016年,全市发生火灾1373起、死亡6人、直接财产损失1261万元。火灾起数比2015年下降17.2%,死亡人数下降25%,伤人数下降100%,直接财产损失数下降9.54%,全市连续25年未发生重特大群死群伤火灾事故。全年接警5204起,出动消防车7348辆次、官兵4.28万人次,抢救疏散人员1288人,抢救和保护财产价值1.2亿元。市消防支队参与处置"8·27"连云港润众制药有限公司爆炸事故、"8·31"灌南迪安化工火灾扑救、"4·22"泰州靖江德桥仓储有限公司火灾扑救和"6·23"盐城龙卷风冰雹特别重大灾害跨区域救援任务,完成国务院消防工作考核及G20峰会、国际警务执法合作论坛、省农洽会、省市党代会、连博会等系列活动消防安保任务。

【消防设施建设】 2016年,市消防支队、市教育局等部门联合制订简易消防设施安装实施方案,安装独立式感烟探测器5570个、简易喷淋设施106套。搭建市级消防设施联网监测平台并开展社会单位联网工作,采集数据200家,录入监测平台总监测点5.33万个,总探测点3.36万个,铺设联网单位专线260条。建成灭火救援应急中心附属项目,徐圩新区投入1.8亿元建设国家级石化产业基地消防应急救援中心,花果山消防执勤点建成并投入执勤。完成赣榆柘汪、灌云燕尾港、灌南堆沟港化工园区消防站提档升级工程。全年建设市政消火栓1000个、消防取水点(码头)24个。购置进口底盘A类压缩空气泡沫消防车3辆,进口底盘泡沫水罐车4辆,城市主战消防车2辆,消防宣传车1辆,装备2000余件。

【消防监督执法】 2016年,市政府审议通过《连云港市"十三五"消防事业发展规划》。开展夏季消防检查、冬春火灾防控专项活动,部署易燃易爆危险化学品场所、社会福利机构、商业综合体及居民住宅小区等专项治理行动。全年检查社会单位1.9万余家次,督促整改隐患3.9万余处,临时查封398家,责令"三停"(停止施工、停止使用或停产停业)262家。提请政府挂牌督办重大火灾隐患16家,督改重大火灾隐患16家,集中约谈264家易燃易爆单位和185家不放心单位。研发消防网格化管理APP,探索消防安全网格化"社区e平台"建设。做好大型商业综合体区域联防工作,建成区域联防联勤组织27处,790家重点单位建成微型消防站,128家单位接入消防设施联网监测系统。推行消防行政权力公开运行,试点建成"消防行政许可和消防监督执法"双公示平台,绘制消防行政许可流程图100余份。成立全市重大工程项目服务专班,参与万达广场、市工业展览中心、市体育中心等30家重大项目,完善消防设计、施工方案150余处,提出优化建议90余条。

【消防宣传教育】 2016年,全市落实《全民消防安全宣传教育纲要》,推进消防宣传进机关、进学校、进社区、进企业、进农村、进家庭、进网站的"七进"活动。通过报纸、广播、电视等宣传载体,开设《港城119》《港城魅力消防》电视、电台专栏以及《苍梧晚报》消防专版等宣传消防知识,定期集中曝光重大火灾隐患。建立"头条号"新媒体传播矩阵,将"头条号"与微信公众号进行绑定。通过短信平台、微信、微博推送消防常识近80万条。利用公共交通工具、车载电视、繁华地段LED显示屏、楼宇电视等开展消防宣传。开展全市物业管理、医疗系统及重点单位微型消防站实战能力业务培训,提高消防宣传普及率及受众面。 (陈振旭)

核安全

【概况】2016年，连云港市加强核应急组织队伍建设，做好核应急专业队整组训练，省、市核应急办联合举办核应急联络员培训班。完成核应急计划区的调整工作，开展调整区数据采集和计划区陆上、海上现场勘察。做好《江苏省核事故预防和应急管理条例》立法前调研工作。参加全国涉核市县核应急联盟会议，交流核应急工作经验。10月27日，连云港市组织田湾核电站场外应急公众撤离与安置专项演习，市政府、警备区、连云区、东海县、宿城、高公岛街道三级联动，军地协同，指挥部带部分群众的实兵演习，采取多部门联动、时空压缩、异地同步的方式展开。市政府、连云港警备区以及核应急成员单位按照编组全员参加演习。演练指挥部定下撤离方案、组织公众撤离、洗消、沾染区管理、人员安置供给保障等课题。运用国防动员系统、北斗导航定位系统对核电站周边人、车、船、信息、交通进行严格的管控，对公众撤离进行精准管理。（陈海军）

特种设备安全

【概况】2016年，连云港市将特种设备安全工作纳入政府安全生产工作目标考核，建立齐抓共管安全责任体系。市政府出台《连云港市特种设备安全隐患处理办法》，明确市县区及检验机构隐患排查及处置的流转衔接程序，每季度通报事故隐患。全年发现督改隐患1745处，严重隐患整改率100%。下达特种设备安全监察指令书263份，涉及1623台设备。建立电梯安全集控平台，被市政府列入48件民生实事。电梯119应急救援服务标准化项目通过省服务标准化示范点验收，“互联网+电梯集控平台”建设被列为国家质检总局科技项目。推进电梯责任保险，参保量5242台，覆盖率58%。开展气瓶安全专项整治，查处充装过期瓶457只、报废瓶245只、无条码气瓶38只，立案查处12起。启动气瓶二维码工作，安装二维码数量4.84万只。开展叉车专项治理，普查叉车使用数量2249台，其中已注册2196台、未注册53台，未配备安全管理员34家。普查叉车作业人员1523人，“三无”（无牌、无证、无保险）叉车35台。加强电梯安全监管，检查电梯使用单位221家，处理超期未检、超期未登记、超期未保养等违规使用行为15起，其中立案查处11起。全年培训安全管理和作业人员6333人次，325人获得特种设备安全监察员证。开展2016年度电梯维保单位星级评定，评出2星级以上维保单位39家，其中4星级维保单位1家、3星级维保单位19家、2星级维保单位19家。24家维保单位没有达到星级标准。连云港特检分院《一种轮胎式集装箱门式起重机露天防雷接地装置》获国家知识产权局专利授权。

（周文吉　李子龙）

网络安全

【概况】2016年，市、县、区联动开展“开局十三五·网上新港城”网络文化季活动、“击鼓传声”正能量传递行动、“网友看创卫·城市更文明”全媒体行动、省市党代会新媒体宣传行动等。市委网信办按照网管、网宣、网研“两处一中心”模式启动筹建工作。开展关键信息基础设施网络安全检查，市委宣传部、市公安局等部门组织《中华人民共和国网络安全法》培训，开展清朗专项工程、净网2016、网上扫黄打非等专项行动。做好核循环等重点舆情应急处置工作，提高舆情监测和应急响应效率。市网研中心被列为省网络舆情信息直报点。全市公安网络安全部门建成全国二级互联网信息监控中心，平均每周监测信息17万条，预警负面信息2000条，列控重点即时通信群组587个，发现预警性信息153条，搜集行动信息样本12条，过滤、删除不良信息3000条。深化“网警+N”战略意识，通过网上研判抓获逃犯200人，破获重点类别案件174起，抓获涉网犯罪嫌疑人329人。其中，侦破“9·22”公安部挂牌督办侵犯公民个人信息案、孙某侵犯公民个人信息案2起，抓获犯罪嫌疑人31人，缴获公民信息300条，缴获公民个人信息存储量1.7T。市公安部门协助其他警种破获刑事案件96起，抓获犯罪嫌疑人78人。全年检查网吧924家次、技术封堵违规行为182批次，处罚违规网吧115家次。采集手机号码52万个、其他信息1000万条。督促全市网吧张贴禁烟标识3500张。做好互联网网站公安备案工作，完成平台录入、信息核验和挂载公安标识的网站876家。全市违法网站（栏目）处置率及行政处罚率长期保持100%，IP地址查中率保持100%，IP地址准确率保持95%以上。开展全市网络安全执法检查，检查连云港重要信息系统296个，安全测评系统37个。实地检查重点单位62家，远程检测单位门户网站425家，发布安全预警通报102次，整改漏洞隐患352处。（赵全全　李春友）

应急管理

【概况】2016年，市政府健全政府值班系统网络和应急值守机制，严格执行“领导带班和24小时值守”、重要时间节点“市政府领导挂帅带班、秘书长主任在岗带班”制度，出台《关于进一步加强全市应急管理工作的意见》，建立完善上下贯通、左右衔接的政府应急值守网络。强化信息预警研判和事件处置能力，妥善处置九龙大世界停业集访、“灌云渔60210”轮番扣、高考学生家长集访、核循环项目引发的群体性事件等。全年办理《值班专报》400余期，开展军地联合防汛抢险、危险化学品生产安全事故应急救援、药品突发事件处置等大型应急演练6次。（孟　学）

【环境应急】2016年，连云港市开展突发环境事件应急预案备案企业名录编制工作，对360家应急备案企业进行摸底排查。县、区对辖区内重点风险源企业名单进行梳理，筛选排查突发环境风险企业321家，完成企业环境风险源数据库网上申报。东海

2016 年连云港市地震台网监测地震一览表

表 97

发震时刻				震中位置			震级	发震时刻				震中位置			震级
月	日	时	分	北纬	东经	地理位置	ML	月	日	时	分	北纬	东经	地理位置	ML
1	8	00	38	35°00′	118°31′	山东临沭	3.6	8	18	09	38	34°46′	119°52′	江苏连云港海域	2.2
1	21	07	36	35°13′	119°45′	山东日照附近海域	2.0	8	18	09	54	34°47′	119°52′	江苏连云港海域	2.2
1	24	05	36	35°04′	118°37′	山东临沭	1.5	9	09	21	10	34°33′	119°41′	江苏灌云	2.1
2	3	06	23	34°19′	118°18′	江苏新沂	2.0	9	09	23	45	34°23′	119°41′	江苏灌云	1.0
2	17	02	24	34°31′	118°24′	山东郯城	1.4	9	22	05	36	34°52′	119°13′	江苏连云港海域	1.4
2	26	20	50	34°14′	119°05′	江苏沭阳	1.2	10	02	07	09	34°52′	118°31′	山东临沭	2.1
5	16	19	21	35°11′	119°33′	山东日照海域	1.7	10	30	00	08	34°11′	119°46′	江苏响水	1.0
5	22	09	15	34°54′	118°31′	山东临沭	1.1	11	30	13	03	34°49′	119°58′	江苏连云港海域	3.0
6	22	00	08	35°02′	118°33′	山东临沭	1.6	12	11	13	53	34°33′	119°31′	江苏灌云	2.7

县、徐圩新区完成区域风险评估报告编制工作。赣榆区金茂源生物化工有限责任公司开展 2016 突发性污染事故应急指挥与处置演练。全年处置“5·27”东海甲醇运输车侧翻泄漏、“8·27”润众制药火灾、“12·2”汾灌高速玻璃水原液泄漏等突发环境事件 3 起。（孙 峰）

【地震应急】 2016 年，市政府印发《连云港市“十三五”防震减灾规划》。市人大常委会完成全市农居抗震设防调查。地震监测台网运行率 99.6%，全年观测记录到连云港市及附近地区 ML1.0 级以上地震 18 次，完成《连云港市 2017 年度地震趋势研究报告》。推进连云港市活动断层探测工程，完成 6 条目标断层钻孔联合剖面探测工作，钻孔 45 个，钻进 2806 米。全市防震减灾联席会议成员单位编写或修订地震应急专项预案、地震应急自查报告和应对工作方案。市政府组织防震减灾联席会议成员单位应急桌面演练活动。全年完成地震应急演练 600 多场次。全市创建防震减灾科普示范学校 21 所，创建地震安全示范社区 9 个。市地震局举办第 9 期防震减灾知识作文竞赛活动，提高社会公众的防震减灾意识、紧急避险能力和识别地震谣传的能力。全年开展防震减灾法制和地震应急讲座 29 场次。（梁 峰）

责任编辑 徐 敏

区　　县

赣榆区

【概况】 赣榆区总面积1514.08平方千米，辖15个镇，2个省级经济开发区，427个行政村、42个社区，年末人口120.3万人。2016年，实现地区生产总值520亿元，规模以上固定资产投资372亿元，一般公共预算收入25.02亿元，税收占比达85%。城镇、农村居民人均可支配收入分别为2.72万元、1.47万元。赣榆区顺利通过国家生态区验收，位居全国科学发展百强区第81位。

【体制改革】 2016年，赣榆区深化供给侧结构性改革，关停、拆除不合规钢铁企业6家，商品住宅库存去化周期缩短至14个月。成立政务服务管理办公室，推行“多证合一”登记制度改革，实施不动产统一登记制度，开展柘汪镇行政审批权力下放试点。深化国有投融资企业改革，以苏海集团为国有资本控股公司，完成创联、金东方公司归并，组建交通控股公司。深化农村综合改革，农村社区股份制改革试点工作全面完成，农村土地承包经营权确权登记颁证工作稳妥推进，村级规范化建设逐步强化，化解村级债务1.15亿元。

【工业经济】 2016年，赣榆区实现规模工业产值1635.57亿元、工业增加值192.63亿元、工业入库税收12.02亿元。石化、钢铁及装备制造、生物科技、新能源四大支柱产业产值1004.16亿元，占比61.4%。赣榆经济开发区、赣榆海洋经济开发区、柘汪临港产业区、海州湾生物科技园四大园区实现规模工业产值965.11亿元，工业入库税收8.43亿元，占比分别达59.0%、70.2%。新海石化、镔鑫钢铁跨入200亿元企业行列。

【农业经济】 2016年，赣榆区实现农林牧渔业总产值167.6亿元，农产品出口1.1亿美元。流转土地1.3万公顷，新增高标准农田3.6万公顷，划定永久基本农田6万公顷。高效设施农（渔）业比重23.7%，农机化水平80.9%。粮食总产量56.44万吨、水产品总产量45.5万吨。形成四季田等五大农业园区连片发展格局，创成国家现代农业示范区，成为全省唯一拥有2个省级园区、2个国家级出口食品农产品质量安全示范区的县（区）。

【商贸服务业】 2016年，赣榆区实现服务业增加值197.1亿元。重点实施夹谷圣境、海州湾海洋乐园等一批旅游项目，创成国家AAA级景区6个、三星级以上乡村旅游点3个。赣榆老街等一批城市商贸项目投入运营，电商物流园、中旭物流园、临港综合物流园建成投用，现代物流企业达173家。

【城乡建设】 2016年，赣榆区境内连盐铁路、青连铁路加快建设。228国道、河滨大道、火车站连接线相继建成通车，242省道、402省道快速推进，新增等级公路201千米，总里程2534千米，公路密度1.67千米/平方千米。秦山岛完成山体防护、植被

2016年，赣榆区实现服务业增加值197.1亿元。图为赣榆水上乐园。
司伟　摄

恢复等工程。滨海新城琴岛天籁陆域回填950万立方米，完成路基、桥闸建设。7平方千米核心区加快建设，重点打造10千米黄海大道城市主轴，建成路网50千米。和安大厦等公共设施投入使用，开通赣榆至海州、连云公交专线。新建改建宁海路等城市道路22条，改造G15高速赣榆出入口，铺设给排水管网90千米。实施房屋征收项目83个、200万平方米。新建改建街头游园23个，新增绿地面积455.3公顷，建成区绿化覆盖率40.3%，城镇化率52.1%。

【社会事业】2016年，赣榆区加快省教育现代化县级示范区建设，新建幼儿园33所，新城实验小学、海头初中等8所学校建成使用，高考本科上线数连续18年位居全市首位，创成全国义务教育发展基本均衡县（区）。赣榆区人民医院建成国家三级综合医院，赣榆区中医院二期、塔山卫生院新院投入使用，基本药物实行零差率销售，创成全国慢病综合防控示范区、省人口协调发展先进区。区美术馆、图书馆、文化馆免费开放，区图书馆、档案馆被评为国家一级馆，“肘鼓子”“连云港贝雕”入选省级非遗项目。成功举办半程马拉松比赛，全年承办省级以上赛事20项，创成省级公共体育服务体系示范区。

（蒋正峰）

青口镇

青口镇区域面积87.29平方千米，辖42个社区、19个行政村，人口20.91万人，拥有国家级中心渔港——青口港。2016年，全镇实现地区生产总值77.98亿元，工业总产值132.58亿元，农业总产值15.02亿元，地方一般预算收入4.89亿元，粮食总产量3万吨，农民人均可支配收入27063元。全年引进投资10亿元的华亿新型建材、投资5亿元的紫菜产业园等项目98个，协议投资总额216亿元。投资10亿元的壁虎润滑油、投资3亿元的天眼医药等项目提前投产，西德电梯项目税收突破2800万元。蓝湾现代渔业园区建成海珍品苗种培育区。

党委书记：欧　伟

镇　　长：于　健

柘汪镇

柘汪镇位于赣榆区东北部，分别与山东日照、临沂两市接壤，素有“江苏北大门”之称。镇域面积76.22平方千米，辖24个行政村，人口4.86万人。2016年，全镇完成地区生产总值94.83亿元，工业总产值537.77亿元，实现公共财政预算收入3.36亿元，规模以上固定资产投资80.4亿元，农民人均可支配收入20575元。该镇进入2016年度中国建制镇综合实力千强镇名单，全国排名第134位。推进柘汪临港产业区南区建设，回填土地108公顷。引进投资14.8亿元的江苏海福特30万吨/年海洋食品加工项目，启动3平方千米的海洋经济创新示范园建设。建筑面积1万平方米的新城综合农贸市场投入使用。启动盘古岭村庄整体搬迁，同步规划建设占地8公顷的盘古新村。

党委书记：许长忠

镇　　长：庞　博

石桥镇

石桥镇位于赣榆区东北部，面积78.68平方千米，辖23个行政村，人口69505人。2016年，石桥镇完成地区生产总值23.41亿元，工业总产值118.12亿元，农业总产值24.02亿元，公共财政预算收入6480万元，农民人均可支配收入19146元。规模以上固定资产投资完成13.3亿元，规模以上主营业务收入完成110亿元，外贸进出口6500万美元，引进大力神管桩、玉鼠纺织等亿元以上项目6个，新开工项目8个，竣工投产项目7个，大力神管桩、永盛玩具纺织白坯布等项目实现当年开工、当年投产。黄桃种植1667公顷，成为江苏省内种

2016年赣榆区国民经济发展情况主要指标一览表

表98

项　目	单位	2016年	比2015年增减(%)	项　目	单位	2016年	比2015年增减(%)
人口	万人	120.3	0.6	粮食总产量	万吨	56.44	-1.0
土地面积	平方千米	1514.08	—	外贸自营出口总额	万美元	40353	8.7
耕地面积	平方千米	700.08	0.04	实际利用外资及港澳台资	万美元	9605	61.97
地区生产总值	亿元	519.21	8.2	社会消费品零售总额	亿元	172.46	12.4
第一产业增加值	亿元	76.55	2.3	公共财政预算收入	亿元	25.02	-43.8
第二产业增加值	亿元	245.56	8.7	财政支出	亿元	94.06	-14.9
工业增加值	亿元	192.63	9.7	一般预算支出	亿元	60.21	-20.2
第三产业增加值	亿元	197.1	10.1	城镇居民人均可支配收入	元	27199	8.5
人均地区生产总值	元	53885	7.7	农村居民人均可支配收入	元	14731	8.9
规模以上工业产值	亿元	1635.57	17.3	年末存款余额	亿元	329.1	15.0
农业总产值	亿元	167.55	2.4	年末贷款余额	亿元	264.77	9.8

2016年赣榆区乡镇经济社会发展基本情况一览表

表99

名称	土地面积（平方千米）	耕地面积（平方千米）	户籍人口（人）	地区生产总值（亿元）	工业总产值（亿元）	农业总产值（亿元）	地方一般预算收入（万元）	粮食总产量（吨）	农民人均可支配收入（元）
青口镇	87.29	25.32	209148	77.98	132.58	15.02	48868	30017	27063
柘汪镇	76.22	31.31	48605	94.83	537.77	24.97	33565	21049	20575
石桥镇	78.68	42.19	69505	23.41	118.12	24.02	6480	20780	19146
海头镇	83.20	30.00	85546	49.80	245.24	12.65	17814	26727	26667
宋庄镇	56.00	10.60	34395	42.20	32.14	3.70	38620	16542	23149
墩尚镇	128.55	52.45	80146	33.59	97.55	7.86	5500	58819	24600
金山镇	66.90	34.62	50974	19.96	114.28	5.06	6400	28442	19259
赣马镇	85.60	48.31	87954	34.86	87.20	7.44	7980	60203	27674
沙河镇	131.20	71.00	127408	25.05	34.28	8.69	5560	87000	20200
塔山镇	82.61	50.64	63730	12.57	5.81	0.85	2664	36389	16700
厉庄镇	62.57	38.78	37831	12.31	26.87	4.06	1787	18355	14458
城头镇	117.59	71.54	93108	24.90	38.76	7.68	3627	67792	16772
班庄镇	175.61	56.19	96052	27.01	19.03	4.79	3561	34283	15808
黑林镇	82.62	36.92	46595	8.80	4.05	3.78	1557	22847	11583
城西镇	49.16	27.13	46184	11.50	24.10	7.50	1593	28000	18991

植黄桃面积最大的镇，黄桃产量近8万吨，产值过亿元。

党委书记：张来涛

镇　　长：陈昌江

海头镇

海头镇位于赣榆区东北部，是全国重点镇、国家级生态镇、省重点中心镇、省市文明镇。面积83.2平方千米，辖29个行政村，人口85546人。2016年，全镇完成地区生产总值49.8亿元，工业总产值245.24亿元，农业总产值12.65亿元，地方一般预算收入1.78亿元，农民人均可支配收入26667元。全年签约项目12个，其中10亿元以上2个、5亿元以上4个、1亿元以上6个。世友炭材、新王龙科技、海宏饲料等一批重大产业项目落地，海州湾生物科技园入园企业49家，初步形成生物化工、新型材料、机械制造三大支柱产业。推广农业新品种3个、农业新技术2项，申报无公害农产品稻麦产地1个、无公害农产品3个，承办市水稻生产全程机械化水稻机插秧现场会；全镇家庭农场、农民专业合作社分别发展到5家、68个。实施互联网+服务业行动计划，从事电子商务农户1500余户。海底世界创成AAA级景区，海州湾旅游度假区升级改造海头海滨大道、神仙路、海口路、府西大道四条主干道，形成新镇区"三横三纵"路网框架。

党委书记：邵　胤

镇　　长：张　军

宋庄镇

宋庄镇位于赣榆区东南部，面积56平方千米，辖18个行政村，人口34395人。海岸线长13千米，滩涂2667公顷。2016年，全镇完成地区生产总值42.2亿元，工业总产值32.14亿元，农业总产值3.7亿元，地方一般预算收入3.86亿元，粮食总产量16542吨。农民人均可支配收入23149元。全镇主导产业为海淡水养殖业，建有万亩高效海水养殖基地和三洋港深水不冻港码头，有生产渔船113艘，单船年效益约50万元，有海水养殖池塘800公顷，养殖品种为中国对虾、梭鱼、梭子蟹、缢蛏，亩产效益3000元。拥有浅海域养殖塘5333公顷，养殖品种为紫菜、贝、牡蛎、蓝蛤等，亩产效益5000元。有淡水养殖塘267公顷，养殖品种为南美白对虾、梭鱼，亩产效益3500元。

党委书记：居潘娣

镇　　长：李道江

墩尚镇

墩尚镇地处黄海之滨、临洪河入海口，全镇总面积128.55平方千米，辖29个行政村，人口80146人。2016年，全镇实现地区生产总值33.59亿元，工业总产值97.55亿元，完成公共财政预算收入5500万元，规模以上固定资产投资13.4亿元，规模以上工业投资12.87亿元，人均可支配收入24600元。全年招引工业项目12个、竣工项目7个，其中新招引过亿元项目5个。实施以徽派风格为主的城镇提档升级战略，推进蓝岸·法国夏日小城、墩尚商贸城等规模居住小区建设，新增开发面积4.2万平方米。加快推进城乡统筹建设，

2016年，赣榆区实现农林牧渔业总产值167.6亿元，高效设施农业占比23.7%。图为墩尚镇数字化渔业养殖。 张浩 摄

新修桥梁1座、维修道路21千米、硬化生产道路13千米。推进艾城湿地公园、沭河果岭、野钓天堂岛和临洪河入海口自然保护区四个旅游景点建设。泥鳅产业园、现代渔业产业园、耐盐碱花卉苗木产业园3个万亩片区提档升级，数字化智能渔业示范区一期实行智能化养殖。

党委书记：李　杰

镇　　长：卢　玮

金山镇

金山镇地处苏鲁交界，位于赣榆区北部。土地面积66.9平方千米，其中耕地面积34.62平方千米。辖21个行政村，人口50974人。2016年，金山镇实现地区生产总值19.96亿元，工业总产值114.28亿元，农业总产值5.06亿元，农民人均可支配收入19259元。90余家企业入驻镇工业集中区，初步形成光伏新能源、农副产品加工、玩具礼品和服装加工等支柱产业板块。新入驻的10余家企业均为无污染环保项目，连云港新东方家纺公司总投资4.8亿元，第一期工程投资2.8亿元，占地5.3公顷，该项目实现当年签约、当年兴建、当年投产、当年产生利税。重点建设AAA级泊船山文化旅游风景区，整合徐福文化创意园、徐福庙、兴会寺、徐福生态园等旅游资源，发展休闲度假游、乡村福地游、佛学文化游、农业观光游等具有金山特色的旅游品牌。

党委书记：王维有

镇　　长：仲　翠

赣马镇

赣马镇位于赣榆区中部，面积85.6平方千米，耕地面积48.31平方千米，辖36个行政村，75个自然村，170个村民小组，人口87954人。2016年，全镇完成地区生产总值34.86亿元，财政一般公共预算收入完成7980万元，规模以上固定资产投资完成13亿元，规模以上工业投资完成11.85亿元，农民人均可支配收入27674元。全年签约5000万以上项目6个，过1亿元以上项目3个，上海商洛国际贸易有限公司的出口木制品加工项目和富鑫包装高档塑料防伪瓶盖加工项目开工建设。金顺再生资源利用、永发面粉加工、百达家具、乐美达服饰4个项目投入生产。全镇有私营企业511家，其中规模以上工业企业32家。完善柳树河农业园区基础配套建设，做好连盐铁路赣马段拆迁安置工作，推进居庄村整体搬迁工作，启动火车站广场征地建设。完成242省道改扩建和火车站连接线工程。

党委书记：吴　军

镇　　长：李冬明

沙河镇

沙河镇位于赣榆区西南部，面积131.2平方千米，辖52个行政村，人口12.74万人。2016年，全镇实现地区生产总值25.05亿元，工业总产值34.28亿元，农业总产值8.69亿元，完成公共财政预算收入5560万元，规模以上固定资产投资15.6亿元，规模以上工业投资13.6亿元，规模以上工业技改投入7.6亿元，外贸进出口1880万美元，实际利用外资及港澳台资500万美元。总投资8亿元、占地53公顷的中旭物流一期项目完工。总投资1.2亿元、占地133公顷的阳光万家葡萄园完成核心区35公顷、1600栋避雨棚建设以及灌溉排水系统安装，引进栽植阳光玫瑰、夏黑等10个优质葡萄新品种，根域限制与避雨栽培葡萄种植基地逐步建成。投资8000万元的富娃床垫扩建项目，新建厂房6000平方米，引进生产线2条。投入4000万元的区域供水主体工程完工，铺设主管道13千米。沙河公交客运站建成使用，实现与主城区的互联互通。

党委书记：穆家莹

镇　　长：王维志

塔山镇

塔山镇位于赣榆区中西部，面积82.61平方千米，辖30个行政村，人口63730人。2016年，塔山镇完成地区生产总值12.57亿元，实现工业总产值5.81亿元，农业生产总值8528万元，公共财政预算收入2664万元，全社会固定资产投入3.14亿元，工业投入3.14亿元，农民人均可支配收入16700元。全年签订招商引资合作意向书6家。连云港顺德天池项目、连云港康顺净水设备项目、新思艺服饰项目开工建设，大力士机械制造有限公司引进沃得重工等系列品牌。明润农业、叁美科技等企业投资4600万元，建设151公顷采摘园、127公顷绿化苗圃基地、41公顷优质草坪基地、百亩智能温室中心。新卫生院、塔山中心小学校区建成使用。

党委书记：卢玉旺

镇　　长：张　波

厉庄镇

厉庄镇位于赣榆最北部。全镇

总面积62.57平方千米，耕地面积38.78平方千米，下辖16个行政村，人口37831人。2016年，全镇实现地区生产总值12.31亿元，工业总产值26.87亿元，农业总产值4.06亿元，公共预算收入1787万元，固定资产投资6.6亿元，农民人均可支配收入14458元。该镇有大樱桃、蓝莓等果品万余亩。该镇形成以二龙山光伏地面电站、银山湖光伏地面电站为主导的新能源产业，以德胜花生、博源茶果为主导的农产品加工业，以好利达服装、淑华玩具、海太手套等为主导的服装玩具产业。厉庄商贸城项目一期和2000平方米农贸市场建成使用。

党委书记：相振满

镇　　长：金　耀

城头镇

城头镇位于赣榆区中部，面积117.59平方千米，辖43个行政村，人口93108人。2016年，全镇实现地区生产总值24.9亿元，工产总产值38.76亿元，农业总产值7.68亿元，农民人均可支配收入16772元。该镇以"一区（镇区）一带（沿青口河南岸风光带）两核（生态循环农业示范园、工业集中区）多基地（林果、蚕桑、葡萄花卉、紫薯油用牡丹等规模农业基地）"为发展格局。工业集中区主要以塑料制品业和轻纺产业为主，初步形成轻工产业集群。402省道、青抗线，黑沙线、小运河大道形成两横两纵"井"字形交通网络。天沐学府小区一期建成。全年开工建设扶贫项目32个，881户2241人建档立卡。

党委书记：王聪益

镇　　长：王卫东

班庄镇

班庄镇位于赣榆区西部，面积175.61平方千米，辖44个行政村，人口96052人。2016年，全镇完成地区生产总值27.01亿元，工业总产值19.03亿元，农业总产值4.79亿元，公共财政预算收入3561万元，规模以上固定资产投资13亿元，规模以上工业固定资产投资11.85亿元，规模以上工业技改投入7.64亿元，规模以上工业主营业务收入48.2亿元，农民人均可支配收入15808元。全年开工项目7个，其中华威玩具二期，嘉铭食品、兴烨塑业项目投入生产。夹谷山景区完成东西大门、魁星阁等项目建设。

党委书记：刘仓桥

镇　　长：詹　磊

黑林镇

黑林镇位于赣榆区东北部，面积82.62平方千米。辖21个行政村，人口46595人。2016年，全镇完成地区生产总值8.8亿元，工业总产值4.05亿元，农业总产值3.78亿元，规模以上固定资产投资6.63亿元，规模以上工业固定资产投资4.93亿元，规模以上工业技改投入2.75亿元，规模以上工业主营业务收入20.26亿元，农民人均可支配收入11583元。全年签约勤拓实业、蓝莓深加工、红果林、杏鲍菇深加工4个项目。推进特色水果产业园区黑林片区建设，新增猕猴桃、蓝莓、苹果树400公顷，完成成片造林335公顷，河西村猕猴桃基地被评为江苏省旅游三星级示范点，河西村被评为江苏省文明村，黑林镇被评为2016年度江苏省最美百果园。

党委书记：马秀云

镇　　长：宓守峰

城西镇

城西镇位于赣榆城区西郊，面积49.16平方千米，耕地面积27.13平方千米。辖21个行政村，人口46184人。2016年，全镇完成生产地区总值11.5亿元，工业总值24.1亿元，农业总产值7.5亿元，地方一般财政预算收入1593万元，规模以上固定资产投资6.1亿元，规模以上工业投资5.3亿元，规模以上工业技改投入3.1亿元。全年签约亿元以上项目2个，5000万元以上项目3个。打造东曲坊红桃采摘园、滕庄多肉植物园、高岭草莓火龙果、望仙河花卉苗木4个基地，拓宽硬化乡村道路26千米。横贯境内的"青班线"拓宽改建为402省道。

党委书记：欧　伟

镇　　长：沈庆敏

（蒋正峰）

海州区

【概况】 海州区是连云港市中心城区，市委市政府所在地，2014年7月，合海州、新浦两区为海州区。辖区有桃花涧景区、孔望山景区，省属岗埠农场分布境内。主要特产有板浦镇的汪恕有滴醋、香肠，新坝镇的蘑菇、白菜，锦屏镇的西红柿、凉粉等。行政区域面积701平方千米。辖4个镇、15个街道、1个省级经济技术开发区，79个行政村，100个社区，人口74.97万人。2016年，全区

2016年，赣榆区实现规模工业产值1635.57亿元。图为境内投资2.4亿元的江苏杰润自控科技有限公司生产车间。 张浩 摄

完成地区生产总值310.73亿元，比2015年增长8.5%。一般预算支出31.4亿元。全社会固定资产投资总额329.82亿元，增长21.1%。社会消费品零售总额270.86亿元，增长12.4%。实际利用外资及港澳台资6973万美元。

【工业经济】 2016年，海州区出台培强培优企业行动计划，103家规模以上工业企业完成产值365亿元，比2015年增长10%。其中，43家区级培强培优企业完成产值328亿元，增长15%；开工过2000万元工业项目10个、竣工投产20个；新增规模以上企业11家，盘活企业10余家。获批国家高新技术企业11家、省级以上研发机构10家，通过国家知识产权强县工程试点区验收。18个市级重点项目完成年度投资计划，正大天晴技改等11个项目竣工。签约总投资20亿元的长生生物制药、总投资15亿元的医疗器械产业园等一批重点产业项目。

【农业经济】 2016年，海州区实现农业总产值36.09亿元，粮食总产量30.49万吨，农民人均收入17773.8元。新增高标准农田1000公顷，面积占比60.5%，新建设施农业面积95公顷、设施渔业面积67公顷，发展家庭农场20家、农民专业合作社12家，新增粮食仓储设施容量2.5万吨，主要农作物农机化作业水平85%，

2016年，海州区实现第三产业增加值205.92亿元。图为2016年海州白虎山庙会。 王贵珍 摄

24个休闲农业观光点带动农民就业2600余人。林海湾都市休闲乐园、浦南乡村采摘园建成运营，举办“花漾海州·四季赏花”主题活动。

【商贸服务业】 2016年，海州区利群城市综合体主体封顶，苍梧春晓商业中心开工建设，白虎山批发市场改造启动征收。智慧物流产业园电商创业大厦投入使用，易耕冷链物流主体竣工，天马网络销售额突破8亿元，万发物流园一期投入运营。成立海州区电商协会，建成“共联众创空间”并投入运营。连云港市菜篮子电子商务有限公司、连云港天马网络发展有限公司被认定为省级电子商务示范企业。电子商务企业交易额20亿元，从业人员2万余人。

【城乡建设】 2016年，海州区月牙岛景区功能配套得到提升。启动实施孔望新城全民健身中心、社会服务中心等项目。海州古城二营巷特色街区建成开街，双龙井游园完成改造，孔巷文化商业街区主体竣工。启动南极北路片区等56个地块征收工作，实施13个征收结转项目，完成征收面积150万平方米。启动连徐客专征地征收，加快城市北出入口整治、华联广场周边交通改善工程进度，新孔路、大庆东路等15条道路完成“黑色化”改造，宁锦线、板新线延伸段等9条农村公路建成通车。实施连盐铁路、烟草巷等56个地块房屋征收工作，完成征收面积125万平方米。完成第二批31个老旧小区改造工程，改善5万人居住环境。

2016年海州区国民经济发展主要指标一览表

表100

项 目	单位	2016年	比2015年增减%	项目	单位	2016年	比2015年增减%
常住人口	万人	74.97	4.7	全社会固定资产投资总额	亿元	329.82	21.1
土地面积	平方千米	701.00	—	外贸自营出口额	万美元	93968	-6.9
耕地面积	平方千米	252.00	—	实际利用外资及港澳台资	万美元	6973	-15.6
地区生产总值	亿元	310.73	8.5	社会消费品零售总额	亿元	270.86	12.4
第一产业增加值	亿元	17.43	-4.9	一般预算支出	亿元	31.4	-11.0
第二产业增加值	亿元	87.38	7.2	农业总产值	亿元	36.09	0.02
工业增加值	亿元	68.25	8.2	粮食总产量	万吨	30.49	-6.4
第三产业增加值	亿元	205.92	10.4	农村居民人均可支配收入	元	17773.8	10.0
人均地区生产总值	元	40679.00	17.4	规模以上工业产值	亿元	385.9	19.9

2016年海州区乡镇(街道)经济社会发展基本情况一览表

表101

名称	土地面积(平方千米)	耕地面积(平方千米)	户籍人口(人)	地区生产总值(亿元)	工业总产值(亿元)	农业总产值(万元)	地方一般预算收入(万元)	粮食总产量(吨)	农民人均可支配收入(元)
浦南镇	102.00	53.00	57865	—	10.80	—	6412	—	21321
新坝镇	75.00	48.00	32893	5.90	2.46	26100	1585	63000	14300
锦屏镇	63.85	22.21	30808	9.08	3.23	—	2637	—	17361
板浦镇	80.64	49.66	67534	9.35	5.32	54232	5600	58372	17083
新浦街道	20.37	—	49616	—	2.54	450	902	—	—
浦西街道	10.00	—	40527	—	—	—	—	—	—
路南街道	2.50	—	42939	—	—	—	—	—	—
新南街道	7.00	—	59945	—	—	—	—	—	—
新东街道	15.00	—	106428	—	—	—	—	—	27900
新海街道	4.50	—	42035	—	—	—	—	—	—
宁海街道	34.51	21.95	27700	6.30	14.86	23095	11030	33134	16800
朐阳街道	17.90	11.34	34693	4.99	4.46	4600	10200	—	—
洪门街道	8.85	1.20	13058	—	24.71	396	7259	900	19450
海州街道	6.70	—	25807	—	—	—	1542	—	19000
幸福路街道	12.00	—	21929	—	47.89	—	5660	—	19000
云台街道	59.50	18.13	33218	4.56	—	16464	1200	27343	20359
花果山街道	40.00	0.38	32000	34.95	12.97	2305	64000	486	22460
南城街道	11.20	1.51	9495	7.57	0.30	8400	3102	43000	—
郁洲街道	7.86	—	21205	—	—	—	12190	—	—

【社会事业】 2016年，海州区新建及加固校舍11万平方米，新浦实验小学、苏光中心小学分校区、草舍幼儿园等12所学校建成投用，获评省促进义务教育均衡发展先进区。新建扩建4家社区卫生服务中心和镇卫生院，医养一体化项目投入运营，获评省级健康促进区、省级基层中医药先进区。海宁社区体育公园建成投用，获评省公共体育服务体系示范区。智慧社区建设启动试点。改建、扩建派出所11家，辖区道路、广场、小区等公共场所监控系统“天网2期”工程建成投用。（张 宇）

浦南镇

浦南镇位于连云港市西郊，东至月牙岛，西至东海县黄川镇，南至海州开发区新浦工业园、岗埠农场，北至赣榆区墩尚镇。面积102平方千米，辖18个行政村、1个社区，人口57865人。2016年，全镇完成工业总产值10.8亿元，公共财政预算收入6412万元，完成规模以上工业总产值10.8亿元，完成规模以上工业投资8.5亿元，农村居民人均可支配收入21321元。易耕冷链物流、万发国际物流园一期工程等15个区级重点项目完成年度建设目标，全年签约投资超亿元项目4个。新镇区基础设施配套逐步完善，郁林中学、眼科医院、社会福利中心、文体中心建成投用，

海州古城二营巷　　海州区 供

浦南小学完成建设。浦南镇被评为全国美丽宜居小镇、江浦村被评为全国美丽宜居乡村。

党委书记：薛喜东

镇　　长：杜新春

新坝镇

新坝镇位于海州区西南，北和锦屏镇交界，南与灌云县龙苴镇毗邻，东与连云港市盐河相接，西与东海县张湾乡为邻。面积75平方千米，辖16个行政村，人口32893人。2016年，全镇完成地区生产总值5.9亿元，工业总产值2.46亿元，农业总产值2.61亿元，一般公共预算收入1585万元，农村居民人均可支配收入14300元。沙杭中心路南沿工程竣工通车，新坝现代农业园区道路完成拓宽工程，新坝派出所新建工程主体建成，新坝卫生院完成整体搬迁。

党委书记：闫　浩

镇　　长：王昌杰

锦屏镇

锦屏镇地处锦屏山南麓，南与新坝镇相邻，东与海州开发区、灌云县接壤，西至蔷薇河。面积63.85平方千米，其中山林面积1200公顷、耕地面积2221公顷，辖3个社区、9个行政村，人口30808人。2016年，全镇实现地区生产总值9.08亿元，比上年增长10.2%。地方一般预算收入完成2637万元，增长8.1%。全社会固定资产投资完成9.5亿元，其中工业固定资产投资完成4.7亿元，分别增长31.9%、20.6 %。实际利用外资及港澳台资362万美元，农村居民人均可支配收入17361元。实施蔷薇湖工程、204国道工程、连盐铁路、盐河南路南延等重点项目征迁，发放补偿款4980万元。大学生村干部“流动红影院”电影放映队进村播放电影百余场次，该镇被评为第六届全国“服务农民、服务基层”先进集体。

党委书记：侍启辉

镇　　长：姜海燕

2016年，海州区浦南镇江浦村被评为全国美丽宜居乡村。　刘聪　摄

板浦镇

板浦镇位于海州区南大门，东至东辛农场、西至海州区新坝镇、南至善后河、北至海州区宁海街道，面积80.64平方千米，辖16个行政村、5个社区，人口67534人。2016年，全镇完成地区生产总值9.35亿元，工业总产值5.32亿元。全社会固定资产投资21.6亿元，其中工业投资8.7亿元。规模以上工业产值5.3亿元，完成地方一般预算收入5600万元，实际利用外资及港澳台资150万美元。农村居民人均可支配收入17083元。投入300万元完成东大街改造工程，安装仿古路灯60余盏；对镇区22条背街小巷进行改造；投入200余万元，完成樱花园建设和东周路和北海门绿化；全镇新建农路42千米；投入140万元对浦东水厂进行改扩建。

党委书记：陈守权

镇　　长：茆龙海

新浦街道

新浦街道办事处东至丁字路，南至陇海步行街及陇海东路、西至南极北路，北到沈圩桥蔷薇河。面积20.37平方千米，辖1个行政村、15个社区，人口49616人。2016年，街道完成固定资产投资59亿元，实际利用外资及港澳台资196万美元，协税护税2710万元，规模以上工业总产值2.54亿元，规模以上工业增加值5800万元，社会消费品零售总额53.2亿元，地方一般预算收入902万元。

党工委书记：潘运学

主　　任：陈守余

浦西街道

浦西街道位于海州区中西部，南至陇海路、北至蔷薇河、东至大浦河、西与洪门街道接壤。面积10平方千米，辖12个社区，人口40527人。2016年，街道完成协税护税1280万元，直接利用外资及港澳台资300万美元，固定资产投资10亿元。全年承担区级重点项目5个，完成投资6.92亿元，加快建设沈圩桥、福利巷和临洪路3个铁路下穿地涵。连盐铁路工程征迁签约800余户，征收面积10万平方米。投入1000余万元，完成辖区17座厕所旱改水，完成道路硬化3万平方米，新建、改造背街小巷1.2平方米；建成新孔北路疏导点，安置流动摊位150余个；升级改造沈圩农贸市场，新建营业大棚4600平方米，菜市场广场3000平方米。

党工委书记：周云祥

主　　任：赵　胜

路南街道

路南街道位于海州区中心地段，东起龙尾河、西至西盐河、南起朝阳路、北至陇海商业步行街中轴线，是全市商业核心区。面积2.5平方千米，辖9个社区，人口42939人。2016年，街道完成外资及港澳台资350万美元，协税护税1960万元，规模以上固定资产投资6.5亿元。新培育特色街区1个，完成重点项目丰联广场、联通连云港分公司基站建设2个。建成朝阳社区“爱之翼”党员志愿者服务队、葵花社区义工俱乐部等党建特色品牌。

党工委书记：董志红

主　　任：王志钰

新南街道

新南街道位于连云港市主城区南部，东到瀛洲路，南至秦东门大街，西依盐河，北临朝阳路。面积7平方千米，辖13个社区，人口59945人。2016年，街道完成规模以上固定资产投资16亿元，直接利用外资及港澳台资350万美元，协税护税1400万元。在海宁社区建成占地1.2万平方米的体育公园，是连云港市首个覆盖全人群的社区体育公园。

党工委书记：刘　虹

主　　任：徐维铮

新东街道

新东街道位于海州区东南部，东至东盐河以西，西至龙尾河，南与南城街道、云台农场接壤，北至陇海东路与新浦街道为邻。是市区政治、文化、科研中心，市委、市政府、市博物馆、市文化艺术中心均驻在辖区内。面积15平方千米，辖13个社区，人口10.64万人。2016年，街道完成规模以上固定资产投资23.1亿元，规模以上工业总产值1.42亿元，直接利用外资及港澳台资100万美元，完成协税护税1563万元。

党工委书记：李　军

主　　任：纪　巍

新海街道

新海街道位于海州区西部，东至西盐河路，北到陇海西路，南接海宁大道，西部幸福路与新海路两条主干道贯穿其中。总面积4.5平方千米，下辖10个社区，人口42035人。2016年，新海街道规模以上固定资产投资6.6亿元，实际利用外资及港澳台资300万美元，完成规模以上工业总产值1.7亿元，协税护税1925万元。全年完成专利申请80件，专利授权45件，申报省级高新技术产品1项，申报市级以上科技计划项目2项。星化社区被评为全国社区侨务工作示范单位。

党工委书记：李大蔚

主　　任：徐　蓓

宁海街道

宁海街道位于海州区东南部，东与东辛农场毗邻，西与锦屏镇相望，南与板浦镇接壤，北连南城镇。面积34.51平方千米，辖1个社区、10个行政村，人口2.77万人。2016年，街道完成一般公共财政预算收入1.1亿元，规模以上固定资产投资25.4亿元，规模以上工业投资21.7亿元，规模以上工业产值14.5亿元，直接利用外资及港澳台资800万美元，农村居民人均可支配收入16800元。投资360万元新建宁海小学综合楼，投资480万元新建宁海中学教学楼及附属设施。林海湾主题公园项开园营业。

党工委书记：张兴旺

主　　任：黄　勇

朐阳街道

朐阳街道南靠锦屏山，北依玉带河，东至西盐河，西到蔷薇河。辖区面积17.9平方千米，辖4个行政村、5个社区，人口34693人。2016年，街道完成地区生产总值4.99亿元，公共财政预算收入1.02亿元，规模以上固定资产投资20亿元，规模以上工业投资4.2亿元，规模以上工业总产值1.8亿元，直接利用外资及港澳台资257万美元。投资15亿元的白虎山市场改造项目、投资1亿元的锦屏里·朐山书院项目开工建设。全年投入1000万元，整治主次干道45条、背街小巷18条，硬化道路面积1.1万平方米，新修及疏浚下水道8000米。

党工委书记：殷成祥

主　　任：许　建

洪门街道

洪门街道地处市区西大门，东起振海南路、西至洪门果园，南起海宁路、北至道北巷。陇海铁路从北部横贯东西，蔷薇河穿中心而过，新牛公路、海连西路、朝阳西路、海宁西路、幸福路、204国道从辖区经过，交通便捷。土地面积8.85平方千米，辖2个村、3个社区，人口13058人。2016年，街道完成规模以上工业总产值24.71亿元，规模以上固定资产

2016年，连云港市通过国家卫生城市创建评估。图为洪门街道创卫爱心志愿者带动辖区内的群众自发主动参与创卫并签名。　　海宣　供

投资18亿元,规模以上工业投资9.5亿元,公共财政预算收入7259万元。注册外资及港澳台资实际到账210万美元。四季农产品市场前店后仓二期项目主体工程完工。

党工委书记:吴卫东

主　　任:夏　雯

海州街道

位于海州区南部,东至甲子路、南至东风路、西至锦屏路、北至新建路。土地面积6.7平方千米,辖5个社区,人口25807人。海州街道地处古城,城内有大慈禅寺、文庙、城隍庙、钟鼓楼等历史遗迹。2016年,街道完成固定资产投资4.03亿元,实际利用外资及港澳台资300万美元,地方一般财政预算收入1542万元。古城文化旅游街区完成投资1600万元,幸福南路街区业态调整完毕。二营巷项目、海州古驿站竣工开业,双龙井游园改造工程完成功能主体部分,孔巷文化街区实施主体工程建设,海州幼教中心选定新址实施前期外部装修。

党工委书记:吕芳芳

主　　任:李晓光

幸福路街道

幸福路街道位于海州城区北部,东至镇海路、西至西大岭电厂宿舍区、南至新建路、北至朝阳路。土地面积12平方千米,辖5个社区,人口21929人,辖区内驻有新海发电有限公司、德邦化工有限公司、市第二人民医院、师专二附小等省事企事业单位。2016年,街道完成预算收入5660万元,规模以上工业总产值42亿元,规模以上固定资产投资8亿元,实际利用外资及港澳台资300万美元。江苏新海发电有限公司1#炉超低排放改造项目竣工。白虎山市场改造幸福桥、花卉市场2个疏导点建成投用,启动总投资15亿元的白虎山小商品市场改造项目。

党工委书记:高长春

主　　任:王　帅

(张　宇)

云台街道

云台街道地处花果山南麓,境内有众多的自然景观和人文景观,辖区有国家AAAA级渔湾旅游景区,东磊游览区。土地面积59.5平方公里,其中耕地面积1813公顷,山林面积1733公顷,人口33218人。辖9个行政村、1个社区。2016年,街道实现地区生产总值4.56亿元,比2015年增长8.07%,公共财政预算收入1200万元,农村居民可支配收入20359元。

党工委书记:朱继亮(8月免)

　　　　　　徐德田(9月任)

主　　任:王统欐

(张　昂)

花果山街道

花果山街道位于连云港高新区中心,境内有国家AAAAA级风景名胜区——花果山。土地面积40平方千米,人口3.2万人。辖8个村、3个社区。辖区内有耕地面积38公顷,山场林地面积967公顷,茶田200公顷。2016年,街道实现地区生产总值34.95亿元,完成规模以上固定资产投资60亿元,财政总收入8.96亿元,公共财政预算收入6.4亿元,农村居民可支配收入22460元。徐新公路、花果山大道南延4户签约拆除,金鹰2号、3号等地块完成征收,人民医院南地块等多个征地项目加快推进。

党工委书记:许　春

主　　任:蒋德恩

南城街道

南城街道位于花果山风景区西南,204国道、宁连、连徐高速公路从街道两侧穿过。土地面积11.2平方千米,其中耕地面积1.51平方千米。人口3021户9495人,辖4个社区。2016年,街道实现地区生产总值7.57亿元,完成公共财政预算收入3102万元,规模以上固定资产投资3.34亿元,工业总产值3000万元,注册外资及港澳台资实际到账50万美元,南城宗教文化、旅游开发、生态建设等特色项目初具规模,新大街改造、商务花园办公区、东侧棚户区改造等重点项目加快推进。

党工委书记:陈　飞

主　　任:熊胜波

郁洲街道

郁洲街道东以学苑路、宁连高速与花果山街道相依,西以东盐河、科苑路与海州区新东街道为邻,南至红砂路与南城街道接壤,北到青峰路与宋跳片区连接,面积7.86平方千米,辖3个社区,人口21205人。辖区内驻有市级机关部门50余个。2016年5月5日成立郁洲街道办事处。到年底,街道完成一般预算收入1.22亿元,招引项目5个,注册资本2521万元,新增辖区注册企业100余家。

党工委书记:杨育宏

主　　任:孙　军

(吉　祥)

连云区

【概况】 连云区是连云港市东部海滨城区,地处黄海之滨,面积632.32平方千米,全区辖12个街道、1个乡、1个省级经济开发区,年末户籍人口22.09万人。2016年,全区实现地区生产总值126.81亿元,全社会固定资产投资268.29亿元,一般公共预算收入9.43亿元,实际利用外资及港澳台资3664万美元,社会消费品零售总额72.34亿元。城镇居民人均可支配收入34472.9元,农村居民可支配收入23532元。连云区被评为江苏省法治建设示范区、江苏省中小学校责任督学挂牌督导创新区等。

【工业经济】 2016年,连云区益海盐化油化产业链项目列为市产业发展“二号工程”,华乐合金冷轧、利海氯化苄项目开工建设,三吉利邻甲酚、三航润驰项目主体工程竣工,泰辉集装箱、千红石化项目竣工投产,抽水蓄能电站、绿地光伏发电项目加快推进,全年开展招商活动620多批次,招引过亿元项目10个。实现规模以上工业产值113.14亿元，规模以上工业增加值21.04亿元，规模以上工业投资47.2亿元，工业应税销售收入88.5亿元，规模以上工业用电量11.16亿千瓦时。

【农业经济】 2016年，连云区加快推进特色农渔业发展，连岛中心渔港、紫菜物流园开工建设，高公岛一级渔港通过验收，羊山岛生态保护与修复加快推进。养殖条斑紫菜9333公顷，试养坛紫菜333公顷，紫菜轮养格局初步形成。加强渔业安全管理，拆解涉渔"三无"渔船34艘。以国家出口农产品加工示范基地为载体，引进加工企业7家，注册资金6000万元，建成健康食品产业区。

【商贸服务业】 2016年，连岛创建AAAAA级景区，获评全国十大美丽海岛。海上云台山至老街栈道建成，保驾山路、环山路提档升级。连云老街七一广场开放运营。全年接待国内外游客880万人次，实现旅游综合收入100亿元。连云区被评为国家第二批全域旅游示范区创建单位。"点点通"平台上线运营，开展跨境直购业务，省康复医院复工，新城租赁式办公、丰惠广场完成外装。全年实现服务业增加值73.89亿元，社会消费品零售总值72.34亿元。

5月6日，连云区举行全国母子健康手册试点启动仪式。 连云区 供

【城乡建设】 2016年，田湾跨海大桥、北疏港隧道、云宿路竣工通车，中华路完成改造提升，院前路上跨立交、中华路西延开工建设。全年改造危旧房1.5万平方米，完成云宿路、中华路西延等地块征收，启动中央商务区1号、2号地块及上合组织物流园铁路专用线等地块征收，完成征收20万平方米。实施公园广场绿化、社会绿化、道路绿化、景区及其他绿化四大类20余项绿化工程，建成小游园15个，新增改造绿化面积20万平方米。接通高公岛、连岛燃气主管道，全年新增燃气用户3800余户。

【社会事业】 2016年，连云区开展招聘60余场，提供就业岗位9765个，达成就业意向6640人。为就业困难人员发放慰问金19.85万元。为创业者提供小额担保贷款14笔195万元。搭建"技能+创业"众创空间——连云区创业工场。加强养老服务体系建设，每千名老人养老床位50张，获评省现代民政示范区。云山小学新校区开工建设，海滨中学新校区启用，墟沟小学教育集团挂牌成立，创成省中小学校责任督学挂牌督导创新区。"全国母子健康手册"是全省唯一试点，连云区获评全国计生优质服务先进单位，3家卫生服务中

2016年连云区国民经济发展情况主要指标一览表

表102

项 目	单位	2016年数量	比2015年增减（%）	项 目	单位	2016年数量	比2015年增减（%）
户籍人口	万人	22.09	0.48	全社会固定资产投资总额	亿元	268.29	15.2
土地面积	平方千米	632.32	持平	外贸自营出口总额	万美元	42355	−38.1
地区生产总值	亿元	126.81	7.50	实际利用外资及港澳台资	万美元	3664	−68.2
第一产业增加值	亿元	5.53	2.30	社会消费品零售总额	亿元	72.34	12.0
第二产业增加值	亿元	47.39	6.60	财政总收入（新口径）	亿元	16.67	−20.5
工业增加值	亿元	40.05	7.30	公共财政预算收入	亿元	9.43	−36.2
第三产业增加值	亿元	73.89	8.50	财政支出	亿元	11.85	−19.4
人均地区生产总值	元	84993	8.05	一般预算支出	亿元	9.71	−18.8
规模以上工业产值	亿元	113.14	−3.04	城镇居民人均可支配收入	元	34472.9	8.0
农业总产值	亿元	10.70	5.54	农民人均可支配收入	元	23532	11.8
粮食总产量	万吨	0.29	−19.9	—	—	—	—

2016年连云区乡镇(街道)经济社会发展基本情况一览表

表103

名称	土地面积(平方千米)	耕地面积(公顷)	户籍人口(人)	地区生产总值(亿元)	工业总产值(万元)	农业总产值(万元)	地方一般预算收入(万元)	粮食总产量(吨)	农民人均可支配收入(元)
海州湾街道	6.42	—	21508	8.86	—	16383	5686	—	31204
墟沟街道	11.79	—	55212	21.50	—	—	7242	—	—
连云街道	19.41	—	21478	5.04	—	—	4031	—	—
连岛街道	16.61	—	5186	9.90	6650	36849	1556	—	21904
板桥街道	52.13	—	7351	30.10	—	—	1.61	—	—
云山街道	19.1	81.90	15560	6.26	324019	1878	3185	—	23705
宿城街道	18.31	70.00	4717	3.97	18000	6757	735	199	20274
高公岛街道	12.63	—	3101	5.01	15620	24000	950	—	26365
猴嘴街道	116.26	0.06	24435	17.85	89.24	—	10420	—	28000
中云街道	80.00	4.07	33691	23.76	314872	4588	25700	2839	20265
朝阳街道	31.66	6.22	20645	36.98	378608	9112	5424	5898	28600
徐圩街道	247.60	5.33	8000	5.86	93911	7212	6976	9710	22829
前三岛乡	0.40	—	—	—	—	—	—	—	—

心与东方医院共建“医联体”,连云区文化馆被评为国家一级馆。(张　超)

海州湾街道

海州湾街道辖区东起滨海北路,西到临洪湿地,南临大港路,北至黄海,四周环抱北固山、两面临海靠港,是全市建设现代化国际海港中心城市的核心区。土地面积6.42平方千米,人口21508人,辖5个社区、1个行政村。2016年,街道实现地区生产总值8.86亿元,固定资产投资33.4亿元,一般公共预算收入5686万元,实际利用外资及港澳台资104万美元。辖区内有阳光国际商务中心、金海国际、金港湾公司、航运中心、在海一方公园、连云港国际展览中心、北固山生态公园等,形成以商务办公、港口物流及高级酒店为主体,集商务办公、时尚购物、休闲度假、娱乐观光、星级酒店于一体的现代商务中心区。

党工委书记:黄建德

主　　任:夏加全

墟沟街道

墟沟街道是连云港东部核心商贸区。土地面积11.79平方千米,辖7个社区和2个直属公司,户籍人口55212人。2016年,街道实现地区生产总值21.5亿元,其中服务业增加值11.96亿元,完成全社会规模以上固定资产投资27.8亿元,一般公共预算收入7242万元,外资及港澳台资到账600万美元。街道优化南巷社区便民服务中心,打造全省首家社区级众创空间——微迈空间,在社区建设1000平方米的创新创业孵化基地,组织“企业家圆桌会谈”“青创激情”等主题创业创新活动21场,参与人次2000余人。投资20万元,建设400平方米的西园社区睦邻活动中心。

党工委书记:朱新强

主　　任:程洪碧

连云街道

连云街道面积19.41平方千米,辖8个社区,人口21478人。2016年,街道实现地区生产总值5.04亿元,规模以上工业投资10.8亿元,第三产业增加值4.58亿元,实现一般公共预算收入4031万元。连云老街拓展七一广场餐饮服务功能,加快文化艺术酒店建设,全年接待游客10万人次以上,门票收入102.5万元。连云街道办事处被中国成人教育协会评为全国社区教育示范街道。

党工委书记:张广军

主　　任:李　旻(12月免)

　　　　　金　锐(12月任)

连岛街道

连岛街道面积16.61平方千米,辖1个社区、3个村,人口5186人。2016年,街道完成地区生产总值9.9亿元,一般公共预算收入1556万元,规模以上固定资产投资14.95亿元,外资及港澳台资实际到账300万美元,接待游客401万人次。2016年,连岛入选国家海洋局评选的全国十大美丽海岛。加快连岛中心渔港、海鲜美食街、冰雪大世界等重点项目建设,购置14列观光小火车、环保电动汽车,购买2艘气垫船,升级景区检票系统,实现核心景区Wi-Fi全覆盖以及车辆实时监管。

党工委书记:程　勇

主　　任:周　浩

板桥街道

板桥街道位于连云港市的东南部。面积52.13平方千米,辖4个社区、1个行政村，户籍人口7351人，海岸线长12.5千米。连云经济开发区板桥工业园、金桥盐业公司台南盐场、金港湾物流中心坐落境内。2016年，街道完成地区生产总值完成30.1亿元，规模以上工业增加值完成17.3亿元，规模以上工业投资完成18.65亿元，地方一般预算收入1.61亿元。

党工委书记：周 洋（9月免）
张葆莲（9月任）
主 任：孟颂军（3月免）
惠志江（3月任）

2016年，宿城街道大力发展茶叶生产，茶叶种植成为农民收入的主要来源之一。 连云区 供

云山街道

云山街道地处北云台山南麓，东西长11千米，面积19.1平方千米。全线呈带状分布。辖1个社区，4个行政村，总人口15560人。云山街道拥有山林596.33公顷、耕地81.9公顷，主产樱桃、杏子、板栗、茶叶、柿子等林果茶品，“仙人顶”牌云雾茶等特色农副产品。2016年，街道实现地区生产总值6.26亿元，工业总产值32.4亿元，一般公共预算收入3185万元，全社会固定资产投资23.84亿元。实际利用外资及港澳台资到账301万美元。全长11.88千米云宿路改扩建工程主线建成通车。启动神山水库主题公园建设，一期投资150万元，初步完成神山市民广场、山顶八角休憩庭、神山水库南侧护坡绿化及400米塑胶健康步道，完成环水库3000米健康步道、600米濒水栈道，2000米生态紫藤廊道。

党工委书记：葛海明
主 任：李立荣（9月免）
张庆春（9月任）

宿城街道

宿城街道位于连云区东南部，土地面积18.31平方千米，其中山林面积1000公顷、耕地70公顷。下辖1个社区、5个行政村，人口4717人。2016年，街道实现地区生产总值3.97亿元，完成服务业增加值2.03亿元，规模以上固定资产投资9.2亿元，一般公共预算收入735万元，实际利用外资及港澳台资407万美元，社会消费品零售总额1136万元。辖区内有国家森林公园海上云台山、船山、枫树湾等景区，是中国十佳村镇慢游地、国家级生态乡镇。全年接待游客130万人次，实现收入1600万元。投入3亿元完成环山路提档升级工程、保驾山路改扩建工程、新板宿路续建工程、法起文化园续建工程等重点项目，村民创办农家乐11户，注册“船山”“枫树湾”“保驾山”3个特色品牌，宿城污水处理站、大竹园服务中心、宝山村健身广场等民生项目建成使用。

党工委书记：于文峰
主 任：高 站

2016年，连云区加快推进特色农渔业发展，全年养殖条斑紫菜9333公顷。图为西墅渔业码头紫菜养殖户运输新鲜紫菜。 王健民 摄

高公岛街道

高公岛街道地处连云区最东端。土地面积12.63平方千米，下辖高公岛、黄窝、柳河3个村，人口3101人。高公岛海产品资源丰富，盛产条斑紫菜和梭子蟹、虾蛄等海产品。辖区内有凰窝风景区和省级自然保护区。2016年，街道实现地区生产总值5.01亿元，一般公共预算收入950万元，规模以上固定资产投资11.79亿元，实际利用外资及港澳台资实际到账357.94万美元，社会消费品零售总额1917万元，农村居民可支配收入26365元。

党工委书记：孟凡德

主　　任：宁延刚

（张　超）

猴嘴街道

猴嘴街道辖区面积116.26平方千米，辖7个社区和1个行政村，人口24435人。2016年，街道实现规模以上工业产值9.13亿元，比2015年增长16.6%。地方一般预算收入1.04亿元，增长10%。规模以上工业投资11.27亿元，增长22.8%。猴嘴街道众创空间获评省级众创空间、省巾帼创新创业示范基地、省级创业孵化示范基地。

党工委书记：姚　宁

主　　任：张成贤

中云街道

中云街道位于云台山脉中部，以境内中云台山而得名，辖区面积80平方千米，耕地面积4.07公顷，山场总面积600.5公顷，鱼塘面积80公顷。下辖8个行政村、8个社区，人口33691人。2016年，街道实现地方一般预算收入2.57亿元，比2015年增长10%。规模以上工业投资10.33亿元，增长21.3%。规模以上工业总产值8.85亿元，增长14%。农村居民可支配收入20265元，增长10%。涉农村居集体经济收入全部达100万元以上。

党工委书记：殷　元

主　　任：殷振邦

朝阳街道

朝阳街道位于花果山北麓，面积31.66平方千米，耕地面积6.22公顷，辖2个社区、7个行政村，人口20645人。2016年，街道完成地区生产总值36.98亿元，地方一般预算收入5424万元，规模以上工业投资11.9亿元，农村居民可支配收入28600元。9个村（居）集体收入1873万元。马山村孝善文化村建设入选中宣部评选的全国百个社区宣传思想文化工作典型，经验材料被《光明日报》刊发。制作拍摄的《孝鉴古今 尚善朝阳》两集纪录片在央视发现之旅频道播出。

党工委书记：安　尚

主　　任：陈　兵

（贺亚洲）

徐圩街道

徐圩街道位于连云港市的东南部，北起规划刘圩港河中心线，西至烧香支河西岸，南至善后河、车轴河中心线、埒子口北岸，东至海堤。土地面积247.6平方千米。街道辖徐圩港区、临港产业区、徐圩盐场，辛高圩社区、张圩社区，东陬山村、香河村，人口8000人，流动人口3万人。海岸线长28千米，拥有滩涂1300公顷，耕地533公顷。2016年，街道实现农业总产值7212万元，农村居民可支配收入22829元。

党工委书记：齐华兵

主　　任：孟庆年

（崔子寅）

前三岛乡

前三岛是位于海州湾中部的一组岛群，包括平山岛、达山岛、车牛山岛等12处岛礁，岛屿总面积0.4平方千米，海岸线长6.8千米，所辖海域3000平方千米，是连云港港的门户，有连云港航标处在车牛山岛建设的现代化的灯塔。前三岛是海州湾渔场核心，是江苏省唯一的海珍品基地。

乡　　长：张长春（12月任）

（张　超）

东海县

【概况】 东海县位于江苏省东北部，东濒黄海、西临彭城、南接江淮、北界齐鲁，全县总面积2036.66平方千米，辖17个乡镇、2个街道、2个国营场、1个省级开发区，总人口123.45万人。拥有耕地面积1223.49平方千米，年产粮食百万吨，是国家和省重要的粮油、林果、蔬菜和肉类生产基地。拥有水晶、西双湖、温泉、亚洲第一科钻超深井、花卉、少儿版画等6张特色城市名片。2016年，全县实现地区生产总值433.43亿元，比2015年增长8.3%；三次产业结构调整为14.8∶43.2∶42；实现一般公共预算收入22.61亿元；完成规模以上固定资产投资330.58亿元，增长21.3%；城乡居民人均可支配收入实现27391元、农村居民人均可支配收入14487元。全国县域经济百强县位列88位。

【工业经济】 2016年，全县实施“大产业、大园区、大企业”培育工程和“特色型、科技型、成长型”企业培育计划，实现工业增加值163.08亿元，比2015年增长10.2%。硅工业、食品工业、新型建材、机械汽配“四大板块”规模以上总产值增长17.8%，其中硅工业产值540亿元，增长18.7%。新开工重点产业项目136个、新竣工重点产业项目68个，晶海洋半导体技改、中材高新扩能、太平洋光伏等一批重点项目竣工投产。工业应税销售收入、工业增值税、企业所得税分别增长9%、23.7%、17%。新增规模企业33家，17家企业省股权交易中心挂牌，东海晶海洋公司列入市培优培强计划。

【农业经济】 2016年，全县粮食总产量114.53万吨，新增高效农业5400公顷，其中设施农业2800公顷，粮食生产连续13年丰产丰收。“黄川草莓”被评为中国驰名商标，“东海西红柿”被评为国家地理标志保护产品，新增“三品”品牌37个。举办东海名特优新农产品（南京）博览会。新增粮食烘干中心27个，秸秆机械化还田率86%，完成小型农田水利重点县工程。

【商贸服务业】 2016年，全县实现服务业增加值179.58亿元，比2015年增长9.8%。中国东海水晶城投入运营，入驻商户3000余家，获评国家知识产权保护培育基地。东海县被世界手工艺理事会评为世界水晶之都。获批建设国家全域旅游示范区，被评为长三角十大最美骑行城市。温泉旅游度假区入围最美中国榜百强，西双湖通过国家级湿地公园评审，李埝

2016年东海县国民经济发展情况主要指标一览表

表104

项 目	单位	2016年	比2015年增减（%）	项 目	单位	2016年	比2015年增减（%）
人口（户籍）	万人	123.45	0.5	粮食总产量	万吨	114.53	1.4
土地面积	平方千米	2036.66	0	规模以上固定资产投资总额	亿元	330.58	21.3
耕地面积	平方千米	1223.49	-0.1	外贸自营出口总额	万美元	36835	27.2
地区生产总值	亿元	433.43	8.3	实际利用外资及港澳台资	万美元	9421	38.5
第一产业增加值	亿元	67.28	1.1	社会消费品零售总额	亿元	175.89	12.6
第二产业增加值	亿元	186.57	9.5	公共财政预算收入	亿元	22.61	-44.9
工业增加值	亿元	163.08	10.2	一般预算支出（预算）	亿元	58.12	-15.4
第三产业增加值	亿元	179.58	9.8	城镇居民人均可支配收入	元	27391	8.3
人均地区生产总值	元	44871	7.7	农村居民人均可支配收入	元	14487	9.0
规模以上工业产值	亿元	1105.47	16.2	年末存款余额	亿元	322.30	17.9
农业总产值	亿元	130.31	7.2	年末贷款余额	亿元	248.71	18.3

2016年东海县乡镇（街道）经济社会发展基本情况一览表

表105

名称	土地面积（平方千米）	耕地面积（平方千米）	户籍人口（人）	地区生产总值（亿元）	规模以上工业总产值（亿元）	农业总产值（万元）	一般预算收入（万元）	粮食总产量（吨）	农民人均可支配收入（元）
牛山街道	80.09	35.92	177771	77.26	123.84	34513	31502	37109	20905
石榴街道	77.15	48.63	68174	14.86	121.87	64791	6217	53332	16919
白塔埠镇	103.29	64.44	61402	26.11	76.56	71066	4900	71543	17383
黄川镇	94.38	57.41	65999	15.79	25.81	70874	2863	92106	18019
石梁河镇	101.94	40.92	67382	30.16	48.61	62632	3497	39136	14327
青湖镇	94.06	62.49	61923	11.96	27.58	42341	3578	50703	16603
温泉镇	102.69	59.86	55723	20.99	34.04	47570	6529	36147	16608
双店镇	117.10	75.75	54472	11.67	20.65	72179	2253	42801	17251
桃林镇	170.88	108.85	79506	27.64	96.58	73982	5116	52893	17318
洪庄镇	67.13	43.97	37869	8.85	12.80	42007	2248	29548	14236
安峰镇	134.05	75.20	74624	24.11	62.48	67984	9532	80809	16351
房山镇	149.82	94.61	80827	27.53	103.13	69245	6196	106765	18128
平明镇	157.87	109.28	74793	30.61	96.68	63786	7918	159403	17024
驼峰乡	104.61	67.34	65373	20.29	38.14	68940	4389	67731	17857
李埝乡	72.13	46.83	39185	10.03	25.03	31003	1770	18843	12283
山左口乡	88.89	56.02	46728	14.93	39.03	43928	2507	26324	12535
石湖乡	78.29	47.56	34957	11.04	21.79	39796	2975	30614	15811
曲阳乡	74.95	42.22	36823	11.11	31.45	35840	1976	35459	14355
张湾乡	91.28	61.89	34328	9.75	22.16	40428	2308	65280	16950

2016 年，东海县加快公共服务设施建设。图为新建成的东海县人民医院门诊楼。
东海县 供

林场千亩薰衣草园、御园欢乐谷等一批特色景点建成开放，游客接待量和旅游总收入分别增长 9.2%、11%。全年实现电商交易额 54 亿元，位列中国电商百佳县 81 位，获省农村电子商务十强县。

【城乡建设】 2016 年，全县完成城乡建设总投入 151 亿元，重点实施 300 多个城乡建设项目，建成区面积扩展到 31.2 平方千米，城镇化率提高到 51.5%。成立城乡规划委员会，启动实施城乡总体规划新一轮修编，完成县城区绿地广场暨停车场、农贸市场、养老服务、教育设施、医疗设施、社区用房 6 个民生专项规划。城南片区完成概念性发展规划。商务新区完成新水晶城 3 号馆建设，复兴路建成通车。滨河新区完成幸福路北延，新东海县医院投入使用。科教园区完成水晶文化创意产业园三期工程，东海县卫校完成搬迁。开展“市容环境百日集中整治”行动，改造背街小巷 22 条、星级公厕 12 座，取缔流动摊点 3500 余个。平明周徐村、石湖尤塘村、种猪场直属村被评为省美丽乡村建设示范点。

【社会事业】 2016 年，东海县提升城乡基本养老、医疗、失业保险覆盖率和参保率，发放残疾人补贴 1472 万元，惠民殡葬减免费用 329 万元。2.3 万低收入人口脱贫，10 个经济薄弱村达到“八有”目标。大学生自主创业 1880 人，全县新增城镇就业 1.2 万人，转移农村劳动力就业 8358 人。解决 9 个乡镇 13 万人的饮水安全问题。完成望东小学异地新建和牛山小学扩建，房山高级中学通过省四星级高中评估。建成省示范化乡镇卫生院 6 家，新农合参保率稳定在 98% 以上。完成大型现代吕剧《彦涵》剧本创作，举办少儿版画优秀作品全国巡展。省内首家公共图书馆樊氏分馆挂牌成立，全民阅读经验获央视报道。 （韩来善）

牛山街道

牛山街道位于东海县中部，为县城驻地，总面积 80.09 平方千米，其中耕地面积 35.92 平方千米，辖 17 个行政村、15 个社区，总户数 47406 户，人口 17.78 万人。2016 年，街道实现地区生产总值 77.26 亿元，一般公共预算收入 3.15 亿元，规模以上工业企业总产值 123.84 亿元，粮食总产量 3.71 万吨，农业总产值 3.45 亿元，农村居民人均可支配收入 20905 元，完成进出口总额 5500 万美元，社会消费品零售额增长 21.8%。

党工委书记：刘大军
主　　任：陈　芳

石榴街道

石榴街道位于东海县城北，面积 77.15 平方千米，耕地面积 48.63 平方千米，下辖 17 个行政村，人口 68174 人。2016 年，街道实现地区生产总值 14.86 亿元，一般公共预算收入 6217 万元，全社会固定资产投资 13.6 亿元，实际利用外资及港澳台资 200 万美元，规模以上工业企业总产值 121.87 亿元。街道有工业企业 165 家，形成石英玻璃、碳化硅、机械电子、建筑材料、照明器材、木工板材、熔融石英七大系列 130 多种产品，出口供货产品近 50 个，产品远销十多个国家和地区，全年出口供货额 1 亿多元。

党工委书记：邵　博
主　　任：马向群

白塔埠镇

白塔埠镇位于东海县中东部，是全国重点镇、国家级生态乡镇。总面积 103.29 平方千米，耕地面积 64.44 平方千米，辖 16 个行政村，人口 61402 人。风景名胜有文昌塔、鲤鱼井、城后土城遗址、吕祥璧烈士陵园。2016 年，全镇实现地区生产总值 26.11 亿元，比 2015 年增长 11%。规模以上固定资产投资 13.5 亿元，其中工业投资 12.45 亿元，分别增长 12.5%、24.5%。实现一般公共预算收入 4900 万元，完成规模以上工业总产值 76.56 亿元。

党委书记：黄继生
镇　　长：孙振强

黄川镇

黄川镇位于东海县城东北部，是全国一村一品示范村镇。土地面积 94.38 平方千米，耕地面积 57.41 平方千米，下辖 22 个行政村，人口 65999 人。“黄川草莓”获得国家绿色食品、国家地理标志保护产品、省名牌产品、省著名商标、国家驰名商标。2016 年，全镇实现地区生产总值 15.79 亿元，一般预算收入完成 2863 万元，规模以上固定资产投资 6.1 亿元，规模以上工业投资 5.6 亿元，规模以上工业总产值 25.81 亿元。新增规模以上服务业企业 6 家，规模以上工业企业 2 家。

党委书记：相堂献
镇　　长：孙　健

石梁河镇

石梁河镇位于苏鲁两省三县交界处，总面积101.94平方千米，耕地面积40.92平方千米，下辖24个行政村，人口67382人。拥有葡萄种植基地、晚秋黄梨种植基地和淡水网箱养殖基地。2016年，全镇完成地区生产总值30.16亿元，实现一般公共预算收入3497万元，完成规模以上工业投资14.85亿元，实现规模以上工业总产值48.61亿元。全年新开工投资过5000万元工业项目11个，其中博雅普瑞、盛国宏贝等投资过亿元项目7个。农业龙头企业江苏葡之源在江苏省股权交易中心挂牌，新成立专业合作组织10家、家庭农场5家。

党委书记：支跃兵
镇　　长：魏　伟

青湖镇

青湖镇位于县城北部。土地面积94.06平方千米，耕地面积62.49平方千米，人口61923人。2016年，全镇实现地区生产总值11.96亿元，社会固定资产投资8.07亿元，工业投资5.8亿元，实际利用外资及港澳台资201.7万美元，实现一般预算收入3578万元。全年新增规模工业企业5家，新开工过5000万元工业项目9个。农村居民人均可支配收入16603元。

党委书记：谷江林
镇　　长：居　锟

温泉镇

温泉镇位于东海县城西北，土地面积102.69平方千米，镇区规划区面积3.57平方千米，形成一轴、一带、一环、两廊、四区、多节点的规划格局，下辖18个行政村，人口55723人。2016年，全镇完成地区生产总值20.99亿元，比2015年增长12%。完成规模以上固定资产投资7.95亿元，其中规模以上工业投资2.46亿元。实现规模以上工业总产值34.04亿元。农村居民人均可支配收入16608元，增长11.3%。全年新开工过5000万项目3个，竣工投产过5000万元工业项目4个。温泉镇入围2016最美中国榜。

党委书记：冒　锋
镇　　长：潘婷婷

双店镇

双店镇位于东海县西部，土地面积117.1平方千米，耕地面积75.75平方千米，下辖15个行政村，人口54472人。辖区有四星级旅游示范区、鲜切花产业基地、代相古城、苗坦之故里等。主要特产有鲜切花和花生等。2016年，全镇完成地区生产总值11.67亿元，比2015年增长11.9%。全社会固定资产投资6.1亿元，增长26.3%，其中工业投资5.5亿元，实际利用外资及港澳台资150万美元，完成一般预算收入2253万元，增长6%。农村居民人均可支配收入17251元，增长10%。全年招引5000万元以上项目4个。

党委书记：陈光明
镇　　长：王宜鑫

桃林镇

桃林镇位于连云港市最西部、苏鲁两省三县交界处，土地面积170.88平方千米，耕地面积108.85平方千米，辖21个行政村，人口79506人。2016年，全镇实现地区生产总值27.64亿元，一般预算收入5116万元，规模以上工业总产值96.58亿元，农村居民人均可支配收入17318元，实际利用外资及港澳台资200万美元。全年新开工过5000万工业项目9个，其中过亿元项目5个。

党委书记：薛　剑
镇　　长：陈新玲

洪庄镇

洪庄镇地处东海县西南部，陇海铁路贯穿东西，是苏北鲁南地区的货场中转集散中心。全镇土地面积67.13平方千米，耕地面积43.97平方千米，辖13个行政村，人口37869人。主要特产有辣椒、葡萄、大桃等。2016年，全镇实现地区生产总值8.85亿元，一般预算收入2248万元，规模以上固定资产投资6.12亿元，规模以上工业投资4.85亿元，规模以上工业总产值12.8亿元，实际利用外资及港澳台资150万美元。全年新开工过5000万元工业项目5个，其中过亿元项目2个。

党委书记：单华昌
镇　　长：邵平军

安峰镇

安峰镇位于连、宿、徐三市交界处，土地面积134.05平方千米，下

2016年，"东海西红柿"被评为国家地理标志保护产品。　东海县　供

东海县桃林镇是市首批城乡统筹发展试点镇、市首批扩权强镇试点镇。图为该镇北芳村蔬菜市场。 王健民 摄

辖26个行政村，人口74624人。境内有亚洲科探第一井、江苏省第二大人工水库——安峰湖、圆通寺等。主要特产有红石、石榴子石等12种矿藏，其中金红石、石榴子石的储量及品位居全国前列。2016年，全镇实现地区生产总值24.11亿元，规模以上工业总产值62.48亿元，全社会固定资产投资14.6亿元。一般公共预算收入9532万元，实际利用外资及港澳台资300万美元。全年招引过5000万元项目8个，其中过亿元项目2个。

党委书记：张海滨
镇　　长：张家法

房山镇

房山镇位于东海县城东南，土地面积149.82平方千米，辖25个行政村，人口80827人。主要特产有房山大米、牛肉、芝麻西瓜等。2016年，全镇完成地区生产总值27.53亿元，比2015年增长11.8%。完成一般预算收入6196万元，全社会固定资产投资13.8亿元，实际利用外资及港澳台资201万美元。实现规模以上工业总产值103.13亿元，成为全县首个产值过百亿乡镇工业集中区。农村居民人均可支配收入18128元。

党委书记：李　超
镇　　长：刘　斌

平明镇

平明镇位于东海县东南部，是国家级生态乡镇。土地面积157.87平方千米，耕地面积109.28平方千米，辖24个行政村，人口74793人。境内有以江苏太平洋股份有限公司为龙头的硅资源深加工规模集群和1.07万公顷无公害稻米深加工基地。2016年，全镇完成地区生产总值30.61亿元，一般预算收入7918万元，实现规模以上工业总产值96.68亿元，农村居民人均可支配收入17024元。

党委书记：周　建
镇　　长：袁清华

驼峰乡

驼峰乡是东海县城东大门，土地面积104.61平方千米，耕地面积67.34平方千米，下辖22个行政村，人口65373人。该乡培育甜瓜、葡萄、蓝莓、生态苗木、畜禽养殖五大产业基地，重点发展硅酸钠上下游产业循环经济。2016年，全乡实现地区生产总值20.29亿元，比2015年增长8.04%。一般预算收入4389万元，全社会固定资产投资13.8亿元，规模以上工业总产值38.14亿元，增长16.99%。农村居民人均可支配收入17857元。

党委书记：牛　飞
乡　　长：陈文辉

李埝乡

李埝乡位于东海县西北部，土地面积72.13平方千米，耕地面积46.83平方千米，下辖11个行政村，人口39185人。风景名胜有羽山、楼山湖等。主要特产是桂柳鸭、亨得利雪花牛肉、鸿禹山庄大樱桃等。2016年，全乡完成地区生产总值10.03亿元，比2015年增长6.5%。完成一般预算收入1770万元。全社会固定资产投资4.08亿元，其中工业投资3.18亿元。内联客方到位资金5.85亿元。实现规模以上工业总产值25.03亿元，规模工业企业销售收入24.65亿元。完成进出口总额310万美元，农村居民人均可支配收入12283元。

党委书记：张　翔
乡　　长：张卫国

山左口乡

山左口乡地处苏鲁交界的马陵山东麓，土地面积88.89平方千米，辖15个行政村，人口46728人。风景名胜有大贤庄原始人遗址。主要特产是蛇纹石。2016年，全乡实现地区生产总值14.93亿元，比2015年增长7.5%。一般预算收入2507万元。实现规模以上固定资产投资10亿元，其中工业投资9.2亿元，规模以上工业总产值39.03亿元。全年新开工过5000万元项目5个，其中过亿元项目2个，新增规模以上工业企业1家。农村居民人均可支配收入12535元。

党委书记：李　斌
乡　　长：崔　巍

石湖乡

石湖乡位于东海县城西，土地面积78.29平方千米，耕地面积47.56平方千米，辖11个行政村，人口34957人。拥有苏北鲁南最大的香菇种植产业园，基本形成瓜果、蔬菜、食用菌等为主的主导产业园。2016年，全乡完成地区生产总值11.04亿元，实现一般预算收入2.97亿元。实现规模以上固定资产投资6亿元，其中工业投资5.3亿元。实现规模以上工业企业销售收入20.4亿元,规模以上工业总产值21.79亿元。全年新开工过5000万元工业项目4个,总投资6.9亿元。

党委书记:樊 平

乡 长:尹爱兵

曲阳乡

曲阳乡位于东海县城西南,土地面积74.95平方千米,耕地面积42.22平方千米,辖12个行政村,人口36823人。曲阳古城获评国家级文物保护单位。境内有水晶、石英、金红石等地下矿藏22种。2016年,全乡实现完成地区生产总值11.11亿元,比2015年增长8.07%。实现一般预算收入1976万元。完成全社会固定资产投资6.6亿元,其中工业投入6.17亿元。实际利用外资及港澳台资200万美元。全年新开工过5000元项目6个。

党委书记:程 龙

乡 长:常振华

张湾乡

张湾乡位于东海县最东部,土地面积91.28平方千米,耕地面积61.89平方千米,辖12个行政村,人口34328人。境内徐连、汾灌高速、204国道、连盐铁路贯穿,蔷薇河、淮沭新河交错纵横。2016年,全乡实现完成地区生产总值9.75亿元。全社会固定资产投资7.5亿元,其中工业投资7.2亿元。实际利用外资及港澳台资140万美元。全年新开工工业项目7个,其中过5000万元工业项目5个。竣工投产项目3个。

党委书记:刘春水

乡 长:解 泽

种畜场

国营江苏省东海种畜场位于东海县城西南,土地面积6.73平方千米,辖1个行政村,人口2958人。境内有规模达800只的华东最大鹿场、全国储量第二的特大型金红石矿。2016年,种畜场完成固定资产投资1.71亿元,实现规模以上工业总产值4.14亿元,规模工业企业销售收入3.97亿元。3个过5000万元工业项目实现当年开工、当年达效,其中江苏华电8兆瓦光伏发电项目实现并网发电量955万千瓦时。实际利用外资及港澳台资30万美元,签约过5000万项目3个。

党委书记、场长:张 锐

李埝林场

李埝林场位于东海县西北部,土地面积30平方千米,其中生态公益林2600公顷,森林覆盖率89%以上。辖4个分场、1个行政村,人口2146人。主要风景名胜有青松岭森林公园。2016年,林场完成地区生产总值1.09亿元,比2015年增长14.4%。全社会固定资产投入1.1亿元,其中工业投资0.6亿元。实际利用外资及港澳台资50万美元。实现规模以上工业总产值4.91亿元,规模工业企业销售收入5.11亿元。完成进出口总额585万美元,农村居民人均可支配收入7598元。

党委书记、场长:刘 静

(韩来善)

灌云县

【概况】 灌云县位于江苏省东北部,境内拥有2条铁路、2条高速、5条国省干道、8条国家等级内河航道,有江苏唯一的海河联运港灌河港区。地方特产有花果山风鹅、紫苏、蓝莓、食用菌、豆丹等。2016年,全县面积1538.33平方千米,人口105.21万人。实现地区生产总值328.66亿元,比2015年增长8.2%。规模以上固定资产投资272.19亿元,增长21.4%。外贸进出口总额2.03亿美元,增长17.9%。社会消费品零售总额119.45亿元,增长12.1%。城镇和农村居民人均可支配收入分别为22979元、12969元。完成一般公共预算收入21.52亿元。

【工业经济】 2016年,灌云县实现工业增加值109.3亿元,比2015年增长10.1%。全社会工业用电量6.05亿千瓦时,增长15.2%。262家规模以上工业实现总产值759.19亿元,增长17.9%。其中,临海化工、装备制造、轻工纺织、新能源四大产业实现产值659.2亿元,增长22%。全年开工5000万元以上工业项目50个,其中过亿元项目19个、过10亿元项目2个,天骄锂电池、常茂生物等项目建成投产,森柏粮油、宁丰木业等项目开工建设。"云山"牌旋耕机械、"远征化工"牌分散染料是江苏名牌产品。远征化工等4家工程技术研究中心被省科技厅认定为省级工程技术中心;宝诚化工等企业技术中心被省经济和信息化委认定为省级企业技术中心。江苏连连化学股份有限公司等4家企业被评为省级企业研究生工作站。

【农业经济】 2016年,灌云县粮食总

2016年,灌云县加快城乡建设。图为灌云新城一角。 魏士化 摄

2016年灌云县国民经济发展情况主要指标一览表

表106

项 目	单位	2016年	比2015年增减(%)	项 目	单位	2016年	比2015年增减(%)
人口	万人	105.21	0.4	粮食总产量	万吨	81.88	-0.5
土地面积	平方千米	1538.33	0	全社会(规模以上)固定资产投资总额	亿元	272.19	21.4
耕地面积	平方千米	916.90	0	外贸自营出口总额	万美元	20309	12.6
地区生产总值	亿元	328.66	8.2	实际利用外资及港澳台资	万美元	2426	-27.6
第一产业增加值	亿元	64.10	2.5	社会消费品零售总额	亿元	119.45	12.1
第二产业增加值	亿元	143.12	9.2	一般公共预算收入	亿元	21.52	-45.3
工业增加值	亿元	109.30	10.1	一般公共预算支出	亿元	49.64	-19.7
第三产业增加值	亿元	121.44	10.1	城镇居民人均可支配收	元	22979	8.2
人均地区生产总值	元	40926	7.7	农村居民人均可支配收入	元	12969	9.2
规模以上工业产值	亿元	759.19	17.9	年末存款余额	亿元	260.8	20.4
农业总产值	亿元	128.00	2.3	年末贷款余额	亿元	183.79	10.8

2016年灌云县乡镇(街道)经济社会发展基本情况一览表

表107

名称	土地面积(平方千米)	耕地面积(公顷)	人口(人)	地区生产总值(亿元)	工业总产值(亿元)	农业总产值(万元)	一般预算收入(万元)	粮食总产量(吨)	农民人均可支配收入(元)
伊山镇	82.33	38.74	160225	52.04	25.84	66304	13100	56825	16243
杨集镇	154.50	84.86	122959	25.35	14.89	26160	3790	90660	11887
侍庄街道	66.11	26.70	55600	44.10	235.00	80000	43300	29000	13925
东王集镇	91.92	51.44	68367	25.17	33.54	44799	5670	71875	17829
小伊乡	84.60	42.00	63722	16.8	34.63	222013	1542	66741	15043
龙苴镇	127.08	85.35	89600	23.00	9.64	90475	2463	92900	15500
南岗乡	133.72	96.78	113400	17.60	24.40	105620	2664	96030	11300
四队镇	88.27	59.89	71074	16.10	22.20	34345	2341	62611	15360
同兴镇	128.70	72.00	80805	19.48	17.38	109239	2961	86000	13938
图河镇	108.21	54.67	63598	15.90	16.80	49452	2488	77935	16150
圩丰镇	76.00	51.00	47789	15.50	26.20	59278	1490	48500	14613
下车镇	123.43	103.68	99086	24.09	7.61	335702	3600	102956	15040
燕尾港镇	25.80	2.72	10325	52.00	381.10	18500	58800	5000	21300

产量81.88万吨，新增高效农业3333公顷，高效渔业667公顷。新上农产品加工项目20个，其中投资1000万元以上项目11个，立华生猪、品品鲜生物科技等项目开工建设，北欧农庄三期、光伏菌业园、油牡丹种植基地等项目建成投产。培育无公害农产品、绿色食品、有机农产品和农产品地理标志的"三品一标"56个，市级以上农业龙头企业7家，家庭农场552户，发展农民专业合作社143家，创建省级示范家庭农场8家，市级示范家庭农场11家。投入3.1亿元实施水利工程，推进东门五图河治理、大新河闸迁建、灌西保滩及护坡修复等重点水利工程建设。

【商贸服务业】 2016年，灌云县加快旅游、电子商务、港口物流等现代服务业发展。全年实现服务业增加值121.44亿元，比2015年增长10.1%。举办2016中国·灌云豆丹美食文化节、第八届灌云王圩西瓜节，启动建设伊山伊甸园、伊芦山养生文化产业园和潮河湾生态园等旅游景区。全年接待游客98万人次，实现旅游综合收入10.8亿元。颐高电子商务创业园、开发区电子商务产业园开园运营，建成淘宝村级服务站117家。港口物流园完成10万平方米堆场建设。

【城乡建设】2016年，灌云县推动县城区改造升级，完成伊尹路北段、胜利西路等路网新建改造，幸福大道、昌河社区分别通过省级城市管理示范路和示范社区初审。加快推进老城区、燕尾港老镇区等地块棚户区改造，完成危旧房改造1531套，改造面积76.5万平方米。东城区盐河片区安置房、消防站等重点工程建成封顶，公安业务用房、皇冠世纪酒店交付使用。新开工镇村建筑面积165万平方米，小伊、东王集等乡镇集镇区改造基本完成，杨集、燕尾港镇区改造分别通过省级重点中心镇和临海城镇验收。乡镇集中居住区开工建筑面积46.6万平方米，同兴伊芦康居示范村一期、图河安福安置区、小伊唐庄铁路安置区等集中居住区基本完成。加快美丽乡村建设，完成龙苴石门村、四队隆兴村、伊山川星村试点工作，培育美丽乡村28个。完成农村危房改造400户。

【社会事业】2016年，灌云县推进学前教育改革，加快乡村幼儿园建设，扶持普惠性民办园发展，新创省优质园8所、市优质园5所。统筹推进"改薄工程"，新建加固校舍5.5万平方米。推进益海图文中心等重点工程。完善公共卫生服务设施，新建省级示范乡镇卫生院2家、示范卫生室4家。完成老年护理院项目整体改扩建工程，儿童诊疗中心投入运行。全年举办汽车摩托车越野赛、自行车公开赛等大型文化体育活动30余场次，举办"伊山放歌"等文化演出300余场次。（韦庆刚）

伊山镇

伊山镇面积82.33平方千米，其中耕地面积38.74平方千米。下辖21个行政村、13个社区，人口16.02万人。2016年，伊山镇实现地区生产总值52.04亿元，工业总产值25.84亿元，农业总产值6.63亿元，全社会固定资产投资13.1亿元，地方一般预算收入1.31亿元，农民人均可支配收入16243元，是江苏省首批百家名镇之一。全镇建成413公顷的现代农业示范园区及千亩光伏菌业产业园，拥有紫苏、西瓜、食用菌、花卉、特色蔬菜五大特色产业。建成灌云县政府"菜篮子"工程示范基地、设施园艺基地、大棚叶菜生产基地。连云港马诗龙生物科技有限公司、连云港圣叶农业开发有限公司、灌云畜旺生猪养殖有限公司、连云港云辉农业发展有限公司被评定为市级农业龙头企业。全年发展家庭农场26个，新建农民专业合作社13个，注册"年旺西瓜""伊寒冰草""伊蕾番茄""伊尚葡萄"等特色品牌8个。2016年，伊山镇被评为国家级生态乡镇。

党委书记：徐伟明

镇　　长：杨乐武

2016年，灌云县培育无公害农产品、绿色食品、有机农产品和农产品地理标志"三品一标"56个。图为灌云银丰食用菌科技公司在晾晒蘑菇。

魏士化 摄

杨集镇

杨集镇土地面积154.50平方千米，耕地面积84.86平方千米。辖39个行政村、1个社区，人口12.3万人，属全国重点镇、全省98个重点中心镇之一，是全县重要的商贸集散地和旅游休闲基地。2016年，全镇实现地区生产总值25.35亿元，地方一般预算收入3790万元，农村居民人均可支配收入11887元，规模以上固定资产投资8.5亿元，其中规模以上工业固定资产投资7.1亿元，完成规模以上工业总产值15亿元，完成外贸出口3000万美元，实际利用外资及港澳台资155万美元。全镇有规模以上工业企业15家，实现规模以上工业总产值14.89亿元，初步形成以食品加工、仓储物流、货柜货架和木材生产等四大主导产业。打造长流、孙跳、后三、双湾等高效精品农业发展典型，推进设施果蔬、豆丹养殖、水产品开发等农业设施栽培项目的实施，"一村一品"的区域特色初步形成，利华现代农业示范园、小乔圩千亩生态农业园和沂河淌万亩观光农业园初具规模。2016年，杨集镇入选全国综合实力千强镇。

党委书记：李　明

镇　　长：李　勇

侍庄街道

侍庄街道面积66.11平方千米，耕地面积26.7平方千米。人口5.56万人，辖16个行政村、2个社区。2016年，街道实现地区生产总值44.1亿元，地方一般预算收入4.33亿元，粮食总产量2.9万吨，农村居民人均可支配收入13925元。三次产业之比为 7∶64.2∶28.8，全年完成规模以上固定资产投资 41.6 亿元。主要特产有仙健无花果、金诺水蛭、叮当河有机米、沂河羊肉等。侍庄街道区域优势明显，博鹏码头、永和花卉批发市场、淮连农副产品批发市场、汽车 4S 店集中区、东园国际大酒店、格林豪泰酒店等企业落户。2016 年举办中国·祥云杯自行车大赛。流转土地 280 公顷，导入休闲骑行、观光旅游和养生健身等观光休闲农业，初步形成千亩连片浅水藕观光景点、沂河淌十里风光带和十千米自行车赛骑行线路等农业观光带，打造侍圩无花果采摘园、沈庄甜梨采摘园、瓦房村果蔬采摘园和沂河淌野外露营等农村旅游融合示范点。

党工委书记：徐占兵

主　　任：卓长勇

东王集镇

东王集镇面积 91.92 平方千米，其中耕地面积 51.44 平方千米。辖 21 个行政村，人口 68367 人。2016 年，全镇实现地区生产总值 25.17 亿元，工业总产值 33.54 亿元，农业总产值 4.48 亿元，地方一般预算收入 5670 万元，农村居民人均可支配收入 17829 元。主要特色产业有无公害稻米、优质小麦、大棚西瓜、樱桃、中华梨枣大棚蔬菜、生猪、肉牛、奶牛、肉鹅等。旅游休闲景点有红樱桃采摘园、沂河淌旅游风光带等。

党委书记：王铁挺

镇　　长：陆　波

小伊乡

小伊乡位于灌云县城北 11 千米，规划建设的花果山国际机场位于小伊乡境内。面积 84.6 平方千米，其中耕地面积 42 平方千米。全乡辖 19 个行政村、1 个果林场，户籍人口 63722 人。2016 年，全乡实现地区生产总值 16.8 亿元，公共财政预算收入 1542 万元，全社会固定资产投资 4.79 亿元，规模以上工业总产值 34.63 亿元，农村居民人均可支配收入 15043 元。特色产业为藕虾混养、浅水藕种植等，全年藕虾共作面积 1200 公顷，莲藕产业链初步形成，集豆丹种苗繁育、试验示范、技术推广于一体的千亩连片豆丹产业基地启动建设。

党委书记：封　波

乡　　长：刘先仙

龙苴镇

龙苴镇面积 127.08 平方千米，其中耕地面积 85.35 平方千米。辖 28 个行政村，1 个社区，人口 89600 人。2016 年，全镇实现地区生产总值 23 亿元，比 2015 年增长 13.3%，三次产业之比为 30∶50∶20，地方一般预算收入 2463 万元，农村居民人均可支配收入 15500 元。主要特产为蓝莓、葡萄、有机稻、蛋鸡、西红柿、芦蒿等。拥有省级示范家庭农场 1 个，市级示范家庭农场 2 个，县级示范家庭农场 3 个。创建品牌农产品 8 家，全年创建立华集团、龙镇生态园、鑫禧粮油等现代农业龙头项目 3 家。

党委书记：朱高友

镇　　长：李恒军

南岗乡

南岗乡位于灌云县城西南，西临沭阳县吴集镇和西圩乡，北临龙苴镇，面积 133.72 平方千米，其中耕地面积 96.78 平方千米。辖 33 个行政村，人口 11.34 万人。2016 年，全乡实现地区生产总值 17.6 亿元，地方一般预算收入 2664 万元，粮食总产量 96030 吨，农村居民人均可支配收入 11300 元。主要农作物有山芋、小麦、玉米、水稻、芦蒿、蓝莓、灵芝等，全乡建成日光温室大棚近 5000 栋，大小弓棚 7000 个，主要用于发展芦蒿等蔬菜栽培、食用菌种植。

党委书记：汤景栋

乡　　长：陆　叶

四队镇

四队镇位于灌云县东北部，242 省道穿境而过，镇内有善后河、车轴河、界圩河 3 条主要河流贯穿全境。全镇土地面积 88.27 平方千米，其中耕地面积 59.89 平方千米。辖 26 个行政村，人口 71074 人。2016 年，全镇实现地区生产总值 16.1 亿元，地方一般预算收入 2341 万元，农村居民人均可支配收入 15360 元。农业生产主要以种植小麦、水稻为主，经济作物以棉、菜、瓜为主。养殖业主要以生猪、蛋鸡、肉羊等为主。发展农村淘宝服务站 11 个，培育“互联网+”流通新业态。该乡被中国老促会授予 2016 年度老区宣传工作优秀奖。

党委书记：郑奋翔

镇　　长：任宏华

同兴镇

同兴镇位于灌云县城东北，土地面积 128.7 平方千米，其中耕地面积 72 平方千米，辖 28 个行政村，2 个社区，人口 80805 人。2016 年，全镇

龙苴镇石门村高效农业大棚　　魏士化　摄

实现地区生产总值19.48亿元，一般公共预算收入2961万元，农村居民人均可支配收入13938元。同兴镇科铭化工申报国家级高新技术企业。风景名胜有伊芦山风景区，拥有兴甜葡萄、伊恋草莓、伊仙水蜜桃、伊露油桃、川芦浅水藕等一批绿色农产品品牌，奇泉酱油、伊参葛藤粉、浪花石等特色旅游纪念品，"伊尹豆腐""藕莲一生"等地方特色美食。

党委书记：赵 敬

镇 长：徐 明

图河镇

图河镇位于灌云县东南部，242省道、324省道、G15沈海高速、连盐铁路在境内纵横交错，五图河、界圩河、新沂河横贯东西。全镇土地面积108.21平方千米，其中耕地面积54.67平方千米，人口63598人，辖19个行政村。2016年，全镇实现地区生产总值15.9亿元，地方一般预算收入为2488万元，农村居民人均可支配收入16150元。图河镇重点打造324省道、242省道沿线经济产业带，创建市级蔬菜出口示范基地。拥有董庄村、朱庄村、安福村、兴隆村及和平村等种植区，特色品种以西兰花、娃娃菜、松花菜等无公害蔬菜为主，带动基地周边种植面积333公顷。

党委书记：封小卫

镇 长：卞亚军

圩丰镇

圩丰镇位于灌云县东北部。总面积76平方千米，其中耕地面积51平方千米。人口47789人，辖18个行政村、1个社区。2016年，全镇实现地区生产总值15.5亿元，比2015年增长14.6%。工业总产值26.2亿元，农业总产值5.93亿元，地方一般预算收入1490万元。农村居民人均可支配收入14613元，增长11.9%。粮食总产量4.85万吨。建成733公顷的现代渔业产业园区，形成水产养殖、紫菜加工、设施栽培三大特色产业。

党委书记：庄占忠

镇 长：王海航

下车镇

下车镇面积123.43平方千米，其中耕地面积103.68平方千米。辖32个行政村，人口99086人。2016年，全镇实现地区生产总值24.09亿元，工业总产值33.57亿元，农业总产值7.61亿元，地方一般预算收入3600万元，农村居民人均可支配收入15040元。下车镇以设施栽培、花卉苗木、规模养殖、特色养殖为重点，发展以高效农业为龙头的特色产业，全年新增高效农业面积387公顷，其中新增设施栽培面积以100公顷。新增"三品一标"农产品3个。

党委书记：高加鸿

镇 长：任礼徐

燕尾港镇

燕尾港镇是324省道起点，土地面积25.8平方千米，其中耕地面积2.72平方千米，海岸线长21千米。辖4个社区，2个村，人口10325人。2016年，全镇实现地区生产总值52亿元，工业总产值381.1亿元，农业总产值1.85亿元，地方一般预算收入5.88亿元，农村居民人均可支配收入21300元。该镇海产品资源丰富，有捕捞船只300余艘，捕捞量在万吨左右。水产品养殖面积五千亩以上，有育苗场1座，海水工厂化养殖场1个。全年培育对虾苗5亿尾，养殖产量2000吨。燕尾港镇以"发展港口物流，进军产业高地，拓展燕尾新城，打造海疆旅游"为重点，建成江苏海河联运港口的重要物流集散中心，燕尾新城建成集商贸、休闲、旅游为一体的海滨新城。

党委书记：戚建民

镇 长：孙卫伟

（韦庆刚）

灌南县

【概况】 灌南县位于江苏省东北部，是连云港市的南大门，因地处灌河流域，位于灌云县之南而得名。素有"杨木之乡""名优酒之乡""花卉苗木之乡""食用菌之乡"等美誉，是国家科普示范县、农业生态县、优质棉基地县、优质粳稻生产县。风景名胜有二郎神文化遗迹公园、汤沟古镇、灌河景致、幸福林海等。2016年，全县总面积1028.41平方千米，辖11个乡镇，人口82.64万人。全县实现地区生产总值306.8亿元，一般公共预算收入22.43亿元。完成规模以上固定资产投资218.06亿元，其中工业投资153.71亿元。实现社会消费品零售总额93.52亿元，完成服务业增加值110.51亿元，城镇居民人均可支配收入24494元，农村居民人均可支配收入12430元。

【工业经济】 2016年，全县实现规模工业总产值677.3亿元，比2015年增长6.12%。规模工业增加值126.54亿元，增长9%。工业用电量24.87亿千瓦时。工业销售收入244.2亿元，增长7.2%。工业增值税7.18亿元，增长17.8%。企业所得税2.67亿元。亚新钢铁、兴鑫钢铁成为"百亿企业"，全年引进畅颌汽车零部件、欧宝家具等超亿元项目26个。化工园区创建绿色环保安全示范园区，完成防护距离内1298户、26.4万平方米房屋征收。经济开发区引进以杭萧钢构为首的绿色建材产业和以申轩电子为龙头的光电信息产业。太仓灌南高新技术产业园核心区入驻企业30家以上，重点发展光电信息产业。实施培强培优企业行动，地浦科技、润普食品在新三板挂牌。深化产学研合作，全年获批省企业研究生工作站5家、省级工程技术中心1家，新增国家级高新技术企业14家，11人入选省双创博士科技副总计划，首次获批省科技成果转化专项，实施技改项目60个，完成投资56亿元。

【农业经济】 2016年，灌南县建立省部级粮食高产创建万亩示范片区26个，小麦、水稻攻关田单产位居全省第一。全年粮食总产量63.34万吨。新增高效农业面积667公顷、设施葡萄137公顷，食用菌产值45亿元，

12月10日，位于灌南经济开发区内的江苏万年达杭萧钢构有限公司正式投产。 魏士化 摄

建成青刀豆生产出口基地133公顷。香如生物、裕灌科技分别成为全国杏鲍菇、双孢菇生产标准制定牵头单位，灌南县现代农业示范区被评为省级优秀园区。新增县级农业产业化龙头企业12个、市级农产品加工集中区1个，创建市级休闲观光农业示范点3个，新增“三品”品牌38个，秸秆综合利用率98.5%，农业机械化水平83%。灌南县被评为全省首批粮食生产全程机械化整体推进示范县。加快培育新型农业经营主体，争取农民合作社与家庭农场省级建设资金438万元，新增农民合作社64家、家庭农场67家，培育新型职业农民7000人，培育科技示范户1000户，农业信息服务覆盖率60%。农业科技综合展示基地被评为省“A”级示范片。

【商贸服务业】 2016年，全县实现服务业增加值110.51亿元，比2015年增长9.6%；社会消费品零售总额93.52亿元，增长12%。洲业汽车生活广场、阿里巴巴农村淘宝运营中心等新型业态健康发展，97个村级淘宝服务站投入运营，小圈村被评为省级农村电子商务示范村，电商销售额超过4亿元。二郎神文化遗迹公园被评为市文明单位。李集同兴生态园获批全市唯一省四星级乡村旅游区，易宝嵘成农林生态园获批省三星级乡村旅游区，万年达现代农业观光园开园。全年建成A级景区3个、乡村旅游点8个、星级乡村旅游点5个。接待游客68.14万人次、实现旅游综合收入6.14亿元。全年融资25.6亿元，获省债券转贷和一般债券资金26.1亿元。

【城乡建设】 2016年，全县实施城乡建设工程94项，完成投资68亿元。启动城市总体规划修编工作，城市化率提升到48.8 %，新增、改造绿地面积41万平方米，城区绿化覆盖率40.2%。数字化城管系统通过省级验收，堆沟港镇、汤沟镇通过省级重点中心镇验收，李集乡二圩村、新安镇硕项村创建省级美丽乡村。建立阳光征收新机制，完成房屋征收78万平方米，拆除违建2万平方米。建成棚户区安置房2714套，修复城镇危房2.4万平方米，改造农村危房50户。销售商品房74.5万平方米，比上年增长75%。实施城镇环境整治和小区物业管理提升工程，集中整治

2016年灌南县国民经济发展情况主要指标一览表

表108

项 目	单位	2016年	比2015年增减（%）	项 目	单位	2016年	比2015年增减（%）
人口	万人	82.64	0.57	全社会固定资产投资总额	亿元	218.06	21.1
土地面积	平方千米	1028.41	0	外贸自营出口总额	万美元	16979	-7.1
耕地面积	平方千米	587.83	0	实际利用外资及港澳台资	万美元	283	-92.4
地区生产总值	亿元	306.80	7.5	社会消费品零售总额	亿元	93.52	12.0
第一产业增加值	亿元	51.51	2.4	财政总收入	亿元	42.5	-33.4
第二产业增加值	亿元	144.78	7.8	公共财政预算收入	亿元	22.43	-42.1
工业增加值	亿元	125.92	8.3	财政支出	亿元	76.78	-6.57
第三产业增加值	亿元	110.51	9.6	一般预算支出	亿元	48.04	-21.13
人均地区生产总值	元	48545	7.8	城镇居民人均可支配收入	元	24494	8.1
规模以上工业产值	亿元	677.30	6.1	农村居民人均可支配收入	元	12430	9.0
农业总产值	亿元	97.07	6.7	年末存款余额	亿元	180.44	32.7
粮食总产量	万吨	63.34	-0.13	年末贷款余额	亿元	134.09	17.26

2016年灌南县乡镇经济社会发展基本情况一览表

表 109

名 称	土地面积（平方千米）	耕地面积（平方千米）	户籍人口（人）	地区生产总值（亿元）	工业总产值（亿元）	农业总产值（万元）	地方一般预算收入（万元）	粮食总产量（吨）	农民人均可支配收入（元）
新安镇	143.27	73.28	186362	65.24	18.60	98786	23303	86603	12430
堆沟港镇	140.82	65.98	91699	47.11	121.37	125253	19355	86867	16040
田楼镇	111.43	58.94	84700	27.10	13.04	80669	13726	72287	11800
张店镇	59.18	37.32	42065	15.86	6.21	50647	6113	32983	12430
孟兴庄镇	78.09	49.35	64051	20.44	10.05	69846	7273	47091	13398
汤沟镇	32.60	20.44	30655	17.15	14.26	32435	6516	21322	12430
李集乡	88.19	50.53	75424	21.47	11.17	63875	8126	50414	14800
三口镇	87.02	55.99	64683	23.32	10.19	78032	6841	63374	14500
百禄镇	105.16	60.91	66673	18.92	17.65	57844	8196	57150	12296
新集镇	127.38	80.14	76338	25.13	17.63	102185	11735	80100	12430
北陈集镇	55.26	34.95	43724	9.38	1.12	30284	6006	35177	12348

24个住宅小区、建设8个智能小区，整治提升17条背街小巷，建成6个便民疏导点，对6个农贸市场提档升级。新建雨污管网5千米，铺设天然气管网30千米，新增燃气用户3000户。人民东路改造、民生桥新建、周口河桥拓宽通车，完成灌南县实验小学周边路网改造，娄江路、浏河路竣工，加快建设盐河路、瑞安路、学院路等6条道路，优化城区路网。204国道改扩建工程实现贯通，连盐铁路、连淮扬镇铁路工程有序推进，张湾大桥连接线、百花大桥连接线完工，改造升级农村公路60千米。全年完成水利建设投资2.53亿元，实施小潮河闸拆建、农村河道疏浚整治等水利工程。

【社会事业】 2016年，全县完成职业技能培训6000人，就地转移农村劳动力人数、外出务工返乡回流人数、新增城镇就业人数均超过1万人。“五险”征缴收入突破5亿元，农村低保标准、医疗救助报销比例持续提高。全年新增50个标准化居家养老服务中心，渔民上岸工程全面完成。完成214座农村小水厂整合重组，硕项湖水厂、田楼水厂实现供水。新改建校舍52栋、12万平方米，体育馆完成主体工程，扬州路实验学校建成投用，灌南实验中学新校区基本完工，城东幼儿园开工建设。全县创成省市优质园7所、省义务教育学校标准化建设达标校24所。建成国家中医药发展与政策研究中心灌南分中心，2个“群众满意乡镇卫生院”通过省级审核。全年送戏、送电影下乡3500余场，送书下乡2万余册，获批省市级非遗项目11个，获省级表彰农家书屋4个。灌南县创成省级公共文化和公共体育服务体系示范区。

（邓洪鹏）

新安镇

新安镇是全县政治、经济、文化中心，县政府驻地。面积143.27平方千米，辖29个行政村、4个社区，人口186362人。2016年，全镇实现地区生产总值65.24亿元，完成地方一般预算收入2.33亿元，农村居民人均可支配收入12430元。引进总投资超亿元的无锡磷化工、泡花碱项目投产，日烘干180吨粮食烘干项目投入运营。全年完成房屋征收1316户、30.22万平方米，征用土地123公顷。完成22家农村水厂整合重组，完成5200公顷土地确权登记工作，941户、2699人低收入农户实现脱贫。新建农村淘宝服务站6个、国家级农产品注册商标淘宝平台2个。硕项村创成省级美丽乡村。

党委书记：周庆伟

镇　　长：孙　宇

堆沟港镇

堆沟港镇东濒黄海，南依灌河，全镇灌河岸线26千米。土地面积140.82平方千米，海域面积1160公顷，辖28个行政村、3个社区，人口91699人。2016年，全镇实现地区生产总值47.11亿元，完成地方一般预算收入19355万元，农村居民人均可支配收入16040元。堆沟港镇东部依托省级化工产业园、金属加工园、船舶工业园和码头物流园四大支柱产业做好产业链招商。西部招引农业龙头企业，该镇西部形成“农业龙头企业+基地+农民经济合作组织+农户”的生产模式，实现农业产业化、生产标准化、农产品品牌化。中部依托县城次中心——堆沟新城，招引服务型企业，为临港四大支柱产业园区提供餐饮、住宿、娱乐、办公等配套服务。

党委书记：张卫峰

镇　　长：任红剑（11月免）

金兵亭（11月任）

田楼镇

田楼镇面积111.43平方千米，辖25个行政村、1个社区，人口84700人。2016年，全镇实现地区生产总值27.1亿元，完成地方一般预算收入13726万元，农村居民人均可支配收入11800元。镇内中小企业园西区入驻企业6家，东区近5万平方米一体化工业厂房主体完成，签约新材料蓄电池等企业2家。政府"菜篮子"工程农贸市场投入运营，建成三兴新村、茂华新村等15个集中小区，连盐铁路安置小区及耿冯新村初具规模，创建小海美丽乡村。田楼镇境内新扩204国道建成通车，小潮河闸拆建、灌北干渠完成拓浚。新农合、城乡居民养老保险、区域供水实现全覆盖。

党委书记：孟　跃

镇　　长：朱海波（4月免）

　　　　　朱耀汇（4月任）

张店镇

张店镇面积59.18平方千米，辖12个行政村、1个社区，人口42065人。素有"绒绣""苗猪繁育之乡"美誉，特色农产品有"锣鼓"牌西瓜、葡萄等。2016年，全镇实现地区生产总值15.86亿元，完成地方一般预算收入6113万元，农村居民人均可支配收入12430元。全年实施连淮扬镇张店段铁路、小水厂整治、区域供水工程，做好农业普查、土地确权工作。该镇依托高效农业产品，打造特色产业圈、生态休闲圈、电子商务圈，初步形成"东种西养"产业格局。整合特色农业项目、沂河淌风光及锣鼓传统文化，形成葡萄、西瓜、黄桃采摘、沂河淌垂钓观光等系列的休闲观光产业。借助"电商助力扶贫"东风，构建"一村一品一店"模式，以"基地＋品牌＋电商"形式带动农民致富，小圈村被评为省级电子商务示范村。

党委书记：朱晓文

镇　　长：王文成

孟兴庄镇

孟兴庄镇面积78.09平方千米，辖20个行政村，人口64051人。该镇有苏北"林木之乡"的美誉。2016年，全镇实现地区生产总值20.44亿元，完成地方一般预算收入7273万元，农村居民人均可支配收入13398元。老垛村获批省级美丽乡村。沂河淌133公顷有机大蒜栽培示范基地项目有序推进，全年成片林植树面积137公顷。

党委书记：潘龙飞

镇　　长：王士富（4月免）

　　　　　孟卫东（4月任）

汤沟镇

汤沟镇地处连云港、宿迁、淮安3市结合部，土地面积32.6平方千米，辖8个行政村，人口30655人。汤沟镇是江苏百家名镇之一，是国家级、省级重点中心镇，于2016年4月被环保部评为国家级生态乡镇。2016年，全镇实现地区生产总值17.15亿元，完成地方一般预算收入6516万元，农村居民人均可支配收入12430元。该镇以白酒产业为主导，结合传统工业，形成以酿酒、食品、板材等为主要支撑的工业主导型城镇格局。加快转变农业发展方式，培育专业大户、家庭农场、农民合作社，从事专业化、集约化农业生产，发展以瓜蒌、西兰花、青刀豆为代表的果蔬种植和以龙虾与水稻混养为代表的综合养殖。全年建设3个特色村居示范新村。

党委书记：郑宏恩

镇　　长：祝银伟（4月免）

　　　　　鹿存梅（4月任）

李集乡

李集乡面积88.19平方千米，辖19个行政村、2个社区，人口75424人。2016年，全乡实现地区生产总值21.47亿元，工业总产值11.17亿元，农业总产值6.39亿元，完成地方一般预算收入8126万元，农村居民人均可支配收入14800元。创建金海园林、易宝嵘成生态园林、六塘葡萄采摘园等知名品牌项目。连淮扬镇铁路朱圩安置小区完成土地征收。完成小水厂整治，推进土地督察整改工作。加快建设洲业汽车城项目工程。

2016年，灌南县李集乡二圩村被评为省级美丽乡村。　　汤井强　摄

党委书记:周文生(4月免)
　　　　 陈跃军(4月任)
镇　　长:何昱君(4月免)
　　　　 陈　涛(4月任)

三口镇

三口镇面积87.02平方千米,辖18个行政村、3个社区,人口64683人。素有“食用菌之乡”“淮山药之乡”等称号。2016年,全镇实现地区生产总值23.32亿元,工业总产镇10.19亿元,农业总产值7.8亿元,完成地方一般预算收入6841万元,农村居民人均可支配收入14500元。全年引进超亿元项目2个,实现当年谈判、当年引进、当年建成投产。完成大北加油站、污水管网、污水处理站等重点工程。总投入5000万元的灌河治理工程、2200万元的农田整治项目、1500万元的农开项目等重点工程开工建设。

党委书记:张友明(11月免)
　　　　 吴发亮(11月任)
镇　　长:吴发亮(11月免)
　　　　 王立权(11月任)

百禄镇

百禄镇地处于连云港、盐城、淮安3市交界处。面积105.16平方千米,辖24个行政村,人口66673人。是“杨木之乡”和优质粳稻、有机浅水藕生产基地。2016年,全镇实现地区生产总值18.92亿元,工业总产值17.65亿元,农业总产值5.78亿元,完成地方一般预算收入8196万元,农村居民人均可支配收入12296元。全年引进总投资4亿元的飞展能源光伏电站项目、投资1.2亿元的联合皮业项目、总投资3000万元的遵道电子项目。推进窑湾集中区及百禄老街亮化工程,架设路灯340盏、铺设地下污水管网2000米,完成10千米的一帆河生态防护林项目。完成农村水厂整合、土地整改工作。

党委书记:卢凯富
镇　　长:蒋国荣

11月30日,位于灌南县境内的连盐铁路灌河特大桥桥梁安装施工。
灌南县　供

新集镇

新集镇面积127.38平方千米,辖26个行政村,1个社区,人口76338人。2016年,全镇实现地区生产总值25.13亿元,完成地方一般预算收入1.17亿元,农村居民人均可支配收入12430元。引进总投资5000万元的凯鼎纺织、总投资500万美元的桊富木业项目。全年成立合作社6家、家庭农场16家,流转土地333公顷。新建农桥17座,防渗渠42千米,5座垃圾中转站建成使用,完成23个农村小水厂整合重组。新农保完成率、全民参保入户调查率及录入率均为100%。该镇有周庄设施蔬菜,菊花、孙湾花卉苗木、金圩獭兔、季圩草鸡蛋等种养殖基地。拥有“淮”牌韭菜、淮山药、“贵生缘”牌草鸡蛋、“悦诚”牌獭兔等省级无公害农产品品牌。

党委书记:庞士军(4月免)
　　　　 张峻松(4月任)
镇　　长:张峻松(4月免)
　　　　 祝银伟(4月任)

北陈集镇

北陈集镇面积55.26平方千米,辖14个行政村,1个社区,人口43724人。2016年,全镇实现地区生产总值9.38亿元,完成地方一般预算收入6006万元,农村居民人均可支配收入12348元。全年投入350万元新建规模化养羊基地,存栏山羊1.5万头。实施农民就近就业工程,利用后方帮扶单位资源优势,投入100余万元,在尹荡村新建1000平方米厂房,增加村集体经济10余万元,带动周边100余名劳动力进厂务工。完成农村小水厂整合工作,全镇统一供水率100%。完成8个村省高标准基本农田土地整理项目,平整土地1333公顷,新建高标准农田1133公顷。

党委书记:陈跃军(4月免)
　　　　 刘　峰(4月任)
镇　　长:刘　峰(4月免)
　　　　 邱　军(4月任)

(邓洪鹏)

责任编辑　徐　敏

人　　物

新任市领导

万闻华　女，汉族，1974年7月出生，江苏海门人，研究生学历。1994年11月加入中国共产党，1996年6月参加工作。1992年9月至1996年6月在南京化工大学高分子系高分子材料专业学习并毕业。1996年6月至1998年4月任共青团江苏省委宣传部干事。1998年4月至2000年2月任共青团江苏省委宣传部副科级干事。2000年2月至2001年2月任共青团江苏省委办公室正科级干事（其间：2000年3—6月挂职任南京市秦淮区红花镇镇长助理）。2001年2月至2002年2月任共青团江苏省委办公室主任助理。2002年2月至2003年11月任共青团江苏省委城市青年工作部副处级干事。2003年11月至2005年5月任共青团江苏省委权益部副部长、省未成年人保护委员会办公室副主任（其间：2004年9月至2009年6月在南京大学公共管理学院行政管理学专业研究生学习并毕业，获管理学博士学位）。2005年5月至2007年7月任共青团江苏省委统战部部长、省青年联合会秘书长。2007年7月至2008年11月任共青团江苏省委副书记。2008年11月至2011年9月任共青团江苏省委副书记、党组成员（其间：2008年12月至2010年1月挂职任洪泽县委副书记）。2011年9月至2016年6月任共青团江苏省委书记、党组书记。2016年6月至2016年12月任中共连云港市委副书记（正市级）、组织部部长、党校校长。

刘海涛　男，汉族，1971年9月出生，江苏兴化人，研究生学历。1992年10月入党，1994年8月参加工作。1990年9月至1994年8月在南京经济学院食品科学与工程系粮食工程专业学习并毕业。1994年8月至1995年4月任南京市玄武区孝陵卫镇党委秘书。1995年4月至1996年3月任南京市栖霞区马群镇党委办公室副主任。1996年3月至1998年11月任省纪委执法监察室科员。1998年11月至2003年3月任省纪委执法监察室副主任科员。2003年3月至2004年3月任省纪委执法监察室主任科员。2004年3月至2005年8月任省纪委执法监察室副处级纪检监察员（其间：2001年9月至2004年7月在中央党校党员领导干部在职研究生班经济管理专业学习并毕业）。2005年8月至2008年1月任省纪委法规研究室副处级纪检监察员。2008年1月至2013年11月任省纪委法规研究室副主任（正处级，其间：2011年3月至2012年1月新加坡南洋理工大学公共管理专业研究生学习并毕业，获公共管理硕士学位）。2013年11月至2015年12月任省纪委法规研究室主任（副厅级）。2015年12月至2016年6月任省纪委党风政风监督室主任（副厅级）。2016年6月至2016年12月任中共连云港市委常委、市纪委书记。

曹卫东　男，汉族，1970年3月出生，江苏盐城人，省委党校研究生学历。1994年5月入党，1992年8月参加工作。1988年9月至1992年8月在扬州师范学院历史系历史教育专业学习并毕业。1992年8月至1993年8月任连云港市连云区陶庵办事处团委办事员。1993年8月至1994年10月任中共连云港市连云区团委干事。1994年10月至1998年4月任中共连云港市连云区委组织部干事、区委组织员（其间：1995年8月至1998年3月在中央党校涉外经济管理专业本科函授学习并毕业）。1998年4月至1998年12月任中共连云港市连云区委办公室副主任。1998年12月至1999年11月任连云港市连云区高公岛乡党委副书记、乡长。1999年11月至2002年1月任连云港市连云区高公岛乡党委书记。2002年1月至2003年1月任连云港市连岛海滨旅游度假区管委会副主任、党组成员。2003年1月至2004年1月任连云港市连云区政府副区长，市连岛海滨旅游度假区管委会副主任、党组成员（其间：2002年2月至2003年7月在江苏省委党校政治经济学专业研究生学习并毕业）。2004年1月至2005年12月任中共连云港市连云区委常委、区政府副区长，市连岛海滨旅游度假区管委会副主任、党组成员。2005年12月至2006年10月任连云港经济技术开发区党工委副书记、管委会副主任（副处及）。2006年10月至2008年2月任连云港经济技术开发区党工委副书记、管委会副主任。2008年2月至2009年8月任连云港经济技术开发区党工委副书记、管委会常务副主任。2009年8月至2010年1月任中共赣榆县委副书记，县政府代县长。2010年1月至2013年7月任中共赣榆县委副书记，县政府县长、党组书记。2013年7—12月任中共赣榆县委书记，县政府县长、党组书记。2013年12月至2014年1月任中共赣榆县委书记，县人大常委会党组书记。2014年1—7月任中共赣榆县委书记，县人大常委会主任、党组书记。2014年7月至2016年5月任中共赣榆区委书记，区人大常委会主任、党组书记。2016年5—7月任连云港市委常委，赣榆区委书记，区人大常委会主任、党组书记。2016年7—9月任中共连云港市委常委。2016年9—12月任中共连云港市委常委、连云港经济技术开发区党工委书记。

王立斌 男，汉族，1963年2月出生，江苏邳州人，省委党校研究生学历。1987年9月入党，1979年12月参加工作。1979年12月至1982年1月任连云港市东海县人民银行浦南营业所会计、县行信贷员；1982年1月至1985年9月任徐州市睢宁县人民银行信贷员。1985年9月至1987年10月任东海县委办公室办事员（其间：1982年9月至1985年10月在江苏广播电视大学徐州分校语文类专业学习并毕业）。1987年10月至1988年6月任中共东海县委办公室综合科秘书。1988年6月至1989年7月任中共东海县委办公室秘书科科长。1989年7月至1992年2月任中共东海县委办公室副主任。1992年2月至1994年3月任东海县石榴镇党委书记。1994年3月至1997年7月任东海县委宣传部副部长（正科级，其间：1993年9月至1995年7月在南京理工大学思想政治教育专业本科学习并毕业）。1997年7月至2000年2月任连云港市文明办活动委员会办公室主任。2000年2月至2001年7月任中共连云港市委宣传部办公室主任。2001年7月至2006年5月任中共连云港市新浦区委常委、宣传部部长（其间：2002年9月至2005年12月在江苏省委党校政治经济学专业研究生学习并毕业）。2006年5月至2008年12月任中共新浦区委常委、区政府常务副区长。2008年12月至2009年1月任中共新浦区委副书记、区政府代区长。2009年1月至2013年2月任中共新浦区委副书记、区政府区长。2013年2月至2014年1月任中共新浦区委书记，市新海新区开发建设指挥部党组书记。2014年1—7月任连云港市新浦区委书记、区人大常委会主任，市新海新区开发建设指挥部党组书记。2014年7月至2016年1月任中共海州区委书记、区人大常委会主任，市新海新区开发建设指挥部党组书记。2016年1—9月任中共海州区委书记，市新海新区开发建设指挥部党组书记。2016年9—12月任中共连云港市委常委，海州区委书记。

（组织部）

先进模范人物

全国“五一劳动奖章”获得者

张团思 男，汉族，1970年2月出生，中共党员，江苏省新海高级中学教师。他教学成绩突出，关爱学生，被学生亲切地称为“团团哥”。2011届他任班主任的班级，所有学生高考均达本科线，4人列全市前十名，2人被清华大学录取，2人被评为省三好学生，该班团支部被评为省优秀团支部。他任年级主任的2014届，学生参加全国学科奥林匹克竞赛获得金、银、铜牌各1枚，5人入围高考全市理科前十名，包揽文科前十三名，10人考入清华大学、北京大学。他于2003年获市基本功大赛一等奖，2012年获市教学能手比赛一等奖，2013年获省“五一劳动奖章”，2014年被评为全国优秀教师，2016年获得全国“五一劳动奖章”。

汤化军 男，汉族，1967年3月出生，中共党员，江苏汤沟两相和酒业有限公司制造中心主任，白酒酿造高级技师、白酒品酒师。他将新技术应用到传统的酿酒工艺和公司质量管理工作中，主持并参与“电子信息工程在酿酒工艺中的应用”“复合产酸菌及细菌发酵工艺”等10多项课题研究，其中“芳香、醇甜、淡雅、净爽大曲酒的研究”获得连云港市科技进步奖三等奖。根据此基酒开发、设计的“两相和”“汤沟窖藏”“汤沟世藏”系列产品被评为中国白酒工业十大创新品牌、全国酒类产品质量安全诚信推荐品牌等，年销售额近5亿元。他先后被评为连云港市劳动模范、市首席员工、省技术能手、省白酒大师，获得江苏省“五一劳动奖章”，2016年获得全国“五一劳动奖章”。

江苏省劳动模范

陈继祥 男，汉族，1968年6月出生，中共党员，大专学历，东海县供电公司带电作业班班长，高级技师。他自学汽油机维修技术，承担企业油锯的维修和保养，为企业节约资金300余万元。实施10余项带电作业新项目，累计安全完成带电操作8000余次，为企业多供电量9500余万千瓦时。完成间隔棒安装走线器、绝缘电动夹固操作杆等25项技术革新研发，取得国家专利22项。他于2014年获得江苏省“五一劳动奖章”、被评为国网江苏省电力公司劳动模范，2015年被评为国家电网公司特等劳模，2016年被评为省劳动模范。

陈荣夫 男，汉族，1973年12月出生，中共党员，大专学历，江苏远征化工有限公司车间主任。2015年，公司实施压滤机改造项目，他提出压滤机岗位人员合并，在产能和安全标准大幅提高的同时为公司每年节约用工成本100多万元。他对M003产品提出偶合工艺技改，使产品纯度从88%提高到90%，车间2016年生产产量比2015年增长58%。他于2015年被评为市劳动模范，2016年被评为省劳动模范。

谢晓红 男，汉族，1966年8月出生，高中学历，江苏亚邦染料股份有限公司连云港分公司工段长。2013年6月，连云港市遭遇强对流灾害天气，厂区内涝严重，各种原材料、产成品、储罐区的机泵、电机等随时有被淹没的危险，他带领工人抢险救援，为公司挽回巨大损失。他于2009年被评为市劳动模范、获得市“五一劳动奖章”，2016

年被评为省劳动模范。

陈晶 女，汉族，1980年3月出生，中共党员，本科学历，江苏阳云丰服装有限公司安全生产检查员。她针对单位劳动力密集的特点，在争取员工合法权益和打造企业人性化管理方面，受到劳资双方的好评。她多次组织帮扶困难职工，并在心理上给予关心和指导。她于2011年获得市"五一劳动奖章"，2013年获得省"五一劳动奖章"，2016年被评为省劳动模范。

李起奖 男，汉族，1966年4月出生，本科学历，江苏中金玛泰医药包装有限公司技术经理，高级工程师。2012年以来，他负责开发、工艺改进项目9项，获三项实用新型专利。主持SP双铝复合膜工艺、AL/PE栓剂包装膜、先干后挤复合膜、液体包装用复合膜等技术改进，主持DMF资料、QS、药品注册资料、企业原材、成品标准编制。他于2007年获市"五一劳动奖章"，2012年被评为市劳动模范，2016年被评为省劳动模范。

宋国君 男，汉族，1969年3月出生，中共党员，大专学历，江苏斯尔邦石化有限公司主任工程师。在投资近20亿元的丙烯腈联合装置技术引进及设备采购技术谈判中，他对工艺进行优化和改进，为公司节约投资5000多万元。在联合装置开车期间，昼夜坚守岗位20天，攻克开车过程中的难关。2016年被评为省劳动模范。

闫彬 男，汉族，1975年1月出生，本科学历，江苏恒瑞医药股份有限公司制剂分公司二厂工程部副部长。他把工厂内分散的空压机进行联网，解决空压机独立运转没有备用机的问题，为公司节约购买空压机的费用100多万元。他自学理论知识和标准，建立公用设施相关的操作规程和标准。他于2009年被评为市劳动模范，2016年被评为省劳动模范。

张长玉 男，汉族，1964年3月出生，中共党员，本科学历，江苏新海发电有限公司燃料部专职工程师，助理工程师，高级技师。他带领检修人员完成330兆瓦机组需用场地石英厂的拆迁及输煤系统设备安装，1030兆瓦机组开工后带领安装人员完成220兆瓦到330兆瓦共用部分设备的改接及1030兆瓦输煤系统的设备安装。他于2006年被评为市劳动模范，2016年被评为省劳动模范。

王昌良 男，汉族，1970年2月出生，大专学历，正大天晴药业集团股份有限公司设备部经理，高级工程师。他负责海州新制剂厂车间生产工艺设备的考察、选型与引进，并通过技术攻关解决原进口胶囊充填机不能充填5毫克级微剂量胶囊的问题，通过阶梯温度控制破解连续流化干燥难题等。他于2012年被评为市劳动模范，2016年被评为省劳动模范。

王海川 男，汉族，1964年6月出生，大专学历，中船重工集团第七一六研究所副总工程师，研究员。他负责或参加10余项军品型号项目和国防预研课题的研制或研究，主持研制的某通用型武器控制系统，推广应用于几十艘新建造的水面舰艇中，合同额超3亿元。他获得国防科技进步一等奖1项，省部级二等奖1项、三等奖2项，于2006年被评为市劳动模范，2007年获得江苏省"五一劳动奖章"，2012年获国务院政府特殊津贴，2016年被评为省劳动模范。

张炳江 男，汉族，1976年1月出生，中共党员，本科学历，连云港港口控股集团铁运分公司机务段电器仪表班班长，高级工。他的"听、看、闻、摸"检查内燃机车作业方法，高效检出机车故障。主持完成DF4DD机车主回路无电分离改造、机车电子添乘系统研发、机车空调改装、冷却水系统改造等项目，累计节本增效近百万元。他带领电器仪表班QC小组连续两年以第一名的成绩获得全国优秀质量管理小组称号。他先后获得全国海员工会金锚奖、江苏省"五一劳动奖章"，2016年被评为省劳动模范。

李守勇 男，汉族，1974年2月出生，中技学历，连云港港口控股集团东泰港务分公司机械队铲车一班班长，技师。他熟练操作叉车、装载机、挖掘机等7种机械设备，保持3个货种的个人生产记录，他提出的"优化矿砂堆高作业"应用在生产中，使工班矿砂推高作业量突破1万吨。他先后被评为市技术能手、市首席员工。2016年被评为省劳动模范。

凌希淮 女，汉族，1962年2月出生，中共党员，本科学历，交通银行股份有限公司连云港分行营业部经理，经济师。她注重为优质实体经济、民营企业和中小微企业做好服务。2015年，营业部支持中小微企业42户，贷款投放16.27亿元；对连云港市重大项目江苏斯尔邦石化项目支持3亿元；投放2015年连云新城建设开发贷款5亿元。她先后被评为交通银行总行优秀共产党员、十佳支行行长，2016年被评为省劳动模范。

胡建明 男，汉族，1961年3月出生，中共党员，研究生学历，连云港市工业投资集团有限公司董事、总经理、党委副书记，高级经济师、研究员级高级政工师。他落实"盐田服从港用、工用、市用"的要求，实现2.18万公顷盐田的有序退出。推进"盐及盐化工、纤维新材料"两大产业链转型升级，完成项目投资近30亿元。争取国家棚户区改造扶持以及省级配比资金总额2.4亿元，基本建成5590套，职工收入每年保持10%～15%的稳步增长。他于2012年被评为市劳动模范，2016年被评为省劳动模范。

杨寅 男，汉族，1962年4月出生，中共党员，硕士，江苏康缘集团有限责任公司、连云港康缘医药商业有限公司副董事长、董事长，高级经济师。他于1996年参与改制连云港市中药厂，将一个年销售规模不足1000万的作坊式小厂，发展成为年销售额62.77亿元、创利税9.64亿元的集药品生产、批发、零售及食品、保健品、房地产等多领域发展的大型集团公司。2003年，参与改制濒临破产的连云港市医药采购供应站，成立连云港康缘医药商业有限公司，发展成为全国医药商业50强。他于2012年被评为市劳动模范，2016年被评为省劳动模范。

范建民 男，汉族，1966年2月出生，中共党员，本科学历，江苏新海石化有限公司董事长、党委书记，高级经济师、高级政工师。他全程参与新海石化一期、二期项目建设，并主导建设三期项目。在他的带领下，新海石化2015年位列中国民营企业500强第178位，中国石油和化工民营企业百强第15位。他先后被评为江苏省第四届优秀企业家、江苏省优秀中国特色社会主义事业建设者、市劳动模范，2016年被评为省劳动模范。

乔光辉 男，汉族，1968年6月出生，中共党员，硕士，连云港中复连众复合材料集团有限公司党委书记、总经理，教授级高级工程师。他承担国家、省级科技项目20余项，获市级以上科技进步奖20多项次（其中省部级9项）获专利授权68件。带领技术团队攻坚开发亚洲最长的6兆瓦75米长叶片，兆瓦级风力机叶片连续9年国内市场占有率位列第一。他于2009年被评为市劳动模范，2016年被评为省劳动模范。

张福海 男，汉族，1973年9月出生，中共党员，硕士，江苏核电有限公司维修总监，研究员级高级工程师。他长期从事核电站设备维修工作，多次担任反应堆主冷却剂泵、海水循环泵、励磁机等重大设备的故障处理负责人，所负责的主泵水润滑轴承的磨损机理研究成果投入应用。获中国核能行业协会科学技术奖三等奖2项，电力行业设备管理创新奖二等奖1项，中核集团科学技术奖一等奖1项。他于2006年被评为全国知识型职工先进个人，2014年获市“五一劳动奖章”，2016年被评为省劳动模范。

周瑞荣 女，汉族，1963年10月出生，无党派人士，本科学历，连云港市城建控股集团有限公司副总经理，高级经济师。她参与国家海洋局专项课题研究3项，主编用海项目可行性报告近30项。负责的连云新城建设项目多次获得全市经济建设和社会发展目标考核重大事项推进一等奖。她于2009年被评为市劳动模范、2012年被评为省“五一巾帼标兵”，2016年被评为省劳动模范。

魏洁 男，汉族，1963年3月出生，中共党员，本科学历，连云港远洋流体装卸设备有限公司总工程师，研究员级高级工程师。他开发出新产品网壳，承揽国内最大5万立方米大型储罐的钢网壳及铝网壳的设计项目。承担多项市级和省级科研攻关项目，其中“井形内浮盘产品开发”被列为国家级星火计划，获得专利12项。他于2008年获得第六届国际发明展览会银奖，2015年被评为市劳动模范，2016年被评为省劳动模范。

刘宇同 男，汉族，1970年9月出生，中共党员，研究生学历，连云港供电公司副总经理，高级工程师。他推动电网提升工程，“十二五”期间全市电网建设投资超40亿元。消除老旧城区电网“低电压”现象，全市35千伏及以上变电站总数达到137座。他于2007年获得江苏省五一劳动奖章，2016年被评为省劳动模范。

权太琦 女，汉族，1984年10月出生，中共党员，大专学历，新浦汽车总站党支部副书记、工会主席，“雷锋车”车手。她坚持每天用雷锋车到火车站无偿接送特旅客的行李，赢得旅客们的广泛赞誉。她先后获得省“五一劳动奖章”、江苏“青年五四奖章”，被评为江苏省技术能手、市劳动模范，2013年当选第十二届全国人大代表，2016年被评为省劳动模范。

谢大春 男，汉族，1962年11月出生，大专学历，连云港兴达石英材料有限公司班长，中级技师。他带领“劳模创新工作室”的成员参与实施多项国家和省市科技计划项目。“一种产大直径石英玻璃棒的连熔炉”被评为连云港市第二届职工十佳科技创新成果，高纯石英砂浮选机被评为连云港市首届劳模创新工作室科技创新成果，生产超高纯石英砂的组合机械设备被评为连云港市第五届职工十佳科技创新成果、电子级单晶坩埚用高纯低铝石英砂获得连云港市科学技术进步奖。他先后被评为市首届首席员工、市劳动模范、全省优秀农民工、全国优秀农民工，2016年获得市技术创新优秀奖，被评为省劳动模范。

刘二伟 男，汉族，1986年1月出生，中共党员，初中学历，赣榆交通工程有限公司挖掘机操作手，二级技师。他参加赣榆区新城区南京路、朱稽河大桥、临海高等级公路赣榆段3标、海滨大道赣榆段路基及桥涵1标等重点工程施工，在全国筑养路机械操作技能大赛中获得2次第一名，2013年获得江苏省“五一劳动奖章”。在厦门举行的“中国大能手”职业技能竞技真人秀比赛中获得总冠军。2015年被评为市“十大最美职工”、江苏省杰出青年，2016年被评为省劳动模范。

郭守建 男，汉族，1967年11月出生，中专学历，江苏万象建工集团有限公司建造师，工程师。他在大庆、连云港、几内亚共和国等地参建数十项工业与民用建筑项目的施工，工程合格率100%、优良率近90%。参与及负责施工的工程获得国家质量控制奖项2项、省扬子杯奖项4项、省质量控制奖项9项，被评为省新技术应用示范工程4项。他于2016年被评为省劳动模范。

唐兆芹 男，汉族，1960年11月出生，中共党员，高中学历，东海县张湾乡七里桥村民委员会党支部书记。他带领村民发展吊车装卸业务致富，带领村支“两委”在连盐铁路、204国道、蔷薇湖顶管等项目征迁期间，征地28.1公顷，拆迁房屋9000平方米，参与调处重大及较大施工问题和矛盾纠纷50起。他先后被评为优秀基层党支部书记、市劳动模范，2016年被评为首届最美东海人、省劳动模范。

戴乐春 男，汉族，1972年12月出生，中共党员，大专学历，灌云县四队镇街西社区党支部书记。他带领社区居民发展高效农业，涌现一批种植大户，年收入10万元以上。引进投资80万元的云鑫服装加工厂，招引注册纳税企业2个。他被评为省“吴仁宝式优秀村书记”、市劳动模范、灌云县十佳村（社区）书记，2016年被评为省劳动模范。

王必进 男，汉族，1981年7月出生，中共党员，大专学历，灌云县龙苴镇石门村党支部书记。他带领村支“两委”建成拥有1100个日光温室大棚、180公顷经营面积的省级现代农业产业园区，建设2000平方米的田头蔬菜批发市场，解决菜农销售难问题。带领村民新建电灌站1座、水利设施47处、水厂1座、农民安置小区150套16500平方米。引进服饰、鞋业、建材、电子等系列加工短平快小企业项目8个，帮助村民就业。他于2015年被评为省"吴仁宝式优秀村书记"、市劳动模范,2016年被评为省劳动模范。

付明光 男,汉族,1968年12月出生,中共党员,大专学历,灌南县堆沟港镇十队村党支部书记。他带领村民致富,2015年,该村各项经济指标比"十一五"期末翻四番,其中工业销售额8000万元、第三产业销售额5000余万元,农民人均收入1.48万元,跃居全镇榜首,名列全县十强村。他于2009年被评为市劳动模范,2016年被评为省劳动模范。

王宜青 男,汉族,1971年4月出生,中共党员,大专学历,赣榆区金山镇赵湖村赵湖花卉专业合作社社长。成立宜青花卉苗圃场,发展樱花、广玉兰等科技小农场,资产760万元。建立赵湖花卉专业合作社,发展花卉苗木153.3公顷、花卉日光温室650栋,总资产1.1亿元,年收入4533万元,帮助建档立卡的贫困人口1069人脱贫致富。他于2006年被评为市劳动模范,2016年被评为省劳动模范。

吕恒友 男,汉族,1971年6月出生,中共党员,大专学历,海州区浦南镇新湾村发旺生猪养殖合作社理事长,高级经济师。2008年,他成立浦南镇首家生猪专业合作社——新湾生猪养殖专业合作社,与正大天晴公司合作,建立生猪养殖基地2公顷,日出售生猪1万头,带动草舍村、新建村500余农户共同致富。他于2012年被评为市劳动模范,2016年被评为省劳动模范。

张立祥 男,汉族,1967年12月出生,中共党员,专科学历,连云区高公岛街道黄窝村党支部书记、连云港宏祥海水养殖专业合作社社长。他组建渔民合作社,组织、引导渔民转捕为养,发展近海藻贝养殖,带领村民致富。投资1780万元,开发黄窝风景区,建设码头2座、船台1座、门面房2100平方米,改善村庄面貌。黄窝村先后被评为省社会主义新农村建设先进村、省和谐社区建设示范村、省生态村。他于2012年被评为市劳动模范,2016年被评为省劳动模范。

徐善明 男,汉族,1968年12月出生,中共党员,大专学历,连云港高新区花果山街道办事处新滩村麒麟畜禽专业合作社负责人。他担任新滩村支部书记后,将负债400多万元的落后村发展成为资产2000多万元的先进村。创办麒麟畜禽专业合作社,养殖芦花鸡1万多羽。参与创办汝地茶叶合作社,吸纳茶农30户。引进金鹰集团、兰江集团投资37亿元。他于2012年被评为市劳动模范,2015年被评为省"吴仁宝式优秀村书记",2016年被评为省劳动模范。

(刘玉环 范全诗)

江苏省先进工作者

任同苏 女,汉族,1964年10月出生,中共党员,大专学历,东海县林业局党委委员、国营江苏省东海种猪场、场长,畜牧师。她将东海种猪场发展成为全国最大的保种场,兴建淮猪遗传资源保护场、万头淮猪育肥场、10万头淮猪屠宰厂、老淮猪肉专卖店、中国淮猪资源文化展示馆、中国淮猪资源乡村生态旅游基地,先后获得中华农业科技奖三等奖、省农业技术推广奖一等奖、市科技进步一等奖。她被评为省林牧业系统劳动模范、江苏省建国60周年先进人物,2016年被评为省先进工作者。

徐占兵 男,汉族,1966年6月出生,中共党员,研究生学历,灌云县四队镇党委书记。他带领四队镇做强商贸流通产业、农业特色产业、乡村旅游产业、出口加工产业、仓储物流产业,发展成为卫星镇、美丽乡村。他于2015年被评为市劳动模范,2016年被评为省先进工作者。

耿学双 男,汉族,1963年3月出生,中共党员,本科学历,灌南县住房和城乡建设局局长,高级农艺师。他历任硕湖乡乡长、党委书记,长茂镇党委书记,新集乡党委书记,县农业局局长、党委书记,县农委主任、现代农业示范区管委会主任、县住建局局长等职,带领县及任职单位获得全国粮食生产先进县、全国农技推广示范县、全国食用菌工厂化生产示范县、全省食用菌产业基地县、全省秸秆综合利用试点县、全省清洁能源建设先进单位、市城市建设管理工作先进单位等荣誉。他被评为2006—2008年度、2009年市劳动模范,2016年被评为省先进工作者。

徐健 男,汉族,1965年10月出生,中共党员,本科学历,赣榆区教育局教工委书记、局长。在他任职期间,赣榆区被评为国家、省义务教育发展基本均衡县、省首批教育现代化县级示范区、省学前教育改革发展示范区、省促进义务教育均衡发展先进区、省首批社区教育示范区等20余项省级以上荣誉。创成省示范性教师发展中心、省首批高水平现代化职业学校各1所,工作经验在《江苏教育报》作系统推介。他被评为全国基本实施九年义务教育和基本扫除青壮年文盲工作先进个人、市劳动模范,2016年被评为省先进工作者。

宁寿同 男,汉族,1965年2月出生,中共党员,大专学历,海州开发区管委会副书记、副主任。在他的带领下,园区从2012年时的几乎无资产发展到实有资产20亿元。被国家科技部火炬中心认定为连云港装备制造特色产业基地,被省经信委认定为江苏省高端装备制造业特色产业基地、被省商务厅认定为江苏省现代装备制造产业园、被省人社厅认定为江苏省博士后创新实践基地,被省政府授予省知识产权试点园区称号。他于2016年被评为省先进工作者。

杨武 男,汉族,1977年9月出生,中共党员,大学本科,市交通工程建设处副主任,高级工程师。他先后负责连盐、连临、东疏港、北疏港高速公路,南疏港道路、BRT一号线、临海高等级公路、城市道路出新工程、徐新公路等重点工程项目,参与研究的2项课题的成果应用于工程施工。他于2005年获得市"五一劳动奖章",2009年被评为市劳动模范,2012获得省"五一劳动奖章",2016年被评为省先进工作者。

张军雄 男,汉族,1959年5月出生,中共党员,大学学历,连云港海关关长。他带领海关打击走私维护国门安全、服务经济促进外贸发展,连云港海关连续3年被评为南京海关"四好"达标先进基层单位,连续多年被评为省文明单位、建设连云港市有功单位,口岸行风评议多次名列第一。他于2004年被评为全国海关先进工作者、2016年被评为省先进工作者。

陈百尧 男，汉族，1966年1月出生，中共党员，研究生学历，市海洋与水产科学研究所所长，研究员级高级工程师。他主持、参加国家各类科研项目近70项，其中省部级科研项目30多项，研发并推广基于生态防控技术的南美白对虾健康养殖模式超过2万公顷，培训渔业技术骨干3000多人次。获市科技进步一等奖1项、省农业推广三等奖1项，省海洋与渔业创新成果三等奖2项，是市政府特殊津贴专家、市“521”第一层次人才、省“333”首批学科技术带头人、省“六大人才高峰”培养对象、2006年市劳动模范，2016年被评为省先进工作者。

李浩 男，汉族，1986年10月出生，中共党员，本科学历，新海派出所副所长、西苑社区民警。他创立“四心四员”工作法和“N+”社区综合服务系统。建设网上警务超市、水电气代缴中心、警务中介、社区停车棚等。他帮扶困难家庭73户、困难群众326人，把一个偷盗案件频发的老小区创建成平安和谐的典型社区。他先后被评为全国特级优秀人民警察、江苏最美法治人物，江苏首届“最美警察”、市劳动模范、获得省“五一劳动奖章”，2016年被评为省先进工作者。

李宝霞 女，汉族，1965乃8月出生，本科学历，连云港市新海实验中学教师，中学高级教师，她长年从事初三历史教学工作，所教的班级中考历史成绩多次名列市区第一。她先后获得连云港市基本功大赛一等奖、市教学能手优质课展评一等奖，被评为市十百千评比教学骨干、市“521”工程第三层次培养对象、市劳动模范，2016年被评为省先进工作者。

刘锦屏 男，汉族，1956年10月出生，中共党员，本科学历，连云港市第一人民医院心外科主任，主任医师。他组建市第一人民医院心脏外科，发展为市I类临床重点专科，开展的复杂先天性心脏病手术、胸腔镜微创技术、“瓣中瓣”技术、联合瓣膜置换等技术填补全市空白。他先后被评为市十佳医务工作者、市劳动模范，2016年被评为省先进工作者。

许思文 男，汉族，1970年3月出生，中共党员，研究生学历，市委宣传部副调研员、宣传教育处处长，助理研究员。他成功推荐“雷锋车”组、开山岛夫妻哨、姜霜菊为全国重大典型，成功推介连云港为全国“十大幸福城市”，推动“雷锋车”组、“步班邮路活雷锋”葛军入选50个全国学雷锋示范点和标兵。打造“婆婆妈妈”大舞台、百家训·润港城等核心价值观经验品牌，文化科技卫生“三下乡”经验做法被中宣部《宣传动态清样》17期在全国推广宣传。他先后被评为市劳动模范、全国文化科技卫生“三下乡”先进个人，2016年被评为省先进工作者。

赵广东 男，汉族，1964年7月出生，中共党员，研究生学历，市纪律检查委员会纪检监察一室主任、机关二支部书记，中级会计师。他指挥查办县处级以上违纪违法案件30余件，追缴赃款2200余万元，挽回直接经济损失5300余万元。所查的市建筑总公司周某某案件被评为全省十佳优质案件，并被拍成电教专题片。他于2009年被评为市劳动模范，2016年被评为省先进工作者。

徐敏权 男，汉族，1971年12月出生，中共党员，大学学历，市农产品检验测试中心主任，高级农艺师。他争取并建成国家和省级农村“一池三改”户用沼气16万个，规模畜禽场沼气治理工程250余处，秸秆气化集中供气工程30余处，财政补助总额近2亿元。全市农村户用沼气池拥有率全省第一。他先后被评为全省农林系统先进工作者，获得市科技进步一等奖、市优秀农业技术人员一等奖，2016年被评为省先进工作者。

张明学 男，汉族，1966年8月出生，中共党员，本科学历，连云港市国有土地储备中心连云分中心主任，高级工程师。他组织开展耕地占补平衡项目库建设工作，建成占补项目325个，规模3680公顷，新增耕地3266.67公顷。参与城乡建设用地增减挂钩试点工作，建成项目174个，规模501公顷，新增耕地454公顷。他于2012年被评为市劳动模范，2016年被评为省先进工作者。

（刘玉环　范全诗）

2016年入选“中国好人榜”的连云港人

一、助人为乐好人

陈达 男，1981年生，中共党员，海州区新坝中心卫生院医生。2015年10月，当得知自己的造血干细胞与河北一名13岁患儿配型成功后，他毅然奔赴南京，捐献234毫升造血干细胞，成功挽救了小男孩的生命。

方敬 男，1931年生，中共党员，华东师范大学退休教授、上海科学院院士。他出生于上海，祖籍连云港市赣榆区宋庄镇任庄村。1991年退休后，方敬到任庄村定居，倾尽200余万元积蓄成立景清助学金，捐资助学，使之前数十年培养不出几个大学生的小渔村，陆续走出了140余名大学生，并有博士2名，硕士4名，使当地尊师重教蔚然成风。他生活简朴，乐善好施，先后被评为“2016感动中国·江苏十大感动人物”、连云港市助人为乐模范。

管学刚 男，1977年生，连云港光明眼科医院院长、农工党连云港市医卫支部主任。2012年光明眼科医院成立后，管学刚带领医院义工，为社会捐助医疗物资达1420万元，免费健康检查5.6万人次；发放爱眼、护眼资料45万份。他先后被评为省、市“医德之星”，市十大杰出青年、十大最美慈善人物、十佳扶残助残爱心人士。

二、敬业奉献好人

翟怀香 女，1978年生，中共党员，市第一人民医院重症监护室副护士长。她长年工作在重症监护病房（ICU），在业余时间带领急救知识科普小分队，到基层现场传授急救技能，培训群众2万多人次。她先后被评为全国“五一”巾帼标兵，江苏省“三八”红旗手，连云港市优秀护士。

徐伟志 男，1989年生，中共党员，东海县文威宝石饰品有限公司总经理。事迹参见江苏最美人物。

三、孝老爱亲好人

张丰林 男，1956年生，连云港市赣榆区厉庄镇岭南村村民。17岁时一场意外使他失去了左小臂，但面对母亲年老多病、弟弟因风湿病卧床30余年、妻子残疾不能劳作的家庭实际。他悉心照顾三位亲人，挑起家庭重担，培养儿子进入大学。

吴兆乾 男，1938年生，连云港市灌南县田楼镇浦二庄村村民。吴兆乾的妻子因病导致腿萎缩不能走路40余年，吴兆乾一直悉心照顾妻子，并打工挣钱，耕种田地，抚养3个孩子。

王维喜 男，1944年生，中共党员，连云港市灌云县龙苴镇葛庄村村民。2010年，王维喜遵从母亲遗嘱，用母亲留下的零花钱和丧礼金建立“敬老基金”。从此，每年重阳节，村里90岁老人都会收到来自“敬老基金”的“敬老红包”。他和侄儿、侄女秉承逝者的遗愿，把大哥丧礼金2万元捐给“敬老基金”，在他的影响下全村共有12位村民给“敬老基金”捐款。

孙爱林 女，1964年生，连云港市开发区朝阳街道韩李村村民。孙爱林30年如一日悉心照顾公婆和丈夫患有严重精神疾病的哥哥。为更好地照顾婆婆，她与婆婆搬同住在一个房间，还要每天为瘫痪在床的公公喂饭喂药、清理床铺，照顾丈夫哥哥饮食起居。 （王 飞）

2016年入选“江苏好人榜”的连云港人

（入选“中国好人榜”的市民均入选“江苏好人榜”，事迹不再重复记述）

一、助人为乐好人

国税爱心妈妈，连云港市国税系统多名女干部组成的志愿服务组织。每年针对贫困学生开展捐资助学活动，累计捐款190余万元，资助贫困学生150余名。“爱心妈妈”先后被评为国家级巾帼文明单位、江苏省“十佳巾帼志愿服务队”、江苏省儿童慈善突出贡献奖。

吴祥祯 男，1922年生，中共党员，海州区新南街道紫云社区居民。他自筹资金建立“祯爱互助基金”，长期帮助社区困难家庭，并捐出退休补助资助单位困难职工。

“女生帮”栏目组，市广电台公共频道开办的帮忙服务类节目，由8位热心公益的女记者——“帮女郎”组成，通过帮忙解忧、舆论监督、释疑解惑、寻人寻物等方式，帮助求助者解决9000多件麻烦事、困难事，成功率95%。

二、见义勇为好人

殷浩轩 男，1999年出生，共青团员，连云港中医药高等职业技术学校学生。2016年4月15日18时许，市民胡女士在市区南极南路和朝阳中路交叉口附近，遭到一名男子抢夺手机，从此经过的殷浩轩立刻上前追赶小偷，在与歹徒搏斗的过程中，被歹徒持刀刺伤，仍未放弃追赶，最后因失血过多，晕倒在追赶途中。

三、诚实守信好人

王学龙 男，1946年生，中共党员，市开发区中云街道原山后面粉厂厂长。他为还清面粉厂关闭后未兑换完的“面粉账”，坚守十余年，等着居民拿着账簿将当年的面粉换走。

章文彩 女，1969年生，市全福出租汽车有限公司出租车驾驶员。她两次送还乘客遗落在出租车上的现金计9万余元，并婉拒酬金。她救助孤儿、义务接送高考考生，被评为最美港城人、市“十佳的哥的姐”。

四、敬业奉献好人

谢芳丽 女，1979年生，中共党员，东海县芳丽水晶贸易有限公司总经理。事迹参见“江苏最美人物”。

范松林 女，1978年生，灌云县侍庄小学教师。她在被确诊患有红斑狼疮导致双侧股骨头坏死之后，靠拐杖支撑身体，坚守在教学一线，被评为“2015感动中国·江苏十大感动人物”。

李浩 男，1986年生，中共党员，连云港市公安局新海派出所副所长、西苑社区民警。事迹见“江苏省先进工作者”。

李加仕 男，1973年出生，中共党员，赣榆区海头镇海脐村党总支书记、村委会主任。带领村“两委”班子将村庄建设成省级文明村、全区经济十强村，成为社会主义新农村建设的典型，被评为第二届最美港城人之“最美村官”。

马善民 男，1976年生，中共党员，市邮政公司锦屏支局支局长。20年坚守服务乡村百姓第一线，邮路里程10万多千米，骑坏6辆自行车、3辆摩托车，投递报刊邮件数百万件，无一差错。

五、孝老爱亲好人

董大利 女，1983年生，东海县石榴街道兴隆村村民。她在家庭不富裕的情况下，收养村里3名父亲去世、母亲出走的事实孤儿。她每天早出晚归，来回20千米送孩子上学，并开铲车干重活，维系孩子们的生活，最终感动孩子的母亲回归家庭。

张玉荣 女，1972年生，连云港市开发区猴嘴街道振云社区居民。为救患有急性淋巴细胞白血病的大儿子，她高龄产子，希望通过小儿子的脐带血挽救大儿子的生命。然而小儿子刚出生就患上缺氧缺血性脑病，但她始终不曾放弃，为孩子们搭建起生命的桥梁。 （王 飞）

江苏最美人物

徐伟志 男，1989年生，东海县文威宝石饰品有限公司总经理。2013年9月，徐伟志从常熟理工学院市场营销专业毕业后被波司登集团录用。半年后，他被任命为全国大区运营主管，年薪10万元以上。在发展前景大好之际，他辞职创业，与同学合伙在淘宝网上注册成立男装旗舰店，从开始的零业绩到2014年底年销售额突破200万元。为打造属于自己的品牌，他再次辞职，回到家乡。经过长时间的调研和摸索，于2015年9月推出国内首家专业独立的天然水晶珠宝微电商服务平台——“水晶供销”。至2016年底，65家东海优质水晶厂商进驻水晶供销平台，商品1000余款，带动3500人创业、就业。他先后获得“中国创翼”青年创业创新大赛“创翼之星”、首届江苏省大学生创业大赛（连云港赛区）创业标兵等称号，2016年被授予江苏"最美大学毕业生"称号。

任彦洁 女，浙江大学硕士，连云区住建局副局长，连云区绿化管理所所长。她于2008年到连云区住建局绿化科工作，当时连徐高速公路零公里处由于长期缺乏管理成为"垃圾场"，她设计出包含深挖水塘、堆出小岛、辅以不同的灌木色块加景观小品的方案，并参与现场施工，将其改造成人造湿地景观。面对连云区重度盐碱地多的情况，她推广改良土壤与栽植耐盐碱植物相结合的方式，使连云区盐碱地绿化成活率保持在90%以上，绿化成本下降60%。她负责施工、管理的项目获得省级优秀工程1项，市级优秀工程6项，2016年被授予江苏"最美青年人物"称号。

蔡学举 男，灌云县杨集镇农业技术推广服务站站长。他从事农业技术推广服务工作16年，足迹遍布辖区内6000余公顷土地，推广30多项农业新技术。为了推广蚂蜂防治棉花3、4代铃虫生物技术，观察蚂蜂与棉蛉虫活动规律，他连续几个晚上到棉花田里蹲守。他承包一块2公顷的农田进行水稻育秧，使水稻定量栽培技术在乡里得到推广。他每年免费为农民上辅导课20多场，累计培训农村骨干8万多人次。他为农民提供"小麦+西瓜—萝卜"、"甘薯+玉米—小麦"、"水稻+龙虾"等10多种种养模式技术，亩经济效益是单一种粮收入的4倍多。2009年，蔡学举被确诊为鼻咽癌，他谢绝离岗养病、工资待遇不变的组织照顾，仍深入田间帮助农民解决技术难题。他先后被授予江苏省"最美农技员""中国好人"称号，2016年被授予江苏"最美基层干部"称号。

柏纪荣 女，1964年生，本科学历，赣榆区黑林小学教师。她中师毕业后到偏远山区小学任教30余年，建立10个"爱心小组"，成立"爱心妈妈"团队、留守儿童之家，照顾18个留守儿童、孤儿的生活；用微薄的工资为2名残疾儿童购置轮椅、资助12名贫困家庭孩子完成学业。市教育部门多次想把她调到市、区学校，均被她婉拒。她教学成绩突出，先后获得全国教育技术成果奖、全国优质课堂录像课一等奖、第二届全国微课大赛获二等奖、市微课大赛一等奖、市首届农村教师突出贡献奖等，2014年被评为全国模范教师、"感动江苏教育人物——2014最美乡村教师"，2016年被授予江苏"最美教师"称号。

谢芳丽 女，1979年生，东海县芳丽水晶文化发展有限公司经理。她18岁时被火车碾压，造成双腿和左臂全部截肢，只剩余一只右臂。她以顽强的意志和惊人的毅力，在重度残疾的情况下实现生活自理，并开启艰难的创业历程，先后开办文印店、水晶淘宝店、实体店，水晶品牌"芳丽"被评为市知名商标。她热心公益，帮助弱势群体，累计捐资捐物20余万元，并积极参加志愿服务，用自己的经历鼓励遭遇不幸的人，向社会传递正能量。她先后被评为省自强自立模范、省十佳创业标兵、港城巾帼十大风云人物、"中国网事·感动2015"年度十大网络人物等，2016年被授予江苏"最美双创之星"称号。 （年 编）

专业技术人员

国务院特殊津贴专家

周士皆 男，大专学历，连云港港口控股集团东联港务分公司门机队电气检验组组长，高级技师。他从事门机修理工作20余年，攻关多个技术难题，建立电缆卷筒磁滞间隙调整法，进行了门机自动润滑系统自动换相技术改造、MQ 12-33型和MQ 16-33门机行走限位技术改造、门机起升系统变频改造、门机绿色低碳健康运行系统改造、门机起升系统能量回馈改造等。他先后被授予省有突出贡献高级技师、省技术能手、省群众性技术创新能手、市劳动模范、市首席员工等称号。2014年成立江苏省交通运输行业首席技师工作室，开展技术培训与交流220人次，推广门机改造经验和技术。2015年被省政府评为江苏省有突出贡献中青年专家，2016年获得国务院特殊津贴。

（程继云）

江苏省有突出贡献中青年专家

王善春 男，硕士，正大天晴药业集团股份有限公司、总裁，研究员级高级工程师。主持完成"1.1类多靶点抗肿瘤新药安罗替尼的研发及产业化"省科技成果转化项目，该药品被美国FDA授予治疗卵巢癌孤儿药资格。完成"异甘草酸镁原料及其制剂的工艺优化"省科技成果转化项目，该项目在合同期内销售量6798万盒，销售收入32.99亿元、税金总额4.66亿元。作为主要参与人，完成"恩替卡韦原料及其制剂的研发及产业化"省科技成果转化项目，主持设计的正大天晴海州制剂厂车间按照美国FDA、欧盟标准建立，并获得全国首张新版GMP证书及江苏省首张GMP证书。他先后获得上海市科技进步一等奖、省科技进步二等奖、市科技进步一等奖，拥有发明专利29项。2016年被省政府授予"有突出贡献中青年专家"称号。

王士华 男，江苏奥神新材料股份有限公司董事长，研究员级高级工程师。他带领公司在干法纺聚酰亚胺纤维生产技术研发领域取得重要成绩，近五年主持并成功实施项目11项，其中国家级项目4项、省级项目2项。2012～2016年连续五年获得江苏纺织技术创新奖，2014年被列为省"六大人才高峰"培养对象，2015年获"纺织之光"中国纺织工业联合会科学技术一等奖，2016年被省政府授予"有突出贡献中青年专家"称号。

徐光静 男，赣榆高级中学校长，省高中化学特级教师，先后担任赣榆县3所四星级高中校长。在海头高级中学工作期间推行的"建构式生态课堂"在全市推广，经验被《中国教育报》作全面报道。区域推进"三案·六环节"到"建构式生态课堂"的教学改革成果获得江苏省基础教育优秀成果特等奖。他被确定为"江苏人民教育家培养工程"培养对象，先后获得省优质课评比一等奖，省优秀校本课程案例评比一等奖。2016 年被省政府授予“有突出贡献中青年专家”称号。

秦德荣 男，市农业科学院农业技术推广研究员，市农业首席专家（水稻育种）。2010～2015 年，他主持育成水稻新品种 8 个，获品种权 4 项，推广连粳 7 号等连粳系列品种 135.3 万公顷，增产稻谷 15.42 亿千克，经济效益 42.41 亿元。推广新品种、新技术 20 项，使连云港市水稻单产连续 4 年突破 600 千克。他先后获国家科技进步一等奖、农业部中华农业科技二等奖、省政府农业技术推广三等奖、市科技进步一等奖、淮海科学技术一等奖。2016 年被省政府授予“有突出贡献中青年专家”称号。

蒋晓东 男，博士，市第一人民医院肿瘤放疗科主任医师。他引进调强放疗技术和图像引导放疗技术。主持国家自然科学基金面上项目 2 项、省自然科学基金 2 项、卫生部课题基金 1 项、省六大人才高峰项目 1 项、省 333 工程基金 1 项、中华国际医学交流基金项目 2 项。先后获省卫生厅医学新技术引进二等奖、省科技进步二等奖、市科技进步一等奖、市医学新技术引进一等奖，被评为省“六大人才高峰”培养对象、省“百名医德之星”、省优秀科技工作者、省卫生拔尖人才、中国肿瘤防治杰出科技工作者。2016 年被省政府授予“有突出贡献中青年专家”称号。

（程继云）

何梁何利奖获得者

萧伟 男，1959 年生，博士，研究员级高级工程师。江苏康缘药业股份有限公司董事长，国家药典委员会委员。他致力于中药新产品、新工艺、新剂型的开发与研究，带领康缘药业在中药新药创制、现代中药质量控制、智能制造等方面率先突破行业重大关键技术，首创复方中药与功效相关的质量控制体系，系统设计并构建中药智能技术体系。他先后主持开发国家级新药 60 余项（含中药一类新药 1 个，二类新药 16 个，其中包括中药注射液 10 个），获得中药新药证书 38 个，化药新药证书 9 个，累计实现销售额近 40 亿元。主持国家“863”科研项目 1 项、国家“九五”时期、“十五”时期科技攻关项目各 1 项、“十一五”时期科技支撑计划项目 1 项、国家重大新药创制项目 1 项、国家发改委高技术产业化示范工程 3 项等省级以上重大项目 30 余项。作为主要发明人获得 92 件国内外专利授权。2016 年 10 月获得何梁何利基金科学与技术创新奖。

奥运冠军

龚翔宇 女，1997 年 4 月出生，连云港市人，中国女排队员。她 12 岁入选省体校，16 岁入选中国女排少年队，司职替补二传。同年参加在辽宁举行的第十二届全国运动会，获第三名。全运会以后，由于身高、弹跳和力量的增加，实现从司职二传到接应二传的技术转型。2014 年入选国家青年女排，司职主力接应，同年获得亚青赛冠军。2015 年入选 U23 女排国家队大名单，并作为江苏女排队员参加 2015—2016 赛季中国女排联赛，获得亚军。2016 年 1 月入选中国女排国家队 26 人大名单，披 14 号球衣，担任接应，先后参加中日女排精英赛、瑞士女排精英赛，世界女排大奖赛，在瑞士女排精英赛中被评为“最佳接应”。2016 年 7 月参加里约奥运会。8 月 21 日，中国女排在奥运会女排决赛中，战胜塞尔维亚女排获得冠军，龚翔宇为港城赢得历史上首枚奥运金牌。

（年　编）

2016 年度享受市政府特殊津贴人员

表 110

序号	姓　名	单位	职称
1	章晨峰	江苏康缘药业股份有限公司	高级工程师
2	高　勇	正大天晴药业集团股份有限公司	高级工程师
3	崔方水	江苏核电有限公司	研究员级高级工程师
4	孔祥营	中国船舶重工集团公司第七一六研究所	研究员
5	相　华	市排水管理中心	高级工程师
6	马秀玲	东海县农业技术推广中心	高级农艺师
7	单玉平	市畜牧兽医站	高级兽医师
8	王恩建	淮海工学院	教授
9	张兴生	连云港职业技术学院	副教授
10	潘家永	连云港高级中学	中小学正高级教师
11	华雪珍	市解放路小学	中学高级教师
12	马建新	市东方医院	主任医师
13	王　川	连云港报业传媒集团	高级记者

2016年连云港市新增正高级专业技术资格人员情况表

表111

序号	单位	姓名	资格名称
1	淮海工学院	张纪凤	教授
2	淮海工学院	陈兴发	教授
3	淮海工学院	周桂芹	教授
4	淮海工学院	赵晶辉	教授
5	淮海工学院	杨　涛	教授
6	淮海工学院	施鹏飞	教授
7	淮海工学院	贺毅强	教授
8	淮海工学院	彭安华	教授
9	淮海工学院	于雪梅	教授
10	淮海工学院	蒋德稳	教授
11	淮海工学院	杜云建	教授
12	淮海工学院	王兴强	教授
13	淮海工学院	申　欣	教授
14	连云港职业技术学院	朱春江	教授
15	连云港师范高等专科学校	高二华	教授
16	连云港师范高等专科学校	武宜娟	教授
17	连云港师范高等专科学校	焦　锐	教授
18	连云港师范高等专科学校	王丽萍	教授
19	江苏联合职业技术学院连云港中医药分院	田友清	教授
20	市第一人民医院	雷　玲	主任医师
21	市第一人民医院	孙承波	主任医师
22	市第一人民医院	陶　玥	主任医师
23	市第一人民医院	王全懂	主任医师
24	市第一人民医院	吴　健	主任医师
25	市第一人民医院	咸振萍	主任医师
26	市第一人民医院	于吉文	主任医师
27	市第一人民医院	张　宏	主任医师
28	市第一人民医院	朱振红	主任医师
29	市第二人民医院	樊拥军	主任医师
30	市第二人民医院	贾树旺	主任医师
31	市第二人民医院	寇剑铭	主任医师
32	市第二人民医院	刘锦秀	主任医师
33	市第二人民医院	罗红波	主任医师
34	市第二人民医院	茆占湖	主任医师
35	市第二人民医院	邵安泽	主任医师
36	市第二人民医院	王怡练	主任医师
37	市第二人民医院	韦有佩	主任医师
38	市第二人民医院	岳　洋	主任医师
39	市第二人民医院	朱贵华	主任医师
40	市第二人民医院	庄万传	主任医师
41	市妇幼保健院	花茂方	主任医师

续表 111

序号	单位	姓名	资格名称
42	市妇幼保健院	刘　辉	主任医师
43	市妇幼保健院	孟　茜	主任医师
44	市第四人民医院	王　祥	主任医师
45	市第四人民医院	赵　丽	主任医师
46	市东方医院	耿玉强	主任医师
47	市东方医院	李向东	主任医师
48	市中医院	吴新军	主任医师
49	市疾病预防控制中心	霍亚平	主任医师
50	市疾病预防控制中心	王　荣	主任医师
51	海州区疾病预防控制中心	李振涛	主任医师
52	赣榆区人民医院	祁德安	主任医师
53	赣榆区人民医院	章　勇	主任医师
54	连云港圣安医院	王儒学	主任医师
55	东海县人民医院	王宇宏	主任医师
56	灌云县人民医院	董玉梅	主任医师
57	灌云县人民医院	徐　艳	主任医师
58	灌云县人民医院	庄志兵	主任医师
59	灌南县第一人民医院	刘继娟	主任医师
60	市妇幼保健院	蔡　军	主任医师
61	市中医院	秦泗锋	主任中医师
62	灌云县中医院	赵振亚	主任中医师
63	市第一人民医院	王　平	主任护师
64	市第一人民医院	张　惠	主任护师
65	市第二人民医院	王　芹	主任护师
66	市东方医院	蔡华玲	主任护师
67	市中医院	姜正荣	主任护师
68	市中医院	马文芳	主任护师
69	赣榆区人民医院	陈玉兰	主任护师
70	赣榆区人民医院	刘庆林	主任护师
71	赣榆区人民医院	尚秀云	主任护师
72	赣榆区人民医院	杨　静	主任护师
73	东海县人民医院	陈苏梅	主任护师
74	东海县中医院	胡新红	主任护师
75	灌云县人民医院	茆冬梅	主任护师
76	灌云县人民医院	张燕平	主任护师
77	市第一人民医院	赵绍林	主任技师
78	市第二人民医院	卞光荣	主任技师
79	灌南县人民医院	仲腊春	主任技师
80	市妇幼保健院	杨　静	主任药师
81	赣榆区人民医院	闫德峰	主任药师
82	市药品检验所	张　辉	主任药师
83	海州区浦东社区卫生服务中心	包海燕	社区主任护师
84	赣榆区城头镇门河卫生院	相振玲	社区主任护师

续表 111

序号	单位	姓名	资格名称
85	海州区浦东社区卫生服务中心	张海涛	社区主任医师
86	赣榆区沙河中心卫生院	徐立波	社区主任医师
87	赣榆区农业科学研究所	成 英	研究员级高级工程师
88	连云港职业技术学院	杜秋江	研究员级高级工程师
89	江苏康缘药业股份有限公司	章晨峰	研究员级高级工程师
90	连云港经济技术开发区平台建设指挥部	陈敬阳	研究员级高级工程师
91	市产品质量监督检验中心	陈 进	研究员级高级工程师
92	市公路管理处	江舜根	交通公路工程研究员级高级工程师
93	市交通工程建设处	李家伟	交通公路工程研究员级高级工程师
94	市农村社会养老保险管理处	尹小帆	正高级经济师
95	市第一人民医院	张乃琴	正高级经济师
96	连云港市就业训练中心	赵永前	正高级经济师
97	连云港碱业有限公司	纪 伟	正高级经济师
98	市档案局	徐继铭	研究员馆员
99	市广播电视台	王卫东	主任播音员
100	连云港日报社	徐 桢	高级记者
101	连云港日报社	顾 红	高级记者
102	连云港日报社	金同启	高级记者
103	市广播电视台	刘世敏	高级记者
104	连云港日报社	陈 刚	高级编辑
105	连云港市淮海剧团有限公司	赵斯斌	一级演奏员
106	东海至善坊水晶文化发展有限公司	孙 睿	研究员级高级工艺美术师
107	市教育局教研室	顾长明	中小学正高级教师
108	市院前小学	刘虎平	中小学正高级教师
109	市赣榆实验小学	王聿松	中小学正高级教师
110	市钟声幼儿园	孙立明	中小学正高级教师
111	市教育局教研室	卞 萍	中小学正高级教师
112	海州区教育局教研室	刘 岩	中小学正高级教师
113	市新海实验中学	赵莉蓉	中小学正高级教师
114	外国语学校	赵大中	中小学正高级教师
115	市教育局教研室	姜 峰	中小学正高级教师
116	江苏省灌南高级中学	杨 帆	中小学正高级教师
117	灌云县第一中学	陈广团	中小学正高级教师
118	江苏省赣榆高级中学	闫振仁	中小学正高级教师
119	江苏省新海高级中学	钱 宁	中小学正高级教师

（程继云）

责任编辑 郭 云

附　录

重要文献

连云港市国民经济和社会发展第十三个五年规划纲要（摘要）

第一篇　全面建成小康社会

第一章　发展基础（略）

第二章　发展形势（略）

第三章　“十三五”发展蓝图

第一节　指导思想

高举中国特色社会主义伟大旗帜，全面贯彻党的十八大，十八届三中、四中、五中全会精神和省委各项决策部署，深入贯彻习近平总书记系列重要讲话特别是视察江苏重要讲话精神，坚持“四个全面”战略布局，贯彻“五大发展理念”，主动适应、把握和引领经济发展新常态，抓住用好“一带一路”等多重叠加机遇，实施“五大战略”，加快港产城融合发展，全面建成小康社会，开创国际化海港中心城市建设新局面。

在“十三五”发展中，要重点把握好以下几个方面：

以“四个全面”为统领。通过全面深化改革挖掘发展潜力，通过全面推进依法治市强化制度保障，通过全面从严治党提高执政水平，让人民群众更多更好地分享改革发展的成果，全面建成小康社会。

以双向开放为抓手。围绕建设江苏省“一带一路”的核心区和先导区，扩大东西双向开放，加快国际化进程。更深层次地参与国际产业分工、国际贸易分工，更宽领域地参与国际经济文化活动，建设国际化海港中心城市。加快推进国家东中西区域合作示范区建设，不断拓展对内对外开放新空间。

以改革创新为引擎。统筹推进供给侧结构性改革，突出抓好去产能、去库存、去杠杆、降成本、补短板五大重点任务，优化劳动力、资本、土地、技术、管理等要素配置，提高全要素生产率。

以提升质量和效益为中心。先进制造业和现代服务业双轮驱动，推进产业结构优化升级，拓展延伸产业链，带动产业集群集聚。突破制约产业优化升级的关键核心技术，推动产业结构由中低端向中高端迈进。

以增进人民福祉和人的全面发展为根本出发点和落脚点。着力提升人民群众生活水平和质量，维护社会公平正义，保障人民平等参与、平等发展权利，让人民群众共享改革发展成果。

以绿色生态发展为标杆。把绿色生态发展作为衡量发展质量的重要标准，强化节约优先、保护优先，促进资源节约、可持续利用。加大生态环境突出问题治理力度，加快推动以污染控制为主向以环境质量改善为主转变。

以城乡协调发展为取向。把推进新型城镇化和城乡发展一体化作为加快转型升级、促进城乡区域协调发展的重要抓手，构建城乡协调、空间均衡的发展格局。

第二节　发展战略

以港兴市战略。大力发挥港口、口岸优势促进开放发展，放大向东开放优势，做好向西开放文章。强化港口龙头地位，完善港口功能，打造便捷口岸，壮大港口经济。强化港口对港产城融合发展的支撑作用，深化港城互动、港产联动。

“十三五”经济社会发展主要指标表

<table>
<tr><th>分类</th><th colspan="2">指 标</th><th>2020 年</th><th>年均（%）</th><th>属性</th></tr>
<tr><td rowspan="10">经济强</td><td colspan="2">地区生产总值（亿元）</td><td>3500</td><td>10</td><td>预期性</td></tr>
<tr><td colspan="2">户籍人口城镇化率（%）</td><td>58</td><td></td><td>预期性</td></tr>
<tr><td colspan="2">研发经费支出占地区生产总值比重（%）</td><td>2.5</td><td></td><td>预期性</td></tr>
<tr><td colspan="2">科技进步贡献率（%）</td><td>60</td><td></td><td>预期性</td></tr>
<tr><td colspan="2">二、三业增加值比重（%）</td><td>92</td><td></td><td>预期性</td></tr>
<tr><td colspan="2">高新技术产业产值占规上工业产值比重（%）</td><td>40</td><td></td><td>预期性</td></tr>
<tr><td colspan="2">五年累计实际利用外资（亿美元）</td><td>65</td><td></td><td>预期性</td></tr>
<tr><td colspan="2">现代农业发展水平（%）</td><td>90</td><td></td><td>预期性</td></tr>
<tr><td colspan="2">城、乡宽带接入能力（M）</td><td>1000、100</td><td></td><td>约束性</td></tr>
<tr><td colspan="2">港口吞吐量（亿吨）</td><td>3</td><td></td><td>预期性</td></tr>
<tr><td rowspan="10">百姓富</td><td colspan="2">城镇、农村居民人均可支配收入（万元）</td><td>4.2、2.3</td><td>10、11</td><td>预期性</td></tr>
<tr><td colspan="2">劳动年龄人口平均受教育年限（年）</td><td>15</td><td></td><td>约束性</td></tr>
<tr><td colspan="2">高等教育毛入学率（%）</td><td>60</td><td></td><td>约束性</td></tr>
<tr><td rowspan="2">城镇就业</td><td>城镇登记失业率（%）</td><td>＜4</td><td></td><td>预期性</td></tr>
<tr><td>五年新增城镇就业（万人）</td><td>25</td><td></td><td>预期性</td></tr>
<tr><td colspan="2">城乡基本社会保险覆盖率（%）</td><td>97</td><td></td><td>约束性</td></tr>
<tr><td colspan="2">城镇常住人口保障性住房覆盖率（%）</td><td>23</td><td></td><td>约束性</td></tr>
<tr><td colspan="2">每千人口执业（助理）医师数（人）</td><td>2.3</td><td></td><td>约束性</td></tr>
<tr><td colspan="2">每千名老年人口养老床位数（张）</td><td>40</td><td></td><td>约束性</td></tr>
<tr><td colspan="2">农村贫困人口脱贫（万）</td><td>40</td><td></td><td>约束性</td></tr>
<tr><td rowspan="19">环境美</td><td colspan="2">耕地保有量（万亩）</td><td>572.87</td><td></td><td>约束性</td></tr>
<tr><td colspan="2">新增建设用地规模（万亩）</td><td><15</td><td></td><td>约束性</td></tr>
<tr><td rowspan="4">主要污染物排放减少（%）</td><td>化学需氧量</td><td rowspan="4">完成省下达目标</td><td rowspan="4"></td><td rowspan="4">约束性</td></tr>
<tr><td>二氧化硫</td></tr>
<tr><td>氨氮</td></tr>
<tr><td>氮氧化物</td></tr>
<tr><td rowspan="2">空气质量</td><td>空气质量达到二级标准的天数比例（%）</td><td>72</td><td rowspan="2"></td><td rowspan="2">约束性</td></tr>
<tr><td>PM2.5 浓度下降</td><td></td></tr>
<tr><td colspan="2">地表水国控断面优于Ⅲ类水质的比例（%）</td><td>70</td><td></td><td>约束性</td></tr>
<tr><td rowspan="2">森林增长</td><td>林木覆盖率（%）</td><td>24</td><td></td><td>约束性</td></tr>
<tr><td>森林蓄积量</td><td></td><td></td><td>约束性</td></tr>
<tr><td colspan="2">万元 GDP 用水量下降</td><td rowspan="4">完成省下达目标</td><td></td><td>约束性</td></tr>
<tr><td colspan="2">非化石能源占一次能源消费比重</td><td></td><td>约束性</td></tr>
<tr><td colspan="2">单位地区生产总值能耗降低（%）</td><td></td><td>约束性</td></tr>
<tr><td colspan="2">单位地区生产总值二氧化碳排放降低</td><td></td><td>约束性</td></tr>
<tr><td colspan="2">生态红线区域占国土面积比重（%）</td><td>21.96</td><td></td><td>约束性</td></tr>
<tr><td colspan="2">村庄环境整治达标率（%）</td><td>100</td><td></td><td>预期性</td></tr>
<tr><td colspan="2">近岸海域优良海水面积比例（%）</td><td>70</td><td></td><td>约束性</td></tr>
<tr><td rowspan="5">社会文明程度高</td><td colspan="2">法治建设满意度（%）</td><td>98</td><td></td><td>预期性</td></tr>
<tr><td colspan="2">公众安全感（%）</td><td>90</td><td></td><td>预期性</td></tr>
<tr><td colspan="2">社会文明程度测评指数</td><td>90</td><td></td><td>预期性</td></tr>
<tr><td colspan="2">每万人拥有社会组织数（个）</td><td>8</td><td></td><td>预期性</td></tr>
<tr><td colspan="2">居委会、村委会依法自治达标率（%）</td><td>98、98.5</td><td></td><td>预期性</td></tr>
</table>

产业强市战略。优化产业布局，推动工业带状化发展和产业链集聚，服务业商圈化发展，农业园区化发展。着力突破重大临港工业，不断壮大海洋产业，积极培育新兴产业，提升农业和现代服务业发展层次。深入推进新型工业化与信息化融合发展，大力发展智能制造，运用先进环保技术改造提升传统产业。

城乡协调发展战略。完善城镇体系，加快以人为核心的新型城镇化进程，推动人口有序转移。推进城乡要素平等交换、合理配置和基本公共服务均等化，加快城乡一体化发展。大力推进县域经济发展，强化市、县区发展的统筹和互动，实现区域协调融合发展。增加居民收入，缩小城乡差距，促进城乡发展与改善民生相协调。

创新驱动发展战略。发挥科技创新引领作用，强化企业创新主体地位，充分发挥高新区的创新发展功能，转换发展动力，形成以创新为主要引领和支撑的经济体系与发展模式。大力发挥科教与人才的支撑作用，打造高素质人才队伍，激发高校和科研院所创新活力。推动大众创业、万众创新，建设创新型城市。

绿色发展战略。推进生产、生活、消费方式绿色化。保护海洋、森林、湿地等良好生态本底，大力加强生态建设，提供更多优质生态产品，建设美丽港城。着力提高资源利用效率，切实增强资源环境承载能力。

第三节　发展目标

“十三五”时期全市经济社会发展的总体目标是：全面建成小康社会，让人民群众过上更加美好的生活，“经济强、百姓富、环境美、社会文明程度高”建设取得重大成果。围绕国际化海港中心城市的定位，建设全省“一带一路”建设的核心区和先导区、开放型经济新高地、我国沿海重要产业基地。

综合实力迈上新台阶。地区生产总值达到3500亿元，人均地区生产总值迈上10000美元新台阶。固定资产投资年均增长20%左右，公共财政预算收入年均增长10%左右。基本建成国家石化产业基地、精品钢基地和开发区生命健康产业园、先进材料产业园、消费电子产业园、大型装备产业园、精密机械产业园。建设高铁、空港和海港商圈。户籍人口城镇化率达到58%。

现代产业体系初步形成。坚持走新型工业化道路，以重化工业、装备制造业和物流业为主导，着力培育支撑力强、带动力强的大项目、大企业。发展新技术、新业态、新产业，大规模改造提升传统产业。着眼于海洋资源和海洋空间，形成腹地产业、临港产业与海洋产业互促发展的良好态势，构建可持续发展的产业集群。二、三产业增加值占地区生产总值比重达到92%。

自主创新能力有效增强。在重要领域和关键环节改革上取得决定性成果，形成系统完备、科学规范、运行有效的体制机制。高新技术产业产值占工业产值比重达到40%，研发经费支出占地区生产总值比重达到2.5%，科技进步贡献率达到60%，高层次人才占人才总量5.5%，万名劳动者中高技能人才数达到600人。

港产城全面融合发展。增强港口竞争力，持续壮大产业对港口、城市发展的支撑，不断增强中心城区的人口、产业集聚功能，形成以港口发展集聚临港产业、以临港产业振兴带动城镇发展、以城镇功能提升促进港口产业繁荣的互动格局。

国际化水平不断提升。企业、城市、人才国际化水平显著提高，开放型经济引领作用全面显现，开放型经济发展总量迅速扩大、开放型经济发展水平明显提升、开放型经济社会贡献日益增强。到2020年，港口吞吐量达到3亿吨，集装箱运量达到600万标箱，进出口总额160亿美元。五年累计实际利用外资65亿美元。建成国家东中西区域合作示范区。

人民群众幸福获得感显著增强。城乡居民收入保持两位数增长。稳步推进基本公共服务均等化。形成更加公平可持续的社会保障制度。促进教育结构优化、教育资源均衡化。推进医药卫生制度改革，建设健康港城，居民健康主要指标达到省定标准。建成更加完善的养老服务体系。公共安全水平明显提高。到2020年，城镇居民人均可支配收入达到42000元左右，农村居民人均可支配收入突破23000元。

生态环境质量持续改善。加强土地、滩涂、岸线、海域、海岛等资源保护，推进水、大气、土地及近岸海域污染防治，加强海洋生态整治修复。主体功能区规划深入实施，城镇、农业和生态空间结构更加清晰，生态红线区域占国土面积比例达到21.96%。

社会文明程度大幅提升。公民思想道德素质、科学文化素质、健康素质明显提高，公共文化服务体系更加完善，文化体制改革取得重要突破，文化事业文化产业繁荣发展，社会文明程度指数达到90。人民群众的安全感持续提升，法治建设满意度达到90%。

体制机制更加完善。全面深化改革持续推进，治理体系和治理能力现代化实现重大进展，形成系统完备、科学规范、运行高效的体制机制。法治连云港建设扎实推进，人民民主更加健全，法治政府基本建成，司法公信力明显提高。

第二篇　建设全省“一带一路”核心区和先导区

第四章　建设联结“一带一路”的综合交通枢纽

第一节　建设区域性国际航运中心

加强港口基础设施建设。推进航道、防波堤、锚地等港口公共基础设施建设，加强公共基础设施维护，提升保障能力。建成连云港港30万吨级航道二期工程、赣榆港区15万吨级航道，实现30万吨级航道通达连云、徐圩港区，15万吨级航道通达赣榆港区，5万吨级航道通达灌河港区。以专业化深水泊位和10万吨级以上泊位为重点，有序推进码头设施建设和改造工程，新增万吨级及以上泊位30个，建成30万吨级原油码头，新增综合通过能力1.1亿吨。

完善港口集疏运体系。加快徐

圩港区、赣榆港区铁路专用线及与兖石铁路连接线、上合组织（连云港）国际物流园专用铁路等铁路工程建设，加强港区与外围骨干铁路网衔接。完善港口铁路集疏运设施条件。依托国省干线公路网，建设疏港高速、快速或专用公路，改善港区公路集疏运条件，实现高速公路直通连云港区，一级公路直通徐圩、赣榆、灌河港区。推进徐新公路和S509、S401、S402、S245等一批疏港干线公路建设，提升港区集疏运能力，支撑服务港口与临港产业、城市之间的融合发展。

建设集装箱干线港。到2020年港口集装箱吞吐量超过600万标箱。打造覆盖海上丝绸之路的航线航班体系。开辟和加密集装箱航线航班，形成以国际近远洋干线和内贸干线为重点、以沿海内支线为补充的航线航班体系，实现近远洋航线对“21世纪海上丝绸之路”主要国家和地区全覆盖，力争国际远洋干线达到4条、16班/月，国际近洋航线达到34条、130班/月。发展至环渤海、华南沿海等内贸干线和内支线，建设我国沿海地区重要的内贸枢纽港。构筑覆盖丝绸之路经济带的箱源组织体系。推进港口与苏北、鲁西南、皖北、豫东等区域的深度合作，加快直接腹地箱源集聚。加大对中西部腹地的宣传推介力度，加强与中西部地区物流企业的合作，加快在内陆沿线地区布局“无水港”，实现陇海兰新铁路沿线主要城市全覆盖。加强港口物流合作模式创新，推进港口与中亚等地区国际集装箱物流合作，成为中亚地区国家集装箱出海的主要港口。依托临港物流园区，开展集装箱拆装箱、冷链物流等集装箱增值物流服务业务。

加快发展港航服务业。引进国内外知名航运企业、班轮公司、船代货代企业、涉港专业服务机构及相关专业人才，发展近洋航运和船队。加强与国际枢纽港口在码头共建、航线开辟、产业转移等方面合作交流，重点发展航运经纪、海事仲裁、船舶检测评估、集装箱检修保养、水运工程设计咨询、港航设备租赁等专业性服务，发展航运金融、船舶保险、航运教育培训等高端航运服务。

第二节 建设我国重要的综合交通枢纽

构建铁路网络。建成青连铁路、连盐铁路、连淮扬镇铁路等干线铁路，形成南连长三角、北接环渤海的沿海大通道。建成陇海客专徐连段和陇海铁路增建二线。开展沿海高铁、连临铁路前期研究。

完善公路网络。推进G204、G310、S242、S344、S264等国省干线公路建设，打通市域对外联系通道。

提升内河水运服务能力。加快建成灌河航道整治工程，提高通榆河通航能力，打通连云港港至宿迁、徐州等苏北地区的内河水运通道，形成西连京杭大运河，南接长江的内河干线航道网。

建设区域性国际空港。建成连云港新机场，实现一类口岸开放。构建新机场集疏运体系，积极开辟国际国内航线。

建设中石化连云港—仪征原油管道。加强成品油管道和储备库规划建设。

第五章 建设面向“一带一路”的国际物流中心

第一节 推动中哈合作全面升级

依托中哈（连云港）物流中转基地，加快中哈（连云港）保税仓储、大宗散货交易中心建设，促进港口与综合保税港区、出口加工区或保税仓库的联动发展，拓展保税仓储、国际物流分拨配送、进出口贸易、转口贸易和物流信息处理等国际物流和保税功能服务。

推动运输合作向贸易合作拓展。建设中哈物流基地多式联运中心，开展换装、分级包装、分拣加工、拆拼箱、物流配送等增值服务。建设上合组织跨境电子商务中心、进出口加工产业园。

推动物流合作向产业合作拓展。加强与哈国农业部门、能源部门的交流与合作，共同探索哈国小麦、农产品、固体矿产资源合作开发的可行性，推动我市水产企业、新能源企业、装备制造企业以及我省电子产品制造企业、矿产资源开发企业在哈国开拓市场。

争取中哈（连云港）物流合作基地上升为中哈两国的合作平台。申报设立由中哈两国政府主导建设的中哈（连云港）国际物流中心，建立双边定期沟通协商机制，构建中哈经贸合作、物流合作、产业合作的高端平台。加快“霍尔果斯—东门”经济特区投资和霍尔果斯“无水港”项目建设。

加强与哈铁快运股份有限公司的合作，定期组织运行中欧、中亚集装箱班列，并研究在霍尔果斯－东门经济特区“无水港”内和连云港中哈合资项目范围内建立冷藏库，适时合作发展冷链物流中转。

第二节 建设上合组织出海基地

推进上合组织（连云港）国际物流园建设，辐射环太平洋沿岸国家和地区，连接环渤海和长三角两大经济圈市场，构建集多式联运、国际商贸交易、保税物流、加工增值服务、物流支撑服务及商务、生活服务功能于一体的综合型现代化国际物流园区。推进连云港保税物流中心、内河港中云台作业区一期、中心货运站、家居建材分拨配送中心、超市物流分拨配送中心、电商分拨配送中心、日韩特色商品园、冷链物流中心、现代服务业集聚区商务中心建设，打造上合组织成员国共同出海基地。

构建交流合作平台，拓展国际中转、国际配送、国际采购和国际转口贸易等功能，打造连接中亚、国内中西部地区与日韩地区的大宗货物集散、交易基地。提供面向中亚、环太平洋沿岸国家和地区的国际货物中转、国际商贸、保税通关等服务。规划建设面向上合组织成员国的特色商品商贸中心，建设大陆桥产品展览展示中心、中亚国家商贸集中区等功能平台，积极推动日韩、中亚国家专用物流场站、小商品交易市场建设，不断提升物流产业发展的承载能力。

第三节 壮大国际物流业

加快发展国际陆海联运。加密开行连云港至阿拉木图的“连新亚”

出口国际货运班列，并经阿拉木图辐射乌兹别克斯坦、吉尔吉斯斯坦等中亚国家，打造直达中亚国家的海铁联运通道。加强与欧洲等国家和地区的铁路合作，开行“连新欧”国际集装箱班列，壮大国际集装箱铁水联运量。深化与哈国铁、欧亚资源等更多国外企业的物流合作，共同开发陆桥及过境运输的集装箱货源，加大对防震性、时效性要求较高的特种货源市场开发力度，争取中韩陆海联运通道实现常态化运营，适时启动整车运输可行性研究。培育壮大港口甩挂运输龙头企业，做优甩挂运输业务。加强与中西部物流企业合作，争取中韩陆海联运车辆行驶区域向中西部地区拓展。争取开通中日客货滚转班轮航线。

提高物流信息化水平。加快物流公共信息平台建设，推进物流信息资源的开发利用，支持运输配载、跟踪追溯、库存监控等物流信息平台发展。推进交通运输物流公共信息平台发展，整合铁路、公路、水路、民航、邮政、海关、检验检疫等信息资源，促进物流信息与公共服务信息有效对接。规划建设跨境电子商务服务平台，引领跨境电子商务企业集约发展。建设智慧物流数据中心。推进大数据、物联网、移动互联衔接、北斗导航定位等先进信息技术在物流领域的应用。

打造多样化物流服务新模式。推动物流业与制造业、商贸业、农业联动发展，加快制造企业分离外包物流业务，促进企业内部物流服务社会化。优化提升城市配送物流体系，优化物流组织模式，推进共同配送、统一配送。发展冷链物流服务业。建设进出口食品基地。

第六章　全面建成国家东中西区域合作示范区

第一节　拓展区域合作

全面推进国家东中西区域合作示范区建设。加快布局石化等重大临港产业，深度拓展与中西部地区产业、商务、金融、人才等多领域合作，打造便捷出海通道，建成服务中西部地区对外开放的重要枢纽。

提升服务苏北发展的能力水平。推进苏北五市检验检疫区域一体化，实施“进口直通、出口直放”政策，出口货物取消口岸查验、进境箱装货物直接转检，降低苏北五市自连云港口岸进出境货物的查验率。

推进与长江经济带的融通。实现连云港与京杭大运河的三级航道衔接，畅通与长江经济带的内河联系。开通连云港至淮安、扬州、长江沿线港口的内河航线，构筑中西部货物从新亚欧大陆桥经连云港进入长江干线的物流通道。

推动陆桥沿线联动协作、差异互补。加强与陆桥经济走廊其他节点城市的协作互动，注重与淮海经济区基础设施互联互通，积极推进淮海城市群建设，推动各方在国家东中西示范区内开展合作，共同发展临港产业、电子商务和物流运输等产业。

第二节　加强国际合作

争取上合组织部长级会议、双多边各领域工作会议在连云港召开。开展与上合组织、中西亚国家城市交流合作，建立与上合组织秘书处及中西亚国家商会、友好协会、驻华使领馆等政府机构和国际友好组织的工作联系，争取中西亚国家在连云港设立办事处和商务机构。加强与中西亚国家新闻媒体交流，探索开通丝绸之路经济带国际旅游客运专列，扩大连云港在上合组织和中西亚国家的影响。加强与日韩知名船运公司的合作，构建与日韩的便捷通道。加快建设日韩商品交易中心，积极参与中日韩自由贸易区示范区建设。精心筹办论坛展会，重点打造“中国（连云港）丝绸之路国际物流博览会”品牌。

拓展产业合作。放大国家东中西区域合作示范区的开放功能，吸引日韩、中西亚国家及中西部地区的城市和企业，以“区中区”、“园中园”的形式，共建园区和产业合作基地。加快中德、中日产业园、中捷水晶产业园建设。依托综合保税区，建设上合国家进出口产品加工产业园。

深化国际文化交流合作。力争进入“海上丝绸之路”申遗备选城市。规划建设符合中西亚国家宗教文化传统的综合配套设施。依托徐福等文化名片，加强与日韩文化交流合作，深化与日本堺市、佐贺市及韩国木浦市等友城关系。实施女子民乐团“丝路行”巡演、丝绸之路艺术摄影大展、连云港故事等文化外宣活动。

加强国际教育交流合作。成立中亚留学生服务中心，实施中亚国家留学生资助教育项目，吸引中西亚国家学生来连学习交流就业，引进日韩等国知名高校发展国际合作项目或在连云港设立分校。

推进国际科技交流合作。加强与“一带一路”沿线国家在新一代信息技术、生物医药、新能源、新材料等产业领域的科技合作，支持钾盐资源开发利用等成套技术设备的有序输出。在境外设立或参与设立研发机构，支持鼓励有实力的企业与境外知名大学、科研机构、跨国公司开展联合研发。打造区域国际技术转移中心，以领军企业、重大科研机构等为主体，建设中外联合实验室、中外联合研究开发机构。到 2020 年，建设国际科技合作基地 2—3 个，实施国际科技合作项目 40 项。

推进国际执法安全合作。合力建设新亚欧大陆桥“安全走廊”，建设新亚欧大陆桥“安全走廊”国际执法合作论坛（连云港）永久会址，建立新亚欧大陆桥执法安全合作培训和研究中心。

加快“走出去”步伐。加强国际产能和装备制造合作，在重点国家（地区）有针对性地开展投资推介、项目对接、企业洽谈等活动，创新对外合作机制，加快资本、技术、产品进入国际市场。鼓励具备条件的企业扩大对外直接投资，提高国际市场竞争力。

第三节　扩大投资领域开放

实行开放式的准入政策，放开竞争性领域投资，政府最大限度退出竞争性领域投资。凡是国家法律法规没有明令禁止的领域，允许各类投资主体投资介入。搞活基础性领域投资，改革公益性领域投资。推动现代物流、航运服务、海陆联运、海公铁联运、跨境旅游、医疗教育、金融、商贸等服务业领域逐步扩大开放，降低或取消投资者资质要求、股比限制、经营范围限制等准入限制。鼓励外资进入金融市场，引进境外战略投资者，加快改革改组改造城市商业银行。支持有优势的外资企业设立保险机构、开展农业保险业务，共同探索建立利益共享、风险共担的新型农村合作医疗保险机制。

第四节 提升贸易便利化水平（略）

第五节 推动金融服务便利化（略）

第七章 建设国际化海港中心城市

第一节 提升中心城区综合功能

海州城区以行政商务、科教文化、金融保险、商贸旅游等城市服务功能为重点，重点打造城市行政商务中心区、城区公共服务集中区、科教文化旅游产业集聚区、城市新型居住区，形成全方位承载、多层次功能的城市活力之区。连云城区以区域性国际商务中心为载体，重点拓展港航服务、对外贸易、商务会展、休闲旅游等功能业态，着力推进旅游休闲、商政办公、基础设施、景观绿化、滨水居住设施建设，加快企业总部区、高端商务区、休闲旅游区、滨水居住区功能建设，建设区域性国际商务中心，塑造优美宜人的海滨城市形象。赣榆城区加快城市面貌更新，推进与中心城区优势资源共享和重大基础设施对接，提升城市建设品质，加快完善公共服务、旅游配套等城市功能和市政基础设施，建设沿海特色鲜明、设施功能齐全、环境优美和谐的现代化海滨城区。高新区优化高新技术服务，完善新城配套功能。

依托海滨大道打造滨海特色轴，优化沿线规划设计，打造黄金海岸风光带，彰显海的魅力。依托花果山大道打造产城融合轴，完善沿线老城区、高新区、旅游区、开发区综合功能，促进城市与产业共生发展，打造全市创新创业高地。依托环云台山大道打造宜居宜游集聚环，突出山水人文特色，推动沿线整治出新、产业升级、绿色发展，促进城市片区融合发展。

增强城市功能。依托铁路枢纽、空港枢纽和海港枢纽，打造高铁商圈、空港商圈、海港商圈。加快现代化高铁枢纽建设和辐射型“高铁经济”商圈建设，发展研发、设计、品牌、营销、咨询等生产性服务业，建设“连接东西、沟通南北、双向开放”的商贸聚集区。空港商圈，发展电子商务、临空旅游、创新金融、会展经济等临空商务产业，打造集餐饮住宿、商贸购物、休闲娱乐于一体的商务集聚区。海港商圈依托深水海港、滨海岸线，发展旅游休闲度假、跨境电子商务等服务业。规划建设盐河路南延工程、花果山机场互通及连接线、连宿一级公路等交通通道，实现空港、海港、高铁枢纽的快速连接。

提升城市品质。加强城市综合体、特色历史文化街区、农贸市场、生态网络建设。发掘城市历史文化资源，提升城市人文特色。坚持改造更新与保护修复并重，优化提升老城区的功能和品位。

第二节 建设区域性国际商务中心

突出城市高端综合功能，以现代服务业为基础，发展总部经济、港航物流、会展服务、跨境电商等产业业态，建设立足东部沿海、辐射“一带一路”的区域性商务中心、金融中心和休闲中心。突出抓好连云新城商务楼宇建设，加快完善医疗、卫生、文化、教育、人才等社会服务，完善商务区内及周边区域交通网络，以“智慧CBD”建设提升信息基础设施的承载能力。加快总部经济发展，建设企业总部区、港航物流企业总部区。

第三节 建设国际知名海滨旅游城市

打造“山海古韵·大圣故里”旅游品牌，依托山海资源，优化旅游发展格局，开发“海洋休闲度假、海州文化体验、山地休闲体验、温泉休闲养生、时尚休闲田园”五大旅游产品。打造连岛国际海岛旅游目的地，争创花果山景区5A级、海上云台山省级生态旅游示范区，提升东海温泉旅游度假区、海州古城综合开发水平。

加大旅游管理体制改革力度，统筹“大花果山”片区旅游综合开发，建设旅游产业集聚区，完善休闲度假功能，形成全市旅游观光、购物休闲的集散中心。加快前三岛、秦山岛、云台山国家森林公园等旅游资源开发。

创新西游记国际文化旅游节、江苏沿海旅游节、连云港之夏、东海水晶节、赣榆徐福节等节庆模式，积极承办和接待各种国际性全国性会议、展览、赛事等活动，扩大旅游的经济和社会效益。

第四节 完善市政基础设施体系

完善市政道路体系。加快推进“三环六联九射”城市快速通道建设，加强城市组团间快速联系和对外交通联系。构建中心城区外环路网，建成临洪大道，与204国道、徐新公路、海滨大道形成中心城市外环道路，促进城区间交通融合。海州城区打通文昌路、陇海西路、建设西路，完善秦东门大街、东风路、南朐路、临洪大道等路网，形成“九纵十横”的道路系统。连云城区完善汇晶北路、临洪大道北段、珠江路、黄海大道西延等城市路网，形成“十纵十横”道路系统。适时发展城市轨道交通，完成火车站升级改造，合理配建电动汽车充电桩，完善公共自行车系统。到2020年城市公交出行分担率达到26%以上。

强化公用设施保障。建成海州水厂深度处理工程，扩建茅口水厂，扩建徐圩、赣榆水厂，建成20万吨/日滨海供水加压站，蔷薇湖应急水源输水工程竣工使用，规划建设徐圩新区应急备用水源。到2020年，市区供水能力达到50万吨/日。加强城镇节水，实施老旧管网改造，推进二次供水改造。提高污水处理能力，提标改造大浦、墟沟及大浦第二污水处理厂，新建临港、徐圩新区东港污水处理厂，扩建赣榆污水处理厂。到2020年，城市污水处理能力达到43万吨/日。建设完善城市输配气管网，扩大管道天然气使用范围。提升防洪除涝能力，巩固流域防洪和海堤工程，实施区域河道整治，开展埒子口治理，打通城市涝水出路。加快城市棚户区改造、城中村改造和旧住宅综合整治，城市综合承载能力显著提高。

到2020年，基本建成功能明确、层次分明的城市道路网络系统，中心城区的主骨架路网建成率达到80%以上。城市供水普及率达到100%，集中式饮用水源地水质达标率达到98%以上，城市污水处理率达到90%以上，污水处理厂污水集中处理率达到80%，燃气普及率达到99%以上。

第八章 建设智慧连云港

第一节 基本目标

加大信息资源开发利用力度，实施“互联网+”行动计划，全面推动三网融合，加快推进智慧应用体系、智慧产业基地和智慧基础设施建设建成省内领先、苏北一流的信息基础设施，城镇光纤网络覆盖率达到100%，农村地区建成高质量的宽带网络，加快园区光纤网、移动通信网和无线局域网的部署和优化。城市、乡镇家庭宽带接入能力分别达到1G和100M。推动4G网络深度覆盖，开展5G网络试点，实现城区主要公共场所免费无线网络全覆盖。

第二节 加快推进智慧城市应用体系建设

构建智慧制造体系。在重点制造行业，推广信息化辅助设计和制造系统，推广应用信息技术，开发数字化、智能化的新产品。

构建智慧物流体系。围绕建设联结“一带一路”的综合交通枢纽和物流中心，加快智慧港口建设，推广射频识别、多维条码、卫星定位、货物跟踪、电子商务等信息技术在物流企业、产业基地和监管部门中的应用。

构建智慧贸易体系。发展网络市场和电子商务，建设国际国内贸易服务网络和信息平台，促进贸易体系内外对接。以自由贸易港区建设为龙头，建设集贸易、物流、金融、口岸服务于一体的专业国际贸易服务平台，打造一批智慧型进出口专业市场。发展集产品展示、信息发布、交易支付于一体的综合电子商务企业和行业电子商务网站。

构建智慧公共服务体系。推进面向市民的住房、教育、医疗、就业、文化、社保、交通、水电气供应、防灾减灾等公共服务智慧应用系统建设。推进面向企业的行政审批、投资融资、企业信用、产品供销、食品药品监管等公共服务信息平台建设。构建面向农村的公共服务信息平台，提升农村综合信息服务水平。

构建智慧社会治理体系。按照全方位、实时化的要求，加快推进社会治安监控体系、灾难预警体系、应急救援体系、安全生产重点领域防控体系、口岸疫情和石化产业园区运行安全预警体系等智慧安保系统建设，完善公共安全事件应急处置机制。拓展数字城建、数字城管平台建设和应用，提升城市建设和管理的可视化、精准化、智能化水平。

第三节 构建新一代信息网络基础设施（略）

第四节 提高居民信息应用能力（略）

第三篇 建设我国沿海重要的产业基地

第九章 加快工业扩量升级

第一节 培育壮大主导产业

建设世界级石化基地。推动炼化一体化项目一期建成投产，优化提升石化产业结构，以炼油、乙烯、芳烃一体化为基础，重点围绕烯烃、芳烃延伸增强石化产业链，拓展精细化工和化工新材料等领域。

以发展精深加工、提升品种质量和资源综合利用水平为重点，优化发展冶金产业，打造全省钢铁产业基地。控制现有钢铁产业扩大用地规模，以技术改造、淘汰落后为重点，提高行业整体素质。鼓励企业差异化开发品种，重点提升大宗产品的质量和性能，鼓励开发国内短缺的关键钢材品种。

壮大装备制造业。以大型装备制造、精密机械制造和消费电子产品制造为重点，积极应用网络化、数字化制造技术，推进信息技术与制造技术集成，在先进成形、极端制造、数字制造、绿色制造、精密模具等领域，突破一批关键共性技术，提升全市制造业在高端环节方面的创新能力。

第二节 规模化发展优势产业

构建现代医药产业体系。以国家新医药产业基地为载体，做优做强化学原料药与制剂、生物制药、中成药等优势领域，以发展具有自主知识产权的创新药物为重点，积极突破重大关键技术，加快发展化学新药、中药和天然药物、医疗器械和药品包装三大产品群，积极拓展海洋生化技术等领域。推进新医药产业国际化进程，建设“防-治-养”一体化的大健康产业高地。

建设新材料产业高地。以新材料国家高技术产业基地、国家火炬计划东海硅材料产业基地、国家高性能纤维及复合材料高新技术产业化基地为载体，推进关键共性技术与核心零部件研发及相关科技成果转化，重点发展硅材料、高性能纤维和新型复合材料、生物新材料、电子信息材料、新型无机非金属材料、化工新材料产业。

加快发展新能源产业。重点发展核电及关联产业、风电产业、太阳能技术利用产业和生物质能产业等，建设具有较强竞争力的新能源产业研发、制造和应用示范基地。

提升发展绿色食品产业。以品质、标准和品牌为导向，以特色品牌培育、质量安全保障为抓手，重点发展粮油加工、肉制品、水产品、海洋食品、果蔬、酒类及发酵制品，积极开发有机食品、绿色食品、无公害食品和地方特色食品，发展冷链物流，推动食品产业向绿色健康、环保、精细方向发展。

第三节 加快培育新兴产业

面向世界科技前沿和产业链高端，强化创新驱动，着力攻克关键核心技术，培育高端适用产品，加快发展新信息技术、节能环保、新兴海洋产业等新兴产业，不断提升新兴产业的技术、产业和市场竞争力。

新信息技术产业。以电子信息(软件)产业园区为载体,重点发展下一代互联网、物联网和云计算、5C融合、电子元器件制造和软件产业,把新一代信息技术及软件产业打造成为新兴优势产业。

节能环保产业。以节能环保产品和节能环保新技术为重点,积极进行相关技术产品的研发和推广工作,重点发展节能新技术和新产品,建设节能环保产业园,推动循环经济的建设,降低能耗,减少污染,推动连云港市节能环保产业快速发展的同时,促进连云港经济社会可持续发展。

第四节　优化发展传统产业

化工产业。化工企业全部进入省级以上化工集中区。加快化工园区转型升级,实施绿色环保化工园区建设行动,推动化工园区向绿色、生态、环保、安全方向发展。推进化工产业产品结构调整和优化升级,重点发展国家产业政策鼓励类的医药中间体、高端染料及中间体、高效安全农药及中间体以及为石化产业配套的化工新材料,提高技术装备和生产工艺水平,完善和延伸产业链,推动精细化工产业优化升级。

轻纺产业。与本地及周边产业发展及居民生活需求对接,依托纺织服装产业基础,发展服装、装饰用纺织品和产业用纺织品。依托化工产业延伸产品,发展特种橡胶、塑料、高性能纤维等相关制品。

船舶修造业。控制产能扩张,引导向海洋工程装备领域转型。

建筑业。提升行业整体发展质量,努力提高劳动生产率、降低资源能源消耗、提升建筑品质和改善人居环境质量。新增特级建筑企业1家以上,一级建筑企业10家以上,建成1个省级建筑产业化示范基地。

第五节　围绕产业链引导产业集聚集群发展(略)

第六节　加快制造业中高端化进程(略)

第七节　优化工业产业布局

科学规划工业发展空间,逐步形成"三带六片区"的发展格局。"三带":以沿海交通干线为主轴,突出徐圩新区辐射带动作用,重点布局临港基础性工业,着力构建沿海产业带;以市开发区、国家级高新区为核心,重点发展战略性新兴产业,着力构建高新技术产业带;以省级开发园区为载体,加快产城融合步伐,着力构建都市型产业带。重点打造市开发区、高新区、徐圩新区(板桥园区)、灌云灌南片区、赣榆片区、东陇海线片区等六大产业片区,推动产业集中集聚集约发展。

第十章　培育壮大现代服务业

以市场化、产业化、社会化、国际化为方向,促进服务业拓宽领域、增强功能、优化结构、提高水平、加速发展,推动服务业与新型工业化、信息化、城镇化、农业现代化融合发展。

第一节　加快发展现代服务业

优先发展现代物流业、旅游休闲业、商贸流通业,创新提升金融保险、商务会展、科技服务、电子商务产业,加快培育文化创意、互联网平台、软件信息、养老、服务外包等服务业新兴业态。统筹发展公共服务业,推动基本公共服务均等化。扩大服务范围,创新服务产品,推进公共服务业市场化、产业化、社会化发展,健全公共服务体系,围绕满足城乡居民日常生活需要,提高便民、利民、惠民的服务水平。积极发展农村服务业,繁荣农村经济、促进农业现代化、增加农民收入和提高农民生活质量。

鼓励商业模式创新、技术手段创新和服务理念创新,着力开拓能源需求管理、企业后勤服务、金融租赁、法律服务、人力资源等专业服务,开拓电信增值、广播影视、新兴媒体、数字多媒体、动漫游戏等新兴服务市场,发展供应链管理、企业流程再造、精益服务等整体方案解决服务。

第二节　推动现代服务业集聚集群发展

重点建设16个目标明确、功能定位清晰、建设规模上档次的现代服务业集聚区。

加快平台建设,加快发展金融、会计、审计、会展、法律等商务类平台,信息服务、商务咨询、产权交易、检验检测等技术类服务平台,以及人才招引、培训等公共服务平台,为入区企业提供完善的配套服务,降低商务成本,形成资源集中、服务共享、产业联动的服务业发展载体。加大金融、技术扶持力度,深化产学研合作,加大金融产品创新和技术创新服务范围,为入区企业提供资金及技术支撑。加快形成分布集中、分工明确、互相支持的完整产业链,促进生产制造和生产服务协同融合发展。

第三节　打造全产业链服务经济

服务业与先进制造业融合发展。以先进制造业配套服务为方向,发展生产性服务业,加快产业链向高附加值服务环节延伸。以网络、科技、软件和信息服务提升制造业技术和产品创新能力,以产业金融、现代物流和商务服务增强制造业企业发展能力,构建完善的制造业服务体系。

服务业与现代农业融合发展。将现代服务业嵌入农业发展,引导农业经济向定制化、品牌化、科技化、网络化发展,塑造"智慧型"农业生产网络体系,畅通农产品供给和需求信息,提升农产品附加值。

服务业行业内部融合发展。推动"互联网+服务业",以线上为引领、以线下为依托,实现线上、线下共同发展,促进服务业各行业之间互动和融合,培育壮大服务业产业链,打造全方位、个性化服务业产业体系。

引导制造业企业分离发展服务业。重点在科技研发服务、现代物流、贸易营销、专业配套服务等环节加快分离,推动形成第三方社会化、专业化服务。

第十一章　推进农业基本现代化

第一节　提高农业综合生产能力

提升粮食生产能力。重点发展优质粮油、设施蔬菜、特色林果、花卉苗木、食用菌、畜禽养殖、水产养殖等产业,提高农业综合生产能力。粮食播种面积保持在740万亩以上，粮食总产稳定在350万吨以上规模。整县整片区推进高标准农田建设，确保农业生产功能区农田旱涝保收、稳产高产。组织实施畜牧业提档升级行动，发展规模养殖，生猪规模养殖比重达到90%以上。鼓励扶持农业生产经营单位和农民购置大中型和新型适用农机具，优化农业装备结构，实现粮食生产全程机械化，提升农业机械化水平。开展农业标准化示范区创建。实现高效设施农业占耕地面积比重达到20%以上，农业综合机械化水平达到88%，高标准农田占耕地面积比重提高到60%以上。

推进农业生产标准化。制定推广一批简明易懂的生产技术操作规程，加快推进农业标准化示范区、园艺作物标准园、畜禽标准化示范场和水产健康养殖示范场建设，扶持鼓励新型经营主体率先开展标准化生产，实现生产设施、过程和产品标准化。推进农业品牌化建设，开展农业品牌塑造培育、推介营销和社会宣传，打造一批有影响力、有文化内涵的农业品牌。以农产品生产企业、农民合作社、家庭农场和“三品一标”获证企业为重点，打造一批农产品质量“创牌立信”示范单位。

第二节 发展现代农业园区

建设高效农业集聚区。加强产业整合、资源整合、空间整合，调优产业、品种、区域结构，以打造全产业链为手段，以龙头企业和产地市场作为核心，以产业为联结实施跨镇村、跨区域联合规划布局，打造生产集中布局、资源集约利用、产业相互融合的高效农业集聚区。对优质稻麦、设施蔬菜、食用菌、花卉苗木、特色林果、水产等主导产业，重点建设有规划、有基础设施、有适度规模、有组织机构、有品牌、有技术支撑、有标准化生产规程、有龙头企业、有产地批发市场、有合作组织的“十有”园区，建设56个重点农业产业园区 。围绕蔬菜园艺、规模畜禽、特色水产、优质粮油、花卉苗木等特色农业，建设优质农产品生产基地。推动农业龙头企业集群集聚发展，支持出口农产品企业围绕优势出口产业，建设一批基地规模化、技术标准化、管理规范化的出口农产品示范基地。

第三节 创新农业经营方式和机制

加快培育专业大户、家庭农场、合作社、龙头企业等新型经营主体，积极引导农民承包地向新型经营主体流转，发展设施农业、规模养殖，提高规模经济效益。因地制宜发展土地承包经营权流转、股份合作、托管经营、联耕联种等多种形式的规模经营。

重点发展农户家庭农场，每年创建“六有”家庭农场100家。鼓励农民合作社发展农产品加工业务，创新利益联结机制，构建农户、合作社、企业之间互利共赢的合作模式，让农民更多分享产业链增值收益。按产业分工引导农民筹建各类行业协会，重点培育一批经营规模大、服务能力强、产品质量优、民主管理好的农民合作示范社，鼓励合作社跨乡镇、跨行业联合重组。鼓励龙头企业采取吸纳农户承包土地经营权入股等方式，与农户形成风险共担、利益共享机制。制定工商资本租赁农地的准入和监管办法，加快建立资格审查、项目审核和风险保证金制度。扶持农村电商等新型流通服务主体加快发展。围绕农产品生产、加工和流通、质量安全建设等环节，培育一批规模大、效益好、带动力强的农业龙头企业。力争规模以上农产品加工企业突破800家，培育年销售额超50亿元的龙头企业2家，年销售额100亿元以上农产品批发市场1家、20亿元以上2家，新型农业经营主体规模经营比重提高到60%。

深化农村土地承包经营制度改革。按照明晰产权归属的要求，基本建立农村不动产登记体系，为土地承包经营权等入市流通、交易流转提供保障。落实集体所有权，稳定农户承包权，放活土地承包权，完成农村承包土地确权登记颁证。扩大农村物权融资改革。实现农村产权交易市场乡镇和涉农办事处全覆盖。

第四节 发展外向型农业

围绕“一带一路”农业国际合作示范区建设，按照“平台促园区、园区带基地、基地兴产业”的发展模式，搭建农业政策交流、农业科技合作、农业贸易物流、农业金融服务和农产品信息合作平台等五大平台，加快推进赣榆、东海、灌云、灌南和现代农场农业合作园区等五大园区建设，扩大农产品生产、加工、物流，农业装备制造、科技合作和种苗繁育等六大基地规模，做强农产品出口企业，做优农产品出口基地，做响农产品出口品牌，做大农业对外投资规模，推动外向型农业跨上新台阶。到2020年，农产品进出口总额达到25亿美元，出口额千万美元以上企业达到20家，建设省级以上出口农产品示范基地10个。

第五节 提高农业科技水平（略）

第六节 完善农产品市场流通体系（略）

第十二章 壮大海洋经济

以提升海洋经济综合竞争力为主线，以体制机制创新和海洋科技进步为支撑，坚持陆海统筹、科学发展，坚持规划用海、集约用海、生态用海、科技用海、依法用海，合理开发利用海洋资源，加快构建现代海洋产业体系，加强海洋生态环境保护，推进海洋生态文明发展，提高海洋综合管理能力，建设海洋强市。

第一节 完善现代海洋产业体系

以海岸带和近海开发为主，改造提升传统海洋产业，培育发展新兴海洋产业，完善现代海洋产业体系。到2020年，海洋产业规模进一步壮大，海洋经济质量和效益明显提高，基本形成结构合理、特色鲜明、技术高端、辐射广泛、竞争力强的现代海洋经济产业体系，成为江苏省和长江三角洲北翼区域性海洋经济中心。

第二节 构筑海洋经济发展新优势

以开发园区和重要临海产业集中区为载体，以实施海洋强市重大工程为抓手，合理开发和保护海洋资源，壮大海洋经济规模，优化海洋经济空间布局，提升海洋科技创新能力，建设海洋生态文明，推动海洋经济从外延式发展向内涵式发展的转变，构筑海洋经济发展新优势。以赣榆海洋经济开发区为载体，建设海洋高技术产业基地，重点发展海洋生物技术、海产品深加工、海洋新能源产业。

第十三章 增强自主创新能力

第一节 突出科技创新引领作用（略）

第二节 建设区域创新体系

建立企业主导技术创新的体制机制，强化企业创新主体地位，构建企业与政府、高校、研发机构、中介机构、金融机构等协同创新体系。实施科技企业培育“十百千”工程，以知识产权创造为核心，提升企业研发机构研发能力，培育有国际竞争力的创新型领军企业、高新技术企业、科技型中小企业为骨干的创新梯队。落实企业研发费用加计扣除政策，推广科技创新券政策。培育科技领军型企业10家、高新技术企业400家、科技型中小微企业1000家。建设省级以上工程技术研究中心等企业研发机构100个，大中型工业企业研发机构实现全覆盖。

优化区域创新布局。加快连云港国家级高新区建设，重点培育科技研发、总部办公、网络信息、创业孵化、金融商务等新经济新业态，努力建设全市创新创业核心区、产业提升引领区、体制机制试验区、产城融合示范区，进入国家高新区先进行列。加强创新型县区、创新型园区、创新型乡镇建设，推进大学科技园区建设，支持淮海工学院创建国家大学科技园。发挥各类开发园区创新主阵地作用，加强园区创新创业载体建设，发展一批市场化、专业化的新型创业服务机构。

完善科技创新服务体系。发挥高校和科研院所的创新源头作用，加快完善技术研发体系，支持中科院能源动力研究中心争取国家重大科技基础设施，积极参与国际大科学计划和大科学工程，依托中船重工716研究所等科研院所探索建设连云港产业技术研究院。加快国家科技领军人才创新驱动中心建设，建成新医药、新材料、高端装备制造等产业创新驱动站，打造全国著名的医药创新基地。推进科技金融合作创新示范区建设，建立完善科技金融服务体系，发展科技支行、科技小额贷款公司等新型科技金融组织，创业投资规模达100亿元。

第三节 深化创新体制机制改革

促进创新资源高效配置和综合集成。建立政府作用与市场之际有机结合的体制机制。建立科技创新的协同机制，优化科技资源配置，提高研发和成果转化效率。建立科学的创新评价机制，完善人才激励制度，充分激发科技人员的创造活力。

优化创新环境。完善科技创新评价标准、激励机制、转化机制，不断形成激励创新的导向。加强知识产权保护，不断健全创新法治环境。推进科技和金融结合，健全多元化科技创新投入体系。完善科技管理，促进创新资源高效配置和综合集成，引导全社会智慧和力量向创新发展聚焦。

完善促进创新发展的体制机制。健全技术创新市场导向机制，围绕产业链部署创新链、围绕创新链完善资金链、围绕人才链提升服务链，强化科技同经济、创新成果同产业、创新项目同现实生产力、研发人员创新劳动同利益收入“四个对接”。深化科技管理体制改革，推动政府职能从研发管理向创新服务转变，集中支持事关产业发展的前瞻与共性关键技术研发和重大成果转化。加强科技基础设施和科技服务平台建设，构建普惠性创新支持政策体系。加强产业技术创新战略联盟建设，推动跨领域跨行业协同创新。贯彻知识产权强省战略，加快国家知识产权试点城市建设和示范城市创建，实施专利“倍增”行动计划。全社会研发经费支出占地区生产总值比重达到2.5%，高新技术产业占规模以上工业总产值比重达40%。

加强国家省市各层次的政策整合与创新，发挥政策集成的叠加乘积效应，推动形成完善的政策体系，促进政策实施与落实。加强对国家和省级层面出台的各项政策进行系统研究，并梳理市级层面政策，形成协调一致的集成政策体系。在政策整合的过程中，注重在土地、金融、产业、港口等方面创新，形成切合实际的创新政策体系。

第四节 集聚创新创业人才

强化“人才第一资源”理念，抓好“六支人才队伍”的培养、引进和使用。到2020年全市人才资源总量突破100万人。

突出培养造就高层次创新创业人才。以高层次创新创业领军人才和人才团队为重点，努力造就一批高层次创新创业人才队伍。到2020年，引进高层次创新创业人才总量达到1000人，其中领军人才达到200人。深入开展“双创英才聚港城”活动，实施“三百引才工程”，依托重大创新平台、高新技术企业、高校科研院所，引进培育创新创业团队和国家“千人计划”、院士、博士等高端人才。坚持引进和培养相结合，建立境内外培训基地，完善人才国际化培养模式。深化产学研合作，推动高层次创新型科技人才向企业集聚或自主创业。推动人才投入、科技项目等创新要素向企业倾斜，促进企业成为人才引进和技术创新主体。

开发重点产业和重点领域急需紧缺人才。加强产业、行业人才发展统筹规划和分类指导，围绕重点产业和重点领域，开展经常性的人才需求预测，定期发布急需紧缺人才目录，优先引进、培养。推动科技扶持项目、人才资助项目等向急需紧缺人才倾斜。到2020年，引进培养急需紧缺人才10万人，重点领域各类专业人才数量充足，整体素质和创新能力显著提升，对经济发展的支撑作用大幅提高。

实施更加积极的人才政策。鼓励企业与高端人才开展合作。健全人才流动、培养、使用和考核评价机制，对从事技术开发和科技成果转化的科研人员，在职称评定、科研奖励、人才计划选拔等方面予以倾斜。依法赋予创新领军人才更大人财物支配权、技术路线决策权。

第五节 推进大众创业万众创新

推进众创空间建设、创新创业主体培育、服务提升和文化营造等行动，优化创新创业要素配置，完善创新创业服务体系，释放全社会创业创新活力。实现省级以上高新区、经济开发区众创空间全覆盖，孵育创新型小微企业1000家，助成高新技术企业100家。

加强众创空间建设。支持产业园区利用现有孵化载体、闲置厂房等进行改造升级，合理布局发展符合自身需求、拥有鲜明特色的众创空间。支持引导骨干民营企业、创业投资机构、社会组织等社会力量按市场化机制创办众创空间。培育科技型企业，融合传统孵化器在基础设施方面、众创空间在专业服务方面的优势，建立"创业苗圃—孵化器—加速器"的产业孵化链。

加快创新创业主体培育。做好以青年和大学生创新创业者、大企业高管及连续创业者、科技人员创业者、留学归国创新创业人员等为代表的创新创业主体培育工作。加快推进科技成果使用权、处置权和收益权管理改革，完善科技人员创业股权激励机制。

提升创新创业服务能力。降低创新创业门槛，通过简政放权、放管结合、优化服务，增强激励创业的制度供给。打造各类创新创业公共服务平台。加快发展企业管理、财务咨询、市场营销、人力资源、法律顾问、研发设计、科技咨询、科技信息、科技金融、技术转移转化、知识产权、检验检测、现代物流等第三方专业化服务。发展科技支行、科技小额贷款公司等新型科技金融组织，对创新创业项目和企业提供更多金融支持。

第十四章 增强企业竞争力（略）

第四篇 建设生态文明

第十五章 建设生态连云港

第一节 完善生态建设空间结构

构筑"三横、两带、五区"生态网架。三横为：石梁河水库—新沭河—临洪河生态廊道，西双湖—锦屏山—云台山东陇海线生态廊道，灌云灌南新沂河生态廊道。两带为：北起绣针河口—临洪河滨海湿地—埒子河口—灌河口沿海生态保护带以及通榆河沿线生态保护带。五区为：中心城区云台山生态保护区、赣榆中西部农田—水库复合生态保护区、东海西部横沟—房山水库林地复合生态保护区、灌云中部农田生态保护区、灌南中部农田生态保护区。合理拓展产业园区生态廊道，增加绿化轴线，提升绿地功能。强化生物多样性保护，维护生态系统稳定，确保区域生态安全。

第二节 实施蓝天工程

加强工业废气污染防治，控制煤炭消费总量，积极发展天然气分布式能源等高效利用，完善城区及园区集中供热中心及其配套管网建设。推进石油化工、精细化工行业重点企业清洁生产审核。落实大气污染联防联控机制，加强PM2.5污染防治。到2020年，城市空气质量达到二级标准天数比例不低于72%。

第三节 实施清水工程

加强集中式饮用水源地管理，禁止一级保护区内与保护水源无关的一切活动；完成对二级保护区建设项目清查，禁止新建、改扩建排污建设项目，已建成的要关闭或者拆除。加强蔷薇河和通榆河2个清水通道建设，实施蔷北截洪沟工程，解决城市主水源地面源污染。消除城市黑臭水体，采取控源截污、垃圾清理、清淤疏浚、生态修复等措施，对市区河道进行全面整治。建设控制性工程，调引清水进城，加强水体流动。加强清水通道维护区保护，推进淮河流域污染防治，全面实施饮用水源监测预警体系工程，有效防范突发性水污染事件。实现乡镇污水处理设施全覆盖，完善城镇污水处理厂配套污水管网建设。开展内河水体治理工程，建立河道清洁的长效管理机制。深化工业废水治理，加强重点行业的污染防治，严格执行工业废水排放许可制度，推进环境管理从排污口向环保设施、生产设施延伸。推进地下水污染防治、近岸海域污染防治，加强地表水、地下水污染协同控制和系统管理。推行信用体系差别化水价。到2020年，新建污水再生利用设施10座，开发区和工业集中区中水回用率达到80%。

第四节 实施绿地工程

持续推进植树造林，加快沿海防护林屏障建设，加大沿海工业园区内主要道路绿化和绿化隔离带建设，构建沿海工业园区绿色屏障；抓好沿海高速公路、铁路、疏港通道沿线的绿色道路和沿线农田林网建设，整体推进城镇建成区、近郊及远郊森林建设。建设功能齐全、均衡适度、结构稳定、布局合理、机制完善、可持续发展的森林生态系统和湿地生态系统。到2020年完成绿化造林面积7000公顷，森林覆盖率达到26.5%，林木覆盖率达到30%。加大临洪河湿地、武障河湿地保护力度，维护生物多样化。建设海州湾海洋公园、海州湾海洋牧场，修复重点海域生态环境，建成国家级海洋生态文明示范区。

第五节 实施美好城乡建设工程

推进城乡垃圾分类收集试点工作，完善垃圾无害化处理设施建设，城市、县城和建制镇生活垃圾无害化处理率分别达100%、100%和98%以上。完善危险废物及医疗废物收运体系及监管，危险废物安全处置率稳定保持在100%。推进工业固废综合利用产业化，工业固体废物综合利用率达到100%。规范污泥综合利用和处置，中心城市和县城污水处理厂污泥规范化处理率分别达到100%和90%。加强电子废物污染防治的环境监管。全面控制与削减二噁英类持久性有机污染物。加强核与辐射环境监管，预防突发性核与辐射事故发生。实施村庄环境综合整治改善提升行动。至2020年完成所有县乡河道和村庄河塘疏浚工作，并建立农村河道长效管护机制。全市建制镇生活垃圾收运体系覆盖率达到100%。严格乡镇工业集中区环境准入条件，加强种植业、养殖业污染防治，秸秆综合利用率稳定在98%以上，畜禽粪便综合利用率达95%以上，化肥、农药使用量力争实现零增长。

第六节 绿色低碳循环发展

构建新型低碳能源体系，推动能源消费结构低碳化。引进、研发、发展新能源先进技术与装备，完善风电、太阳能光伏发电、天然气发电、生物质能发电等新能源产业链，形成本地配套能力。建设中科院能源动力研究中心、连云港清洁能源创新产业园徐圩新区节能环保科技园，建设在省内、国内具有重要地位和较强竞争力的新能源产业研发、装备制造和应用示范基地。

优化交通运输结构，构建低碳交通运输体系。以打造低碳港口为中心发展水上交通。发展绿色物流，建设连云港港绿色物流体系。积极扶持和鼓励使用新能源汽车。以城市公交为突破口，逐步普及燃料电池电动汽车、混合动力汽车和太阳能电池汽车。建立完善具有特色化、绿色化、低碳化的建筑技术体系。

以绿色矿山建设推动绿色矿业、生态矿业建设。大力推进国家级绿色矿山试点建设。探索矿地融合新模式，将废弃矿山地质环境整治与工矿废弃地整治试点及城市建设相结合，实施废弃矿山地质环境整治工程。海州区新浦磷矿、赣榆区三清阁大理石矿、东海县蛇纹石矿等三家国家级试点绿色矿山建设成为国家级绿色矿山。优选一批中小型矿山进行省级绿色矿山创建试点工作。大中型矿山基本达到绿色矿山标准，小型矿山企业按照绿色矿山条件规范管理，基本形成绿色矿山格局。

推行绿色制造。提高高碳产业市场准入门槛。严格实行建设项目环境准入制度，实行环保审批与总量控制指标、减排任务挂钩。加强合同能源管理，提高能源利用效率，减少污染排放。主攻技术节能，研发节能材料，改造和淘汰落后产能，实现工业节能减排目标。

推进循环型工业、农业、服务业体系建设，推行企业循环化生产、产业循环化组合、园区循环化改造。推进具有循环型工业特点的零排放工业示范园区建设，加快徐圩新区循环经济示范区建设。

探索建立控制温室气体排放的体制机制，建立健全温室气体排放统计、核算和考核制度。有效控制电力、钢铁、化工等重点行业碳排放，实行重点企（事）业单位温室气体排放报告制度，支持符合条件的重点企事业单位开展碳排放权交易。

第十六章 强化生态环境保护制度（略）

第五篇 优化空间发展格局

第十七章 落实主体功能区制度

第一节 构建“一区一带两轴”的总体发展格局

根据国土空间的综合评价，按照尊重现状、空间融合、集中集聚、分工有序的原则，形成“一区一带两轴”的开发空间格局，作为全市乃至全省工业化和城市化发展的重要空间。

“一区”为连云港都市区，包括中心城区片区、赣榆片区和徐圩片区。统筹推进沿海地区资源整合和协调发展，强化中心功能和发展密度，发展高新技术产业和服务经济，积极发展先进制造业和临港工业，提升要素集聚、管控和辐射带动能力，建设古今辉映、生态宜居、产业集聚的现代化都市区。优化都市区空间格局，明确功能分工。中心城区包括海州城区、连云城区、市开发区、市高新区，重点发展商贸商务、行政办公、居住休闲、科技研发、港口服务、先进制造等综合功能；赣榆片区是相对独立的综合功能组团，承担商务办公、商业居住、科技研发、滨海旅游、都市工业等功能；徐圩片区是以临港工业和航运物流为主导功能的片区。

“一带”为沿海发展带，以都市区沿海区域为核心，整合北翼沿海和南翼沿海地区的岸线及后方城镇、产业资源，坚持港产城融合发展和组团开发，建设临港重化工业基地和区域航运物流中心。以生产、生活、生态岸线合理配置为重点，优化利用沿海岸线资源，连云城区岸线充分展示滨海城市景观风貌。其中中心港区重点提升航运物流和综合服务功能；北翼和南翼沿海板块积极推进港产联动，完善城市配套，与周边地区港口和产业联动发展。加强近海生态保护，重点围绕龙王河、青口河、临洪河、烧香河、古泊善后河、新沂河、灌河等河流的入海口打造生态隔离带。

“两轴”为东陇海发展轴和宁连发展轴。东陇海发展轴依托陇海客专徐连段、东陇海线、连霍高速等交通通道建设，串联中心城区、东海县城和东陇海线上的白塔埠、桃林等重点中心镇，加强与徐州及中西部地区的联系。宁连发展轴依托连淮扬镇铁路、宁连高速等交通通道建设，串联南部的灌云、灌南县城，南向对接苏中、苏南和长三角地区。

第二节 推动形成主体功能区

以乡镇（街道）为单元，划分优化提升、重点拓展、适度发展、限制开发和禁止开发五类区域。

优化提升区域。总面积138平方公里，占全市国土面积的1.9%，以城镇空间为主。按照“空间集约、功能集中”的要求，以盘活和调整存量建设用地为主，加快产业转型升级和城市现代化，提高经济开发密度与产出效率。重点发展现代服务业和高新技术产业，推进产业结构向高端、高效、高附加值转变。加快发展现代服务业，促进服务业发展提速、比重提高、结构提升，形成以服务经济为主的产业结构。加快实施污染型企业搬迁，限制传统工业发展规模，严禁新增污染型工业。增强人口集聚功能，形成与经济规模相适应的人口规模，建设成为全市人口、经济最为密集的区域。包括海州区的海州街道、幸福路街道、洪门街道、新浦街道、浦西街道、新东街道、新南街道、路南街道、新海街道，连云区的墟沟街道、连云街道、云山街道、中云街道、海州湾街道。

重点拓展区域。总面积 1795 平方公里，占全市国土面积的 25.0%，城镇、农业、生态空间分别占 36%、58%和 7%。依托港口资源和园区发展基础，重点发展先进制造业和现代物流等生产性服务业，促进产业集群发展，引导重大制造业项目布局，壮大经济规模。推进港产城融合，完善基础设施和公共服务，增强城镇服务功能，创造更多的就业岗位。重点保障新增建设用地供给，同时整合存量用地，推进产业和人口集聚，加快工业化和城市化进程，建成成为支撑全市经济发展的重点区域。包括海州区的花果山街道、南城街道、宁海街道、朐阳街道、云台街道、浦南镇、新坝镇、锦屏镇、板浦镇、岗埠农场、云台农场、南云台林场，连云区的猴嘴街道、板桥街道、徐圩街道、朝阳街道、宿城街道、连岛街道、高公岛街道、前三岛乡、东辛农场、青口盐场，赣榆区的青口镇，东海县的牛山街道，灌云县伊山镇和杨集镇，灌南县的新安镇。

适度发展区域。面积 1355 平方公里，占全市国土面积的 18.9%，城镇、农业、生态空间分别占 14%、78%和 8%。适度控制用地增长，加快推进传统制造业转型升级，减轻产业发展的环境负荷。在稳定农业空间基础上，适度增加并集中布局建设空间。促进现代农业、生态保护、旅游休闲的协调发展，推动农民就近就地城镇化。加快城镇服务和产业集聚功能提升，积极完善商住配套。包括赣榆区的宋庄镇、柘汪镇、石桥镇、海头镇和金山镇，东海县的石榴街道、白塔埠镇、石湖乡和桃林镇，灌云县的东王集镇、燕尾港镇（含灌西盐场），灌南县的李集乡、田楼镇和堆沟港镇。

限制开发区域。面积 3893 平方公里，占全市国土面积的 54.2%，农业、生态空间分别占 87% 和 13%。重点发展特色优势农业，鼓励发展生态旅游、商贸等服务经济。严格控制新增建设空间，禁止新建各类开发区和扩大现有工业集中区的面积，推进工业集中区的优化整合。因地制宜发展资源环境可承载的加工制造业，实施点状集聚开发。加强生态环境保护和修复，保障地区生态安全。建设成为区域的重要农产品主产区和生态经济区。包括赣榆区的班庄镇、城头镇、城西镇、赣马镇、黑林镇、厉庄镇、沙河镇、塔山镇、墩尚镇，东海县的安峰镇、房山镇、洪庄镇、黄川镇、平明镇、青湖镇、石梁河镇、双店镇、温泉镇、曲阳乡、山左口乡、李埝乡、张湾乡、驼峰乡，灌云县的侍庄街道、龙苴镇、四队镇、同兴镇、圩丰镇、下车镇、图河镇、南岗乡、小伊乡、五图河农场，灌南县的百禄镇、北陈集镇、孟兴庄镇、三口镇、汤沟镇、新集镇、张店镇。

禁止开发区域。总面积 435 平方公里，全部是生态空间。加强对自然和历史文化遗产完整性、原真性以及自然与人文景观的保护，实行分级管理，严禁有损主导生态功能的开发建设活动。依据相关法律法规和规划，对有代表性的自然生态系统、野生动植物物种、有特殊价值的自然遗迹和文化遗址等自然文化资源实施强制性保护。在符合主体功能定位和相关法律法规规定的前提下，可适度发展生态农业和生态旅游业。切实加强生态修复和环境保护，提高生态环境质量和生态服务功能。专栏：各类主体功能区域主要指依法设立的各级各类自然保护区、风景名胜区、森林公园、地质公园、饮用水源保护区、清水通道维护区、重要湿地和洪水调蓄区、生态公益林等。包括：云台山省级自然保护区，云台山国家级风景名胜区、云台山国家级森林公园，饮用水源保护区，通榆河、烧香河、淮沭新河等清水通道维护区，高程 100 米以上的山体及石梁河水库、安峰山水库、小塔山水库、西双湖、新沂河等水体。

第三节　优化发展空间布局

落实主体功能区制度，在国土空间分析评价基础上，以行政边界和自然边界相结合，将全市划分为城镇、农业、生态三类空间，统领全市发展全局的规划蓝图、布局总图。城镇空间总面积 750 平方公里，分布在优化提升、重点拓展和适度发展区域，以城镇建设和发展城镇经济为主。农业空间总面积约 5715 平方公里，主要分布在限制开发区域，部分分布于重点拓展和适度发展区域，承担农产品生产和农村生活功能。生态空间总面积不低于 1150 平方公里，主要分布于限制开发和禁止开发区域，江河湖泊等主要水体面积不减少，以提供生态服务功能为主。

第四节　实施差别化主体功能区政策（略）

第十八章　港产城融合发展

第一节　优化港口功能布局

按照“深水深用、浅水浅用”原则，对连云、赣榆、徐圩、灌河、前三岛港区功能进行定位和合理分工，优化布局，彰显特色，错位发展，避免重复投资，形成整体合力。连云港区加快与国际性海港城市功能接轨，根据徐圩、赣榆港区集疏运体系建设进度，明确货种调整时序，部分货物有计划地向两翼港区转移；徐圩港区突出港口与大型临港产业的港产联动，为后方临港产业服务，实现资源优化配置，最大限度释放港产联动效应，重点服务大型临港产业和承接连云港区功能转移；赣榆港区突出服务区域经济发展和临港产业开发联动，支撑连云港区货种转移，完成 15 万吨级航道及码头建设，加快推进国家一类开放口岸申报；灌河港区根据临港经济发展需要，完成 5 万吨级航道及码头建设，利用灌河优势，打造海河联运品牌；前三岛港区根据国家战略和临港产业发展需要，适时开展超大型码头泊位建设前期工作。

第二节　港产联动

发展临港产业。充分利用港口腹地优势，沿海州湾打造我市沿海临港产业经济带。到 2020 年，实现市开发区、徐圩新区和赣榆、灌云及灌南临港产业区工业增加值之和达到 1920 亿元。加快产业集聚。工业向园区集中、园区向港口靠近。以国家级、省级开发区和合作共建园区建设为重点，通过区中园、园中园等模式带动产业集聚，培养壮大优势产业和特色经济，培育千亿产业集群。推动对外开放。发挥连云港口岸和海关特殊监管区功能，打造高水平对外开放平台。增强组货和揽货能力，提高国际化服务水平，加快建设“一带一路”沿线国家共用口岸的货物集聚区。

第三节 港城融合

加快东部城区发展。以建设区域性国际商务中心、国际休闲中心和国际服务中心为目标，重点打造与区域性国际枢纽港配套、以大陆桥国际航运中心为主要功能的综合性港口国际商务中心。实现港产城联动发展。整合东部城区港口、产业、城市资源，规划的“三个中心”区域不得进行商品住宅开发，连云新城和连云区内不得发展工业集中区，为徐圩新区和市开发区集中配置社会公共服务资源。两翼城区突出特色。徐圩新区依托连云新城、连云和海州城市功能，以云湖商务核心区为中心，配套建设医疗救助、生活服务设施，建成集行政、商务、休闲于一体的徐圩新区产业配套商务区。赣榆港区北部以柘汪为核心重点布局产业，中部控制岸线开发兼顾旅游休闲，南部以青口为核心集中建设城区，进一步调整优化港产城布局。

第十九章 完善基础设施体系（略）

第六篇 共建共享美好生活

第二十章 推进城乡一体化发展

第一节 有序推进农业转移人口市民化

建立健全农业转移人口市民化推进机制，全面放开城镇落户限制，加快城镇人口服务管理由户籍人口为主向常住人口转变。到2020年，户籍人口城镇化率达到58%。促进有能力在城镇稳定就业和生活的农业转移人口举家进城落户，并与城镇居民享有同等权利和义务。实施居住证制度，努力实现基本公共服务常住人口全覆盖。健全财政转移支付同农业转移人口市民化挂钩机制、城镇建设用地增加规模同吸纳农业转移人口落户数量挂钩机制。维护进城落户农民土地承包权、宅基地使用权、集体收益分配权，支持引导其依法自愿有偿转让上述权益。建立集各类人口基础信息采集、处理、更新、交换、服务为一体的户籍运行管理服务体系。

第二节 优化城镇化空间开发格局

构建“一区一带两轴”的城镇化空间开发格局。沿海城镇发展带，以港产城融合发展为特色，以生产、生活、生态岸线合理配置为重点，优化利用沿海岸线资源，建设沿海新型工业基地和航运物流中心。东陇海城镇发展轴，依托陇海客专徐连段、东陇海线、连霍高速等交通通道，抢抓丝绸之路经济带建设机遇，加强区域间铁路、港口、航空等基础设施互联互通，打造面向东北亚和中亚的东西双向开放门户。推进国家东中西区域合作示范区建设，深化与陆桥沿线的合作协同。宁连城镇发展轴。依托宁连高速公路、连淮扬镇铁路，强化与省会中心南京以及长三角地区的联系。构建中心城市辐射，中小城市带动，重点镇支撑的“中心城市—县城—重点镇——般镇”四级城镇体系，推动大中小城市和城镇镇协调发展，形成交通便捷、结构合理、功能互补的市域城镇体系。

第三节 壮大县域经济

坚持城市支持农村、工业反哺农业，推动县域经济特色化、集约化、规模化发展，力争县域综合实力在苏北领先，三县全部进入全国百强县。实施规模工业企业数量倍增工程。发挥省级工业园区龙头作用，建好用好乡镇工业集中区，促进上下游企业集群集聚。实施强乡强镇培育工程。实施县域发展环境提升工程，进一步优化县域投资发展软环境。完善县域科技、金融、人才等支撑保障体系。加强农村基础设施配套，加快推进城乡基本公共服务均等化。实施县域机制体制创新工程。完善县域经济发展综合评价体系，优化指标、分类考核。深化县域投融资、财税等重点领域改革，进一步释放县域经济发展的内生活力。

推进县城提高发展层次和质量，加强市政基础设施和公共服务设施建设，促进产业结构优化和空间集约利用，推动县城建设要素集聚明显、基础设施良好、服务体系健全的现代化城市，成为以城带乡、以工促农、城乡一体化发展的重要平台。

鼓励各乡镇以强带弱、强强联合，重点打造一批工业强镇、现代农业大镇和乡村旅游名镇。因地制宜发展农副产品深加工、商贸物流等特色产业，1/3乡镇公共财政预算收入超过5亿元。

发挥村级集体经济基础作用。

城镇等级	城镇名称
中心城区	海州城区、连云城区和赣榆城区
县城	东海、灌云、灌南县城
重点镇（小城市）	小城市：柘汪、桃林、沙河、杨集、燕尾港、堆沟港、田楼 重点镇：浦南、板浦、白塔埠，班庄，汤沟、塔山、墩尚、安峰、海头、温泉、青湖、圩丰、龙苴、宋庄、小伊
一般镇	新坝、锦屏、赣马、厉庄、城头、黑林、城西、石桥、平明、双店、石梁河、黄川、房山、洪庄、同兴、四队、新集、东辛农场、三口、张店、北陈集、前三岛、驼峰、李埝、山左口、石湖、张湾、曲阳、东王集、李集、下车、百禄、南岗、图河

鼓励以村集体资产、农民承包土地入股，兴办农民经济合作组织，发展适度规模经营。发展家庭农场、专业合作社等新型农业经营组织，把农民组织起来，构建“工业园区＋农业龙头企业＋农民合作组织＋农户”的新机制，促进农民持续增收致富。到2020年，100个村年集体经济收入达到18万元以上。

第四节　加强镇村建设（略）

（以下略）

全面落实“两聚一高”新要求　奋力开拓特色发展新路径

——在市委十二届二次全会上的报告（摘要）

（2016年12月30日）

杨省世

一、“十三五”发展实现良好开局

（一）经济运行保持平稳增长。主动适应经济发展新常态，定期分析经济形势，加大统筹调度和难题会办力度，经济运行总体平稳、稳中有进、稳中向好。预计全市地区生产总值增长8％，固定资产投资增长15％，城乡居民人均可支配收入分别增长8.2％、9％。工业经济平稳运行，临港产业实现恢复性增长，新医药、新能源、装备制造等产业产值保持两位数以上增速。服务业发展提质增量。农业生产形势总体向好，农业现代化建设稳步推进。

（二）重大项目取得阶段性突破。在全市上下共同努力下，集中精力解决了一批制约发展的大事要事，连徐高铁开工建设，30万吨级航道二期工程获国家发改委批复，新机场建设通过民航行业审查，全市现代化对外快速交通网络全面拉开。徐新公路、云宿路等重点道路建成通车，主城区路网结构不断完善，组团间的联通更加顺畅。国家级石化产业基地通过环保部批复，省原创化学药创新中心获批全省三大创新平台之一，碳纤维复合材料试验公共服务平台项目列入国家工业强基工程，发展大型临港产业、战略性新兴产业的基础更加坚实。

（三）重点领域改革和对外开放不断深入。扎实推进供给侧结构性改革，制定出台“三去一降一补”实施意见，坚决打击非法产能，彻底整治“地条钢”，对产能长期闲置企业，实施“一企一策”关闭淘汰、重组盘活。坚持因地制宜、分类施策，全市商品房、商品住房去化周期比去年底分别减少8.3个月和7个月。认真落实涉企减税降费政策，企业融资成本降低3个百分点左右。深入落实“一带一路”战略，中哈物流合作基地二期散粮筒仓、铁路场站加快实施，中亚、中欧班列保持稳定运营，上合组织国际物流园基础设施建设加快推进，物流服务能力显著提高。成功举办第三届连博会，与“一带一路”沿线国家地区的人文交流和经贸往来得到加强。

（四）生态建设取得扎实成效。在全国地级市中率先完成战略环评试点，东海县、赣榆区通过国家级生态区验收，市开发区获批国家级生态工业示范区。持续推进治水、治气、治土三大战役，全市PM2.5浓度显著下降，河流断面水质明显改善，土壤污染防治能力得到提升。认真落实中央环保督察整改要求，化工园区、农村畜禽养殖整治等重点工作取得初步成效。统筹抓好港口和城乡环境整治，加快推进市区化工企业搬迁，扎实开展宕口、湿地、海岛生态修复，生态环境质量持续向好。

（五）民生社会事业稳步提升。千方百计促进群众增收，完成年度就业目标和脱贫任务，社保覆盖面和保障水平持续提升。扎实抓好民生工程和惠民实事，推动公共服务项目均衡布局，海州高级中学新校区等一批新学校建成投用。医疗卫生体制改革稳步推进，市县乡村医疗资源纵向整合成效显著。大力开展“干净、方便、顺畅”连云港建设，国家卫生城市创建取得阶段性成果。群众性精神文明创建富有成效，谢芳丽家庭获得全国文明家庭荣誉称号。加强平安连云港建设，持续抓好安全生产、信访维稳等工作，妥善处置社会稳定突发重大问题，较好保持了和谐稳定的总体局面。

（六）全面从严治党持续推进。深入开展党的十八届六中全会和省第十三次党代会精神学习宣讲活动，扎实推进“两学一做”学习教育，举办五大发展理念专题轮训，党员干部党性修养和“四个意识”显著增强。胜利召开市第十二次党代会，为今后五年发展明确了目标、绘就了蓝图。严格执行“四凡四必”等选任机制，选准用好干部，顺利完成市县乡党委换届。落实党委意识形态工作责任制，做大做强主流舆论，“美·德照亮港城”等品牌活动深入人心。认真抓好中央、省委巡视反馈意见整改工作，加大约谈函询力度，层层传递压力，压实工作责任。出台监督执纪“四种形态”实施办法、党风廉政建设巡察办法，保持惩治腐败高压态势，党风政风持续向好。重视抓好民主法治建设和统战群团工作，民主党派顺利完成换届，团结和谐的局面进一步得到巩固。

在肯定成绩的同时，也要看到当前发展存在的问题。一是产业短板依然突出，基地型、龙头类的千亿级大项目尚未突破。二是生态环保面临较大压力，单位GDP能耗较高，化工园区等突出环境问题亟待整治。三是创新要素稀缺，高层次、高技能人才较少。四是创业氛围不够浓厚，富民增收的抓手还不多，创业致富带头人比较缺乏。五是干事创业精气神需要进一步提振，求真务实的作风有待进一步强化。对此，我们要引起高度重视，采取有力措施，切实加以解决。

二、准确把握当前形势和明年工作的总体要求

2017年全市工作的总体要求是：全面落实党的十八大和十八届三中、四中、五中、六中全会精神，深入贯彻习近平总书记系列重要讲话精神，按照省、市党代会的新部署和省委对连云港发展的新要求，更加主动适应把握引领经济新常态，更加自觉践行新发展理念，坚持稳中求进工作总基调，以提高发展质量和效益为中心，以推进供给侧结构性改革为主线，以全面从严治党为根本保证，聚力创新、聚焦富民，全面做好稳增长、促改革、调结构、惠民生、优生态、防风险各项工作，积极开拓具有连云港特色的发展路径，扎实推进全面小康社会建设，以优异成绩迎接党的十九大胜利召开。

明年经济增长预期目标为9%，全社会研发投入占GDP比重提高到1.85%，城镇新增就业4.8万人，节能减排完成省定目标，城乡居民收入增长与经济增长同步。

三、明年重点工作任务

（一）全力以赴稳增长。要将投资向重大基础设施、特色产业、生态环保、民生事业等领域集中，尤其是高铁、港口、新机场等重大基础设施工程，拉动性强、支撑作用大，要加快向前推进。产业方面要加大对战略性新兴产业和先进制造业、现代服务业的投资，加快培育一批具有爆发力和引领力的创新型增长点。优化存量是扩大有效投入最便捷的途径，要积极支持企业通过技术改造、增资扩股等形式，推动存量经济扩量提质。各地要立足资源禀赋和承载能力，找准产业链、价值链中高端环节，主攻上下游配套项目、行业龙头企业，重点加大对港口依赖型产业的招商力度，有的放矢开展精准招商，争取落户一批新项目、好项目。

围绕交通、城建等领域，排出一批重点项目，加快推进PPP等投融资模式，明确双方权利和义务、风险和收益，努力实现互利合作共赢。要更加注重发挥产业基金的引导带动作用，加快构建“1+X”产业基金发展模式，提升专业基金规模和数量，不断拓宽投入的渠道。各级党委、政府要加强针对性的政策扶持，提供精准服务，特别是要稳住现有企业，及时帮助解决困难，促进企业健康成长。要着力完善中小企业公共服务体系，明确专人跟踪服务，加大信贷融资、要素保障、政策资金等方面支持力度，扶持企业做大做强。

（二）强化特色促转型。在临港工业方面，要重点做大石化产业。瞄准高端化、绿色化、智能化方向，着力延伸产业链，加快建设以大炼化为龙头的世界级石化产业基地，形成未来支撑全市发展的最强增长点。明年上半年，确保盛虹炼化一体化项目开工建设。在战略性新兴产业方面，要重点做强新医药、新材料产业。发挥龙头企业的创新引领作用，依托省原创化学药创新中心等平台载体，着力打造新医药、医疗器械、保健品三大板块，构筑国家级医药产业集群。加快国家碳纤维复合材料试验公共服务平台建设，提高多领域研发应用水平，积极拓展下游市场，进一步壮大产业规模。在现代服务业方面，要重点突破物流和旅游业。依托港口、机场等重要节点，发挥多式联运品牌优势，大力培育加工贸易、跨境电商等增值物流业态，积极构建现代物流体系。明年要在大宗商品交易中心建设上取得实质性进展。积极推动旅游资源整合、服务提升，创新经营管理体制和旅游业态。明年重点在海滨海岛游、湿地生态游、乡村休闲游等方面实现突破。在现代农业方面，要重点推动一二三产融合发展。结合农业供给侧结构性改革，推进农业适度规模经营，培育壮大特色种养殖、农产品深加工等产业，不断扩大绿色优质农产品供给。深入实施农业品牌化发展战略，着力推动农村电商“全覆盖”，高标准建设“一带一路”农业国际合作示范区，进一步提升农业生态、高效、外向发展水平。在培育壮大特色产业的基础上，要深入实施装备升级、工艺优化和互联网提升计划，加快“两化”融合步伐，推动装备制造、冶金等传统产业改造升级。

要提升城市功能，着力完善市域路网、水电气暖、防洪排涝、污水垃圾处理、地下综合管廊等城市基础设施，构建10分钟基本公共服务圈。当前，尤其要抓住国家对棚户区改造加大投入的契机，大力推进老旧小区、城中村、城郊接合部等改造升级，坚决拆除各类违法建筑，全面清理违法用地和低效闲置地块，推动城市有机更新。要加强城市管理，深入实施“互联网+城市”工程，建好用好综合性城市管理数据库，着力打造智慧城市。巩固国家卫生城市创建成果，启动“三沿同整、三区同创”行动，提升城市形象，彰显城市特色。要抓好镇村建设，高水平做好镇村规划，立足自然生态、乡村旅游、历史文化等资源优势，着力推进重点中心镇和美丽乡村建设。明年要按照“产业定位特而强、功能叠加聚而合、建设形态精而美、制度供给活而新”的要求，重点打造一批特色小镇。

发挥好企业创新主体作用。要立足新医药、新材料等优势领域，支持企业建设高水平研发机构，加大研发投入、攻关核心技术，打造城市创新名片。深入实施“小升高”培育行动，推动一批科技型中小企业成长为高新技术企业，实现“由低转高”的创新发展。加快培养引进创新人才。要大力集聚高层次创新人才，重点以产学研合作为依托，从国家级、省级科研院所和一流高校柔性引进一批

科技人才。建好用好创新载体平台。要加快推动国家级高新区争先进位，积极推进中科院能动中心、中船重工创新产业园等载体建设，加强淮海工学院、中蓝连海等在连高校院所与地方产业互动融合，不断深化产学研合作。抓好体制机制创新。要深入落实省科技创新“40条”政策，加大财税、金融支持力度，完善公共技术和服务平台，健全科技成果转移转化市场体系，清除创新创业障碍，构建有利于创新的体制机制，在全社会营造创新的浓厚氛围。

（三）深化改革扩开放。供给侧结构性改革是引领经济发展的主线，要在巩固已有成果基础上，推动五大任务取得实质性进展。去产能方面，重点抓好化工企业整治，按照既定方案，抓紧整治到位。同时，全面彻底排查各类落后产能，坚决果断清理整顿。对新上产能要严把环保、能耗、安全等准入关，培育高质量的增长点。去库存方面，坚持因地施策、分类调控，通过完善基础设施配套、控制土地供应总量、推动产城融合、促进农业转移人口市民化等措施，加快消化商品房库存。去杠杆方面，把降低企业杠杆率作为重中之重，扩大直接融资规模，切实降低企业财务费用。要加强对融资平台的风险管控，确保金融市场健康发展。降成本方面，认真落实好国家和省里各项减费降税政策，积极采取扩大企业直购电范围、完善物流运输体系等措施，真心实意帮助企业把成本降下去。补短板方面，加快推进基础设施、民生保障、公共服务、生态环境等领域的补短板工作，不断提高经济社会发展的协调性。

行政审批制度改革方面，要加快建立“互联网+政务服务”体系，在确保安全和环保的前提下，以企业投资政府“不再审批、有效监管”为取向，持续深化“放管服”改革，把涉及省级开发园区和乡镇街道的审批权限尽可能下放到县区，努力实现市县区扁平化管理、一层级全链审批，不断激发市场活力和群众创业热情。农村改革方面，制定出台农村土地“三权分置”改革的实施意见，扎实推进农村集体产权制度改革，构建农村产权二级交易市场网络，创新农村金融制度，切实增强农村发展活力，着力提高农民收入。同时，按照中央和省委要求，稳妥推进金融、财税、国有企业等重点领域改革。

要积极参与“一带一路”建设，加快推进“两个基地”等标志性工程，确保中哈物流基地二期和上合物流园智慧物流信息服务中心建成启用。同步开展招商引资工作，巩固提升中亚班列，全力拓展中欧班列，着力提高服务陆桥沿线地区发展的能力水平。要围绕提升出海服务功能，加快完善综合集疏运体系。按照智能化、信息化要求，构建港口数字化信息平台，推进口岸“单一窗口”建设，提升港口作业效率和口岸通关便利化水平。进一步深化与上海、宁波舟山等港际合作，做强做优海河联运、海铁联运品牌，推动港口特色化、差别化发展。要把连博会和国际执法合作论坛打造成具有影响力的优势载体平台，积极探索市场化运作模式，既要造出声势，又要务求实效、办出特色，使之成为扩大开放的“加速器”、优质资源的“强磁场”。

（四）重抓整治优生态。全面开展化工行业整治。坚决按照中央环保督察要求，全面彻底整治化工园区，确保到明年一季度园区没味道、达标准、大变样。按照“四个一批”要求，持续抓好化工企业整治，能够提升的加快提升，该依法淘汰的坚决淘汰，该实施搬迁的尽早搬迁。下大力气补齐园区污水处理、集中供热等环保基础设施短板，推进园区河道清淤修复，到2018年将化工园区全部建成绿色环保、低碳循环园区。

打好治气、治水、治土攻坚战。重点推进港口环境综合整治，尽快把主港区散杂货转移到两翼港区，对散杂货能封闭的全部封闭，不能封闭的全面布设防风抑尘网，切实减少港区扬尘污染。大力开展治污水、防洪水、排涝水、保供水、抓节水专项行动，用三年左右时间完成治水任务，实现水环境质量根本好转。积极实施建设用地土壤污染综合治理与修复，严格规范危险固废物监管，确保土壤环境质量总体稳定。

加强生态环境保护修复。严格落实主体功能区规划，深入推进“多规合一”，打造科学合理的产业发展、生活空间、生态安全格局。加快推动山体修复和植被复绿，抓好沿海、沿湖、沿河、沿路、沿城乡防护林和生态景观带建设，实施临洪河口湿地保护等重点项目。深入开展农村环境综合整治，建立覆盖全部村庄的生活垃圾处理体系，加大畜禽养殖治理力度，推动河流沟塘整治，不断美化农村环境。

构建生态建设长效机制。严格落实战略环评规划，实施“三线一单”环境管理。加快推进排污许可制、领导干部自然资源资产离任审计、生态环境保护补偿、生态环境损害赔偿等重要制度改革，构建激励和约束两端发力的体制机制，形成标本兼治、综合治理的工作格局。

（五）多措并举抓富民。要坚持开发式扶贫方针，进一步提升集中连片贫困地区的基础设施水平，保质保量把重点工程落实好。要突出“精准”要求，立足资源禀赋，找准产业、对准人头，推动扶贫政策和举措到户到人。要发挥好“第一书记”的带动作用，推动贫困地区早日拔除穷根，依靠自己的力量站起来。要保障脱贫攻坚投入，推动各类资源加快向贫困地区倾斜，鼓励引导社会各界共同参与扶贫开发。各级各部门要真正把功夫下到帮助贫困群众解决实际问题上，把精力放在创造可持续发展条件、激活内生动力上，不能再单纯送钱送物，更不允许弄虚作假，搞数字脱贫。

促进城镇居民增收，重点是引导和支持大众创业。要把“创业服务年”作为明年的一个突出主题，谋划推进好全民创业工程。着眼氛围不浓、环境不优等突出问题，在优化政务服务、降低创业门槛、搭建平台载体、强化金融支持等方面拿出更多硬招子、实招子，谋划出台更多务实管用的扶持政策，为创业者提供更加便利的环境。要深入研究大学毕业生、科研人员、返乡农民工等重点群体的特点和创业需求，有针对性地进行引导和扶持。要大力弘扬创业文化、褒奖创业典型、拓宽群众眼界、加强技能培训，在全社会形成崇尚创业的浓厚氛围。促进农民增收，重点要把特色发展的“引擎”打造好。各县区要立足自身特色，选准主攻方向，打造一批土生土长、名特优良、产业链长、后劲持久的富民产业。在此基础上，重点实施一批有带动力的富民项目，大力培育扶持农村新型经营主体，强化能人大户的示范带动作用，大力引导在外能人返乡创业，积极发展农村电商和乡村旅游等新业态，以农业转型升级带动农民致富增收。要以责任落实推动富民聚焦，强化县区主体责任、乡镇直接责任、村居具体责任，把富民成效作为干部政绩考评的重要内容，确保工作落到实处。明年要集中开展富民摸底调查活动，把机关干部派下去，走村入户进企业，把创业致富的基础信息摸准确，深入研究，找到管用之策，动态跟踪推进。

把公共服务均衡化标准化建设作为努力方向，增加服务供给、创新提供方式。明年要制定好基本公共服务清单和建设标准，科学确定公共服务设施服务半径和覆盖人群，推动服务内容由“碎片化”转向“整体性”，服务方式由“粗放式”转向“精细化”。要加快推动市域范围内教育资源均衡布局，缩小城乡、校际差距，大力完善职业教育体系，提升高等教育办学水平，为产业强市打牢人才基础。要加快医疗卫生重点项目以及名院、名科、名医建设，落实好综合医改试点任务，进一步加大各级资源整合协作力度，促进医疗资源向基层和农村流动。要抓住用好全面放开养老服务市场的契机，顺应大健康产业发展趋势，引导更多社会资本投向养老服务业。

全面启动全国文明城市创建，深度挖掘历史文化资源，提炼城市文化标识，不断丰富和拓展新时期连云港精神。加快构筑道德风尚高地，持续擦亮“美•德照亮港城”品牌，深入开展核心价值观“六进”活动，让群众得到更大精神提升。加快推进文化重点园区、重大项目及龙头企业建设，大力拓展传播方式渠道，强化特色品牌建设，推出更多带有鲜明时代烙印和地方韵味的精品力作。

要细致排查安全生产、征地拆迁、环境污染、网络非法集资等社会稳定风险点，通过严格的责任落实、富有针对性的工作方法、深入细致的具体措施，切实消除隐患，保护好群众生命财产安全，维护社会和谐稳定。要进一步健全重大决策社会稳定风险评估机制，完善群众诉求表达机制、解决机制、反馈机制，重视信访积案化解，创新社会治理模式，使群众利益得到切实维护。

四、扎实推进全面从严治党

发挥好党委领导核心作用。各级党委班子要自觉强化“四个意识”，突出抓好十九大精神学习贯彻，持续推进省市党代会精神落实，加强对中央、省委方针政策的领会把握，找准发展的“风口”。要履行好把方向、管大局、作决策、保落实的职能，提高议事决策和抓落实的科学性、规范性、实效性。要深入贯彻《新形势下党内政治生活若干准则》和《党内监督条例》，强化支部主体作用、制度保障作用、领导示范作用和党委把关作用，推动党内政治生活制度化、经常化、规范化。要制定党委意识形态工作责任制考核评价体系，开展宣传思想文化工作“五大能力提升行动”，广泛汇聚改革发展正能量。要认真按照中央和省委统一部署，周密细致做好人大、政府、政协换届工作，为发展选优配强班子。

提振干事创业精气神。要坚持“好干部”标准，选任一批奋发有为、锐意创新、实绩突出的干部，通过选贤任能把崇尚实干的导向切实树起来。落实省委“789”青年干部培养计划精神，识别培养储备一批优秀年轻干部。要充分发挥制度保障作用，健全正向激励机制，增强制度约束刚性，完善容错纠错机制，为敢于担当的人担当，为敢于负责的干部负责，充分激发和保护干事创业的积极性。

锤炼求真务实好作风。要完善一线推动机制和政绩考核评价体系，通过市级机关“四考四比”、县区“三考三鉴”等务实举措，将各级干部的注意力集中到干实事上来。要坚持真功实做、实事求是，杜绝数字注水、形象工程，用实实在在的发展成绩向群众交上一份合格答卷。

强化廉洁从政硬约束。各级党员干部要时刻绷紧党风廉政建设这根弦，始终保持对自己、对家人、对组织、对事业负责的意识和自觉，干净做事、清白做人，敬畏法纪、遵守规矩。要深入重点领域、重点部门开展巡察监督，发现问题、强化震慑，持续释放执纪必严、违纪必究的强烈信号，坚决整治和查处侵害群众利益的不正之风和腐败问题。

政府工作报告（摘要）

——2017 年 2 月 14 日在连云港市第十四届
人民代表大会第一次会议上审议通过

项雪龙

过去五年工作回顾

过去的五年，是我市抢抓国家"一带一路"建设和江苏沿海开发战略机遇，推动经济社会发展取得重大成就的五年。全市 GDP 达到 2376.48 亿元，年均增长 10.6%；一般公共预算收入达到 211.47 亿元，固定资产投资达到 2385.16 亿元，社会消费品零售总额达到 933.31 亿元，城乡居民收入年均分别增长 8.3%、9%。上一轮脱贫奔小康工程圆满收官，全面小康社会建设迈出坚实步伐。

紧抓第一要务，经济发展稳中向好。深入推进"工业立市、产业强市"，坚持一二三产业并举，大中小项目齐上，国资外资民资同抓，市县区乡镇联动，不断扩大项目投入。装备制造、石化产业产值突破千亿，百亿特色产业达到 12 个。连云港跻身国家规划建设的七大石化产业基地。"三新一高"为代表的战略性新兴产业持续快速发展，高新技术产业占工业总产值比重达到 39.1%。实施企业培育"三大行动计划"，规模以上工业企业净增 466 家，新增上市企业 3 家、新三板挂牌企业 14 家。服务业加快发展，商贸流通业提档升级，苏宁广场、万达广场、东海水晶城等商业综合体人气集聚，民主路、盐河巷、连云老街等传统街区活力激发。电子商务快速发展，被认定为省跨境试点城市，海州智慧物流园成为省级重点物流基地。金融服务实体经济力度加大，社会融资规模达到 1970 亿元，引进招商银行、国泰君安等金融机构 24 家。花果山创成国家 5A 级景区，新增国家 4A 级景区 7 家，旅游业年均收入突破 300 亿元。农业现代化迈上新台阶，粮食生产连年丰收，高效农业、渔业面积分别达到 116 万亩和 52 万亩，建成高标准农田 315 万亩。外向型农业全省领先，"一带一路"农业国际合作示范区建设稳步推进，赣榆获评国家级现代农业示范区。国家地理标志保护产品达 10 个。省内首个农产品公用品牌"连天下"启用。

完善交通设施，综合枢纽功能显著提升。30 万吨级航道一期工程建成，二期工程获批建设，30 万吨级矿石码头投用。赣榆、徐圩、灌河港区开港运营。港口总吞吐量达到 2.2 亿吨、集装箱运量 465 万标箱。新开通 19 条远近洋航线。中亚、中欧国际班列运行效率国内领先。疏港航道、盐河航道建成通航，内河航道实现千吨级船舶直通京杭大运河，多式联运项目入选国家示范工程。连徐高铁开工建设，连盐、连青、连淮扬镇铁路加快推进，铁路综合客运枢纽正式开工。新改建国省干线公路 345 公里、农村公路 2994 公里，形成"两纵一横"高速公路网和"四纵五横"高等级干线公路网。白塔埠机场年旅客吞吐量达到 85 万人次，新机场建设前期工作取得实质性进展。重大交通基础设施的日益完善，为连云港加快发展提供了更有力的支撑。

深化改革开放，发展动能得到有效激发。深入推进供给侧结构性改革，小钢铁、小化工去产能成效明显，商品住房去化周期大幅缩短，"营改增"全面实施，累计为工业企业降低成本约 90 亿元。政府性债务得到有效管控，金融风险防范处置机制更加健全。全面取消非行政许可审批事项，实施企业和个体工商户新登记制度。不动产登记制度全面推行。顺利改革重组六大国企集团。基本药物制度全面建立，公立医院综合改革稳步推进。深入实施创新驱动战略，高新区升级为国家高新技术产业开发区，获批建设国家知识产权试点城市和国家农业科技园区，全社会研发投入占 GDP 比重提高到 1.78%，科技进步贡献率提高到 53%，高新技术企业增至 226 家。海陆双向开放格局加快构建，被确定为新亚欧大陆桥经济走廊重要节点城市、中哈物流中转基地、上合组织出海基地。中哈物流合作基地"一园三区"布局初步形成，上合组织国际物流园建设拉开框架。"三互""三个一"口岸改革深入推进，启运港退税政策获批实施，成为中韩陆海联运扩大试点口岸。成功举办两届新亚欧大陆桥安全走廊国际执法合作论坛，永久会址和培训研究中心落户我市。承办三届连博会、第十八届江苏农洽会。外向型经济逐步增强，累计实际利用外资 39 亿美元，完成外贸进出口 2357 亿元，新批境外投资企业 82 家。全省首家保税商品展示交易中心落户。

注重统筹发展，城乡面貌焕然一新。"干净、方便、顺畅"连云港建设初见成效，棚户区、老旧小区、城镇危旧房改造力度加大，整治低洼易涝片区 24 个、背街小巷 2300 条，市区生活垃圾无害化处理率达 100%。城市饮用水"双源双线"工程建成投用，百万市民喝上放心水。新建改造供热、供气、给排水管网 300 公里，建成 220 千伏独立分区电网。海滨大道、徐新公路等道路通车。城市快速公交、公共自行车等绿色出行网络加快完善。市工业展览中心、民政公共服务中心、社会福利中心等公共服务设施投用。13个乡镇列入省级以上重点镇培育计划，创建三星级康居示范村47个、美丽乡村29个。深入推进环境综合整治，秸秆综禁成效明显，化工园区整治力度加大，空气优良率全省领先，建成区绿地率达37.6%。在全国地级市中率先完成战略环评试点。东海、赣榆通过国家级生态县区验收，市开发区获批国家生态工业示范区。创成全国绿化模范城市、国家园林城市和国家节水型城市。去年，我市集中力量补短板，众志成城齐攻坚，国家卫生城市创建圆满通过技术评估。

致力改善民生，群众获得感明显增强。实施教育强基工程，在苏北率先实现教育基本现代化，新建海州高级中学等中小学48所，改造中小学校舍275万平方米，淮海工学院硕士点获批，康达学院建成办学，江苏财会职业学院升格。建成市一院新院区等一批重点项目，市属医院全部达三级标准，分级诊疗加快推进，全市所有乡镇和街道实现了基层卫生机构全覆盖。实施文化惠民工程，率先完成省公共文化服务标准化试点城市建设目标，万人拥有公共文化服务面积1300平方米，年均惠民演出、展览、放映达2万余场。全面建成省公共体育服务示范区，形成城市10分钟体育健身圈，人均体育场地设施面积苏北领先。实施就业创业促进工程，累计新增城镇就业人员38.7万人、农村劳动力转移就业17.7万人，高校毕业生就业率稳定在90%以上。城镇职工"五险"参保率稳定在95%以上，大病保险实现应保尽保，城乡低保、养老金、残疾人补助等保障标准明显提高，每千名老人拥有床位35.6张。基本建成各类保障房2.83万套，新增住房公积金受益人群3万人，更多困难群众住上了安全合适的住房。创新和加强社会治理，"一委三会"社会治理模式在全省推广，建成省级以上民主法治示范村(社区)635个。公民科学素质明显提升，江苏海洋发展研究院等智库平台建设取得实效。雷锋车组、最美法官姜霜菊、开山岛夫妻哨、谢芳丽家庭等成为全国先进典型。龚翔宇和队友一起获得奥运会冠军，董贵军成功登顶珠峰，新海实验中学代表队获得"中国汉字听写大会"全国总冠军，极大地振奋了港城人民的精神。全国双拥模范城实现"七连冠"。社会治安、安全生产、食品药品安全和信访工作持续稳定。自觉接受人大的工作监督、法律监督和政协的民主监督，办理人大代表建议722件、政协委员提案1643件，按期办复率100%、满意率达99.7%。民族、宗教、档案、史志、民防、地震、气象、妇女、儿童、青少年、老龄、残疾人、红十字、慈善事业等取得新进步。

在充分肯定成绩的同时，我们也清醒地看到，我市经济社会发展中还存在一些不足：经济发展仍不充分，产业短板依然突出；港口核心战略资源作用发挥不够，港产城融合发展需要加强；创业创新氛围不浓，人才短缺仍然是制约发展的瓶颈；民生社会事业发展与群众期望还有一定差距；政府效能有待提升，发展环境需要进一步优化。对此，我们将坚持问题导向，采取更加得力措施，切实加以解决。

今后五年奋斗目标和重点任务

今后五年政府工作的指导思想是：高举中国特色社会主义伟大旗帜，深入贯彻落实党的十八大以来中央各项决策部署、习近平总书记系列重要讲话特别是视察江苏重要讲话精神，紧紧围绕"五位一体"总体布局和"四个全面"战略布局，践行五大发展理念，抓住用好多重叠加战略机遇，深化供给侧结构性改革，聚力创新，聚焦富民，大力推进沿海发展五大工程，全面加快产业强市步伐，高水平全面建成小康社会，努力建设经济强、百姓富、环境美、社会文明程度高的连云港，奋力开创国际化海港中心城市建设新局面。

今后五年我市经济社会发展的主要目标是：地区生产总值、城乡居民收入保持两位数增长，工业总产值超1万亿元，人均GDP超1万美元，一般公共预算收入年均增长7.5%左右。全市综合经济实力迈上新台阶，各项社会事业更加繁荣，生态环境更加优美，人民生活更加幸福。

——加快崛起沿海新型临港产业基地。坚定不移实施以港兴市、产业强市战略，做大做强现有企业，务实高效组织招商，完成有效产业投入4000亿元以上，构筑以临港大工业和战略性新兴产业为主导、一二三产业融合发展的现代产业体系，重点培育产出超千亿企业1家、过500亿企业2家、200亿企业10家、100亿企业10家、拟上市及挂牌企业80家、科技小巨人企业90家，基本建成国内一流的新材料产业基地、全球知名的新医药产业基地和世界级石化产业基地。

——建设全国重要综合交通枢纽。深入实施水运主通道建设，建成30万吨级航道、30万吨级原油码头，新增万吨级及以上泊位30个，实现"一体两翼"港区深水航道通航，打造区域性国际航运中心。连徐、连盐、连青、连淮扬镇4条高铁建成通车。建成区域性国际空港，花果山国际机场建成使用，实现一类口岸开放。形成连接京杭大运河、长江的内河干线航道网。建成面向周边地区的"七纵十横"干线公路。构筑现代化的海陆空铁水立体交通体系，凸显沟通南北、连接东西的国际中转战略节点优势。

——构筑"一带一路"双向开放门户。放大向东开放优势，做好向西开放文章，"一带一路"交汇点核心区先导区建设取得明显成效，基本建成中哈物流合作基地和上合组织出海基地，高效运营亚欧国际出口班列。全面推进国家级经济技术开发区转型升级，加快建设国家东中西区域合作示范区，完善区域性国际商务中心综合服务功能，扎实推进自贸区申建工作，健全区域合作和对外开放体制机制，强化对外经贸人文交流合作，打造开放发展新高地，全面提升连云港国际化水平。

——打造区域性科技创新中心。国家创新型城市建设取得阶段性成果，全社会研发投入占GDP比重达到2.5%，科技进步贡献率达到60%。支持优势企业提升自主创新能力，加速优势产业重大技术攻关与产业化，力争在若干领域达到国内乃至世界先进水平。培育国家级高新技术产业基地5个，国内一流的重大科技载体平台20家，建成国家知识产权示范城市和国家农业科技园区，高新区进入国家创新型特色园区行列。大力推动大众创业、万众创新，让创新创业无处不在、蔚然成风。

——增创生态文明优势竞争力。充分发挥自然生态本底优势，认真落实全国首家战略环评试点地级市成果，深入推进绿色发展、循环发展、低碳发展。空气环境质量优良天数比例达到85%，彻底消除城市河道黑臭水体，地表水环境质量达到或优于三类比例超过70%，集中式饮用水水源水质优良比例达到100%，耕地土壤环境质量总体保持稳定，生物多样性得到有效保护，林木覆盖率达到30%，城镇绿化覆盖率达到40%，打造生态海滨城市，构建蔚蓝活力海州湾。

——实现民生社会事业全面进步。把就业创业作为民生之本，加快发展经济，创造更多机会，确保每年新增城镇就业6万人以上，让更多乡亲返乡创业，让连云港逐步实现本地充分就业，农村低收入人口全部脱贫。加快教育、医疗、社保、文化、公共安全等普惠性社会事业发展，提供更加均衡、更高质量的公共产品和公共服务，更好地满足人民群众的需求。更大力度推进干净、方便、顺畅、健康、安全连云港建设，扎实办好民生实事，让人民群众得到更多的实惠和便捷，感受到生活每年都有新变化。争创全国文明城市，推动社会文明程度整体提升。促进军民融合深度发展，深化国防动员和双拥共建，巩固发展军政军民团结的良好局面。努力建成体现高水平要求、惠及全市人民的小康社会。

2017年主要任务

2017年全市经济社会发展的主要预期目标是：地区生产总值增长8%，一般公共预算收入同口径增长5%，规模以上固定资产投资增长10%以上，社会消费品零售总额增长10.5%，实际利用外资增长18%。外贸进出口实现正增长，城乡居民收入与地区生产总值保持同步增长，全社会研发投入占GDP比重达到1.8%，居民消费价格指数不高于省控线，节能减排确保完成省定任务。

一、加快发展实体经济，推进产业转型升级

做大做强工业经济。深入推进企业培育“三大行动计划”，加大技术改造、兼并重组和清费减负治乱力度，完善中小企业公共服务体系，实施精准政策扶持，力争产值过百亿企业达到10家，进入上市辅导期企业2家，新培育“科技小巨人”企业20家。实施投资亿元以上产业项目260个，力争当年投入700亿元以上。全力突破新型临港产业，产业规模达到2600亿元。推进珠江钢管项目加快建设，推动盛虹炼化项目尽快开工，促进一批临港重大工业项目落地。培育壮大新兴产业，建设省原创化学药创新中心，争创省中医药制造业创新中心、国家医药产业新型工业化示范基地，带动医药产业集群发展。发挥碳纤维、光伏材料、风电领域优势企业带动作用，推进国家级碳纤维复合材料试验公共服务平台建设，加快杜钟新奥神差别化氨纶纤维、弘扬石英外包管及加热管等项目建设，进一步壮大新材料产业规模。加快建设华能灌云300兆瓦风电场、正崴新能源等项目，田湾核电3号机组工程完工，开工建设抽水蓄能电站。加快发展智能装备、工程装备、海洋生物、海工装备等新兴产业。大力推动传统产业转型发展，实施装备升级和互联网提升计划，建设大数据中心，新培育省级以上互联网与工业融合创新示范试点企业和两化融合贯标试点企业10家。深入推进质量强市，争创省级名牌产品10个。加速建筑产业现代化，力争建筑业特级资质实现突破，建筑业总产值达到850亿元。

大力发展现代服务业。拓展生产性服务业，实施康缘仓储物流、天马快递物流园、苏宁云仓等项目，培育壮大连云港电子口岸、跨境电商、新丝路物联网等一批互联网平台，设立大宗商品交易中心、东海水晶交易中心，丰富商贸流通新业态。新增社会融资规模580亿元，新引进华夏银行等金融机构5家，新增新三板及区域性股权交易中心挂牌企业10家，搭建创投产业基金平台2个。全面提升生活性服务业，实施民主路二期、金鹰商业综合体、利群综合体等15个重点商贸设施项目，改造白虎山小商品市场，建成瀛洲路农贸市场。加快建设家庭服务网络平台，重点培育一批管理规范、运作良好的家庭服务企业，创新家政服务产品，提升家庭服务品质。丰富旅游发展业态，推进花果山山南片区开发、云台山民俗、海上旅游公交等重点项目建设，积极发展海洋休闲、海岛旅游、海洋体育等走向大海、亲近大海的滨海旅游新业态，推动传统观光旅游向现代休闲体验度假旅游转变。推动杰瑞科技创意产业园提档升级，支持鸿奥科技、峰之谷等企业开发西游记动漫网游产品，加快成长性文化创意产业发展。依托良好的海滨休闲环境和医药产业基础，重点推进省海滨康复医院、健康产业园、中医老年养护院等项目建设，推动医养融合的健康产业、养老产业加快发展。

加快建设现代农业。落实粮食安全责任制，推进生产全程机械化，粮食总产保持稳定。加快农业产业结构调整，发展优质稻米产业，完成设施农业3万亩、现代渔业1万亩、优质林果茶1万亩。扎实开展农产品质量安全市创建，创成省级农产品质量安全县1个，提升“连天下”农产品区域公用品牌竞争力，新增市级农业标准化示范区3个,创建生态循环农业示范区10个,制定市级农业地方标准15个,新增“三品”农产品100个。农产品出口额达到5亿美元。实施龙头企业数量倍增计划,新增市级以上龙头企业40家。加快推进达博澳牛隔离场和裕灌二期发酵槽等项目。新培育示范经营大户、家庭农场、农民专业合作社各100家。新增高标准农田15万亩、高效节水灌溉5万亩,培育电子商务产业园10个、农产品特色网店100个。

二、扩大海陆双向开放,构筑合作共赢高地

增强港口综合功能。开工建设30万吨级航道二期和30万吨级原油码头工程,建成徐圩港区防波堤、赣榆港区防波堤二期延伸段主体工程。建设旗台东疏港公路互通立交、赣榆临港产业区铁路专用线等工程,完善烧香河三级航道功能,实施灌河航道整治。新增集装箱航线3条,运营好美西南、波斯湾2条始发港航线,海河联运突破800万吨。加密中亚、中欧国际班列,巩固全国领先地位。港口集团财务公司开业运营。力争两翼港区口岸开放获批。强化资源整合,深化口岸通关“三互”“三个一”改革,建设国际贸易“单一窗口”和多式联运监管中心,打造绿色智慧港口,加快形成比较优势。

加快“两基地”建设。中哈物流合作基地散粮筒仓项目建成投产,哈国小麦过境中转业务全面运行,物流场站年均货运量突破25万标箱。加强与中远海运、哈国铁、中铁等国际知名企业战略合作,推进新疆霍尔果斯物流场站、哈国“霍尔果斯—东门”经济特区无水港项目建设。上合组织物流园开工建设中外运物流中心工程,加快推进铁路装卸场站、保税仓库项目,海运快件项目、智慧物流信息中心建成投用。

深入推进开放合作。突出重点区域、重点产业、重点项目,强化产业链招商、专题招商和以商招商,强攻突破龙头型重大产业项目,不断提升引进项目的质量和水平。全年实际利用外资6.5亿美元以上。坚持招商引资与招才引智互动并进,着力引进更多高层次人才。加快企业“走出去”步伐,建立境外能源资源合作基地。实施外贸进出口基地和名优品牌培育计划,保持外贸平稳增长。高标准建设“一带一路”农业国际合作示范区,争创国家农业对外开放合作试验区。推进大陆桥国际执法安全合作永久会址建设。积极推动“一带一路”沿线国家设立商务代表机构,精心筹办商务品牌展会,密切对外经贸合作和人文交流。

三、提升城市功能品质,彰显山海特色风貌

强化基础设施建设。推进连徐、连青、连淮扬镇等铁路以及新机场建设,建成连盐铁路,完成铁路综合客运枢纽一期工程。204国道连云港段全线通车,建成402省道赣榆西段、267省道东海南段。启动城市组团间道路快速化改造,新建改造临洪大道等市政道路50条,打通“断头路”5条,开工建设宿徐路,实施云台山隧道整体加固工程。完成城市轨道交通线网规划。加强城市地下空间综合利用开发,加快徐圩、赣榆综合管廊建设,依法合理利用人防工程。全面推进海绵城市试点项目。启动第三水厂扩建,完成海州水厂深度处理,实施徐圩应急备用水源工程。新改建供水管网20公里、燃气管道20公里。加快电网特高压工程建设,建成110千伏及以上输变电工程15个。

加快城建提档升级。巩固扩大创卫成果,建立健全城市治理长效机制。全面实施“三改一拆两清理”行动,市区完成145万平方米棚户区、155万平方米城中村和60个老旧小区改造,整治老城区背街小巷150条,拆除违建18万平方米。大力实施河道、公路、铁路沿线环境综合治理。推行江苏交通“一卡通”,新辟优化公交线路10条,公交出行分担率提高到24%,市区新施划停车泊位2000个,拓展公共自行车、绿道慢行系统功能。开展公共标识导向系统建设,优化调整高速公路出入口交通标志牌。健全落实交通影响评价机制。推进高铁商圈开发,加快丰惠广场、金融新天地等大型商业设施建设,建成科技创业城、新世界文化城。完善城市管理智能化监控平台,实现城区网格化管理全覆盖。推进智慧物业二期工程建设,培育物业标准化服务示范企业20家、示范住宅小区30个。

提升城市特色品位。加强城市设计,强化建筑界面、风格色彩控制引导,打造魅力独特的城市面孔。彰显城市融山透绿自然之美,规划建设园博园、动物园、西凤凰山公园,建成新丝路零点公园。实施清水进城工程,加快龙尾河、玉带河、蔷薇河等生态廊道建设,打造沿河绿色风光带。高水平规划建设临洪河口省级湿地公园。精心打造朐山书院、君堂文博苑等一批地域特色项目,推进海州古城、南城古街等修复,促进历史遗存与现代生活有机融合。

四、统筹全域一体发展,促进城乡融合互动

提升县域发展水平。突出工业主体地位,激发县域版块活力。东海重点发展硅资源加工、新型建材和食品工业,灌云加快发展临港工业、港口物流业,灌南优化发展精细化工以及特种钢产业,赣榆聚焦发展石化、钢铁、装备制造和海洋产业。坚持宜工则工、宜农则农、宜商则商、宜游则游,重点培育一批特色产业集群,推动农村一二三产业融合发展,加快壮大镇村经济。深化农村土地“三权分置”改革,开展多种形式的股份合作,稳妥推进集体经营性建设用地入市、农民住房财产权抵押担保转让等试点,实现农村集体产权流转交易服务平台县域全覆盖。探索建立农业农村发展用地保障机制,盘活利用存量集体建设用地、空闲农房及宅基地。

推进新型城镇化。加快县城建设,强化功能配套,提高承载能力,打造生态宜居城市。以产业特色鲜明、人文气息浓厚、生态环境优美为导向,着力规划建设一批特色小镇。实施镇区门户、道路、绿化改造提升工程，建成农村公路200公里，改造交通桥梁20座，新建改造水利农桥478座。加强城乡污水管网和小型生态处理设施建设，完善城乡生活垃圾收转运体系，乡镇所在地垃圾无害化处理率达100%、农村达80%以上。治理改造城镇危旧房8.5万平方米。改造农村危旧房1200户。大力开展镇村环境整治提升行动，建设美丽乡村示范片区6个。深入实施病险水利工程除险加固、农村河道疏浚、小农水重点县等工程，巩固提升农村饮水安全，新增农村饮水受益人口8.6万人。

实施精准扶贫精准脱贫。以石梁河、沂河淌两片区为重点，加快实施羽青公路等235个重点扶贫项目。投入2.45亿元实施水库移民后扶项目。加快推进76个产业发展重点项目，建设市级扶贫产业园5个。全力推进教育、健康等专项扶贫行动，帮助低收入农户解决子女上学、看病等困难。在全省率先试行"扶贫大病特惠保"保险工作。规范农民资金互助合作社运作，积极引导信贷等金融要素投入贫困地区，发放各类扶贫贷款5亿元。年内实现10万低收入人口脱贫、50个经济薄弱村达新"八有"标准，农村低保月保障标准不低于410元。

五、深入推进改革创新，不断增强发展活力

加大供给侧结构性改革力度。落实好去产能、去库存、去杠杆、降成本、补短板各项工作，重组化工企业15家，化解船舶产能20万载重吨。强化土地供应计划供给，控制商品房、商品住宅去化周期。积极稳妥降低企业杠杆率，非金融企业直接融资占社会融资规模比重达到37%，为实体经济企业减少成本20亿元。优化金融生态环境，有效防范金融风险，确保不良贷款余额和不良贷款率实现"双降"。加大补短板力度，实施基础设施建设、民生保障、生态建设等领域重点补短板项目130个。

抓好重点领域改革。把行政审批制度改革作为深化"放管服"改革的重要抓手，全面推进"两证整合""一照一码"登记制度改革，推行"容缺预审""多评合一""集中审批""联合验收"等措施，建立完善以权力清单为核心的阳光高效审批体制，压缩服务流程，提速项目审批，方便群众办事。制定实施中介服务管理办法，公布中介服务事项清单，136家行业协会商会与行政机关脱钩。抓好改革试点工作任务落实，加快推进11项国家级、13项省级试点改革和11项自主创新改革事项，制定切实可行的工作方案，明确路线图和时间表，积极探索实践，及时总结推广经验。统筹推进其他各项改革，完成10家以上市属国企二、三级企业混合所有制改革，完善51个重要子公司法人治理结构。深度整合财政专项资金，管好用好各类基金。完成企事业单位公务用车制度改革。

聚力科技创新。推动国家高新区争先进位，规划建设智能制造加速器、中船重工创新产业园，创建省级科技服务业特色基地。新建众创空间、星创天地5家以上。支持中科院能动中心建设国家重大科技项目。着力培育企业创新主体，高新技术企业总数突破260家，新增省级企业研发机构20个，培育市级科技服务站30个。实施重大科技创新与成果转化项目50项，开发高新技术产品200项，高新技术产值突破2500亿元。科技进步贡献率达到54%。国家知识产权试点城市通过验收，万人发明专利拥有量达到5件。发放"苏科贷"2亿元以上。新增国家"千人计划"人才5名，新引进各类高端人才500名。

六、加强生态文明建设，优化人居发展环境

推进绿色发展。控制能源消耗、水资源消耗、建设用地总量和强度，促进资源节约集约利用。完成30项重点节能项目，50家企业完成清洁生产审核。完成省级以上开发园区循环化改造任务，创建生态工业园区6个、循环农业示范区10个。推广绿色建筑和建材，新增二星级绿色建筑40万平方米。倡导绿色服务和消费，推广应用新能源汽车，建设电动汽车快充站100个，清洁能源和新能源公交车比例达到80%。稳步推进排污权交易制度、"一企一档"环境管理制度改革。健全生态制度体系，完善绿色发展评估制度。

强化环境治理。深入开展"两减六治三提升"专项行动，解决一批影响环境质量的突出问题。推行"无煤区"建设，淘汰城区10蒸吨及以下燃煤锅炉，完成建成区内燃煤小锅炉整治。全面落实"河长制"，促进"五水共治"常态化，市区整治黑臭水体5条。完成钢铁企业脱硫，推动新海发电、虹洋热电等燃煤发电机组超低排放改造，搬迁德邦、泰乐、双菱等化工企业。强化城市扬尘常态化管控。推进黄标车等交通污染防治。搬迁关闭禁养区内畜禽养殖场。狠抓化工园区专项整治，坚决淘汰落后化工产能，关停一批、转移一批、升级一批和重组一批化工企业，实现园区河道水质达标、空气无异味，完成卫生防护距离内居民搬迁。强化环保基础设施，建设赣榆新城污水处理厂，建成徐圩东港污水处理厂，提标改造城市污水处理厂5家。华能、亚邦等热电联产项目建成并实现供热管网全覆盖。建成光大环保、丰益精细化学等危废焚烧项目3个，年处置能力新增4.5万吨。

加强生态保护修复。灌云、灌南创成省级生态县。生态红线保护区占国土面积比例提高到23%。整治修复墟沟林场、黄草沟和朝阳西山等采石塘口。完成造林8万亩，山体绿化及林相改造2万亩，培育珍贵树木600万株。推进海州湾海洋公园、海洋牧场示范区、海洋生态补偿工程。启动埒子口治理、新一轮海堤增补完善等工程，保障近岸海域生态安全。

七、持续保障改善民生，致力增进人民福祉

聚焦就业创业富民。按照政府搭建平台、平台聚集资源、资源服务创业的思路，整合建设一批创业创新园区，引导在外务工人员返乡创业。实施职业技能提升计划，开发紧缺职业培训包，开展城乡劳动者技能培训22万人次，新增城镇就业6万人以上，确保城乡零就业、零转移家庭动态为零，城镇登记失业率控制在3%以内。加大就业困难人员援助，帮扶就业2000人。新增私营企业1万户、个体工商户2万户。

加快社会事业发展。全市国家教育信息化达标率达82%，赣榆通过教育现代化省级示范县区评估。积极发展普惠优质幼儿园，规范民办幼儿园办园秩序。新建中小学、幼儿园33所，改造校舍40万平方米。实施乡村师资素质提升工程，培训教师5万人次。支持连云港师专升格本科院校、淮海工学院创建江苏海洋大学。新建市妇幼保健中心，改扩建市中医院，新增省级示范乡镇卫生院、村卫生室20个。推行医联体和分级诊疗制度，家庭医生签约服务覆盖率达30%以上。推进健康连云港建设。完善公共体育文化服务体系，加快建设市全民健身活动中心，建设升级城乡体育场所72个。完成市文化馆、美术馆改造，建成花果山国家地质公园，启动市地情馆建设，搬迁市档案馆，完成市县区二轮修志。组织开展广场文化活动240场次，举办各类群众性演出、展览展映2万场次，组织办好连云港之夏、西游记文化节等活动。启动市殡仪馆搬迁工作。

提高社会保障水平。扩大参保覆盖范围，城镇职工"五险"平均新增参保1万人以上，城乡居保参保率达98%以上。城乡居民医保财政补助标准提高到人均470元以上，实现医疗保险异地联网结算。建设保障性住房58万平方米，建成公共租赁住房1130套。统筹实施残疾人补贴、医疗救助、慈善救助、特困职工救助等精准救助，有效保障困难群众基本生活。建立困境儿童社会救助保护制度，加强流浪乞讨人员救助管理，推进康复医院建设。提升养老服务水平，新建医养融合型养老机构2个，建成标准化居家养老服务中心（站）30个，新增护理型养老床位600张，市级智慧养老服务平台投入使用。

加强和创新社会治理。深入开展精神文明建设活动，提升公民文明素质，实施全民科学素质行动计划。全面推广"一委三会"社区治理模式，深入推进"三社联动"，"政社互动"实现全覆盖。完成村（居）委会换届。推广文昌社区、院前社区互联网便民服务新模式。加强法治连云港建设，落实"七五"普法规划，省级民主法治示范村（社区）创建率达40%。深化"最安全城市"建设，健全完善社会治安防控体系，提高突发事件应急处置能力。依法规范信访秩序，推进信访法治化。加强食品药品安全监管，开展公路治超专项行动，强化安全生产责任和管理制度落实，防范遏制重特大安全事故。加强政府公共服务平台建设，规范健全政府服务体系。提升12345政府热线服务水平，打造"连云港发布""智慧连云港"政务新媒体。推动军民融合发展，积极支持军队调整改革，扎实做好征兵和双拥共建工作。推动民族、宗教、地震、气象、关心下一代、老龄、红十字、慈善等事业再上新台阶。

加强政府自身建设

一、转作风优服务。大力发扬真抓实干的优良作风，做到思想务实、工作扎实、举措求实，不搞形式主义，不做表面文章，不搞虚假增长，绝不搞劳民伤财的形象工程。强化主动服务，深入企业，深入基层，深入群众，接地气、知民情、察民盼，扎扎实实解决实际问题。

二、提效能促发展。加快政府职能转变，理顺政府运行体制机制，提高办事效率，降低行政成本，为企业发展"松绑"、为群众办事"解绊"、为基层开展工作"扩权"，构建"亲""清"政商关系，打造便捷高效的政务环境。

三、强责任敢担当。大力倡导担当精神，遇事不避难，有难勇往前，做埋头苦干的耕耘者、真抓实干的闯滩者、敢想敢干的冲锋者、善谋善干的改革者。建立健全责任机制、激励机制、容错保护机制，让想干事、干成事的有空间，让怕担当、不作为的没市场，为担当者担当、负责者负责。

四、讲法治重诚信。推进民主决策，加强依法行政，严格规范执法，做到法定职责必须为，法无授权不可为，自觉接受人大法律监督、政协民主监督和社会舆论监督，确保权力在法治轨道上运行。推进政务公开，强化有效监督，坚持践诺守信，严格失信惩戒，突出重点领域，精准发力整治，切实做到取信于民、取信于企，以政府诚信施政引领全社会诚信建设。

五、守规矩葆本色。严守政治纪律和政治规矩，落实中央和省、市委部署要求，坚持不懈纠正"四风"，坚决执行厉行节约规定，严控"三公"经费。严格落实"一岗双责"，深入推进党风廉政建设，加强审计监督，强化财政监管，严厉查处违纪违法案件，做到心有所畏、言有所戒、行有所止，树立为民务实清廉形象。

文件目录

市委重要文件目录

表 112

文件编号	文件标题
连发〔2016〕1 号	中共连云港市委 连云港市人民政府关于落实发展新理念建设“强富美高”新农村的实施意见
连发〔2016〕7 号	中共连云港市委关于推进社会主义文艺繁荣发展的实施意见
连发〔2016〕8 号	中共连云港市委 连云港市人民政府关于推进脱贫致富奔小康工程的实施意见
连发〔2016〕9 号	中共连云港市委 连云港市人民政府关于加快中哈（连云港）物流中转基地和上海合作组织出海基地建设的实施意见
连发〔2016〕10 号	中共连云港市委 连云港市人民政府印发《关于深化市管企业负责人薪酬制度改革实施意见》的通知
连发〔2016〕20 号	中共连云港市委 连云港市人民政府关于加快推进供给侧结构性改革的实施意见
连发〔2016〕22 号	中共连云港市委 连云港市人民政府关于加快推进教育现代化建设努力办好人民满意教育的意见
连发〔2016〕29 号	中共连云港市委 连云港市人民政府关于印发《连云港市国家级旅游业改革创新先行区工作实施方案》的通知
连发〔2016〕31 号	中共连云港市委 连云港市人民政府关于深入贯彻“一带一路”战略推进沿海发展五大工程的实施意见
连发〔2016〕34 号	中共连云港市委转发《中共连云港市人大常委会党组关于做好全市市县乡三级人民代表大会换届选举工作的意见》的通知
连发〔2016〕38 号	中共连云港市委 连云港市人民政府关于推进价格机制改革的实施意见
连发〔2016〕43 号	中共连云港市委 连云港市人民政府关于深化供销合作社综合改革的实施意见
连发〔2016〕45 号	中共连云港市委 连云港市人民政府关于印发《连云港市鼓励改革创新激励干事创业容错纠错实施办法》的通知
连发〔2016〕53 号	中共连云港市委 连云港市人民政府关于进一步加强城市规划建设管理工作的实施意见
连发〔2016〕54 号	中共连云港市委 连云港市人民政府关于构建和谐劳动关系的实施意见
连发〔2016〕56 号	中共连云港市委 连云港市人民政府关于加强和改进新形势下民族宗教工作的实施意见
连委办发〔2016〕15 号	市委办公室 市政府办公室印发《〈关于加快中哈（连云港）物流中转基地和上海合作组织出海基地建设的实施意见〉目标任务分解方案》的通知
连委办发〔2016〕18 号	市委办公室 市政府办公室关于印发《建设健康连云港行动计划（2016—2020）》的通知
连委办发〔2016〕41 号	市委办公室 市政府办公室关于印发《连云港市创建国家卫生城市实施方案》的通知
连委办发〔2016〕46 号	中共连云港市委办公室印发《关于全面加强农村基层党建工作的意见》的通知
连委办发〔2016〕52 号	市委办公室 市政府办公室关于印发《连云港市培强培优企业行动计划（2016—2020）》的通知
连委办发〔2016〕53 号	市委办公室 市政府办公室关于印发《连云港市上市企业培育行动计划（2016—2020 年）》的通知
连委办发〔2016〕54 号	市委办公室 市政府办公室关于印发《连云港市加快科技型中小企业培育行动计划（2016—2020）》的通知
连委办发〔2016〕59 号	市委办公室 市政府办公室印发《关于加强城乡社区协商的实施意见》的通知
连委办发〔2016〕85 号	市委办公室 市政府办公室关于印发《连云港市村庄环境改善提升行动计划》的通知
连委办发〔2016〕104 号	中共连云港市委办公室关于转发《连云港市 2016—2020 年党史工作规划》的通知
连委办发〔2016〕119 号	市委办公室 市政府办公室关于印发《连云港市“十三五”人才发展规划》的通知

市政府重要文件目录

表 113

文件编号	文 件 标 题
连政发〔2016〕3 号	关于授予 2015 年连云港市质量奖的决定
连政发〔2016〕7 号	关于印发《连云港市市级国有资本经营预算管理暂行办法》的通知
连政发〔2016〕10 号	关于印发《连云港市调整完善市对区财政管理体制方案》的通知
连政发〔2016〕11 号	关于公布 2015 年度享受市政府特殊津贴人员名单的通知
连政发〔2016〕12 号	关于颁布 2015 年度连云港市科学技术的决定
连政发〔2016〕14 号	关于加强食品安全工作的意见
连政发〔2016〕15 号	关于印发《连云港市实施〈工伤保险条例〉细则》的通知
连政发〔2016〕16 号	关于进一步优化国家东中西区域合作示范区（徐圩新区）行政管理职能的实施意见
连政发〔2016〕25 号	关于印发建设“干净、方便、顺畅”连云港实施方案的通知
连政发〔2016〕30 号	关于印发《江苏省海州湾海洋生物资源养护与生态环境修复规划（2016—2020）》的通知
连政发〔2016〕38 号	关于在连云港市区实施不动产统一登记的公告
连政发〔2016〕42 号	关于印发连云港市市场主体住所（经营场所）登记管理办法的通知
连政发〔2016〕43 号	关于审核批准东海县牛山街道等 18 个街道（乡、镇、农场）土地利用总体规划修改方案的请示
连政发〔2016〕56 号	关于进一步加强市属国有企业监督管理的通知
连政发〔2016〕57 号	关于印发连云港市“先照后证”改革后加强事中事后监管工作实施方案的通知
连政发〔2016〕62 号	关于印发连云港市国民经济和社会发展第十三个五年规划纲要的通知
连政发〔2016〕67 号	关于公布第六批市级非物质文化遗产名录及一至五批市级非物质文化遗产名录扩展项目名录的通知
连政发〔2016〕70 号	关于印发连云港市主体功能区实施规划的通知
连政发〔2016〕78 号	关于印发连云港市生态文明建设环境保护重点任务行动方案（2016—2017 年）的通知
连政发〔2016〕79 号	关于供给侧结构性改革去产能的实施意见
连政发〔2016〕85 号	连云港市人民政府关于严禁非法集会游行示威活动的通告
连政发〔2016〕94 号	关于印发《连云港市机关事业单位工作人员养老保险制度改革的实施办法》的通知
连政发〔2016〕98 号	关于扩大黄色环保标志机动车辆限行区域的通告
连政发〔2016〕99 号	关于房地产供给侧改革去库存的实施方案的通知
连政发〔2016〕101 号	关于落实战略环评生态红线区域保护实施方案的通知
连政发〔2016〕109 号	关于进一步完善城乡义务教育经费保障机制实施方案的通知
连政发〔2016〕128 号	关于完善困难残疾人生活补贴和重度残疾人护理补贴制度的实施意见
连政发〔2016〕130 号	关于命名连云港市科普教育示范基地的通知
连政发〔2016〕132 号	关于进一步加强知识产权工作的实施意见
连政发〔2016〕135 号	关于禁止在徐圩新区应急备用水源工程建设范围内新增建设项目和控制人口迁入的通告
连政办发〔2016〕2 号	关于成立连云港市人民政府教育督导委员会的通知
连政办发〔2016〕3 号	关于印发《连云港市全民参保登记工作实施方案》的通知
连政办发〔2016〕6 号	关于印发《连云港市市级行政权力事项目录清单管理办法》的通知
连政办发〔2016〕9 号	关于印发《连云港市行政许可和行政处罚等信用信息公示工作实施方案》的通知
连政办发〔2016〕15 号	关于印发连云港市城乡统筹生活垃圾收运处置体系建设运行工作实施方案的通知
连政办发〔2016〕30 号	关于印发《连云港市重点产业项目推进工作机制》的通知
连政办发〔2016〕34 号	关于印发连云港市中小企业应急转贷资金管理暂行办法的通知
连政办发〔2016〕41 号	关于促进快递业健康发展的实施意见
连政办发〔2016〕45 号	关于印发连云港市推进海绵城市建设实施意见的通知
连政办发〔2016〕46 号	关于印发连云港市推进城市地下综合管廊建设实施意见的通知

续表 113

文件编号	文 件 标 题
连政办发〔2016〕51 号	关于印发《连云港市地质灾害防治应急预案（修订）》的通知
连政办发〔2016〕54 号	关于促进电子政务协调发展的实施意见
连政办发〔2016〕57 号	关于印发连云港市建立在建违法建设快速处置机制的意见的通知
连政办发〔2016〕63 号	关于进一步建立健全连云港道路交通事故社会救助工作协调机制的通知
连政办发〔2016〕64 号	关于切实做好第三次全国农业普查工作的通知
连政办发〔2016〕65 号	关于印发全市优化旅游市场环境建立旅游投诉处置机制方案的通知
连政办发〔2016〕70 号	关于印发连云港市贯彻全国地方志事业发展规划纲要（2015—2020 年）实施方案的通知
连政办发〔2016〕75 号	关于印发连云港市开展政策性农业保险一站式服务工作的实施意见（试行）的通知
连政办发〔2016〕76 号	关于印发《连云港市低效产业用地再开发工作方案》的通知
连政办发〔2016〕83 号	关于印发《连云港市整合建立统一的公共资源交易平台实施方案》的通知
连政办发〔2016〕85 号	关于印发连云港市 H 型高血压与脑卒中防控惠民工程项目实施方案的通知
连政办发〔2016〕87 号	关于印发《连云港市地质灾害防治规划（2016—2020 年）》的通知
连政办发〔2016〕89 号	关于印发连云港市新能源汽车推广应用方案的通知
连政办发〔2016〕90 号	关于印发加快推进粮食生产全程机械化意见的通知
连政办发〔2016〕91 号	关于印发加快推进农业产业化工作方案的通知
连政办发〔2016〕96 号	关于印发《连云港市人民政府规章制定程序暂行规定》的通知
连政办发〔2016〕101 号	关于印发连云港市互联网金融风险专项政治工作实施方案的通知
连政办发〔2016〕107 号	关于印发全市政银企“百亿资金进百企”系列活动方案的通知
连政办发〔2016〕111 号	关于印发连云港市加快推进棚户区（危旧房）改造货币化安置实施意见的通知
连政办发〔2016〕112 号	关于进一步加强全市应急管理工作的意见
连政办发〔2016〕115 号	关于进一步加强社区用房建设管理意见的通知
连政办发〔2016〕118 号	关于印发连云港市加快绿色循环低碳交通运输发展实施意见的通知
连政办发〔2016〕121 号	关于印发连云港市综合行政执法体制改革及其试点工作操作办法的通知
连政办发〔2016〕122 号	关于印发连云港市农村信用体系建设实施方案的通知
连政办发〔2016〕126 号	关于印发连云港市促进科技成果转移化行动方案的通知
连政办发〔2016〕127 号	关于推进科研基础设施和大型科研仪器向社会开放的实施方案
连政办发〔2016〕128 号	关于印发《连云港市“十三五”大气污染防治工作计划》的通知
连政办发〔2016〕129 号	关于印发连云港市流动人口居住管理暂行办法的通知
连政办发〔2016〕133 号	关于连云港市辐射事故应急预案（2016 修订稿）的通知
连政办发〔2016〕137 号	关于印发连云港市药品和医疗器械安全突发事件应急预案的通知
连政办发〔2016〕138 号	关于印发连云港市乡村教师支持计划实施方案（2016—2020 年）的通知
连政办发〔2016〕150 号	关于印发连云港市全面科学素质行动计划纲要实施方案（2016—2017 年）的通知
连政办发〔2016〕152 号	关于印发进一步加快推进市区城市棚户区改造工作实施意见的通知
连政办发〔2016〕153 号	关于印发连云港市区畜禽养殖禁养区划定方案的通知
连政办发〔2016〕154 号	关于印发连云港市扶贫大病特惠保实施方案的通知
连政办发〔2016〕155 号	关于印发连云港市“十小”企业取缔工作实施方案的通知
连政办发〔2016〕156 号	关于全面治理拖欠农民工工资问题的实施意见
连政办发〔2016〕165 号	关于印发加快推进全市新型职业农民培育工作的通知
连政办发〔2016〕166 号	关于印发《连云港市“十三五”科技创新规划》等专项规划的通知
连政办发〔2016〕167 号	关于印发连云港市金融支持制造业发展工作方案的通知

书目题录

2016 年连云港市部分作者出版著作一览表

表 114

著作名称	作者	出版社
第六代人——当代中国的青年社会化与社会青年化	袁贵礼	中国出版集团现代出版社
大学生网络道德教育问题研究	张元	吉林人民出版社
人工免疫算法理论及应用	洪露	吉林大学出版社
“互联网 +”引领营销新时代	何华安	中国商务出版社
全球化视角下的需求约束与我国产业发展研究	孙军	东北财经大学出版社
图书馆资源建设与开发利用	徐红玉	光明日报出版社
大家风范·葛辉卷	葛辉	北京工艺美术出版社
教师八大功课	李明高	南京大学出版社
小学语文怎么教	李明高	南京大学出版社
大学英语自主写作与评测	韦汇余	东南大学出版社
教育统计学	张基益	四川大学出版社
会计基础与实务	钱英	中国传媒大学出版社
会计核算基础	钱英	南京大学出版社
实用经济法教程	庄红蕾	武汉大学出版社
建筑力学	马庆华	南京大学出版社
供应链管理	吴星泽　胡延华	西北工业大学
机械产品造型与综合技能训练	杨小军	电力出版社
美术鉴赏	赵彬	大连理工大学出版社
市场调研与预测	李隽	清华大学出版社
药物合成技术	钱清华　张萍	化学工业出版社
化学化工信息检索	张萍	高教出版社
电路分析	蒋卫宏	清华大学出版社
液压与气压传动	张四军	华中科技大学出版社
单片机原理及应用	程继兴　山磊	中国传媒大学出版社
化工设备安装与维护	尹继广　陈佳山	浙江大学出版社
DIV+CSS 网页布局教案	唐永芬	清华大学出版社
精细化学品生产技术	周永贵　陈守德	浙江大学出版社
发酵生产技术	李明达　周永贵	浙江大学出版社
精细化学品复配技术	刘顺强　孙绪军	浙江大学出版社
管理学基础	朱春江	北京交通大学出版社
PRO/ENGINEER 项目教程	陈颖	清华大学出版社
C 语言程序设计	程月	哈尔滨工程大学出版社
药学专业知识一	李飞飞	中国医药科技出版社
东海县志（1990—2010）	东海县地方志编纂委员会	方志出版社
灌南县志（1984—2005）	灌南县地方志编纂委员会	江苏人民出版社
爱莲说 何宝珍烈士传	张文宝	江苏凤凰文艺出版社

续表 114

著作名称	作者	出版社
去留肝胆 朱克靖烈士传	王成章	江苏凤凰文艺出版社
流水般的日子从指尖滑过	李锋古	中国图书出版社
尚书有味	陈武	花山文艺出版社
植物园的恋情	陈武	北岳文艺出版社
蓝水晶	陈武	江苏文艺出版社
我的爹娘 我的村庄	王军先	江苏凤凰文艺出版社
城乡留守儿童系列小说——城里孩子与乡下娃、山村小学的纸足球、那油菜花开的日子	徐继东	安徽师范大学出版社

（年　编）

2016 年中央、省主要媒体报道连云港题录选编一览表

表 115

媒体名称	报道篇目	刊播时间
人民日报	正在作业的连云港码头	2016.01.07
人民日报	江苏连云港东连岛春捕	2016.02.16
人民日报	风电叶片	2016.02.18
人民日报	杨省世专访：“一带一路”节点城市要发挥特色优势	2016.03.08
人民日报	千帆竞发开捕忙	2016.03.29
人民日报	连云港跨海大桥将通车	2016.04.26
人民日报	江苏灌云：集中清理“权力兼职”	2016.04.27
人民日报	重山风力叶片出口	2016.05.23
人民日报	智能车间从“盆景”变“风景”江苏：创新提升有效高端供给	2016.05.29
人民日报	连云港连云区大港社区老年食堂	2016.08.03
人民日报	江苏东海抱团致富显神通	2016.09.11
人民日报	万亩浅水藕喜获大丰收	2016.10.13
人民日报	江苏连云港连云区两学一做全覆盖	2016.11.15
人民日报	盐碱地变粮仓	2016.11.19
人民日报	连云港“外籍友人”进社区	2016.11.29
人民日报	第一书记给贫困村带来新活力：带着感情来，不带遗憾走	2016.12.04
人民日报	铁腕治污绿色升级	2016.12.23
人民日报	风电塔架出口	2016.05.23
人民日报海外版	江苏连云港 2000 多艘远洋捕捞渔船满载而归	2016.01.18
人民日报海外版	连云港早春紫菜生产忙	2016.02.22
人民日报海外版	“连新亚”班列运行 1 周年	2016.02.26
人民日报海外版	连云港：港口吞吐量稳中有升	2016.03.02
人民日报海外版	千亩百合花盛开	2016.06.13
人民日报海外版	连云港特种车辆出口忙	2016.06.28
人民日报海外版	宜居城市的中国探索	2016.06.29
人民日报海外版	连云港地中海美西航线首航	2016.08.23
人民日报海外版	仿生机器人大比拼	2016.08.04

续表 115

媒体名称	报道篇目	刊播时间
人民日报海外版	江苏农业国际合作洽谈会开幕	2016.09.24
人民日报海外版	连云港宿城风“枫”情万种迎客来	2016.10.31
人民日报	江苏东海构建智慧教育平台	2016.11.05
人民日报海外版	一群海鸟在江苏连云港赣榆区海头镇沿海一处湿地上空飞翔	2016.11.23
中央电视台新闻联播	感受新风尚，旅游重情怀——猴年连云港花果山	2016.02.12
中央电视台新闻联播	采访全国人大代表、康缘集团董事长 肖伟	2016.03.02
中央电视台新闻联播	“书香人家——樊氏图书馆”诗书传家 滋养精神家园	2016.04.20
中央电视台新闻联播	大国工匠 未晓明：火花淋浴 焊接核电站心脏	2016.10.06
中央电视台新闻联播	中国丝绸之路国际物流博览会开幕	2016.11.16
中央电视台	江苏护士在泰国勇救昏迷老乡	2016.01.08
中央电视台	江苏：花果山现冰瀑争辉奇景	2016.01.15
中央电视台	江苏连云港：用多元调节化解社会矛盾	2016.01.19
中央电视台	2016 首届赣榆半程马拉松赛鸣枪起跑	2016.04.11
中央电视台	诗书继世 滋养精神家园	2016.04.20
中央电视台	发力供给侧 去杠杆	2016.06.16
中央电视台	神奇灌云 美丽豆丹	2016.08.02
中央电视台	时隔 12 年 中国女排再夺奥运会冠军：永不言弃 顽强拼搏 激励你我	2016.08.22
中央电视台	昆虫菜单：豆青虫 你敢吃吗	2016.08.26
中央电视台	连云港一孝鉴古今 尚善朝阳（上）	2016.08.27
中央电视台	连云港一孝鉴古今 尚善朝阳（下）	2016.09.03
中央电视台	2016 首届连云港茶文化博览会今日开幕	2016.09.02
中央电视台	《沂沭安澜》纪录片	2016.12.07
中央人民广播电台	连云港机场新开通南宁—连云港—天津航线	2016.03.29
中央人民广播电台	中国东盟青年企业家中国主题日活动在连开幕	2016.03.30
中央人民广播电台	连云港市区学校体育设施开放	2016.04.07
中央人民广播电台	第 18 届江苏农业国际合作洽谈会在连云港开幕	2016.09.23
中央人民广播电台	第三届中国丝绸之路国际物流博览会在连开幕	2016.11.16
中央人民广播电台	连云港港 30 万吨级航道二期工程获国家批准	2016.12.07
新华社智库分析报告	项雪龙：高举产业强势旗帜	2016.01.08
新华社智库分析报告	连云港开发区正式获批国家知识产权试点园区	2016.01.15
新华社智库分析报告	杨省世：以实施目标绩效管理为抓手做好各项工作	2016.02.19
新华社智库分析报告	连徐客专环评二次公示	2016.03.18
新华社智库分析报告	扩大连云港长期竞争优势，加快中日韩自贸区建设	2016.03.25
新华社智库分析报告	把握先行先试政策机遇，积极打造连云港中韩跨境电商试验区	2016.03.25
新华社智库分析报告	杨省世：“一带一路”节点城市要发挥特色优势	2016.03.28
新华社智库分析报告	着力增创江苏全方位开放新优势	2016.04.01
新华社智库分析报告	杨省世：推进产学研深度融合	2016.05.27
新华社智库分析报告	杨省世：从“实”出发打造特色港口	2016.07.22

续表 115

媒体名称	报道篇目	刊播时间
新华社智库分析报告	杨省世：把践行“四个意识”同落实新发展理念结合起来	2016.08.12
新华社智库分析报告	杨省世：壮大网络主流舆论，加强突发事件应对	2016.08.19
新华社智库分析报告	江苏连云港经开区探索新定位谋求发展新常态	2016.10.19
光明日报	杨省世专访：践行社会主义核心价值观，汇聚改革发展正能量	2016.03.06
光明日报	开山岛上的第 30 个劳动节	2016.05.02
光明日报	中国第一条千吨级 T800 碳纤维原丝线	2016.07.22
光明日报	江苏连云港马山村：家训家风播撒孝善文化	2016.07.29
光明日报	中国“水晶王”	2016.08.04
光明日报	做山里娃的引路人——乡村教师柏纪荣扎根山区三十年的故事	2016.09.16
光明日报	数字文化长廊，服务社区百姓	2016.10.04
光明日报	江苏连云港中外文化交流	2016.11.30
光明日报	紫菜喜获丰收	2016.12.02
经济日报	特色农业助增收	2016.03.30
经济日报	高效农业“长势”好	2016.07.27
经济日报	万亩浅水藕喜获大丰收	2016.10.13
经济日报	连云港：城市公园姓“公”	2016.11.16
经济日报	浦南镇农民利用芦苇加工苇板	2016.12.03
科技日报	县乡微创新 经济强筋骨	2016.02.05
科技日报	中国大陆科学钻探工程装备了“CT 机”	2016.09.19
工人日报	太空蝴蝶兰培育成功惊艳绽放	2016.01.22
工人日报	江苏连云港东连岛春捕	2016.02.16
工人日报	司法服务进社区	2016.06.16
工人日报	动态储备 不再伏缺	2016.07.25
工人日报	碳纤维智能机器人	2016.07.29
工人日报	连云港开发区“党群一体化”服务职工	2016.10.24
工人日报	江苏连云港流动图书进工地	2016.11.07
农民日报	江苏连云港东连岛春捕	2016.02.16
农民日报	灌南县：举办电商创业提高班	2016.04.01
农民日报	江苏东海良种甜瓜香溢市场	2016.05.16
农民日报	可追踪稻米卖出好价钱	2016.05.20
农民日报	灌云：为农村电商创业“搭窝筑巢”	2016.05.20
农民日报	石湖乡外引内育新品种增收四成	2016.06.06
农民日报	外地游客正在石湖乡农业资源开发项目区采摘美国布朗李	2016.06.17
农民日报	江苏连云港浦南镇新项目引领现代农业	2016.09.13
农民日报	“一带一路”农业国际合作产业联盟在连云港成立	2016.10.14
农民日报	东海：红色基因我传承	2016.10.28
中国经济时报	江苏连云港东连岛春捕	2016.02.16
中国经济导报	智慧综合管廊助推徐圩新区	2016.05.28

续表 115

媒体名称	报道篇目	刊播时间
中国经济导报	江苏灌云：豆丹“小虫”拉动大产业	2016.07.23
中国经济导报	江苏灌云举行美食文化节	2016.07.26
新华日报	在开放中增强发展新动能	2016.03.10
新华日报	连云港开发区：跻身知识产权试点园区	2016.01.10
新华日报	策应国家战略 实现“四个发展”	2016.01.14
新华日报	新亚欧大陆桥东方桥头堡正式跻身创新发展“国家队”	2016.01.23
新华日报	连云港：建设国际化海港中心城市	2016.01.26
新华日报	立足“一带一路”交汇点，增创开放发展新优势	2016.01.27
新华日报	全力建设“强富美高”幸福新灌云	2016.01.28
新华日报	连云区城中村变身“互联网 +”	2016.02.04
新华日报	连云港开发区跨区域合作拓展新空间	2016.02.13
新华日报	连云港海州区投资 3 亿元“试水” 医养结合	2016.02.18
新华日报	连云港开发区签约丝绸之路供应链金融中心	2016.03.08
新华日报	“十三五”规划纲要草案——释放多重利好融入国家战略，展现江苏作为	2016.03.10
新华日报	连云港开发区：实干聚动能 创新再起航	2016.03.10
新华日报	连云港开发区创新驱动“质效双升”	2016.03.22
新华日报	灌云：拟提拔对象财产、实绩双公示	2016.03.29
新华日报	灌云实行“两书两表一通报”问绩问效问责机制让组织工作落实落地	2016.03.30
新华日报	哈萨克斯坦经济特区来苏推介，构建中哈互利合作战略支点	2016.04.05
新华日报	连云港开发区 前 2 月工业销售百亿	2016.04.07
新华日报	连云港国际物流园建设多式联运平台	2016.04.18
新华日报	连云港温泉旅游度假区产城互动打造“人文之城”	2016.04.19
新华日报	连云港开发区推进产业高端化、功能现代化、环境生态化	2016.04.21
新华日报	灌云开发区获批省高端装备制造基地	2016.05.10
新华日报	连云港开发区“智慧驱动”创新发展	2016.05.10
新华日报	连云港市赣榆区不动产登记工作正式启动	2016.05.17
新华日报	连云港风电设备出口英国	2016.05.23
新华日报	改变“经纪人 + 农户”模式东海花卉告别“提篮小卖”	2016.05.27
新华日报	全国汽车摩托车界越野精英争霸暨省汽车摩托车越野联赛在灌云县举行	2016.05.30
新华日报	东海花卉博览会开幕	2016.06.02
新华日报	连云港多式联运项目 入选全国示范工程	2016.06.04
新华日报	连云港开发区构筑内外开放新格局	2016.06.21
新华日报	连云港温泉旅游度假区：“以泉为媒”推进全域旅游发展	2016.06.30
新华日报	连云港成功培育优质紫菜	2016.07.04
新华日报	灌云举办豆丹美食节文化	2016.07.18
新华日报	东海：转型升级一个大写“优”字	2016.07.19
新华日报	东海专设外派劳务帮扶基金支持低收入农民赚“洋钱”	2016.07.25
新华日报	连云港开发区精准发力供给侧，集群创新 筑起医药产业高地	2016.08.04

续表 115

媒体名称	报道篇目	刊播时间
新华日报	李强在淮安连云港调研时强调：弘扬周恩来精神践行新发展理念 推动沿海地区发展实现新跨越	2016.08.06
新华日报	连云区抢滩健康产业特色高地	2016.08.30
新华日报	连云港建开放农业平台出口基地数全省第一	2016.09.16
新华日报	爱的使者，坚守乡村小学 30 年——记江苏最美乡村教师柏纪荣	2016.09.16
新华日报	海州开发区发明家入选国家“万人计划”领军人才	2016.10.18
新华日报	共建“丝绸之路经济带”传佳话：哈国小伙子港城当爸爸	2016.11.17
新华日报	打造“世界水晶之都” 建设生态宜居福地	2016.11.18
新华日报	全面小康，必须坚守绿色底线——访杨省世	2016.11.20
新华日报	连云港，三大众创空间助大学生扬帆远航	2016.11.20
新华日报	打赢创新富民主攻仗，闯出绿色发展新路子——专访连云港市代表团团长杨省世	2016.11.21
新华日报	融入一带一路 实现创新转型	2016.11.21
新华日报	水晶之都：走向全球焕发“晶彩”	2016.12.18
新华日报	打造东西海陆双向开放新格局	2016.09.01
扬子晚报	发挥港口支撑作用，服务区域协调发展	2016.01.25
扬子晚报	激情建设新港城，连云港扬帆正起航	2016.01.25
扬子晚报	豆丹创造 10 亿产值 “小虫子”吃出“大财富”	2016.07.19
扬子晚报	连云港市委书记杨省世：下大力气补短板更高水平惠民生	2016.11.18
扬子晚报	落实“一带一路”倡议 加快产业强市发展——连云港：打造宜居宜业宜游海滨城市	2016.11.18
江苏广播电台	恒瑞医药 国际化支撑高增长	2016.11.08
江苏电视台	江苏首次渔民定位手表捐赠仪式在灌云举行	2016.01.07
江苏电视台	蔡学举获评江苏最美基层干部灌云反响热烈	2016.01.11
江苏电视台	灌云的哥拾金不昧 数千现金还失主	2016.06.02
江苏电视台	灌云 10 万台套农用机械奋战麦收一线	2016.06.11
江苏电视台	“珠宝欧巴”的水晶梦	2016.06.21
江苏电视台	灌云举办豆丹美食文化节	2016.07.15
江苏电视台	灌云县“互联网+精准扶贫”工程正式启动	2016.09.09
江苏电视台	融入“一带一路”战略 参与农业国际合作	2016.09.23
江苏电视台	江苏首个地市级农产品公用品牌亮相连云港	2016.09.23
江苏电视台	谢芳丽：轮椅上的创业玫瑰	2016.11.26
江苏电视台	连线党代表，共话新五年，“六个更”描画高水平全面小康新模样——访杨省世	2016.11.19
江苏电视台	对接“一带一路” 提高开放水平	2016.01.16
江苏电视台	积极对接“一带一路” 我省港口增长稳健	2016.05.22
江苏经济报	连云港海州区为小微企业发展注入新能量	2016.03.29
江苏经济报	2016 中国灌云豆丹美食文化节开幕	2016.07.19
江苏经济报	连云港推动广告产业园区“蝶变式”发展	2016.07.26
江苏经济报	连云港，创新举措谱写吸纳带农业发展新篇章	2016.09.22

续表 115

媒体名称	报道篇目	刊播时间
江苏经济报	连云港经济技术开发区：创新因子激活转型升级原动力	2016.11.18
江苏经济报	灌云：产业强县“产出金山银山”	2016.12.05
江苏科技报	太空蝴蝶兰培育成功惊艳绽放	2016.02.15
江苏科技报	全球首款碳纤维 智能电动车亮相	2016.07.27
江苏科技报	2016年海峡两岸青少年科技创新交流活动在连云港市举办	2016.08.01
江苏科技报	连云港市第一个精准扶贫光伏发电项目在该市海州区板浦镇建成	2016.08.03
江苏科技报	连云港大学生村官巧让小零件变成大产业——蜂鸣器摇身变成创业“神器”	2016.08.24
江苏工人报	连云港全面推行实名制就诊	2016.05.25
江苏工人报	第一个便民疏导点在海州区新孔北路建成	2016.06.17
江苏工人报	2000“海英草”活跃在社区	2016.08.23
江南时报	点亮微心愿 争做圆梦人：猴嘴街道党员干部已认领370个微心愿	2016.01.12
香港大公报	“一带一路”系列峰会：博茨瓦纳驻华大使盼中国“授之以渔”	2016.11.15
香港大公报	连云港辟海铁联运 打通新亚欧大陆桥物流通道	2016.11.16
香港大公报	香港大公报：连云港海铁联运通亚欧大陆	2016.11.17
香港商报	连云港果蔬装备产业园在意招商	2016.04.27
澳门日报	连云港办丝路物博会	2016.11.17
江苏音符	国际物流博览会医药产业高峰论坛在连云港举办	2016.11.18
联合早报	一带一路农业国际合作产业联盟在连云港成立	2016.09.23
俄罗斯卫星网	江苏企业已在“一带一路”沿线国开展400多项合作	2016.11.15
中俄资讯网	上合组织国际物流园已建成120万平方米货物堆场	2016.11.16
人民网	塑魂补钙练就铁一般的信仰信念	2016.03.30
人民网	灌云上演接力救援感人一幕青年救人后离开	2016.04.06
人民网	连云港灌云：为162名建国前老党员送医上门	2016.06.30
人民网	灌云豆丹美食节开幕，一条小虫带动一方发展	2016.07.19
人民网	“最美江苏地税人”的事迹搬上屏幕	2016.09.18
人民网	连云港灌云打造临港三型基地园区产业发力	2016.10.24
中央人民广播电台网	江苏首个地市级农产品公用背书品牌亮相	2016.09.22
新华网	江苏首个地市级农产品公用背书品牌——“连天下”诞生	2016.09.22
新华网	灌云临港：口岸开放提速产业转型升级	2016.11.10
新华网	“双向开放桥头堡”八十年变身记	2016.12.08
新华网	哈萨克斯坦“霍尔果斯—东门”特区来华招商	2016.03.18
光明网	连云港举行“连天下”农产品品牌战略发布会	2016.09.23
光明网	港口建设全面启动园区产业持续发力 灌云全力打造临港三型基地	2016.10.24
中国江苏网	扬子江国际论坛·“一带一路”系列峰会在连召开	2016.11.16
凤凰网	杨省世会见参加“走一带看一路”大型新闻行动媒体	2016.11.17
中国台湾网	台湾农业团体和协会代表团来连参加农洽会	2016.09.23
中国台湾网	2016“农洽会”上台湾农产品受连云港市民欢迎	2016.09.28

（宣传部）

统计资料

2016 年连云港市国民经济和社会发展统计公报

连云港市统计局 国家统计局连云港调查队

2016 年，连云港紧紧抓住国家“一带一路”建设、沿海发展等重大战略机遇，牢固树立和贯彻落实创新、协调、绿色、开放、共享五大发展理念，以改革创新为引领，以扩大开放求突破，坚持稳中求进主基调，着力加快转型升级，全市经济运行稳中有进，综合实力日益增强，产业发展、城乡面貌、人民生活发生显著变化。

一、综合

经济总量不断扩大。全年实现 GDP 2376.48 亿元，增长 7.8%。其中，第一产业增加值 301.56 亿元，增长 1.6%；第二产业增加值 1049.90 亿元，增长 7.8%；第三产业增加值 1025.02 亿元，增长 9.8%。第二、第三产业增加值双双跨上千亿台阶。人均 GDP 首超 50000 元，达到 52986 元。

产业结构逐步调优调高。全市三次产业结构调整为 12.7∶44.2∶43.1。工业化进程逐步提高，工业在全市经济中的主体地位逐步提升，工业化率为 35.8%，比上年提高了 0.3 个百分点。服务业快速发展。第三产业增加值占 GDP 的比重达 43.1%，比上年提高 0.6 个百分点。

就业形势保持平稳。全年新增城镇就业 5.4 万人，城镇登记失业率 1.95%。年末高校毕业生整体就业率稳定在 92% 以上，转移农村劳动力 2.65 万人，帮扶就业困难人员再就业 0.53 万人，开发公益性岗位 2000 个，“双零”家庭实现动态清零。在 100 家规模以上企业建立劳动争议调解委员会，完善 87 个乡镇劳动人事争议专业性调解组织。

市场活力进一步释放。随着互联网、开源技术平台等对大众创业者的开放普及，众筹、众包、众创的融资模式和生产方式使得个体能够成为产业资源的组织配置者，去中心化的自组织生产开始出现，智力资源、产业资源、社会资本更加自由流动，市场活力进一步释放。全年新增私营企业 1.01 万户，增长 17.5%，年末全市注册私营企业达到 6.77 万户；新增个体工商户 3.62 万户，增长 24.0%，年末全市个体工商户达到 18.69 万户。

物价温和上涨。全年居民消费价格上涨 2.1%，八大类商品和服务项目价格指数均有所上涨。除医疗保健类上涨 12.9% 涨幅较大外，其他涨幅均在 3% 以下，依次为食品烟酒类、其他用品和服务、居住、衣着、交通和通信、生活用品及服务、教育文化和娱乐，涨幅分别为 2.9%、1.0%、0.8%、0.6%、0.3%、0.3%、0.1%。工业生产者价格有所回升。全年工业生产者出厂价格上涨 0.2%，其中生产资料上涨 0.1%，生活资料上涨 0.4%；工业生产者购进价格下降 0.2%。

全市经济社会发展仍存在一些不足，主要表现在：经济总量仍然不大，产业短板依然突出；港口核心战略资源作用需要进一步发挥，港产城融合发展需要加强；创业创新氛围不浓，人才短缺仍然是制约发展的瓶颈；民生社会事业发展与群众期望还有一定差距等。

2016 年连云港 CPI 八大类指数情况

项目名称	2016 年同比指数
居民消费价格总指数	102.1
一、食品烟酒	102.9
二、衣着	100.6
三、居住	100.8
四、生活用品及服务	100.3
五、交通和通信	100.3
六、教育文化和娱乐	100.1
七、医疗保健	112.9
八、其他用品和服务	101.0

二、农林牧渔业

粮食种植丰产丰收。全年粮食播种面积 752.3 万亩，比上年减少 1.6 万亩；亩产 479.6 公斤，比上年减少 0.7 公斤；总产 360.8 万吨，比上年减少 1.4 万吨。其中，夏粮播种面积 363.2 万亩，比上年减少 1 万亩；亩产 393.7 公斤，比上年增加 0.2 公斤；总产 143 万吨，比上年减少 0.3 万吨。秋粮播种面积 389.1 万亩，比上年减少 0.6 万亩；亩产 559.8 公斤，比上年减少 1.7 公斤；总产 217.8 万吨，比上年减少 1 万吨。

农业产业化水平不断提升。积极培育农业龙头企业，年末国家级农业产业化龙头企业达到 2 家，省级 48 家，市级 180 家，省级以上农业龙头企业实现销售收入 250 亿元，规模以上农产品加工企业产值 1150 亿元，与农业总产值之比达 1.96。

高效设施农业扩面增效。积极推进高效农业产业集聚区建设，重点抓好东海西甜瓜、灌云设施蔬菜、灌南食用菌、赣榆水果等 8 个千亩连片高效设施农业基地建设。全市新增高效设施农业面积 7 万亩，建成 7 个省级万亩“菜篮子”工程蔬菜生产基地，面积达 8.2 万亩；东海县桃林镇北芹村获批全国“一村一品”示范村镇。

外向型农业全省领先。农业国际合作示范区全面推进，国家地理标志保护产品达 10 个。农业“走出去”迈出坚实步伐，江苏海德益食品有限公司在柬埔寨投资5000万元建设热带作物种植农场，江苏雅仕保鲜投资1000万元在南非建设雪橙基地，连云港驰神科技有限公司每年向韩国出口食用菌菌棒100余万株，并投资300多万元在韩国成立公司组织食用菌种植生产。

休闲观光农业快速发展。全年新增全国休闲农业与乡村旅游星级企业4家，其中五星级1家，四星级1家，三星级2家，累计分别为1家、2家、7家。新建省级休闲观光农业示范村2个，累计为9个。新建市级休闲观光农业示范村20个，累计为50个。各类休闲观光农业经营主体达200多个。

三、工业和建筑业

工业生产总体平稳。全市1694家规模以上工业企业实现总产值6225.87亿元，增长12.2%。其中，轻工业总产值1984.07亿元，增长17.3%，快于全市5.1个百分点；重工业总产值4241.80亿元，增长10.0%。

企业亏损面下降。规模以上工业企业实现产品销售收入6051.58亿元，增长12.4%。实现利润总额465.17亿元，增长10.0%，利润率为7.7%。亏损企业114家，比上年减少31家，下降21.4%；亏损企业亏损额10.05亿元，增长15.7%。

小微企业经营向好。全市1552家企业规模以上小微企业实现总产值2790.57亿元，增长19.1%，高于全市平均水平6.9个百分点，对全市工业生产增长的贡献率为66.2%，拉动全市工业生产增长8.1个百分点。142家大中型企业总产值增长7.1%，对全市工业生产增长的贡献率为33.8%，拉动全市工业生产增长4.1个百分点。

建筑业平稳发展。全年完成建筑业总产值648.73亿元，增长3.0%。其中，房屋建筑工程总产值600.74亿元，增长2.2%；安装工程总产值47.99亿元，增长17.4%。资质以上建筑业企业房屋施工面积5309.1万平方米，与上年基本持平；房屋竣工面积2306.1万平方米，增长10.6%。

四、固定资产投资

投资总量不断扩大。全年完成固定资产投资2385.16亿元，增长14.8%。其中，工业投资1487.34亿元，增长17.5%；服务业投资850.35亿元，增长8.2%；房地产开发投资235.41亿元，增长14.6%。

工业投资居主导地位。全年完成工业投资1487.34亿元，增长17.5%，对全市投资增长贡献率达72.0%。其中，化学原料和化学制品制造业完成投资252.2亿元，非金属矿物制品业投资164.0亿元，电气机械和器材制造业投资99.0亿元，农副食品加工业投资82.2亿元，专用设备制造业投资68.5亿元，医药制造业投资59.4亿元，通用设备制造业投资52.1亿元。

民间投资保持增长。全年完成民间投资1622.7亿元，增长15.0%，占全市投资的比重为68.0%。民间投资主要投向制造业和房地产业，其中制造业1119.9亿元，占全市民间投资69.0%，房地产业241.6亿元，占全市民间投资14.9%。

重大项目增多。全年亿元以上在建重大项目644个，比上年增加115个，完成投资1502.8亿元，占全部投资额的63.0%。

五、国内贸易

消费品市场运行良好。全年实现社会消费品零售总额933.31亿元，增长12.4%。其中，批发业实现零售额83.92亿元，增长29.8%；零售业745.72亿元，增长8.3%；住宿业13.86亿元，增长42.8%；餐饮业89.80亿元，增长32.7%。限额以上单位中，粮油食品类实现零售额50.0亿元，增长44%；服装类21.23亿元，增长25.8%；金银珠宝类15.45亿元，增长17.6%；家用电器类19.41亿元，增长19.4%；中西药品类31.9亿元，增长14.9%；石油制品类90.0亿元，增长2.4%；汽车类70.0亿元，增长10.8%。

新型业态加快发展。连云港被认定为省跨境电子商务试点城市，东海县被评为省级电商示范县，全年电子商务网络零售额突破100亿元，增长25%。苏宁广场、万达广场、东海水晶城等商业综合体人气集聚，综合体建设取得突破。

六、开放型经济

东西双向开放不断深入。向东开放优势不断扩大，进一步加强与日韩、东南亚港航贸易合作。加快做好向西开放文章，强化与上合组织、欧洲等陆桥运输合作，不断深化与哈国铁、欧亚资源、立陶宛克莱佩达港、格鲁吉亚波季港等港航企业合作关系。全年实际到账注册外资5.50亿美元，下降31.3%。进出口总额70.40亿美元，下降12.5%。其中出口总额36.84亿美元，下降9.3%。

两基地建设加快推进。中哈物流基地成效明显。连云港与哈方不断推进合作发展升级，采用"一园三区"方式共建中哈物流园。中哈物流合作基地项目一期建成启用，连云港口岸哈国过境小麦方案通过国家质检总局评审，中哈物流基地粮食仓库硬件设施建设基本完成。上合组织出海基地建设加快。规划建设上合组织成员国特色产品商贸物流园，形成上合组织成员国面向日韩和我国东中部区域的产品展示窗口和交易中心。

建成进口商品保税交易中心。全省第一家进口商品保税交易中心建成，跨境电子商务发展迅速，获批开展除网购保税进口模式以外的一般进口、一般出口、保税出口等各类跨境贸易电子商务试点。

七、交通、邮电和旅游

组合大港基本形成。30万吨级深水航道一期工程建成，赣榆、灌河、徐圩两翼港区开港运营，综合通过能力达到了1.6亿吨。东疏港、大港路中期改造工程、沈海高速赣榆柘汪互通、徐圩港区疏港公路建成启用，旗台作业区铁路专用线实现通车，疏港航道、盐河航道建成通航，公路港、内河港实现运营，千吨级船舶直通京杭大运河，集疏运体系日益完善。全年港口货物吞吐量2.21亿吨，增长5.0%。

铁路建设全面提速。连盐、连淮扬镇、连青铁路建设进展顺利。江苏"十三五"开工建设的第一个重大铁路项目——徐连高铁东接在建的连盐铁路和连淮扬镇铁路，西连在建的徐盐铁路，高效便捷、内联外通的高铁路网加快形成。连云港境内铁路货运呈现明显积极变化，全年铁路货运量达 4528.11 万吨，增长 9.1%；境内铁路客运总量 403.33 万人次，下降 12.5%。

交通运输平稳运行。全市地方公路客运量 4654 万人次，旅客周转量 33.33 亿人公里，分别下降 1.0 和 1.3%；地方公路货运量 8378 万吨，货运周转量 161.07 亿吨公里，增长均为 2.0 %。地方水路货运量 1837 万吨，增长 0.6%，货运周转量 144.36 亿吨公里，增长 7.1%。民航新开通了昆明、石家庄及南宁等 3 条航线，年末航线达到 23 条，民航机场飞机起降 9322 架次，增长 19.5%；民航机场旅客吞吐量 85.1 万人次，增长 20.0%。

邮政通讯业务较快增长。全年邮政通讯总收入 42.27 亿元，增长 9.1%。其中，邮政速递业务收入 11.18 亿元，增长 18.4%；通讯业务总收入 31.09 亿元，增长 6.0%。年末，全市电话用户 486.93 万户，其中移动电话用户 418.29 万户。互联网用户 404.33 万户，增长 12.9%，其中固定宽带接入用户 119.07 万户，增长 7.6%。

旅游业较快发展。全年实现旅游总收入 395.40 亿元，增长 15.5%。接待国内游客 3011 万人次，增长 12.2%；实现国内旅游收入 391.58 亿元，增长 15.6%。接待入境过夜旅游者 2.26 万人次，增长 11.2%；实现旅游外汇收入 2281 万美元，增长 10.5%。月牙岛、孔望山、桃花涧、后云台山等景区扩建改造快速实施，花果山景区成功创建 5A 级景区。

八、财政、金融

财政收入下降。受营改增等因素影响，全年实现一般公共预算收入 211.47 亿元，下降 27.5%。其中：实现税收收入 170.80 亿元，下降 28.1%。分地区看，市区、三县分别实现一般公共预算收入 144.91 亿元和 66.56 亿元，分别下降 16.1%和 44.1%。

民生支出比重较大。全年实现一般公共预算支出 374.78 亿元，比上年减少 55.00 亿元，下降 12.8%。用于民生支出达到七成，其中教育支出 71.41 亿元，社会保障和就业 36.83 亿元，医疗卫生 31.36 亿元，城乡社区事务 49.80 亿元。

金融信贷较快增长。年末金融机构存款余额 2555.48 亿元，比年初增加 391.56 亿元，同比增长 18.1%。其中，住户存款 1179.91 亿元，比年初增加 123.94 亿元，同比增长 11.7%。金融机构贷款余额 2093.9 亿元，比年初增加 266.22 亿元，同比增长 14.6%。

2016 年年末金融机构存贷款情况

指标	绝对数（亿元）	比年初增加（亿元）	比上年末增长（%）
各项存款余额	2555.48	391.56	18.1
#住户存款	1179.91	123.94	11.7
非金融企业存款	866.31	169.52	24.3
各项贷款余额	2093.9	266.22	14.6
#住户贷款	792.91	139.9	21.4
非金融企业及机关团体贷款	1253.88	126.17	11.2

保险市场快速发展。全年保险业务总收入 69.78 亿元，增长 20.8%。其中，寿险保费收入 41.58 亿元，增长 22.3%；财产险保费收入 20.97 亿元，增长 17.0%；健康险保费收入 5.87 亿元，增长 26.9%；意外险保费收入 1.36 亿元，增长 12.8%。保险业务总支出 23.20 亿元，增长 31.1%。

九、科学技术和教育

创新载体建设力度加大。全市不断加大创新载体建设力度，倾力打造发展新平台，加快建设区域创新高地。国家高新区、国家级农业科技园区快速推进，装备制造、高性能纤维及复合材料、硅材料、新医药等 4 个国家级特色产业基地加快建设，13 个省级以上科技企业孵化器、8 个科技产业园投入运营。恒瑞、豪森、康缘、正大天晴四大药企入选中国医药工业企业 50 强、研发企业 20 强。

高新产业规模扩大。全社会研发投入占 GDP 比重提高到 1.78%，科技进步贡献率提高到 53%。高新技术企业增至 226 家，实现工业总产值 2432.08 亿元，增长 12.0%，对全市工业生产增长的贡献率为 38.5%，拉动全市生产增长 4.7 个百分点。其中，“三新”产业实现总产值 2214.68 亿元，新材料制造业、新能源制造业、生物医药制造业分别为 1397.50 亿元、241.78 亿元、575.40 亿元。

着力实施教育强基工程。坚持育人为本，着力打造教育公共服务平台，形成学历教育和非学历教育协调发展、职业教育和普通教育相互沟通、职前教育和职后教育有效衔接的终身教育体系，教育事业实现了全面协调可持续发展。全年全市新建中小学 2 所，改造中小学校舍 31.4 万平方米，安排进城务工人员子女入学 3978 人。在苏北率先实现教育基本现代化，教育强市步伐不断加快。

教育教学质量稳步提升。全市所有县区全部通过义务教育发展基本均衡县（区）国家级督导认定，新海实验中学代表队获得“中国汉字听写大会”全国总冠军。九年义务教育巩固率 99.9%，比上年提高了 0.2 个百分点；高中阶段教育毛入学率达到 97.4%，比上年提高 0.2 个百分点。

十、文化、卫生和体育

文化服务水平提升。全年首批建设基层综合文化服务中心 325 家，新增公共文化场馆 39 个，新建市图书馆分馆 12 个。现代淮海戏《辣妈犟爸》参加第三届江苏文化艺术节并获优秀剧目奖，《白雪公主与七个小矮人》填补了本土儿童剧空白，《决战花果山》网页游戏成功上线，实现了游戏研发零的突破。制作发放 5 万张农家书屋借阅证，200 家“一卡通”农家书屋与县图书馆实现通借通还。全年组织举办广场文化活动、“港城一家亲”社区文化节等各类文化活动 2 万余场次，送戏下乡 1328 场。市图书馆入选国家第三批公共服务综合标准化试点项目，东海县入围省级书香城市示范县，灌南县成功创建省级公共文化服务体系示范区。

卫生服务能力不断增强。医疗卫生投入不断加大，第一人民医院新海院区项目竣工，市精神卫生中心建成投用。新建医养融合型养老机构 2 家，赣榆区人民医院养老护理院、市东方医院“东方康复养老中心”投入运营。生殖健康、妇幼保健、托幼等公共卫生服务能力进一步提升。分级诊疗制度加快构建，基层医疗机构首诊量达到60%。赣榆区人民医院建成国家三级综合性医院。

积极推进健康连云港建设。发布《建设健康连云港行动计划（2016—2020）》，通过广场活动、市民健康学校、健康大讲堂、媒体专栏、健康教育讲师团巡讲等方式，大力普及健康知识；积极倡导健康运动，举办各类健身活动，学校体育设施免费向社会开放。全年新增居民健康卡50余万张，获评全国“居民健康卡普及应用先进单位”。

体育事业稳步发展。三名运动员入选第31届奥运会中国体育代表团，实现奥运会金牌零的突破。新成立市级体育协会6家，总数达到52家，组织比赛活动45项，举办社会体育指导员培训班20期。市、县区全面建成省公共体育服务体系示范区。

十一、城市建设、环境保护和节能减排

城市布局不断优化。全面落实“组团发展、功能互补、提升品质、彰显特色、快速联通”的城市发展布局，城市建成区面积扩大至214平方公里。全面加快“三轴一环三圈”建设，港城大道、花果山大道、海滨大道等城市发展主轴、环云台山大道和高铁、空港、海港三大特色商圈建设强势推进。开发区创智绿园、赣榆火车站广场改造获批省级试点，综合管廊获批省级试点城市。

环境综合整治深入推进。秸秆综禁成效明显，化工园区整治力度加大，小钢铁、小化工等领域去产能成效明显。市区空气质量优良率为76.5%，PM2.5浓度值为46微克/立方米，全省排名第2位。22个省控考核断面中，达到或优于地表水Ⅲ类水比例为63.6%，劣Ⅴ类水比例为13.6%，15条入海河流劣Ⅴ类水比例为26.7%，均达到年度考核目标。在全国地级市中第一个开展战略环评试点，并通过环保部专家论证暨验收。东海县、赣榆区通过国家级生态县区验收，市开发区获批国家生态工业示范区，海州区、连云区通过省级生态区技术评估。

人居环境显著提升。城市快速公交、公共自行车等绿色出行网络不断完善，城市饮用水“双源双线”工程建成投用。市区新增绿地300公顷，建成区绿地率达37.6%，绿化覆盖率达40.2%，人均公园绿地面积达14.4㎡。公园绿地十分钟服务圈加快实施，扩建月牙岛湿地公园，新建创智绿园、香海湖公园、新丝路公园，修复郁洲公园景观；新改建庙岭游园、西盐河樱花园、和煦园等9个街头游园。重点中心镇和临海城镇完成验收，东海温泉、赣榆班庄获批省级重点及特色镇；连云区连岛街道西连岛村西连岛等11个美丽乡村示范项目完成建设，海州区浦南镇龙沛村大官庄等8个村庄获批省级康居村庄，连云区宿城街道大竹园村大竹园、赣榆区金山镇徐福村后徐福获批省级传统村落项目。创成全国绿化模范城市、国家园林城市和国家节水型城市，国家卫生城市创建圆满通过国家技术评估。

民生工程持续推进。改造背街小巷，完成东大新村、玉带新村、海宁小区、蔷薇小区等23个老旧小区309条53公里背街小巷改造。整治河道，整治生活污水排口105个，完成黑臭水体排查并实施综合治理。改造危旧房，改造农村危旧房1065户，完成渔民上岸安居工程327户。推进保障房建设，新增国开行、农发行等政策性贷款133亿元，新开工保障性安居工程11500套，基本建成11000套。加快实施公用事业，蔷薇湖输水泵站调试运行，海州水厂深度处理加快建设，大浦、墟沟污水处理厂提标改造快速实施；新建供水、污水、燃气等各类管网60公里，新增燃气10800户。城市供水普及率达100%，城市污水处理率达92%，燃气气化率达99.98%。

节能减排扎实推进。积极推进生产方式绿色化转型，加强重点领域节能减排，万元地区生产总值能耗降低率及化学需氧量、二氧化硫、氨氮、氮氧化物等四类主要污染物排放削减均完成目标任务。

十二、人口、人民生活和社会保障

人口总量缓慢增长。年末全市户籍人口533.99万人，比上年末增加3.43万人，增长0.6%。其中，市区222.69万人。常住人口449.64万人，比上年末增加2.27万人，增长0.5%。其中，城镇常住人口270.68万人，比上年增加8.07万人，增长3.07%。常住人口城镇化率达60.2%，比上年提高1.5个百分点。

居民收入较快增长。根据城乡一体化住户抽样调查，全年全市居民人均可支配收入为21230元，增长9.3%。城镇常住居民人均可支配收入27853元，增长8.3%。其中，工资性收入15195元，增长8.4%；经营净收入5458元，增长6.5%；财产性收入2316元，增长13.9%；转移性收入4884元，增长7.3%。城镇居民人均消费18344元，增长6.3%。农村常住居民人均可支配收入为13932元，增长9.0%。其中，工资性收入6462元，增长9.4%；家庭经营收入4854元，增长7.2%；财产性收入190元，增长15.8%；转移性收入2425元，增长11.4%。农村居民人均消费支出10113元，增长11.7%。

保障水平稳步提升。出台《市实施〈工伤保险条例〉细则》和机关事业单位养老保险制度改革实施办法，完成全民参保登记工作，市区五险费征缴总收入增长7.0%。企业退休人员基本养老金12连调，城乡居保基础养老金实现5连调，最低标准由每人每月105元提高到115元。新农合参合率为99.7%，新增中药饮片18种、中药颗粒462种纳入新农合补偿范围。全市新农合政策补偿比为80%，实际补偿比为55.6%，实现参合患者省内联网医院住院费用即时结报。

注：1.公报中地区生产总值和各产业增加值绝对值按现行价格计算，增长速度按可比价格计算。

2.报中部分数据为初步统计数，正式统计数据以《连云港统计年鉴》为准。

表 116

2016 年江苏省辖市主要经济指标一览表

指　标	2016 年	比 2015 年增长（%）	增长位次	指　标	2016 年	比 2015 年增长（%）	增长位次
地区生产总值（亿元）	76086.17	7.8	—	第二产业增加值(亿元）	33855.73	7.1	—
南京市	10503.02	8.0	10	南京市	4117.20	5.3	13
无锡市	9210.02	7.5	12	无锡市	4346.78	6.8	11
徐州市	5808.52	8.2	9	徐州市	2513.85	8.7	6
常州市	5773.86	8.5	8	常州市	2682.29	7.4	10
苏州市	15475.09	7.5	12	苏州市	7277.46	5.4	12
南通市	6768.20	9.3	3	南通市	3170.30	9.0	3
连云港市	2376.48	7.8	11	连云港市	1049.90	7.8	9
淮安市	3048.00	9.0	6	淮安市	1268.15	9.1	2
盐城市	4576.08	8.9	7	盐城市	2050.02	9.0	3
扬州市	4449.38	9.4	2	扬州市	2197.63	8.3	8
镇江市	3833.84	9.3	3	镇江市	1870.40	8.6	7
泰州市	4101.78	9.5	1	泰州市	1933.89	8.8	5
宿迁市	2351.12	9.1	5	宿迁市	1140.37	10.1	1
第一产业增加值(亿元）	4078.48	0.7		第三产业增加值(亿元）	38151.96	9.2	
南京市	252.51	1.0	6	南京市	6133.31	10.2	7
无锡市	135.19	-2.4	13	无锡市	4728.05	8.6	13
徐州市	542.89	1.9	2	徐州市	2751.78	9.1	12
常州市	152.67	-0.9	11	常州市	2938.90	10.1	9
苏州市	221.81	-1.0	12	苏州市	7975.82	9.7	11
南通市	366.08	0.7	8	南通市	3231.82	10.7	4
连云港市	301.56	1.6	2	连云港市	1025.02	9.8	10
淮安市	324.61	1.7	3	淮安市	1455.24	10.6	6
盐城市	533.91	0.9	7	盐城市	1992.15	10.8	3
扬州市	251.49	0.1	9	扬州市	2000.26	12.0	1
镇江市	137.78	0.1	9	镇江市	1825.66	10.7	4
泰州市	240.00	1.4	5	泰州市	1927.89	11.4	2
宿迁市	275.23	2.0	1	宿迁市	935.52	10.2	7

续表 116

指 标	2016 年	比 2015 年增长（%）	增长位次	指 标	2016 年	比 2015 年增长（%）	增长位次
规模以上工业增加值(亿元)	35433.23	7.7	—	工业用电量（亿千瓦时）	4081.42	4.6	—
南京市	3050.55	4.8	12	南京市	310.81	3.4	6
无锡市	3075.49	5.8	11	无锡市	493.73	4.6	4
徐州市	3010.33	9.8	3	徐州市	250.22	-1.6	10
常州市	2827.16	8.0	10	常州市	334.78	2.9	7
苏州市	6365.29	4.8	12	苏州市	1116.30	3.9	5
南通市	3330.36	9.8	3	南通市	265.65	5.0	3
连云港市	1302.48	9.3	7	连云港市	110.00	-5.6	13
淮安市	1626.18	9.8	3	淮安市	106.70	-2.0	11
盐城市	2173.89	9.7	6	盐城市	201.37	-2.4	12
扬州市	2298.05	9.2	9	扬州市	156.60	2.7	8
镇江市	2059.39	9.3	7	镇江市	173.77	5.1	2
泰州市	2766.85	10.0	2	泰州市	176.20	2.1	9
宿迁市	1090.04	11.4	1	宿迁市	115.81	9.2	1
规模以上工业产销率(%)	98.3	0.3		规模以上工业利润(亿元)	10525.80	10.0	
南京市	98.2	0.4	4	南京市	941.81	12.8	4
无锡市	98.1	0.8	3	无锡市	977.92	9.6	8
徐州市	98.1	-0.4	13	徐州市	1106.16	13.3	3
常州市	98.0	-0.1	9	常州市	730.65	14.5	1
苏州市	98.8	0.9	1	苏州市	1761.11	14.1	2
南通市	99.1	0.4	4	南通市	1109.95	8.1	10
连云港市	98.1	0.3	6	连云港市	465.17	10.0	7
淮安市	98.5	0.1	8	淮安市	401.53	8.7	9
盐城市	97.9	0.9	1	盐城市	458.36	-3.0	13
扬州市	97.8	-0.3	11	扬州市	602.98	2.5	12
镇江市	98.5	0.2	7	镇江市	584.24	4.4	11
泰州市	98.0	-0.3	11	泰州市	936.76	11.2	6
宿迁市	97.5	-0.2	10	宿迁市	403.28	11.6	5

续表 116

指　标	2016 年	比 2015 年增长（%）	增长位次	指　标	2016 年	比 2015 年增长（%）	增长位次
社会消费品零售额（亿元）	28707.12	10.9	—	固定资产投资（亿元）	49370.85	7.5	—
南京市	5088.20	10.9	8	南京市	5533.56	2.0	11
无锡市	3119.56	9.6	13	无锡市	4795.25	2.0	11
徐州市	2659.39	12.8	1	徐州市	4797.33	12.5	7
常州市	2202.83	10.7	9	常州市	3605.08	6.5	10
苏州市	4936.79	10.7	9	苏州市	5648.49	-5.3	13
南通市	2632.87	10.7	9	南通市	4811.95	10.0	9
连云港市	933.31	12.4	3	连云港市	2385.16	14.8	6
淮安市	1083.83	11.7	4	淮安市	2535.19	15.1	4
盐城市	1630.88	11.1	6	盐城市	3882.83	15.2	3
扬州市	1358.80	9.9	12	扬州市	3288.68	15.3	2
镇江市	1236.78	11.1	6	镇江市	2873.43	15.1	4
泰州市	1118.34	11.7	4	泰州市	3164.12	17.4	1
宿迁市	705.54	12.6	2	宿迁市	2059.58	12.0	8
一般公共预算收入（亿元）	8121.23	1.2		工业投资（亿元）	24544.40	7.9	
南京市	1142.60	12.0	1	南京市	1761.65	-14.4	13
无锡市	875.00	5.4	3	无锡市	2045.54	7.1	11
徐州市	516.06	-2.8	8	徐州市	2664.93	15.4	4
常州市	480.29	3.0	4	常州市	1918.48	9.2	8
苏州市	1730.04	10.8	2	苏州市	1982.29	-7.4	12
南通市	590.18	-5.7	10	南通市	2406.36	8.2	10
连云港市	211.47	-27.5	13	连云港市	1487.34	17.5	2
淮安市	315.51	-9.9	11	淮安市	1518.49	17.3	3
盐城市	415.18	-13.1	12	盐城市	2291.98	14.4	5
扬州市	345.30	2.5	5	扬州市	1714.43	13.5	6
镇江市	293.01	-3.2	9	镇江市	1475.13	11.5	7
泰州市	321.18	1.5	6	泰州市	1957.87	19.8	1
宿迁市	238.08	1.0	7	宿迁市	1328.70	8.6	9

续表 116

指 标	2016 年	比 2015 年增长（%）	增长位次	指 标	2016 年	比 2015 年增长（%）	增长位次
进出口总额（亿美元）	5096.12	-6.6	—	实际到账注册外资（亿美元）	245.43	1.1	—
南京市	502.12	-5.7	8	南京市	34.79	4.3	7
无锡市	698.05	2.0	3	无锡市	34.13	6.6	5
徐州市	62.48	15.4	1	徐州市	15.06	5.5	6
常州市	275.81	-1.6	5	常州市	21.00	22.1	4
苏州市	2737.58	-10.3	11	苏州市	48.49	-19.2	12
南通市	308.59	-2.3	7	南通市	23.87	3.1	9
连云港市	70.40	-12.5	12	连云港市	5.50	-31.3	13
淮安市	35.04	-15.1	13	淮安市	11.61	-4.3	10
盐城市	79.50	-2.1	6	盐城市	7.07	-11.1	11
扬州市	95.39	-7.7	10	扬州市	12.04	41.9	2
镇江市	103.17	2.5	2	镇江市	13.51	3.5	8
泰州市	103.77	1.4	4	泰州市	13.44	26.2	3
宿迁市	24.22	-6.8	9	宿迁市	4.50	51.0	1
出口（亿美元）	3193.44	-5.7		城镇常住居民人均可支配收入（元）	40152	8.0	
南京市	295.92	-6.1	8	南京市	49997	8.4	1
无锡市	429.10	1.6	3	无锡市	48628	7.8	11
徐州市	52.54	19.7	1	徐州市	28421	8.4	1
常州市	208.51	-1.9	7	常州市	46058	7.8	11
苏州市	1639.41	-9.7	12	苏州市	54341	7.8	11
南通市	230.11	0.8	6	南通市	39247	8.1	6
连云港市	36.84	-9.3	11	连云港市	27853	8.3	3
淮安市	26.98	-10.3	13	淮安市	30335	7.9	10
盐城市	47.38	-7.5	10	盐城市	30496	8.1	6
扬州市	71.73	-7.0	9	扬州市	35659	8.2	5
镇江市	69.52	1.1	5	镇江市	41794	8.1	6
泰州市	66.69	4.6	2	泰州市	36828	8.0	9
宿迁市	18.71	1.2	4	宿迁市	24086	8.3	3

续表 116

指　标	2016 年	比 2015 年增长（%）	增长位次	指　标	2016 年	比 2015 年增长（%）	增长位次
城市居民消费价格指数	102.4	—	—	农村常住居民人均可支配收入（元）	17606	8.3	—
南京市	102.7	—	12	南京市	21156	8.6	9
无锡市	102.3	—	7	无锡市	26158	8.3	12
徐州市	102.3	—	7	徐州市	15274	9.2	1
常州市	102.5	—	11	常州市	23780	8.5	10
苏州市	102.7	—	12	苏州市	27691	8.3	12
南通市	102.3	—	7	南通市	18741	8.5	10
连云港市	102.1	—	2	连云港市	13932	9.0	4
淮安市	102.2	—	5	淮安市	14319	9.1	2
盐城市	102.1	—	2	盐城市	17172	9.0	4
扬州市	102.4	—	10	扬州市	18057	8.7	8
镇江市	102.2	—	5	镇江市	20922	8.9	6
泰州市	102.1	—	2	泰州市	17861	8.8	7
宿迁市	102.0	—	1	宿迁市	13929	9.1	2

（统计局）

责任编辑　郭　云

索　　引

本索引为综合性主题索引。包括正文部分35个类目的内容。单位一般用全称。索引标目按汉语拼音字母顺序，同音字同声按第二拼音字母顺序排列。标目后数字为页码，字母a为左栏，b为中栏，c为右栏。空一字起排的款目为上一主题的“附见”。

A

B

C

H

J

K

L

M

N

O

P

Q

R

S

T

Y

Z